I0831112

ACHTUNG SPIONE!

Geheimdienste in Deutschland
von 1945 bis 1956

ESSAYS

MILITÄR
HISTORISCHES
MUSEUM

ESSAYS

Herausgegeben von Magnus Pahl, Gorch Pieken
und Matthias Rogg
Militärhistorisches Museum der Bundeswehr

SANDSTEIN VERLAG

ACHTUNG SPIONE!

eimdienste in Deutschland von 1945 bis 1956

ORGANISATIONEN

AKTEURE

OPERATIONEN

PERZEPTIONEN

GRUSSWORT

Matthias Rogg / Oberst und Direktor
Militärhistorisches Museum der Bundeswehr

Militär und Spionage – zwei der ältesten Gewerbe der Menschheit

»Der Einsatz der Spione ist für die Kriegführung von großer Bedeutung, denn das ganze Heer verlässt sich bei allen Kampfhandlungen auf die von den Spionen beschafften Nachrichten.«[1] Mit dieser einfachen und unmissverständlichen Feststellung endet Sūnzǐs aus 13 Kapiteln bestehendes Buch »Über die Kriegskunst«. Das über 2500 Jahre alte Werk des Chinesen Sūnzǐ, einem Zeitgenossen von Konfuzius, überrascht noch heute durch seine zeitlose, strategisch weitblickende Allgemeingültigkeit.[2] Detailliert beschreibt Sūnzǐ, dass ein Krieg nur zu gewinnen ist, wenn verschiedene Arten von Spionen geschickt zum Einsatz kommen – vom einheimischen Kundschafter bis zum Doppelagenten – und wenn die gegnerischen Spione frühzeitig ausfindig gemacht werden können. Ohne erfolgreiche Spionage, so das Resümee, ist eine erfolgreiche Kriegführung nicht möglich.

Tatsächlich sind die Geschichte des Krieges und des Militärs und die Geschichte der Feindaufklärung und Nachrichtenbeschaffung eng miteinander verknüpft. Auch die Wurzeln des »zweitältesten Gewerbes«[3] reichen weit zurück. Bereits in den frühen Hochkulturen der Ägypter, Babylonier, Assyrer und Hethiter gab es staatlich organisierte Netzwerke von Informanten, und häufig überlagerten und vermischten sich die Wirkungsfelder der Auslands- und Militärspionage mit geheimpolizeilicher Arbeit. Auch die Bibel erzählt von erfolgreicher militärischer Aufklärung und Spionage, beispielhaft im Alten Testament, wo Moses seine Späher aussendet, um das Land Kanaan zu erkunden und die Wehrhaftigkeit der Bevölkerung zu prüfen,[4] oder später bei der Eroberung der gut befestigten Stadt Jericho, die nur durch eine erfolgreiche Arbeit der Kundschafter möglich war.[5]

Mit dem Ausbau staatlicher Organisations- und Überwachungsstrukturen in der Frühen Neuzeit und als Ausdruck eines zentralistischen und vor allem umfassenden Machtanspruchs der Herrschenden stieg das Bedürfnis, sicherheitsrelevante Informationen nicht nur zu sammeln, sondern mehr noch systematisch zusammenzuführen und zu analysieren. Der Drang, zu wissen, zu schützen und zu kontrollieren beförderte die Entwicklung frühmoderner Informationsbehörden, deren im Verborgenen gewonnene und ausgewertete Erkenntnisse in politischem Handeln gegen innere und äußere Feinde resultierten. Exemplarisch steht dafür die erste moderne geheimdienstliche Behörde der Neuzeit, die im Zeitalter Königin Elizabeths I. von England unter ihrem ersten Minister Sir Francis Walsingham aufgebaut wurde und sich vor allem gegen die Katholiken im eigenen Land richtete.[6] Die Aufdeckung der Umsturzpläne, mit

Für hilfreiche Unterstützung und wertvolle Anregungen danke ich meinem Kollegen Oberstleutnant Dr. Armin Wagner.
1 Sun Zi: Über die Kriegskunst. Neu übersetzt und mit einer Einleitung versehen von Li Guangqui, hrsg. vom Militärgeschichtlichen Forschungsamt, Potsdam 2000, S. 60. **2** Zur Einordnung des Werkes vgl. die gut kommentierte Ausgabe Sunzi: Die Kunst des Krieges. Aus dem Chinesischen übertragen und mit einem Nachwort versehen von Volker Klöpsch, Frankfurt am Main 2009, S. 65–136. **3** Paul Elmar Jöris: Das zweitälteste Gewerbe hat weiter Konjunktur, in: Europäische Sicherheit & Technik, 53. Jg., 11 (2004), S. 65f. **4** 4. Buch Mose 13, 31–32. **5** Josua 2, 1–3 und Josua 6. **6** Vgl. John Cooper: The Queen's Agent: Sir Francis Walsingham and the Rise of Espionage in Elisabethan England, London 2013.

denen Elizabeths größte Rivalin, Maria Stuart, auf den Thron gebracht werden sollte, spricht nicht nur für die Effektivität von Walsinghams Geheimdienst. Sie zeigt auch die Relevanz einer nach damaligen Kriterien modernen staatlichen Einrichtung zur Informationsgewinnung.

Doch das englische Beispiel machte kaum Schule. In Frankreich wurde zwar im 17. Jahrhundert unter Kardinal Richelieu das legendäre Cabinet Noir aufgebaut und in Österreich im 18. Jahrhundert das Ziffernsekretariat (später umbenannt in Ziffernkabinett). Vergleichbare Institutionen in anderen Ländern waren eher selten. Vor allem konzentrierten sie sich auf das Abschöpfen von Informationen im Inneren. Der planmäßige Aufbau eines Auslandsnachrichtendienstes begann erst in der zweiten Hälfte des 19. Jahrhunderts.

Teilweise griff man dazu auf die staatlichen geografischen Abteilungen zurück, um die vorhandenen landeskundlichen Informationen für das Lagebild nutzen zu können. Die neueren geheimdienstlichen Tätigkeiten hatten ihren Ursprung allerdings in den Kriegsministerien und ihren Generalstabsabteilungen. So entstand in Österreich-Ungarn 1850 das Evidenzbüro. Im Amerikanischen Bürgerkrieg schufen die Südstaaten das Secret Service Bureau und bald darauf die Nordstaaten das Bureau of Military Information. In Paris zog man nach der katastrophalen Niederlage im Deutsch-Französischen Krieg von 1870/71 die Konsequenzen und gründete das bis heute sogenannte Deuxième Bureau. In der preußischen Armee entstand 1867 das Nachrichtenbüro des Großen Generalstabes, aus dem im Kaiserreich dann die Abteilung III b wurde. Auffällig ist, dass alle Geheimdienstabteilungen den Terminus technicus »Büro« verwenden. Der Begriff verweist nicht nur auf den bürokratischen Charakter der militärgeheimdienstlichen Tätigkeiten. Das »Büro« steht vor allem für den analytischen Aspekt nachrichtendienstlicher Tätigkeit, der geheimdienstliche Arbeit, operative Planung und vor allem die Informationsverarbeitung in die Nähe von Kunst und Wissenschaft rückt. Die nahezu allen Wissenschaften inhärente Methode, einen empirisch-analytischen und einen kritisch-rationalen Zugang zu verbinden, findet sich auch in der geheimdienstlichen Analyse. Nicht zufällig sind die hinter der Spionage stehenden Apparate der geheimen Nachrichtendienste häufig mit Universitäten und Akademien verglichen worden.[7] Es handelte sich jeweils um Institutionen, in denen Informationen gesammelt, geordnet, klassifiziert und bewertet wurden, um Erkenntnisse zu gewinnen und Handlungsempfehlungen auszusprechen. Damals wie heute wird das Material, das der Analyse zugrunde liegt, im Labor, im Feld, im politischen Raum handwerklich zusammengetragen, die relevanten Schlussfolgerungen aber werden am Schreibtisch analytisch generiert.

Bis heute unterscheiden Praktiker, Theoretiker und Wissenschaftler nach den Feldern der Spionage und nach deren Methoden. Zu den Feldern zählen, ohne dass immer eine exakte Abgrenzung möglich ist, die politische Spionage, die Wirtschaftsspionage, die Wissenschafts- und Technikspionage und schließlich die Militärspionage. Zu den Methoden gehören die Gewinnung von Informationen aus offenen Quellen in all diesen Bereichen (im Jargon der Dienste: OSINT – Open Source Intelligence), die verdeckte Recherche von Informanten – also das, was in der Öffentlichkeit wie in der Populärkultur überwiegend als Kerngeschäft der Geheimdienste mit ihren Spionen verstanden wird (HUMINT – Human Intelligence) – sowie die umfangreiche und in sich vielfach differenzierte technische Spionage (TECHINT – Technical Intelligence) vom Einsatz optischer Aufklärungssatelliten über das Abhören von Telefon und Funk, die Messung von Radaremissionen bis zur Speicherung und Überwachung des elektronischen Datenverkehrs.

Seit jeher spielt die Militärspionage eine besondere Rolle. Das Hauptaugenmerk der geheimen Dienste war und ist bis heute das Wissen über den Gegner. Die Militärspionage ist von unmittelbarem Wert für die Verteidigung eines Landes, denn sie kann Aufschluss geben über die Struktur, die Organisation, die Gefechtsgliederung, den Personalstand, die Ausbildung, das Übungsgeschehen, das operative Denken und nicht zuletzt die technischen Mittel der Streitkräfte eines potenziellen Gegners. Sie ist damit in hohem Maße relevant für die Sicherheit und Existenz einer politischen Gemeinschaft und bedient sich aller oben grob skizzierten Methoden. Dies tun freilich auch diejenigen, die einen Angriff planen.

Informationsgewinnung findet, ebenso wie die hoch spezialisierte Analyse der gewonnenen Erkenntnisse, verdeckt statt. Die meisten Akteure bleiben deshalb für immer im Verborgenen. Das öffentliche, populäre Bild der Militärspionage ist dagegen bis heute geprägt von charismatischen Persönlichkeiten. Beispielhaft ist hier Alfred Redl zu nennen, Oberst im Generalstab der k. u. k. Armee und Stellvertretender Leiter des Evidenzbüros, der am Vorabend des Ersten Weltkriegs die österreichischen Aufmarschpläne gegen das Zarenreich verriet – 1985 im Spielfilm »Oberst Redl« eindrücklich verkörpert durch Klaus-Maria Brandauer. Weltberühmt ist die niederländische Tänzerin Mata Hari, bis heute Sinnbild der Femme fatale unter den Spioninnen und doch eher Opfer als Täterin im deutsch-französischen Geheimdienstkrieg ab 1914. Allgemein bekannt sind auch Wolfgang Lotz und Eli Cohen, die in den 1950er- und 1960er-Jahren vom israelischen Geheimdienst Mossad im Umfeld ägyptischer und syrischer Spitzenmilitärs platziert wurden und bis zu ihrer Enttarnung außerordentlich erfolgreich agierten. Und nicht wenigen ist Oberst Oleg Pen'kowskij ein Begriff, der während der Kubakrise 1962 die USA über die militärischen Möglichkeiten der Sowjetunion informierte, der er selbst als Geheimdienstoffizier diente.

Die spektakulären Fälle erwecken den Eindruck einer Relevanz des Einzelnen in der Militärspionage. Bedeutender ist der »Super-Agent« bis heute allerdings in der politischen, der Wirtschafts- und Wissenschaftsspionage. Im militärischen Bereich ist der »Meister-Spion« vor allem dort essenziell, wo er eine Frühwarnfunktion übernimmt und zum Beispiel vor einem Überraschungsangriff schützen soll. Sowohl die Planung eines Überraschungsangriffs als auch der Schutz vor einem plötzlichen Überfall spielten in den Szenarien der Generalstäbe seit jeher eine wichtige Rolle – und sie sind bis heute ein Element strategischer Planung. Die Furcht vor dem plötzlichen Überfall bestimmte zudem häufig abstrakte Bedrohungsperzeptionen und zementierte konkrete Feindbilder. Wie real die Bedrohung sein konnte und wie wenig die »Meister-Spione« auszurichten vermochten, belegen zahlreiche Beispiele in der Militärgeschichte. Allein im 20. Jahrhundert denkt man unwillkürlich an den Überfall Polens durch die deutsche Wehrmacht am 1. September 1939, den deutschen Angriff auf die Sowjetunion am 22. Juni 1941, den Überfall Japans auf den US-amerikanischen Flottenstützpunkt Pearl Harbor am 7. Dezember 1941 oder den Angriff der arabischen Verbündeten auf Israel im Jom-Kippur-Krieg am 6. Oktober 1973 – und auch die Terrorangriffe vom 11. September 2001 gehören in diesen

7 Vgl. hierzu und zur Geschichte der Militärspionage aus literaturwissenschaftlicher Perspektive: Eva Horn: Der geheime Krieg. Verrat, Spionage und moderne Fiktion, Frankfurt am Main 2007.

Zusammenhang. Andererseits gibt es natürlich auch bekannte Gegenbeispiele, allen voran Richard Sorge, der Moskau aus Tokio darüber informierte, dass Japan die Sowjetunion nicht angreifen werde. Stalin verlegte daraufhin im Winter 1941 einen Großteil seiner Fernost-Streitkräfte an die Westfront und konnte so zur entscheidenden Gegenoffensive gegen die Wehrmacht ausholen.

Dennoch: Die eigentliche Spionagearbeit lag nicht auf den Schultern der schillernden »Meister-Spione« oder sagenumwobenen Obersten im Generalstab. Gerade die Geschichte des Kalten Krieges, die Hochzeit der Militärspionage schlechthin, verdeutlicht das anschaulich. Jüngste Forschungen zur Militärspionage während dieser Zeit belegen, dass sich ein Großteil des Lagebildes aus den vielen Informationen der »kleinen« Zuträger zusammensetzte:[8] Menschen etwa, die neben einer Kaserne oder militärischen Einrichtung lebten und das Geschehen vom Fenster aus beobachteten, wenn Truppenteile das Areal verließen, neue Militärtechnik zu sehen war oder das Führungspersonal in der unmittelbaren Nachbarschaft wechselte. Deren durch Funk, Brief oder persönlichen Kontakt an einen Mittelsmann weitergeleitete Informationen bildeten die Mosaiksteine, aus denen sich ein großes Lagebild zusammensetzte. Die möglichst lückenlose Beobachtung und Überwachung der Infrastruktur, vor allem der Hauptstraßen und Bahnlinien, galt während des Kalten Krieges als das »unfehlbare Thermometer«[9], um eine heraufziehende Eskalation zu erkennen. Für die Militärspionage in jener Zeit kaum weniger wichtig waren die professionellen Lauscher, die beiderseits des Harzes nach Ost- und Westdeutschland hineinhorchten, Flugbewegungen mitzeichneten und den Funkverkehr der mobilisierten oder übenden Truppenverbände überwachten.

Dies ist, beispielhaft, ein guter Teil dessen, was Militärspionage ausmacht. Wie die politische Spionage versucht sie, die Absichten der anderen Seite frühzeitig zu erahnen. Mehr noch als der politischen Spionage liegt ihr daran, das Lagebild ständig möglichst aktuell zu halten. Während die eigentlichen Spione nicht notwendigerweise, ja sogar letztlich seltener auch Soldaten sind, befassen sich aufgrund ihrer taktischen und operativen Schulung häufig Militärs mit der Auswertung der insgeheim gewonnenen Informationen: Denn nicht nur das »Tarnen und Täuschen«, auch das Enttarnen und Aufklären gehört zum Handwerkszeug des Militärs.[10] Spionage im Kalten Krieg, und gerade in dessen »heißen« Phasen von der Berliner Luftbrücke bis zur Kubakrise und der Panzerkonfrontation am Checkpoint Charlie sowie vom Ende der 1970er- bis Mitte der 1980-Jahre, war geprägt durch die stets gegenwärtige Möglichkeit einer militärischen Auseinandersetzung.

Die Ausstellung »Achtung Spione! Geheimdienste in Deutschland von 1945 bis 1956« konzentriert sich auf Deutschland im ersten Jahrzehnt der Nachkriegsgeschichte: von den letzten Tagen des Zweiten Weltkriegs, als der Generalmajor der Wehrmacht Reinhard Gehlen mit einigen Mitarbeitern das gesammelte »Russlandwissen«[11] der Generalstabsabteilung Fremde Heere Ost vergrub, bis zur Übernahme der Organisation Gehlen – deren Stammkapital dieser Wissensschatz war – in den Behördenapparat der jungen Bundesrepublik.

Im Mittelpunkt stehen die Auseinandersetzung zwischen den neuen geheimen Nachrichtendiensten im Osten und im Westen Deutschlands, aber auch die interne Rivalität und der Wettstreit in der »Bonner Republik« darüber, welche Organisation und welches Personal sich dort durchsetzen werde. Dies alles passierte vor dem Hintergrund des rasch aufziehenden und dann in Deutschland alles überlagernden Kalten Krieges. Der Einfluss der zunächst kontrollierenden, dann seit Mitte der 1950er-Jahre zunehmend auch kooperierenden Partnerdienste in den USA und der Sowjetunion wird dabei überall deutlich – eine nachrichtendienstliche Autonomie gab es weder in der Bundesrepublik noch in der DDR.

Die Ausstellung setzt Politik, Militär und Spionage in der »formativen Phase« beider deutscher Nachkriegsstaaten miteinander in Beziehung und verdeutlicht zugleich, wie diese Spionage funktionierte, welche Wirkung sie zeitigte und welche Bedeutung ihr zugemessen werden kann. Sie macht das Geheime in der Retrospektive sichtbar und erklärt es. In Zeiten der Affären um NSA und NSU trägt sie dazu bei, die Tätigkeit geheimer deutscher Nachrichtendienste zwischen 1945 und 1956 zu entschlüsseln und auch zu entdämonisieren. Gerade im Vergleich wird immer wieder ersichtlich, dass geheimdienstliche Strukturen und Methoden in demokratisch-pluralistisch verfassten Gesellschaften und in autoritären Systemen oder Diktaturen vieles gemeinsam haben, vor allem weil sie ähnliche Instrumente nutzen und im Verborgenen arbeiten – dass es aber gerade mit Blick auf die Möglichkeiten und Grenzen rechtsstaatlicher Kontrolle fundamentale Unterschiede gibt.[12]

Mit »Achtung Spione!« widmet sich das Militärhistorische Museum der Bundeswehr erstmals in einer Sonderausstellung einem Thema des Kalten Krieges: einer Epoche, deren politische und gesellschaftliche Folgen bis heute nachwirken, in der die Spionage Hochkonjunktur hatte und die wir ohne Kenntnis der Geschichte der geheimdienstlichen Arbeit kaum verstehen werden.

8 Vgl. Armin Wagner/Matthias Uhl: BND contra Sowjetarmee. Westdeutsche Militärspionage in der DDR, Berlin 2007; komprimiert auch dies.: Pullachs Aufklärung gegen sowjetisches Militär in der DDR. Umfang, Potential und Grenzen der order-of-battle-intelligence von Organisation Gehlen und Bundesnachrichtendienst, in: Deutschland Archiv, 40. Jg., 1 (2007) S. 49–67. **9** Heinz Höhne/Hermann Zolling: Pullach intern. General Gehlen und die Geschichte des Bundesnachrichtendienstes, Hamburg 1971, S. 10. **10** Den Wirkzusammenhang von Tarnung und Enttarnung und deren vielfältige Verflechtung mit der Geschichte von Krieg und Gewalt deckte unter anderem die Tagung »Camouflage. Tarnung, Täuschung, Mimikry – in Farbe verborgen« (18.–19. 6. 2015) auf, eine Kooperationsveranstaltung des Verbundforschungsprojekts FARBAKS (= Farbe als Akteur und Speicher) mit dem MHM Dresden, der TU Dresden, der Hochschule für Bildende Künste Dresden, der Friedrich-Schiller-Universität Jena und der Fachhochschule Köln. **11** Der Begriff wird hier absichtlich verwendet, weil das Material nicht nur Informationen über die Rote Armee, sondern auch über die Wirtschaft, das Industriepotenzial und die Infrastruktur der Sowjetunion, vom Energie-, über das Straßen- bis zum Eisenbahnnetz, versammelte. **12** Vgl. hierzu den konzisen Überblick von Dieter Krüger und Armin Wagner: Im Spannungsfeld von Demokratie und Diktatur. Deutsche Geheimdienstchefs im Kalten Krieg, in: Dieter Krüger/Armin Wagner (Hrsg.): Konspiration als Beruf. Deutsche Geheimdienstchefs im Kalten Krieg, Berlin 2003, S. 7–31.

VORWORT

**Gorch Pieken / Wissenschaftlicher Direktor
und Wissenschaftlicher Leiter des Militärhistorischen
Museums der Bundeswehr**

Seitdem Menschen Politik machen und Kriege[1] führen, betreiben sie auch Spionage. Als »Frühwarnsysteme« für Regierungen etablierten sich staatliche Geheimdienste jedoch erst im Laufe des 19. Jahrhunderts. Mit der Erfindung der Telegrafie und der technischen Datenabschöpfung entwickelten sich die Dienste zu modernen, als unverzichtbar betrachteten Hightech-Behörden. Zur selben Zeit wurden die ersten Romane über Agenten geschrieben. Spionage, so ist im »Brockhaus« von 1894/95 zu lesen, »ist eine Vorbereitungshandlung des Verrats«, entsprechend hängt der Ruf eines Spions davon ab, auf welcher Seite der Beurteilende steht: »Für den Staat, in dessen Interesse die Ausspähung geschieht, ist der S. Kundschafter.«[2] Zwiespältig war nicht nur die Haltung zum Spion, uneins waren sich im späten 19. Jahrhundert selbst die großen welterklärenden Universallexika über eine verbindliche Begriffsbestimmung. Denn im Widerspruch zum zitierten Brockhaus-Eintrag beschreibt Meyers Konversationslexikon »*Kundschafter* [als] Personen, die im geheimen militärische oder politische Nachrichten, welche andern Staaten im feindlichen Sinn von Nutzen sein können, sammeln, um sie diesen mitzuteilen. Spione pflegt man die nicht militärischen K. zu nennen. Zur Kenntnis solcher Nachrichten, die mit um so größerer Sorgfalt vor Verrat gehütet werden, je wichtiger sie sind, gelangen die K. in der Regel nur durch Täuschung, Betrug, Bestechung etc. So streng der Landesverrat auch in allen Staaten bestraft wird, kann doch kein Staat, weder im Frieden noch im Krieg, den Dienst von Spionen entbehren, und zu allen Zeiten hat es Leute gegeben, welche die Spionage gewerbsmäßig betreiben; [...].«[3]

Nach dem Ende des Zweiten Weltkriegs begann das Geschäft mit der Spionage von Neuem im besetzten Deutschland. Und auch ehemalige Spione des NS-Regimes wurden wieder ausgesandt, sie arbeiteten nun im Auftrag amerikanischer, britischer und französischer Geheimdienste.[4] Für diese bemerkenswerte personelle Kontinuität steht wie kein anderer der erste Präsident des Bundesnachrichtendienstes (BND, gegründet 1956), Reinhard Gehlen. Doch nicht nur die Anfänge des BND sind eng mit seinem Namen verknüpft, er nahm auch auf die Organisation der beiden anderen deutschen Geheimdienste Einfluss, das Bundesamt für Verfassungsschutz (BfV, gegründet 1950)[5] und den Militärischen Abschirmdienst (MAD, gegründet 1956)[6]. Dabei zeichnete sich Reinhard Gehlen durch Zielstrebigkeit und Willensstärke aus und verfügte wie jeder gute Agent über die Fähigkeit, zu tarnen und zu täuschen. Nicht immer deckten sich seine amtlichen Empfehlungen und seine persönlichen Interessen mit den Absichten seiner Dienstherren oder anderer befreundeter Dienste. Gerade die Gründungsphase dieser drei deutschen Geheimdienste war von gegenseitigem Misstrauen belastet. Auffallend ist, dass die Informationsbeschaffung, als erste Aufgabe geheimdienstlicher Arbeit, gleichermaßen auf Feind und Freund zielte. So arbeiteten die deutschen Dienste zusammen und forschten einander gleichzeitig aus, dasselbe galt für das Verhältnis der amerikanischen und britischen Intelligence Communities[7] zu ihren »nachrichtendienstlichen Hilfstruppen«[8] in Deutschland.

1 Zur Definition (und zeitlichen Eingrenzung) des Begriffs »Krieg« vgl. auch die aktuelle Ausstellung »Krieg – eine archäologische Spurensuche« im Landesmuseum für Vorgeschichte Halle, 6.11.2015 bis 22.5.2016. **2** Brockhaus, Autorenkollektiv, F. A. Brockhaus in Leipzig, Berlin und Wien, 14. Auflage, 1894–1896, 15. Band: Social – Türken. **3** Meyers Konversationslexikon, Vierte Auflage, Leipzig/Wien 1885–1892, 10. Band: Königshofen – Luzon. **4** Und dies nicht nur in den deutschen, sondern auch in den österreichischen Besatzungszonen. Vgl. dazu den Beitrag von Siegfried Beer im vorliegenden Band. **5** Vgl. dazu den Beitrag von Michael Wala im vorliegenden Band. **6** Vgl. dazu den Beitrag von Helmut R. Hammerich im vorliegenden Band. **7** Ich schließe mich in der Verwendung dieses Begriffs der Definition an, die Eleni Braat in ihrem Beitrag zu dieser Publikation benutzt. Braat versteht unter Intelligence

Insofern weist die Geheimdienstarbeit von damals frappante Parallelen zu heute auf,[9] die Strukturen von Macht und deren Handhabung in den Amtsstuben mit nachrichtendienstlichen Aufgaben folgen scheinbar unveränderlichen Gesetzen, die ein und dasselbe Bild der *condition humaine* zeigen.

Die Gründungsphase der deutschen Geheimdienste zwischen 1945 und 1956 ist eine komplexe Geschichte. Es gab keinen Masterplan, viele Zufälle und zahlreiche Akteure. Wie auf keinen anderen Zeitraum passt das Diktum des Militärhistorikers Georg Meyer so gut wie auf diesen: »Der Nachrichtendienst ist ein Dschungel der Orientierungslosigkeit – für den Historiker, aber auch für diejenigen, die in diesem Felde tätig sind.«[10]

Eine Übersicht zum Forschungsstand und zur Quellenlage sowie verschiedene thematische Einblicke in die schwierig zu rekonstruierenden Anfänge von BND, BfV und MAD bieten die Ausstellung »Achtung Spione! Geheimdienste in Deutschland 1945 bis 1956« des Militärhistorischen Museums der Bundeswehr und die dazugehörenden Begleitpublikationen. Der Schwerpunkt liegt auf der Geschichte der Organisation Gehlen (Org), aus der vor sechzig Jahren der BND hervorging. Diese Thematik ist bei Weitem noch nicht erschöpfend erforscht und es gibt noch viele Fragen, über die in der Forschung lebhaft diskutiert wird. Auch diese Ausstellung und ihre Begleitbände können nicht alle offenen Fragen beantworten und alle Widersprüche lösen, eine Tatsache, die sich hin und wieder in den Essays widerspiegelt. Insofern erinnert die Literatur zur Gründungszeit des BND mitunter an die beiden eingangs zitierten großen lexikologischen Nachschlagewerke des 19. Jahrhunderts und ihre Schwierigkeiten, sich der Welt der Geheimdienste anzunähern, die im Geheimen agieren und deren Archive Verschlusssache sind.

Viele Fakten werden erst jetzt, rund siebzig Jahre nach dem Aufbau der Org, bekannt, nicht zuletzt seit der BND im Februar 2011 die Unabhängige Historikerkommission zur Erforschung der Geschichte des Bundesnachrichtendienstes 1945–1968 (UHK) berufen hat und weil inzwischen Aktenbestände zugänglich sind, die jahrzehntelang unter Verschluss lagen.[11] Noch heute steht die Arbeit der Geheimdienste mit ihren Erfordernissen an die Geheimhaltung in Konflikt mit dem republikanischen Prinzip des öffentlichen Lebens. Dieses »Geheimhaltungsdilemma« oder »Dilemma der Rechenschaftspflicht«, wie es Eleni Braat in ihrem Beitrag für diesen Band nennt, beherrscht heute den öffentlichen Diskurs über die geheimdienstliche Arbeit. »Auf der einen Seite wollen wir in einem sicheren Land leben, das seine Feinde beobachten muss – auch so, dass diese es nicht merken. Andererseits sollen die Wände der Geheimdienste gläsern sein. Wie passen Nachrichtendienste mit ihren Methoden, wie sie in den fünfziger Jahren in der alten Bundesrepublik entstanden sind, noch in unsere moderne digitale Demokratie? Müssen sie vielleicht einfach anders kontrolliert werden?«[12] Skandale haben das Verhältnis der deutschen Öffentlichkeit zu ihren Geheimdiensten belastet, etwa die Enthüllungen des Prism-Spähprogramms oder der Operation Eikonal, in deren Verlauf der BND am Internetknotenpunkt in Frankfurt am Main die deutsche Netzkommunikation überwachte und abgegriffene Informationen an amerikanische Geheimdienste weitergab,[13] ebenso wie die offensichtlichen Verstrickungen[14] und Vertuschungen der Verfassungsschutzämter im Umfeld der terroristischen Gruppierung Nationalsozialistischer Untergrund (NSU).[15] Die Dienste sollen den demokratischen Verfassungsstaat nach außen und innen schützen.[16] Geheimdienst ist

Staatsdienst. Das Ethos der in einem öffentlich-rechtlichen Dienst- und Treueverhältnis stehenden Beamten und Angestellten des BND, BfV und MAD ist eine Funktionsbedingung der Demokratie. Wenn Geheimdienstmitarbeiter in ihrer Dienstausübung Vorbild sind – indem sie die Gesetze durchgängig als Richtschnur ihrer Arbeit befolgen und gegebenenfalls auch Fehler eingestehen und diese nicht verheimlichen –, bewahren sie den Rechtsstaat. Eine solche Haltung ist von nicht geringerer Bedeutung für den Schutz des demokratischen Verfassungsstaates als eine effektive Arbeit: die Aufklärung und Auswertung äußerer und innerer Gefahren.

Dennoch gibt es Gesetzesverstöße, darunter »schwarze Operationen«[17], Missstände und Unwahrheiten in den Ämtern und in der Politik. »Whistleblower« haben es sich zur Pflicht gemacht, diese aufzudecken. Sie verstehen sich als Staatsdiener in einem ursprünglichen Sinne,

---

Communities »die Nachrichten- und Sicherheitsdienste sowie den weiteren Kreis ihrer ›Kunden‹ unter besonderer Berücksichtigung der verantwortlichen Minister, Entscheidungsträger in der Staatsverwaltung und Politiker« (S. 389). **8** Andreas Hilger in seinem Beitrag für diesen Band, hier S. 292. Wie Eva Jobs in ihrem Beitrag beschreibt, waren Misstrauen und Missgunst auch zwischen den amerikanischen Diensten, wie dem CIC und der CIA, weit verbreitet. **9** Ein 32-jähriger Mitarbeiter des BND verriet – laut Bundesanwaltschaft – zwischen Januar 2008 und Juli 2014 »Mittelsmännern einer fremden Macht« Staatsgeheimnisse, wodurch er die »Gefahr eines schweren Nachteils für die äußere Sicherheit der Bundesrepublik« in Kauf genommen hat. »Markus R. wird insbesondere beschuldigt, eine Liste mit Namen von BND-Mitarbeitern und deren Decknamen an die Amerikaner verkauft zu haben. Angesichts der Hunderte von Dokumenten, die er an die CIA weitergegeben haben soll, könnte der Fall der größte deutsch-amerikanische Spionage-Skandal der Nachkriegszeit sein.« URL: http://www.br.de/nachrichten/bnd-spion-cia-100.html, zuletzt besucht am 5.12.2015. **10** Vgl. dazu das Interview von Thorsten Loch mit Georg Meyer im vorliegenden Band, hier S. 329. **11** Die Aufarbeitung der BND-Geschichte wird trotz der Freigabe von Akten dadurch erschwert, dass Namen von Quellen geschwärzt sind und »Dokumente, die einen Rückschluss auf Identitäten ermöglichen«, Verschlusssache bleiben, und dies nicht nur für einen gewissen Zeitraum, sondern »ohne Frist«. Vgl. BND. Auf ewig geheim, in: Der Spiegel Nr. 49 vom 28.11.2015, S. 31. »Es entwickelt sich eine immer stärker ausgeprägte staatliche Geheimhaltungskultur«, so Eleni Braat in ihrem Beitrag für den vorliegenden Band, hier S. 392. **12** Weiter heißt es in dem Text: »Ich besuche einen Bundestagsabgeordneten. Aufgabe der Parlamentarier ist es auch, die Dienste zu überwachen. Die Volksvertreter sind quasi die Chefs der Agenten. Als ich das Abgeordnetenbüro betrete, wendet sich als Erstes eine Mitarbeiterin an mich und sagt etwas Überraschendes: ›Bitte legen Sie Ihr Mobiltelefon in einem anderen Raum ab, bevor wir anfangen, uns hier zu unterhalten.‹« Christian Fuchs: Agent in eigener Sache. Unser Autor wollte herausfinden, was der Verfassungsschutz über ihn weiß, in: ZeitMagazin Nr. 46 vom 12.11.2015, S. 52–57, hier S. 57. **13** Die CIA war auch nach der Übernahme der Org durch die Bundesregierung bzw. nach der Gründung des BND bemüht, »eine besondere nachrichtendienstliche Arbeitsbeziehung mit Pullach zu erhalten.« So Andreas Hilger in seinem Beitrag für den vorliegenden Band, hier S. 292. **14** Bereits Meyers Konversationslexikon beschrieb Gefahren für den Staatsschutz durch Operationen im rechtlichen Graubereich. »Polizei. Mit besonderer Vorsicht hat sich die Polizeiverwaltung der wenigstens in großen Städten nicht entbehrlichen geheimen P. zu bedienen. In Frankreich ist damit wiederholt das System der Agents provocateurs, der zur Begehung verbrecherischer Handlungen aufreizenden Polizeispione, in Verbindung getreten, und die Regierung, welche sich mit solchen verdächtigen Individuen eingelassen, sah sich alsdann wiederum zu deren Beaufsichtigung durch die Einrichtung von einer Art »Gegenpolizei« (contre-police) genötigt. Selbstverständlich können die Polizeibehörden die durch ihre gesetzlichen Befugnisse gerechtfertigten Anordnungen mittels Anwendung der gesetzlichen Zwangsmittel durchführen. Um jedoch Willkürlichkeiten vorzubeugen, ist auch in Polizeisachen für einen gehörigen Beschwerde- und Instanzenzug gesorgt; [...].« Meyers Konversationslexikon, Vierte Auflage, Leipzig/Wien 1885–1892, 13. Band: Phlegon – Rubinstein. **15** Vgl. zur parlamentarischen Kontrolle der Geheimdienste den Beitrag von Stefanie Waske im vorliegenden Band. **16** Aktuell auch mithilfe größer werdender staatlicher Überwachungsbefugnisse zumindest in Großbritannien und Frankreich. In Frankreich wurde im Mai 2015 ein Gesetz verabschiedet, das »eine gerichtliche Genehmigung elektronischer Überwachung« durch den Staatsschutz »für unnötig erklärt«, und das britische Parlament erließ im Juli 2014 ein weitreichendes Gesetz zur Vorratsdatenspeicherung (vgl. den Beitrag von Eleni Braat für den vorliegenden Band, hier S. 393). Dass die weitgehenden Überwachungsbefugnisse des Staatsschutzes in Großbritannien in der Bevölkerung nicht auf Ablehnung stoßen, erklärt sich der Tory-Abgeordnete David Davis mit der Liebe seiner Landsleute zu James Bond und anderen Spionen, und: »Weil wir in unserer Vergangenheit keine Gestapo und Stasi kannten, sind wir intellektuell zu faul.« Stern Nr. 47 vom 12.11.2015, S. 24. **17** »Als ›schwarz‹ bezeichnet die CIA-Sprache verdeckte Operationen, die wegen gravierender Verstöße gegen Gesetze oder ethische Grundsätze nicht mit der durchführenden Organisation in Verbindung gebracht werden dürfen.« So Enrico Heitzer in seinem Beitrag für den vorliegenden Band, hier S. 88.

die der Verfassung ihres Staates konsequent folgen, wenn sie Irreführungen und Desinformationen der Bevölkerung aufklären. Somit sehen sie sich als Informanten in einem weiteren und tieferen Verständnis, die den Rechtsstaat und die Demokratie schützen, indem sie Amtsgeheimnisse öffentlich machen.[18] Sie stellen oftmals ihr Gewissen über die Karriere und riskieren hohe Gefängnisstrafen in Rechtsstaaten und ihr Leben in Diktaturen. Ihre Kritiker werfen ihnen vor, der Staatsräson zu schaden und effizientes Regieren unmöglich zu machen. Für ihre Vorstellung vom Gemeinwohl würden sie Freundschaften verraten und Vorgesetzte und Kollegen hintergehen, um Unterlagen zu stehlen. Damit würden sie nicht nur ihre eigene wirtschaftliche Existenz aufs Spiel setzen, sondern auch die der betroffenen Kollegen, die gegebenenfalls ihren Arbeitsplatz verlieren, wie der Whistleblower selbst. Ob und, wenn ja, inwieweit Whistleblower das Leben von geheim operierenden Agenten in feindlichen Staaten gefährdet haben, ist umstritten.

Einer der bekanntesten Whistleblower in der Militärgeschichte ist Oberstleutnant Georges Picquart. Als Leiter des Auslandsnachrichtendienstes der französischen Streitkräfte bewies er die Unschuld von Alfred Dreyfus, der 1894 mit Wissen der Armeeleitung und des Kriegsministeriums zu Unrecht wegen Spionage und Landesverrats verurteilt worden war. Piquart deckte den Gesetzesbruch seiner Vorgesetzten auf, die ihn der Geheimnisverletzung beschuldigten und aus der Armee entließen. Piquart war ein hohes persönliches Risiko eingegangen, als er sich durch seine grundsätzliche Achtung für Recht und Gesetz leiten ließ.

In seinem 2013 publizierten Roman »An Officer and a Spy« machte der britische Schriftsteller Robert Harris die Dreyfus-Affäre zum Gegenstand. An ihr lasse sich geradezu modellhaft zeigen, wie bürokratische Strukturen in das Leben von Bürgern eingreifen und sich verselbstständigen können: "The thing I like doing is writing about power and structures and how they affect life. In this case you really see a model of how bureaucracies in any society and at any time cover up their mistakes, and how they will square this in their own conscience by saying that it's for the greater good. I found writing the book quite radicalising in a way. I don't think I will ever look at the government and armed forces and institutions generally in the same way again."[19]

Das Fehlurteil gegenüber Dreyfus wurde auf der Grundlage von Dokumentenfälschungen, unehrlichen Ehrenwörtern und antisemitischen Vorurteilen gefällt. Wider besseres Wissen versuchten die französische Generalität und führende Politiker, eine Rehabilitation des jüdischen Offiziers zu verhindern. Sie argumentierten, dass das Eingeständnis der Intrige und ihres Versagens Frankreichs Ansehen schaden würde. Dies wog in ihren Augen schwerer als das Gesetz und das Leben eines unschuldigen Menschen.

Außenpolitische Reputation und militärisches Renommee waren auch die eigentlichen Gründe für die Fortsetzung des Vietnamkriegs Ende der 1960er-Jahre. »Wir sind zu 10 Prozent in Vietnam, um den Süd-Vietnamesen zu helfen«, schrieb ein Staatsekretär im US-Verteidigungsministerium, »zu 20 Prozent, um die Chinesen rauszuhalten, und zu 70 Prozent, um nicht das Gesicht zu verlieren.«[20] Dieses Zitat aus einer höchster Geheimhaltung unterliegenden Studie wurde zusammen mit weiteren Dokumenten im März 1971 in der »New York Times« unter dem Titel »What They Said in Public and in Private« gedruckt. Insgesamt umfassten die Unterlagen

7000 Seiten, die als »Pentagon Papers« (Pentagon-Papiere) bekannt wurden[21]. Als »the most dangerous man in America«[22] bezeichnete Henry Kissinger, der Nationale Sicherheitsberater des US-amerikanischen Präsidenten, den Mann, der sie entwendet hatte und veröffentlichen ließ: Daniel Ellsberg.

Daniel Ellsberg arbeitete seit August 1964 als Analyst für das US-amerikanische Verteidigungsministerium im Pentagon. In dieser Funktion war er an der Entscheidung für die systematischen Flächenbombardierungen Nord-Vietnams beteiligt. Er war ein glühender Verfechter des Krieges und der führende Kriegstheoretiker seiner Generation. Um die am Schreibtisch gewonnenen Überzeugungen mit der Wirklichkeit abzugleichen, flog er 1965 nach Vietnam und nahm als bewaffneter Zivilist in Uniform an Dschungelkämpfen gegen den Vietcong teil. Dabei befehligte er zeitweilig eine US-Infanteriekompanie. Seine militärische Führerausbildung hatte Ellsberg zwischen 1954 und 1957 bei den Marines erhalten. Im Oktober 1966 stand für Ellsberg fest, dass die USA den Krieg nicht gewinnen und nur mit großen Anstrengungen das Patt halten könnten, in dem sie sich befanden. Die Regierung teilte seine Einschätzung, gab sich gegenüber der Öffentlichkeit aber zuversichtlich und siegesgewiss. Kein Präsident wollte als erster Kriegsverlierer in die Geschichte der USA eingehen.[23] So gingen die Kämpfe weiter, trotz besseren Wissens und ungeachtet der Toten auf amerikanischer und auf süd- sowie nordvietnamesischer Seite. Als fünfter Präsident seit Beginn des Indochinakriegs wurde Richard Nixon im Januar 1969 gewählt. Doch statt den Krieg zu beenden, wie von ihm erwartet wurde,[24] plante er eine Ausweitung der Kampfhandlungen. In dieser Situation kopierte Daniel Ellsberg die Pentagon-Papiere, die den gesamten Kriegsverlauf und die Politik von vier Präsidenten dokumentieren, die seit Harry S. Truman in der Öffentlichkeit etwas anderes sagten, als sie hinter verschlossenen Türen taten.

18 Information ist auch die grundlegende Voraussetzung für die parlamentarische Kontrolle der Geheimdienste, vgl. dazu den Beitrag von Stefanie Waske im vorliegenden Band. Als Grundlage für die Arbeit parlamentarischer Untersuchungsausschüsse dienen häufig die Veröffentlichungen von Whistleblowern. **19** URL: http://www.telegraph.co.uk/culture/books/authorinterviews/10336271/Robert-Harris-on-his-new-thriller-An-Officer-and-a-Spy.html, zuletzt besucht am 5.12.2015. **20** Der gefährlichste Mann in Amerika. Daniel Ellsberg und die Pentagon-Papiere. Doku, USA/D 2009, 92 Min., URL: https://www.youtube.com/watch?v=Jc1hVMIzHlk, zuletzt besucht am 5.12.2015. **21** "United States-Vietnam Relations, 1945–1967: A Study Prepared by the Department of Defense" lautet der Originaltitel des Berichts. **22** Der bekannte Ausspruch von Henry Kissinger lässt offen, für wen Daniel Ellsberg gefährlich war. Noam Chomsky sagte dazu in einem Interview mit der Wochenzeitung »Die Zeit«: »Ich habe in meinem Leben viel Zeit damit verbracht, Geheimdienstakten zu lesen, die der Öffentlichkeit zugänglich gemacht wurden. Wissen Sie, was bemerkenswert daran war? Dass Geheimakten nur zu einem geringen Teil die staatliche Sicherheit betreffen. Worum es wirklich geht, das ist die Bevölkerung. Sicherheit nennt man den Zustand, wenn die Regierung vor der eigenen Bevölkerung sicher ist. Zum Beispiel bei den Pentagon-Papieren. Mit der Sicherheit der Vereinigten Staaten hatte das herzlich wenig zu tun. Die Papiere drehten sich in erstaunlich hohem Maße um Kontrollwissen – darum, was in der amerikanischen Bevölkerung vor sich ging.« Die Zeit Nr. 26 vom 20.6.2013, S. 43. **23** »Das Image und die Image-Pflege ersetzte das Realitätsprinzip und verdrängte eine verantwortliche Politik. ›Das größte und in der Tat fundamentale Fehlurteil bestand jedoch darin, dass man Krieg führte, um auf ein Publikum Eindruck zu machen, und dass man über militärische Fragen unter ›politischen und Public-Relations-Gesichtspunkten‹ entschied [...]; in Betracht gezogen wurden nicht die wirklichen Risiken, sondern nur ›geeignete Reklametechniken, mit deren Hilfe man den Schock einer Niederlage auf ein Minimum zu reduzieren hoffte.‹‹« Hannah Arendt zit. n. Jürgen Forster: Die Sorge um die Welt und die Freiheit des Handelns. Zur institutionellen Verfassung der Freiheit im politischen Denken Hannah Arendts, Würzburg 2009, S. 351, Anm. 196. **24** "The greatest honor history can bestow is the title of peacemaker." Aus der Amtsantrittsrede von Präsident Richard Nixon 1969. URL: http://www.presidency.ucsb.edu/ws/index.php?pid=1941, zuletzt besucht am 5.12.2015.

Als Ellsberg auf Grundlage des Spionagegesetzes angeklagt wurde, bereute er lediglich, nicht schon früher gehandelt zu haben und »dass ich nicht meine Pflicht gegenüber meinem Land erfüllt habe, gegenüber der Verfassung, der Öffentlichkeit, unseren Soldaten, indem ich die Interna geheim gehalten hatte, was zur Eskalation des Krieges führte«.[25] Ellsberg drohten 115 Jahre Gefängnis. Doch der Prozess platzte, als bekannt wurde, dass sich Präsident Nixon und der Vorsitzende Richter Matthew Byrne getroffen hatten und diesem der Posten des Direktors der zentralen US-Sicherheitsbehörde FBI (Federal Bureau of Investigation) angeboten worden war. Ausschlaggebend war jedoch, dass Ellsberg über einen Zeitraum von zwei Jahren bis zur Veröffentlichung der Pentagon-Papiere vom FBI abgehört worden war und Mitarbeiter des Weißen Hauses in die Praxis von Ellsbergs Psychologen eingebrochen hatten, um belastendes Material gegen Ellsberg zu suchen. Ein Bundesrichter erklärte den Prozess gegen Ellsberg für gescheitert, weil die Regierung so massiv in den eigenen Fall eingegriffen habe, dass ein faires Verfahren nicht mehr möglich sei. Trotzdem war Ellsberg enttäuscht. Ungeachtet der Pentagon-Papiere und seiner Kriegspolitik wurde Präsident Nixon mit überwältigender Mehrheit bei der Wahl im November 1972 in seinem Amt bestätigt. Für Ellsberg war dies eine unerwartete Niederlage, die ihn auch noch vierzig Jahre später schmerzte: »Ich gab meine Karriere auf und setzte meine Freiheit aufs Spiel [...], in der Annahme, dass sich die Öffentlichkeit, wenn sie die Tragweite der ihr 25 Jahre lang aufgetischten Lügen zur Schlächterei in Vietnam erführe, gegen den Krieg entscheiden würde. Leider lernt man dabei etwas über seine Mitmenschen, was man eigentlich gar nicht wissen will, dass sie zuhören, daraus lernen, es sogar verstehen, und es dann aber weiter ignorieren.«[26]

In ihrem Essay »Wahrheit und Politik« stellte Hannah Arendt die Frage, »ob es stets richtig ist, die Wahrheit zu sagen«. Geheimhaltung und Täuschung, »was die Diplomaten Diskretion oder auch die arcana imperii, die Staatsgeheimnisse, nennen«, gelten »als legitime Mittel zur Erreichung politischer Zwecke«.[27] Für die Arbeit der Geheimdienste sind sie unverzichtbar.[28] Die Dienste sind die verdeckten Ermittler und Aufklärer politischer und militärischer Gefahren, aber auch wirtschaftlicher Herausforderungen und Bedrohungen des Wohlstands. Geheimdienste arbeiten im Geheimen, um die Interessen des Staates zu vertreten. Geheimhaltungsstufen haben aber den nachteiligen Effekt, dass die Erfolge der Dienste einer breiten Öffentlichkeit entweder ganz oder im Detail unbekannt bleiben. So schrieb Annette Ramelsberger in einem Beitrag der »Süddeutschen Zeitung«: »Der Schutz der Sicherheit ist ein diskretes Geschäft. Wer redet, der gilt schnell selbst als Sicherheitsrisiko. Deswegen sagt Innenminister Thomas de Maizière lieber zu wenig als zu viel. Das erklärt seinen berühmten Satz: ›Ein Teil der Antworten könnte die Bevölkerung verunsichern.‹«[29] So wird nicht zuletzt im Jahr der Erinnerung an die Gründung des BND vor sechzig Jahren deutlich, wie wichtig und unverzichtbar die Arbeit von Geheimdiensten für das gemeine Beste eines Staates sein kann. Allein in den vergangenen Monaten wurden nach Auskunft des britischen Premierministers David Cameron sieben Terroranschläge des sogenannten Islamischen Staates (IS) auf sein Land verhindert,[30] dank des Government Communications Headquarters, der Inlands- und Auslandsgeheimdienste MI5 und MI6. Ohne Sicherheit gibt es keine Freiheit.

Über die Bedeutung von Geheimdiensten für die wehrhafte Demokratie, aber auch über die korrektive Intervention von Whistleblowern wie Chelsea Manning und Edward Snowden sprach Heidrun Hannusch mit Daniel Ellsberg für diesen Katalog. Das Gespräch mit Daniel Ellsberg setzte Bundesinnenminister a. D. Gerhart Baum im Rahmen des ausstellungsbegleitenden Veranstaltungsprogramms im Militärhistorischen Museum der Bundeswehr fort. Dabei ging es um die Frage von Bürgerrechten und Terrorabwehr, Landesverrat und Patriotismus, aber auch um die Popularität von Whistleblowern[31] und Erwägungen, diese durch Gesetze zu schützen. Einen Themenschwerpunkt bildete die Spähaffäre der NSA, von der auch der damalige Bundeskanzler Gerhard Schröder betroffen war. Sein mutmaßlich von der NSA abgehörtes Mobiltelefon konnte das Militärhistorische Museum der Bundeswehr ausleihen – um es aber nicht im Museum, sondern in der Semperoper auszustellen. Dort, wo Daniel Ellsberg am 21. Februar 2016 für seine Veröffentlichung der Pentagon-Papiere mit dem renommierten Dresden-Preis geehrt wurde. Mittelfristig beeinflusste diese Veröffentlichung die Entscheidung des amerikanischen Kongresses, die Gelder für den Vietnamkrieg zu streichen. Die Tat Ellsbergs und die Reaktion eines »imperialen Präsidenten«, der knapp zwei Jahre nach seiner Wiederwahl zum Rücktritt gezwungen wurde, haben die Geschichte verändert. In der Semperoper verweist das Mobiltelefon auf die mehr als 600 Objekte und Dokumente der Ausstellung »Achtung Spione! Geheimdienste in Deutschland 1945 bis 1956« im Militärhistorischen Museum der Bundeswehr. Ein Großteil der Exponate sind Leihgaben des BND-Archivs, die noch nie zuvor öffentlich gezeigt wurden. Viele Gegenstände stammen aus dem Besitz von Zeitzeugen und Familienangehörigen von BND-Mitarbeitern der ersten Stunde. Zeitzeugen und Angehörige standen uns auch für Interviews zur Verfügung, die Teil der Präsentation sind.

Die Idee zur Ausstellung hatte Dr. Magnus Pahl, er kuratierte sie und leitete ein Projektteam aus Spezialisten der Intelligence Studies, bestehend aus Dr. Susanne Meinl, Eva Jobs und Dr. Jens Ebert. Lutz Kirchner war für den allgemeinen ereignisgeschichtlichen Erzählrahmen der Ausstellung verantwortlich, Jens Wehner für die Co-Kuratierung und Präsentation der Großexponate. Erik Zimmermann plante und verwirklichte das ausstellungsbegleitende Angebot der Abteilung Museumspädagogik unter Leitung von Avgi Stilidis. Ergänzende Veranstaltungen und Filmprogramme zur Ausstellung entwickelte Jan Kindler, der auch für die Umsetzung verantwortlich war. Die Szenografie in zwei Hallen mit zusammen 1 300 Quadratmetern Ausstellungsfläche entwarf und realisierte das Büro Franke/Steinert, Ausstellungsgestaltung, Grafik und Interior Design aus Berlin. Ebenso ausgezeichnet wie das Ergebnis war die konstruktive, inspirierende und angenehme Zusammenarbeit mit Vera Franke und Frank Steinert.

Allen an dieser Stelle und im Impressum zum Katalog genannten festen und freien Mitarbeiterinnen und Mitarbeitern an der Ausstellung »Achtung Spione! Geheimdienste in Deutschland 1945 bis 1956« sei sehr herzlich gedankt!

25 URL: https://www.youtube.com/watch?v=Jc1hVMIzHlk, zuletzt besucht am 5. 12. 2015. **26** URL: https://www.youtube.com/watch?v=Jc1hVMIzHlk, zuletzt besucht am 5. 12. 2015. **27** URL: http://www.irwish.de/Site/Biblio/Philosophie/HannahArendt.htm, zuletzt besucht am 5. 12. 2015. **28** »The lifeblood of intelligence is secrecy – das A und O der Geheimdienstarbeit ist die Geheimhaltung«, so Eleni Braat in ihrem Beitrag für den vorliegenden Band, hier S. 389. **29** Annette Ramelsberger: Der Vorrat an Glück, Süddeutsche Zeitung vom 21./22. 11. 2015. **30** Stern Nr. 48 vom 18. 11. 2015, S. 16. **31** Als Comic-Held hat der Whistleblower mittlerweile auch in Asterix' antikem Rom Einzug gehalten. Vgl. R. Goscinny und A. Uderzo: Asterix. Jean-Yves Ferri (Text) und Didier Conrad (Zeichnungen): Der Papyrus des Cäsar, Berlin/Köln 2015.

ACHTUNG SPIONE!

Spionage und Militär gehören zusammen. Die Spionage besteht im Kern aus zwei Elementen: der verdeckten Beschaffung von Informationen – zumeist als »Ausspionieren«, »Ausspähen« oder »Auskundschaften« bezeichnet – und ihrer intelligenten Auswertung. Methoden und technische Mittel der Informationsbeschaffung haben sich mit der Zeit verändert und werden ständig weiterentwickelt. Die Auswertung der gewonnenen Informationen erfuhr ab der zweiten Hälfte des 19. Jahrhunderts eine zunehmende Systematisierung: Die neu gebildeten europäischen Nationalstaaten waren dazu übergegangen, Wehrpflichtarmeen aufzustellen. Die infolge der Industrialisierung einsetzende Geburtenexplosion schuf die Voraussetzung für personalstarke Streitkräfte. Die intellektuelle Elite des Offizierskorps diente im Generalstab, dem »Gehirn« jeder bewaffneten Streitmacht, der sich parallel zu den Wehrpflichtarmeen herausgebildet hatte. Die Hauptaufgabe der Generalstäbe bestand in der Beratung des Staatsoberhauptes in allen militärischen und in sicherheitspolitischen Fragen. Die Beratung setzte voraus, dass der Generalstab nicht nur die eigenen militärischen Potenziale, Fähigkeiten und Möglichkeiten feststellte, sondern auch seine (möglichen) Gegner einschätzen konnte. Für die »Feindaufklärung« wurden spezielle Generalstabsabteilungen geschaffen. Die durch Spione und andere Nachrichtenquellen – wie zum Beispiel die ausländische Presse – gewonnenen vielfältigen Informationen wurden im Generalstab zu einem ganzheitlichen Lagebild zusammengefügt. Der nachrichtenbeschaffende (operative) Bereich war vom nachrichtenauswertenden (analytischen) Bereich getrennt.

Neben diese beiden geheimdienstlichen Kernaktivitäten trat im Zeitalter der Weltkriege (1914–1945) der Bereich der »verdeckten Kriegführung«. Eine trennscharfe und von allen akzeptierte Definition lässt sich für dieses Tätigkeitsfeld nicht ziehen; es beinhaltet im Wesentlichen das, was im Allgemeinen unter dem Begriff Sabotage verstanden wird. Zu der Sabotage gegnerischen Materials traten die Mittel der gegen die Moral des Gegners gerichteten Zersetzung. Ihren (vorläufigen) Höhepunkt erfuhren die verdeckten geheimdienstlichen Praktiken während des Kalten Krieges, der im geteilten Deutschland auch zwischen den Geheimdiensten aus Ost und West ausgefochten wurde. Teil des Spionagekriegs war, das militärische Potenzial und die Absichten des Gegners einzuschätzen.

Detaillierte Aufklärungsergebnisse und ihre fachgerechte Analyse trugen entscheidend dazu bei, dass die militärische Bedrohung durch die Gegenseite für die Geheimdienste in Ost und West auf deutschem Boden zu weiten Teilen berechenbar war.

Mit dem Ende des Kalten Krieges 1989/90 und dem Verschwinden der bipolaren Welt – bestehend aus den Mitgliedsstaaten des Warschauer Vertrags unter Führung der Sowjetunion auf der östlichen, den NATO-Staaten unter Führung der USA auf der westlichen Seite – entfiel die

1 Eric Gujer: Auf die harte Tour, Neue Zürcher Zeitung, 27. 5. 2011 (URL: http://www.tagblatt.ch/altdaten/nzz-altdaten/international/Auf-die-harte-Tour;art119478,2913685, zuletzt aufgerufen am 1. 2. 2016).

Das BND-Gelände in Pullach wird von einer öffentlichen Straße durchkreuzt. Damit BND-Mitarbeiter beim Wechseln zwischen den beiden Geländeteilen nicht immer aus- und wieder einchecken müssen, wurde ein Fußgängertunnel gebaut. Das Bild zeigt einen der Eingänge, die von der Straße aus nicht sichtbar sind.

gegenseitige Bedrohung. Im wiedervereinigten Deutschland machte nach Auflösung des Warschauer Paktes und dem NATO-Beitritt der Nachbarstaaten Polen und Tschechien das Wort die Runde, »von Freunden umzingelt« zu sein. Die Bundesrepublik Deutschland rüstete folgerichtig ab. In einem Klima der außen- und sicherheitspolitischen Entspannung stellten Politiker, Wähler und Journalisten auch die Aktivitäten der Geheimdienste infrage. Einige zweifelten sogar an deren Existenzberechtigung.

Diese Entwicklung endete mit den terroristischen Anschlägen von Islamisten auf das World Trade Center in New York und das Pentagon in Washington, D. C. am 11. September 2001. Der internationale Terrorismus wurde zu einer neuen, akuten Bedrohung für die offenen westlichen Gesellschaften des 21. Jahrhunderts. Die US-geführten militärischen Operationen in Afghanistan und in anderen Staaten vermochten es nicht, den weltweiten Terrorismus aufzuhalten. Kaum vergeht zurzeit ein Tag, an dem die Medien nicht über konzertierte Aktionen des sogenannten Islamischen Staates (IS) oder Anschläge fanatisierter Einzeltäter berichten. Die Bedrohung durch nichtstaatliche Akteure ist real, aber im Gegensatz zur Situation des Kalten Krieges deutlich weniger berechenbar. Dies stellt die Geheimdienste vor große Herausforderungen, denn, wie Eric Guyer, Chefredakteur der »Neuen Zürcher Zeitung«, zugespitzt formulierte: »Sowjetische Panzer waren leicht aufzuspüren, aber nur schwer zu vernichten. Islamistische Terroristen hingegen sind leicht zu töten, aber nur schwer zu finden.«[1]

Die überwiegende Mehrzahl der Politiker aller Fraktionen und die Öffentlichkeit stellen die Daseinsberechtigung der Geheimdienste angesichts der offensichtlichen neuen Bedrohungen heute nicht mehr in Frage: Gemäß einer Meinungsumfrage des Allensbach-Instituts von 2015 halten 78 Prozent der Befragten Geheimdienste für wichtig oder sehr wichtig, und bezogen auf die Terrorismusbekämpfung sind es sogar 84 Prozent. Eine Mehrheit befürwortet auch die Kooperation mit anderen Geheimdiensten.[2]

Zu einem Kristallisationspunkt beim Nachdenken über die Rolle der Geheimdienste wurde die sogenannte NSA-Affäre. Sie brachte sowohl für die »Dienste« selbst als auch für die sie koordinierenden und kontrollierenden Politiker negative Schlagzeilen: Im Zuge von Enthüllungen des amerikanischen Whistleblowers Edward Snowden kam ans Licht, dass der amerikanische Geheimdienst National Security Agency (NSA) unter anderem die deutsche Regierung und deutsche Wirtschaftsunternehmen ausspioniert hat. Der Deutsche Bundestag setzte im März 2014 einen Untersuchungsausschuss mit acht Abgeordneten ein, um Hintergründe und Umfang der Spionageaktivitäten der NSA und anderer ausländischer Geheimdienste aufzuklären. Mit den Ergebnissen wird im Laufe des Jahres 2016 gerechnet. Bis heute ist zudem unklar, in welchem Umfang auch Privatpersonen von der amerikanischen Überwachung betroffen waren oder noch immer sind. Manche Kritiker argwöhnen sogar, dass das Argument der Terrorismusbekämpfung nur vorgeschützt sei, um die Bevölkerung zu überwachen. Bei allem Verständnis für die Notwendigkeit der Terrorismusbekämpfung gibt es den parteiübergreifenden Konsens, dass sich geheimdienstliche Aktivitäten nicht verselbstständigen und dass rechtsstaatliche Prinzipien in der freiheitlich-demokratischen Grundordnung nicht verletzt werden dürfen.

In Deutschland scheint das Misstrauen gegenüber Geheimdiensten wegen der Erinnerung an den Terror der Geheimen Staatspolizei (Gestapo) von 1933 bis 1945 und die flächendeckende Überwachung durch das Ministerium für Staatssicherheit (MfS) in der DDR von 1950 bis 1989 besonders stark ausgeprägt zu sein. In der Tat ist die Gefahr des Machtmissbrauchs bei Geheimdiensten aufgrund ihrer konspirativen Aufgabenstellung besonders hoch. Gerade vor diesem Hintergrund erscheint es wichtig, das Interesse an ihnen sowie die wissenschaftlich-kritische Auseinandersetzung mit ihnen nicht zu vernachlässigen. Die Tatsache, dass es in der Bundesrepublik Deutschland, mit über achtzig Millionen Einwohnern der bevölkerungsreichste und wirtschaftsstärkste Staat der Europäischen Union, zum Beispiel in der zeitgeschichtlichen und politikwissenschaftlichen Forschungslandschaft keinen Lehrstuhl für Geheimdienstthemen (»Intelligence«) gibt, ist beklagenswert. Ohne eine wissenschaftliche Infrastruktur, auf die sich auch der investigative Journalismus stützen kann, muss das fundierte Wissen über Geheimdienste zwangsläufig begrenzt bleiben. Diese Lücke füllt ein Sensationsjournalismus, welcher der ergebnisoffenen und sachlichen Beschäftigung mit dem Thema abträglich ist.

Auch das Wissen über den Bundesnachrichtendienst (BND), der für die Gewinnung von Erkenntnissen mit außen- und sicherheitspolitischer Bedeutung für die Bundesrepublik Deutschland zuständig ist, wird stark von Sensationsmeldungen geprägt. Auslandsgeheimdienst (BND, gegründet 1956) und Militär (Bundeswehr, gegründet 1955) sind die beiden Institutionen, die mit der Gewährleistung der äußeren Sicherheit der Bundesrepublik Deutschland beauftragt sind.[3]

Ihre Zusammenarbeit ist daher eng. Besonders augenfällig wird dies in der Tatsache, dass Bundeswehrangehörige beim BND tätig sind.[4] Ohne den professionellen Sachverstand von Militärs könnte der BND seinen Auftrag auf dem Feld der Militäraufklärung kaum lösen. Die Bundeswehr ist wiederum auf die Aufklärungsergebnisse des BND angewiesen. Das Leben von Soldatinnen und Soldaten in Auslandseinsätzen hängt auch von rechtzeitigen Warnmeldungen des BND ab. Dieser Zusammenhang ist vielen Menschen in Deutschland nicht bekannt.

Am 1. April 2016 wird der BND sechzig Jahre alt. Um eine bessere Vorstellung von historischen, aber auch aktuellen sicherheitspolitischen Entwicklungen zu gewinnen, lohnt sich der Blick in die Vergangenheit. Wer den heutigen BND, seine Kultur und sein besonderes Verhältnis zu den amerikanischen Geheimdiensten verstehen möchte, muss den Blick in seine Gründungsphase richten. Hervorgegangen war er aus der Organisation Gehlen (Org), deren Entstehungsgeschichte wiederum direkt nach dem Ende des Zweiten Weltkriegs begonnen hatte.

Die Organisation Gehlen: Geheimdienst oder Militär?

»Artillerieregiment 28, Fremde Heere Ost, Familienclan, um 27 Ecken verwandt, hoher verarmter Adel aus dem Osten usw. Der ›Laden‹ bestand aus mehreren Cliquen, die sich zu einer grossen Clique zusammengeschlossen hatten. ›Background‹ und ›ambiente‹ – um zwei damals gängige Lehnwörter zu gebrauchen – waren eine Mischung aus hinterpommerschem Adel, ostpreussischem Großgrundbesitz, baltischer Schlossatmosphäre, schlesischem Garnisonskino und der verschworenen Gemeinschaft der nächtlichen Kognak- und Kaffeerunden im OKW-Führungsstab nach der Lagebesprechung bei Hitler!«[5]

Mit diesen Worten fasste im Jahr 1949 ein Neueinsteiger seinen ersten Eindruck von der Organisation Gehlen (Org) zusammen. Er charakterisierte anschaulich die soziale Herkunft aus (ostelbischer) Aristokratie und Großbürgertum sowie den beruflichen Hintergrund der hauptamtlichen Mitarbeiter: Sie waren fast ausnahmslos ehemalige Offiziere der Wehrmacht, vorzugsweise aus dem ehemaligen Generalstab. Benannt war die Org nach ihrem Gründer, Reinhard Gehlen. Als Oberst i. G./Generalmajor (ab Dezember 1944) hatte er von April 1942 bis kurz vor Kriegsende die Generalstabsabteilung Fremde Heere Ost (FHO) geführt. Seine Abteilung bildete den Mittelpunkt der militärischen Feindaufklärung an der Ostfront: Bei ihr liefen alle Informationen über die sowjetischen Streitkräfte zusammen, sie wertete diese aus, steuerte die Nachrichtenbeschaffung und beriet den Generalstabschef des Heeres sowie Hitler.[6]

---

2 Renate Köcher: Mehrheit der Deutschen findet Kooperation von BND und NSA richtig, Frankfurter Allgemeine Zeitung, 18. 6. 2015 (URL: http://www.faz.net/aktuell/gesellschaft/kriminalitaet/mehrheit-begruesst-zusammenarbeit-von-bnd-und-nsa-13652520.html, zuletzt aufgerufen am 1. 2. 2016). **3** Die westdeutschen Streitkräfte wurden am 12. 11. 1955 aufgestellt und erhielten am 1. 4. 1956 ihren offiziellen Namen »Bundeswehr«. Am selben Tag wurde der BND gegründet. Vorangegangen war ein geheimer Kabinettsbeschluss vom 11. 7. 1955. **4** Von den ca. 6 500 hauptamtlichen BND-Mitarbeiterinnen und -Mitarbeitern sind nach Angaben des BND aktuell ca. 750 Soldaten (URL: http://www.bnd.bund.de/DE/Karriere/Allgemeine%20Informationen/Allgemeine%20Informationen_node.html, zuletzt aufgerufen am 2. 2. 2016). **5** CGC Box, 4: Harald Mors: 1. General Reinhard Gehlen, Typoskript Berg 1983, S. 13. **6** Vgl. Magnus Pahl: Fremde Heere Ost. Hitlers militärische Feindaufklärung, Berlin 2012.

Ende Mai 1945 hatte sich Gehlen mit seinen wichtigsten Mitarbeitern dem US-Militär angedient. Gehlen kannte die Rote Armee besser als die Amerikaner, die sehr an diesem Wissen interessiert waren. In deren Auftrag analysierte Gehlen im August 1945, als der Zweite Weltkrieg auf dem fernöstlichen Kriegsschauplatz noch nicht beendet war, mit seinem kleinen Team die sowjetischen Operationen gegen die japanischen Truppen in der Mandschurei. Den materiellen Grundstock für die Auswertearbeit bildeten Akten von FHO, die Gehlen gegen Kriegsende versteckt hatte. Dazu zählte eine 26 000 Karten umfassende Kartei mit Erkenntnissen über die Rote Armee, welche noch der BND später fortschrieb und bis 1965 benutzte.[7]

Die ehemaligen Generalstäbler kamen nicht nur aus der Abteilung FHO und aus dem Verbund der ehemaligen Feindaufklärung (Ic), sondern auch aus den anderen Generalstabszweigen Operationen (Ia), Organisationen (Ib) und Personalwesen (Id). Anfang der 1950er-Jahre beschäftigte die Org 119 der fast 1 700 überlebenden ehemaligen Generalstabsoffiziere des Heeres.[8] In Relation zur Gesamtanzahl der hauptamtlichen Mitarbeiter der Org – sie lag 1951 bei knapp über 1 000,[9] bei Gründung des BND bei 1 245[10] – waren die ehemaligen Generalstäbler stark vertreten. Sie bekleideten fast durchweg die Führungspositionen in der Org. Der Chef der traditionellen Generalstabsdomäne der Auswertung war ab 1948 Generalleutnant a. D. Adolf Heusinger, der von 1940 bis 1942 Gehlens Vorgesetzter in der Operationsabteilung gewesen war. In der Org beschäftigte er sich neben der Auswertung der Nachrichten über die sowjetischen Streitkräfte mit Fragen der westdeutschen »Wiederbewaffnung«, ehe er 1950 in das Amt Blank wechselte, die Vorläuferorganisation des Bundesministeriums für Verteidigung. Gehlen selbst umgab sich mehr und mehr mit der konspirativen Aura eines Spionagechefs, obwohl er mit dem Kerngeschäft der Spionage – der Nachrichtenbeschaffung – kaum in Berührung kam.

Gehlen etablierte in der Org alle Bereiche eines modernen Geheimdienstes mit Ausnahme der Sabotage. Dieses Ziel hatte er bereits im Krieg, als Chef von FHO verfolgt. In den Bereich der Sabotage hatte Gehlen sich mit FHO nicht vorgewagt, vor allem, um nicht in Konkurrenz zu Abwehr, dem militärischen Geheimdienst der Wehrmacht, und Reichssicherheitshauptamt zu geraten.[11] Als Chef der Org setzte er diese inhaltliche Linie fort. Eine Erweiterung um Sabotageaufgaben hätte sein politisches Ziel, die Org nach Gründung der Bundesrepublik Deutsch-

7 Armin Wagner: Militärspionage des BND in der DDR, in: Klaus Eichner/Gotthold Schramm (Hrsg.): Hauptverwaltung A. Geschichte, Aufgaben, Einsichten. Referate und Diskussionsbeiträge der Konferenz am 17./18. November 2007 in Odense, Berlin 2008 (=Geschichte der HV A, Bd. 1), S. 185–188, hier S. 187. **8** Vgl. den Beitrag von Erich Schmidt-Eenboom, Die »Früh- und Feudalzeit« der Organisation Gehlen am Standort Pullach von 1947 bis 1952/53, im vorliegenden Band. **9** Mit Stichtag 1. 5. 1951 beliefen sich die Stärken der Org nach CIA-Angaben auf 550 Angehörige (»Staff«) in Pullach, 558 hauptamtliche Mitarbeiter (»Staff«) in den Außenstellen sowie 1152 V-Leute (»Agent Personnel«). Vgl. Forging an Intelligence Partnership: CIA and the Origins of the BND, 1949–56. Part I.: CIA's Contemporay Information on the Gehlen Organization, S. 4, 8 (URL: https://archive.org/stream/CIAAndTheOriginsOfTheBND1949-1956/CIA%20AND%20THE%20ORIGINS%20OF%20THE%20BND%2C%201949–56%20%20%20VOL.%201_0002#page/n0/mode/1up, zuletzt aufgerufen am 1. 2. 2016). **10** Armin Wagner/Matthias Uhl: BND contra Sowjetarmee. Westdeutsche Militärspionage in der DDR, Berlin 2007 (= Militärgeschichte der DDR. Herausgegeben vom Militärgeschichtlichen Forschungsamt, Bd. 14), S. 63. Die Autoren beziehen sich auf eine Angabe aus der DDR. **11** Vgl. Pahl: Fremde Heere Ost, 2012, S. 138 ff. **12** Vgl. dazu auch den Artikel von Gerhard Sälter: Rote Agenten unter uns, Frankfurter Allgemeine Zeitung, 28. 12. 2015, S. 6. **13** Tatsächlich arbeitete ein ehemaliger RSHA-Offizier und führender Org-/BND-Mitarbeiter, Heinz Felfe, für das sowjetische KGB.

BND-Präsident Reinhard Gehlen im Gespräch, Hannover, 1958

land in den Bundesdienst zu überführen, gefährden können. Für verdeckte Sabotageoperationen bedienten sich die Amerikaner anderer Organisationen, wie zum Beispiel der West-Berliner Kampfgruppe gegen Unmenschlichkeit. Die Dominanz des Militärischen innerhalb der Org wird häufig damit erklärt, dass Gehlen hauptsächlich ehemalige Generalstäbler eingestellt habe – ihres besonderen Korpsgeistes wegen und weil er auf diese Weise Bekannte und Verwandte in Lohn und Brot bringen konnte. Beides trifft zu, sollte allerdings nicht den Blick darauf verstellen, dass der von den Amerikanern definierte Hauptauftrag Gehlens in der Aufklärung des sowjetischen Militärs in der Sowjetischen Besatzungszone (SBZ) und später in der DDR bestand. Deshalb lag die Auswahl gerade dieser Mitarbeiter auch aus inhaltlichen Gründen nahe.

Bereits 1945/46 war die Spionageabwehr ein weiteres von den Amerikanern gefordertes Aufgabengebiet für Gehlen. Unter dem Etikett der Spionageabwehr versuchte die Org, durch die Überwachung von tatsächlichen und vermeintlichen Sympathisanten des Kommunismus insbesondere bei Bundeskanzler Konrad Adenauer zu reüssieren, um dadurch einen maßgeblichen Entscheidungsträger für die Übernahme der Org in den Bundesdienst für sich zu gewinnen.[12] Auf diesem geheimdienstlichen Aufgabenfeld verfügten Gehlen und seine Offizierskameraden aus dem Generalstab über nur wenige bzw. keine Erfahrungen. Hierfür rekrutierte die Org ehemalige Mitarbeiter der Abwehr und des Reichssicherheitshauptamtes, darunter viele Kriegsverbrecher. Sie waren erpressbar, da sie sich gerichtlich nicht verantwortet und die gegnerischen Geheimdienste häufig Material gegen sie in der Hand hatten.[13] Bereits frühzeitig ließ Gehlen Spionageabwehr und Gegenspionage mit der Aufklärung verbinden. Zu die-

sem Zweck hatte die Nachrichtenbeschaffung nach Kriegsende versucht, Quellen im sowjetischen Machtbereich über Funk zu reaktivieren, allerdings vergeblich. Sie waren nicht (mehr) vorhanden. Die Org warb deshalb neue Quellen in der SBZ für die sogenannte Nahaufklärung an. Über Spitzenquellen in der Sowjetunion verfügte die Org nach heutigem Wissensstand nicht. Zur Erfüllung ihrer Hauptaufgabe war dies aber auch nicht notwendig. Es kann auch bezweifelt werden, dass die Amerikaner in diesen Jahren überhaupt an einer sogenannten Tiefenaufklärung in die Sowjetunion hinein interessiert waren. Schließlich wären sie Gefahr gelaufen, die Kontrolle über derartig brisante Operationen aus der Hand zu geben. Den Amerikanern war weniger an einer auslandsgeheimdienstlichen Nachrichtenbeschaffung auf hoher strategischer Ebene als vielmehr an militärischer Feindaufklärung im operativ-taktischen Bereich gelegen: Die Überbleibsel des ehemaligen Generalstabs des Heeres, der den Krieg im Osten operativ geführt hatte, eigneten sich genau für diese Aufgabe. Die Operationsabteilung, von 1941 bis 1944 geleitet von Heusinger, und FHO waren die beiden wichtigsten Generalstabsabteilungen, bei ihnen war das (Herrschafts-)Wissen über den »Ostgegner« gespeichert. Bis zur Gründung des MfS der DDR im Jahr 1950, das sich primär der Spionageabwehr verschrieben hatte, konnte die Org ihre größten Erfolge auf dem Gebiet der Militäraufklärung verbuchen. Ihr Schwerpunkt lag dabei in der Früherkennung von Mobilmachungsmaßnahmen und potenziellen Offensivvorbereitungen in der SBZ/DDR. Besondere Bedeutung maß die Org der Beobachtung der Infrastruktur bei, vor allem von Eisenbahnlinien, die für den Truppen- und Materialtransport relevant waren, und der Überwachung von militärischen Gebäuden und Anlagen, etwa der sowjetischen Militärflugplätze. Die neu angeworbenen Spione (Außenquellen) waren in vielen Fällen ehemalige Unteroffiziere und Feldwebel der Wehrmacht, die den notwendigen militärischen Sachverstand und die gewünschte antikommunistische Grundeinstellung mitbrachten. In einem heißen Krieg zwischen Ost und West wären das Wissen und die Erfahrung der ehemaligen Generalstäbler Hitlers in Kombination mit dem gewaltigen amerikanischen Rüstungspotenzial zu einer ernsthaften Bedrohung für die Sowjetunion geworden. Diese Allianz wirkte auf die sowjetische Führung zweifelsohne abschreckend. Für die sowjetischen Geheimdienste und Militärs war Gehlen zudem eine Reizfigur, mit der sich Emotionen verbanden: Den Überfall auf die Sowjetunion am 22. Juni 1941 hatte er vor seiner Tätigkeit als FHO-Chef in Heusingers Operationsabteilung mitgeplant. In der Fortsetzung seiner Geheimdiensttätigkeit für die Amerikaner sahen die sowjetischen Geheimdienstler und Militärs den ultimativen Beweis für ihre Überzeugung, dass Faschismus und Kapitalismus letztlich nur zwei Seiten derselben Medaille seien.

◄ »The spy Reinhard Gehlen« von Alexander Zhitomirsky, 1962.

Die Fotomontage des sowjetischen Künstlers zeigt Gehlen als hochgerüsteten Schattenmann. Sie nahm das von ihm als Leiter der Org kultivierte Erscheinungsbild eines Spions mit hochgeschlagenem Trenchcoatkragen und Hut auf.

Die sowjetischen Geheimdienste lehnten ihrerseits die hauptamtliche Mitarbeit ehemaliger Geheimdienstangehöriger aus dem »Dritten Reich« kategorisch ab, auch wenn sie nicht davor scheuten, sich ehemaliger SS- und SD-Offiziere als Spione zu bedienen. Für sie stand die ideologische Zuverlässigkeit im Klassenkampf über etwaigen professionellen Kompetenzen einer geheimdienstlichen Funktionselite. Wer hauptamtlicher Mitarbeiter eines sowjetischen Geheimdienstes werden wollte, musste linientreuer Kommunist sein und nach Möglichkeit über einen »proletarischen Hintergrund« als Arbeiter- oder Bauernsohn verfügen. Eine Herkunft aus Adel oder Großbürgertum war ein gravierender »Geburtsfehler« und ließ sich nur schwer kompensieren. Die Nationalität war demgegenüber zweitrangig, zum Selbstverständ-

Das Aussehen von DDR-Spionagechef Generalmajor Markus Wolf war im Westen über drei Jahrzehnte unbekannt. Erst 1979 enttarnte ihn ein Überläufer.
Um 1954, Privatbesitz

nis der Kommunisten zählte ihr Internationalismus. Einzelne deutsche Kommunisten, die meisten von ihnen Emigranten, denen die Sowjetunion während des Krieges zur zweiten Heimat geworden war, dienten in den sowjetischen Geheimdiensten, noch mehr innerhalb des sowjetischen Propagandaapparates. 1945 kehrten viele Emigranten nach Deutschland zurück, um in der SBZ am Wiederaufbau mitzuwirken. Einige von ihnen stießen später zu den Geheimdiensten, wie Markus Wolf, ab 1952 Chef der DDR-Auslandsaufklärung. Das MfS wurde bis Mitte der 1950er-Jahre sowjetisch kontrolliert und emanzipierte sich erst sukzessive vom »großen Bruder«. Sowjetische Geheimdienstoffiziere standen auch hinter den Planungen für die »konzentrierten Schläge« nach dem Aufstand in der DDR am 17. Juni 1953 gegen die westlichen Geheimdienste, vor allem die Org. Sie kostete die Org 1953/54 etwa ein Fünftel ihrer Spione. Viele von ihnen wurden durch sowjetische Militärtribunale verurteilt und anschließend hingerichtet. Selbst nach diesen Rückschlägen ging man aber 1955 in der Org davon aus, dass der eigene Dienst einen schulbuchmäßigen Aufmarsch der Sowjetarmee und ihrer Verbündeten zum Angriff auf Westeuropa rechtzeitig erkennen würde.

Ob Gehlen tatsächlich davon überzeugt war, muss dahingestellt bleiben. Schon als Chef von FHO hatte er ein Gespür dafür entwickelt, wie er seinen Vorgesetzten die vermeintliche Unfehlbarkeit seiner Prognosen und Lageeinschätzungen verkaufen konnte. Nachdem er bereits seine einstigen Generalstabschefs und Hitler sowie die U.S. Army und die CIA von seinen Fähigkeiten zu überzeugen gewusst hatte, musste Gehlen ab Anfang der 1950er-Jahre auch

14 Wolfgang Krieger: »Dr. Schneider« und der BND, in: ders. (Hrsg.): Geheimdienste in der Weltgeschichte. Von der Antike bis heute, Köln 2007, S. 275–296, hier S. 287. **15** Ich danke Erich Schmidt-Eenboom für diese Vorabinformation, die er demnächst im Rahmen einer Publikation veröffentlichen wird.

den Staatssekretär im Bundeskanzleramt, Hans Globke, und Bundeskanzler Adenauer für die Qualitäten der Org einnehmen, wollte er sowohl die Existenz seines Dienstes als auch seine eigene Karriere sichern. Den »Kampf um Bonn« (Rolf-Dieter Müller) gewann er schließlich nach Ausschaltung von Konkurrenten. Mit der Überführung der Org in den Bundesdienst gelang ihm sein politisch-administratives »Meisterstück«.[14] Diesen Erfolg trübte der Wechsel von rund 160 Offizieren zwischen 1955 bis 1958 von der Org bzw. dem BND zur Bundeswehr.[15] Sie hatten die »Geheimniskrämerei« satt und wollten wieder Uniform tragen.

Fazit

Noch Jahre nach der Überführung der Org in den BND am 1. April 1956 begrüßten Mitarbeiter, so wird bis heute durch ehemalige BND-Angehörige kolportiert, frisch Eingestellte augenzwinkernd mit den Worten: »Willkommen beim letzten aktiven Truppenteil der deutschen Wehrmacht.«

Tatsächlich hatte der Vorläufer des BND den Charakter einer militärischen Organisation mit der Hauptaufgabenstellung Militäraufklärung im operativ-taktischen Rahmen. Das blieb auch so, nachdem das US-Militär die »Treuhänderschaft« (Erich Schmidt-Eenboom) 1949 an die CIA abgegeben hatte. Der Auftrag der Org ähnelte dem von FHO bis ins Detail. Die während des Krieges angelegten Akten und Materialien konnten oft nahtlos fortgeschrieben werden. Der Wert dieses Wissens für die Amerikaner in den Anfangsjahren der Org ist kaum zu überschätzen. Das besondere Können der Org lag in der militärischen Auswertung, sie war gewissermaßen »Fremde Heere Ost II«. Die neu aufgebaute, auf die SBZ/DDR zugeschnittene Nachrichtenbeschaffung lieferte viele nützliche Informationen, im Bereich der Wirtschaftsaufklärung sogar deutlich über das militärische Kerngeschäft hinausgehend. Ein wirklich strategischer, weltweit agierender Auslandsgeheimdienst entstand in der Bundesrepublik Deutschland erst ab 1956 mit der Gründung des BND. Den deutschen Geheimdiensten in West (BND) und Ost (MfS) wurden mit den Jahren von ihren »großen Brüdern« aus den USA und der Sowjetunion mehr Freiheiten gewährt.

Eine Parallele zur Org gab es weder in der britischen noch der französischen Besatzungszone, in der sowjetischen wäre sie schier undenkbar gewesen. Das öffentliche Bild der Geheimdienste in Deutschland im frühen Kalten Krieg wird von Verrat, dunklen Machenschaften, Erpressungen, Entführungen und Tötungen geprägt und ist demzufolge düster. Doch die Aufklärungsarbeit trug auch dazu bei, dass keine Seite davon ausgehen konnte, militärische Überraschungen in Deutschland erfolgreich planen zu können. Die Geheimdienste machten die sicherheitspolitische Situation für die politischen Entscheidungsträger berechenbarer. Insofern kann man es auch als ihr Verdienst bezeichnen, dass aus dem Kalten kein »heißer« Krieg wurde.

GESCHICHTE MIT GEHEIMDIENST-SAGEN

Ein Interview mit dem Politiker Egon Bahr

Der 1922 geborene SPD-Politiker Egon Bahr war einer der Wegbereiter der neuen bundesdeutschen Ostpolitik in der sozial-liberalen Koalition unter Bundeskanzler Willy Brandt und Außenminister Walter Scheel. Der enge Vertraute Willy Brandts reiste als deutscher Sonderbotschafter in geheimer Mission nach Washington, Moskau und Ost-Berlin, um die Entspannungspolitik zwischen den Mächten vorzubereiten. Seine Leistungen würdigte Richard von Weizsäcker mit den Worten: »Gemacht hat diese Politik zur Überwindung des Kalten Krieges der Kanzler. Konzipiert hat sie Egon Bahr.«[1]

Als Journalist, Politiker, Diplomat und Wissenschaftler war Bahr ein profunder Kenner der politischen Verhältnisse des 20. Jahrhunderts. Magnus Pahl führte ein Interview mit dem »Geheimdiplomaten« Egon Bahr und befragte ihn zu den politischen Verhältnissen im Kalten Krieg und nach seinen Erfahrungen mit den Geheimdiensten.

Magnus Pahl traf Egon Bahr am 8. April 2015.
Bahr starb am 20. August 2015.

Wann sind Sie erstmals mit Geheimdiensten in Berührung gekommen?

Im Herbst 1945 – ich war 23 Jahre alt und arbeitete in Berlin bei der »Allgemeinen Zeitung«, die von den Amerikanern herausgegeben wurde – kam ein Mensch aus Aue zu mir und berichtete: »Bei uns ist Pechblende gefunden wurden.«[2] Dazu wusste ich immerhin, dass das ein Grundstoff für die Atombombe ist. Ich bin zu meinem Chef gegangen und habe ihm gesagt: »Mr. Hobbing« – das war ein ehemaliger Deutscher, der als Amerikaner zurückgekommen war –, »wir haben eine Weltmeldung!«, und habe ihm das berichtet. Und darauf hat er reagiert: »Wir haben garnüscht! Ich muss das erst nach Washington berichten, bevor die Russen wissen,

1 Das Interview – mit Erläuterungen von Thomas Schöder und Thomas Jahnke – wurde für diese Veröffentlichung gekürzt und sprachlich leicht geglättet. Zit. n. Jörg Hafkemeyer: Der Patriot. Der lange Weg des Egon Bahr, Berlin 2012, S. 13. **2** Pechblende (Uraninit) ist ein im Erzgebirge häufig vorkommendes Mineral mit einem hohen Urananteil. Diese reichen Uranvorkommen bildeten unmittelbar nach dem Ende des Zweiten Weltkriegs die strategische Rohstoffgrundlage für die sowjetische Kernwaffentechnologie. Ab 1946 wurden dort immer größere Mengen an Uranerz, ohne Rücksicht auf Umwelt und Arbeiter, abgebaut und an die Sowjetunion geliefert. **3** Konrad Hermann Joseph Adenauer, CDU-Politiker, war von 1949 bis 1963 der erste Bundeskanzler der Bundesrepublik Deutschland, von 1951 bis 1955 zugleich Minister des Auswärtigen.

Der Leiter des Bonner Büros des RIAS, Egon Bahr (r.), im Interview mit dem SPD-Vorsitzenden Erich Ollenhauer, etwa 1953

dass wir wissen, was wir wissen.« Und er hat diesem Menschen aus Aue und mir je eine Stange Zigaretten gegeben. Da wusste ich im Herbst 1945: Der Geist der Anti-Hitler-Koalition, der nach außen immer noch beschworen wurde – mit der schon erkennbaren Einschränkung, dass wir nichts drucken durften, was den Russen missfallen würde – war weg, intern hatte schon der Kalte Krieg begonnen. Das war meine erste Bekanntschaft mit den Diensten, mit dem ganzen geheimdienstlichen Komplex. [...]
Aber das war der Anfang meiner Auffassung: Der BND [Bundesnachrichtendienst] hat weder den Bau der Mauer noch den Fall der Mauer vorhergesehen oder angekündigt. Und ich habe irgendwann erfahren, dass der BND Adenauer[3] gemeldet hat: »Es könnte was im Busche sein.« Und Adenauer hat einen Teufel getan, uns zu informieren. Das heißt, dass der BND auch innenpolitisch gegen den innenpolitischen Gegner benutzt wurde.

Hatten Sie ab 1956 Verbindungen zu dem neu gegründeten BND? Gab es eine Berichterstattung, auf die Sie zurückgreifen konnten, oder sogar einen Verbindungsmann zum BND?

Nein.

Also war der BND zu dieser Zeit gar nicht existent für Sie?

Er war nicht existent? Doch, er war existent. Aber er war nicht nutzbar [als Geheimdienst für Bahr nicht nutzbar]. Sondern ich habe von Adenauer nur gehört, dass er [als der BND gegründet wurde] die Organisation Gehlen nehmen musste und gezweifelt hat, wo die Loyalität der Organisation Gehlen war. Die kamen nämlich von den Amis.

Reinhard Gehlen war Leiter der Organisation Gehlen und später der erste Präsident des BND. Haben Sie ihn persönlich kennengelernt?

Ja, natürlich habe ich den kennengelernt. Ich hatte eine Verabredung mit Leo Bauer[4] und – ich glaube – Berlinguer[5], dem italienischen Kommunisten, verbunden mit einem Besuch bei Gehlen.

Ein Besuch in Pullach?

In Pullach. Und Gehlen hat mir bei dieser Gelegenheit die unterschiedlichen Abteilungen mit Beschaffung, mit Analyse, mit Auswertung und so weiter erläutert. Und dann bin ich wieder weggegangen und habe später in Bonn erfahren, dass Gehlen Kiesinger[6] gemeldet hat, dass der Bahr sich hier getroffen hat mit Berlinguer, und und und. Kiesinger war ein anständiger Mensch und hat mich befragt. Und dann habe ich ihm gesagt: »Es ist furchtbar einfach. Wir wollten, dass die Moskowiter nicht angewiesen sind auf das, was ihnen Ulbricht[7] sagt, sondern wollten eine objektive Begleitung haben durch die Italiener, die nun Eurokommunismus

4 Leopold Bauer, deutscher Nachkriegspolitiker (SPD, SAPD, KPD, SED, erneut SPD). Bauer entstammte einer jüdischen Kaufmannsfamilie und emigrierte in der Folge der nationalsozialistischen Machtübernahme. Nach seiner Rückkehr nach Deutschland gehörte er von 1946 bis 1949 der KPD-Landtagsfraktion des Landes Hessen an. Anschließend war er Chefredakteur des Deutschlandsenders in Ost-Berlin. 1950 wurde er Opfer einer stalinistischen Säuberungswelle. Ein 1952 ausgesprochenes Todesurteil wurde zu 25 Jahren Lagerhaft in Sibirien umgewandelt. 1955 von dort entlassen, wurde er nach Westdeutschland abgeschoben. Er trat abermals der SPD bei und wurde in den 1960er-Jahren als Berater für Willy Brandt tätig. Von 1968 bis 1972 war er Chefredakteur des Magazins »Stern«.
5 Enrico Berlinguer, italienischer Politiker (PCI), Parteivorsitzender der Kommunistischen Partei Italiens, vertrat die Idee eines »Eurokommunismus«. Das besagte Treffen von Bahr, Bauer und Berlinguer fand Anfang des Jahres 1968 statt. Bauer war von Willy Brandt damit beauftragt worden, Gespräche mit der italienischen PCI zu organisieren. Das Ziel dieser Gespräche war die Verständigung mit der SED und eine Entspannung im Ost-West-Verhältnis.
6 Kurt Georg Kiesinger, CDU-Politiker, war von 1966 bis 1969 der dritte Bundeskanzler der Bundesrepublik Deutschland. **7** Walter Ernst Paul Ulbricht war von 1949 bis 1960 stellvertretender Ministerpräsident der DDR, von 1950 bis 1971 Generalsekretär des Zentralkomitees der SED. Bis zu seiner Absetzung im Jahr 1971 war er der mächtigste Politiker der DDR. **8** Vgl. Egon Bahr: Zu meiner Zeit, Pößneck 1996, S. 250–252. **9** Helmut Schmidt, SPD-Politiker, war von 1974 bis 1982 Bundeskanzler der Bundesrepublik Deutschland, zuvor (1972) Bundesminister für Wirtschaft und Bundesminister der Finanzen (1972–1974) sowie Bundesminister der Verteidigung (1969–1972). **10** Schmidt schrieb 2013, er habe sich »als Regierungschef niemals einen Bericht des BND vorlegen lassen. Ich wusste, die Einschätzung des Geheimdienstes beruhte zum Teil auf dem Abhören von Telefonen, manchmal auf Indizien und oft auf Eindrücken, die stark gefärbt waren durch die politische Präferenz des Berichtenden.« (Helmut Schmidt: Überflüssige Dienste, Die Zeit 45/2013, URL: http://www.zeit.de/2013/45/nsa-abhoeraffaere-gelassenheit, zuletzt aufgerufen am 18. 1. 2016). Die 1974 bekannt gewordene Affäre um Günther Guillaume, die zu seiner Kanzlerschaft führte und den Rücktritt Willy Brandts veranlasste, beruhte im Wesentlichen auf Erkenntnissen von BND und Verfassungsschutz.

machten.« Und darauf hat Kiesinger gesagt: »Ich nehme Ihnen das ab.«[8] Danach war alles wieder in Ordnung, aber meine Meinung über Gehlen ist natürlich dadurch nicht besonders zum Positiven verändert worden.

Er hat Ihren Informationsbesuch also ausgenutzt, um Sie zu befragen?

Nein, er hat mich gar nicht gefragt. Er hat mir nur erzählt und hatte inzwischen natürlich abgehört, in meinem Hotel, was wir mit Berlinguer besprochen hatten.

Er hat Sie abgehört?

Ja, natürlich.

Mit Wanzen?

Ja!

Was hatten Sie für einen Eindruck von Gehlen?

Ich wusste, er war bei Fremde Heere Ost gewesen. Das heißt, er hatte dem »Führer« und Reichskanzler bis zum Schluss treu gedient. Meine Einstellung zu ihm war nicht anders als die Adenauers.

Nämlich?

Meine Einstellung war: Dem kann man nicht trauen.

Sein Nachfolger wurde 1968 Gerhard Wessel. Der war zu Kriegszeiten als junger Generalstabsoffizier der Stellvertreter Gehlens bei Fremde Heere Ost gewesen. Welchen Eindruck hatten Sie von Wessel? Hat er sich von Gehlen unterschieden?

Nicht zu vergleichen. Wessel war ein Mann, dem man trauen konnte. Wessel kam dienstags immer nach Bonn, und wenn er ein wichtiges Anliegen hatte, dann hat er um einen persönlichen Termin mit dem Kanzler gebeten. Und den hat er auch immer bekommen. Rückwirkend kann ich nur sagen: Das, was Schmidt[9] später gesagt hat, galt auch für Brandt: Er kann sich nicht erinnern, dass irgendeine Maßnahme, die geplant oder nicht geplant wurde, aufgrund einer Meldung des BND gemacht oder reduziert oder abgesagt wurde.[10] Ich habe zu einem späteren Zeitpunkt, als Brandt bereits zurückgetreten war, einen dicken Brief von Markus

Bundeskanzler Willy Brandt (SPD) im Gespräch mit Egon Bahr (SPD, r.), Staatssekretär im Bundeskanzleramt, 3. März 1972

Wolf[11] bekommen, in dem er schrieb, seine größte Niederlage sei die Enttarnung von Guillaume[12] gewesen. Es tue ihm furchtbar leid und er würde sich bei Brandt entschuldigen wollen und das sei in einem Brief niedergelegt. Er überlasse es mir, ob ich diesen Brief an Brandt geben wolle oder nicht – selbstverständlich habe ich diesen Brief an Brandt übergeben. Zu einem etwas späteren Zeitpunkt habe ich Falin[13] in meinem Institut in Hamburg[14] zwei Semester lang ein Unterkommen gegeben, und Falin bot ein Zusammentreffen mit Markus Wolf an.[15] Ich habe Brandt gesagt: »Ich würde den gern kennenlernen, um zu erfahren, ob Honecker[16] von der Existenz von Guillaume gewusst hat.« Das wollte Brandt auch gern wissen. Und als wir uns trafen, habe ich sofort gefragt: »Wusste der Honecker von Guillaumes Existenz?«, und Markus Wolf antwortete: Das wisse er nicht, er habe Honecker nie zu Guillaume Vortrag halten dürfen. Das habe sich Mielke[17] vorbehalten. Und darauf habe ich gedacht: »Mensch, das kann jeder sagen, das ist sehr einfach!« Und bevor ich das aussprechen konnte, meinte Falin, er wolle sagen, wie das bei ihm war: Stalin habe sich immer um die persönlichen Schicksale der Top-Kundschafter, auch um ihre familiären Verhältnisse, gekümmert, und so sei es geblieben bis heute. Da habe ich gedacht: »Ach, guck mal an, Gorbačëv[18] auch!« Und ich habe gesagt, wie es bei uns ist, dass nämlich der Chef des BND dem Bundeskanzler sagen kann, wenn wir einen Spion haben – hoffentlich haben wir einen so guten –, und ob der abgezogen oder kaltgestellt oder zurückgezogen werden sollte. Und daraus ergab sich für mich glaubwürdig, dass Markus Wolf keinen direkten Kontakt zu Honecker hatte, jedenfalls nicht zum Thema Guillaume. Und es war wiederum klar, dass Honecker Brandt belogen hat, als er ihn später zum einzigen Mal traf[19]: Weil er gesagt hat, er hätte davon nichts gewusst.

Zu den Diensten habe ich eine sehr kritische Einstellung, und zwar deshalb, weil ja nicht zu leugnen ist, dass der Dienst von Markus Wolf viel besser war als der von Kinkel[20]. Was am Ergebnis nichts geändert hat.[21] Und ich weiß nicht, wie das KGB war, aber ich könnte mir vorstellen, dass die CIA besser gewesen ist als das KGB. Ich hab natürlich die CIA besucht und war tief beeindruckt von den Leuten, denen ich begegnet bin. Die waren über Moskau und Ost-Berlin besser informiert als ich, besser informiert als alle Leute, mit denen ich bis dahin in Bonn überhaupt gesprochen hatte. Und ich habe mir gesagt: »Mensch, wenn wir so gute Leute hätten!«, und habe dann sofort hinzugesetzt: »Dann wüsste ich auch nicht, wo ihre Berichte landen, auf welchem Schreibtisch. Ob sie beachtet werden, ob sie nicht beachtet werden. Und ob der jeweilige Chef des Dienstes nicht in einem großen verständlichen Hochmut gegenüber seinem Chef oder den politischen Chefs etwas anderes empfiehlt, als der macht.« Das heißt, es kommt auch sehr darauf an, was die besten Analysen bewirken: wohin sie kommen und wie die politischen Chefs der Dienste beurteilen, was ihre politischen Vorgesetzten machen und was sie nicht machen. Die ganze NSA-Geschichte[22] ist für mich die Geschichte des wildgewordenen, überheblichen, hypertrophen Machtbewusstseins, in dem Sinne: Wenn wir etwas haben, wodurch wir den Rest der Welt beobachten können, dann machen wir das. Und alles, was US-Präsident Obama bisher gesagt hat, dass er das einstellen oder beruhigen werde – nichts ist passiert, mit der Ausnahme, dass wir die Forderungen nach einem No-Spy-Abkommen still beerdigt und eine Situation erreicht haben, in der die deutschen Dienste, einschließlich BND, so gleichgeschaltet sind, dass wir es de facto mit einem amerikanisch-britisch-deutschen – wie es weitergeht, weiß ich nicht – vernetzten Instrument zu tun haben, das jedenfalls von außen nicht kontrollierbar ist. Auch nicht durch parlamentarische Kontrolle. Das ist doch lächerlich.

11 Markus Wolf war von 1952 bis 1986 Chef Hauptverwaltung Aufklärung (HVA) des MfS, des Auslandsgeheimdienstes der DDR. Sein Brief datiert auf den 21. 9. 1990. Wolfs Bitte um Verzeihung rührt wohl aus der Annahme um Strafverfolgung bezüglich seiner Tätigkeit für die HVA im absehbar wiedervereinigten Deutschland. **12** Günter Guillaume, Spion im Auftrag der HVA. Guillaume wurde von der DDR ab 1956 in der Bundesrepublik Deutschland als Spion eingesetzt. Sein Ziel war die Parteiarbeit der SPD. Ab 1970 war er im Bundeskanzleramt tätig und arbeitete ab 1972 als Persönlicher Referent von Bundeskanzler Willy Brandt. Am 24. 4. 1974 wurde er als Spion überführt und verhaftet. **13** Valentin Michailowitsch Falin, sowjetischer Diplomat, war von 1971 bis 1978 Botschafter in der Bundesrepublik Deutschland, Leiter der Internationalen Abteilung des ZK der KPdSU, Berater von Michail Gorbačëv. **14** Gemeint ist das Institut für Friedensforschung und Sicherheitspolitik an der Universität Hamburg, dessen Direktor Bahr von 1984 bis 1994 war. Die Tätigkeit Falins am Institut begann im Januar 1991. **15** Das Zusammentreffen auf Bitten Willy Brandts fand im Juli 1992 in Hamburg statt. **16** Erich Honecker war von 1981 bis Oktober 1989 Generalsekretär des Zentralkomitees der SED, Staatsratsvorsitzender der DDR und Vorsitzender des Nationalen Verteidigungsrates. **17** Erich Mielke war von 1957 bis 1989 Minister für Staatssicherheit der DDR. **18** Michail Sergeevič Gorbačëv, sowjetischer und russischer Politiker, war von 1985 bis 1991 Generalsekretär des ZK der KPdSU und 1990/91 Staatspräsident der Sowjetunion. **19** Das Treffen zwischen Brandt und Honecker fand am 19. 9. 1985 in Ost-Berlin statt. **20** Klaus Kinkel war Präsident des BND (1979–1982), Bundesminister der Justiz (1991–1992), Bundesminister des Auswärtigen (1992–1998) und Stellvertreter des Bundeskanzlers (1993–1998). **21** Gemeint sind der Zusammenbruch der DDR und die deutsche Wiedervereinigung. **22** Bahr bezieht sich auf den NSA-Skandal, der 2014 in Deutschland publik wurde. Bei diesem Skandal wurde aufgedeckt, dass der BND die NSA bei der Datenbeschaffung unterstützte.

►
Gruppenbild anlässlich zweitägiger Gespräche über Sicherheitspolitik und Abrüstung im Institut für Friedensforschung in Hamburg. In der Mitte (mit Tasche) der SPD-Abrüstungsexperte und Institutsleiter Egon Bahr, v. l. n. r. die NVA-Delegation mit Oberst Schuster, Oberst Arnold, Generalmajor Hübner, Delegationsleiter Generalmajor Lehmann, Bahr, die Bundeswehr-Delegation unter Brigadegeneral Hagena, Oberst Berner, Oberst Achmann und Kapitän zur See Souchon, Hamburg, 28. März 1989

Wie sehen Sie die Zukunft? Wagen Sie eine Prognose? Wird diese Kontrolle noch stärker werden? Die technischen Möglichkeiten, um Erkenntnisse zu gewinnen, werden ja immer ausgeklügelter.

Ich bin dafür kein Fachmann. Zum ersten – ich glaube, zum einzigen – Mal war ich vom Dienst[23] überzeugt, als die Streitkräfte des Warschauer Vertrages 1968 in die Tschechoslowakei einmarschierten. Da hat unser Dienst durch Funkaufklärung festgestellt: Wir brauchen keine Sorge zu haben, die marschieren nicht nach Westen, die sind nicht so organisiert. Da haben wir gesagt, »okay, wir können die Alarmstufen senken, das heißt, die elektronische Aufklärung bringt was«. Und das fand ich gut! Was inzwischen daraus geworden ist, weiß ich nicht, hab mich auch nie mehr dafür interessiert. Ich kann nur sagen, was ich von den Diensten erwartet hätte, erhofft, aber nie bekommen habe, das war eine Einschätzung meines jeweils nächsten Gesprächspartners: Gorbačëv, Honecker, Breźnev[24] – was bewegt den? Was denkt der? Was befürchtet er? Was erhofft der? Aber eine psychologische Einschätzung meines nächsten Gesprächspartners habe ich nie bekommen. Das hätte ich mir gewünscht, aber das musste ich mir alleine erarbeiten.

Gab es denn keine Dossiers mit Hintergrundinformationen, auch nicht die Fakten wie Schulbildung und Status?

(Schüttelt mit dem Kopf) Ach Mensch! Ich kann Ihnen ein Beispiel geben. Ich habe mit Michael Kohl[25] – »Rot-Kohl« genannt, damit es keine Verwechslungen gab – über den Verkehrsvertrag[26] und viele andere Verträge geredet, verhandelt. Und in unserer Delegation war völlig klar, dass es da einen Mann gibt, der von der Stasi kommt. Er hieß Görner. Und ich habe erst durch sein Buch von ihm erfahren.[27] Das war ein ausgebildeter Mensch, Universität, Völkerrechtler. Der hat dann bei den Vereinten Nationen mit Bräutigam[28], der bei mir war, über Seerecht verhandelt. Wir haben aber nicht ein einziges Mal ein Personalbild von unseren Partnern bekommen. Null.

Haben Sie das einmal angefordert, bei Wessel, direkt?

Nein, natürlich nicht. Wie konnte ich denn da was anfordern? Ich habe denen gesagt, als sie das erste Mal kamen: »Wir wollen die verwanzen, damit wir die abhören.« Da war die Antwort:

23 Gemeint ist der BND. **24** Leonid Il'ič Breźnev war formelles Staatsoberhaupt (1960–1964), seit 1964 Erster Sekretär (seit 1966: Generalsekretär) des ZK der KPdSU, seit 1977 auch Staatschef der Sowjetunion. **25** Michael Kohl war von 1974 bis 1978 Leiter der Ständigen Vertretung der DDR in der Bundesrepublik Deutschland. **26** Das Abkommen über den Transitverkehr zwischen der Bundesrepublik und der DDR wurde am 17. 12. 1971 unterzeichnet und trat am 3. 6. 1972 in Kraft. **27** Gunter Görner, Diplomat im Ministerium für Auswärtige Angelegenheiten (MfAA) der DDR, veröffentlichte im Jahr 2014 ein Buch mit dem Titel: »Völkerrecht im Kontext seiner Zeit. Aufzeichnungen eines deutschen Diplomaten«. **28** Hans Otto Bräutigam, Diplomat im Auswärtigen Amt, war von 1982 bis 1989 Leiter der Ständigen Vertretung der Bundesrepublik Deutschland bei der DDR. **29** Henry Kissinger war von 1969 bis 1973 Nationaler Sicherheitsberater, von 1973 bis 1977 Außenminister der USA. Seit 1966 kannten sich Bahr und der in Fürth geborene Kissinger. Bahr war inzwischen zum Sonderbotschafter im Auswärtigen Amt aufgestiegen. Drei Jahre später arrangierte Kissinger gemeinsam mit Bahr eine geheime Direktverbindung zwischen dem Weißen Haus und dem Bonner Kanzleramt. **30** Andrej Alexandrow war Sicherheitsberater verschiedener sowjetischer Staatschefs und Mitglied des ZK der KPdSU.

»Das können wir nicht so schnell.« Und danach habe ich nichts mehr davon gehört. Wir haben uns ins Fäustchen gelacht, weil wir dachten, die werden bestimmt annehmen, dass sie verwanzt werden. Also werden sie sich in Acht nehmen und brauchen es gar nicht. Genau so ist es passiert. Aber wir haben nichts bekommen.

Haben Sie von Spionen des BND, von Spitzenquellen, gehört? Hat es da zum Beispiel jemanden gegeben im Umfeld von Honecker? Ist darüber gesprochen worden?

Nein, überhaupt nicht. Ich habe doch nur eine Erklärung abgegeben: »Ich hoffe, wir haben auch so einen.« Wohl wissend, dass wir ihn nicht hatten.

Weder in der DDR, und in Moskau schon gar nicht?

Natürlich nicht, aber die CIA war auch nicht so viel besser. Ich hatte doch einen guten Bekannten, Freund kann ich wohl sagen: Kissinger[29]. Und Kissinger sagte: »Ich will also nach Moskau fahren. Kannst du mir etwas über meinen Gesprächspartner Alexandrow[30] erzählen? Ich kriege von dem nicht einmal ein Foto von meinen Leuten.« Und darauf habe ich ihm gesagt, sehr stolz, muss ich sagen: »Also Henry, erstens: Der ist hochgebildet. Zweitens: Er ist klassisch gebildet. Drittens: Er hat seine Frau mit Versen von Heinrich Heine betört. Viertens: Er kann Altisländisch, aber wenn gar nichts anderes geht, kannst du mit ihm Deutsch sprechen.«

Beisetzung des früheren Leiters des Auslandsnachrichtendienstes der DDR und stellvertretenden Ministers für Staatssicherheit, Markus Wolf, auf dem Zentralfriedhof Friedrichsfelde an der Gedenkstätte der Sozialisten, Berlin, 25. November 2006

Ist die von den USA ausgehende »Überwachung« in Deutschland (gemeint ist das verdachtsunabhängige Überwachen der Telekommunikationsdaten durch die NSA) aus Ihrer Sicht notwendig?

Ich gehe davon aus, dass die alle der Auffassung sind, »Vertrauen ist gut, Kontrolle ist besser.« So. That's it. Es interessiert mich nicht mehr, muss ich offen gestehen. Das, was ich mache, mache ich. Ich nehme an, dass es auch überwacht wird. Als ich noch in Bonn war, habe ich das natürlich auch vorausgesetzt, und ich habe dann später von Markus Wolf erfahren, dass ich natürlich von seinem Dienst abgehört worden bin und er entnommen hat, dass die Vertrautheit mit meinem Sowjetmenschen viel größer war, als die in Ost-Berlin geglaubt oder befürchtet hatten. Deshalb sei er zu der Auffassung gekommen, dass er das doch im Interesse seines geliebten Moskaus nicht unterdrücken könne – woraus wiederum ich entnommen habe, dass Wolfs Loyalität zu Moskau größer war als die zu Ost-Berlin. Und die Tatsache, dass nach seinem Tod der russische Botschafter im Trauerzug gleich hinter der Urne ging, habe ich als eine Bestätigung empfunden.

Wolf war auch Staatsbürger der Sowjetunion, soweit ich weiß.

Ich habe ihn nie gefragt. Ich habe das dem entnommen. Jedenfalls war das eine Verbindung, die so eng war … Ich habe das noch nie gehört, dass irgendjemand vom russischen Botschafter auf seinem Trauerzug begleitet worden ist. Nein, ich habe Markus Wolf als einen hochintelligenten, bis zu einem gewissen Grade sogar sympathischen Menschen kennengelernt, der letztlich viele Geheimnisse mitgenommen hat ins Grab, jedenfalls nie jemanden verpfiffen, sondern immer seine Hand über die gehalten hat, mit denen er arbeitete. Das gehörte sich eigentlich auch so. Das ist, nehme ich an, ein verständlicher Kodex von Geheimdiensten.

Sie haben, ebenfalls in Ihren Erinnerungen, geschrieben, dass man wissenschaftlich nicht berechnen kann, was in der Zukunft passiert. Geheimdienste werden oftmals auch daran gemessen, ob sie politische Ereignisse oder eben militärische Ereignisse vorhergesehen haben. Aber inwieweit ist es möglich oder überhaupt sinnvoll, von Geheimdiensten Vorhersagen erarbeiten zu lassen?

Da möchte ich die Auftraggeber kennen und wissen, mit welchem Ergebnis sie eine Voraussage geliefert bekommen möchten. Das ist unterschiedlich. Sagen wir mal so: Die Menschen ändern sich nicht, die Grundstruktur bleibt gleich. Das habe ich mal gewagt, dem »Rot-Kohl«[31] zu sagen, mit der Folgerung, der Kommunismus sei unweigerlich dem Untergang geweiht. Das fand der unerhört. Ich sagte: »Ich kann das beweisen.« Das möchte er hören. »Also wenn ich Plato, Sophokles und wie die alten Philosophen hießen, heute noch verstehen kann, komme ich zu dem Ergebnis, dass die Grundstruktur des Menschen sich nicht verändert hat. Macht, Hass, Einfluss, Geld – unverändert. Und jetzt kommt ihr und sagt also, ihr werdet die Grundstruktur des Menschen verändern. Soweit ich das übersehen kann, ist da seit 1917 noch nicht viel passiert. Aber wenn ich mich dabei irre, werde ich mich in 500 Jahren bei Ihnen entschuldigen.« Und das war das Ende der Diskussion. (Lacht)

**Es ist in der einschlägigen Diskussion immer die Rede davon, dass der überwiegende Teil der Nachrichten, die Geheimdienste verarbeiten, aus offenen Quellen stammt, also aus gedruckten Presseerzeugnissen oder aus dem Internet.
Als Laie kann man sich dann fragen: Braucht man so einen teuren Apparat wie einen Geheimdienst, wenn das Material ohnehin offen zugänglich ist?**

Meine Haltung dazu ist: Ich akzeptiere, erstens, einen Grundsatz: Jeder Staat, der etwas auf sich hält, hält sich so einen Dienst. Zweitens: Es reduziert sich für mich darauf, dass das eine Industriespionage ist: Wie wird der Winkel, wie wird das Instrument konstruiert, dass das und das so und so rauskommt. Und dagegen ist wenig zu sagen, das wird es auch weiter geben. Das ist sozusagen ein technischer Informationsdienst, um zu erfahren, wie machen Freunde, genauso wie Gegner, bestimmte Dinge. Aber unter dem Strich kann ich nur sagen: Was ich wirklich erfahren wollte, habe ich nie erfahren, nämlich, wie meine nächsten Gesprächspartner innerlich ticken.

31 Gemeint ist Michael Kohl.

Egon Bahr und Hans Modrow (r.) während einer Veranstaltung zu internationalen Sicherheitsfragen in der Friedrich-Wolf-Gedenkstätte, Lehnitz, 26. März 2007

Dass Geheimdienste nicht transparent arbeiten, liegt in der Natur der Sache. Ein Nachrichten- bzw. Geheimdienst in der Demokratie muss zu einem gewissen Teil aus professionellen Gesichtspunkten heraus geheim bleiben. Auf der anderen Seite gibt es in der Demokratie die Forderung, dass alles transparent, erklärbar, überprüfbar sein muss. Wie viel Kontrolle ist notwendig? Wie weit kann man die Dienste kontrollieren?

Ich kann das nicht beurteilen. Ich maße mir auch kein Urteil an. Ich bin nur der Überzeugung, dass dieses Problem im Prinzip unlösbar ist. Man muss es probieren, aber es wird nicht funktionieren. Und zwar einfach deshalb nicht, weil die Interessen unterschiedlich sind. Die notwendige, einsehbare Geheimhaltung gilt dann auch gegenüber dem Parlament, das es eigentlich nicht zulassen darf, dass ein unkontrollierter Teil – und zwar immer der Wichtigste – unter Überwachung oder Kontrolle kommt.

Sie haben in Ihren Erinnerungen geschrieben, dass Sie den stellvertretenden Chef der Militäraufklärung der Nationalen Volksarmee um 1990 kennengelernt haben. Dieser habe Ihnen zwei großformatige Bände übergeben, in denen die Kräftegliederung der Bundeswehr und der NATO-Partner verzeichnet war. Sie haben das dann im Verteidigungsministerium dem Verbindungsoffizier zum BND übergeben, und der war erstaunt, wie detailliert die Angaben waren?

Nein. Der hat einen roten Kopf gekriegt! Weil er diese Durchsichtigkeit für den Osten nicht geahnt hatte und festgestellt hat, er wusste nicht einmal, wo diese Stellen saßen, lokalisierbar in Berlin, nota bene Ost-Berlin. Ja, und daraus haben wir dann Konsequenzen gezogen bzw. hat der gesagt: »Also, lassen Sie sich doch mal die Dinger geben, wenn Sie sie kriegen.« [Gemeint sind die beiden großformatigen Bände, in denen die Kräftegliederung der Bundeswehr und der NATO-Partner verzeichnet war.] Habe ich auch. Was die dann damit gemacht haben, weiß ich nicht.

Die letzte Frage: Wozu brauchen wir Deutschen noch einen Bundesnachrichtendienst?

Ich habe schon gesagt, jeder Staat, der etwas auf sich hält, hält sich auch so einen Dienst.

Unabhängig davon, wie die Effizienz dieser Dienste ist?

Wer will das beurteilen? Erfahre ich doch gar nicht. Das ist ja der große Vorteil der Dienste. Sie können nicht wirklich überwacht werden. (Lacht)

Organis

ationen

DECLASSIFIED
NND 750122
By LJ NARS, Date

~~SECRET~~

BASIC PERSONNEL RECORD
(Alien Enemy or Prisoner of War)

3WG-1300
(Internment serial number)

GEHLEN, Reinhard
(Name of internee)

Male
(Sex)

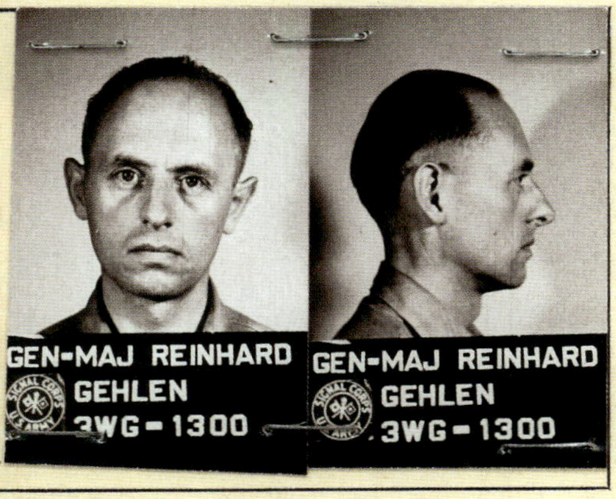

Height 5 ft. 8½ in.

Weight 128

Eyes Blue-grey

Skin Fair

Hair Blond

Age 43

Distinguishing marks or characteristics:
None

F. P. C.*

Reference*

INVENTORY OF PERSONAL EFFECTS TAKEN FROM INTERNEE

1.
2.
3.
4.
5.
6.
7.
8.
9.

The above is correct:
Reinhard Gehlen
(Signature of internee)

(Date and place where processed (Army enclosure, naval station, or other place))

RIGHT HAND

1. Thumb	2. Index finger	3. Middle finger	4. Ring finger	5. Little finger

LEFT HAND

6. Thumb	7. Index finger	8. Middle finger	9. Ring finger	10. Little finger

W. D., P. M. G. Form No. 2
11 June 1943

Note Amputation in Proper Space

~~SECRET~~

*Do not fill in.

UNTER AMERIKANISCHER FLAGGE: DIE »BOLERO GROUP« UM REINHARD GEHLEN

►

Reinhard Gehlen, Leiter der Abteilung Fremde Heere Ost (1942–1945) und Kopf der »Bolero Group« in den USA, 1945/46

Captain John R. Boker, Offizier des amerikanischen Militärgeheimdienstes, begleitete die Gehlen-Gruppe 1945 in die USA.

Generalmajor Reinhard Gehlen war von Mai 1942 bis April 1945 Chef der Abteilung Fremde Heere Ost (FHO) der Wehrmacht, verantwortlich für die militärische Feindaufklärung an der Ostfront. Bereits seit Herbst 1943 setzte sich Gehlen mit dem Gedanken auseinander, dass der Krieg für das Deutsche Reich nicht zu gewinnen sein könnte. Angesichts der militärischen Niederlage der Wehrmacht fasste er im Sommer 1944 den Plan, gemeinsam mit einigen FHO-Vertrauten die in der Abteilung vorhandenen Informationen über die Sowjetunion zu vervielfältigen und in Sicherheit zu bringen. Er weihte zunächst Oberstleutnant Hermann Baun, Leiter der Frontaufklärungsstelle I Ost »WALLI«, sowie seinen Stellvertreter und späteren Nachfolger bei FHO, Gerhard Wessel, in seine Pläne ein. Die Dokumente wurden in Kisten an verschiedenen Stellen im Alpenraum vergraben, wo sich auch Gehlen mit FHO-Angehörigen bis Kriegsende versteckt hielt. Das FHO-Material war als politisches Faustpfand gedacht, um nach Kriegsende eine bessere Verhandlungsposition für sich selbst gegenüber den Amerikanern zu erhalten.[1]

◄

Karteikarte von Reinhard Gehlen als amerikanischer Kriegsgefangener, 1945

1 Vgl. Reinhard Gehlen: Der Dienst. Erinnerungen 1942–1971, Mainz/Wiesbaden 1971, S. 17–150; Dieter Krüger: Reinhard Gehlen (1902–1979). Der BND-Chef als Schattenmann der Ära Adenauer, in: Dieter Krüger/Armin Wagner (Hrsg.): Konspiration als Beruf. Deutsche Geheimdienstchefs im Kalten Krieg, Berlin 2003, S. 207–236; Magnus Pahl: Fremde Heere Ost. Hitlers militärische Feindaufklärung, Berlin 2012, S. 93–322; Bodo Hechelhammer/Susanne Meinl: Geheimobjekt Pullach. Von der NS-Mustersiedlung zur Zentrale des BND, Berlin 2014, S. 140–148.

Am 23. Mai 1945 stellte sich Gehlen mit weiteren FHO-Angehörigen der US-Armee und ging in die Kriegsgefangenschaft. Hier wurde Captain John R. Boker, ein deutschsprachiger Offizier des militärischen Nachrichtenwesens, auf ihn aufmerksam und erkannte das nachrichtendienstliche Potenzial des FHO-Personals und -Materials zur Aufklärung sowjetischer Streitkräfte. Eine zeitlich und thematisch begrenzte Zusammenarbeit der Amerikaner mit deutschen Fachleuten war nichts Außergewöhnliches. Während die Deutschen eine bevorzugte Behandlung zu erwirken versuchten, wollten die Amerikaner das Wissen des deutschen Spitzenpersonals für sich gewinnen. Nach Absprache mit seinem Vorgesetzten, Colonel William R. Philp, Kommandeur des Befragungszentrums in Oberursel, und mit der Zustimmung von Brigadegeneral Edwin L. Sibert, dem Chef der militärischen Aufklärung und des Nachrichtendienstes (G 2), US Forces European Theater (USFET), sollten die Deutschen zunächst weiter nachrichtendienstlich genutzt werden – und zwar ohne Absprache mit den übergeordneten Stellen des War Departments in Washington oder mit dessen militärischem Geheimdienst, dem Office of Strategic Services (OSS). Boker bildete eine kleine Stabsgruppe zur Unterstützung von Reinhard Gehlen und sorgte dafür, dass von ihm benötigtes Personal in den folgenden Wochen unauffällig aus anderen Lagern herausgeholt, von den Gefangenenlisten gestrichen und zu ihm gebracht wurde. Mit der Hilfe dieser Mitarbeiter wurden die Dokumente aus den Verstecken geborgen und bis Mitte 1945 im hessischen Oberursel zusammengetragen.[2] Ende Juli begann die Ausarbeitung von Studien für die USA.[3]

Zur Dokumentation der Kriegsereignisse und Ermittlung der Verantwortlichkeiten erarbeiteten hochrangige deutsche Kriegsgefangene historische Studien zur deutschen Sicht auf den Zweiten Weltkrieg. Zu diesem Zweck baute die Document Section der Intelligence Division des Kriegsministeriums auch in Washington, D. C. ein historisches Projekt auf. Ehemalige Wehrmachtsangehörige sollten den Zweiten Weltkrieg »historisch« aufarbeiten, auch um die Verantwortlichkeiten im Hinblick auf die Strafprozesse zu identifizieren. Die Document Section erhielt nun Kenntnis von den FHO-Dokumenten und erreichte, dass diese zur Auswertung in das Befragungszentrum des amerikanischen Kriegsministeriums in Fort Hunt im Bundesstaat Virginia übersandt wurden. Captain Boker konnte über General Sibert zudem veranlassen, dass mit den Dokumenten auch Gehlen und einige Mitarbeiter in die USA geschickt wurden.[4] Die Gruppe bestand neben Gehlen aus folgenden ehemaligen FHO-Mitarbeitern: Hauptmann Herbert Fuener, Major i. G. Hans Hinrichs, Major i. G. Horst Hiemenz, Major i. G. Karl Freiherr von Lütgendorf, Major i. G. Albert Schöller sowie Oberst i. G. Konrad Stephanus.

Wessel blieb in Oberursel, um von dort aus mit Gehlen in Kontakt zu bleiben und um Hermann Baun ausfindig zu machen. Baun sollte seine nachrichtendienstlichen Verbindungen dem US-Geheimdienst zur weiteren Nutzung anbieten. Baun und Wessel nahmen ihre nachrichtendienstliche Tätigkeit und Spionageabwehr gegen die Sowjetunion im September 1945 auf, nach der Abreise der Gehlen-Gruppe in die USA. Sukzessive warben sie auch Mitarbeiter mit entsprechender Erfahrung für den amerikanischen Geheimdienst an.[5] Ihr Codename lautete »Organisation X«.

Am 21. August 1945 brach die siebenköpfige Gruppe um Gehlen unter der Leitung von Captain Boker in die USA auf. Um ihre Verlegung von Deutschland in die USA zu tarnen, hatte der amerikanische Geheimdienst die Männer zuvor mit neuen Namen versehen. So hieß Reinhard

Horst Hiemenz, ein Begleiter Reinhard Gehlens in die USA und Mitglied der »Bolero Group«

Gehlen nun Richard Garner.[6] Die FHO-Dokumente waren in zwanzig Paketen verpackt.[7] Die Gruppe flog mit dem Flugzeug des USFET-Stabschefs, General Walter Bedell Smith. Die viermotorige Maschine vom Typ C-54 startete um 9:00 Uhr vom Militärflugplatz Eschborn/Frankfurt am Main und landete nach rund elf Stunden zum Auftanken auf den Azoren. Dort wurde sie sogleich von Militärpolizisten umstellt, die deutschen Kriegsgefangenen mussten im Flugzeug bleiben. Erst bei der zweiten Zwischenlandung auf dem Flughafen Gander in Neufundland am 22. August 1945 um 6:00 Uhr Ortszeit durfte die Gehlen-Gruppe die Maschine unter Bewachung erstmals kurz verlassen. Um 8:00 Uhr startete die C-54 zur letzten Transatlantik-Etappe und landete dann auf dem National Airport in Washington, D. C. Zur Erinnerung an diesen Flug nach Washington unterschrieben alle Mitglieder der Gehlen-Gruppe auf einer Ein-Dollar-Note.

Die Sondermaschine wurde von Reportern erwartet. Sie vermuteten, da die Gruppe getarnt reiste, Wissenschaftler an Bord. Die Deutschen wurden zunächst im großen Empfangsraum der amerikanischen Einwanderungszentrale medizinisch untersucht. Sie verließen das Gebäude durch den Hintereingang und wurden dann in einem fensterlosen Gefängniswagen,

2 Vgl. Report of Initial Contacts with General Gehlen's Organization by John R. Boker, Jr., 1. 5. 1952, in: Kevin Ruffner (Hrsg.): Forging an Intelligence Partnership, 1945–49, Bd. 1, Washington, DC 1999, S. 19–22; Hermann Zolling/Heinz Höhne: Pullach intern. General Reinhard Gehlen und die Geschichte des Bundesnachrichtendienstes, Hamburg 1971, S. 102 f.; James H. Critchfield: Auftrag Pullach. Die Organisation Gehlen 1948–1956, Hamburg/Berlin/Bonn 2005, S. 33–61; Jens Wegener: Die Organisation Gehlen und die USA. Deutsch-amerikanische Geheimdienstbeziehungen 1945–1949, Berlin 2008, S. 59 f. **3** Vgl. Timothy Naftali: Reinhard Gehlen and the United States, in: Richard Breitman (Hrsg.): US Intelligence and the Nazis, Washington, DC 2004, S. 375–418, hier S. 380. **4** Vgl. Report of Initial Contacts with General Gehlen's Organization1999, S. 19–34; Wegener: Die Organisation Gehlen und die USA, 2008, S. 57–84. **5** Vgl. Statement of Gerhard Wessel on Development of the German Organization [ohne Datum], in: Ruffner (Hrsg.): Forging an Intelligence Partnership, Bd. 1, 1999, S. 1–5. **6** Vgl. Nachlass Hinrichs, Hans, BND-Archiv, N39, S. 5. **7** Vgl. Nachlass Boker, John, BND-Archiv, N68, S. 16; Report of Initial Contacts with General Gehlen's Organization, 1999, S. 28–30.

Gefängniswagen
von »P. O. Box 1142«

einer »Black Maria«, zum rund zehn Kilometer entfernten Interrogation Center des amerikanischen War Departments nach Fort Hunt gebracht. In diesem Kriegsgefangenenlager verbrachten sie die kommenden zehn Monate.[8]

Das von 1942 bis 1946 existierende geheime militärische Vernehmungslager in der Nähe von Alexandria trug den Codenamen »P.O. Box 1142«. Es war mit Stacheldraht umgeben und bewacht. Im Rahmen des Programms »MIS-Y« wurden dort Kriegsgefangene befragt, darunter auch prominente deutsche Wissenschaftler wie Wernher von Braun oder Heinz Schlicke. Auch die Gehlen-Gruppe wurde zunächst in jeglicher Form wie normale Kriegsgefangene behandelt: Dazu gehörten die Aufnahme der Personalien, Fotoaufnahmen für die Kartei und die Einkleidung als Prisoner of War (PoW). Die Männer wurden zu einem größeren Einzelhaus gefahren, ein mit vier Wachtürmen umgebenes Gebäude, welches sie später »Teppichhaus« oder

»Truman's Hotel« nannten. Hier kamen sie jeweils in Zellen von sechs mal drei Metern Größe unter[9] und lebten in der ersten Woche von den anderen Gefangenen getrennt. In dem Lager wurden die deutschen Kriegsgefangenen nicht nur offiziell verhört, sondern auch insgeheim belauscht. Denn in den Baracken waren Abhöreinrichtungen angebracht, die auch die privaten Gespräche der Gefangenen aufzeichneten.[10] Die Gehlen-Gruppe bemerkte die Wanzen erst später, nach dem Umzug in andere Wohnräume. So sind auch einzelne authentische Stimmungsberichte erhalten geblieben. Aus einem überlieferten Abhörprotokoll vom 25. August 1945 geht die angespannte Stimmungslage kurz nach Ankunft deutlich hervor. Stephanus und Hiemenz etwa klagten über die Art der Inhaftierung, sie fühlten sich wie im »Zuchthaus«, wie in einem »Tierkäfig« gefangen und kamen zum Ergebnis: »Die verderben sich doch ihr eigenes Spiel! Stacheldraht ist das Falsche für uns.«[11]

Die Document Section im Pentagon war zunächst vor allem an den FHO-Dokumenten, an Gehlen und seinen Leuten dagegen nur nachrangig interessiert. Es gelang Captain Boker jedoch, die dortige Osteuropa-Abteilung für die deutschen Russland-Spezialisten zu interessieren. Innerhalb dieser Abteilung arbeitete auch der gebürtige Wiener Eric Waldman, der sich in den kommenden Monaten und Jahren zum maßgeblichen Förderer der deutschen Nachrichtendienstmitarbeiter entwickelte. Als Folge seiner Fürsprache genehmigte schließlich Colonel John R. Lovell von der Document Section, dass die Gehlen-Gruppe an ihren Dokumenten arbeiten konnte.[12] Die Gruppe erhielt die Code-Bezeichnung »Bolero Group«.[13]

Nun wurden die strikten Maßnahmen gelockert. Die Gruppe durfte sich fortan freier bewegen, hatte etwa auch Kontakt mit weiteren deutschen Kriegsgefangenen. Gehlen wurde von amerikanischen Geheimdienstmitarbeitern besucht und bald darauf von führenden Offizieren befragt. In einem Bürogebäude, das in einem anderen Lagerbereich lag, begannen die Männer ihre ersten Arbeiten mit den FHO-Papieren für die Amerikaner.[14] Zunächst ordneten sie die Ablichtungen der Personal- und Truppenkartei. So konnte die Gruppe beispielsweise sowjetische Truppen identifizieren, die im August und September 1945 in der Mandschurei an Operationen gegen die japanische Kwantung-Armee beteiligt waren. Ein Kurier brachte der Gruppe täglich sowjetische Lageinformationen, aus denen einzelne Truppenteile der sowjetischen Großverbände identifiziert werden konnten.[15] Gleichzeitig wurden kleinere Arbeiten über die Rote Armee angefertigt. Einige von ihnen erhielten nach der Übersetzung Eingang in das amerikanische »Handbook of the Soviet Army«. Hinrichs erstellte etwa Studien über die sowjetische Führungsorganisation und über typische Vorbereitungen bei Großangriffen. Fuener übersetzte Briefe russischer Soldaten ins Deutsche, die Schoeller wiederum ins Englische übertrug.

---

8 Vgl. Kriegsgefangenschaft in Fort Hunt/USA, Nachlass Fuener, Herbert, BND-Archiv, N47, S. 3; Nachlass Hinrichs, Hans, BND-Archiv, N39, S. 5; vgl. Gehlen: Der Dienst, 1971, S. 141 f. **9** Vgl. Nachlass Hinrichs, Hans, BND-Archiv, N39, S. 5; vgl. Gehlen: Der Dienst, 1971, S. 143. **10** Vgl. Sönke Neitzel/Harald Welzer: Soldaten. Protokolle vom Kämpfen, Töten und Sterben, Frankfurt am Main 2011; Felix Römer: Kameraden: Die Wehrmacht von innen, München 2012. **11** Room Conversation, 25. 11. 1945, National Archives and Records Administration der USA (NARA), RG 165, Entry 179, Box 550. **12** Report of Initial Contacts with General Gehlen's Organization, 1999, S. 31 f.; Derek R. Mallett: Western Allied Intelligence and the German Military Document Section, 1945-6, in: Journal of Contemporary History 46/2 (2011), S. 383–406. **13** Headquarters, USFET, MISC, Lt. Col. John R. Deane, Jr., to Assistant Chief of Staff, G-2, USFET, »Plan for the Inclusion of the Bolero Group in Operation Rusty«, 2 July 1946, in: Ruffner (Hrsg.): Forging an Intelligence Partnership, Bd. 1, 1999, S. 93–98. **14** Vgl. Nachlass Hinrichs, Hans, BND-Archiv, N39, S. 5. **15** Vgl. ebd., S. 5 f.

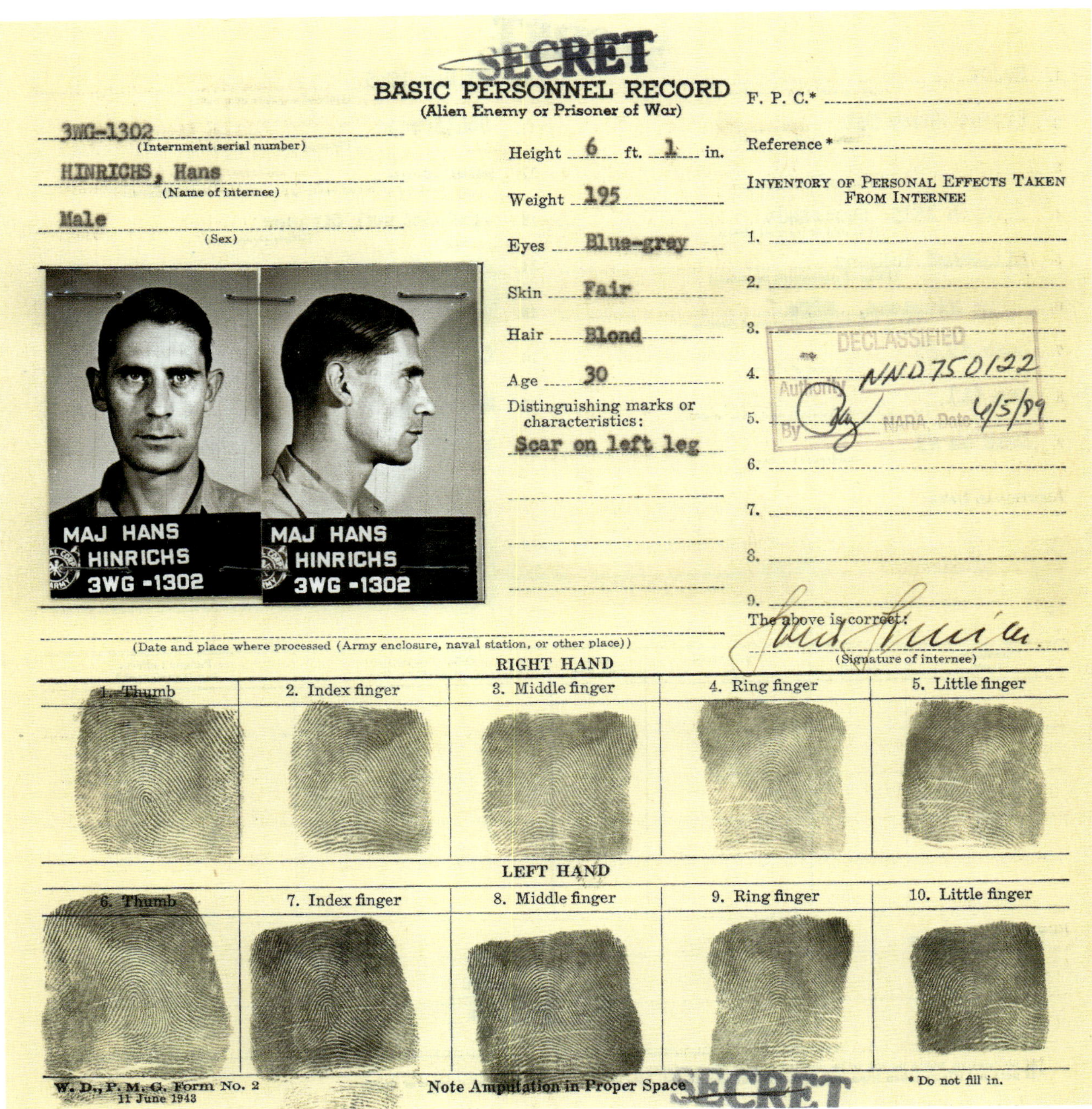

SECRET

BASIC PERSONNEL RECORD
(Alien Enemy or Prisoner of War)

3WG-1302
(Internment serial number)

HINRICHS, Hans
(Name of internee)

Male
(Sex)

MAJ HANS HINRICHS 3WG -1302

MAJ HANS HINRICHS 3WG -1302

Height 6 ft. 1 in.

Weight 195

Eyes Blue-grey

Skin Fair

Hair Blond

Age 30

Distinguishing marks or characteristics:
Scar on left leg

(Date and place where processed (Army enclosure, naval station, or other place))

F. P. C.*

Reference *

INVENTORY OF PERSONAL EFFECTS TAKEN FROM INTERNEE

1.
2.
3.
4.
5.
6.
7.
8.
9.

DECLASSIFIED
Authority NND750122
By NARA Date 6/5/99

The above is correct:
(Signature of internee)

RIGHT HAND

1. Thumb	2. Index finger	3. Middle finger	4. Ring finger	5. Little finger

LEFT HAND

6. Thumb	7. Index finger	8. Middle finger	9. Ring finger	10. Little finger

W. D., P. M. G. Form No. 2
11 June 1943

Note Amputation in Proper Space

SECRET

* Do not fill in.

Karteikarte von Hans Hinrichs als amerikanischer Kriegsgefangener, 1945

Da die ersten Arbeitsaufträge bald erledigt waren, versorgte sich die Gruppe selbst mit Arbeit, um den Amerikanern weiterhin ihren Nutzen demonstrieren zu können. So übersetzte man russische Zeitungen ins Englische und kommentierte die Inhalte. Dadurch fiel das Interesse des G-2-Stabes im Pentagon wieder stärker auf die deutsche Gruppe. Aus Deutschland wurde nun immer weiteres aufgefundenes FHO-Material an das Military Document Center in Virginia gebracht und später von der Gehlen-Gruppe genutzt. Die Arbeit ging weiter. Aus einem Bericht vom September 1946 gehen die Anzahl der in Fort Hunt angefertigten Studien der »Bolero

Group« und deren Themen hervor: Es handelte sich um 234 Studien mit einem Umfang von insgesamt 3742 Seiten.[16] Mehr als achtzig Prozent der Studien behandelten Aufbau und Taktiken der Roten Armee.

Nach rund drei Wochen drängte die Gehlen-Gruppe ihre Arbeitgeber, ihre Auswertetätigkeiten an einem anderen Ort als in der Arbeitsbaracke vornehmen zu können, woraufhin sie vom »Teppichhaus« in zwei Blockhütten am Waldrand verlegt wurden. Diese lagen in unmittelbarer Nähe des Potomac-Ufers, nur durch einen Highway voneinander getrennt. Die Lagerleitung teilte jeder Hütte aus hygienischen Gründen eine Katze zu, die Mäuse, Schlangen etc. jagen sollte. Hier gab es weitere Erleichterungen ihrer Lebenssituation. Die Gruppe durfte sich in einem bestimmten Areal frei bewegen, im Rest des Lagers nur in Begleitung amerikanischer Aufseher. In einer der Hütten waren Gehlen, Lütgendorf, Fuener und Hinrichs untergebracht, in der anderen Stephanus, Hiemenz und Schöller.[17] Jeweils drei Männer teilten sich einen Schlafraum. Gehlen hatte ein Schlafzimmer für sich allein, es diente aber zugleich als Esszimmer und Aufenthaltsraum für die Gruppe. Um 7:00 Uhr morgens, 11:30 Uhr mittags und 16:30 Uhr am Nachmittag wurde aus dem angrenzenden »Camp Ritchie« Essen gebracht. Da es in den Blockhütten keine Möglichkeit zum Duschen gab, wurden die Männer zweimal die Woche in die alten Baracken gefahren.

Von Beginn an erhielt jeder das wöchentliche Kriegsgefangenengeld ausgezahlt. Für die zwei Dollar konnte man sich etwa Zahnpasta, Schokolade oder andere Dinge im PX-Laden (Post Exchange) kaufen. Zusätzlich erhielt jeder alle zwei Tage zwanzig Zigaretten. Tagsüber arbeitete die Gruppe an den FHO-Akten, die übrige Zeit stand zur freien Verfügung. Dann trieben die Männer Sport, spielten Bridge oder besuchten das Lagerkino.[18] Später, ab Frühjahr 1946, konnten sie auch den Swimmingpool nutzen, der zum angrenzenden »Camp Ritchie« gehörte.[19] Bald durfte die Gruppe das Lager zum Spaziergang verlassen und am nahen Potomac entlang laufen oder dort angeln. Captain Waldman war für die Betreuung der »Bolero Group« eingesetzt. Er freundete sich im Laufe der Zeit mit Reinhard Gehlen an. Am 22. Oktober 1945 wurde die Gehlen-Gruppe in Waldmans Begleitung mit zwei zivilen Personenwagen nach Washington gefahren, wo sie die amerikanische Hauptstadt besichtigen und einkaufen konnten.[20] Am Heiligen Abend 1945 feierte die »Bolero Group« Weihnachten im Lager. Es gab einen Weihnachtsbaum und die Männer schenkten einander selbstgemachte Scherzgeschenke.[21] Vom amerikanischen Geheimdienst erhielten sie je eine Flasche Rotwein und drei weitere Weihnachtsgeschenke. Freilich hatte diese bevorzugte, freundschaftlich wirkende Behandlung der hochrangigen Gefangenen keine persönlichen Gründe: In der vertrauensvollen Atmosphäre, die die Amerikaner schufen, gelangten sie an wertvolle Informationen.[22]

16 Vgl. Maj. Gen. W. A. Burress, G-2, to lt. gen. Hoyt S. Vandenberg, Director of Central Intelligence, »operation RUSTY – Use of Eastern Branch of the Former German Intelligence Service«, with attachments, 1 October 1946, in: Ruffner (Hrsg.): Forging an Intelligence Partnership, Bd. 1, 1999, S. 103–151, hier S. 112. **17** Vgl. Nachlass Hinrichs, Hans, BND-Archiv, N39, S. 6. **18** Vgl. Beiträge zur Geschichte der Organisation Gehlen, Nachlass Herre, Heinz Danko, BND-Archiv, N2/5, S. 33. **19** Vgl. Nachlass Hinrichs, Hans, BND-Archiv, N39, S. 8. **20** Vgl. Kriegsgefangenschaft in Fort Hunt/USA, Nachlass Fuener, Herbert, BND-Archiv, N47, S. 27. **21** Vgl. ebd., S. 37. **22** »The men who performed the interrogations were drawn from across the country. The shared attribute is that they all spoke fluent German to be able to interact with their captives. Many were Jewish, to ensure their loyalty to America's mission. And most had friends

»P. O. Box 1142«

Auch in den neuen Unterkünften waren Abhöranlagen installiert. Gehlen beschwerte sich bei der Lagerleitung, nachdem die Gruppe sie gefunden hatte. Die Lauschansätze sollten frühzeitige Aufschlüsse über die Kooperationsbereitschaft der inhaftierten Deutschen mit den US-Behörden, wie dem Kriegsministerium oder dem Geheimdienst, liefern. Nach Aussage von Captain Waldman hörte dieser einige Bänder später gemeinsam mit Gehlen ab, um Erkenntnisse über künftiges Personal für die geplante deutsche Organisation zu gewinnen.[23]

Die Gruppe trieb die Sorge um ihre Familien in Deutschland um. Der fehlende Kontakt nach Hause dominierte die Stimmung. Mitte Oktober 1945 hatten die Männer erstmals Briefe an ihre Familien in Deutschland schreiben dürfen. Ab November erlaubte das Pentagon ihnen, mit der offiziellen Kurierpost Päckchen zu ihren Familien zu schicken. Da ihre Verpflegung mehr als ausreichend war, verschickten sie nun Lebensmittel, Schokolade, Zigaretten oder Seife, mitunter bestellten sie besondere Dinge auch über das amerikanische Versandhaus Montgomery Ward & Co.[24] Zunächst durften die Deutschen aber aus Geheimhaltungsgründen selbst keine Post von ihren Familien bekommen. Erst nach Beginn des neuen Jahres, am 8. Januar 1946, erreichten die ersten Schreiben aus der Heimat die Gruppe. Ihre Abgeschiedenheit und die Ungewissheit über das eigene Schicksal und das der Familien beunruhigte die Gruppenmitglieder auf unterschiedliche Weise. Schon unmittelbar nach der Ankunft in Fort Hunt hatten die ersten begonnen, über eine Zukunft in den USA nachzudenken. Fuener sah in den USA für seine Kinder eine bessere Zukunft und trug sich mit dem Gedanken, Farmland in Alaska zu kaufen.[25] Gehlen, so belegen es die Aussagen seiner Mitgefangenen, blieb dagegen unbeirrt, aber verschlossen und hielt an der Idee fest, von Deutschland aus weiter für die amerikanische Seite nachrichtendienstlich arbeiten zu können .

Im Laufe der Monate erarbeitete die »Bolero Group« zahlreiche Studien über die Sowjetunion mithilfe des FHO-Materials für die amerikanische Seite und untermauerte damit zugleich ihre Expertenstellung zum Thema Sowjetunion. Immer wieder kamen aus Washington einzelne Fachleute zur Gruppe, wie beispielsweise Prof. Dr. Sherman Kent, ein Historiker, der für die OSS als Berater tätig war.[26] Weiterhin ungeklärt blieb jedoch die Zukunftsperspektive der Gruppe. In keinem Gespräch in den USA wurde konkret über den zukünftigen Status der deutschen Nachrichtendienstmitarbeiter gesprochen. In einem Brief an Wessel äußerte Gehlen am 2. Januar 1946 seine Hoffnung, dass »die Dinge [...] sich vermutlich weiter vereinfachen [werden], wenn sich im Frühjahr unser weiterer Status und der Rahmen der weiteren Fortsetzung unserer Arbeit klärt«.[27] Der Unsicherheit war es geschuldet, dass er nun selbst anregte, die Familien seiner Mitstreiter vorsorglich auf die Auswanderungslisten in die USA zu setzen.

Im März 1946 wurde die Gruppe um Heinz Danko Herre erweitert, einen früheren FHO-Mitarbeiter und späteren leitenden BND-Mitarbeiter, der Ende Februar in Oberursel eingetroffen war.[28] Herre reiste am 9. März 1946 zusammen mit Captain Paul B. Comstock zunächst nach Paris, dann weiter ins »Camp Home Run« bei Le Havre. Hier warteten amerikanische Soldaten auf ihren Rücktransport von Europa in ihre Heimat. Mit dem Truppenschiff »Fayetteville Victory« gelangten beide nach New York. Am 26. März 1946 traf Herre in Fort Hunt ein und wurde in die Gehlen-Gruppe eingegliedert.[29]

Im Frühjahr 1946 wurde der »Bolero Group« eine dritte Blockhütte zugewiesen, die Gehlen und Hinrichs gemeinsam bezogen. Bis April 1946 blieb es für Gehlen und die gesamte Gruppe weiterhin ungewiss, was aus der »Bolero Group« werden sollte. Gehlen schrieb am 1. April 1946 noch äußerst vorsichtig an Wessel, es bestehe die »begründete Aussicht [...], dass unser Arbeitsverhältnis auf eine dauerhafte Basis gestellt wird«.[30] An welchem Ort eine solche Beschäftigung aber stattfinden würde, blieb unklar. Er selbst verfolgte den Plan, so schnell als möglich nach Deutschland zurückzukehren, um mit der »Bolero Group« den Nukleus einer Auswerteabteilung eines künftigen deutschen Nachrichtendienstes zu bilden. Unterdessen diskutierten seine Kollegen immer wieder darüber, ob sie sich um eine Einbürgerung bemühen sollten. Weitere Briefe Gehlens belegen diese stete Unsicherheit. Am Ende spekulierte selbst

and family battling on the front lines against Nazi Germany. To them, the war was personal and would impact their lives forever. Despite these circumstances, their interrogations never resorted to torture, used violence, or implemented cruel tactics to obtain the vital information required to support our Nation at war. Instead, their most effective interrogation technique was to start a dialogue to develop trust with their captives. They all talked with their captives, played card games, took walks, discussed their lives, and ultimately obtained the necessary information from their captives. Despite the apparent simplicity of these methods, these interrogations resulted in the discovery of most of Germany's secret weapons programs.« Vgl. Congressional Record: October 18, 2007 (House)], Page H11759 (URL: http://fas.org/irp/congress/2007_cr/hres753.html, zuletzt aufgerufen am 20.11.2015). **23** Vgl. Anlage zu Gespräch mit Eric Waldman vom 7. Juli 1992, Nachlass Waldman, Eric, BND-Archiv, N46; vgl. Gehlen: Der Dienst, 1971, S. 144. **24** Vgl. Nachlass Hinrichs, Hans, BND-Archiv, N39, S. 7; Beiträge zur Geschichte der Organisation Gehlen, Nachlass Herre, Heinz Danko, BND-Archiv, N2/5, S. 33. **25** Vgl. Kriegsgefangenschaft in Fort Hunt/USA, Nachlass Fuener, Herbert, BND-Archiv, N47, S. 11–13. **26** Vgl. Nachlass Hinrichs, Hans, BND-Archiv, N39, S. 7. **27** Nachlass Wessel, Gerhard, BND-Archiv, N1/1. **28** Heinz Danko Herre war ein erfahrener Ic-Offizier, der seit 1942 bei Fremde Heere Ost unter Reinhard Gehlen gedient hatte. 1943/44 leitete er den Stab der Freiwilligen-Verbände beim Oberkommando des Heeres. Ab 1944 wirkte er an der Aufstellung der Wlassow-Armee mit und war ebenfalls ab Anfang 1945 in Gehlens Nachkriegspläne eingeweiht. **29** Vgl. Beiträge zur Geschichte der Organisation Gehlen, Nachlass Herre, Heinz Danko, BND-Archiv, N2/5, S. 32. **30** Nachlass Wessel, Gerhard, BND-Archiv, N1/1.

Gehlen über die Möglichkeit, dass die Gruppe zunächst zur Entnazifizierung nach Europa zurückkehren könnte, um anschließend als US-Bürger und Angestellte des War Departments für immer in die USA zu gehen. Gehlen hatte Herre als Unterstützung angefordert, weil er die Spannungen innerhalb der Gruppe allein nicht mehr lösen konnte. Gerade die jüngeren ehemaligen FHO-Offiziere wollten viel lieber in Amerika bleiben. So musste Herre zwischen dem Leiter und den Angehörigen der inhomogenen Gruppe vermitteln.[31] Letztendlich führte die amerikanische Entscheidung, dass deutsche Kriegsgefangene nicht länger in den USA bleiben konnten, dazu, dass im Juni 1946 Teile der »Bolero Group« mehr oder weniger freiwillig in das besetzte Deutschland zurückzukehren bereit waren.[32] Sie hatten offenbar gehofft, in den USA bleiben zu können. Kurz vor der Abreise nach Deutschland wurde der Gruppe auch der ehemalige Botschaftsrat Gustav Hilger zugeteilt, der mit ihnen zurückreiste und bald ebenfalls nachrichtendienstlich für die Amerikaner unter Gehlen und Baun arbeiten sollte.

Doch noch immer hatten die Angehörigen der Gruppe keine gesicherten Informationen über ihre zukünftige Verwendung. Gehlen schrieb am 17. Juni 1946 an Captain Boker und versuchte, ihn für eine weitere Zusammenarbeit zu gewinnen: »[...] with our departure for Europe a first period of our work is finished. After our return we shall continue our work in the same sense as before [...]«. Die Frage nach der Integration der »Bolero Group« in die bereits von Oberursel aus arbeitende »Organisation X« musste nun beantwortet werden.[33] Ein Tagebucheintrag Bauns Ende Juni 1946 bringt die Situation auf den Punkt: »General Sibert lässt durch Deane [John Deane, amerikanischer Verbindungsoffizier, d. Verf.] anfragen, ob ich für die Gruppe Gehlen, die aus Amerika zurückkommt, Verwendung hätte (diese wären[sic!] sonst nicht in ein Lager gekommen). Ich erklärte, dass es selbstverständlich wäre, dass die Gruppe Gehlen zu uns tritt, um mit uns zusammen die neuen Aufgaben zu lösen«.[34] Was als »neue Aufgabe« verstanden wurde, etablierte sich kurze Zeit später unter der Bezeichnung »Operation RUSTY«. Dabei arbeiteten nachrichtendienstlich eine Abteilung »Information Group« (Informationsbeschaffung) unter Baun und eine Abteilung »Intelligence Group« (Informationsauswertung) unter Gehlen für den amerikanischen Geheimdienst. Nachdem die Entscheidung zur Rückkehr der Gruppe nach Deutschland gefallen war, flog Captain Waldman voraus, um die notwendigen Vorbereitungen zu treffen.

Am 29. Juni 1946 wurden die Männer, gekleidet in die typischen PoW-Hemden, zunächst aus dem Lager herausgebracht. Ihre erste Station war die amerikanische Hauptstadt. Nun erhielten alle aus Tarnungsgründen wieder Zivilkleidung. Von Washington ging es weiter mit dem Zug nach New York. Am 30. Juni 1946 legte das amerikanische Truppenschiff »SS Sea Flyer« in Richtung Le Havre ab. Gehlen und seine Begleiter waren während der zehntägigen Überfahrt im Hinterschiff in den Offiziersquartieren untergebracht und reisten wiederum unter der Legende »German Scientists« zurück. Der vordere Teil des Schiffes war mit über 1000 zurückkehrenden deutschen Kriegsgefangenen belegt. In Le Havre wartete bereits Captain Waldman. In Paris wurde die Gruppe kurzfristig in einem US-Soldatenheim untergebracht, wo für die Männer absolutes Sprechverbot bestand, um keine Fragen zu ihrer Identität aufkommen zu lassen.[35] Am 10. Juli 1946 flogen sie nach Eschborn/Frankfurt am Main und wurden von dort aus nach Oberursel gebracht.[36] Zur Entlassung aus der Kriegsgefangenschaft wurden sie aufgeteilt: Herre und Stephanus wurden in das »Camp Sibert«, später als »Camp King« bezeichnet, nach Oberursel überführt, der Rest der ehemaligen »Bolero Group«, mit Ausnahme von

Lütgendorf, der in seine Heimat zurückkehrte, wurde in den »Blue House«-Komplex des amerikanischen Geheimdienstes nach Oberursel gebracht. Hier erhielten sie nun die offiziellen Entlassungspapiere aus der Kriegsgefangenschaft.

Die Herausforderung für die ehemalige »Bolero Group« nach ihrer Rückkehr aus den USA bestand darin, in einer bereits laufenden Operation Fuß zu fassen. Die »Operation RUSTY« arbeitete bereits seit dem 1. April 1946 eigenständig unter Bauns Leitung und lieferte auftragsgemäß ihre nachrichtendienstlich beschafften Informationen an G-2 USFET, wo die Meldungen ausgewertet und weitergeleitet wurden. Am 2. Juli 1946 schrieb Deane dem stellvertretenden Stabschef von G-2 USFET, dass die »Bolero-Gruppe« nach Oberursel zurückgebracht worden sei, weil Baun sie in seine Organisation einzubinden plane.[37] Als Belastung für die Zukunft stellte sich die organisatorische Grundausrichtung dar: Während Gehlen einen integrierten Nachrichtendienst befürwortete, der unter seiner Leitung Auswertung und Beschaffung vereinte, hielt Baun an der organisatorischen Trennung zweier unabhängig voneinander operierender Gruppen fest.[38] So notierte Baun in sein Tagebuch: »Die Organisation der Aufklärung besteht parallel zur Organisation der Auswertung. Jeder von uns führt seine Organisation, und die Absichten in der großen Linie werden gemeinsam festgelegt. Die laufenden Angelegenheiten verhandelt jeder einzeln mit den Amerikanern. Grundsätzliche Dinge werden gemeinsam besprochen.«[39] Wie groß die Unsicherheit über die organisatorische Grundausrichtung und eine gemeinsame organisatorische Zukunft der beiden Gruppen war, verdeutlicht eine Notiz Wessels vom 15. Juli 1946: »09.30. Besprechung Gehlen, Wessel und weitere Angehörige der Gruppe Fritz [Tarnbezeichnung für Reinhard Gehlen, d. Verf.]: Unsere Situation, einige Tage Überlegungsfrist zur endgültigen Entscheidung, ob mitmachen oder nicht«.[40]

Bis 1947 verfestigte sich die Parallelstruktur organisatorisch unabhängiger Bereiche: der Beschaffung unter der Leitung von Hermann Baun und der Auswertung unter Reinhard Gehlen. Beide arbeiteten gemeinsam im Auftrag von G-2 USFET bzw. European Command (EUCOM). Gehlen konnte seinen alleinigen Führungsanspruch und die organisatorische Zusammenführung von Auswertung und Beschaffung erst nach 1947 als »Deutschland-Chef« (D-Chef) der gesamten Operation verwirklichen, die dann ab 1948 umgangssprachlich die Eigenbezeichnung »Organisation Gehlen« erhielt. Am 1. April 1956 ging aus der Organisation Gehlen der deutsche Auslandsnachrichtendienst, der Bundesnachrichtendienst (BND), hervor. Reinhard Gehlen amtierte von 1956 bis 1968 als dessen erster Präsident.

---

31 Vgl. Beiträge zur Geschichte der Organisation Gehlen, Nachlass Herre, Heinz Danko, BND-Archiv, N2/5, S. 33. **32** Vgl. ebd., S. 34. **33** Vor der Rückkehr Reinhard Gehlens nach Deutschland erarbeitete Gerhard Wessel am 28. Juni 1946 Vorschläge für Maßnahmen und Umorganisation nach Eintreffen der Gruppe um Gehlen. **34** Eintragungen aus dem Tagebuch Baun von Ende Juni 1946 bis 12. Juli 1946, zit. n.: Hermann Zolling/Heinz Höhne: Pullach intern. General Reinhard Gehlen und die Geschichte des Bundesnachrichtendienstes, Hamburg 1971, S. 110, 352. **35** Vgl. Kriegsgefangenschaft in Fort Hunt/USA, Nachlass Fuener, Herbert, BND-Archiv, N47, S. 4. **36** Vgl. Nachlass Hinrichs, Hans, BND-Archiv, N39, S. 9. **37** Headquarters, USFET, MISC, Lt. Col. John R. Deane, Jr., to Assistant Chief of Staff, G-2, USFET, »Plan for the Inclusion of the Bolero Group in Operation Rusty«, 2.7.1946, in: Ruffner (Hrsg.): Forging an Intelligence Partnership, Bd. 1, 1999, S. 95 f. **38** Vgl. Zolling/Höhne: Pullach intern, 1971, S. 111; Critchfield: Auftrag Pullach, 2005, S. 47 f.; Wegener: Die Organisation Gehlen und die USA, 2008, S. 73. **39** Eintragungen aus dem Tagebuch Baun von Ende Juni 1946 bis 12. Juli 1946, zit. n.: Zolling/Höhne: Pullach intern, 1971, S. 109 f., 352. **40** Nachlass Wessel, Gerhard, BND-Archiv, N1/1.

Die Anfänge amerikanischer Geheimdienstkooperation mit Reinhard Gehlen

Mit Begriffen wie Vertrauen, Täuschung und Verrat assoziieren die meisten für die Zeit des Kalten Krieges schnell die undurchsichtige Welt der Geheimdienste und ihrer Agenten im Kampf um Wissensvorsprung und gegenseitige »penetration« (Durchdringung). Aber entgegen der weit verbreiteten Vorstellung belauerten nicht nur die großen Antagonisten CIA (Central Intelligence Agency) und KGB (transkribiert: Komitet Gossudarstwennoi Besopasnosti) einander.[1] Auch unter den offiziell verbündeten Diensten des Westens (und sogar innerhalb der nationalen »intelligence communities«!) herrschten Misstrauen, Verdächtigungen und Kontrollbedürfnis. Dass der US-amerikanische Militärgeheimdienst CIC (Counter Intelligence Corps) in der unmittelbaren Nachkriegszeit noch skeptisch war, wenn es um die Kooperation mit nachrichtendienstlichem Personal des gerade erst besiegten Deutschland ging, erscheint daher durchaus plausibel.

Allerdings scheinen äußere Zwänge und Ratio stärker gewesen zu sein als moralisch-emotionale Bedenken: Bereits gegen Ende des Zweiten Weltkriegs in Europa, im Frühjahr 1945, hatten sich Differenzen zwischen den alliierten Großmächten, den USA und der Sowjetunion, abgezeichnet. Die US-amerikanischen Streitkräfte und ihre politische Führung erkannten – verkürzt gesagt – ihre erschreckenden Wissensdefizite gegenüber ihrem Noch-Verbündeten Sowjetunion und realisierten, dass sie diese Lücke ohne Hilfe auf absehbare Zeit auch nicht würden füllen können.[2] Vor allem die Geheimhaltung, die die sowjetischen Partner betrieben, die Sprachbarriere, die extreme geografische Distanz und die mangelnde Erfahrung der Amerikaner in der Region erwiesen sich hier als Hindernisse. So fiel ihnen mit Reinhard Gehlens Angebot ein wahrer Informationsschatz in die Hände: annähernd das gesamte Material der Ostaufklärung des Deutschen Reiches, abgefilmt und sicher verpackt. Der Wehrmachtsgeneral Gehlen, Leiter der Abteilung Fremde Heere Ost im Generalstab des Heeres, hatte es im Angesicht der unabwendbaren Niederlage vor Kriegsende in Sicherheit gebracht und sich anschließend im Mai 1945 gemeinsam mit seinen engsten Mitarbeitern der amerikanischen Militärpolizei gestellt. Was in den kommenden Monaten und Jahren folgte, ist beispiellos: Gehlen, dem der Wert seiner Informationen sehr bewusst war und der seine Karten äußerst geschickt spielte, unterhielt bereits nach kurzer Zeit ein von Respekt und dem Wissen um gegenseitige Nützlichkeit getragenes Verhältnis zu mehreren seiner amerikanischen Gesprächspartner.

◄ James Critchfield (l.), der als CIA-Mitarbeiter ab Ende 1947 die Verantwortung für die gelingende Zusammenarbeit mit der Org trug, und Reinhard Gehlen verband auch über das Berufliche hinaus ein freundschaftliches Verhältnis, 1951

1 Abgesehen davon wurde die CIA erst im September 1947 gegründet, das KGB firmierte erst seit 1954 unter eben diesem Namen. **2** Siehe u. a. Hermann Zolling/Heinz Höhne: Pullach Intern. General Gehlen und die Geschichte des Bundesnachrichtendienstes, Hamburg 1971, S. 106 f.

Der amerikanische Militärstützpunkt »Camp King« in Oberursel beherbergte auch ein großes Verhörzentrum. Hier lebte und arbeitete ab August 1945 die Auswertergruppe um Hermann Baun unter Aufsicht des US-Militärgeheimdienstes.

Nach einem knapp einjährigen Aufenthalt in den USA, ausführlichen Verhandlungen mit hochrangigem Personal der amerikanischen Nachrichtendienste und dem Erstellen erster Berichte zur Lage im Osten bekam Gehlen den Auftrag, eine Geheimdienstgruppe, die »Operation RUSTY«, zu leiten.[3] Ihre tägliche Arbeit bestand zum größten Teil im Sammeln von Informationen über die Sowjetische Besatzungszone und später die DDR, in Befragungen ostdeutscher und osteuropäischer Flüchtlinge und Deserteure sowie der Heimkehrer,[4] in der Auswertung der Presse aus dem Osten und in der Beobachtung sämtlicher Entwicklungen jenseits der Trizone bzw. Westdeutschlands. Es handelte sich zu einem großen Anteil um taktische Informationen, die eine militärisch-strategische Einschätzung möglich machen sollten, aber auch um Anhaltspunkte für ein verbessertes Verständnis der sowjetischen Denk- und Lebensweise. Nicht, weil die geleistete nachrichtendienstliche Tätigkeit qualitativ so gut gewesen wäre, wohl eher, weil es für sie keine Alternative zu geben schien, gewährten die Amerikaner der Organisation Gehlen, wie die »Operation RUSTY« nach der Übernahme durch die CIA 1949 genannt wurde,[5] 1956 den Aufstieg zum offiziellen Auslandsnachrichtendienst der nun souveränen Bundesrepublik, dem Bundesnachrichtendienst (BND), unter der Führung des Bundeskanzleramts. Die Etablierung einer weiteren staatlichen Institution – Bundeswehr und Bundesamt für Verfassungsschutz existierten bereits – sollte wohl auch als Zeichen der gelingenden Westbindung und der Eigenständigkeit der Bundesrepublik gesehen werden. In Berichten über Treffen zwischen CIA- und BND-Vertretern wird fast schon inflationär über gegenseitiges Vertrauen und Verstehen gesprochen, über Freundschaft und gar »Brüderlichkeit« bzw. »Bruderschaft«.[6]

Der Landsitz bei Neu-Anspach im Taunus, das beschlagnahmte Jagdhaus der Familie Opel, gehörte ebenfalls zu den Außenstellen des amerikanischen »Camp King« und war zeitweise Unterbringungsort der Org-Mitarbeiter, um 1946

Doch zunächst zurück zu den späten 1940er-Jahren: Die Organisation Gehlen, kurz Org genannt, war hervorgegangen aus den zwei sich ergänzenden und dennoch konkurrierenden Operationseinheiten »KEYSTONE« und »BOLERO«, die jeweils die Aufgaben der Aufklärung (unter der Leitung von Herrmann Baun in Oberursel bei Frankfurt am Main) bzw. Auswertung (Gruppe früherer Offiziere von Fremde Heere Ost um Gehlen in den USA) bearbeiteten. Alle Entscheidungen über Ausrichtung und Auftrag sowie die Finanzierung der Org lagen ursprünglich ausschließlich beim amerikanischen Militär, genauer gesagt bei dessen Geheimdienst CIC. General Edwin Sibert, der ranghöchste Feindaufklärungsoffizier (G-2) von USFET[7], schloss 1946 nach der Rückkehr der Gruppe aus den USA mit Gehlen ein von beiden Seiten sogenanntes, vorerst mündliches »Gentlemen's Agreement«, das die groben Umrisse der künftigen Zusammenarbeit festlegte und den Deutschen laut Gehlens eigener Darstellung bereits erstaunlich viel Handlungsspielraum einräumte.[8] Im Zuge der Restrukturierung der Nachrichtendienste in den USA übernahm die 1947 gegründete CIA 1949 die Verantwortung für die Org.

3 Ausführlich zu den Anfängen von »RUSTY« und der Organisation Gehlen: Kevin C. Ruffner (Hrsg.): Forging an Intelligence Partnership. CIA and the Origins of the BND, 1945–49, 2 Bde., Washington, D. C. 1999. **4** Vgl. Zolling/Höhne: Pullach Intern, 1971, S. 124 ff. **5** Siehe Wolfgang Krieger: US Patronage of German Postwar Intelligence, in: K. Johnson Loch (Hrsg.): Handbook of Intelligence Studies, New York 2009, S. 99. **6** Sherman Kent am 26. 9. 1951, James H. Critchfield Papers, Special Collections Research Center, Swem Library, College of William and Mary, Box 2, p. 00409, »Intelligence Brotherhood«. **7** US Forces European Theater. **8** Vgl. Reinhard Gehlen: Der Dienst. Erinnerungen 1942–1971, Mainz 1971, S. 149 f. Gehlens Darstellung in seinen Memoiren ist in der jüngeren Forschung

General Edwin L. Sibert, G-2-Offizier von USFET, hatte unmittelbar nach Kriegsende maßgeblichen Einfluss auf die Gründung der Org, unter anderem unterstützte er die Suche nach ehemaligen Mitgliedern von Fremde Heere Ost in amerikanischen Kriegsgefangenenlagern.

Bereits in der Zeit der Debatten über eine Überführung Gehlens und seiner Mitarbeiter an den zivil geleiteten Dienst CIA lassen sich zahlreiche Beschwerden und eine stetig wachsende Unzufriedenheit der Militärs vom CIC über die verbündeten Westdeutschen erkennen. In einem Bericht über die Zustände der deutschen Geheimdienstgruppe »RUSTY« in Pullach bei München etwa berichtete 1947 ein Mitarbeiter des CIC: »Apathy and disaffection among many of the agents in Munich suggest worse compromise to come. This state of affairs should definitely be considered a security menace [...].« (»Gleichgültigkeit und Unzufriedenheit bei vielen der Münchner Agenten deuten darauf hin, dass eine größere Gefährdung bevorsteht. Diese Situation sollte eindeutig als Bedrohung der Sicherheit angesehen werden [...].«)[9]

Folgendes Zitat eines amerikanischen G-2-Offiziers stammt von 1948 und illustriert ebenfalls die sich abzeichnenden Differenzen: »American Intelligence is a rich blind man using the Abwehr as a seeing-eye dog. The only trouble is – the leash is much too long.« (»Amerikanische Nachrichtendienste sind ein reicher blinder Mann, der die Abwehr als Blindenhund benutzt. Das einzige Problem – die Leine ist viel zu lang.«)[10] (Natürlich meinte der Autor hier nicht die Abwehr im Oberkommando der Wehrmacht, den militärischen Geheimdienst des Deutschen Reiches, sondern die »Operation RUSTY«; die Bezeichnung »Abwehr« war jedoch auch nach Kriegsende eine gängige Bezeichnung für deutsche nachrichtendienstliche Aktivitäten.)

Die Beobachtungen des CIC bezüglich der Org wurden selbst nach der Übernahme durch die CIA 1949 weitergeführt und wohl nur selten mit dem zivilen Partnerdienst geteilt. Hier stellt sich – nicht zum ersten und schon gar nicht zum letzten Mal – die Frage nach dem Vertrauensverhältnis innerhalb einer nationalen »Intelligence Community«.[11] Abgesehen davon beklagte der militärische Dienst die fast flächendeckende Durchsetzung der Org mit Doppelagenten aus dem Osten. Im Januar 1954 etwa, wenige Monate nach einer Hochphase von Schauprozessen gegen westdeutsche Agenten in der DDR, ging man beim CIC davon aus, dass »approximately 60 % of the individuals now working for the Western intelligence agencies in West Berlin have been dispatched by East Zone intelligence agencies and are only apparently working for the West« (»etwa 60 % der für die westlichen Nachrichtendienste in West-Berlin tätigen Personen von Diensten aus der Ostzone geschickt wurden und nur scheinbar für den Westen arbeiten«).[12] Diese geschätzte Zahl geht natürlich weit über die der Mitarbeiter und Zuträger der Org hinaus und schließt alliierte Dienste und Gruppen mit ein, illustriert aber das empfundene Bedrohungsszenario und die grundsätzliche Skepsis gegenüber anderen nachrichtendienstlichen Stellen. Das Misstrauen einer Gruppe um Thomas Wesley Dale innerhalb des CIC ging sogar so weit, dass spätestens 1952 die Operation »Campus« gestartet wurde. Dabei sollten unter Rückgriff auf menschliche Quellen gezielt die Org, das Amt Blank und der Friedrich-Wilhelm-Heinz-Dienst penetriert und mögliche Sicherheitsrisiken bzw. Personen, die ein solches darstellen konnten, identifiziert werden. Informationen über die Aktion und ihre Ergebnisse – unter anderem fiel bereits früh ein Verdacht auf Heinz Felfe, der seit 1950 für die Sowjets und seit 1951 für die Org arbeitete – teilte die Gruppe nicht einmal mit der CIA, geschweige denn mit Gehlen.[13]

Auch in den CIA-Akten finden sich bereits seit Anfang der 1950er-Jahre zunehmend Klagen über das vermutete hohe Maß an kommunistischer/sowjetischer Unterwanderung der Org. Das war umso »ärgerlicher«, als dadurch nicht nur der Informationsfluss gestört wurde – wegen des Verdachts, dass die gelieferten Ergebnisse manipuliert sein könnten –, es stellte auch ein erhebliches Sicherheitsrisiko für die USA selbst dar, denn von dort bekamen im Gegenzug der Zusammenarbeit Verbindungsleute in der Org ihrerseits vertrauliche Angaben. Die Gefahr, dass eigene Mitarbeiter und V-Leute durch die Infiltrierung der deutschen Stellen enttarnt würden, war sehr real und die Sorge berechtigt. Auch die Personalie Gehlen sorgte immer wieder für Verstimmung bei den amerikanischen Partnern; er wurde regelmäßig als undurchschaubar, »secretive« und wenig kooperationswillig beschrieben. Die Org war zu dieser Zeit vollkommen auf ihn zugeschnitten, die unterschiedlichen Abteilungen liefen ausschließlich bei ihm zusammen. James Critchfield, der seit 1948 für die CIA maßgeblich die Ausgestaltung des Dienstes unter Gehlen beaufsichtigte und der insbesondere auf einer

durchaus umstritten. Bemerkenswert bleibt der frühe Zeitpunkt, zu dem eine enge und verbindliche Zusammenarbeit beschlossen wurde. **9** Impersonal Files, Operation RUSTY, National Archives at College Park, College Park, MD, RG 319, Records of the Army Staff, Box 147A, Vol. II, 1 of 3. **10** Chief, Munich Operations Base to Acting Chief of Station, Karlsruhe, »RUSTY« 7 July 1948, MGM-A-602, (S), in DO Records, [...] Box 5, Folder 8, CIA ARC. (S), (URL: http://www.foia.cia.gov/sites/default/files/document_conversions/1705143/CIA%20AND%20NAZI%20WAR%20CRIM.%20AND%20COL.%20CHAP.%201-10,%20DRAFT%20WORKING%20PAPER_0010.pdf, S. 27, zuletzt aufgerufen am 24. 11. 2015). **11** Zu Problemen bei der Rivalität zwischen CIC und CIA (»The principal deficiencies in our setup in the German theater appear to be the following: [...] Interservice rivalry with case-grabbing, sharpshooting, target-hogging, information hoarding, and other side effects.«) vgl. z. B.: C.N. Geschwind: Wanted: An integrated Counter-Intelligence, 1995 (as sanitized), (URL: https://www.cia.gov/library/center-for-the-study-of-intelligence/kent-csi/vol7no3/html/v07i3a02p_0001.htm, zuletzt aufgerufen am 24. 11. 2015). **12** Records of the Army Staff, Gehlen Organization, National Archives and Records Administration (NARA), RG 319, Box 144A, Vol. I, 4 of 4. **13** Vgl. hierzu: James H. Critchfield: Partners at the Creation. The Men Behind Postwar Germany's Defense and Intelligence Establishment, Annapolis 2003, S. 167–171; Krieger: US Patronage of German Postwar Intelligence, 2009, S. 98, S. 102 (Fußnote 29).

persönlichen Ebene stets ein enges Verhältnis zu ihm pflegte, kritisierte in seinen Memoiren Gehlens Urteilsfähigkeit – »[a]t times he demonstrated flawed judgement« (»bisweilen zeigte er mangelhaftes Urteilsvermögen«)[14] – und seine eigenmächtige und problematische Personalpolitik: »He was known to select people who posed visible security and political risks for tasks he needed to get done at the moment.« (»Er war dafür bekannt, für Aufgaben von unmittelbarer Dringlichkeit Leute auszuwählen, die offensichtliche Risiken sicherheitsrelevanter und politischer Art darstellten.«)[15]

Ein Beispiel für das schon fast als zerrüttet zu beschreibende Verhältnis zwischen CIA-Verbindungspersonal und Gehlen ist das Vorgehen der CIA im Zusammenhang mit einer geplanten Romreise Gehlens im April 1953. Gehlen wollte diese zusammen mit seiner Tochter antreten. Verschiedene Personen in der CIA hielten das für ein Täuschungsmanöver, das seine wahre Absicht, nämlich Verbindungen zum vatikanischen Geheimdienst zu knüpfen, vertuschen solle. Und so eruierten sie die Möglichkeiten, ihn diskret überwachen zu lassen. »POB [Pullach Operations Base, Anm. d. Verf.] comment: We associate trip with increasing German interest Vatican intelligence [...] What are Rome possibilities of discreet check UTILITY [Deckname der CIA für Gehlen, Anm. d. Verf.] activities that will not come to UTILITY's attention?« (»Kommentar der POB: Wir bringen die Reise mit dem zunehmenden deutschen Interesse am vatikanischen Nachrichtendienst in Verbindung. Welche Möglichkeiten bestehen für das Büro in Rom, UTILITYs Aktivitäten diskret zu überprüfen, ohne UTILITYs Aufmerksamkeit zu erregen?«)[16] Ähnliche Memos existieren zu Gehlens Aktivitäten mit dem britischen und französischen Dienst.

Nach übereinstimmender Auffassung von CIA und CIC nahm außerdem die Qualität der gelieferten Informationen über die Zeit rapide ab. Das erklärt sich zum einen durch ein verändertes Aufgabenprofil: Die taktische (kurzfristige) militärische Aufklärung verlor gegenüber der strategischen militärischen Aufklärung und politischen Informationen an Bedeutung, zudem verbesserten sich Analysefähigkeiten der amerikanischen Partner. Das ohnehin mangelnde Vertrauen der Amerikaner in ihre westdeutschen Partner wurde weiter gemindert durch zahlreiche Fälle enttarnter westdeutscher Agenten in der DDR. Sie sorgten für Aufsehen und belegten die Vermutungen einer ostdeutschen Unterwanderung der westdeutschen Stellen.[17] Immer wieder erfuhren die US-Amerikaner auch von ehemaligen SS-, SA-, SD- oder GFP-Angehörigen, die nun als Mitarbeiter oder zumindest Informanten für Org/BND arbeiteten. So leitete

14 Critchfield: Partners at the Creation, 2003, S. 110. **15** Ebd. **16** NARA at College Park, Records of the Central Intelligence Agency (CIA), RG 263, Entry ZZ-19, CIA subject files, second release, Gehlen, Box 38, II, Vol. 1 of 2. **17** Zum »Fall Haase« etwa vgl.: Karl W. Fricke/Roger Engelmann (Hrsg.): »Konzentrierte Schläge«. Staatssicherheitsaktionen und politische Prozesse in der DDR 1953–56, Berlin 1998, S. 120–129. **18** Siehe FOIA Dokument zum Projekt »Mount Vernon«, bes. S. 3: http://www.foia.cia.gov/sites/default/files/document_conversions/1705143/ARMY%20CIC%20NETS%20IN%20EASTERN%20EUROPE_0002.pdf (zuletzt aufgerufen am 24. 11. 2015). Wilhelm Höttl war ein Vertrauter Adolf Eichmanns; auf seiner Aussage bei den Nürnberger Prozessen basiert die Zahl der sechs Millionen ermordeten Juden, die Höttl 1944 in Budapest von Eichmann erfahren haben will. **19** Richard Breitman/N. J. W. Goda/T. Naftali/R. Wolfe (Hrsg.): U.S. Intelligence and the Nazis, Cambridge (Mass.) 2005. **20** Zitiert u. a. in: James M. Olson: The Ten Commandments of Counterintelligence. A Never-Ending Necessity, in: Studies in Intelligence, Fall/Winter 2001 (URL: https://www.cia.gov/library/center-for-the-study-of-intelligence/csi-publications/csi-studies/studies/fall_winter_2001/article08.html, zuletzt aufgerufen am 24. 11. 2015).

Schloss Kransberg, ehemals Wohnsitz Hermann Görings und nach Kriegsende US-Vernehmungslager »Dustbin«, beherbergte ab Herbst 1946 erste Mitarbeiter der Org und diente bis zum Umzug nach Pullach im Dezember 1947 als deren Hauptquartier.

etwa Wilhelm Höttl, ehemaliger SS-Offizier und langjähriger Mitarbeiter des SD, zu Beginn der 1950er-Jahre die »Filiale« der Org in Österreich und bediente sich in Personalfragen häufiger äußerst zwielichtiger Gestalten – vornehmlich mit NS-Vergangenheit bzw. unklaren Loyalitäten. CIC und CIA wussten um Höttls Vorleben. Sie maßen offenbar dem Netz seiner Informanten und seinen Erfahrungen auf dem Balkan mehr Wert zu als der Frage nach seiner moralischen Integrität.[18] Einerseits tolerierte die US-Seite häufig genug Org-Mitarbeiter mit einer Vergangenheit in Kreisen, die während der NS-Zeit unmittelbar an Holocaust und Kriegsverbrechen beteiligt gewesen waren;[19] andererseits waren diese Mitarbeiter auf der operativen Ebene der Erpressbarkeit verdächtig, und es bestand die Gefahr, dass ihre Vergangenheit propagandistisch genutzt würde.

Angesichts dieser Umstände – auch amerikanische Sicherheitsinteressen wurden schließlich empfindlich berührt – liegt die Frage nahe, warum die enge Kooperation zwischen den USA und Westdeutschland auf dem Feld der Nachrichtendienste Bestand hatte, sogar weiter intern explizit von einem vertrauensvollen Verhältnis gesprochen wurde, warum die Dienste wissentlich Sicherheitsrisiken eingingen und trotz der regelmäßigen Betonung des gegenseitigen Vertrauens auch die Maxime »There are friendly nations, but no friendly intelligence services« (»Es gibt Freundschaft zwischen Staaten, aber nicht zwischen Nachrichtendiensten«)[20] durchgehend Bedeutung zu haben scheint.

Zum einen liegen die Vorteile einer »intelligence liaison« klar auf der Hand: Zwei Dienste profitieren von einem größeren, weil gemeinsamen Wissenspool, sie können auf Infrastruktur der anderen Seite zurückgreifen und decken ein viel breiteres Informationsspektrum ab, als

Die Postkartenzeichnung eines deutschen Kriegsgefangenen zeigt ebenfalls das Verhörzentrum Oberursel; »Camp Sibert« verweist auf den Chef der militärischen Aufklärung, General Edwin L. Sibert, um 1946

es ihnen allein möglich wäre. Das bezieht sich sowohl auf geografische als auch methodische Gebiete, beispielsweise auf bestimmte Kapazitäten in der Informationsgewinnung mittels menschlicher Quellen (Human Intelligence, HUMINT) bzw. in der Fernmelde- und elektronischen Aufklärung (Signals Intelligence, SIGINT). Zu den Vorzügen der Kooperation zwischen Großbritannien und den USA etwa soll der Director of Operations der CIA, Frank Wisner, 1948 bemerkt haben: »Whenever we want to subvert any place [...] we find that the British own an island within easy reach.« (»Immer, wenn wir irgendeinen Ort untergraben wollen, [...] zeigt sich, dass die Briten eine Insel in Reichweite besitzen.)«[21]

Aus amerikanischer Sicht war die deutsch-amerikanische Verbindung über ihre grundsätzlichen strategischen Vorteile hinaus dadurch von Wert, dass CIC und CIA mit der frühzeitigen Beauftragung Gehlens die Möglichkeit der Kontrolle und gleichzeitig der Stabilisierung der jungen Bundesrepublik gleichsam in den Schoß gefallen war – Gehlen »filled the [intelligence] gap« (»schloss die [geheimdienstliche] Lücke«).[22] Die westdeutschen Sicherheitsorgane ihrerseits waren die Nutznießer von – unter anderem – finanzieller Zuwendung, Ausbildung und Absicherung durch die USA (für das Bundesamt für Verfassungsschutz geschah dies teilweise durch Großbritannien). Ohne diese Fürsprache und Unterstützung hätte Gehlen weitaus geringere Chancen gehabt, die Org in einen offiziellen Nachrichtendienst zu überführen, zumal innerhalb so relativ kurzer Zeit.

Wie stand es nun tatsächlich um das immer wieder bekräftigte Vertrauen, das sowohl die Dienste als auch deren Mitarbeiter einander offiziell entgegenbrachten, obgleich die Dokumente das Gegenteil zu beschreiben scheinen? »Überall dort, wo die handelnden Subjekte auf die Kooperation mit anderen angewiesen sind, die sie nicht kennen oder deren Motive ihnen verschlossen sind, taucht die Notwendigkeit des Vertrauens auf«, schreibt der Philosoph Martin Hartmann.[23] Es gehe dabei auch um die »Frage nach den geeigneten Bedingungen der Vertrauensbildung«[24]. Im Falle der Dienste haben wir es offenbar mit einer rein pragmatischen, auf die Sache gerichteten Art des Vertrauens zu tun. Dieses Vertrauen bildete die unabdingbare Basis einer Kooperation, die für beide Seiten von Vorteil war. In diesem Sinne sind denn auch Aussagen wie jene Jack Downings, von 1995 bis 1997 CIA Deputy Director of Operations, zu verstehen: »We owe a great debt of gratitude to the early pioneers, both in Germany and in the United States, who struggled during this period to form new and close ties to both countries. These pioneers, including General Gehlen and his colleagues as well as American intelligence officers, perservered in the face of uncertainty. Their determination in the 1940s has resulted in a strong intelligence partnership based on cooperation, trust, and focus as we move into the 21st century.« (»Wir schulden den Pionieren in Deutschland und den Vereinigten Staaten großen Dank, die sich damals mit viel Einsatz um neue und enge Bande zwischen beiden Staaten bemüht haben. Diese Pioniere, unter ihnen General Gehlen und seine Kollegen sowie die amerikanischen Mitarbeiter der Geheimdienste, haben der Unsicherheit standgehalten. Ihre Entschlossenheit in den 1940er-Jahren mündete in einer starken nachrichtendienstlichen Partnerschaft, die weiterhin auf unserem Weg ins 21. Jahrhundert auf Kooperation, Vertrauen und Konzentration fußt.«)[25] Diese »Rhetorik des Vertrauens« teilen die Mitarbeiter in Geheimdiensten häufig mit ihrem politischen Auftraggeber.

21 Zit. n.: Kim Philby: My Silent War, London 1989 (Erstausgabe London 1968), S. 219. **22** Mary Ellen Reese: General Reinhard Gehlen. The CIA Connection, Fairfax, VA, 1990, S. 174. **23** Martin Hartmann: Einleitung, in: Martin Hartmann/Claus Offe (Hrsg.): Vertrauen. Die Grundlage des sozialen Zusammenhalts, Frankfurt am Main 2001, S. 16. **24** Ebd. **25** Kevin. C. Ruffner: Einleitung, in: Ruffner (Hrsg.): Forging and Intelligence Partnership, 1999, Bd. 1, S. XI.

VON AGENTENJÄGERN UND SPIONEN

Die Bevollmächtigten des sowjetischen Geheimdienstes in Deutschland 1945 bis 1956

Geheimdienste – dies gilt insbesondere für diejenigen der ehemaligen Sowjetunion – halten Informationen zu ihren Mitarbeitern meist streng vertraulich. Erst nach dem Zusammenbruch der UdSSR wurde es durch die Öffnung der Archive in Russland überhaupt möglich, entsprechende Personalangaben zu recherchieren. Hier ist es vor allem der unermüdlichen Kleinarbeit des russischen Historikers Nikita V. Petrov von der russischen Opferorganisation »Memorial« zu verdanken, der Geschichte der sowjetischen Geheimpolizei in der Sowjetischen Besatzungszone (SBZ) und in der DDR ein »Gesicht« gegeben zu haben. Mit der Auswertung von endlosen Ernennungs-, Versetzungs-, Auszeichnungs- und Beförderungsbefehlen und selbst Todesanzeigen gelang es ihm, aus einer Vielzahl von Puzzleteilen den Lebensweg von sowjetischen Geheimdienstoffizieren, die in Ostdeutschland in leitender Funktion tätig gewesen waren, zu rekonstruieren. Nur so kann eine Geschichte der sowjetischen Geheimdienste und ihrer Mitarbeiter in der SBZ/DDR überhaupt erst geschrieben werden.

Nach dem Ende des Zweiten Weltkriegs standen das Volkskommissariat für Inneres der UdSSR (NKVD) und das Volkskommissariat für Staatssicherheit der UdSSR (NKGB) vor der Aufgabe, eine künftige sowjetische Herrschaft in Deutschland oder zumindest in dem Teil, der von den Truppen der Roten Armee besetzt war, mit den ihnen zur Verfügung stehenden geheimpolizeilichen und -dienstlichen Mitteln und Methoden sicherzustellen. Hierfür ernannte der Generalsekretär des Zentralkomitees der Kommunistischen Allunions-Partei (Bolševiki) und Oberste Befehlshaber der Roten Armee, Iosif V. Stalin, den Kommissar für Staatssicherheit 2. Ranges (vergleichbarer Dienstgrad Generaloberst) Ivan A. Serov zum Bevollmächtigten der in Deutschland operierenden sowjetischen Geheimdienste. In dieser Funktion unterstanden ihm die dort tätigen NKVD-Mitarbeiter und seit Ende 1945 auch die in der SBZ operierenden NKGB-Angehörigen. Gleichzeitig wurde ihm der Titel eines stellvertretenden Kommandeurs der 1. Belorussischen Front für zivile Angelegenheiten verliehen.

◄
Hauptquartier der sowjetischen Geheimdienste in der SBZ/DDR in Berlin-Karlshorst, wo auch die Chefresidenten des MVD/MGB in Deutschland ihren Dienstsitz hatten, Luftbild, 1953

Serov stieg unter Stalin und später Nikita S. Chruščev bis zum führenden sowjetischen Geheimdienstfunktionär auf.[1] Am 21. Juni 1945 machte ihn Stalin zum stellvertretenden Chef der Sowjetischen Militäradministration in Deutschland (SMAD) für Zivilfragen und zum Leiter der

1 Serov wurde 1905 als Sohn eines Bauern im Gouvernement Vologda geboren. Von 1928 bis 1938 war er Angehöriger der Roten Armee und diente sich hinauf bis zum Stabschef eines Artillerieregimentes. Nach einem Studium an der Frunze-Militärakademie in Moskau wechselte er 1939 zum NKVD und wurde noch im gleichen Jahr Chef der Hauptverwaltung Miliz. Nur wenig später beförderte ihn Stalin zum Innenminister der Ukrainischen Sozialistischen Sowjetrepublik, eine Funktion, in der Serov eng mit dem damaligen Parteichef der Ukraine, Chruščev, zusammenarbeitete. Von 1941 bis 1945 war Serov stellvertretender Minister des NKVD. Während des Zweiten Weltkriegs war er 1941 Hauptverantwortlicher für die Deportationen der Russlanddeutschen, 1943/44 für die Deportationen der Kalmücken, Tschetschenen, Karatschajer, Krimtataren und Kabardiner. Im Sommer 1944 erfolgte seine Ernennung zum NKVD-Bevollmächtigten der 1. Belorussischen Front, in dieser Funktion hatte er maßgeblichen Anteil an der Niederschlagung der antisowjetischen Opposition in der Ukraine und in Polen.

sowjetischen Geheimdienste in der SBZ. Hier beaufsichtigte der Geheimdienstoffizier nicht nur die von Stalin gewünschte Sowjetisierung der SBZ und die Verfolgung politischer Gegner der UdSSR, sondern er organisierte auch den von Stalin befohlenen Rüstungstransfer der deutschen Raketen-, Flugzeug- und Atomtechnik in die Sowjetunion. 1947 wurde Serov nach Moskau zurückbeordert und war bis 1954 Erster Stellvertreter des Innenministers der Sowjetunion. Nach der Beseitigung von Lavrentij P. Berija, seinem Rivalen im Kampf um die Macht im Kreml, ernannte Chruščev den Geheimdienstfunktionär im Frühjahr 1954 zum Vorsitzenden des neu geschaffenen Komitees für Staatssicherheit der UdSSR (KGB). In dieser Funktion – in der er auch immer wieder die Zusammenarbeit des sowjetischen Geheimdienstes mit dem Ministerium für Staatssicherheit der DDR (MfS) überwachte und koordinierte – verblieb der 1955 zum Armeegeneral beförderte Serov bis Ende 1958. Dann wurde er auf Betreiben seines bisherigen Förderers Chruščev wegen parteifeindlicher Tendenzen und weil er sich der Reformierung sowie personellen Verringerung des KGB widersetzte, zum Chef der sowjetischen Militäraufklärung (GRU) degradiert.[2] Als solcher verstärkte er vor allem die Spionage in den USA, aber auch die Agententätigkeit in Westeuropa nahm unter seiner Leitung spürbar zu. Im Zuge der Affäre um den für den US-amerikanischen und den britischen Auslandsgeheimdienst – die CIA und den MI6 – spionierenden GRU-Oberst Oleg V. Pen'kovskij wurde er jedoch im Januar 1963 wegen »mangelnder politischer Wachsamkeit« von seiner Funktion als GRU-Chef entbunden und zum Generalmajor degradiert. Binnen 24 Stunden hatte sich der entlassene Geheimdienstoffizier auf seinem neuen Posten als Ausbildungsoffizier in Tiflis zu melden. 1965 quittierte Serov den Dienst in der Sowjetarmee aus gesundheitlichen Gründen, er starb im Juli 1990 in Moskau.[3]

Bereits unmittelbar nach Kriegsende verfolgte das NKVD/NKGB in der SBZ nicht nur Kriegsverbrecher und politische Gegner, sondern beeinflusste auch entscheidend die Neuorganisation der örtlichen deutschen Selbstverwaltungsorgane. Entsprechend der sowjetischen Losung »Die Kader entscheiden alles« wurde viel Sorgfalt auf die Auswahl geeigneter Amtsträger verwendet. Die Besetzungsvorschläge für Stellen in der Verwaltung waren den Bevollmächtigten des NKVD/NKGB zur Bestätigung vorzulegen. Dadurch war es möglich, die politische Zuverlässigkeit jedes Einzelnen im Sinne der Sowjetunion zu überprüfen und die Ablösung ungeeigneter Amtsinhaber zu betreiben.

Mit der Schaffung der SMAD im Juni 1945 wurde die Sonderrolle des NKVD/NKGB bei der politischen Sicherung des besetzten Territoriums erneut bestätigt. Die Geheimdienste verfügten jetzt über einen eigenen Verwaltungsapparat, der zwar formell dem SMAD-Chef und Oberkommandierenden der sowjetischen Besatzungstruppen in Deutschland, Marschall Georgij K. Žukov,

---

2 Vgl. Protokoll Nr. 194 des Präsidiums des ZK der KPdSU, 3. 12. 1958, abgedruckt in: Aleksandr A. Fursenko (Hrsg.): Prezidium CK KPSS 1954–1964. Černovye protokol'nye zapisi zasedanij. Stenogrammy. Postanovlenija, Tom 2: Postanovlenija 1954–1958, Moskva 2006, S. 896, 1040 f.; Nikita Petrov: Prevyj predsedatel' KGB Ivan Serov, Moskva 2005, S. 179–190. **3** Vgl. Petrov: Prevyj predsedatel' KGB, 2005, S. 194–197. **4** »Smerš«: Abkürzung für die russische Parole »Smert' špionam« -»Tod den Spionen« – Bezeichnung für die 1943 gebildete militärische Spionageabwehr beim Volkskommissariat für Verteidigung der UdSSR (NKO). **5** Schreiben über die Reorganisation des Apparates der Bevollmächtigten des NKVD der UdSSR, bei der 1., 2. und 3. Belorussischen sowie der 1. und 4. Ukrainischen Front, 22. Juni 1945, Staatsarchiv der Russischen Föderation (GARF), 9401/2/97, Bl. 9. **6** Vgl. Roger Engelmann: »Keine Maßnahmen sollen getroffen werden gegen die Meinung unserer Freunde«. Die Staatssicherheitspolitik der DDR in den 1950er-Jahren zwischen sowjetischer Hegemonie und eigenen Konzepten, in: Torsten Diedrich/Walter Süß (Hrsg.):

Ivan A. Serov, von Juli 1945 bis Februar 1947 erster Chefresident der sowjetischen Geheimdienste in Deutschland, später Aufstieg zum KGB-Chef, ab 1958 Leiter des militärischen Nachrichtendienstes (GRU), 1963 im Zuge der Pen'kovskij-Affäre entlassen.

unterstellt war, in Wirklichkeit jedoch vollkommen unabhängig von ihm agierte. Serov unterstanden nun folgende Verantwortungsbereiche: »Der Bevollmächtigte des NKVD der UdSSR ist verantwortlich für: die Leitung und Kontrolle der vom NKVD, NKGB und der Smerš des NKO[4] durchgeführten Arbeiten zur Säuberung des von der Roten Armee besetzten Territoriums von Agenten deutscher Spionage- und Abwehrorgane; zur Fahndung und Aushebung vom Gegner zurückgelassener deutsch-faschistischer Untergrundgruppen und so genannter ›Werwolfgruppen‹, sowie zur Ermittlung und Verhaftung von Kriegsverbrechern; die Führung der Streitkräfte des NKVD, die sich auf dem Territorium befinden; die Leitung der Arbeiten der Überprüfungskommission zur Registrierung repatriierter sowjetischer Bürger in den frontnahen Lagern; die Führung der Tätigkeit der Frontabteilungen für Kriegsgefangene und die Sicherstellung ihres Abtransportes in die UdSSR.«[5]

In allen Städten, Kreisen, Provinzen und Ländern der SBZ sollten Operativgruppen des Geheimdienstes arbeiten, die als Organe der Militäradministration getarnt waren. Neben der Jagd nach Gegnern der UdSSR auf dem Territorium der SBZ oblag dem NKVD in Deutschland natürlich auch die Informationspflicht über interne politische Vorgänge.

Bereits für das Jahr 1946 lässt sich zudem belegen, dass auch Dienststellen der ostdeutschen Polizei für die Verfolgung von »konterrevolutionären Elementen« eingesetzt wurden. Allerdings agierten diese für die sowjetischen Nachrichtendienste als reine Hilfspolizei, die lediglich Informationen beschaffte oder Zeugen befragte. Exekutive Handlungen blieben ausschließlich dem aus dem NKGB hervorgegangenen Ministerium für Staatssicherheit der UdSSR (MGB) vorbehalten.[6]

Zum Zweck der Gewinnung von Informationen bauten alle sowjetischen Sicherheitsdienste in Deutschland eigenständige Agentennetze auf. Diese operierten sowohl in der SBZ als auch in den Westzonen. Zum 1. Januar 1946 arbeiteten insgesamt 2304 deutsche Personen in den Zuträgernetzen der sowjetischen Spionageabwehr. Diese wurden im Laufe des Jahres 1946 weiter zügig ausgebaut. Allein das Netz der Aufklärungsabteilung des Stabes der Inneren Truppen des NKVD in der SBZ – vor allem zuständig für die Bewachung und den Schutz von sowjetischen Objekten in der SBZ, wie beispielsweise der SAG Wismut – verfügte Mitte 1946 über 3083 Agenten. Die Mehrzahl der Informanten und Agenten[7] stand jedoch im Sold der fünf Operativsektoren (einer pro Land oder Provinz der SBZ), 17 Bezirksoperativgruppen und 170 Kreisoperativgruppen des NKVD. Aufgrund der in Russland geltenden Geheimhaltungsbestimmungen ist es allerdings nicht möglich, deren Zahl genauer zu beziffern.[8] Bei der Anwerbung von Spionen wurde auch nicht vor Gewalt zurückgeschreckt. Wer die Mitarbeit verweigerte oder nur ungenügende Resultate lieferte, wurde inhaftiert und zu langjährigen Gefängnisstrafen verurteilt.[9]

Die Operativgruppen bildeten die Basis für die erfolgreiche Verwirklichung der Sicherheitspolitik und der vielschichtigen Überwachungsaufgaben der sowjetischen Geheimdienste in der SBZ. Zur Umsetzung der ihnen gestellten Aufgaben verfügten die weitgehend autonom agierenden Operativgruppen über eigene Untersuchungsgefängnisse, bedienten sich geheimer Informanten, verwendeten Provokateure, nutzten Zuträger und Denunzianten und verhörten Festgenommene brutal, um von ihnen vorgefertigte »Geständnisse« für weitere Verhaftungen zu erhalten. In ihrer lang erprobten Struktur waren sie auf die Erfüllung dieser Aufgaben bestens vorbereitet. Es kamen Operativgruppen zum Einsatz, die zuvor bereits im Baltikum, in der Ukraine und in Weißrussland zur sowjetischen Herrschaftssicherung gedient hatten. Dieses Faktum zeigt, dass die Sowjetisierung der SBZ – zumindest was die Arbeit des Sicherheitsapparates betraf – ohne Alternative war. Da der Apparat des Bevollmächtigten des MGB

Militär und Staatssicherheit im Sicherheitskonzept der Warschauer-Pakt-Staaten, Berlin 2010, S. 77–89, hier S. 77. Mitte März 1946 wurden die bisherigen Volkskommissariate auf Weisung Stalins zu Ministerien umgebildet. **7** Bei Agenten des sowjetischen Geheimdienstes handelte es sich um Personen, die nach entsprechender Ausbildung Aufgaben zur Sammlung nachrichtendienstlicher Erkenntnisse durchführten. Informanten gaben vor allem Informationen zur Abklärung des Umfeldes von interessierenden Personen an ihre Führungsoffiziere weiter, sie erhielten hierfür jedoch keine besondere Ausbildung. **8** Bedingt durch die Besonderheiten des russischen Archivsystems sind leider nur die Agentenzahlen der Inneren Truppen des NKVD in der SBZ im bedingten Maße für die Wissenschaft zugänglich, da deren Akten im Russischen Staatlichen Militärarchiv liegen. Die Überlieferung der Operativgruppen des NKVD/NKGB befindet sich zumeist im Zentralarchiv des Föderalen Sicherheitsdienstes der Russischen Föderation (CA FSB) und ist für die historische Forschung gesperrt, da dieses Archiv direkt dem FSB untersteht und dieser durch eine Bearbeitung der Akten die Enttarnung von Operationsmodi des Geheimdienstes befürchtet. Auch der BND sperrt allerdings beispielsweise Unterlagen, die Rückschlüsse auf geheimdienstliche Methoden und Arbeitsweisen zulassen. **9** Michail I. Semirjaga: Kak my upravljali Germaniej, Moskva 1995, S. 169. Deutsche wurden spätestens seit Ende Mai 1945 vom NKVD angeworben, seit diesem Zeitpunkt durften auch ehemalige NSDAP-Mitglieder und NS-Funktionsträger als nachrichtendienstliche Zuträger eingesetzt werden. Vgl. Mitteilung des Kommandeurs des 157. Regiments der NKVD-Truppen an den Stab der NKVD-Truppen der 1. Belorussischen Front, 27. 5. 1945, abgedruckt in: Jan Foitzik/Nikita W. Petrow (Hrsg.): Die sowjetischen Geheimdienste in der SBZ/DDR von 1945 bis 1953, Berlin/New York 2009, S. 212 f. **10** Schreiben des Chefs der Informationsabteilung der SMA Sachsen, N. A. Kuz'minov, an den Leiter des Operativsektors des MGB, K. P. Egošin, 19. 4. 1948, abgedruckt in: Nikita Petrov/Jan Foitzik (Hrsg.): Apparat NKVD-MGB v Germanii 1945–1953. Dokumenty, Moskva 2009, S. 287. **11** Vgl. Nikita Petrov: Die sowjetischen Geheimdienstmitarbeiter in Deutschland. Der leitende Personalbestand der Staatssicherheitsorgane der UdSSR in der Sowjetischen Besatzungszone Deutschlands und der DDR von 1945–1954, Berlin 2010, S. 23. **12** Vgl. Schreiben von Kruglov und Merkulov an Stalin, 11. 1. 1946, GARF, 9401/2/134, Bl. 241.

in Deutschland nach wie vor weitgehend unabhängig von der SMAD agieren konnte, gelang es ihm, wesentlichen Einfluss auf die innere Entwicklung der SBZ zu nehmen. Dabei spielte die geheimpolizeiliche Kontrolle der dort operierenden politischen Parteien eine wesentliche Rolle.

Auch die Sozialistische Einheitspartei Deutschlands (SED) und ihre politische Führung standen unter ständiger Aufsicht der sowjetischen Geheimpolizei. Beschwerden der Parteiführung der Einheitssozialisten bei der SMAD-Verwaltung für Informationen konnten an diesem Verhalten des MGB und dessen »Einmischung in innerparteiliche Angelegenheiten« wenig ändern.[10] Deshalb dürfte es auch kein Zufall sein, dass gerade im Jahr der Bildung der DDR der Apparat des Bevollmächtigten des MGB in Deutschland seinen größten Umfang erreichte. Mehr als 4 000 hauptamtliche sowjetische Geheimdienstmitarbeiter sicherten zu diesem Zeitpunkt in über vierzig Stadt- und 91 Kreisabteilungen des MGB – zu denen die Operativgruppen umformiert worden waren – den Aufbau eines auf die Sowjetunion und ihren Diktator ausgerichteten deutschen Teilstaates.[11]

Für die Spionage gegen die Westzonen war zunächst das NKGB verantwortlich. Bereits im April 1945 hatte Stalin bei den im Westen operierenden Fronten Stellen für politische Berater – sie kamen ausnahmslos aus den Reihen des NKVD/NKGB – einrichten lassen. Unterstützt wurden die Berater von operativen Gruppen des Geheimdienstes. Diese sollten die politische Führung in Moskau über die Situation in den befreiten Gebieten, die Stimmung unter der Bevölkerung sowie die wirtschaftliche Lage informieren. Nach Kriegsende beobachteten die NKGB-Abteilungen allerdings zunehmend die amerikanischen und britischen Aktivitäten in Deutschland. Ab Juni 1945 dienten sie dann als Grundlage für den Aufbau der NKGB-Residentur in Berlin-Karlshorst, deren Leitung Oberst Aleksandr M. Korotkov übernahm. Korotkov galt als erfahrener Geheimdienstler, der zudem bereits über Deutschlandkenntnis verfügte. 1909 in Moskau geboren, hatte er nach Beendigung der Schule zunächst eine Ausbildung zum Elektromonteur absolviert. 1928 wurde er Mitarbeiter der für Spionage verantwortlichen Auslandsabteilung (INO) der Vereinigten Staatlichen Verwaltung beim Volkskommissariat für Inneres der UdSSR (OGPU). In den 1930er-Jahren erfolgten dann erste Einsätze in Deutschland, Österreich und Frankreich. 1935 übernahm er unter dem Tarnnamen Aleksandr Erdberg in Berlin die dortige INO-Residentur und hatte wesentlichen Anteil am Aufbau des Agentennetzes um Arvid Harnack. 1938 wurde er im Rahmen der Säuberungen Stalins nach Moskau zurückberufen und aus dem NKVD entlassen. Anders als viele seiner Geheimdienstkollegen endete Korotkov jedoch nicht vor den Gewehrläufen eines Erschießungskommandos, sondern wurde im Frühjahr 1939 vom neuen NKVD-Chef Berija reaktiviert. Zwischen August 1940 und Juni 1941 fungierte er als stellvertretender NKVD-Resident in Berlin und führte unter anderem erneut Arvid Harnack und Harro Schulze-Boysen sowie eine Quelle mit dem Decknamen »Breitenbach«, hinter der sich der Gestapo-Mitarbeiter Willy Lehmann verbarg. Von 1941 bis 1946 leitete Korotkov die Deutschland-Abteilung der INO, war unter anderem aber auch an der Liquidierung deutscher Agentennetze in Afghanistan und im Iran beteiligt. Im Herbst 1945 übernahm der Geheimdienstoffizier zudem die NKGB-Residentur in Berlin und hatte zugleich den Posten eines stellvertretenden politischen Beraters der SMAD inne. Bis Ende 1945 arbeiteten in der Karlshorster Residentur 36 Offiziere. Da diese Zahl zu gering war, um den Informationsdurst der Moskauer Führung zu stillen, wurde beschlossen, auch bei Operativsektoren der Länder und Provinzen der SBZ Abteilungen für Auslandsspionage einzurichten.[12]

Die sowjetischen Nachrichtendienste in Deutschland sollten zunächst vor allem Angaben über die Dislozierung westalliierter Truppen und der mit ihnen verbündeten polnischen Truppen beschaffen sowie in den Westzonen Informationen aus Politik, Wissenschaft und Wirtschaft sammeln.[13] Ab Sommer 1946 gerieten zunehmend die alliierten Streitkräfte selbst ins Visier. In den sich ständig verschlechternden Beziehungen zwischen den ehemaligen Verbündeten sah die sowjetische Führung eine mögliche Kriegsgefahr, deshalb sollten so viele Informationen wie möglich über Stärke und Bewaffnung der in Westdeutschland stationierten Truppen gewonnen werden. Die auf Grundlage dieser Informationen erstellten Berichte dürften das Misstrauen Stalins gegenüber den ehemaligen Alliierten weiter verstärkt haben und bedienten seine ständigen Bedrohungsängste: »Die Amerikaner konzentrieren an der Demarkationslinie Geschütze, Panzer und Munition, weiterhin bauen sie Flugplätze. Seit März wird die Bewachung der Demarkationslinie verstärkt.«[14]

Gerade während der Blockade West-Berlins durch die Sowjetunion (erste Berlinkrise, Juni 1948 bis Mai 1949) erwiesen sich »geschönte« Geheimdienstbulletins als verhängnisvoll für die Strategie der sowjetischen Führung, denn sie verdeutlichten Stalin nicht, dass der Westen keinesfalls gewillt war, seine Positionen in West-Berlin zu räumen. So meldete kurz nach dem Beginn der Blockade der Resident des Komitees für Information[15] (KI) in Berlin an den Oberbefehlshaber der Gruppe der sowjetischen Besatzungsstreitkräfte; »die Stimmung der Amerikaner ist nicht mehr kriegerisch, sondern niedergeschlagen«. Zudem diene die Luftbrücke – über die West-Berlin mit Hilfsgütern versorgt wurde – wohl dazu, »Dokumente und anderes Eigentum der amerikanischen Verwaltung« aus Berlin zu schaffen.[16] Auch in den nachfolgenden Wochen und Monaten berichtete der Geheimdienst immer wieder nach Moskau, »dass die Westmächte der Sowjetunion nachgeben müssen«. Gelang es den Nachrichtendiensten dann aber, Material aus Originalquellen zu beschaffen, das den Willen der Westalliierten belegte, Berlin nicht aufzugeben, so erreichten diese Papiere nur selten die Führungsspitze im Kreml. Deshalb erscheint es kaum verwunderlich, dass Stalin die Blockade West-Berlins vor allem auf der Grundlage der Geheimdienstberichte aus Berlin bis zum Frühjahr 1949 fortsetzen ließ. Demgegenüber hatten die aus Paris und London eintreffenden Informationen des Nachrichtendienstes bereits spätestens seit Herbst 1948 gezeigt, dass der Westen seine Position in Berlin unbedingt halten werde. Gleichwohl waren die leitenden Mitarbeiter der sowjetischen

---

13 Siehe beispielsweise Bericht Serovs an Berija über polnische Militärlager im Raum Hannover, 21.8.1945, GARF, 9401/2/98, Bl. 274–276. **14** Aktennotiz von Serov an Kruglov über den Umfang der Streitkräfte der Verbündeten und deutsche Formationen in den westlichen Besatzungszonen Deutschlands, zu den von ihnen durchgeführten Manövern und Gerüchte über einen möglichen Krieg, 3.7.1946, GARF, 9401/2/138, Bl. 126. **15** 1947 traf die sowjetische Führung die Entscheidung, die bislang einzeln operierenden politischen und militärischen Nachrichtendienste zu einem Komitee für Information zusammenzufassen, das direkt dem Ministerrat der UdSSR unterstellt wurde.
16 Zit. n.: George Bailey/Sergej A. Kondraschow/David E. Murphy: Die unsichtbare Front. Der Krieg der Geheimdienste im geteilten Berlin, Berlin 2000, S. 84. **17** Vgl. Vladimir V. Poznjakov: Razvedka, razvedyvatel'naja informacija i process prinjatija rešenij: povorotnye punkty rannego peridoa cholodnoj vojny (1944–1953 gg.), in: Cholodnaja vojna. 1945–1963 gg. Istoričeskaja retrospetiva, Moskva 2003, S. 321–368, hier S. 342. Zu den Säuberungen in den sowjetischen Nachrichtendiensten vgl. Matthias Uhl: »Und deshalb besteht die Aufgabe darin, die Aufklärung wieder auf die Füße zu stellen«. Zu den Großen Säuberungen in der sowjetischen Militäraufklärung, in: Jahrbuch für Historische Kommunismusforschung, 2004, Berlin 2004, S. 80–97. **18** Insgesamt 73 Dokumente der Nachrichtendienste der UdSSR, die zwischen 1945 und 1953 an die sowjetische Führung gingen, sind abgedruckt in: Očerki istorii rossijskoj vnešnej razvedki, Bd. 5, Moskva 2003, S. 507–686.

Bis 1949 befand sich auf dem schwer bewachten Gelände der ehemaligen Festungspionierschule der Wehrmacht das Hauptquartier der SMAD. Von 1945 bis 1994 lag auf dem Gelände in Berlin-Karlshorst auch die weltweit größte Außenstelle der sowjetischen Geheimdienste außerhalb der UdSSR.

Geheimdienste aufgrund der während der politischen Säuberungen gemachten Erfahrungen – als Hunderte ihrer Amtsvorgänger erschossen wurden – nicht gewillt, Stalin die Brisanz derartiger nachrichtendienstlicher Erkenntnisse kompromisslos klarzumachen und auf die Revision der entsprechenden Entscheidungen des Diktators zu drängen.[17]

Zwischen 1949 und 1953 lieferten von Ost-Berlin aus geführte sowjetische Agenten darüber hinaus umfangreiches Material zur Gründung der NATO und über deren erste sicherheitspolitische Schritte, zur deutschen Wiederbewaffnung sowie zum Koreakonflikt.[18] Damit zeigte sich die Fähigkeit der Nachrichtendienste der UdSSR, die sowjetische Führung mit wichtigen Geheiminformationen zu versorgen, die Basis für weitreichende politische Entscheidungen hätten sein können. Doch Stalin und der innere Führungszirkel bevorzugten als Grundlage für ihre Politikentscheidungen durch Nachrichtendienste beschaffte Originaldokumente aus den »Aggressorenstaaten«, die jedoch nicht immer mit dem tatsächlichen Lagebild übereinstimmten. Geheimdienstliche Empfehlungen und Prognosen, die auf einer umfassenden Analyse des Nachrichtenmaterials beruhten, waren in der UdSSR bis zum Tod Stalins im März 1953 nicht sonderlich gefragt, weshalb der Einfluss der Geheimdienste auf die Gestaltung der sowjetischen Außenpolitik insgesamt gering bleiben musste. Dies war vor allem dem Umstand geschuldet, dass sich Stalin als selbsternannter »Geheimdienstspezialist« die Bewertung der eintreffenden Informationen persönlich vorbehielt. Dass der Diktator dabei nicht immer die

Nikolaj K. Koval'čuk, von August 1946 bis August 1949 Bevollmächtigter des Ministeriums für Staatssicherheit der UdSSR in Deutschland, musste seinen Posten wegen geschönter Geheimdienstberichte zur Ersten Berlin-Krise räumen.

nötige Distanz zur Sache und analytische Klarheit behielt, hatte bereits das Jahr 1941 gezeigt, als er die Warnungen seiner Geheimdienste vor einem deutschen Angriff in den Wind schlug.[19] In der SBZ bestimmte das MGB weiterhin die Geschicke der politischen Entwicklung, während die SED auf eine größere Selbstständigkeit der als politische Polizei agierenden K5-Dezernate drängte. Erst Ende März 1948 erhielt die Führung der Einheitspartei die Zusage, dass Walter Ulbricht und Otto Grotewohl als amtierende SED-Vorsitzende vom MGB über wichtige Verhaftungsfälle in der SBZ informiert werden. Zudem war es verurteilten Gefangenen ab sofort erlaubt, Briefe zu schreiben und zu bekommen, ferner waren »von Zeit zu Zeit offene Gerichtsprozesse über inhaftierte Deutsche« durchzuführen.[20]

Umsetzen musste diese Anordnung Stalins der Geheimdienstfunktionär Nikolaj K. Koval'čuk, der im August 1946 die Nachfolge von Serov als Bevollmächtigter der sowjetischen Geheimdienste in der SBZ angetreten hatte.[21] Der Geheimdienstoffizier leitete neben der Verfolgung von politischen Gegnern des stalinistischen Sowjetisierungskurses in der SBZ vor allem den Aufbau von Agentennetzen in den westlichen Besatzungszonen.

Ende 1948 konnte Ulbricht bei Stalin gegen den Widerstand Koval'čuks und des sowjetischen Ministers für Staatssicherheit, Viktor S. Abakumov, die Zusage für den Aufbau eines eigenen ostdeutschen Sicherheitsapparates erreichen. Allerdings geschah dessen Errichtung unter rigider Kontrolle des MGB. So lehnten die sowjetischen Staatssicherheitsfunktionäre Ulbrichts Favoriten, Erich Mielke, als Chef der neuen Hauptverwaltung ab und setzten statt seiner mit Wilhelm Zaisser einen Mann ihres Vertrauens ein. Auch wiesen sie von 6670 Einstellungskandidaten rund 88 Prozent aus kaderpolitischen Gründen zurück.[22]

Nach dem Scheitern der sowjetischen Berlin-Blockade wurde Koval'čuk im August 1949 von seinem Posten abgelöst und Minister für Staatssicherheit in der Ukraine.[23] Anschließend blieb der Posten des MGB-Bevollmächtigten für Deutschland mehr als ein halbes Jahr lang unbesetzt.

Am 17. März 1950 ernannte das Zentralkomitee (ZK) der Kommunistischen Partei der Sowjetunion den Oberst der Staatssicherheit Semen P. Davydov zum MGB-Bevollmächtigten für Deutschland.[24] In Personalunion war er zudem Stellvertreter des Oberbefehlshabers der Gruppe der sowjetischen Besatzungstruppen in Deutschland und Stellvertreter des Vorsitzenden der Sowjetischen Kontrollkommission. Das 1950 nach sowjetischem Vorbild geschaffene MfS wurde unter seiner Leitung zu einer Miniaturausgabe des MGB ausgebaut. Allerdings fungierten die Ostdeutschen weiterhin allenfalls als Hilfstruppen des sowjetischen Geheimdienstes, denn alle politischen Straftaten wurden nach wie vor von den Offizieren des MGB verfolgt und die entsprechenden Verhafteten von sowjetischen Militärtribunalen abgeurteilt.[25] Es zeigte sich rasch, dass der bislang bewährte Staatssicherheitsoffizier angesichts der komplizierten Lage in der DDR und in Westdeutschland überfordert war. Vor allem mit der operativen Arbeit der dortigen Agenten war das Ministerium für Staatssicherheit der UdSSR unzufrieden. Ein Beschluss des ZK entband Davydov am 23. November 1951 von allen Posten in der DDR. Er wurde auf die Dienststellung des stellvertretenden MGB-Chefs des Gebiets Sverdlovsk abgeschoben.[26]

19 Vgl. Valerij I. Prokof'ev: Aleksandr Sacharovskij. Načal'nik vnejšnej, Moskva 2005, S. 83 f. **20** Vgl. Anordnung Nr. 1029-355ss des Ministerrats der UdSSR zu »Deutschland betreffenden Fragen« und zur Ordnung für die Verhaftung und Inhaftierung von Deutschen, 31. 3. 1948, abgedruckt in: Foitzik/ Petrow (Hrsg.): Die sowjetischen Geheimdienste, 2009, S. 330 f. **21** 1902 in der Ukraine geboren, trat Koval'čuk bereits 1919 in die Miliz ein und wurde 1927 in die Inneren Truppen der OGPU übernommen. 1932 erfolgte der Abschluss eines externen Kurses an einer Militärschule, 1938 schließlich die Ernennung zum Abteilungsleiter des NKVD in Grusinien (= Georgien), ab 1939 war er Leiter der Untersuchungsabteilung des NKVD im Gebiet von Leningrad. 1941 wechselte Koval'čuk schließlich zur Spionageabwehr. 1943 ernannte man ihn zum Bevollmächtigten der Militärspionageabwehr Smerš der Südfront, ab 1944 war er in dieser Funktion bei der 4. Ukrainischen Front eingesetzt. Nach Kriegsende arbeitete er zunächst als Leiter der Militärabwehr im Militärbezirk Prikarparten. Im Mai 1946 erfolgte seine Ernennung zum stellvertretenden Minister für Staatssicherheit. Ab August 1946 fungierte Koval'čuk zudem als Bevollmächtigter des MGB in Deutschland und Chefresident der INO in der SBZ. **22** Vgl. Jens Gieseke: Der Mielke-Konzern. Die Geschichte der Stasi 1945–1990, München 2006, S. 45; Engelmann: »Keine Maßnahmen sollen getroffen werden gegen die Meinung unserer Freunde«, 2010, S. 78. **23** Nach dem Tod Stalins 1953 war Koval'čuk kurzzeitig Chefberater des Innenministeriums der UdSSR (MVD) in Polen. Nach der Entmachtung seines Förderers Berija erfolgte seine Versetzung zur Kaderverwaltung des Geheimdienstes. 1954 entließ die Führung des KGB den Generalleutnant wegen seiner Beteiligungen an den blutigen Säuberungen der 1930er-Jahre als »diskreditierten Mitarbeiter« aus seinen Reihen und degradierte den General kurz darauf zum Oberst. **24** Davydov wurde 1909 in der Nähe von Kazan' in eine Bauernfamilie geboren. Er trat Anfang der 1930er-Jahre in die Rote Armee ein und wurde als Funker auf einem U-Boot der Baltischen Flotte eingesetzt. 1935 nahm er ein Studium am Handelsinstitut in Leningrad auf, um nach dessen Abschluss die durch die Säuberungen gelichteten Reihen des NKVD aufzufüllen. Nach einem entsprechenden Lehrgang an der NKVD-Hochschule wurde Davydov Mitarbeiter der Spionageabwehr in der NKVD-Gebietsverwaltung von Pensa. Bis 1944 stieg er zu deren stellvertretendem Leiter auf, dann übernahm er die Leitung einer Operativgruppe des NKVD, die im Hinterland der 1. Belorussischen Front eingesetzt war. Von Mai 1945 bis März 1950 fungierte Davydov als Berater und Chefinstrukteur des MGB beim polnischen Ministerium für öffentliche Sicherheit, um dann den Posten des MGB-Chefs in Deutschland anzutreten. **25** Vgl. Entwurf einer Anweisung an den Oberbefehlshaber der Gruppe der Sowjetischen Besatzungstruppen in Deutschland (GSBSD) Armeegeneral Čuikov und den Politischen Berater des Vorsitzenden der SKK Semenov über die Zuständigkeit der Militärtribunale der GSBSD, 20. 9. 1950, abgedruckt in: Foitzik/Petrow: Die sowjetischen Geheimdienste, 2009, S. 347 f. **26** Davydov starb im Mai 1959 in Sverdlovsk an einem Herzanfall. Vgl. Auskunft der Abteilung Verwaltungsorgane des ZK der VKP(b) über den Bevollmächtigten des MGB in Deutschland Oberst Davydov, November 1951, abgedruckt in: Foitzik/Petrow: Die sowjetischen Geheimdienste, 2009, S. 497 f.

Michail K. Kaverznev, von November 1951 bis Mai 1953 MGB/MVD-Bevollmächtigter in Deutschland, zuständig für zahlreiche Spionageabwehroperationen; nach Stalins Tod in die Sowjetunion abberufen und 1955 wegen »Diskreditierung« aus dem KGB entlassen.

An die Stelle von Davydov trat Generalmajor Michail K. Kaverznev.[27] In seine Zuständigkeit fielen zahlreiche Operationen der sowjetischen Spionageabwehr. Als Beispiel sei hier die Entführung des für den Berliner Untersuchungsausschuss Freiheitlicher Juristen arbeitenden Rechtsanwalts Walter Linse im Juli 1952 genannt, der nach langen Verhören in der MGB-Zentrale in Berlin-Karlshorst durch ein Militärsondergericht zum Tode verurteilt und am 15. Dezember 1953 im berüchtigten Moskauer Butyrka-Gefängnis erschossen wurde. Auch unter Kaverznev konnte das MfS kaum eigenständige Schritte machen und blieb nach wie vor unter engmaschiger sowjetischer Kontrolle. Fast alle Ermittlungsfälle übernahmen MGB-Offiziere, was bei den Deutschen die Meinung aufkommen ließ, »dass man ihnen nicht vertraue«[28].

► In die Amtszeit von Generalmajor Michail K. Kaverznev fiel die Entführung des Rechtsanwalts Walter Linse, der im Untersuchungsausschuss Freiheitlicher Juristen aktiv war. Er wurde Ende 1953 in Moskau hingerichtet. Hier die Stelle, an der er am 8. Juli 1952 in Berlin-Lichterfelde entführt wurde.

Die Führung des Ministeriums für Staatssicherheit der UdSSR zeigte sich aber auch mit der Arbeit von Kaverznev unzufrieden und entband ihn Ende Mai 1953 von seinem Posten, da jetzt die Auslandsaufklärung gegen die Bundesrepublik verstärkt werden sollte. Dies zeigte sich deutlich in der Tatsache, dass der bisher für Nachrichtenbeschaffung zuständige Stellvertreter

27 Kaverznev wurde 1905 in Odessa als Sohn eines Holzarbeiters geboren. Seit 1933 für die Staatssicherheit tätig, war er zunächst als operativer Mitarbeiter bei der Wirtschaftsabteilung der Moskauer Gebietsverwaltung der Staatssicherheit eingesetzt, zu deren Chef er bis 1941 aufstieg. Von 1942 bis 1943 war er Stellvertretender NKVD-Chef für das Gebiet Moskau, im Mai 1943 erfolgte seine Ernennung zum Volkskommissar für Staatssicherheit der Usbekischen SSR. Nach dem Krieg fungierte er zunächst als Chef der MGB-Gebietsverwaltung von Kujbyšev und von 1949 bis 1951 in gleicher Funktion in der Region Krasnodar. **28** Vgl. Sergei A. Kondraschew: Stärken und Schwächen der sowjetischen Nachrichtendienste, insbesondere in Bezug auf Deutschland, in: Wolfgang Krieger/Jürgen Weber (Hrsg.): Spionage für den Frieden? Nachrichtendienste im geteilten Deutschland während des Kalten Krieges, München/Landsberg am Lech 1997, S. 145–153, hier S. 152.

Drakestraße
Karwendelstra

Ivan A. Fadejkin, seit 1950 bei der SKK, dann Chef der Auslandsspionage des MGB/MVD in der DDR, im Juni 1953 zum MVD-Bevollmächtigten in Deutschland ernannt, nach dem Volksaufstand am 17. Juni 1953 von seiner Funktion entbunden und bis Mai 1954 erneut Chef der sowjetischen Auslandsspionage in der DDR.

von Kaverznev, Oberst Ivan A. Fadejkin, zum neuen MVD-Chefresidenten in Deutschland aufstieg.[29] Seinen Amtsvorgänger schob man auf den Posten des MVD-Chefs der Gebietsverwaltung Rostov ab.[30]

Im Frühjahr 1953 erhielt ein Mann die Position des MGB-Chefresidenten, der im Gegensatz zu den meisten seiner Amtsvorgänger Deutschlanderfahrung hatte.[31] Seit Oktober 1950 hatte Fadejkin hier gearbeitet, zunächst als Mitarbeiter im Apparat der Sowjetischen Kontrollkommission (SKK) getarnt. Im Sommer 1952 ernannte man den Geheimdienstoffizier zum Leiter der für nachrichtendienstliche Aufklärung zuständigen Abteilung B-1 beim MGB-Bevollmächtigten in Deutschland, dann war er kurzzeitig Chefresident der sowjetischen Staatssicherheit in Deutschland. Als Folge des Volksaufstandes vom 17. Juni 1953 verlor er diesen Posten jedoch genau einen Monat nach Beginn der Erhebung an Evgenij P. Pitovranov und kehrte zu seiner alten Funktion zurück.[32]

Am 17. Juli 1953 wurde Generalmajor Pitovranov MVD-Bevollmächtigter in Deutschland.[33]Auch nach Bildung des KGB Anfang 1954 behielt er diese Position bei, jetzt firmierte er allerdings als Chefberater des KGB beim MfS der DDR. In der DDR setzte sich Pitovranov nach den Erfahrungen des 17. Juni 1953 zunächst dafür ein, das MfS noch stärker als bisher zu beaufsichtigen. Unter seiner Leitung wurde auch der Versuch Ulbrichts abgewiesen, das MfS stärker durch die SED kontrollieren zu lassen. Ihr blieb jeglicher Einfluss auf operative Entscheidungen verwehrt, diese konnten nur die sowjetischen Berater treffen. Auch die Strategie der »konzentrierten Schläge«, mit der das MfS ab Sommer 1953 verstärkt gegen politische Gegner der DDR auf ostdeutschen Boden vorging – was auch Aktionen gegen die Organisation Gehlen, die Kampfgruppe gegen Unmenschlichkeit, den Untersuchungsausschuss Freiheitlicher Juristen sowie die Ostbüros der demokratischen Parteien und des DGB einschloss –, beruhte im Wesentlichen auf den Ausarbeitungen von Pitovranov und Fadejkin, die sich allerdings mit Ulbricht

◄
Evgenij P. Pitovranov löste mit Bildung des KGB Fadejkin als Chefberater der sowjetischen Geheimdienste in der DDR ab und wurde im März 1957 nach Differenzen mit SED-Chef Ulbricht in die Sowjetunion zurückversetzt. Der CIA war es zudem gelungen, seine Haushälterin als Quelle anzuwerben, sodass der US-Geheimdienst über die Vorgänge in Berlin-Karlshorst gut informiert war.

und Hermann Matern abgestimmt hatten. Jede Einzelmaßnahme des MfS während dieser Operation geschah in enger Absprache mit den sowjetischen Beratern, deren Zahl Anfang 1954 bei 540 lag, und sie behielten grundsätzlich das »letzte Wort«.[34]

Bereits Mitte 1954 drängte KGB-Chef Serov jedoch darauf, den ostdeutschen Geheimpolizisten endlich mehr Selbstständigkeit zu gewähren. Zudem wollte er die nachrichtendienstliche Aufklärung gegen die Bundesrepublik verstärkt wissen, was gleichfalls dazu führen musste, dass die Regierung in Moskau dem MfS mehr Kompetenzen zubilligte. Seinen direkten Konkurrenten, die sowjetische Militäraufklärung, ließ Serov jedoch in der DDR auflaufen. Aus Gründen des Quellenschutzes – der KGB wollte seine Topquelle im MI6, George Blake, nicht enttarnen – informierte er den sowjetischen Verteidigungsminister Nikolaj A. Bulganin erst am 20. September 1954 über den Berliner Spionagetunnel, obgleich ihm dessen Existenz schon seit mehr als einem Jahr bekannt gewesen war.[35]

---

29 Nach Stalins Tod wurden das Innenministerium und das Ministerium für Staatssicherheit der UdSSR zu einem gemeinsamen Ministerium des Innern zusammengelegt. Mit der Bildung des KGB Anfang 1954 wurden die Staatssicherheitsorgane erneut aus dem Innenministerium ausgegliedert. **30** In Rostov wurde Kaverznev von seiner Vergangenheit eingeholt. Weil der Offizier während des stalinistischen Terrors Geständnisse von Inhaftierten mit Folter erpresst und Akten gefälscht hatte, wurde er aus der Kommunistischen Partei ausgestoßen und unter Aberkennung seines Dienstgrades eines Generalmajors aus dem Staatssicherheitsdienst entlassen. Fortan arbeitete er als Gehilfe eines Chefkonstrukteurs in der Flugzeugindustrie. 1967 pensioniert, starb Kaverznev 1975 in Soči. **31** Der 1917 bei Pensa geborene Fadejkin war zunächst als Buchhalter tätig, bevor er 1936 eine Ausbildung zum Journalisten begann, zwischen 1939 und 1941 arbeitete er als Redakteur bei verschiedenen Militärzeitungen, mit Beginn des Krieges gegen die Sowjetunion wurde er als Politkommissar eingesetzt. Zu Kriegsende 1945 Kommandeur einer Schützendivision, nahm er 1946 ein Studium an der Frunze-Militärakademie in Moskau auf. 1949 übernahm ihn das für die Auslandsaufklärung zuständige Komitee für Information. **32** 1954 versetzte ihn die Geheimdienstführung nach Moskau, wo er in der für Auslandsaufklärung zuständigen 1. Hauptverwaltung des KGB die für Deutschland und Österreich zuständige 3. Abteilung übernahm. Von 1957 bis 1961 leitete er dann bei der Auslandsaufklärung die 13. Abteilung, die für Sabotage- und Diversionsaktionen verantwortlich war. 1961 wechselte er innerhalb des KGB zur 3. Verwaltung (militärische Spionageabwehr) und übernahm von 1963 bis 1966 die Leitung dieser Verwaltung. 1966 erfolgte seine erneute Abkommandierung in die DDR, wo er bis zum März 1974 als KGB-Bevollmächtigter für die Koordination und Verbindung des sowjetischen Geheimdienstes mit dem ostdeutschen MfS zuständig war. Nach seiner Rückkehr aus Ost-Berlin versetzte man Fadejkin unter Beibehaltung seiner Stellung als Chef einer KGB-Verwaltung in die Reserve der Auslandsaufklärung. Zwischen 1974 und 1978 amtierte er zugleich als Stellvertretender Leiter der Hauptverwaltung mikrobiologische Industrie der UdSSR. Anfang 1978 erfolgte seine Reaktivierung für die Auslandsaufklärung des KGB, im gleichen Jahr absolvierte er einen längeren Auslandseinsatz im Iran. Im Herbst 1979 starb Fadejkin an seinem Arbeitsplatz in Moskau. **33** Pitovranov wurde 1915 in einem kleinen Dorf im Gouvernement Saratov als Sohn eines Lehrers geboren. 1930 beendete er die achte Klasse und 1933 das Eisenbahn-Technikum, wo er eine Ausbildung zum Schlosser absolvierte. 1934 nahm er ein Ingenieurstudium am Moskauer Elektromechanischen Institut für das Eisenbahnwesen auf. Nach Abschluss des 4. Studienjahrs wurde er jedoch zum NKVD delegiert, wo die durch die stalinistischen Säuberungen gerissenen Lücken mit neuen Kadern aufgefüllt werden mussten. Bereits Ende 1938 war er kommissarischer Leiter der 3. (geheim-politischen) Abteilung der Staatssicherheit im Gebiet von Gorki und 1940 dortiger stellvertretender Chef der Staatssicherheit. Während des Krieges leitete Pitovranov die Gebietsverwaltungen des Volkskommissariats für Inneres bzw. ab 1943 des Volkskommissariats für Staatssicherheit in Gorki, Kirov und Kujbyšev. Von Anfang 1945 bis Mitte 1946 war er Volkskommissar für Staatssicherheit in der Usbekischen Sowjetrepublik. Danach fungierte Pitovranov kurzzeitig als stellvertretender Chef der für Spionageabwehr und den Kampf mit »antisowjetischen Elementen« verantwortlichen 2. Hauptverwaltung des MGB. Nur kurze Zeit später ernannte ihn Minister Abakumov zum Chef der Hauptverwaltung und machte ihn Ende 1950 zu seinem Stellvertreter. Als Abakumov im Herbst 1951 stürzte, folgte ihm sein »Schützling« in die Gefängniszellen der Lubjanka. Nach einem Jahr Untersuchungshaft wurde Pitovranov aus dem Gefängnis entlassen und überraschend zum Leiter der Verwaltung Auslandsaufklärung bei der Hauptverwaltung Aufklärung des Ministeriums für Staatssicherheit der UdSSR ernannt. Kurz nach Stalins Tod übernahm er als 1. Stellvertreter die Leitung der für Spionageabwehr zuständigen 1. Hauptverwaltung des Ministeriums des Innern der UdSSR. Wenig später wurde er Bevollmächtigter des MVD in der DDR. **34** Vgl. Karl Wilhelm Fricke/Roger Engelmann: »Konzentrierte Schläge«. Staatssicherheitsaktionen und politische Prozesse in der DDR 1953–1956, Berlin 1998, S. 29. **35** Vgl. Bailey/Kondraschow/Murphy: Die unsichtbare Front, 2000, S. 247.

Die Unruhen des 17. Juni 1953 waren auch eine Niederlage für Oberst Ivan A. Fadejkin. Nach der blutigen Niederschlagung des Aufstandes – hier flüchten Demonstranten vor sowjetischen Panzern auf dem Potsdamer Platz – wurde er von Evgenij P. Pitovranov abgelöst.

Allerdings konnte sich die KGB-Vertretung in der DDR mit diesem neuen Konzept einer deutschen Eigenständigkeit nur sehr langsam anfreunden und griff immer wieder in die sich herausbildenden MfS-Strukturen ein. Im Rahmen des Chruščev'schen »Tauwetters« versuchten die sowjetischen Berater sogar, das MfS zu einer gewissen Entstalinisierung zu bewegen. Nach dem Volksaufstand in Ungarn im Herbst 1956 schlug das Pendel jedoch wieder zurück. Erstmals gelang es jetzt Ulbricht, bei der Staatssicherheitspolitik der DDR eigene Prioritäten zu setzen und den Einfluss der sowjetischen Berater zurückzudrängen. Als Folge davon musste Pitovranov seinen Posten räumen.[36] Er hatte Staatssicherheitsminister Ernst Wollweber bei dessen Auseinandersetzung mit seinem Stellvertreter Mielke gestützt, während Ulbricht zusammen mit Serov und Korotkov – mit dem er seit seinem Exil in Moskau befreundet war – Letzteren schließlich als ihren gemeinsamen Kandidaten für den Posten des MfS-Chefs durchsetzen konnte.[37]Auf Pitovranov folgte im Frühjahr 1957 ein »alter Bekannter« – Korotkov.

Korotkov hatte im Anschluss an seine 1946 erfolgte Rückkehr nach Moskau zunächst als Chef der Verwaltung Illegale Aufklärung bei der 1. Hauptverwaltung (Auslandsspionage) des MGB gewirkt. Im Mai 1953 war der Offizier kurzzeitig zum kommissarischen Chef der sowjetischen Auslandsaufklärung ernannt worden, bevor er ab 17. Juli 1953 wieder Leiter der Verwaltung S (Illegale Aufklärung) des MGB, später des KGB wurde. In dieser Funktion befragte er unter anderen 1954 den nach Moskau verbrachten Präsidenten des Bundesamts für Verfassungsschutz, Otto John. Ende 1956 war er zusammen mit Serov an der blutigen Niederwerfung des Volksaufstandes in Ungarn beteiligt. Von März 1957 bis zu seinem unerwarteten Tod während einer Dienstreise in Moskau im Juni 1961[38] fungierte Korotkov als Resident des KGB in Ost-Berlin, wo er neben anderen Spionagefällen vor allem die Führung von Heinz Felfe, dem höchstrangigen sowjetischen Agenten im BND, überwachte.

Unter Korotkov gingen die ausufernde Kontrolle und der übermäßige Einfluss des KGB auf das MfS rasch zurück. Besonders deutlich wird dies an der Zahl der sowjetischen Berater im MfS. Hatte deren Anzahl 1957 noch bei 76 Offizieren gelegen, so waren es ein Jahr später nur noch 32 KGB-Angehörige: vier Spezialisten für die Auslandsaufklärung, neun für die Spionageabwehr, zwei für Ermittlungen und je ein Verbindungsoffizier für die 15 Bezirke der DDR. Ein eigenes Profil als unersetzliches und eigenständiges »Schild und Schwert der Partei« gewann das MfS allerdings endgültig erst nach dem Mauerbau von 1961, wobei das MfS die »staatsstiftende« Funktion der sowjetischen Geheimdienste in der SBZ kopierte.[39]

36 In Moskau machte Pitovranov zunächst weiter Karriere, da er zum Chef der 4. (geheim-politischen) Abteilung des KGB ernannt wurde. Mitte des Jahres 1960 stockte jedoch sein weiterer Aufstieg, als er auf den Posten des KGB-Chefberaters bei der Auslandsaufklärung der Volksrepublik China abgeschoben wurde. Offensichtlich hatte der KGB von seiner hochrangigen Quelle beim Bundesnachrichtendienst, Heinz Felfe, Kenntnis davon erhalten, dass Pitovranovs ehemalige Haushälterin in Berlin-Karlshorst, eine gewisse Frau K., als langjährige Agentin der West-Berliner CIA-Residentur zahlreiche dienstliche und private Interna zu Pitovranov an den US-Geheimdienst übermittelt hatte. Von 1962 bis 1965 leitete er die Hochschule des KGB, bevor er ein Jahr später aus der Staatssicherheit entlassen wurde. Danach arbeitete Pitovranov noch bis zum Beginn der 1990er-Jahre bei der Industrie- und Handelskammer. Er starb Ende 1999 in Moskau. **37** Vgl. Bailey/Kondraschow/Murphy: Die unsichtbare Front, 2000, S. 344–349; Engelmann: »Keine Maßnahmen sollen getroffen werden gegen die Meinung unserer Freunde«, 2010, S. 84 f. **38** Korotkov starb am 27. Juni 1961 während eines Aufenthalts in Moskau, als ihm beim Tennisspiel mit GRU-Chef Serov eine Schlagader platzte. **39** Vgl. Foitzik/Petrow: Die sowjetischen Geheimdienste, 2009, S. 61.

SOZIALISTISCHE EINHEITSPARTEI
DEUTSCHLANDS

INKARNATION DES ANTIKOMMUNISMUS

Die Kampfgruppe gegen Unmenschlichkeit 1948 bis 1959

»Am 22.9.51 gegen 9.00 Uhr vormittags wurde der Zeitungsstand Bernauerstrasse-Ecke Brunnenstrasse hinter der ostzonalen Strassensperre von Angehörigen der Gruppe ›Ferdinand‹ durch Wurf einer 10 ccm Ph[osphorampulle] in Brand gesetzt. Der Zeitungsstand brannte leider nicht ganz aus, da die Feuerwehr mit 2 Wagen nach ca. 10 Min.[uten] eintraf und mit Schaumlöschern den Brand erstickte. Die Aktion wurde deswegen durchgeführt, weil die Inhaberin des Zeitungsstandes eine überzeugte Bolschewistin ist und verschiedentlich den Angehörigen unserer Widerstandsgruppe mit Verschleppung in den Ostsektor gedroht hat.«[1]

Dieses Zitat aus einem Aktionsbericht der Kampfgruppe gegen Unmenschlichkeit (KgU) vom Herbst 1951 führt gut in den Gegenstand des folgenden Textes ein. Die KgU war eine militant antikommunistische Gruppierung des frühen Kalten Krieges im geteilten Deutschland. Der Aktionsbericht wirft ein Schlaglicht auf die Radikalität des Denkens innerhalb der KgU und auf die Methoden, welche die selbsterklärte »Widerstandsorganisation« zu dieser Zeit im Kampf gegen »Bolschewisten« anzuwenden bereit war.[2]

Bei der KgU haben wir es mit einer schillernden privaten Organisation zu tun, die in Ost und West lange Zeit als Inkarnation des Antikommunismus und der Feindschaft gegenüber der DDR galt. Sie entstand 1948 während der ersten Berlinkrise, als die sowjetische Besatzungsmacht versuchte, die Westsektoren der vormaligen Reichshauptstadt durch eine Blockade vom Umland abzuschneiden, und wurde 1959 während der zweiten Berlinkrise, die mit einem Ultimatum des sowjetischen Regierungs- und Parteichefs Nikita S. Chruščev im November 1958 begann und dem Bau der Berliner Mauer 1961 endete, aufgelöst und abgewickelt. Die KgU war Gegenstand vieler zeitgenössischer Presseberichte und präsentes Thema im deutsch-deutschen Propagandakrieg mit all seinen Verzerrungen.

◄ Ein »F« als Zeichen für »Freiheit« und »Feindschaft dem System« auf dem Schild eines Ost-Berliner SED-Parteibüros, ca. 1949

1 KgU-Aktionsbericht, ROLLER, 24.9.1951, Bundesarchiv (BArch) B 289 SA 500/18/52, Bl. 17. **2** Zur KgU siehe Enrico Heitzer: Die Kampfgruppe gegen Unmenschlichkeit (KgU). Widerstand und Spionage im Kalten Krieg 1948–1959 (Zeithistorische Studien, Bd. 53), Köln/Weimar/Wien 2015; Kai-Uwe Merz: Kalter Krieg als antikommunistischer Widerstand. Die Kampfgruppe gegen Unmenschlichkeit 1948–1959 (Studien zur Zeitgeschichte, Bd. 34), München 1987; Roger Engelmann: Die Kampfgruppe gegen Unmenschlichkeit, in: Klaus-Dietmar Henke/Peter Steinbach/Johannes Tuchel (Hrsg.): Widerstand und Opposition in der DDR (Schriften des Hannah-Arendt-Instituts für Totalitarismusforschung, Bd. 9), Köln/Weimar/Wien 1999, S. 183–192; Bernd Stöver: Politik der Befreiung? Private Organisationen des Kalten Krieges. Das Beispiel Kampfgruppe gegen Unmenschlichkeit (KgU), in: Stefan Creuzberger/Dierk Hoffmann (Hrsg.): »Geistige Gefahr« und »Immunisierung der Gesellschaft«. Antikommunismus und politische Kultur in der frühen Bundesrepublik (Schriftenreihe der Vierteljahrshefte für Zeitgeschichte), München 2014, S. 215–228.

Phosphorampulle der Kampfgruppe, die vom MfS bei der Festnahme von Mitgliedern der KgU-Gruppe »Totila« in Dresden 1952 gefunden wurde.

Unbestritten gilt die Organisation heute als »kompromißloseste[r] und militanteste[r] Widersacher der sowjetischen Besatzungsmacht und des SED-Regimes« und seines Ministeriums für Staatssicherheit (MfS) bis zur Mitte der 1950er-Jahre.[3] Dabei war die KgU konstitutiv widersprüchlich. Unter ihrem Dach verbargen sich im Grunde mehrere Organisationen. Diese inneren Gegensätze, die bei der KgU stärker ausgeprägt waren als bei ähnlichen Gruppierungen, beispielsweise dem Untersuchungsausschuss Freiheitlicher Juristen, trugen zum Zerbrechen der Organisation nach zehn Jahren bei.

Organisation

Die KgU gründete sich 1948 im zeitlichen Zusammenhang mit der ersten größeren Entlassungswelle aus den sowjetischen Speziallagern.[4] Zu den Gründungsmitgliedern gehörte der Publizist Rainer Hildebrandt, der in West-Berlin mit mehreren Veranstaltungen zum Thema Aufmerksamkeit erzeugte.[5] Es gelang den Organisatoren, entlassene Speziallager-Internierte zu gewinnen, die vor Publikum ihre Haftgeschichten erzählten.[6] Am 23. April 1949 erhielt die KgU eine Lizenz der Alliierten Kommandantur als politische Organisation. In den KgU-Veranstaltungen wurden die Leitideen der Gruppe sichtbar: Die Organisation stand für eine identifizierende Totalitarismustheorie[7], brachte aber in ihrer scharfen Anklage der Zustände in der SBZ/DDR und der UdSSR zum Ausdruck, dass sie den »roten Totalitarismus« für schlimmer hielt als den »braunen«.[8] Die sowjetischen Internierungslager in der SBZ beispielsweise wurden den Konzentrationslagern der NS-Zeit gleichgesetzt, wenn nicht gar als schlimmer dargestellt.[9] Der Antikommunismus der KgU war kompromisslos und radikal. Ihr Chef Ernst Tillich, der Hildebrandt 1951 mit Unterstützung der CIA aus der Organisation drängte, sprach davon, dass ein Modus vivendi mit den DDR-Kommunisten den »Beigeschmack von Verrat« habe.[10] Die KgU beschrieb die DDR als »Irredenta«, als »unerlöstes Gebiet«.[11] Zeitgenossen erinnern sich, dass Tillich an die Möglichkeit des Umsturzes im Osten glaubte[12] sowie an die Westbindung, um den Kalten Krieg aus einer Position der Stärke zu führen. Die KgU, seit 1948 zunehmend finanziert von den US-amerikanischen Geheimdiensten wie CIC, CIA und MID, die seit 1952 in Gestalt der CIA die Organisation fast vollständig trugen, trat entsprechend für eine Remilitarisierung der Bundesrepublik ein; sie beließ es nicht bei Worten, sondern schüchterte Remilitarisierungsgegner auch physisch ein.[13] Das Magazin »Der Spiegel« beschrieb beispielsweise die gegen einen neutralistischen Journalisten und Wiederbewaffnungsgegner in West-Berlin gerichtete KgU-»Beobachtung« als Überfall »›gangsterhafter‹ Gestalten«.[14] In der operativen Praxis führte der militante Antikommunismus der KgU zur Rechtfertigung und Ausübung von politisch motivierter Gewalt.

Aktionen

Wichtig für das Verständnis der KgU ist die Betrachtung ihrer Aktionsfelder und Handlungsmuster. Oft wird vergessen, dass sie nicht nur in der DDR aktiv war, sondern auch in West-Berlin und der Bundesrepublik. Für die Selbstdarstellung prägend war ihre humanitäre Arbeit. So konnte der Suchdienst der KgU das Schicksal von mehr als 18000 Personen aufklären. Obgleich dieser Dienst nur einen kleinen Arbeitsbereich der Organisation ausmachte, in dem kaum eine Handvoll Mitarbeiter beschäftigt waren und in den nur ein geringer Teil der internen Mittel floss, gibt es von seiner Arbeit besonders viele Bilder. Für die KgU insgesamt arbeiteten zu Hochzeiten immerhin hauptamtlich etwa 85 Personen. Die humanitären Aktivitäten wurden besonders betont und auch Kritikern, die im Laufe der Jahre immer zahlreicher wurden, entgegengehalten.[15]

Betrachtet man die KgU-Aktivitäten im Westen, lässt sich jedoch zeigen, dass diese weder staatlich legitimierte noch kontrollierbare Organisation jahrelang in quasi-hoheitliche Aktivitäten eingebunden war, was charakteristisch für die Bundesrepublik in der Übergangszeit zwischen der doppelten Staatsgründung 1949 und der Einbindung der beiden deutschen Staaten in die jeweiligen Bündnissysteme gewesen zu sein scheint. Die KgU begutachtete Zehntausende SBZ/DDR-Flüchtlinge und war an der Entscheidung über deren Aufnahme oder Ablehnung als »politischer Flüchtling« im Rahmen des Bundesnotaufnahmeverfahrens (BNAV) beteiligt; eine jüngere Untersuchung schätzt, dass sie etwa fünf Prozent der DDR-Flüchtlinge befragte, deren Vernehmungen sie sowohl für die Informationsgewinnung als auch zur Werbung von V-Leuten nutzte, die in der SBZ/DDR zum Einsatz kamen.[16] Die KgU arbeitete in einigen Fällen mit staatsanwaltschafts- und polizeiähnlichen Ermittlungsmethoden und war in ein wohl eher informelles Verfahren, das in seinen Grundzügen der »Regelanfrage« beim Verfassungsschutz ähneln dürfte, zur politischen Überprüfung von Personen involviert, die etwa im öffentlichen Dienst oder bei der Bundeswehr beschäftigt werden sollten.[17] Teilweise war sie Inlandsgeheimdienst, der sich der Abwehr einer tatsächlichen oder befürchteten kommunistischen Unterwanderung verschrieben hatte. Sie arbeitete einer »ominösen Geheimkartei« über innenpolitische Gegner des Bundesministeriums für gesamtdeutsche Fragen zu[18] und meldete politisch verdächtige Personen an die Verfassungsschutzämter. Das Landesamt für Verfassungsschutz Schleswig-Holstein beschäftigte zeitweise offiziell einen Verbindungsmann.[19]

3 Karl Wilhelm Fricke/Roger Engelmann: »Konzentrierte Schläge«. Staatssicherheitsaktionen und politische Prozesse in der DDR 1953–1956 (Analysen und Dokumente, 11), Berlin 1998, S. 80. **4** Sergej Mironenko/Lutz Niethammer/Alexander von Plato/Volkhard Knigge/Günter Morsch (Hrsg.): Sowjetische Speziallager in Deutschland 1945 bis 1950, 2 Bde., Berlin 1998. **5** Rainer Hildebrandt wurde später Gründer und Leiter des Museums am Checkpoint Charlie in Berlin. **6** Bettina Greiner: Verdrängter Terror. Geschichte und Wahrnehmung sowjetischer Speziallager in Deutschland, Hamburg 2010. **7** Die identifizierende Totalitarismustheorie kommt zu dem Schluss, dass Faschismus/Nationalsozialismus und Kommunismus anhand verschiedener Merkmale als wesensgleich zu betrachten sind. **8** Enrico Heitzer: »Kalte Krieger«. Zur Tätigkeit der Kampfgruppe gegen Unmenschlichkeit in West-Berlin und der Bundesrepublik, in: Wolfgang Benz (Hrsg.): Ein Kampf um die Deutungshoheit. Politik, Opferinteressen und historische Forschung, Berlin 2013, S. 164–198. **9** Heitzer: Die Kampfgruppe gegen Unmenschlichkeit, 2015, S. 43; Hermann Just: Die sowjetischen Konzentrationslager auf deutschem Boden 1945–1950, (Hefte der Kampfgruppe gegen Unmenschlichkeit, Bd. 7), West-Berlin 1952. **10** Ernst Tillich: Der Geist des Widerstandes, Rede gehalten 20.7.1949, in: KgU: Berichte aus Mitteldeutschland, (West-Berlin 1951), S. 52–55. **11** Enrico Heitzer: »Affäre Walter«. Die vergessene Verhaftungswelle, Berlin 2008, S. 34 f. **12** Harold Hurwitz: Der heimliche Leser. Die Zeitschrift *Der Monat* und ihre Verbreitung in der DDR 1949 bis 1951, in: Siegfried Lokatis/Ingrid Sonntag (Hrsg.): Heimliche Leser in der DDR. Kontrolle und Verbreitung unerlaubter Literatur, Berlin 2008, S. 122–139. **13** Heitzer: Die Kampfgruppe gegen Unmenschlichkeit, 2015, S. 178; siehe ausführlicher Heitzer: »Kalte Krieger«, 2013, S. 172 f. **14** Der Spiegel Nr. 47, 19.11.1952, S. 13. **15** Heitzer: Die Kampfgruppe gegen Unmenschlichkeit, 2015, S. 57 ff. **16** Heitzer: Die Kampfgruppe gegen Unmenschlichkeit, 2015, S. 221 f.; Keith R. Allen: Befragung – Überprüfung – Kontrolle. Die Aufnahme von DDR-Flüchtlingen in West-Berlin bis 1961, Berlin 2013, S. 68 u. 100 f. **17** Heitzer: Die Kampfgruppe gegen Unmenschlichkeit, 2015, S. 179 f. **18** Stefan Creuzberger: Kampf für die Einheit. Das gesamtdeutsche Ministerium und die politische Kultur des Kalten Krieges 1949–1969 (Schriften des Bundesarchivs, Bd. 69), Düsseldorf 2008, S. 440 ff. (Zitat S. 440). **19** Heitzer: Die Kampfgruppe gegen Unmenschlichkeit, 2015, S. 174 ff.; Heitzer: »Kalte Krieger«, 2013, S. 174.

In West-Berlin und vor allem in Westdeutschland wirkte die KgU auf Tausenden von »Aufklärungsveranstaltungen« – Vorträge, Versammlungen und Tagungen – und wurde auf diese Weise einer halben Million Zuhörern bekannt. Sie war publizistisch aktiv, zudem brachte ein Rednerteam aus »professionellen Kalten Kriegern« (CIA-Bezeichnung) mit dieser Arbeit im »vorpolitischen Raum« die KgU-Thesen in Umlauf. Die KgU erhielt zeitweise Mittel von der Vorgängerin der Bundeszentrale für politische Bildung (1952 bis 1963: Bundeszentrale für Heimatdienst)[20] und arbeitete mit vorwiegend politisch konservativ ausgerichteten Gruppierungen wie den Vertriebenenverbänden oder der Vereinigung der Opfer des Stalinismus zusammen.[21]

Die KgU trat als politische Lobbygruppe auf und hatte Verbindungen vor allem zur CDU und zur FDP. Gesichert sind persönliche Kontakte zu den Bundesministern Theodor Oberländer, Fritz Neumayer, Victor-Emanuel Preusker, Hermann Schäfer und Franz Josef Strauß sowie zu vielen FDP-Bundestagsabgeordneten.[22] Bei der Auflösung bzw. auch der ablehnenden Haltung gegenüber der KgU in der Bundesrepublik spielten diese politischen Aktivitäten eine entscheidende Rolle. Als sich der neue Regierende Bürgermeister West-Berlins, Willy Brandt (SPD), im Dezember 1957 mit CIA-Vertretern traf, machte er deutlich, dass er sich zwar einerseits

Das SSD-Schwein

Es ist so schwer ein Mensch zu sein,
viel besser hat es doch ein Schwein,
das voller Freuden alles frißt,
sich wohlig fühlt im eignen Mist.

Ich halt es immer mit der Macht,
mein Trog ist voll, die Flasche lacht,
ich lebe aus dem vollen,
wenn fremde Köpfe rollen.

Herr Dahlem, gestern noch so fein,
kann morgen eine Leiche sein.
Wie Slansky wird aus Ketten
ihn auch kein Engel retten.

Für mich ist es ein Hochgenuß,
daß jeder vor mir zittern muß,
ob Bonze oder Bauer,
stets lieg ich auf der Lauer.

Erweitert ist mein Arbeitskreis,
bespitzel rot, bespitzel weiß,
beziehe Mark und Rubel,
die ich sofort verjubel.

So leb ich in den Tag hinein
und kann dennoch nicht glücklich sein;
denn droht mir nicht der bittre Rest
wie jedem Schwein — das Schlachtefest?

Gefährdet Euch nicht durch den Besitz dieses Flugblattes, sondern gebt es sofort beim nächsten Parteisekretär ab.

Gebt uns Nachricht über Fundort

◄
Mit Wetterballons ließ die KgU Millionen Flugblätter über der DDR abwerfen.

►
Flugblatt der KgU: »Das SSD-Schwein«; SSD steht für »Staatssicherheitsdienst«, der von der KgU auch als »rote Gestapo« bezeichnet wurde, 1953

bemühen wolle, strafrechtliche »Implikationen« in Sachen KgU zu verhindern, andererseits aber zumindest einen Personalwechsel bzw. auch eine Umbenennung fordere. Seine drei Hauptkritikpunkte waren die Personalie des aus der Partei ausgestoßenen Tillich, NS-Belastungen von Mitarbeitern sowie die Einmischung der KgU in innenpolitische Angelegenheiten.[23]

Was das bedeutete, lässt sich schlaglichtartig an folgender Begebenheit zeigen, die in CIA-Unterlagen überliefert ist: KgU-Leiter Tillich, zu diesem Zeitpunkt noch selbst SPD-Mitglied, verlieh im Frühjahr 1951 dem Geheimdienst gegenüber seiner Überzeugung Ausdruck, dass der gefährlichste Punkt der SPD-Politik erreicht sei. Die SPD werde nach den Wahlen in den Folgemonaten die Regierungsgewalt übernehmen. Wegen der desaströsen Konsequenzen sei er gewillt, jegliche »schwarze Operation« durchzuführen, die geeignet wäre, einen fundamentalen

20 Gudrun Hentges: Heimatdienst, in: Blätter für deutsche und internationale Politik, Nr. 11 (2002), S. 1318–1321. **21** Heitzer: »Kalte Krieger«, 2013, S. 188–195. **22** Heitzer: Die Kampfgruppe gegen Unmenschlichkeit, 2015, S. 199. **23** Ebd., S. 448.

Wechsel der SPD-Politik zu erzwingen.[24] Als »schwarz« bezeichnet die CIA-Sprache verdeckte Operationen, die wegen gravierender Verstöße gegen Gesetze oder ethische Grundsätze nicht mit der durchführenden Organisation in Verbindung gebracht werden dürfen.[25]

Das nichtstaatliche Kooperationsumfeld der KgU verschob und verengte sich zunehmend in das konservative und rechte politische Spektrum, darunter auch auf sehr weit rechts stehende Gruppierungen. Diese politische Orientierung wurde zwar nicht exklusiv, doch stetig prägender für die KgU. Beispielsweise kooperierte sie mit dem Hilfswerk der Helfenden Hände und der Stillen Hilfe, beides Gruppen, die sich beispielsweise für die Amnestierung von NS-Verbrechern einsetzten.[26]

Es ist aufgrund von Quellenlücken nicht immer möglich, Spionageoperationen, Sabotageakte und Anschläge der KgU zu rekonstruieren. Gerade dabei handelte es sich um den umstrittensten Bereich, weil die KgU kategorisch abstritt, solche Aktionsformen zu nutzen. Sie stand zu ihrer »Aktiv-« und »Zersetzungspropaganda«, die über Flugblätter und Flugzeitungen erfolgte, die zehntausendfach per Hand und ab 1952 nur noch per Flugblattballon, dann allerdings hundertmillionenfach in der DDR verbreitet wurden. Freigegebenes CIA- und KgU-Material zeigt aber, dass die Schwerpunkte der Organisation im geheimdienstlichen Bereich lagen.

Es ist in diesem Zusammenhang sinnvoll, auf die vielfältigen Verbindungen zu anderen Geheimdiensten hinzuweisen, die in der frühen Bundesrepublik operierten, etwa zur Organisation Gehlen (Org), dem Friedrich-Wilhelm-Heinz-Dienst, der CIA, dem CIC sowie auch britischen und französischen Diensten. Dabei ist zu berücksichtigen, dass die KgU keineswegs eine randständige Gruppierung war, sondern ein bedeutender Akteur im Osten Deutschlands, dessen V-Mann-Netz bis mindestens 1952/53 selbst von Konkurrenten wie der Org ernst genommen werden musste.

Zeitpunkt	**Zahl**	**Quelle**
Mai 1950	»mindestens 500 Agenten«	CIA
Anfang 1952	über 600	CIA
1953	364	MfS
Oktober 1954	125	CIA
Januar 1956	ca. 100	CIA/KgU/MfS
August 1956	80	CIA
Juni 1957	66	CIA/KgU
Auflösung 1958/59	ca. zwei Dutzend	MfS

Zahl der V-Leute der KgU in der DDR von 1950 bis 1959, zusammengestellt auf Basis verschiedener geheimdienstlicher Quellen.

Viele betrieben Spionage, wie etwa ein V-Mann »Falkensee«, der als Oberkommissar in einem Objekt der Volkpolizei Dienst tat. Auf dem Deckblatt der V-Mann-Akten der KgU befand sich ein vorgedrucktes Feld, in dem der V-Mann-Führer vermerken konnte, für welche Themenfelder der V-Mann geeignet war: »AS« (Administrative Störungen), »VP/SSD« (Volkspolizei/MfS), »Mil.« (Militär), Wirtschaft, Verkehr oder Politische Nachrichten.[27] Bislang sind vor allem Quellen in mittleren Positionen in Staat und Wirtschaft oder Standortbeobachter von Militärobjekten bekannt. Weil die wichtigsten 370 V-Mann-Akten, die 1959 bei der Auflösung der KgU an die CIA übergeben wurden, bislang unzugänglich sind, ist schlecht einschätzbar, über wie viele hochrangige Informanten die KgU tatsächlich verfügte.

CIA-Unterlagen zufolge waren die systematisch geplanten und großflächig durchgeführten Sabotageaktionen und AS ein Tätigkeitsschwerpunkt bis mindestens 1955. Es gelang der KgU, Unruhe in die politischen und ökonomischen Apparate der DDR hineinzutragen, Arbeitskraft zu binden und Produktionsprozesse zu stören. Sabotage in Form von AS war mindestens zwischen 1953 und 1955 ein Hauptarbeitsgebiet, noch vor Spionage und Propaganda. Informanten beschafften Briefköpfe, Unterschriften, Stempel und Dienstsiegel. Mitarbeiter der KgU fälschten Dienstanweisungen, amtliche Schreiben oder Bestellungen an Volkseigene Betriebe, um Reibungen und Fehldispositionen hervorzurufen. Die Wirkung war nach westlichen Einschätzungen teilweise sehr stark und mit empfindlichen Effekten verbunden, die mehr als Nadelstiche waren.[28]

Ende Februar 1951 beispielsweise wurden aus den Landeshauptstädten 180 Postsendungen, die vorgeblich von der jeweiligen Zentralverwaltung der staatlichen Handelsorganisation (HO) kamen, an sämtliche HO-Hauptgeschäfte in der DDR gesandt. Darin befanden sich jeweils Hunderte Flugzettel, die für den 22. März 1951 massive Preissenkungen ankündigten. Diese Werbung sei unverzüglich in den Geschäften auszulegen. Alle Mitarbeiter sollten mit der Kundschaft die Preissenkungen diskutieren, welche bewiesen, dass die DDR alles tue, um den Lebensstandard zu erhöhen, und wie sehr sie den imperialistischen Ländern des Westens überlegen sei.[29] 1955 schickte die KgU 18 194 »Störbriefe« in die DDR, in denen beispielsweise gefälschte Dienstanweisungen erteilt, größere Bestellungen bei Volkseigenen Betrieben sowie Geldüberweisungen ausgelöst oder in amtlichen Schreiben Gewerbetreibende über die Änderung der Regularien und verkürzte Fristen zur Abgabe der Steuererklärungen informiert wurden. Das MfS erkannte in jenem Jahr nur »ca. 3 000« Fälschungen, was eine erhebliche Dunkelziffer nicht entdeckter Briefe belegt. Der Leiter der Osteuropa-Division der CIA, John Bross, bezeichnete Mitte 1955 die AS der KgU als eines der wirkungsvollsten und erfolgreichsten Instrumente, mit welchen bis dahin die volle Konsolidierung der Autorität des DDR-Regimes verhindert worden sei.[30]

V-Leute der KgU zerstörten Bremsen und Signalanlagen der Eisenbahn, klemmten Weichen fest, beschädigten Transformatoren, zerstörten Motoren, zerstachen Reifen und begingen Brandanschläge. Sie versuchten auch mehrfach erfolglos, eine hölzerne Autobahnbrücke abzubrennen, eine Schleuse und Brücken zu zerstören. Es gab im September 1951 mehrere Brandanschläge einer KgU-Gruppe mit dem Decknamen »Tal« auf zentrale HO-Kaufhäuser in Leipzig, bei denen nur durch Zufall niemand zu Tode kam. Mindestens in einem Fall im Sommer

24 Ebd., S. 194. **25** W. Thomas Smith: Encyclopedia of the Central Intelligence Agency, New York 2003, S. 31. **26** Heitzer: Die Kampfgruppe gegen Unmenschlichkeit, 2015, S. 199 f. **27** Berichtsblatt »Falkensee«, BArch B 289 OA 598/35. **28** Heitzer: Die Kampfgruppe gegen Unmenschlichkeit, 2015, S. 294 ff. **29** Ebd., S. 295 f. **30** Ebd., S. 300.

Nach einem Brandanschlag der KgU-Gruppe »Anita« auf einen Ausstellungspavillon am Postplatz in der Dresdner Innenstadt, in dem die Ausstellung »Die Bauten des Kommunismus« zu sehen war, 29. Dezember 1951

►
Das MfS bekämpfte die KgU und beobachtete sie mit allen zur Verfügung stehenden Mitteln, Observationsfotos

1951 ist die Planung der Tötung eines DDR-Funktionärs in Calbe/Saale durch einen KgU-Mann dokumentiert, die an der vorzeitigen Enttarnung des V-Mannes scheiterte.[31] Die KgU gab Gift an V-Leute aus, das allerdings nach allem, was bekannt ist, nicht zum Einsatz kam.[32] Mit diesem Gift hätte beispielsweise im Falle eines Krieges für die sowjetischen Truppen bestimmtes Schlachtfleisch unbrauchbar gemacht werden sollen.

Mitglieder der KgU befreiten unter anderem mit gefälschten Entlassungspapieren Menschen aus DDR-Gefängnissen und veranlassten Volkspolizisten, MfS-Leute, Soldaten und Sowjet-Offiziere zum Überlaufen. Darüber hinaus war die Organisation in Kriegsfallplanungen involviert, die unter dem Stichwort »Stay Behind« zusammengefasst werden können. Die KgU war beteiligt am Aufbau einer Untergrundarmee in der SBZ/DDR, die im Kriegsfall im Rücken der sowjetischen und ostdeutschen Truppen aktiv werden sollte.[33] Diese Aktivitäten kamen in einer überwachten Gesellschaft wie der SBZ/DDR über Ansätze nicht hinaus.

31 Ebd., S. 322 ff. **32** Ebd., S. 328 ff.; Gerhard Finn: Kampfgruppe gegen Unmenschlichkeit, in: Hans-Joachim Veen/Peter Eisenfeld/Hans Michael Kloth/Hubertus Knabe/Peter Maser/Ehrhart Neubert/Manfred Wilke (Hrsg.): Lexikon Opposition und Widerstand in der SED-Diktatur, Berlin [u. a.] 2000, S. 204 f. **33** Heitzer: Die Kampfgruppe gegen Unmenschlichkeit, 2015, S. 387 ff. **34** Heitzer: »Affäre Walter«, 2008. **35** Heitzer: Die Kampfgruppe gegen Unmenschlichkeit, 2015., S. 84 f.

1

"Kampfgruppe gegen Unmenschlichkeit"
Ernst-Ring-Str. 2-4
(von der Spanischen Allee aus gesehen)

2

Gegen- und Rückschläge

Zur Geschichte der KgU gehört ihr sich jahrelang hinziehender Niedergang. Eine der Ursachen dafür war das bereits beschriebene unauflösbare Spannungsverhältnis, das aus der Konstitution der KgU zwischen humanitärem Anspruch und geheimdienstlicher Praxis resultierte. Es gab jedoch zwei wichtigere Gründe, die eng miteinander verknüpft waren: Angesichts des internationalen Wandels der Systemkonfrontation hin zu mehr wirtschaftlichem und soziokulturellem Wettbewerb begann sich zum einen nach 1956 die harte antikommunistische Staatsräson der Bundesrepublik zugunsten beginnender west-östlicher Arrangements und erster Ausgleichsbemühungen aufzulösen. Die KgU war jahrelang ein für bundesdeutsche Behörden nicht kontrollierbarer Risikofaktor im deutschen Systemkonflikt. Es gelang kaum, Einfluss auf die KgU auszuüben. Bis auf die CIA, die bis zuletzt kompromisslos hinter der KgU stand und erst einem immer größer werdenden politischen Druck seitens der Bundesrepublik (unter anderem von Willy Brandt und auch direkt aus dem Bundeskanzleramt) wich, wandten sich auch diejenigen politischen und gesellschaftlichen Kräfte, die in der KgU zunächst ein wirksames Mittel gesehen hatten, um das SED-Regime zu bekämpfen und im Osten Deutschlands humanitäre Hilfe zu leisten, angesichts des nicht korrigierbaren Kurses von der Gruppe ab. Sie wurde überflüssig. Ihre Methoden galten als nicht mehr zeitgemäß. Zuletzt war sie diskreditiert, weitgehend isoliert und krisengeschüttelt. Die Amerikaner gaben dem deutschen Drängen nach. Die CIA drehte den Geldhahn zu. Die KgU übergab die verbliebenen V-Leute für eine weitere Verwendung an die CIA und wickelte sich selbst ab.

Zum anderen müssen auch die Strategien der Gegenseite, der sowjetischen und ostdeutschen Sicherheitsorgane, bei der Bekämpfung der KgU benannt werden. Als schwerer Schlag gegen die KgU galt eine Verhaftungswelle im Herbst 1951, die im Westen als »Affäre Walter« bezeichnet wurde. Die Zahl der Festgenommenen – es waren mindestens 200 – lässt sich nicht genau ermitteln; mindestens 180 Personen wurden von sowjetischen Militärtribunalen (SMT) verurteilt, 48 davon zum Tode. Niemals wieder wurden nach Gründung der DDR so viele SED-Gegner zum Tode verurteilt und hingerichtet. 43 bis 46 Personen wurden hingerichtet oder verstarben in Haft.[34] Das MfS versuchte mehrfach, KgU-Mitarbeiter aus West-Berlin zu entführen und plante terroristische Anschläge, beispielsweise im Jahr 1958 ein Sprengstoffattentat auf das KgU-Hauptquartier. Das aufeinander bezogene Handeln von KgU und MfS kann als eine eigene Dynamik im deutsch-deutschen Kalten Krieg beschrieben werden. Die KgU wurde für mehrere Jahre zu einem Hauptziel der östlichen Verfolgungsmaschinerie. Den Zählungen des Autors zufolge verurteilten DDR-Gerichte mindestens 528 Personen wegen tatsächlicher oder angeblicher KgU-Verbindung. Zählt man die mindestens 544 aus dem gleichen Grunde durch SMT Verurteilten hinzu, summiert sich die Zahl der Verurteilten auf knapp 1 100 Personen. Mindestens 126 von ihnen wurden hingerichtet, fünf davon in der DDR nach einem Urteil durch dortige Gerichte, 121 in der Sowjetunion.

Ausstellung der Humboldt-Universität in Ost-Berlin. Studenten der Juristischen Fakultät präsentierten Dokumente und Bildmaterialien aus verschiedenen Prozessen, unter anderem gegen die KgU, 23. März 1954

Fazit

Während die CIA zur Zeit der KgU-Auflösung lange überlegte, was aus dem V-Mann-Apparat und seinen V-Mann-Führern sowie jenen Bestandteilen der Organisation werden sollte, die in der »psychologischen Kriegführung« eingesetzt worden waren, schätzte sie gleichzeitig die Sozial- und Suchdienstaktivitäten der zuletzt fast immer noch vollständig von ihr finanzierten KgU als notwendiges Beiwerk, als »formalen Seinsgrund« der Gruppe ein. Diese »offenen« Aktivitäten sorgten für Prestige und für die »Fassade«, hinter der sich möglichst ungestört verdeckte Operationen in der DDR durchführen ließen.[35] Die CIA-Berichte und -Memoranden zeigten in all den Jahren eine stabile Zufriedenheit mit der KgU-Arbeit, die als Instrument zur Destabilisierung und letztlich zur »Befreiung« der DDR angesehen und genutzt wurde.

Doch diese Apparateperspektive ist einseitig. Aus Sicht etlicher Einwohner der SBZ/DDR war die KgU zweifellos etwas anderes als ein bloßes Vehikel des US-Geheimdienstes zur Ausspähung und aktiven Bekämpfung der DDR-Diktatur: Für diese Menschen galt sie als humanitäre Organisation, sie war Ausdruck einer Selbstbehauptung, Anlaufstelle für Speziallager-Entlassene und ihre Angehörigen, für Hilfesuchende, für Ängstliche, für zur Spitzelei Gepresste und Wütende. Mit und durch die Menschen, die sich bereit erklärten, als V-Leute in der DDR tätig zu sein, zählte die Organisation bis in die Mitte der 1950er-Jahre zu den härtesten Gegnern des SED-Regimes und der sowjetischen Besatzungsmacht in Ostdeutschland. Auf alle erdenklichen und realisierbaren Arten bekämpfte sie den ostdeutschen Staat, wobei sie über eine längere Zeit selbst die Nutzung von Mitteln und Methoden nicht scheute, die aus Sicht des Autors die Grenze zu terroristischem Handeln überschritten, weil die KgU zivile Todesopfer in Kauf nahm.

DAVID GEGEN GOLIATH

Der Friedrich-Wilhelm-Heinz-Dienst und die Organisation Gehlen

Als Johann Adolf Graf Kielmansegg in seiner Funktion als Leiter der militärpolitischen Abteilung im Amt Blank ihn im Sicherheitsausschuss des Bundestages im März 1954 vorstellte, hatte er seine Rolle eigentlich schon ausgespielt: der unter Decknamen[1] operierende kurzlebige Nachrichtendienst des Amtes.[2] Angesichts seiner Struktur, der geringen Anzahl von Mitarbeitern und vor allem des Etats nannte Kielmansegg den Friedrich-Wilhelm-Heinz-Dienst (FWH-Dienst) einen nachrichtendienstlichen »David«, der dem Bundeskanzleramt aber trotz übermächtiger Konkurrenz, dem »Goliath« Organisation Gehlen (Org), gute Ergebnisse liefere.[3] Im Sicherheitsausschuss lauschten die Abgeordneten den Ausführungen mit großem Interesse, denn beide Dienste sorgten seit Monaten für Schlagzeilen in Ost und West. Beim »Goliath« waren angebliche Überläufer in die »Zone« und Verhaftungen seiner Spione sowie Gerüchte über eine Beschäftigung ehemaliger Gestapo-Kommissare die Ursache, beim »David« eine problematische Personalie an der Spitze – der Leiter selbst hatte im September 1953 seinen Hut nehmen müssen.

Während die Geschichte der Org und des 1956 aus ihr hervorgegangenen Bundesnachrichtendienstes (BND) in ihren Grundzügen als weithin bekanntes Element deutscher Nachkriegsgeschichte gelten kann, ist der von Sommer 1950 bis März 1956 bestehende, nach seinem Leiter, dem Journalisten und ehemaligen Offizier Friedrich Wilhelm Heinz, benannte Dienst weithin unbekannt. Doch formal war er der erste bundesdeutsche Auslandsnachrichtendienst, nicht die Org, die bis 1956 unter Treuhänderschaft der US-amerikanischen Central Intelligence Agency (CIA) stand und von ihr bezahlt wurde, auch wenn sie Bonn mit Informationen belieferte.

Der Beginn: die »Zentrale für Heimatdienst« und das »Archiv für Gegenwartsforschung«

◄ Markenzeichen Sonnenbrille – auch bei den Mitarbeitern des Friedrich-Wilhelm-Heinz-Dienstes

Unter dem Eindruck des sich zuspitzenden Ost-West-Konfliktes hatte der ehemalige General der Panzertruppe Gerhard Graf von Schwerin im Auftrag Konrad Adenauers im Mai 1950 begonnen, unter dem Dach des Bonner Kanzleramts einen Arbeitsstab zur Ausrichtung der

1 Die Decknamen waren »Institut« bzw. »Archiv für Gegenwartsforschung« und »Archiv für Zeitgeschehen«. Sie werden in diesem Text durch die gängigere, inoffizielle Bezeichnung »Friedrich-Wilhelm-Heinz-Dienst« ersetzt.
2 Zum FWH-Dienst vgl. derzeit noch Susanne Meinl/Dieter Krüger: Der politische Weg von Friedrich Wilhelm Heinz, in: Vierteljahrshefte für Zeitgeschichte 1 (1994), S. 39–69; Peter F. Müller/Michael Müller/Erich Schmidt-Eenboom: Gegen Freund und Feind. Der BND: Geheime Politik und schmutzige Geschäfte, Reinbek 2002. Neuere Studien, die die bislang unzugänglichen Akten des BND und der CIA auswerten, sind für 2016 angekündigt. **3** Vortrag Johann Adolf Graf Kielmansegg vor dem Sicherheitsausschuß des Deutschen Bundestages, 12.3.1954, Bundesarchiv-Militärarchiv, Freiburg (BArch-MA), BW9, Nr. 2115, Bl. 92 f., 100–103.

links:
Gerhard Graf von Schwerin, 1950

rechts:
Achim Oster, 1951

künftigen westdeutschen Sicherheitspolitik einzurichten: das »Büro Schwerin« oder die »Zentrale für Heimatdienst«. Zu den Aufgaben Schwerins gehörte auch die Beschaffung von sicherheitsrelevanten Informationen für den Bundeskanzler.[4] Er delegierte diese Aufgabe an den ehemaligen Major i. G. Achim Oster, der ebenfalls in das Bundeskanzleramt eingetreten war. Oster stellte die Verbindung zu einem der Freunde seines Vaters Hans Oster her, dem ehemaligen Oberstleutnant Friedrich Wilhelm Heinz. Dieser hatte als einer der wenigen Angehörigen der nationalkonservativen Widerstandsgruppe um Hans Oster und den Leiter der Abwehr, Wilhelm Canaris, die Verfolgungsmaßnahmen nach dem Attentat auf Adolf Hitler vom 20. Juli 1944 überlebt. Heinz war bereits seit einigen Jahren für verschiedene westalliierte Dienste in der Nachrichtenbeschaffung aus dem kommunistischen Machtbereich tätig und galt 1950 sogar als einer der Kandidaten für die Leitung des neu geschaffenen Inlandsnachrichtendienstes, des Bundesamts für Verfassungsschutz.

Friedrich Wilhelm Heinz – ein Mann mit bewegter Vergangenheit

Als Heinz im September 1953 als Leiter des Nachrichtendienstes im Amt Blank gehen musste, verglich er im Abschiedsschreiben an seinen Dienstherren Theodor Blank sein Leben mit einem Mosaik: »Abschließend darf ich bemerken, dass mein Hauptfehler wohl darin bestand, eine Kommentierung meines Lebens und meiner Vergangenheit auch nur zugelassen zu haben. Das Leben eines aktiven und politischen Mannes in der ersten Hälfte dieses Jahrhunderts ist, wenn es sinnvoll war, ein buntes und vielgestaltiges Mosaikwerk. Das Herausbrechen von grünen, roten, blauen oder goldenen Steinen aus dem Gesamtbild und das philisterhafte Vorzeigen dieser Einzelsteinchen ist meistens dumm, oftmals perfide, und es besagt für das menschliche Sein nicht das Mindeste. Nur aus Spannungen erwächst Leben, und nur aus der Vielfalt der Gegensätze erblüht die Harmonie.«[5]

Friedrich Wilhelm Heinz, 1950er-Jahre

Friedrich Wilhelm Heinz wurde 1899 in Frankfurt am Main als Sohn eines Kaufmanns geboren. In den politisch unruhigen Jahren nach dem Ende des Ersten Weltkriegs geriet der Leutnant a. D. in das Freikorps- und Wehrverbandsmilieu rund um die Brigade Ehrhardt.[6] Der aus diesem Freikorps heraus gegründete Geheimbund Organisation Consul (OC) war nicht nur für Attentate auf politische Gegner wie Reichsfinanzminister Matthias Erzberger und Außenminister Walther Rathenau verantwortlich, sondern agierte gleichzeitig auch für die Reichswehr der Weimarer Republik – genauer gesagt für den durch die Entmilitarisierungsdekrete des Versailler Vertrages zunächst aufgelösten, später in kleinerem Rahmen existierenden militärischen Nachrichtendienst. Junge Freikorps- und Wehrverbandsmitglieder übernahmen dabei die Aufklärung der französischen Besatzungsmacht und der mit ihnen kooperierenden Separatisten. So auch Friedrich Wilhelm Heinz, der für die OC im Großraum Hessen an der Bekämpfung der französischen Spionage beteiligt war. Nach Zwischenstationen beim Stahlhelm, Bund der Frontsoldaten und in der NSDAP ließ sich Heinz 1935 in der Wehrmacht reaktivieren. Er arbeitete bis zu seinem Frontkommando 1941 als Bataillons- bzw. Regimentskommandeur des Regiments, später der Division Brandenburg als Presseoffizier in der Abwehr, dem militäri-

4 Schwerin leitete ab Herbst 1938 für ein Jahr die Gruppe USA/England von Fremde Heere West, einer Abteilung im Generalstab des Heeres zur Bewertung der Feindlage. Vgl. auch Alaric Searle: Internecine Secret Service Wars Revisited: The Intelligence Career of Count Gerhard von Schwerin, 1945–1956, in: Militärgeschichtliche Zeitschrift 71 (2012), Heft 1, S. 25–55. Die neue Biografie von Peter M. Quadflieg über Schwerin, die auch sein Verhältnis zur CIA thematisiert, war der Verfasserin noch nicht zugänglich. **5** Friedrich Wilhelm Heinz an Theodor Blank, Ersuchen um Entlassung aus dem Amt Blank zum 31. 3. 1954, 29. 9. 1953, Militärhistorisches Museum der Bundeswehr Dresden, Nachlass Friedrich Wilhelm Heinz, Nr. BBAT4562. **6** Vgl. ausführlich Martin Sabrow: Der Rathenaumord. Rekonstruktion einer Verschwörung gegen die Republik von Weimar, München 1994; Susanne Meinl: Nationalsozialisten gegen Hitler. Die nationalrevolutionäre Opposition um Friedrich Wilhelm Heinz, Berlin 2000. Als Zeitdokument mit nachrichtendienstlichem Hintergrund zudem erwähnenswert: Margret Boveri: Der Verrat im 20. Jahrhundert, 4 Bde., Hamburg 1956–1960, Bd. 2, S. 109–114.

schen Geheimdienst der Wehrmacht. Mit Brandenburg, einem Kommandoverband der Abwehr für Zersetzungsaufgaben, nahm er am Überfall auf die Sowjetunion und am Partisanenkrieg auf dem Balkan teil. Nach dem Attentat auf Adolf Hitler am 20. Juli 1944 wurde er kurzzeitig festgenommen, da der Gestapo Unterlagen in die Hände gefallen waren, die Hinweise darauf gaben, dass sich Heinz seit 1938 an Plänen zur Ermordung Hitlers beteiligt hatte. Vor einer zweiten Verhaftung tauchte er in Berlin unter, während viele seiner Kameraden – wie etwa sein Freund Hans Oster im Konzentrationslager Flossenbürg – noch in den letzten Kriegsmonaten hingerichtet wurden.

Frontstadt des Kalten Krieges – Nachrichtenhandel in Berlin

Nach Kriegsende war Heinz zunächst Bürgermeister seiner Heimatgemeinde Bad Saarow-Pieskow und trat in die SPD ein. 1946 zog er zurück nach Berlin und baute zusammen mit einigen ehemaligen Kameraden aus der Abwehr einen Nachrichtenhandel auf, der angesichts des Nachrichtenhungers im beginnenden Ost-West-Konflikt schnell florierte. Dies war zu einer Zeit, in der weder Offizierspensionen gezahlt wurden noch Journalisten ohne Beziehungen und Schwarzmarktgeschäfte existieren konnten, weder unüblich noch ehrenrührig. Heinz benötigte zudem Startkapital für seinen neuen, französisch-lizenzierten Michael-Verlag. Die Heinz-Gruppe, zu der neben den ehemaligen Brandenburgern Jakob Kolb, Horst Löser und Heinrich von zur Mühlen vermutlich auch der ehemalige Ritterkreuzträger und spätere Gehlen-Mitarbeiter Karl-Edmund Gartenfeld zählte, belieferte die jeweiligen Auftraggeber – die Berlin Operation Base (BOB) der Central Intelligence Group der USA bzw. der CIA (ab 1947), den britischen Auslandsgeheimdienst MI6 und den französischen Auslandsgeheimdienst Service de Documentation Extérieure et de Contre-Espionnage (SDECE) – mit Informationen über die Dislozierung der Roten Armee und die entstehenden bewaffneten ostdeutschen Polizeiorgane.[7] Zusätzlich wurde über den ehemaligen Kunstmaler Johannes »Jan« Eland auch noch die niederländische Militärmission bedient.[8] Und auch aus dem Osten kamen Lockrufe, so von Gerhard Kegel, dem stellvertretenden Chefredakteur der »Berliner Zeitung« und seit Mitte der 1930er-Jahre Agent des sowjetischen Geheimdienstes.[9]

Deckname »Capote« – Heinz' Verhältnis zur CIA

Ein Schlüssel für Heinz' spätere nachrichtendienstliche Karriere im Bundeskanzleramt lag in seinem besonderen Verhältnis zur CIA, das seit 1948 bestand. Heinz und einem Teil seiner Berliner V-Männer war in dieser Zeit eine weitere geheimdienstliche Funktion zugedacht. Die BOB führte von 1948 bis 1952 eine Operation mit dem neckischen Namen »Kurzweil« oder »Zeitvertreib« durch, das Projekt »Pastime«.[10] »Pastime« war eine der ersten Planungen eines Stay-Behind-Netzwerks der USA. In ihrem Krisenszenario ging die CIA davon aus, dass es bei einem sowjetischen Angriff auf Westeuropa nur einem Teil ihrer Truppen und Angehörigen der Militärverwaltung gelingen würde, sich vor der Roten Armee rechtzeitig in Sicherheit zu bringen. Deutsche »Überroll-Agenten« sollten mithilfe einer kleinen CIA-Kerntruppe ein Unterstützungsnetzwerk hinter der Front bilden, in unzugänglichen Gebirgslandschaften wie den Alpen eine Guerilla-Bewegung aufbauen und auch militärische Informationen liefern.[11] Die

Peter Sichel,
Wiesbaden Mai 1945

BOB wollte dabei auf bereits für sie arbeitende Agenten zurückgreifen, denen sie unterschiedliche Funktionen vom Agentenführer, Funker, Kurier bis zum »Toten Briefkasten« zuwies. Unter den unterschiedlichen Gruppen, deren Agenten Decknamen wie »Cahier«, »Captain« oder »Capriole« trugen, gab es auch ein Netz um einen Mann namens »Capote«, über den es in den CIA-Akten wie folgt heißt: »Willingness: 100 % – Loves this type of work«.[12]

Bei »Capote« oder »Capote 1« handelte es sich nach den aufgeführten biografischen Details unschwer erkennbar um Friedrich Wilhelm Heinz.[13] Er war 1946 über Offiziere des CIA-Vorgängers OSS (Office of Strategic Services) in Kontakt zum US-Geheimdienst gekommen. Denn die Oppositionsgruppe um Hans Oster, zu der Heinz gehörte, hatte während des Zweiten Welt-

7 Meine Beziehungen zu alliierten Nachrichtendiensten, Erklärung Heinz, 17. 9. 1950, BArch-MA, N 713, Nr. 112; Kurt Behnke Name File, Subject: Friedrich Wilhelm Heinz, undatiertes CIA-Memo (nach 1957), National Archives and Records Administration (NARA), RG 263; Enrico Heitzer: Die Kampfgruppe gegen Unmenschlichkeit (KgU). Widerstand und Spionage im Kalten Krieg 1948–1959, Köln/Weimar/Wien 2015, passim; Meinl/Krüger: Der politische Weg von Friedrich Wilhelm Heinz, 1994, S. 57. **8** Vgl. Untersuchungsergebnis zu den gegen Herrn Friedrich Wilhelm Heinz erhobenen Vorwürfen, 29. 7. 1953 (nebst Anlagen), BArch-MA, BW9, Nr. 2111, Bl. 8–21. **9** Vgl. Meinl/Krüger: Der politische Weg von Friedrich Wilhelm Heinz, 1994, S. 54. **10** Vgl. Erich Schmidt-Eenboom/Ulrich Stoll: Die Partisanen der NATO. Stay-Behind-Organisationen in Deutschland 1946–1991, Berlin 2015, S. 99–101. **11** Subject Files, PASTIME, Vol. 1, NARA, RG 263. **12** Fall Pastime, Agent Description Form CAPOTE 1, 1. 5. 1948, NARA, RG 263, Subject Files, PASTIME, Vol. 1. **13** Research Aid: Cryptonyms and Terms in Declassified CIA Files Nazi War Crimes and Japanese Imperial Government Records Disclosure Acts, S. 19, NARA, RG 263.

kriegs über Hans Bernd Gisevius mit dem OSS in Bern in Verbindung gestanden. Kopf des OSS in der Schweiz war der spätere Leiter der CIA, Allan W. Dulles, zu dem Heinz offenbar mindestens noch bis 1951 Verbindungen hatte.[14] 1946 suchte Dulles' Mitarbeiter Frederick »Fred« J. Stalder Heinz in Berlin auf, Stalder gehörte mittlerweile zur BOB. Stalder und der BOB-Leiter Peter Sichel heuerten Heinz Anfang 1947 nach Prüfung seiner Vergangenheit als Agent »Capote« an.[15] Hinter den Decknamen »Capote 2« bis »Capote 6« verbargen sich möglicherweise weitere spätere Mitarbeiter des FWH-Dienstes, »Capote 4« war zum Beispiel der Journalist Horst Löser.[16]

Im Juli 1948 wurde »Capote« angesichts der politischen Entwicklung in die Westzonen verbracht. Stalder begleitete Heinz und dessen Familie bei dem Flug aus dem blockierten Berlin in die französische Zone. Das Berliner Netz unter Jakob Kolb blieb offenbar weiter für die CIA tätig.[17] Die Kooperation mit dem französischen Nachrichtendienst wurde beendet, entweder weil die Franzosen ihren Agenten nicht mit der CIA teilen wollten oder mit seinen Leistungen nicht oder nicht mehr zufrieden waren. Später wollten die drei alliierten Nachrichtendienste entdeckt haben, dass Heinz sie gleichzeitig mit demselben Material bedient hatte.[18] Heinz zog Ende 1949 nach Wiesbaden um und arbeitete als Journalist für die US-Magazine »Time« und »Life«. Gleichzeitig war er in die ersten Planungen für das neue Bundesamt für Verfassungsschutz eingebunden. Angeblich bezahlte das im Entstehen befindliche Landesamt für Verfassungsschutz in Nordrhein-Westfalen Heinz für Informationsbeschaffung, unter anderem aus Berlin.[19] Heinz war im Frühjahr 1950 auch für die Spitzenbesetzung des in Köln angesiedelten Bundesamts im Gespräch, wurde aber wie fünf andere Kandidaten, darunter Reinhard Gehlen, von einer oder mehreren Besatzungsmächten abgelehnt.[20] Explizit sprachen sich die Franzosen und Briten gegen Heinz aus, Letztere auch deshalb, weil sie ihren Kandidaten Otto John durchsetzen wollten.[21]

Der FWH-Dienst – Struktur und Aufgaben

Heinz wurde im Juli 1950 der Dienststelle Schwerin im Bundeskanzleramt »attachiert«. Er arbeitete aber nicht ausschließlich für das Bundeskanzleramt. Zunächst musste er seine nachrichtendienstlichen Verpflichtungen umstrukturieren bzw. beenden und seinen Dienst vorfinanzieren, was sich als schwierig erwies. Der unter dem Decknamen »Archiv für Gegenwartsforschung« agierende FWH-Dienst sollte nur über Achim Oster mit dem Bundeskanzleramt kommunizieren, denn der Wehrbeitrag der Bundesrepublik war weder innen- noch außenpolitisch beschlossene Sache.[22] Sitz des neuen Nachrichtendienstes sollte zunächst Bad Godesberg sein, im Oktober 1950 zog er aber nach Frankfurt-Schwanheim in ein von der CIA zur Verfügung gestelltes Haus[23] und Anfang 1953 nach Wiesbaden um.[24] Zu Beginn der Tätigkeit für Schwerin bediente sich Heinz seines alten Berliner Netzwerks. Zusätzlich bestand über Rainer Hildebrandt und Heinrich von zur Mühlen ein enger Kontakt zur Kampfgruppe gegen Unmenschlichkeit, einer zwischen antikommunistischer Agitation, Sabotage und Nachrichtenbeschaffung changierender Organisation, die teilweise von der CIA finanziert und auch gezielt durch Mitarbeiter der Org, etwa Gerhard Schacht (»Schäfer«) und Josef Didinger (»Dorer«), verstärkt wurde.[25]

Theodor Blank (4. v. l., stehend) mit Angehörigen des FWH-Dienstes bei einer Faschingsfeier, vermutlich 1954

Nach der Entlassung Schwerins im Oktober 1950 wurde der FWH-Dienst von Theodor Blank übernommen. Blank leitete als »Beauftragter des Bundeskanzlers für die mit der Vermehrung der alliierten Truppen zusammenhängenden Fragen« die Vorbereitungen für einen westdeutschen Wehrbeitrag. Unter dem Dach des sogenannten Amtes Blank gelang es Heinz und Oster, das »Institut für Gegenwartsforschung« als nachgeordnete Dienststelle nicht nur fest zu etablieren, sondern zu vergrößern und neben dem Bundeskanzleramt auch die politische Opposition mit Nachrichten zu beliefern.[26]

14 Schreiben Heinz an Achim Oster, 3. 8. 1951, BArch-MA, N 713, Nr. 112. **15** Meine Beziehungen zu alliierten Nachrichtendiensten, Erklärung Heinz, 17. 9. 1950, BArch-MA, N 713, Nr. 112. **16** Subject Files, PASTIME, Vol. 1, Fall Pastime, Agent Description Form CAPOTE, 4, 1. 5. 1948, NARA, RG 263. **17** Meine Beziehungen zu alliierten Nachrichtendiensten, Erklärung Heinz, 17. 9. 1950, BArch-MA, N 713, Nr. 112. **18** Vgl. Untersuchungsergebnis zu den gegen Herrn Friedrich Wilhelm Heinz erhobenen Vorwürfen, 29. 7. 1953, Bl. 150 f., 176–181, 203 f., BArch-MA, BW9, Nr. 2111. **19** Kurt Behnke Name File, Subject: Friedrich Wilhelm Heinz, undatiertes CIA-Memo [nach 1957], NARA, RG 263; Gruppe Bohlen, Betr.: Friedrich Wilhelm Heinz, 3. 12. 1969, Archiv des Bundesnachrichtendienstes Pullach (BND-Archiv), Nr. 100621. **20** Vgl. Constantin Goschler/Michael Wala: »Keine neue Gestapo«. Das Bundesamt für Verfassungsschutz und die NS-Vergangenheit, Reinbek 2015, S. 38–49. **21** Kurt Behnke Name File, Subject: Friedrich Wilhelm Heinz, undatiertes CIA-Memo [nach 1957], NARA, RG 263. **22** Vgl. Meinl/Krüger: Der politische Weg von Friedrich Wilhelm Heinz, 1994, S. 57. **23** Bundeskanzleramt an Friedrich Wilhelm Heinz, 26. 8. 1952, und Agnes Linda Schott, Tatbestand, 24. 6. 1953, Bl. 97–126, BND-Archiv, Nr. 101852_oT. **24** Memo 40 an 30 [Reinhard Gehlen], 27. 1. 1953, Bl. 31, BND-Archiv, Nr. 101846. **25** Zusammenarbeit des FWH-Dienstes mit der Kampfgruppe gegen Unmenschlichkeit, 29. 3. 1951, BArch-MA, BW 9, Nr. 2115. Vgl. ausführlich jetzt die Dissertation von Enrico Heitzer: Die Kampfgruppe gegen Unmenschlichkeit, 2015, sowie Subject Files DTLinen und DTLinen-KgU, Vol 1; Name Files Josef Didinger, NARA, RG 263. **26** Die Ergebnisse des Dienstes wurden an jeweils vier Adressaten gerichtet: Nr. 4 blieb im Haus, Nr. 1 und 2 gingen an den Bundeskanzler und den Staatssekretär im Bundeskanzleramt (Otto Lenz/Hans Globke), Nr. 3 an den Vorsitzenden der SPD-Fraktion (Kurt Schumacher/Erich Ollenhauer).

Die Personalausstattung des Dienstes war gleichwohl bescheiden, vor allem im Vergleich zur Org. Bis 1953 arbeitete neben Heinz ein Mitarbeiter (Horst Löser) in der Auswertung, dem je ein Auswerter für Militär und Volkspolizei zulieferten.[27] Die Außenstelle Berlin unter Jakob Kolb und die Außenstelle München unter Gerhard Schacht und Hermann Müller nahmen die Auswertung teilweise selbst vor.[28] Leiter der Beschaffung war der frühere Hauptmann Ernst Wilhelm Grams, unterstützt von sieben Sachbearbeitern, einem Zeichner, einem Fotografen und fünf Sekretärinnen. 1953 wurde die Zentrale vergrößert: Heinz bekam einen Vertreter an die Seite gestellt, den ehemaligen Polizeioffizier und Oberst im Generalstab der Wehrmacht Johannes Kirsch, der den umtriebigen, aber bereits politisch angeschlagenen Chef entlasten und perspektivisch ersetzen sollte.[29] Kirsch übernahm auch die Auswertung.[30]

Für die Außenstelle in München, mit deren Aufbau bereits im Oktober 1950 begonnen worden war,[31] hatte Heinz den ehemaligen Fallschirmjäger Gerhard Schacht von der Org abwerben können.[32] Schacht brachte nicht nur Insiderwissen aus der Org mit, sondern wusste auch, wo nachrichtendienstliches Potenzial brachlag, nützliche Org-Mitarbeiter unzufrieden oder bereits kaltgestellt waren. Mit dem ehemaligen Abwehr-Offizier Heinrich Baron Mast und dem früheren SS-Führer Dr. Wilhelm Höttl wechselte 1951 ein zwar umstrittenes, aber produktives und vor allem gut vernetztes Duo von der Org zum FWH-Dienst.[33] Höttl, im Reichssicherheitshauptamt (RSHA) zeitweise Adjutant von Ernst Kaltenbrunner, war beim Internationalen Militärtribunal als Zeuge der Anklage aufgetreten und hatte in Nürnberg erstmals zu den Zahlen der in den Vernichtungslagern ermordeten Juden ausgesagt. Danach stellte er sich dem Counter Intelligence Corps (CIC) der U.S. Army zur Verfügung, bevor er in den Dienst der Org wechselte.[34]

Höttl und Mast verfügten über Verbindungen, die über den Balkan bis in den Nahen Osten und in den Vatikan reichten. Sie datierten teilweise noch aus der Zeit, als Höttl für das RSHA und später für den CIC Operationen in Ungarn, Rumänien und Jugoslawien durchführte. Der Charakter der Zuträger und Mitarbeiter veränderte sich: Höttls und Masts Netzwerke basierten auf Kameradenkreisen des Sicherheitsdienstes der SS (SD), des RSHA und der Waffen-SS. Top-Agent in Rom war beispielsweise der frühere SS-Sturmbannführer Dr. Karl Hass, und in Kairo sammelte der ehemalige SD-Mann Friedrich Wilhelm Beissner Material für die XG, wie sich die Nachrichtenbeschaffungstruppe von Höttl und Mast nannte.[35]

27 Vgl. Meinl/Krüger: Der politische Weg von Friedrich Wilhelm Heinz, 1994, S. 57f. **28** Schreiben Achim Oster an Abteilungsleiter II, 6.4.1954, BArch-MA, N 713, Nr. 112. **29** Tagebuch Dietrich Kuhhagen, 1960, Archiv des Forschungsinstituts für Friedenspolitik e. V., Weilheim. **30** Anordnungen für den inneren Dienstbetrieb der Zentrale Nr. 1, 10. März 1953, BArch-MA, BW 9, Nr. 2115. **31** Gerhard Schacht, Vorschlag für den Aufbau der Außenstelle München, 3.4.1951, BArch-MA, N 713, Nr. 112. **32** Personalakte V-4162 Gerhard Schacht, BND-Archiv, Nr. 220013_oT. Schacht arbeitete bereits vor seinem Ausscheiden aus der Org im September 1951 für die Konkurrenz. **33** Heinrich Baron Mast: Erinnerungen an meine Tätigkeit als Nachrichten Offizier [sic] in den Jahren 1947–1953 bei den Nachrichtenorganisationen »General Gehlen« und »Amt Blank«, 26.7.1962, Militärhistorisches Museum der Bundeswehr Dresden, Nachlass Heinrich Baron Mast, C 3. **34** Wilhelm Hoettl Name File, NARA, RG 263. **35** Vgl. ebd.; Müller/Müller/Schmidt-Eenboom: Gegen Freund und Feind, 2002, S. 175–217; Personal Files Friedrich Wilhelm Beissner, Karl Hass, Wilhelm Höttl, Heinrich Baron Mast, NARA, RG 263. Die BND-Akte zu Karl Hass wurde der Verfasserin bis auf wenige Seiten nur in geschwärztem Zustand zugänglich gemacht. **36** Gerhard Schacht: Deutsche Möglichkeiten im Mittleren Osten, Exposé, 27.10.1951, BArch-MA, N 713, Nr. 112. **37** Heinrich Baron Mast: Erinnerungen an meine Tätigkeit als Nachrichten Offizier; PAK Wilhelm Höttl, Wilhelm Höttl an Johann Adolf Graf Kielmansegg, 19.1.1953, BND-Archiv. **38** Agnes-Linda Schott, Tatbestand, 24.6.1953, BND-Archiv, Nr. 101852_oT, Bl. 97–126.

Johannes Kirsch mit den Mitarbeiterinnen und Mitarbeitern der Zentrale (v. l. n. r.: Grams, Resch, Fuhrmann, ?, ?, Eder, Kirsch, Graumann, Gerhardt, Löser, Kuhhagen, Schindzielorz, Buss, Kohlbecher), vermutlich 1954

Über Höttl und Mast wollte Schacht in ehrgeizigen Plänen dem FWH-Dienst im Konkurrenzkampf mit der Org einen Wettbewerbsvorteil schaffen. Da der Org von ihrer Aufsichtsbehörde, der CIA, die Spionage im Nahen Osten untersagt war, wollte die Außenstelle München hier einen besonderen Schwerpunkt über neue Zwischenstationen in Ankara, Kairo und Damaskus schaffen.[36] Auch Planungen für Stay-Behind-Organisationen im Alpenraum wurden von der Außenstelle München aus vorangetrieben. Das war der Moment, an dem Heinz durch politischen Druck von oben, vermutlich der CIA, gezwungen wurde, Ende 1952 Höttl und sein Netz abzuschalten.[37] Schacht, Heinz' bester Mitarbeiter, musste ebenfalls gehen. Zu dieser Zeit war auch Heinz' eigene Entlassung im Bundeskanzleramt zugunsten der Org eine bereits beschlossene Sache, obgleich sie erst im Herbst 1953 vollzogen wurde.

Ungeachtet dessen hatte der FWH-Dienst bis zum Frühjahr 1954, als er im Sicherheitsausschuss des Bundestages vorgestellt wurde, seine Expansion vorangetrieben. Zu diesem Zeitpunkt betrieb der Leiter (zunächst Heinz, ab Oktober 1953 Johannes Kirsch) mit sieben Mitarbeitern der Zentrale die Auswertung. Die Außenstelle Berlin verfügte über sechs Angestellte, fünf Hauptverbindungsleute und zwischen 120 und 150 V-Leute vor Ort; die Außenstelle München beschäftigte sieben Angestellte, zwei Hauptverbindungsleute und vierzig V-Leute. Die Angestellten und Hauptverbindungsleute waren zwischenzeitlich Angestellte des Bundes geworden.[38]

Der Dienst schöpfte seine Erkenntnisse aus dem üblichen Informationsreservoir: Auswertung offener Quellen (Printmedien, Radio usw.), Austausch mit dem Bundesamt und den Landesämtern für Verfassungsschutz, dem Bundesministerium für Gesamtdeutsche Fragen (Informationen der Befrager in den Flüchtlingslagern) und befreundeten Diensten. Zu diesen gehörten sowohl die CIA Berlin (also BOB) und die CIA Bonn[39] wie auch die Geheimdienstkreise der Niederlande, der Schweiz, Dänemarks, Italiens und Spaniens. Die Kontakte zu Letzteren versuchte Heinz als »Ring der kleinen Geheimdienste« auszubauen, da ihm für die internationale Expansion im Vergleich mit der Org Personal und Mittel fehlten. Diese internationalen Kontakte wurden von der Außenstelle München und den vorgeschobenen Zwischenstationen Triest und Rom mitgesteuert, weitere Außenstellen waren für Kiel, Madrid und Ankara geplant.[40]

Außerdem gab es hochrangige Angehörige der Org, die ihre Erkenntnisse dem Konkurrenten zugänglich machten. Globke vermutete gar einen Zuträger ganz weit oben in der Org.[41] Diese wiederum bekam über Globke alle für sie notwendigen Informationen, um den Konkurrenzdienst zu belauern, seine Quellen abzuwerben und seinen Leiter politisch und nachrichtendienstlich zu isolieren.[42] Vor diesem Hintergrund ist es erstaunlich, dass der FWH-Dienst bis 1954 durchhielt. Er konnte wiederum von der Unterstützung derjenigen profitieren, die in der Org ein US-amerikanisches Instrument mit zum Teil politisch bedenklichen Mitarbeitern sahen. Außerdem wurde Heinz von einem Teil der CIA getragen, der die Org wegen ihrer kommunistischen Unterwanderung als ein massives Sicherheitsrisiko betrachtete.[43] Der Fall des Doppelagenten Heinz Felfe sollte deren Einschätzung im Nachhinein bestätigen. Zu diesem Zeitpunkt, 1961, war der FWH-Dienst jedoch bereits längst aufgelöst und sein Leiter nach seinem mysteriösen Besuch in Ost-Berlin und den Entführungsversuchen von einigen seiner Mitarbeiter Persona non grata in Ost und West.

Nachrichtendienstliches Wettrennen

Auch wenn vermutlich nur ein Bruchteil der relevanten Akten in Ost und West bisher zugänglich ist – John le Carré hätte am nachrichtendienstlichen Wettlauf zwischen Gehlen und Heinz und den Ränkespielen der Beteiligten als Stoff für einen Spionageroman seine wahre Freude gehabt. Um das Konkurrenzverhältnis zu verstehen, muss man sich in die Situation von Reinhard Gehlen nach Gründung der Bundesrepublik versetzen: Trotz »Gentlemen's Agreement« zwischen Reinhard Gehlen und dem US-Geheimdienst als Basis für den Aufbau seines Nachrichtendienstes 1946 und der gemeinsamen Frontstellung gegen den Kommunismus war es Gehlens nachhaltiges Bestreben, seinen Dienst aus der Vormundschaft der CIA zu lösen und seinen Platz in der Sicherheitsarchitektur der Bundesrepublik zu finden, möglichst mit dem gesamten eigenen Apparat. Über seine Sonderverbindungen, etwa den ehemaligen General Horst von Mellenthin (»Merker«), den früheren Abwehr-Offizier Hans-Ludwig von Lossow (»Lersner«) und den späteren Verfassungsschutz-Präsidenten von Bayern, Martin Riedmayr (»Sonderverbindung 2006«/»Moser«/»Mühlhaus«), ließ er in Bonn die Möglichkeit der Übernahme in den Bundesdienst sondieren und diese vorbereiten.[44] Umso überraschter war Gehlen, als ihm mit Schwerin vom Bundeskanzleramt indirekt ein entschiedener Gegner der Org vor die Nase gesetzt wurde, dessen kleiner Nachrichtendienst im Sommer 1950 selbstbewusst die Losung ausgab: »Keine Überschneidungen mit dem Apparat G.[ehlen]!«[45] Die CIA legte Gehlen nahe, sich zunächst mit Schwerin abzufinden. James H. Critchfield, Leiter der Pullach Operation Base der CIA, riet außerdem dazu, den von der CIA ebenfalls unterstützten Heinz nicht als Konkurrenz zu sehen (Critchfield: »too low in the level«).[46] Und so machten die Kontrahenten im Oktober 1950 unter dem Druck der politischen Verhältnisse sogar vorsichtige Schritte aufeinander zu. Im Oktober 1950 trafen sich Gehlen, Heinz und Schwerin, um die gegenseitigen Interessen auszuloten. Gehlen scheint die CIA darüber nicht in Kenntnis gesetzt zu haben, denn als er Critchfield und Henry Pleasants, einen weiteren hochrangigen CIA-Vertreter in Pullach, am 19. Oktober 1950 im Nachhinein informierte, waren beide verärgert. Gehlens »Deputy« Heinz Danko Herre (»Herdahl«) fing sich noch eine deutliche Abfuhr von Critchfield ein: »So etwas liebt Hillenkoetter nicht!«[47] Roscoe H. Hillenkoetter war der erste Direktor der CIA.

Deutliche Warnungen vor der Org kamen von Schwerin selbst. In einer Vortragsnotiz an den persönlichen Referenten Adenauers, Herbert Blankenhorn, schilderte er am 18. Oktober 1950 das Ergebnis seines Treffens mit Gehlen eine Woche zuvor: Gehlen kläre nicht nur militärisch, sondern auch politisch auf. Damit gerate er in Konflikt mit einer Gruppe »im amerikanischen Lager«, die eine politische Betätigung Gehlens und seiner Organisation nicht wünsche, und mit dem für den Bundeskanzler arbeitenden FWH-Dienst.[48] Schwerins Bedenken blieben in Bonn ohne Wirkung, zumal er bereits eine Woche später selbst entlassen wurde. Mit dem Sturz Schwerins, der Beauftragung von Theodor Blank und der Übernahme von Oster und Heinz gab es im Bundeskanzleramt und möglicherweise auch bei der CIA Überlegungen, den Bonner und den Pullacher Dienst zu fusionieren. In Pullach wurde dies wenige Tage nach Schwerins Sturz zumindest thematisiert.[49]

Die Phase vorsichtigen nachrichtendienstlichen Austausches währte jedoch nur kurz. Der französische Nachrichtendienst lancierte im März 1951 in Pullach, dass Heinz dem Komplex der »Roten Kapelle« zuzurechnen, also ein sowjetischer Spion sei.[50]

---

39 Friedrich Wilhelm Heinz, FWH-Bericht Nr. 25/50 und abschließende Beurteilung, 25. 10. 1950, BArch-MA, BW 9, Nr. 2153, Bl. 6–8; Meine Beziehungen zu alliierten Nachrichtendiensten, Erklärung Heinz, 17. 9. 1950, BArch-MA, N 713, Nr. 112. **40** Vgl. Susanne Meinl: Friedrich Wilhelm Heinz (1899–1968). Verschwörer gegen Hitler und Spionagechef im Dienste Bonns, in: Dieter Krüger/Armin Wagner (Hrsg.): Konspiration als Beruf. Deutsche Geheimdienstchefs im Kalten Krieg, Berlin 2003, S. 61–83, hier S. 74 f.; Gerhard Schacht: Deutsche Möglichkeiten im Mittleren Osten, Exposé, 27. 10. 1951, BArch-MA, N 713, Nr. 112; Dispositionsfond Juli 1952, BND-Archiv, Nr. 101852_oT, Bl. 87 f. **41** Gruppe Bohlen, Betr.: Friedrich Wilhelm Heinz, 3. 12. 1969, BND-Archiv, Nr. 100621. **42** Ebd. **43** Freundliche Mitteilung von Peter Sichel an die Verfasserin, April 2015. **44** Nachlass James Critchfield, Tagebuch Heinz Danko Herre, diverse Einträge 1949–1951, Swem Library, College of William and Mary; BND-Archiv, Nr. 24854_oT, Personenakte Martin Riedmayr, Nr. 01110_oT, Personenakte Hans Globke, P1/0028_oT, Personalakte Hans-Ludwig von Lossow. **45** Vorschlag, 10. 8. 1950, BArch-MA, BW9, Nr. 3111, Bl. 17. **46** [30b1] (Konrad Kühlein), Aktennotiz, 24. 1. 1951, BND-Archiv, Nr. 100621. **47** Nachlass James Critchfield, Tagebuch Heinz Danko Herre, Eintrag vom 19. 10. 1950, Swem Library, College of William and Mary. **48** Vortragsnotiz Gerhard Graf Schwerin für Herbert Blankenhorn, 18. 10. 1950, BND-Archiv, Nr. 100621. **49** Tagebuch Herre, Eintrag 30. 10. 1950, Swem Library, College of William and Mary.
50 Ebd., Eintrag vom 12. 3. 1951. Die Bezeichnung »Rote Kapelle« führt in die Irre: Die Gestapo konstruierte aus ganz unterschiedlichen Widerstandsorganisationen gegen das NS-Regime in Westeuropa mit Kontakt zur Sowjetunion eine einheitliche, von Moskau dirigierte kommunistische Spionageorganisation im Zweiten Weltkrieg, wie es sie in dieser Form nie gegeben hat.

Informationen darüber, ob diese Behauptung nur eine Retourkutsche für Heinz' antifranzösische Aktivitäten der frühen 1920er-Jahre oder den Schwenk zur CIA war oder wirklich auf konkreten Verdachtsmomenten beruhte, schlummern derzeit möglicherweise noch in französischen Archiven. Die Org begann jedenfalls, Belastungsmaterial unter der Rubrik »Rote Kapelle« zu sammeln und setzte direkt und indirekt über den Leiter des Bundesamts für Verfassungsschutz, John, zahlreiche Agenten und Agentinnen auf Heinz an. Doch nicht John oder die Spitzel der Org wurden dem Konkurrenten wirklich gefährlich, entscheidend war neben Heinz' nachrichtendienstlichen Altlasten – der geschäftstüchtige Nachrichtenhandel in Berlin hatte die Westalliierten teilweise verärgert – Gehlens gute Lobbyarbeit in Bonn, am Ohr von Bundeskanzler Adenauer.

Schlüsselfigur Hans Globke

Gehlens wichtigster Interessenvertreter in Bonn war der Ministerialdirigent im Bundeskanzleramt, Dr. Hans Globke.[51] Der Jurist war 1934 Referent im Reichs- und Preußischen Ministerium des Inneren geworden und hatte zur Ausarbeitung der im darauffolgenden Jahr erlassenen Nürnberger Gesetze (»Rassegesetze«) beigetragen. Nach 1945 wurde Globke aber auch immer wieder mit weiteren antisemitischen Verordnungen und den Deportationen in Verbindung gebracht. Gegen Kriegsende sympathisierte das ehemalige Zentrumsmitglied mit der nationalkonservativen Opposition, was für seine spätere politische Karriere in der Bundesrepublik und im Bundeskanzleramt an der Seite Adenauers günstig war. Gehlen hatte Globke Ende Juni 1950 erstmals getroffen.[52] Dieser war seitdem Weichensteller für den ehemaligen General, während sein Vorgesetzter, Staatssekretär Otto Lenz, die Arbeit des FWH-Dienstes schätzte und sich im Gegensatz zu Globke lange Zeit nicht eindeutig für Heinz' Abberufung aussprach. Globke brachte auch Gehlens andauernde Beschwerden über die Aktivitäten des Konkurrenten wiederholt an höherer Stelle vor,[53] womöglich beflügelt durch eine Sentenz aus einem Heinz-Buch, das sich mit den politisch unruhigen Jahren nach dem Ersten Weltkrieg und auch mit Konrad Adenauer befasste und 1930 erschienen war: »Pan-Europa-begeisterte Oberbürgermeister domüberschatteter Städte unterstützten sie« – gemeint waren die von den Franzosen geförderten Separatisten – »durch Schweigen und Untätigkeit.«[54] Im Juni 1952 kulminierte Adenauers Missvergnügen über Heinz angeblich im Satz »Schmeisst ihn raus!«.[55]

---

51 Zu Globke vgl. die neueren Studien von Jürgen Bevers: Der Mann hinter Adenauer. Hans Globkes Aufstieg vom NS-Juristen zur Grauen Eminenz der Bonner Republik, Berlin 2009; Erik Lommatzsch: Hans Globke (1898–1973). Beamter im Dritten Reich und Staatssekretär Adenauers, Frankfurt am Main 2009. **52** Reinhard Gehlen an Hans Globke, 15. 7. 1950, BND-Archiv, Nr. 011010_oT, Teil 1, Bl. 47 f. **53** Geheimdienste: Ein Heldenlied, in: Der Spiegel Nr. 47 vom 18. 11. 1953, S. 9–15. **54** Friedrich Wilhelm Heinz: Sprengstoff, Berlin 1930, S. 235. **55** Hans Globke Name Files, Cable from Bonn, Subject: Zipper Report, 25. 6. 1952, NARA, RG 263. **56** Vgl. Ernst Wirmer, Aufzeichnung über den Besuch von Herrn Blank bei der Organisation Schneider in München/Wirkung des Besuches auf Herrn Blank, 14. 8. 1952. BArch-MA, N 626, Nr. 202. **57** Aktennotiz: Besprechung mit Dr. Globke, 20. 5. 1953, BND-Archiv, Nr. 011010_oT, Teil 1, Bl. 427 f. **58** Hans Globke Name Files, Chief of Mission, Frankfurt to Chief of Base, Bonn, CAUSA – Contact Report, 21. 9. 1953, NARA, RG 263. »CAUSA« war das CIA-Kryptonym für Globke. **59** Vgl. Bericht 6er Ausschuss des Bundestagsausschusses für Fragen der europäischen Sicherheit am 29. 5. 1953 in Wiesbaden, BArch-MA, BW9, Nr. 2115, Bl. 74 f.; 235 an 35 [Horst von Mellenthin], Besuch des Büro Heinz durch Mitglieder des Parlamentarischen Ausschusses für Sicherheit, 28. 5. 1953, BND-Archiv, Nr. 101846.

Hans Globke
in Uniform, 1940

In Pullach beobachtete man ungeachtet des Kanzler-Diktums und der permanenten Unterstützung durch Globke den stetigen Ausbau des FWH-Dienstes mit großer Sorge. Daran änderte auch die Tatsache nichts, dass Blank während eines Besuchs in Pullach lobende Worte für die Ergebnisse der Org fand. Aus Loyalität zu seinem Dienst wollte er sich in der Frage, ob und wann Gehlens Organisation nach Schaffung der außenpolitischen Voraussetzungen in den Bundesdienst wechseln könne, nicht festlegen.[56] Globke musste Gehlen und seine Pullacher Emissäre wie Hans-Ludwig von Lossow immer wieder um Geduld bitten,[57] da Blank Heinz aus Nützlichkeitserwägungen und wahlkampftaktischen Gründen nicht vor die Tür setzen wollte, beispielsweise im Mai 1953.[58] Ein Ausschuss des Bundestages unter der Führung von Franz Josef Strauß (CSU) und Fritz Erler (SPD) signalisierte während eines Besuchs in der Wiesbadener Zentrale des Konkurrenten am 29. Mai 1953 ebenfalls, dass man den Pullacher Dienst nicht übernehmen, eher den FWH-Dienst weiterführen wolle, auch aus Kostengründen.[59]

Johann Adolf Graf Kielmansegg (l.), zusammen mit Adolf Heusinger (r.) und Hans Speidel, Petersberg 1951

Zu diesem Zeitpunkt hatte Blank die Ablösung von Heinz jedoch bereits vorsichtig in die Wege geleitet.[60] Er beauftragte am 15. Juni 1953 den Leiter der Unterabteilung für Militärpolitik seines Amtes, Graf Kielmansegg, die von Amtschef Otto John mit Hilfe aus Pullach zusammengestellten Vorwürfe gegen Heinz zu klären.[61] Die lange Liste enthielt neben an sich Belanglosem wie einem angeblichen Konfessionswechsel und dem Eintritt in die SPD genügend Sprengstoff: Es ging um Unklarheiten über seinen vor dem Untertauchen 1944 innegehabten militärischen Rang, um Fragebogenfälschung, das schwierige Verhältnis zu den verschiedenen westalliierten Nachrichtendiensten und vor allem um den Fall Eland. Heinz hatte Eland offenkundig noch während seiner Tätigkeit für Schwerin mit Informationen beliefert, womit der ihn unter Druck setzte. Daraufhin trafen sich beide vor Gericht. Eland wurde im Juli 1952 wegen versuchter Erpressung zu neun Monaten Gefängnis auf Bewährung verurteilt. Er und sein Anwalt Hellmuth Kelch stellten nun wiederum mithilfe der Org und der Spitze des Bundesamts für Verfassungsschutz Belastungsmaterial gegen Heinz zusammen, was via John Mitte Juni 1953 ins Bundeskanzleramt gelangte[62] – und später zum Ministerium für Staatssicherheit der DDR (MfS).[63]

Ergebnis des Untersuchungsberichtes

Als Kielmansegg seinen Bericht Ende Juli 1953 vorlegte, wurde deutlich, dass er sich der heiklen Aufgabe mit Objektivität angenommen hatte, zumindest was die diversen von John und Gehlen geäußerten Vorwürfe betraf. Er hielt Globke für den Initiator der Aktion, denn der habe auf diese Weise vor allem seine politische Macht stärken wollen, so deutete Kielmansegg es im Juli 1953 zumindest einem Bonner CIA-Vertreter gegenüber an.[64] Das Ergebnis war jedoch recht eindeutig: Heinz war als Leiter des Dienstes wegen der Vorwürfe, der gegen ihn laufenden Ermittlungsverfahren und der Verärgerung der westalliierten Dienste aufgrund seiner Berliner Zeit nicht zu halten, auch wenn er sich – wie Kielmansegg betonte – während seiner Tätigkeit im Amt Blank nichts hatte zuschulden kommen lassen. Während Ernst Wirmer und Otto Lenz Heinz zumindest noch als Leiter der Beschaffung ins Spiel brachten, forderte der Kopf der militärischen Abteilung des Amtes Blank, der 1952 von der Org nach Bonn gewechselte ehemalige General Adolf Heusinger, Heinz' sofortige Suspendierung. Da Blank vor allem an der unbeschädigten Weiterarbeit seines Dienstes und dem Wohlwollen der mit dem FWH-Dienst kooperierenden Bonner CIA-Gruppe um Harry Hermsdorf interessiert war, konnte er Heinz im September 1953 dazu überreden, eine fristgerechte Kündigung selbst auszusprechen.[65]

Auch wenn der Hauptvorwurf in den offiziellen Unterlagen keinen Niederschlag fand, so stand der vom französischen Nachrichtendienst und der Org ausgesprochene Verdacht im Hintergrund, Heinz könne in der Vergangenheit oder Gegenwart für östliche Nachrichtendienste gearbeitet haben und gehöre zum sowjetischen Spionagenetzwerk der »Roten Kapelle«. Und damit war neben dem französischen Nachrichtendienst, der CIA und der Org ein weiterer alliierter Nachrichtendienst mit der Arbeit des FWH-Dienstes und seines Leiters befasst: das US-amerikanische CIC.

Der FWH-Dienst im Fokus des CIC – die »Operation Campus«

Zwischen 1949 und 1955 führte die Spionageabwehr des US-amerikanischen Heeres von der 66th Group in Heidelberg ausgehend eine Operation durch, die die Unterwanderung der entstehenden westdeutschen Sicherheitsarchitektur bekämpfen sollte.[66] Als ein Einfallstor für sowjetische und später ostdeutsche Spionage galt dabei eine frühere Tätigkeit in den Polizei-

60 GVB/III, Besprechungsergebnis 12899 mit Kilian [d. i. Kielmansegg], 18. 5. 1953, BND-Archiv, Nr. 101846. **61** Vgl. Untersuchungsergebnis zu den gegen Herrn Friedrich Wilhelm Heinz erhobenen Vorwürfen, 29. 7. 1953, Bl. 3–34, 45–219, BArch-MA, BW9, Nr. 2111. **62** Die Organisaton Gehlen und später der Bundesnachrichtendienst legten ein umfangreiches Dossier über Heinz an, das bis weit in die 1960er-Jahre reichte, vgl. BND-Archiv, u. a. Nr. 3282, 100621, 101612, 101613, 101846, 101849, 101851, 101852. Kelch kam entgegen, dass ein Vetter namens Karl-Otto von Czernicki unter dem Decknamen »Cäsar« bei der Org tätig war. **63** Feststellungsergebnis des Ministeriums für Staatssicherheit betr.: Friedrich Wilhelm Heinz, 5. 7. 1956, Der Bundesbeauftragte für die Unterlagen des Staatssicherheitsdienstes der ehemaligen Deutschen Demokratischen Republik [BStU], Zentralarchiv des Ministeriums für Staatssicherheit [ZA MfS], AP 15 284/56. **64** Hans Globke Name Files, Dispatch from Bonn, Graf Kielmansegg/Capote Investigation, 9. Juli 1953, NARA, RG 263. **65** Vgl. Untersuchungsergebnis zu den gegen Herrn Friedrich Wilhelm Heinz erhobenen Vorwürfen, 29. 7. 1953, BArch-MA, BW9, Nr. 2111, Bl. 3–34, 45–219; Tagebuch der Abteilung II des Amtes Blank, 29. 9. 1953, ebd., Nr. 2527-3, Bl. 82. **66** Ludwig Albert Name Files, Dispatch CIA Chief of Base Berlin to Chief EE, Operation Campus, 17. 9. 1965, NARA, RG 263.

organen des NS-Staates, im RSHA, SD, in der NSDAP und der Abwehr, zumindest unter der Annahme, dass die individuelle Person sich durch entsprechende Handlungen erpressbar gemacht hatte. Aus genau diesem Milieu warb das CIC unter der operativen Leitung von Thomas Wesley Dale in Offenbach unter anderem den Org-Mitarbeiter V-7873 DN »Franzen« und den Leiter der Bezirksvertretung Hessen der Org, Ludwig Albert, V-2600, an. Albert wiederum führte einen Sonderauftrag Gehlens durch, nämlich die Überprüfung der ehemaligen Generalvertretung L in Karlsruhe auf sowjetische Agenten. Sein Hauptverdächtiger: der ehemalige Dresdner SD-Mann Felfe – ein Verdacht, den Albert seinen CIC-Auftraggebern frühzeitig übermittelte, den Gehlen aber weitgehend ignorierte.

Unter der Leitung von »Franzen« (hinter diesem Tarnnamen verbarg sich der Jurist Dr. Heinrich Schmitz, CIC-Kürzel X-899-Hq.) setzte das CIC zahlreiche Agenten auf alle Sicherheitsorgane der jungen Bundesrepublik an.[67] Die CIA wurde über diese Operation nicht unterrichtet. Von Alberts Mitarbeitern war vor allem V-2841 (»Lohengrin«) auf Heinz als potenziellem Angehörigen der sowjetischen Agentengruppe »Rote Kapelle« angesetzt.[68] Seine Erkenntnisse reichte Albert nicht nur an die Org weiter, sondern auch an das CIC.[69] Sollte der Verdacht zutreffen, dass Albert außer für die Org und das CIC auch noch für den sowjetischen Geheimdienst arbeitete, so war dieser über die Ermittlungen sowohl der Org als auch des CIC gegen Heinz gut unterrichtet und wusste, wo er in der zweiten Hälfte 1954 mit seinen Werbeversuchen ansetzen musste. Die Regierung in Moskau war durch mindestens einen zweiten Agenten auf die Causa Heinz aufmerksam gemacht worden: durch Felfe, seit spätestens 1951 für den sowjetischen Geheimdienst arbeitend.[70]

1955 fasste Dale die Ergebnisse der »Operation Campus« für den dezidiert antikommunistischen Leiter des CIC, General Arthur G. Trudeau, zusammen. Trudeau befürchtete nach den Fällen John und Heinz eine massive kommunistische Unterwanderung der westdeutschen Sicherheitsbehörden bis in die Spitzen, ja bis in die Bundesregierung. Die Aufnahme der Bundesrepublik in die NATO und die anstehende Übernahme der CIA-geführten Org mit all ihren Sicherheitslücken in den Bundesdienst betrachtete er daher als ebenso massive Sicherheitsgefährdung. Trudeau drängte beim deutschen Botschafter in Washington, Dr. Heinz Krekeler, auf eine Erörterung dieses Problems.[71] Krekeler arrangierte ein Zusammentreffen mit einem hohen Regierungsvertreter der Bundesrepublik, das Mitte Juni 1955 während des Besuchs Konrad Adenauers in den USA stattfand. Trudeau fasste seine Vorwürfe auf kleinen Karteikarten zusammen. Zu seiner Überraschung entpuppte sich der hohe Regierungsvertreter aus Bonn als Bundeskanzler Adenauer höchstpersönlich. Trudeau trug seine Bedenken vor, Adenauer hörte zu, kommentierte wenig und nahm Trudeau nach Ende seiner Ausführungen die Karten buchstäblich aus der Hand.

Soweit heute rekonstruierbar, standen auf den später über Globke zur CIA gelangten Karten die folgenden Kritikpunkte: Intrigen der Org hinsichtlich des Amtes Blank, speziell auch der Person von Achim Oster; operative Ineffizienz und viele Sicherheitslücken bei der Org, aber auch Sicherheitslücken im Amt Blank durch Auswahl ungeeigneten Personals wie Heinz und Kolb.[72] Trudeau kostete dieses Gespräch seine Stellung, nachdem sich Dulles beim Verteidigungsminister über dessen Vorgehen beschwert hatte.[73] Die »Operation Campus« des CIC gegen die Org wurde danach eingestellt. Es ist zu vermuten, dass die Verhaftung und der Selbstmord von Ludwig Albert im Juli 1955 im Kontext der Washingtoner Ereignisse stehen. Der BND ging seinerzeit davon aus, dass V-2600 auch für den Feind im Osten arbeitete, doch ist der Fall Albert mit seinen nachrichtendienstlichen Weiterungen bis heute nicht hinreichend geklärt. Aber zurück ins Jahr 1953.

Kesseltreiben und Kurzschlusshandlung?

Der Gegner, und zwar der aus dem Osten, reagierte prompt auf Heinz' Beurlaubung, die der Entlassung im September 1953 voranging. Der sowjetische Nachrichtendienst schickte Ende Oktober 1953 einen Agenten nach Wiesbaden, um Heinz anzuwerben. Der Agent war pikanterweise ein umgedrehter ehemaliger Mitarbeiter der Org.[74] Zum Beweis seiner Glaubwürdigkeit verwies er auf ein silbernes Zigarettenetui, das Heinz 1934 von einem Mitarbeiter des sowjetischen Geheimdienstes geschenkt bekommen habe. Außerdem kündigte er Heinz an, dass in wenigen Tagen eine große Verhaftungswelle die Arbeit seiner Konkurrentin, der Org, in der DDR lahmlegen werde. Doch Heinz ließ den Agenten von der Kripo und dem hessischen Verfassungsschutz verhaften. Die tatsächlich in der DDR einsetzende »Aktion Feuerwerk« gegen die Org nährte in Pullach nur den Verdacht, dass es sich bei Heinz doch um einen Doppelagenten handele. Zu den diversen Anschuldigungen von Elands Anwalt Kelch kam im Frühjahr aufgrund der Denunziation einer entlassenen Sekretärin noch der Vorwurf finanzieller Unregelmäßigkeiten in der Berliner Außenstelle.[75] Heinz, Kolb und zwei weitere Mitarbeiter wurden kurzzeitig verhaftet, Kolb als Verantwortlicher der Berliner Außenstelle schließlich vom Amt Blank entlassen. In der Folge büßte das Berliner Netz in der DDR und in Polen mehr als ein Drittel seiner Informanten ein.[76] Kolb wechselte nun im Juli 1954 in die Dienste des sowjetischen Geheimdienstes und wurde gegen seinen früheren Arbeitgeber eingesetzt. Er versuchte beispielsweise, seine einstigen Mitarbeiter des Berliner Büros umzudrehen.[77] Auch die Münchner Außenstelle war durch einen Verratsfall stark angeschlagen.[78]

Zur »Operation Campus« vgl. auch Mary Ellen Reese: General Reinhard Gehlen. The CIA Connection, Fairfax/Va. 1990, S. 141 f.; James H. Critchfield: Auftrag Pullach. Die Organisation Gehlen 1948–1956, Hamburg/Berlin/Bonn 2005, S. 190–194. **67** Ludwig Albert Name Files, Conversation with Brueckner, 22. July 1955, NARA, RG 263. **68** BND-Akte Ludwig Albert, 5511c, Betr. Aufträge, Besprechungen, gen. Quellen 119–142, Bundesarchiv Koblenz, B 206, Nr. 1977, Bl. 102–107. **69** CIC-File Friedrich Wilhelm Heinz, Intelligence and Security Command Fort George G. Meade, USA (ISC). **70** 106/II, Vermerk zu Gespräch MA Gräfe und der Agnes Linda Schott am 3. 4. 1966, BND-Archiv, Nr. 101852_oT. **71** Vgl. Trudeaus eigene Darstellung bei: Arthur G. Trudeau/Paul K. Walker/Calvin J. Landau: Engineer Memoirs. Lieutenant General Arthur G. Trudeau, US Army Corps of Engineers, [Washington, D. C.] 1986, S. 262–264.
72 Vgl. die Zusammenstellung von James H. Critchfield, Swem Library, College of William and Mary, Critchfield Papers, Drafts, Box 9/10, sowie Korrespondenz Arthur G. Trudeau with Gerhard V. Bull, 9. 1. 1973, ebd. **73** Vgl. Trudeau/Walker/Landau: Engineer Memoirs, 1986, S. 263 f. **74** BND-Archiv, Nr. 101851_oT. **75** Ebd., Nr. 101852_oT. **76** ISC, CIC-File Jakob Kolb, Vermerk, 15. 10. 1954, Bl. 19. **77** Ausführlich: ebd. Der auf Kolb angesetzte Agent Heinz Herbert Stöckert lief 1957 in den Westen über und berichtete über die Abläufe 1953–1955. **78** Vgl. BArch-MA, BW9, Nr. 2112, Bl. 74–120; Heinrich Baron Mast: Erinnerungen an meine Tätigkeit als Nachrichten Offizier.

Jakob Kolb, 1951

Im November 1954 wurde Heinz wegen Meineids zu sechs Monaten Haft verurteilt. Er hatte seinen letzten militärischen Rang als Oberst angegeben – eine Beförderung war dem von der Gestapo gesuchten Oberstleutnant vor seinem Untertauchen im Herbst 1944 mündlich ausgesprochen, aber nicht mehr verfügt worden – und darauf bei einem Gerichtsverfahren geschworen. Die Verurteilung traf den entlassenen Nachrichtendienstchef tief. Im Dezember 1954 ließ er sich von Kolb in den Ostsektor Berlins locken. Dass Kolb für den sowjetischen Geheimdienst arbeitete, wusste er spätestens seit September. Wenig später kehrte Heinz zurück und behauptete, von Kolb entführt worden und nur um Haaresbreite aus dem sowjetischen Hauptquartier in Berlin-Karlshorst entkommen zu sein. Während Kolb seinem Freund später Absichten zum Überlaufen unterstellte, behauptete dieser, Kolb habe ihm dort einen Entlastungszeugen für das Meineidsverfahren präsentieren wollen. Die DDR-Nachrichtenagentur ADN verbreitete die Meldung, Heinz habe um politisches Asyl nachgesucht. Dieses sei ihm aber aufgrund seiner rechtsradikalen Vergangenheit als Angehöriger der Organisation Consul in den 1920er-Jahren verweigert worden.[79] Das MfS ging später allerdings davon aus, dass der Überlaufversuch von Anfang an fingiert gewesen sei.[80] Was immer Heinz im sowjetischen Hauptquartier in Karlshorst gesucht oder getan haben mag – die Informationen über diesen Vorgang liegen bis heute fest verschlossen in den Archiven in Moskau.

Ende eines Dienstes

Der »Entführungsfall« Heinz leitete das Ende des FWH-Dienstes ein. Während die Org mit der Entscheidung des Kabinetts zur Übernahme in den Staatsdienst trotz des denkwürdigen Zusammentreffens von Arthur G. Trudeau mit Adenauer im Sommer 1955 ihr Ziel fast erreicht hatte, wurde das »Archiv für Zeitgeschehen« abgewickelt. Mit dem 31. März 1956 stellte es seinen Dienst ein. Ein Teil der Mitarbeiter wurde in verschiedene Ämter der Bundeswehr übernommen, unter anderem ins Amt für Sicherheit der Bundeswehr, den späteren Militärischen Abschirmdienst (MAD). Ein anderer Teil ergriff die Möglichkeit zur beruflichen Neuorientierung jenseits des nachrichtendienstlichen Milieus.[81] Achim Oster ließ sich in der Bundeswehr reaktivieren und diente bis 1964 als deutscher Militärattaché in Madrid. Der entlassene Leiter des FWH-Dienstes blieb als mutmaßliches Mitglied der »Roten Kapelle« bis weit in die 1960er-Jahre im Beobachtungsfeld des BND und des CIC.[82] Dass das MfS Heinz 1956 dagegen als »Erzfaschisten« entführen und vor ein Tribunal stellen wollte, mutet absurd an. Jenseits des »Eisernen Vorhangs« verabschiedete man sich von der Idee jedoch recht schnell, da der propagandistische Schaden größer als der Nutzen zu sein schien.[83]

Heinz zog sich ins Privatleben zurück und starb 1968, ohne dass seine angekündigten Memoiren je erschienen. Das Bild von seiner Person und der Arbeit des kurzlebigen Nachrichtendienstes wurde bis in die 1990er-Jahre durch plakative Darstellungen wie diejenige in »Pullach intern« des »Spiegel«-Ressortchefs für Zeitgeschichte, Heinz Höhne, geprägt: der nachrichtendienstliche Scharlatan mit üppiger Fantasie, dessen wenige und ebenso wenig seriöse Mitarbeiter lediglich Zeitungsmeldungen anreicherten. Dank der Öffnung des Archivs des BND ist heute nicht nur die Arbeit des FWH-Dienstes anders zu bewerten,[84] sondern es ist auch belegt, wer die Griffel bei dieser Publikation und anderen Veröffentlichungen Höhnes mit geführt hat, nämlich der BND.[85] Erste, naturgemäß noch oberflächliche Analysen anhand freigegebener Akten des FWH-Dienstes, des CIC, des MfS und aus dem Nachlass von Heinrich Baron Mast kamen zu einem differenzierteren Urteil.[86] Eine abschließende Beurteilung wird jedoch erst dann möglich sein, wenn nicht nur die Archive des MfS und des BND, sondern auch die des KGB und der CIA geöffnet werden.

79 Betr.: Fall Kolb, 20. 12. 1954, BArch-MA, BW 9, Nr. 2112, II 1/4, Bl. 64. **80** Feststellungsergebnis des Ministeriums für Staatssicherheit betr.: Friedrich Wilhelm Heinz, 5. 7. 1956, BStU, ZA MfS, AP 15 284/56. **81** Tagebuch Kuhhagen, Archiv des Forschungsinstitutes für Friedenspolitik e. V., Weilheim. **82** Ergebnis eigener Auswertung der diversen CIC- und BND-Akten zu Friedrich Wilhelm Heinz, Jakob Kolb und Gerhard Schacht. **83** Feststellungsergebnis des Ministeriums für Staatssicherheit betr.: Friedrich Wilhelm Heinz, 5. 7. 1956, BStU, ZA MfS, AP 15 284/56. **84** Das BND-Archiv hat der Verfasserin teilweise umfangreiches Aktenmaterial u. a. zu Heinz Felfe, Hans Globke, Karl Hass, Friedrich Wilhelm Heinz, Wilhelm Höttl, Otto John, Wilhelm Krichbaum, Hans-Ludwig von Lossow, Achim Oster, Waldemar Pabst, Albert Radke, Oscar Reile, Martin Riedmayr, Gerhard Schacht und Otto Skorzeny zugänglich gemacht. Weiteres Aktenmaterial ist zu erwarten. **85** Vgl. Jost Dülffer: Pullach intern. Innenpolitischer Umbruch, Geschichtspolitik des BND und »Der Spiegel«, 1969–1972 (Unabhängige Historikerkommission zur Erforschung der Geschichte des Bundesnachrichtendienstes 1945–1968, Studien Nr. 5), Marburg 2015. **86** Vgl. u. a. Susanne Meinl/Dieter Krüger: Der politische Weg von Friedrich Wilhelm Heinz, 1994; Müller/Müller/Schmidt-Eeenboom: Gegen Freund und Feind, 2002.

SCHREIBEN AN DEN PARLAMENTARISCHEN RAT UEBER DIE REGELUNG DER DER BUNDESREGIERUNG AUF DEM GEBIET DER POLIZEI ZU= STEHENDEN BEFUGNISSE vom 14.4.49.

Wie wir Ihnen in unserem Aide-Mémoire vom 22.November 1948 mitgeteilt haben, sollen die Befugnisse der Bundesregierung auf dem Gebiet der Polizei auf die von den Militärgouverneuren während der Zeit der Besatzun ausdrücklich genehmigten und nach diesem Zeitpunkt auf die durch internationale Vereinbarung bestimmten Befugnisse beschränkt sein.

Die Militärgouverneure sind nun, wie folgt, übereingekommen:

1. Der Bundesregierung ist es gestattet, unverzüglich Bundesorgane zur Verfolgung von Gesetzesübertretungen und Bundespolizeibehörden auf folgenden Gebieten zu errichten:
   a. Überwachung des Personen-und Güterverkehrs bei der Überschreitung der Bundesgrenzen;
   b. Sammlung und Verbreitung von polizeilichen Auskünften und Statistiken;
   c. Koordinierung bei der Untersuchung von Verletzungen der Bundesgesetze und die Erfüllung internationaler Verpflichtungen hinsichtlich der Rauschgiftkontrolle, des internationalen Reisenverkehrs und von Staatsverträgen über Verbrechensverfolgung.
2. Der Bundesregierung wird es ebenfalls gestattet, eine Stelle zur Sammlung und Verbreitung von Auskünften über umstürzlerische, gegen die Bundesregierung gerichtete Tätigkeiten einzurichten. Diese Stelle soll keine Polizeibefugnisse haben.
3. Die Befugnisse, Zuständigkeit und Aufgaben jedes zu errichtenden Bundesorgans zur Verfolgung von Gesetzesübertretungen oder jeder Bundespolizeibehörde sind durch ein der Ablehnung durch die Militärgouverneure unterliegendes Bundesgesetz zu bestimmen. Keine Bundespolizeibehörde darf Befehlsgewalt über Landes-oder Ortspolizeibehörden besitzen.
4. Jede Bundespolizeibehörde unterliegt, insbesondere hinsichtlich ihrer Kopfstärke, Bestimmungen, soweit sie anwendbar sind, die die Militärgouverneure auf Grund der den Besatzungsbehörden nach dem Besatzungsstatut vorbehaltenen Befugnissen erlassen.
5. Falls der Parlamentarische Rat oder die Bundesregierung Bundesorgane zur Verfolgung von Gesetzesübertretungen oder Bundespolizeibehörden auf anderen Gebieten in Vorschlag bringen sollte, so sind, vorbehaltlich der Bestimmungen in den Absätzen 3 und 4, Vorschläge dieser Art den Militärgouverneuren zur Genehmigung vorzulegen.

gez. LUCIUS D.CLAY	B.H.ROBERTSON	PIERRE KOENIG
General, U.S.Army	General	General d'Armee
Militärgouverneur	Militärgouverneur	Militärgouverneur
U.S.Zone	Britische Zone	Franz.Zone

GEGENSPIELER

Otto John, Reinhard Gehlen und die Sicherheitsarchitektur der frühen Bundesrepublik

Es ist nur sehr schwer vorstellbar, dass Otto John und Reinhard Gehlen jemals ein vertrauensvolles Verhältnis zueinander hätten aufbauen können. Zu unterschiedlich waren ihr persönlicher Hintergrund und ihre Geschichte während der Zeit des Nationalsozialismus. Auf der einen Seite der promovierte Jurist, mehrsprachig und welterfahren, auf der anderen Seite der Berufssoldat, der 1920, gleich nach dem Abitur, als 18-Jähriger in die Reichswehr eingetreten war und sich später einen Weg in den Generalstab der Wehrmacht geebnet hatte. Hier der Lufthansa-Mitarbeiter, mit dem zivilen und militärischen Widerstand des 20. Juli 1944 verbunden, der aus Deutschland hatte fliehen müssen und dessen Bruder von der Gestapo ermordet worden war, dort der preußische Generalstabsoffizier, der während der NS-Zeit seine Karriere in der Deutschen Wehrmacht vorangetrieben und dem Regime und dessen Angriffskriegen gedient hatte. Ein Mitarbeiter der CIA verglich die beiden Männer 1952 und fällte ein hartes, aber wohl treffendes Urteil: Gehlen sei kalt, vorwärtsstrebend, besessen von seinen professionellen Ambitionen, habe kein Interesse an kulturellen Dingen und sei in diesem Bereich auch nicht talentiert, es falle ihm schwer, eine informelle Konversation zu führen, er strahle keine persönliche Wärme aus. Im Gegensatz dazu zeichne sich John durch fehlenden Antrieb und fehlende Ambitionen aus, sein persönlicher Einsatz sei gering.

Zusammengefasst könne man sagen, so heißt es in dem Bericht, John sei wohl der Moralischere der beiden, aber wo Gehlen einfach strukturiert, resolut und unkompliziert sei, sei John ein hochkomplexer Mann, unentschlossen und daher kein wirklicher Gegner in der hart umkämpften westdeutschen Nachrichtendienstlandschaft.[1] Aber genau hier trafen die beiden als Konkurrenten aufeinander: Gehlen, der erfahrene Geheimdienst-Mann, ehemaliger Chef der Abteilung Fremde Heere Ost, der seit dem Ende des Krieges zunächst für den Nachrichtendienst der U. S. Army und später für die CIA einen Geheimdienst, die Organisation Gehlen (Org), aufbaute; und John, der aus dem britischen Exil nach Deutschland zurückkehrte, beim Aufbau eines demokratischen Deutschland helfen wollte, von nachrichtendienstlicher Tätigkeit nur wenig verstand und sich eher zufällig im Geheimdienstgeschäft wiederfand, aber gleichwohl 1950 der Gründungspräsident des ersten bundesdeutschen Nachrichtendienstes wurde, des Bundesamts für Verfassungsschutz (BfV).

◄ Schreiben der Militärgouverneure zum Grundgesetz (»Polizei-Brief«) vom 14. April 1949

1 Reinhard Gehlen dossier (filed West German IS dossier), 20. 2. 1952, National Archives und Records Administration der USA (NARA), Record Group (RG) 263, ZZ-16, Box18, Gehlen, Reinhard Vol. 2–3. **2** Schreiben der Militärgouverneure zum Grundgesetz (»Polizei-Brief«) vom 14. April 1949 (URL: http://www.verfassungen.de/de/de49/grundgesetz-schreiben49-3.htm, zuletzt aufgerufen am 22. 9. 2015).

Die westlichen Besatzungsbehörden hatten einer künftigen Bundesregierung bereits im April 1949, also noch vor Erlass des Grundgesetzes, eine »Stelle zur Sammlung und Verbreitung von Auskünften über umstürzlerische, gegen die Bundesregierung gerichtete Tätigkeiten«[2] zugestanden. Die Einrichtung des BfV zog sich aber über viele Monate hin, weil die Bundesregierung kein besonderes Interesse an einem Geheimdienst hatte, von dem sie annehmen konnte, dass die Westalliierten ihn kontrollieren würden. Ein Hindernis war auch, dass sich kaum politisch unbelastete Fachleute für diesen Bereich finden ließen. Die von den Westalliierten formulierten Ansprüche an das Personal waren sehr hoch, denn auch nur der Anschein, hier könne eine neue Gestapo entstehen, musste vermieden werden. Diese Kriterien wurden daher natürlich insbesondere bei der Wahl des ersten Präsidenten angelegt.[3]

Gehlen wusste von den Überlegungen für den Aufbau der neuen Behörde, hegte aufgrund seiner Expertise große Hoffnungen und brachte sich für den Chefposten frühzeitig ins Spiel. Ohne seine amerikanischen Führungsoffiziere zu informieren, suchte er schon im Oktober 1949 Kontakt zum Staatssekretär im Bundesministerium des Inneren, Hans Ritter von Lex. Über diesen erhielt er Zugang zu Hans Globke, dem Ministerialdirigenten im Bundeskanzleramt und Vertrauten von Bundeskanzler Konrad Adenauer. Globke machte Adenauer auf den Wehrmachtsgeneral und dessen Ideen für einen deutschen Nachrichtendienst aufmerksam und schaffte es, ihn für eine Kandidatur Gehlens als Behördenchef einzunehmen. So wurde Gehlen das Präsidentenamt bereits am 19. Januar 1950 angeboten. Die Verbindungen verliefen konspirativ: Gehlen hielt über Martin Riedmayr, den späteren Präsidenten des Landesamts für Verfassungsschutz in Bayern – eine sogenannte persönliche Sonderverbindung Gehlens (»S 2006«) –, verdeckten Kontakt mit von Lex und über ihn ins Kanzleramt.[4] Die Verhandlungen mit den Alliierten über das Bundesamt für Verfassungsschutz führte dann von Lex, und er war es auch, der Gehlen Mitte März 1950 den Alliierten als Kandidaten der Bundesregierung für den Posten des Präsidenten vorstellte.[5]

Ganz überrascht kann man auf Seiten des amerikanischen Hohen Kommissars nicht gewesen sein, denn die Presse hatte Gehlen bereits mit dem Chefposten in Zusammenhang gebracht. Um eine Einschätzung gebeten, beurteilte die CIA ihn als ehrgeizig und von dem Wunsch nach persönlicher Sicherheit motiviert, er sei ein Antikommunist, den Pflichtgefühl und Patriotismus antreibe. Er würde Adenauer gegenüber loyal sein, sich im Zweifel auf die Seite der Bundesregierung schlagen und eher die deutschen Interessen wahren als den Alliierten dienen.[6] Trotz

3 S. a. Constantin Goschler/Michael Wala: »Keine neue Gestapo«. Das Bundesamt für Verfassungsschutz und die NS-Vergangenheit, Reinbek 2015. **4** Riedmayr versorgte Gehlen mit zahlreichen Berichten über Treffen mit von Lex, dem er auch Gehlens Personalvorschläge für das Bundesamt übergab. Personenakte Riedmayr, Martin, BND-Archiv, 24854_oT. Susanne Meinl danke ich für den Hinweis auf diese Dokumente. S. a. Reinhard Gehlen: Der Dienst. Erinnerungen 1942–1971, Mainz 1971, S. 177. **5** James H. Critchfield: Partners at the Creation. The Men Behind Postwar Germany's Defense and Intelligence Establishments, Annapolis 2003, S. 125; Personenakte Riedmayr, Martin, BND-Archiv, 24854_oT; Aufzeichnung über die Besprechung vom 16. 3. 1950 über Fragen des Verfassungsschutzes im »Stationer Hof« in Mainz, Bundesarchiv Koblenz (BArch), B 106/200109. **6** Chief of Station, Pullach, Operational/CART/UJDRIZZLY, 1. 10. 1954, NARA, RG 263, Entry ZZ-18, Box 10, Behnke, Kurt, S. 4 (hier wird CAUSA [CIA-Kryptonym für Globke] als Gehlens »anchor man« in der Bundesregierung bezeichnet); Critchfield: Partners at the Creation, 2003, S. 124 f.; Lex an Globke, 11. 4. 1950, Personalakte Otto John, BArch, Pers. 101/70742.

Hans Ritter von Lex, 1955

dieses durchwachsenen Urteils stellten sich die Amerikaner nicht gegen Gehlen, denn mit ihm und seinen Mitarbeitern hätten sie einen unmittelbaren Zugang zum Bundesamt für Verfassungsschutz erhalten.

Allen Beteiligten war aber auch bewusst, dass gerade der Präsident des Bundesamts unbescholten und für alle Seiten akzeptabel sein musste, auf keinen Fall der SS, Gestapo oder dem Sicherheitsdienst des Reichssicherheitshauptamts angehört haben durfte. Die Bundesregierung sollte zwar das Personal des BfV auswählen dürfen, aber informell hatten sich von Lex und die Vertreter der Alliierten Hohen Kommissare darauf geeinigt, dass diese ein Vetorecht gegenüber allen Einstellungen haben würden. Bei dem Spitzentreffen der Hohen Kommissare mit Adenauer am 23. März 1950 machte sich der Kanzler daher noch einmal stark für seinen Kandidaten: Er selbst habe sich sehr sorgfältig mit dieser Sache beschäftigt. Er kenne Gehlen zwar nicht, aber die Auskünfte über ihn seien sehr positiv. »Über mehrere Monate hinweg, und ich kann mit Sicherheit sagen über mehrere Monate, haben wir nach einem Zivilisten gesucht, der für die Position passen würde, aber wir haben niemanden gefunden.« Gehlens enge Verbindung mit den Amerikanern müsse dann allerdings beendet werden.[7]

Bereits kurz nach diesem Treffen wurde aber deutlich, dass Gehlen keine Chance haben würde, das BfV zu führen, denn der britische Hohe Kommissar lehnte ihn entschieden ab. Gehlens anti-britische Einstellung war bekannt, aber der entscheidende Grund war, dass Gehlen vorhatte, das neue Bundesamt zu einem im In- und im Ausland operierenden Nachrichtendienst auszubauen.[8] Dies widersprach der britischen Vorstellung einer vollständigen Trennung der beiden Dienste, wie dies zwischen MI5 und MI6 geregelt war und wie es später, nach Einrichtung des Bundesnachrichtendienstes 1956, auch in der Bundesrepublik der Fall sein würde.[9] Ein kombinierter Dienst hätte Gehlen eine nach Ansicht der Briten unverantwortlich große Machtfülle gegeben. Sie befürchteten, dass das BfV als Machtzentrum den deutschen Nationalismus fördern und in der Folge dann möglicherweise sogar der deutsche Faschismus wieder erstarken könne.[10]

Staatssekretär von Lex waren die Einwände gegen Gehlen wohl bekannt, aber er hoffte, dass sich der Chef der Org zumindest als Vizepräsident durchsetzen lassen würde. Von der bisherigen Arbeit Gehlens »auf dem Gebiet des Verfassungsschutzes«, schrieb Lex an den »lieben Globke«, habe er »einen sehr guten Eindruck« gewonnen. Gehlen habe ihm zugesichert, auch als Vizepräsident zur Verfügung zu stehen, und aus einem Gespräch mit einem CIA-Vertreter habe er erfahren, dass zwar die Amerikaner »natürlich auch damit einverstanden seien, dass Gehlen Nr. 2 werde«, gegenüber den Briten sei sogar dies jedoch nur schwierig zu vermitteln.[11] Diese Einschätzung sollte sich als richtig erweisen, und selbst Adenauers direkte Intervention zugunsten Gehlens half nichts. Ohne Erfolg wurden sieben weitere Kandidaten genannt, wäh-

7 Verbatim of the Meeting of the Council of the Allied High Commission with the Chancellor of the Federal Republic [23.3.1950], Extract, NARA, RG 263, Entry ZZ-18, Box 38, Gehlen, Reinhard Vol. 2. **8** Interview with UTILITY [Gehlen], 26.6.1950, NARA, RG 263, Entry ZZ-18, Box 38, Gehlen, Reinhard Vol. 1. **9** Vgl. für die Arbeit des MI5 beispielsweise Christopher Andrew: Defend the Realm: The Authorized History of MI5, New York 2009. **10** I. Intelligence Estimate, Mai 1950, NARA, RG 263, Entry ZZ-18, Box 38, Gehlen, Reinhard Vol 2. **11** Lex an Globke, 11.4.1950, Personalakte Otto John, BArch, Pers. 101/70742; s.a. Staatssekretär Ritter von Lex an Vizepräsident Dr. Globke bezüglich des Treffens mit Gehlen zur Verfassungsschutzarbeit, 11.4.1950, BArch, B 106/71938. Das deckt sich mit Gehlens Erinnerungen in: Der Dienst, 1971, S. 178. **12** Richard Helms, zu der Zeit noch Chief der Foreign Branch M der CIA, fiel zu Gehlens überaus heftiger Reaktion auf Schwerins Verpflichtung als Adenauers »Berater für Militär- und Sicherheitsfragen« nur noch ein, man möge ihm ein kaltes Tuch um den Kopf legen. Siehe Helms an Chief of Station, Karlsruhe, 19.9.1950, NARA, RG 263, Entry ZZ-18, Box 38, Gehlen, Reinhard. **13** Eckart Conze/Norbert Frei/Peter Hayes/Moshe Zimmermann: Das Amt und die Vergangenheit. Deutsche Diplomaten im Dritten Reich und in der Bundesrepublik, München 2010, S. 548. Francis R. Nicosia/Christopher R. Browning: Ambivalenz und Paradox bei der Durchsetzung der NS-Judenpolitik. Heinrich Wolff und Wilhelm Melchers, in: Jan Erik Schulte/Michael Wala (Hrsg.): Widerstand und Auswärtiges Amt. Diplomaten gegen Hitler. München 2013, S. 197–223. Ludwig [Freiherr von] Hammerstein[-Equord], Pressereferent im Bonner Bundesministerium für gesamtdeutsche Fragen, an John, 24.8.1950, Altaktenarchiv des Bundesamts für Verfassungsschutz (ZAW) Nr. 235.

Otto John, um 1954

rend Gehlen sich schnell bemühte, mögliche ernsthafte Konkurrenten zu verhindern; Friedrich Wilhelm Heinz und auch Gerhard Graf von Schwerin bekamen dies deutlich zu spüren, indem Gehlen seine Kontakte zu Globke nutzte; Schwerin wurde im Oktober 1950 entlassen, Heinz im Oktober 1953.[12]

Mit Otto John fand die Bundesregierung dann endlich eine Person, die die Alliierten akzeptieren konnten. Er hatte bereits im Herbst 1949 über ehemalige Mitglieder des Widerstands deutlich gemacht, dass er gern aus dem britischen Exil zurückkehren und am Aufbau einer demokratischen Bundesrepublik mitwirken würde. Er war aber zunächst an den alten Eliten der NS-Zeit, die sich nun gegen ehemalige Widerständler wieder in Stellung gebracht hatten, mit dem Versuch gescheitert, eine Aufgabe im zukünftigen Auswärtigen Amt zu erhalten. Wilhelm Melchers, der seine Position als Leiter des Referats »Personalien des Höheren Dienstes« nutzte, um die Einstellung von Widerstandskämpfern zu verhindern, fungierte als ihr »Torwächter« für den Auswärtigen Dienst. Für das Bundesamt für Verfassungsschutz schien John geeignet, aber die Regierung Adenauer zögerte seine Nominierung hinaus. Als der Druck der Alliierten zu stark wurde, nun endlich, nach acht an ihren Kriterien gescheiterten Bewerbern, einen akzeptablen Kandidaten zu benennen, griff man eher unwillig auf John zurück. Er war daher zunächst nur als kommissarischer Leiter des BfV vorgesehen.[13]

Der frühere Widerstandskämpfer Otto John erhielt also den Posten, den Gehlen sich als Sprungbrett für den Aufbau eines potenziell vereinten bundesdeutschen Inlands- und Auslandsnachrichtendienstes erhofft hatte. John hatte eng mit Justus Delbrück, Hans von Dohnanyi und den Brüdern Klaus und Dietrich Bonhoeffer im Widerstand zusammengearbeitet und seine Tätigkeit als Mitarbeiter des Syndikus der Lufthansa genutzt, um Kontakte im westlichen Ausland herzustellen. Nach dem 20. Juli 1944 war er über Spanien und Portugal nach England geflohen, wo er nach Kriegsende bei der Repatriierung von Kriegsgefangenen und deren Auswahl nach politischen Gesichtspunkten eingesetzt war. Von Januar bis Ende Juni 1948 hatte er auf Einladung des amerikanischen Hauptanklägers General Telford Taylor als Beobachter an den Nürnberger Prozessen teilgenommen und ab Herbst 1948 für den britischen Army Legal Service »als Berater für deutsches Recht und Dolmetscher im Prozess gegen die Feldmarschälle von Rundstedt, von Brauchitsch und von Manstein« mitgewirkt.[14] All dies muss für den ehemaligen Generalstabsoffizier Gehlen, der dem NS-Regime auch im Angesicht von Holocaust und Angriffskriegen, den ungeheuerlichen Gräueln, die Wehrmacht, Polizeieinheiten und Sicherheitsdienst an der Ostfront begangen hatten, treu gedient hatte, ein Schlag ins Gesicht gewesen sein. Seine Einstellung zu John und zu den Männern und Frauen des Widerstands gegen die NS-Diktatur war ja eindeutig, er umschrieb sie später mit den Worten »Einmal Verräter, immer Verräter«.[15]

Gehlen gelang es, Mitarbeiter seiner Organisation, der Org, in leitenden Positionen des BfV zu installieren, sodass er dessen Arbeit zumindest informell kontrollieren konnte. Der schwedische Kriminalist Harry Söderman, vom Innenministerium Mitte 1951 um eine Beurteilung des BfV gebeten, befand dann auch, dass die »routinemäßig[e] Verbindung mit der Gehlen'schen Organisation [...] fast grotesk« sei.[16] Unter den Org-Abgesandten im BfV waren beispielsweise Vize-Präsident Albert Radke und der Leiter der Beschaffungsabteilung, Konrad Gallen – lediglich die Verwaltung und die Auswertung wurden nicht von Gehlens Leuten geleitet.[17] Als ehemaliger Generalstabsoffizier war Radke nach Gehlens Geschmack. Er war in den Abwehrstellen Münster und Wien eingesetzt worden und hier jeweils für die Spionageabwehr zuständig, und obwohl es in Beurteilungen dieser Zeit heißt, er sei »überzeugter Nationalsozialist«, war er nie Mitglied in der NSDAP oder einer anderen NS-Organisation gewesen.[18] Dass er im Zusammenhang mit den Attentatsplänen vom 20. Juli 1944 verhaftet und zwei Tage lang von der Gestapo verhört worden war, machte ihn für die Alliierten als Vizepräsident sehr akzeptabel.[19]

14 Notiz, betrifft: Dr. Otto John, Köln, den 9. 12. 1950, ZAW Nr. 235; Lebenslauf des Dr. jur. Otto August Walter John, 6. 2. 1950, ebd. Otto John: Zweimal kam ich heim. Vom Verschwörer zum Schützer der Verfassung, Düsseldorf 1969, S. 216. **15** John: Zweimal kam ich heim, 1969, S. 278. **16** Harry Söderman: Memorandum für Herrn Minister, 9. 7. 1951, BArch, B 106/200119. **17** Subject: Albert Wilhelm Eberhardt Radke, Vice President of the BfV, o. D., NARA, RG 319, A1-134-B, Box 623, XE183283, Radke, Albert; 22. 8. 1959, RG 319, A1-134-B, Box 623, XE183283, Radke, Albert – hier auch der Hinweis der engen Verbindung mit Gehlen während des Krieges und dass er »closely affiliated with Gehlen Organization« sei; [Albert Radke,] Lebenslauf. 1. 9. 1950, NARA, RG 319, A1-134-B, Box 623, XE183283, Radke, Albert. **18** Ernennung Radkes zum Abteilungschef der Heerwesenabteilung, 17. 4. 1941, mit Bestätigung der Eignung durch Generaloberst Franz Halder vom 15. 6. 1941, ebd. **19** Summary of Information, III-17527, 19. 3. 1954, ebd. **20** Im Archiv des BND in Pullach konnte auf Anfrage unter dem Stichwort »Radke« kein Eintrag gefunden werden, aber auf Schriftstücken in den Akten zum BfV befindet sich auf Dokumenten, die »Riedinger« betreffen, handschriftlich der Vermerk »Radke«. Auch ist die Handschrift der teilweise längeren Briefe eindeutig mit der des Vizepräsidenten des BfV identisch. Notiz über Besprechung mit RADKE am 31. 7. 51, 01219 Bd. 1, BND-Archiv.

Albert Radke bei seiner Zeugenaussage während einer Sitzung des Untersuchungsausschusses zum Fall Otto John, Bonn, 11. Februar 1955

»Gehlens Mann« im BfV hielt dann auch unter einem Decknamen über die offiziellen Verbindungen hinaus steten informellen Kontakt mit seinem eigentlichen Chef, Gehlen, welcher unter dem Decknamen »Dr. Schneider« auftrat. Ende Juli 1951 etwa gab Radke in einer Besprechung Gehlen nicht nur einen guten Einblick in die Arbeit des BfV, sondern ließ ihn auch wissen, dass von »einer wirklich vertrauensvollen Arbeit zwischen JOHN und ihm [...] keine Rede sein« könne, »trotzdem sie aeusserlich ungetruebt« sei. John mache »Dinge«, über die er ihn nicht informiere. Er »habe laengst die Nase voll« und bleibe nur auf Wunsch der Organisation in seiner Stellung. »Ich habe RADKE eroeffnet«, vermerkte Gehlen über das Gespräch, »dass es wuenschenswert sei, im Interesse der Sache in seiner jetzigen Stellung zu verbleiben, dass er jedoch jederzeit wieder zur Organisation zurueckkehren koenne, wenn die Verhaeltnisse sich untragbar gestalten sollten«.[20] Zumindest in diesen ersten Jahren lag Radkes Loyalität also eindeutig auf Seiten Gehlens, und dies lässt vermuten, dass er auch um eine Ausrichtung des BfV bemüht war, die mit der späteren Etablierung eines Auslandsgeheimdienstes unter der erhofften Leitung durch Gehlen nicht in Konflikt geraten würde.

Für Gehlen musste es nun darum gehen, John und die Aufgabenbereiche des BfV zu marginalisieren, damit seine Option auf die Präsidentschaft eines zukünftigen bundesdeutschen Auslandsnachrichtendienstes oder gar eines kombinierten In- und Auslandsdienstes weiter erhalten blieb. Er pflegte also weiterhin seine Kontakte in die Bundesregierung. Staatssekretär von Lex trat hierbei zusehends in den Hintergrund. Der war zwar für Gehlen die Brücke ins Kanzleramt gewesen, aber sein Einfluss reichte nicht weit genug, um Gehlens Zukunft absichern zu können. Globke, ab 1953 Staatssekretär im Bundeskanzleramt, eignete sich hierfür weitaus besser. Er war nah am Bundeskanzler, seine Vergangenheit in der NS-Zeit machte ihn angreifbar und bot Gehlen potenzielle Hebel, und sei es auch nur die Möglichkeit, inkriminierende Informationen zurückzuhalten. Dass Gehlen über Globke eine Sonderkartei führte, Anweisung gab, Belastendes zu vernichten und nicht in die allgemeinen Akten der Org aufzunehmen, war sicherlich ein Schutz, den der Chef der Org Globke gewährte. Dass er ihn auch immer über derartige Informationen unterrichtete, mag als vertrauensbildende Maßnahme gedacht und verstanden worden sein, aber es war natürlich auch ein deutlicher Hinweis an Globke darauf, dass Gehlen über belastendes Material verfügte. Globke war sicherlich intelligent genug, die beiden Seiten dieser Medaille zu erkennen.[21]

Die Notwendigkeit, einen effektiven und schlagkräftigen Inlandsnachrichtendienst des Bundes aufzubauen, rückte in dieser Gemengelage immer stärker in den Hintergrund. Das Bundeskanzleramt bediente sich zudem auch bei der Inlandsaufklärung der Organisation Gehlen.[22] Andere, konkurrierende Nachrichtendienste wie der Ende 1950 bereits recht gut aufgestellte und dem Amt Blank angegliederte Friedrich-Wilhelm-Heinz-Dienst – Organisationen, die die Bundesregierung aufbaute und nutzte, um von den Alliierten unabhängige Informationen zu erhalten –, ließen dem Bundesamt für Verfassungsschutz zudem wenig Spielraum für die eigene Arbeit, denn die Konkurrenz um nachrichtendienstliche Ressourcen war bereits beträchtlich.[23]

Das war natürlich nicht nur für John, sondern auch für Gehlen von Bedeutung. Beide mussten sich gegenüber der Bundesregierung als effektiv erweisen, beide konkurrierten um die Gunst der Adenauer-Regierung. Dabei hatte es John von Beginn an wesentlich schwerer als Gehlen:

21 Bodo Hechelhammer: Die »Dossiers«. Reinhard Gehlens geheime Sonderkartei, in: Unabhängige Historikerkommission zur Erforschung der Geschichte des Bundesnachrichtendienstes 1945–1968, hrsg. v. Jost Dülffer/Klaus-Dietmar Henke/Wolfgang Krieger/Rolf-Dieter Müller: Die Geschichte der Organisation Gehlen und des BND 1945–1968: Umrisse und Einblicke (Dokumentation der Tagung am 2. Dezember 2013), Studien Nr. 2, Marburg 2014, S. 83–92, hier S. 86, 89 (URL: http://www.uhk-bnd.de/wp-content/uploads/2013/05/UHK-BND_Bd2_online-12.pdf, zuletzt aufgerufen am 29. 9. 2015). **22** S. hierzu Klaus-Dietmar Henke: Der Auslandsnachrichtendienst in der Innenpolitik: Umrisse, in: ebd, S. 92–100. **23** Vgl. Memorandum for Major Daniels, 18. 9. 1950, NARA, RG 319, A1-134-A, Box 140A, Gehlen Organization Vol. 1-2. **24** Definitions in the CI Field, 14. 4. 1952, in: Kevin C. Ruffner (Hrsg.): Forging an Intelligence Partnership: CIA and the Origins of the BND 1949 56, o. O. 2006, S. 259. In dem Dokument heißt es: »recently took up again with ZIPPER the question of POB [Pullach Operation Base] access to ZIPPER-BfV traffic. ZIPPER has re-agreed to give us full access thereto; i. e. the green copies of ZIPPER reports to BfV, a copy of all ZIPPER BfV teletype messages (incoming and outgoing) and the opportunity to examine and reproduce (if desired) incoming reports and name trace requests from BfV.« **25** Radke setzte sich zum Beispiel dafür ein, dass alle Informationen des BfV über die Kasernierte Volkspolizei in Kopie an die Org weitergegeben wurden. Subject: Radtke [sic], Albert, Hofmann's work on the Ministerium fuer Staats-Sicherheit, 10. 3. 1954, NARA, RG 319, A1 134-B, B623, XE183283, Radke, Albert.

Hans Globke, 1953

Während Letzterer immer wieder seine informellen Kanäle und direkten Kontakte an seinen amerikanischen Finanziers und Auftraggebern vorbei – aber sicherlich nicht ohne deren Wissen – in das Kanzleramt nutzen konnte, musste John zumeist den Weg über das Innenministerium gehen. Das Bundesamt war eine Behörde und dazu noch dem Bundesministerium des Inneren untergeordnet. Die Org dagegen wurde von den Amerikanern finanziert und gelenkt, alle Kontakte Gehlens mit der Bundesregierung waren daher von vornherein informell. John musste den Dienstweg einhalten, Gehlen hatte gar keinen. Nicht nur, dass in den ersten Jahren das BfV durch Radke und Gallen fest in der Hand der Org war; Gehlen ermöglichte es zudem der CIA, die Aktivitäten des BfV durchdringend zu überwachen: Durchschläge des gesamten Schriftverkehrs und Kopien der Fernschreiberausdrucke zwischen BfV und Org wurden von dieser an die CIA übermittelt, ohne dass das BfV davon wusste. Außerdem gestattete die Org der CIA Zugang zu allen eingehenden BfV-Berichten und informierte über die Anfragen für Personalüberprüfungen, die das Bundesamt routinemäßig an die Org sandte. Es lässt sich kaum ein – zumindest für die amerikanischen Stellen – transparenterer Geheimdienst als das BfV vorstellen.[24] Dass auf dem Gebiet der Spionageabwehr, zentral für die Aufgaben des BfV und auch ausgezeichnet geeignet, dessen Notwendigkeit und Effektivität zu belegen, die Zuständigkeiten lange Zeit ungeklärt blieben, war daher auch durchaus im Interesse der CIA. Dort ging man davon aus, dass die Konkurrenz die Effektivität erhöhe und zudem die Gefahr einer Machtkonzentration gebannt werde. Auch aus diesem Grund waren gerade hier die Beziehungen generell von Misstrauen geprägt.[25]

Bundesamt für Verfassungsschutz in Köln, 1953

Gehlen hielt John lange Zeit auf Abstand und ignorierte dessen mehrmalige Bemühungen, über eine Zusammenarbeit ins Gespräch zu kommen. Gehlen hatte das im ehemaligen Offizierskorps weit verbreitete Misstrauen gegen einen Mann des Widerstands verinnerlicht. Es wurde noch dadurch verstärkt, dass er meinte, John sei 1948 im Prozess gegen den von Gehlen verehrten General Erich von Manstein, seinen ehemaligen Vorgesetzten, ungebührlich aktiv gewesen.[26] Zudem vermutete er nicht nur, dass John versucht habe, ihn und die Org auszuspionieren, sondern er hielt John fälschlicherweise für einen Spion der Briten.[27] John hatte sich bereits im Mai 1951 gegen den Widerstand Gehlens entschieden, den ineffektiven Gallen aus dem Amt zu drängen und durch Richard Gerken aus dem Landesamt für Verfassungsschutz in Niedersachsen zu ersetzen; selbst eine Intervention Gehlens bei Globke und von Lex konnte dies nicht verhindern.[28] Dass im Frühjahr 1952 die Schaffung eines Bundesnachrichtendienstes und damit Gehlens Pläne für seine persönliche Zukunft wieder in Gefahr zu geraten schienen und er von Globke hören musste, die britische Seite wolle in Fragen eines Nachrichtendienstes »nur mit einer Person, und zwar mit dem Dr. John, zu tun« haben, verstärkte sein Misstrauen natürlich zusätzlich.[29]

Das Verhältnis der beiden zueinander war alles andere als hilfreich bei der gemeinsamen Arbeit. Der Chef der CIA-Basis in Pullach ging sogar davon aus, dass Gehlen die Informationen, die die Org an das BfV weitergab, um sensibles Material bereinigen ließ.[30] Ein Besuch Gehlens Ende März 1953 in Johns Haus in Köln führte zumindest für einige Zeit zu einem Abklingen der Dissonanzen. Gehlens generelles Misstrauen blieb jedoch; er vermutete sogar, dass die Besprechung durch ein im Flügel verstecktes Mikrofon auf Band aufgenommen wurde.[31] Der Gegenbesuch Johns in Pullach, bei dem Gehlen diesem mit den Worten »Wir wollen das Vergangene vergessen. Auf gute Zusammenarbeit!« zugeprostet haben soll,[32] hat den Graben zwischen beiden Männern und zwischen ihren Organisationen nicht wirklich zugeschüttet.

Gehlen hätte im Kampf um die nachrichtendienstliche Deutungshoheit zwischen BfV und Org daher eigentlich kaum etwas Besseres passieren können als Johns naiver Versuch vom Juli 1954, in der DDR mit Funktionären über eine politische Annäherung der beiden deutschen Staaten zu sprechen, ein »Ausflug«, von dem er erst im Dezember 1955 mithilfe eines dänischen Fluchthelfers zurückkehren konnte.[33] Eine entlastende Quellenmitteilung, die deutlich macht, dass John die Absicht hatte, nach seinem Gespräch in Ost-Berlin wieder zurückzukehren und er sehr überrascht gewesen sei, nun ein »Häftling« des sowjetischen Sicherheitsdienstes zu sein, wurde jedenfalls von der Org nicht weitergereicht.[34] Die Übergabe von belastendem Material über Otto John an Ernst Brückner, dem Leiter der Sicherungsgruppe des Bundeskriminalamts (BKA), der Ermittlungen gegen John wegen Landesverrats, führte, verband Gehlen dann auch damit, ihm seine Überlegungen für eine Integration des BfV ins BKA vorzustellen. Damit würde sich die lästige Konkurrenz der Org insbesondere im umkämpften Bereich der Spionageabwehr vom Hals schaffen lassen.[35] Zwar wurden diese auch im Innenministerium goutierten Pläne nicht umgesetzt, aber das BfV wurde durch die John-Affäre auf Jahre erheblich geschwächt. Gehlen war dies sicherlich mehr als recht.

26 S. z. B. Hermann Zolling/Heinz Höhne: Pullach intern. Die Geschichte des Bundesnachrichtendienstes, 10. Fortsetzung, in: Der Spiegel 21/1971 (URL: http://www.spiegel.de/spiegel/print/d-43231109.html, zuletzt aufgerufen am 29. 9. 2015). **27** Aktenvermerk über Besprechung im Bundeskanzleramt, 11. 9. 1951, BND-Archiv, 1110_T1_TO. **28** Chief Political Officer, Ref: CPO/G.138/DO, 15. 5. 1951, National Archives Großbritanniens (TNA) WO 208/5211. Gerken hatte den Briten angeboten, den Einfluss der Org im BfV zurückzudrängen; H. M. Askew, Regional Intelligence Office Hannover and Security Directorate, RUSTY Penetration of BfV, 18. 2. 1952, ebd. **29** 30 [Gehlen], Notiz über Besprechung mit Globke am 5. 4. 52, BND-Archiv, 1110_T1_TO. **30** Mention of ZIPPER in ICCG Meetings, Meeting No. 16, 29. 7. 1955, paragraph 2, zit. n. Ruffner (Hrsg.): Forging an Intelligence Partnership, 2006, S. 287. **31** Aktennotiz, Besprechung mit Leitern LfV am 26. 2. 1953, o. D., BND-Archiv, 01219 Bd. 1. **32** John: Zweimal kam ich heim, 1969, S. 243. **33** Siehe hierzu auch Goschler/Wala: »Keine neue Gestapo«, 2015, S. 141–152. **34** 12/III, Betr.: Aufenthalt des Dr. Otto John, Mitte August 1954, BND-Archiv, 22462_oT. **35** Notiz: John Case, 29. 7. 1954, NARA, RG 263 ZZ-18, Box 18, Brueckner, Ernst. Die Quelle für diese Information ist »Caravel«, der CIA-Agent Paul Dickopf.

Akteure

REINHARD GEHLEN

Von der Wolfsschanze zum Kanzlerbüro

Der General genoss die letzten Tage seiner militärischen Karriere in einem idyllischen Versteck der bayerischen Alpen. Mitten im Zusammenbruch des »Dritten Reiches« war es ihm nach langwieriger, riskanter Vorbereitung gelungen, sich rechtzeitig aus dem Führerhauptquartier abzusetzen. So endete eine außergewöhnliche militärische Laufbahn.[1]

1902 im thüringischen Erfurt als Sohn eines Berufsoffiziers geboren, erlebte Reinhard Gehlen Kindheit und Jugend im schlesischen Breslau. Der Vater hatte kurz nach dessen Geburt aus persönlichen Gründen den geliebten Soldatenberuf aufgeben müssen. Als Major der Reserve kam er nach der Niederlage aus dem Ersten Weltkrieg auf seine Position als Verlagsgeschäftsführer zurück. Seinem Sohn Reinhard erlaubte er, als Offizieranwärter in die neue Reichswehr einzutreten. Der erste reguläre Jahrgang war zahlenmäßig überschaubar; keine schlechte Voraussetzung, wenn man ehrgeizig genug war und daran glaubte, dass die Armee »wiederkommen« werde.

Artillerist wie sein Vater, verkörperte Reinhard Gehlen das von der Reichswehrführung geforderte Ideal des vermeintlich unpolitischen Offiziers, der mit nationalkonservativer Gesinnung ganz in seinem Beruf aufging, strebsam, fleißig, von Vorgesetzten geschätzt und gefördert. Der bürgerliche Oberleutnant heiratete in die alte schlesische Soldatenfamilie derer von Seydlitz-Kurzbach ein und erlebte 1933 die Machtübernahme der Nationalsozialisten zu Beginn seiner Generalstabsausbildung in Berlin. In der Zeit einsetzender rasanter Wiederaufrüstung wurde er als Jahrgangsbester in den Generalstab übernommen und seinem Wunsch gemäß in die Operationsabteilung versetzt.

◄ Gruppenbild von Reinhard Gehlen (vorn, mittig) mit dem Unteroffizierkorps der Abteilung Fremde Heere Ost. Insbesondere ehemalige Unteroffiziere und Feldwebel der Wehrmacht beschafften nach Kriegsende Informationen über die sowjetischen Streitkräftefür die Organisation Gehlen in der SBZ/DDR.

Für den jungen Hauptmann erfüllte sich ein Traum. Er gehörte nun zum »Gehirn« der Armee, zu einer kleinen, exklusiven Elite innerhalb der Elite. Als »Führungsgehilfe« durfte er teilhaben an der Vorbereitung und Planung des nächsten Krieges. Der Alltag im Zentrum der Macht vermittelte ihm Führungstechniken, profundes militärisches Wissen und eine unmittelbare Nähe zu den höchsten Positionen. Hier traf er auch auf Männer, die – wie etwa Franz Halder, seit 1938 Generalstabschef des Heeres – in ihrer Kritik an dem riskanten außenpolitischen Kurs Hitlers bis in die Nähe eines möglichen Staatsstreiches gingen, den letzten Schritt aber nicht wagten. Bei diesem fortschreitenden Verlust an politischem Einfluss und moralischer

1 In seinen Memoiren macht Gehlen nur wenige persönliche Angaben zu der Zeit vor 1942. Eine erste ausführliche wissenschaftliche Biografie entsteht derzeit im Rahmen der Unabhängigen Historikerkommission zur Erforschung der Geschichte des BND 1945–1968 (UHK), vgl. Rolf-Dieter Müller: Frühe Konflikte. Annäherung an eine Biographie Reinhard Gehlens, in: UHK (Hrsg.): Die Geschichte der Organisation Gehlen und des BND 1945–1968: Umrisse und Einblicke (Dokumentation der Tagung am 2. Dezember 2013), Studien Nr. 2, Marburg 2014, S. 15–23.

Glaubwürdigkeit der Heeresführung hielt sich Gehlen als Sachbearbeiter vorsichtig bedeckt stets an die Linie seiner Vorgesetzten, verbindlich im Umgang und überdurchschnittlich belastbar. Wie viele andere auch empfand Gehlen die zunehmende Konkurrenz durch die SS als bedrückend, verstand aber, sich stets politisch unauffällig zu arrangieren.

Seine einzige Truppenverwendung als Generalstabsoffizier war 1938/39 der unvermeidbare Einsatz als Batteriechef im schlesischen Liegnitz, von wo aus er im September 1939 als Ia (Chef des Stabes) einer neu aufgestellten Landwehrdivision am Polenfeldzug teilnahm. Im Oktober kehrte er ins Oberkommando des Heeres (OKH) zurück, zunächst in den Bereich des Festungswesens. Das brachte ihn in Berührung mit der SS, die das Heer im besetzten Polen durch den Bau eines »Judenwalls« unterstützte.[2] Es war der Beginn eines systematischen Massenmordes, von dem auch Gehlen in verschiedenen Positionen während des Krieges Kenntnis erhielt. Der weiteren persönlichen Verstrickung in Polen entkam er im April 1940, als Halder ihn als Verbindungsoffizier zu jenen Panzerarmeen schickte, die im Westfeldzug die Speerspitze des deutschen Blitzkriegs bildeten.

Seiner militärisch-operativen Leidenschaft und dem Drang zum »Einmaligen« konnte Gehlen noch stärker nachgehen, als ihn Halder zu seinem Ersten Adjutanten wählte und von Juni bis September 1940 in die Entschlussbildung für das Unternehmen »Barbarossa« einbezog, den Überfall der Wehrmacht auf die Sowjetunion. Dann übernahm Gehlen als Leiter der Ostgruppe in der Operationsabteilung für mehr als ein Jahr wichtige Koordinierungsaufgaben in der weiteren Planung und Durchführung dieses Feldzugs, der im Juni 1941 begann. Im März 1941 erledigte der glänzend beurteilte Oberstleutnant zusätzlich die Aufgabe, innerhalb von drei Tagen den Überfall auf Jugoslawien zu entwerfen.

Gehlen vertrat zeitlebens die Ansicht, dass Halders Feldzugplan ohne die Eingriffe Hitlers erfolgreich gewesen wäre. Das Scheitern vor Moskau im Dezember 1941 war freilich auch auf falsche Prognosen der Abteilung Fremde Heere Ost (FHO) im OKH zurückzuführen. Deren Leiter, den Russlandkenner Eberhard Kinzel, versetzte Halder im Mai 1942 an die Front, wo er eine glänzende militärische Karriere machte.

Reinhard Gehlen war Ende 1941 vom Scheitern der Wehrmacht vor Moskau überrascht worden. Adolf Heusinger, sein unmittelbarer Vorgesetzter als Chef der Operationsabteilung, empfahl seine Wegbeförderung auf die freigewordene Stelle des Leiters der Abteilung FHO. Gehlen fehlten dafür eigentlich alle fachlichen Voraussetzungen, zum Beispiel russische Sprachkenntnisse. Eine Frontbewährung im operativen Bereich wäre für ihn als Generalstabsoffizier die übliche nächste Verwendung gewesen.

Halder, der nach der Übernahme des Oberbefehls über das Heer durch Hitler den nächsten Sommerfeldzug im Osten vorbereitete, sah sich bald in seinen Erwartungen gegenüber Gehlen bestätigt. Sein ehemaliger Adjutant machte sich mit großem Fleiß und bewährten Methoden daran, die leistungsschwache kleine Abteilung zu reorganisieren, personell und fachlich aufzurüsten und zu erweitern.[3] Gehlen setzte in seinem ausgeprägten systematischen Denken auf eine quasi wissenschaftliche Analyse erreichbarer Daten über die Absichten und Fähigkeiten der Roten Armee. Hauptaufgabe der Abteilung blieb die Lagefeststellung des Feindes. Sie

Major i. G. Reinhard Gehlen (in die Kamera blickend) mit Offizieren der Operationsabteilung in Fontainebleau, am Tisch gegenüber sitzend Oberst i. G. Adolf Heusinger, Gehlens unmittelbarer Vorgesetzter und Chef der Operationsabteilung, Juli/Oktober 1940

gründete sich auf die Meldungen der hierfür im Frontbereich zuständigen Ic-Offiziere, von den Heeresgruppen bis zu den Divisionen. Deren Informationen und Einschätzungen fasste die Abteilung FHO zusammen, stationiert im Hauptquartier des OKH im ostpreußischen Mauerwald, in der Nähe des Führerhauptquartiers »Wolfsschanze«. In den täglichen Lagebesprechungen mit dem »Führer« wurde dieses Lagebild zumeist durch den Generalstabschef persönlich vorgetragen.

Die strategische Aufklärung hingegen leistete das Amt Ausland/Abwehr im Oberkommando der Wehrmacht (OKW). Gehlen entwickelte ein besonderes Geschick, sich Zugang zu den verschiedenen Informationsquellen zu verschaffen, um das Lagebild zu verbreitern und auf diese Weise Prognosen über die wahrscheinlichen Absichten und Möglichkeiten des Gegners besser abzusichern. Hier konnte er seine persönlichen Neigungen einbringen, indem er dem Generalstabschef in monatlichen Abständen Studien über die feindlichen Zielsetzungen und mögliche Gegenmaßnahmen vorlegte. Dabei stützte er sich auch auf Meldungen eines vermeintlichen Agentennetzes im sowjetischen Hinterland, das nach jüngsten Forschungen von exilrus-

2 Vgl. Rolf-Dieter Müller: Hitlers Ostkrieg und die deutsche Siedlungspolitik, Frankfurt am Mai 1991, S. 11–48. **3** Vgl. Magnus Pahl: Fremde Heere Ost. Hitlers militärische Feindaufklärung, Berlin 2012, S. 104–130.
4 Vgl. Winfried Meyer: Klatt. Hitlers jüdischer Meisteragent gegen Stalin, Berlin 2015.

Reinhard Gehlen als Chef der Abteilung Fremde Heere Ost am Schreibtisch, Angerburg 1944

sischen Nachrichtenhändlern erfunden worden war.[4] Angeblich begegnete Oberst Gehlen bei lediglich vier Lagebesprechungen Hitler persönlich und kam dabei offenbar gar nicht erst zu Wort. Es war eine Erfahrung, aus der er nach 1945 wichtige Schlussfolgerungen zog. Er suchte und fand dann bei Adenauer direkten und persönlichen Zugang als nachrichtendienstlicher Berater des Kanzlers.

Gehlen gehörte 1942/43 zu jenen Offizieren im OKH, die sich eine erhebliche Entlastung der Ostfront durch den Einsatz einheimischer Freiwilliger versprachen.[5] Was Hitler allenfalls als Propaganda-Unternehmen dulden wollte, hielt Gehlen für eine realistische Möglichkeit, die ersehnte Kriegswende im Osten herbeizuführen. Als Voraussetzung dafür erkannte er auch die Notwendigkeit einer grundlegenden Änderung der bisherigen Besatzungspolitik.

Wenngleich Gehlen also kein Verfechter des rassenideologischen Vernichtungskriegs war, so hielt er sich nach Möglichkeit von jenen Offizieren fern, die insgeheim an einen Staatsstreich dachten. Mit vielen von ihnen hatte er dienstlichen Kontakt, doch lehnte er einen solchen Schritt als aussichtslos ab. Vor dem Attentat am 20. Juli 1944 meldete er sich für längere Zeit krank und überließ die Abteilung seinem Stellvertreter, dem späteren zweiten Präsidenten des BND, Gerhard Wessel. So geriet er nie in den Verdacht der Mitwisserschaft und wurde mit Wirkung zum 1. Dezember sogar zum Generalmajor befördert.

Obwohl Gehlen an seiner wichtigen Position im OKH Mitverantwortung für die weiteren militärischen Entscheidungen an der Ostfront und damit für die deutsche Niederlage trug, gelang es ihm schon während des Zweiten Weltkriegs, die Legende zu verbreiten, dass er bei der Einschätzung der sowjetischen Absichten und Fähigkeiten stets recht behalten habe. Die neu-

Sowjetische Soldaten in der zerstörten Reichskanzlei, Berlin, Mai 1945

ere Forschung kommt zu einem anderen Ergebnis.[6] Unter den damaligen Bedingungen hat FHO allerdings zumindest bei der Lagefeststellung des Gegners wohl das Mögliche geleistet. Gehlen als kühler Rechner richtete sich insgeheim schon 1942/43 auf die mögliche Niederlage ein. Er hatte nicht die Absicht, seine zweite Lebenshälfte wie sein Vater als Verlagsdirektor in einem besiegten Deutschland zu verbringen oder gar in sowjetische Gefangenschaft zu geraten. Seit der Niederlage von Stalingrad verfolgte er den Plan, Personal und Wissen von FHO als sein »Kapital« möglichst über das Kriegsende zu retten und den USA zur Verfügung zu stellen. Gehlen vertraute darauf, dass die amerikanische Weltmacht schon bald nach dem Sieg der Anti-Hitler-Koalition in einen Gegensatz zur UdSSR geraten und ein Interesse daran haben werde, ihn als vermeintlich besten Kenner der Roten Armee in ihre Dienste zu nehmen.

Es kam Gehlens Absichten entgegen, dass Hitler noch im April 1945 für seine Absetzung sorgte. Personal und Material seiner Abteilung konnte er in letzter Minute verstecken, um bald nach Kriegsende den Kontakt zur U.S. Army zu suchen. Er fand verständnisvolle US-Militärs, die ihm eine kurze Gefangenschaft zwar nicht ersparten, aber günstige Bedingungen schufen, um FHO als gleichsam letzte einsatzfähige Einheit der Wehrmacht wieder zu versammeln. Eine kleine Gruppe seiner früheren Mitarbeiter begleitete ihn, als er noch im Sommer 1945 in die USA gebracht wurde, um seine Leistungsfähigkeit unter Beweis zu stellen. Angesichts der

5 Vgl. Rolf-Dieter Müller: An der Seite der Wehrmacht. Hitlers ausländische Helfer beim »Kreuzzug gegen den Bolschewismus«, Berlin 2007, S. 204–226. **6** Bereits bei Hans-Heinrich Wilhelm: Die Prognosen der Abteilung Fremde Heere Ost 1942–1945, in: ders./Louis de Jong: Zwei Legenden aus dem Dritten Reich, Stuttgart [1974], S. 7–75.

Lebensbedingungen und der unsicheren politischen Lage in Deutschland war es ihm wichtig, im Schutze der U.S. Army leben und arbeiten zu können, im Falle einer Zuspitzung des Ost-West-Konflikts notfalls auch als US-Bürger.[7]

Gehlen rechnete damit, dass Deutschland für den politischen und wirtschaftlichen Wiederaufstieg Jahrzehnte brauchen werde. Er setzte darauf, dass Deutschland gänzlich von westlicher Unterstützung abhängig sein werde und deshalb die amerikanische Führungsmacht bedingungslos unterstützen müsse. Als er 1946 in die besiegte Heimat zurückkehren durfte, bemühte er sich darum, die US-Militärs davon zu überzeugen, dass er mit seiner Offiziersgruppe mehr als eine Auswertung der militärischen Feindlage gegenüber dem kommunistischen Block zu leisten vermochte. Er hatte sich bereits mit Hermann Baun verständigt, einem Russlanddeutschen, der die Agenten des Spionagechefs Admiral Wilhelm Canaris im Osten geführt hatte. Gehlen ließ Baun in dem Glauben, dass die Nachrichtenbeschaffung der Abwehroffiziere und die Auswertung durch FHO-Generalstabsoffiziere gleichberechtigt organisiert werden könnten. Durch allerlei Intrigen gelang es ihm später, Baun auszubooten und sich gegenüber den US-Militärs als alleiniger »Deutscher Chef« zu präsentieren.

Zunächst im Taunus, dann im bayerischen Pullach baute Gehlen 1947/48 die nach ihm benannte Organisation Gehlen (Org) immer weiter aus. Neben die Erarbeitung des militärischen Lagebildes im westlichen sowjetischen Machtbereich traten als weitere Aufgaben die Gegenspionage und die Aufklärung der kommunistischen Unterwanderung in den westlichen Besatzungszonen. Hierzu griff er auf ehemalige SD- und SS-Leute zurück.[8] Die von ehemaligen Generalstabsoffizieren geprägte Führungsebene erreichten sie jedoch nicht.[9] Sie galten auch anderen westlichen Geheimdiensten als Spezialisten, deren Indienstnahme zudem nützlich sein konnte, um die Entstehung nationalsozialistischer Untergrundgruppen zu verhindern bzw. ehemalige NS-Größen im Blick zu behalten, die im Nahen Osten oder in Südamerika im Exil lebten. Gehlens Ambitionen zielten in den folgenden Jahren immer stärker auf den Bereich der Innenpolitik, wo sich eine Sicherheitsstruktur gegen Verfassungsfeinde erst allmählich herausbildete. Außerdem unterstützte er die westdeutsche Remilitarisierung, indem er mit amerikanischen Geldern die Org zu einem »Parkplatz« für ehemalige Wehrmachtoffiziere und zu einer Art Reserve-Generalstab entwickelte.

Sehr nützlich war die Legende, er habe 1946 ein »Gentlemen's Agreement« mit US-General Edwin L. Sibert vereinbart, das der Org bei ausreichender amerikanischer Finanzierung eine weitgehende Unabhängigkeit ermöglicht habe. Auf diese Weise versuchte »Doktor Schneider«, so Gehlens Deckname, seine keineswegs stabile und unumstrittene Führungsposition nach innen und nach außen zu legitimieren. Er begegnete damit zugleich dem Vorwurf einer unehrenhaften Kollaboration mit dem ehemaligen Feind. Es gelang ihm, 1948 mit der Org in die Treuhandschaft der neu geschaffenen CIA übernommen zu werden, was allerdings zu langjährigen Konflikten über Finanzierung und Aufgaben führte. Gegen die Absicht der CIA, die Org stärker zu kontrollieren und effizienter zu machen, setzte sich Gehlen mit allen Mitteln zur Wehr. Mehrfach drohte er mit seinem Rücktritt, während die Amerikaner zeitweilig daran dachten, ihn hinauszuwerfen.[10]

Reinhard Gehlen (l.) mit Heinz Herre und Eric Waldman in der Schweiz, 1951

Der Beginn des Koreakriegs im Juni 1950 stärkte jedoch seine Position. Gehlen (Deckname der CIA: »Utility«) schien der nützliche Garant für die Loyalität der Org und damit des künftigen deutschen Nachrichtendienstes zu sein. Zunehmend widerspenstig und trickreich, häufig auf Reisen in die Schweiz, nach Spanien und Italien, um persönliche Kontakte zu anderen westlichen Nachrichtendiensten zu knüpfen und eine Evakuierung der Org im Kriegsfall sicherzustellen, kümmerte er sich jedoch immer weniger um das Tagesgeschäft der Org. Gehlen sorgte sich hauptsächlich um die politische Absicherung seiner Organisation und seiner selbst. Er drängte auf eine baldige Übernahme durch die Bundesregierung und hoffte darauf, der alleinige Berater des Kanzlers in Sicherheitsfragen zu werden. Dazu sollten ihm alle geheimdienstlichen Institutionen unterstellt werden. Den Kampf um Bonn führte er freilich auf

7 Gehlens Briefwechsel mit seinem in Deutschland verbliebenen Stellvertreter gibt beredt darüber Auskunft. Ausführliche Belege wird die vom Autor vorbereitete Biografie enthalten. **8** Dazu wird Gerhard Sälter im Auftrag der UHK eine umfassende Studie vorlegen; vgl. seine erste Skizze: Kameraden. Nazi-Netzwerke und die Rekrutierung hauptamtlicher Mitarbeiter, in: UHK (Hrsg.): Die Geschichte der Organisation Gehlen und des BND, 2014, S. 39–50. **9** Hierauf weist die geplante Studie von Christoph Rass hin, vgl. seine Skizze: Leben und Legende. Das Sozialprofil eines Geheimdienstes, in: ebd., S. 24–39. **10** In seinen Erinnerungen deutet der ehemalige CIA-Chef in Pullach, James H. Critchfield, diese Konflikte nur an: Auftrag Pullach. Die Organisation Gehlen 1948–1956, Hamburg 2005. Seine zeitgenössischen Berichte für Washington sprechen eine deutlichere Sprache.

Vertauschte Unterstellungsverhältnisse – als Mitarbeiter der Org und Chef der Auswertung war Adolf Heusinger nach dem Krieg Reinhard Gehlen unterstellt, Juni 1949

Schleichwegen und mittels Intrigen gegen seine Widersacher. Dabei wurde für ihn Hans Globke im Bundeskanzleramt ein zuverlässiger Verbündeter. Persönliche Vorträge Gehlens hinterließen bei Adenauer einen positiven Eindruck, weil er bescheiden, zurückhaltend und kompetent aufzutreten verstand. Anfangs zögerlich, zeigte er sich schließlich bereit, auch die Parteispitze der SPD regelmäßig zu informieren.

Den Rückhalt im parlamentarischen Raum sowie die Durchdringung aller wichtigen Behörden mit eigenen Leuten und eingespielten Verfahren der Zusammenarbeit hielt er für eine wichtige Voraussetzung, um den Führungsanspruch der Org gegenüber den Verfassungsschutzbehörden durchzusetzen. Leiter (zunächst kommissarisch) des neu gegründeten Bundesamtes für Verfassungsschutz (BfV) wurde Ende 1950 dann jedoch nicht Gehlen, sondern der ehemalige zivile Widerstandskämpfer Otto John. Im Amt Blank, dem späteren Verteidigungsministerium, etablierte sich für kurze Zeit ein eigenständiger, deutscher Militärnachrichtendienst. Daran konnte auch Adolf Heusinger vorerst nichts ändern, den Gehlen in Pullach mehrere Jahre beschäftigt und bezahlt hatte. Heusinger machte als Schöpfer der Bundeswehr seinen eigenen

Weg.[11] Allerdings dauerte dieser Weg zur Integration bundesdeutscher Streitkräfte in die westliche Verteidigungsgemeinschaft länger als erwartet, ebenso wie die Erlangung der staatlichen politischen Souveränität. Länger als erwartet dauerte es auch, bis aus der Org der Bundesnachrichtendienst (BND) werden konnte.

So agierte Gehlen mehrere Jahre lang in einem prekären Zwischenstadium, gleichzeitig als Auftragnehmer der CIA und als informeller Geheimdienstberater des Bundeskanzlers, der in kühler Distanz den Ex-General als willfähriges Werkzeug auch zur innenpolitischen Auseinandersetzung benutzte.[12] Im militärischen Bereich erwies sich das von der Org produzierte Lagebild meist als weitgehend zutreffend, zumindest für den Bereich der DDR, Polens und der ČSSR. Die wirtschaftlichen und politischen Einschätzungen der Lage in Osteuropa überzeugten die Amerikaner hingegen nicht.

Den für ihn überraschenden Aufstand am 17. Juni 1953 in der DDR hielt Gehlen anfangs gar für eine sowjetische Inszenierung.[13] Im Gegenzug deklarierte die DDR-Propaganda die Ereignisse zu einem Machwerk der Agenten Gehlens, die anschließende Offensive des Ministeriums für Staatssicherheit führte in der DDR zu zahlreichen Verhaftungen und Schauprozessen. Die öffentliche Vorführung des angeblichen Überläufers Otto John in Ost-Berlin – später verdichtete sich die Vermutung, dass der BfV-Präsident im Juli 1954 dorthin entführt worden war – bestätigte im Nachhinein Gehlens frühere Vorbehalte gegen John und verschaffte ihm parlamentarischen Rückenwind, als das Bundeskabinett nach dem NATO-Beitritt beschloss, Gehlens Organisation zum 1. April 1956 in den künftigen BND zu überführen.

Reinhard Gehlen hatte damit den ersten Teil seiner politischen Karriere erfolgreich überstanden. Er erhielt nun vom Kanzleramt seine Aufträge, musste sich allerdings mit den anderen Sicherheitsbehörden der Bundesrepublik arrangieren. Das führte zu langjährigen Kompetenzstreitigkeiten, insbesondere mit dem Inlandsgeheimdienst und dem Militärischen Abschirmdienst. Die bisherigen Kernaufgaben blieben dem BND erhalten: die Auslandsaufklärung mit der Beschaffung und Auswertung insbesondere militärischer Informationen über den Warschauer Pakt, die Gegenspionage bei den östlichen Nachrichtendiensten sowie der Eigenschutz. Gehlens größter Erfolg lag darin, dass er die vom Verteidigungsministerium immer wieder infrage gestellte Einheit von militärischer und ziviler Nachrichtenbeschaffung – in den meisten Ländern getrennte Bereiche – erhalten konnte.

Als schwierige Aufgabe lag vor Gehlen, den Wechsel vieler Offiziere vom BND in die neue Bundeswehr aufzufangen. Der Generalleutnant der Reserve nahm diesen Verlust hin und bemühte sich, für das verbleibende Personal vorteilhafte Bedingungen für die Verbeamtung

11 Vgl. umfassend Georg Meyer: Adolf Heusinger. Dienst eines deutschen Soldaten 1915 bis 1964, Hamburg u. a. 2001. **12** Hierzu wird Klaus-Dietmar Henke eine Monografie vorlegen, vgl. seine Skizze: Der Auslandsnachrichtendienst in der Innenpolitik: Umrisse, in: UHK (Hrsg.): Die Geschichte der Organisation Gehlen und des BND, 2014, S. 90–98. **13** Vgl. für die UHK: Ronny Heidenreich: Die Organisation Gehlen und der Volksaufstand am 17. Juni 1953, Marburg 2013.

Heinz Herre, Frau Critchfield, John Boker, James Critchfield, Frau Boker und Reinhard Gehlen (v. l. n r.) in einem New Yorker Nachtclub bei Reinhard Gehlens Besuch in den Vereinigten Staaten, 1951

auszuhandeln. Das verhinderte keineswegs Neid und Missgunst, auch nicht spätere Vorwürfe von Protektion und Nepotismus.[14] Während der Ausbau des BND zu einem global agierenden Partnerdienst der USA erheblichen Aufwand erforderte, blieben insbesondere im deutsch-deutschen Geheimdienstkrieg Niederlagen nicht aus. In seinen Memoiren rühmte sich Gehlen einiger erfolgreicher Operationen, die jedoch durch die jüngste Überprüfung der Vorgänge meist so nicht bestätigt werden konnten.[15]

Zum Verhängnis wurden ihm Anfang der 1960er-Jahre die Vorwürfe während der »Spiegel«-Affäre und vor allem die Enttarnung von Heinz Felfe, dem ehemaligen Gestapo-Mann, den der sowjetische Geheimdienst in den BND geschleust hatte und den Gehlen trotz vielfacher Warnungen zum Leiter der Spionageabwehr gemacht hatte. Als er Adenauers Vertrauen verloren hatte, geriet Gehlen unter Druck, sich dem politischen Primat zu beugen und eine stärkere parlamentarische Kontrolle des BND zuzulassen. In den letzten Jahren seiner Präsidentschaft befand sich der BND politisch zunehmend im Abseits, mühsam mit notwendigen Reformen ringend.[16] Gehlen erhielt in Bonn insbesondere von den Nachfolgern Adenauers nicht mehr das Wohlwollen und die Beachtung, die er früher erfahren hatte. Reformen wurden intern gefordert, etwa um der Überalterung des Personals entgegenzuwirken, aber auch von Politik und Öffentlichkeit, vor allem die Entnazifizierung betreffend. Nach seiner Verabschiedung 1968 setzte sich Gehlen mit selbstgerechten Memoiren und politischen Pamphleten gegen die sozialliberale Ostpolitik über das Zurückhaltungsgebot eines ehemaligen Geheimdienstchefs hinweg.

Sein heutiges Bild in Öffentlichkeit und Publizistik wird seinem historischen Wirken in der Geschichte der frühen Bundesrepublik allerdings nicht immer gerecht. Er gehört zu den herausragenden Männern der Kriegsgeneration, die beim Aufbau der Bundesrepublik Verantwortung übernommen haben. Jenseits persönlicher und charakterlicher Schwächen sowie nachwirkender Prägungen durch NS-Zeit und Weltkrieg haben sie den Weg zur Verteidigung und Festigung eines demokratischen Staates geebnet. Ohne Gehlen wäre der westdeutsche Auslandsgeheimdienst nicht in der Gestalt des BND entstanden. Es gelang ihm, unter schwierigsten Bedingungen nach den Maßstäben seiner Zeit einen leistungsfähigen Nachrichtendienst zu formen und damit einen wichtigen Beitrag zur äußeren Sicherheit der im Kalten Krieg besonders gefährdeten jungen Bundesrepublik zu leisten. In diesem Sinne wird er wohl seinen Platz in der Tradition des BND behalten.

Obwohl Gehlen die nationalen Interessen nie aus den Augen verlor, ließ er keinen Zweifel daran, dass die Zukunft der Bundesrepublik Deutschland nur in einem vereinten Europa sowie im engen Schulterschluss mit den USA zu finden sein werde. Sein militärisches und politisches Denken bewegte sich nach 1945 stets innerhalb des demokratischen Spektrums seiner Zeit, stets im Fahrwasser Adenauers. In seinem Selbstverständnis als nationalkonservativer Patriot und Offizier hat er sich der neuen Zeit nur bedingt öffnen wollen. Seine persönlichen Schwächen und Fehler haben ihm größere Anerkennung verwehrt. Erst durch seinen späten Abgang von der politischen Bühne hat der BND die Chance erhalten, sich als Auslandsnachrichtendienst den veränderten Bedingungen eines entwickelten demokratischen Staatswesens in der Phase der Entspannungspolitik anzupassen.

14 Der »Spiegel« veröffentlichte dazu eine ausführliche Recherche und Gehlen musste sich vor dem Guillaume-Untersuchungsausschuss rechtfertigen, vgl. Fleißige Familie, in: Der Spiegel 36/1974. **15** Hierzu bereiten Ronny Heidenreich und Daniela Münkel in Zusammenarbeit von UHK und der Behörde des Bundesbeauftragten für die Unterlagen des Staatssicherheitsdienstes der ehemaligen DDR eine Studie vor. **16** Hierzu wird Jost Dülffer eine Monografie vorlegen.

d Landwirtschaft:

erbsziele für uptaufgabe

werkschafter im BMK Chemie, otewohl" Böhlen, Kreisbetrieb Verarbeitungswerk Pasewalk

itserschwer-
ERMODEN
ntsprechend
arf wird im
gegenüber
on Thermo-
173 Prozent
f rund 171
Kollektive
t an modi-
g zum Bei-
näntel und
und Ano-
Innenfutter
material.
des Betrie-
eferern vor,
attraktive
en Wettbe-
Beziehungen
rieben, den
ssumwaren-
Benhandels-
t.
TEWOHL"
Modernisie-
chemischen
eine erwei-
r in den
im Mittel-

punkt des Wettbewerbs im Böhlener Betrieb des Petrolchemischen Kombinates Schwedt. Durch die damit mögliche höhere Veredlung des Erdöls tragen die Chemiewerker zur Deckung des steigenden Bedarfs an Vergaserkraftstoffen bei. Mittels der Schwedter Initiative werden 300 Arbeitskräfte für neue Aufgaben gewonnen.

Von Bedeutung für die weitere Durchführung der Politik der Hauptaufgabe ist auch das Vorhaben, die Produktion von Fertigerzeugnissen für die Bevölkerung gegenüber dem Vorjahr um 11 Prozent zu erhöhen. Neue Erzeugnisse in den Fertigungslinien Autopflegemittel wie Hochglanzpolish brillant, Lackreiniger und Autoshampoo, Lösungsmittel und Bautenschutzstoffe sind 1988 geplant.

SCHLACHT- UND VERARBEITUNGSBETRIEB PASEWALK. Die Werktätigen des Betriebes stellen die stabile Versorgung der Bevölkerung *in* den Mittelpunkt ihrer Vorhaben. So sollen im nächsten Jahr 16 neue Erzeugnisse, darunter drei Diätkonserven, auf den Markt kommen.

Die Arbeitsproduktivität steigt um 7,4, die Nettoproduktion um 7,3 und die industrielle Warenproduktion um 2,1 Prozent. Durch Rationalisierung und Einführung moderner Technologien, wie den Einsatz eines Einpackroboters, wird die körperlich schwere Arbeit für 52 Werktätige erleichtert.

KREISBETRIEB FÜR LANDTECHNIK DÖBELN. Mit ihren Leistungen wollen die 560 Werktätigen des Kreisbetriebes für Landtechnik Döbeln zur weiteren Intensivierung in den LPG, VEG und GPG beitragen. Dazu erweitern sie die Instandsetzungsleistungen, organisieren gemeinsam mit den Genossenschaftsbauern die Betreuung der Technik während der Feldarbeiten sowie die Instandhaltung, Wartung und Pflege. Mit Hilfe von Wissenschaft und Technik steigt die Nettoproduktion um 516 000 Mark. In der Tierproduktion werden 2332 Plätze für Rinder und 1728 für Schweine umgestaltet. Das bedeutet auch bessere Arbeitsbedingungen für zahlreiche Tierpfleger.

Ausführlich Seite 3

Nacht
tlantik

ische
ord

ns Jordan
e wohlauf

„Die Ret-
ik dauerte
ährend die
ker Schlag-
Wasserein-
aufgegeben
en die aus-
sicher an
Renn' ge-
mit allen
den Mitteln
wurden."
sprach mit
iner Crew.
geretteten
f Seite 2)

UdSSR-Außenministerium

Produktion von binären C-Waffen in USA verurteilt

Moskau (ND). Als einen durch nichts provozierten Schritt zu einer neuen Runde des chemischen Wettrüstens hat das Außenministerium der UdSSR die Aufnahme der Produktion binärer C-Waffen durch die USA bezeichnet. In der von TASS verbreiteten Erklärung wird betont, daß die UdSSR das den Erwartungen der Völker zuwiderlaufende Binärprogramm der USA verurteilt. Sie werde gleichzeitig auch weiterhin alles von ihr Abhängende tun, um eine Torpedierung der Genfer Verhandlungen über ein C-Waffen-Verbot nicht zuzulassen.

Wortlaut der Erklärung auf Seite 5

Clodomiro Almeyda entlarvt Willkür der Pinochet-Justiz

Plädoyer vor Verfassungsgericht

Santiago (ND). Als klaren und eindeutigen Beweis für den undemokratischen und freiheitswidrigen Charakter des chilenischen Militärregimes und die inquisitorische Rolle seiner Gerichte hat der Generalsekretär der Sozialistischen Partei Chiles, Clodomiro Almeyda, die von der Pinochet-Justiz gegen ihn erhobenen Anschuldigungen gewertet. In seinem Plädoyer vor dem Verfassungsgericht in Santiago, das ihn wenige Tage vor Weihnachten für zehn Jahre aller politischen und bürgerlichen Rechte beraubte, charakterisierte der Patriot die gegen ihn erhobenen Anschuldigungen als ungerecht und willkürlich.

Ausführlich auf Seite 6

Israels Besatzer warfen Tausende in Gefängnisse

Protestaktionen fortgesetzt

Tel Aviv/Nablus (ADN). Die israelischen Besatzer haben in den letzten Tagen ihren Unterdrückungsfeldzug gegen die arabische Bevölkerung weiter verstärkt. Seit Beginn der Demonstrationen und Streiks in den okkupierten Gebieten sind rund 2500 Palästinenser in Gefängnisse geworfen worden. Allein seit Donnerstag wurden etwa 800 Menschen verschleppt. Im Flüchtlingslager Askar bei Nablus erschlugen die Okkupanten einen 60jährigen Araber. Auch in den Weihnachtstagen protestierten Demonstranten gegen die Besatzerwillkür.

Siehe auch Seite 5

Zentralkomitee gratuliert Genossen Erich Mielke

Herzlicher Glückwunsch zum 80. Geburtstag

Lieber Genosse Erich Mielke!

Das Zentralkomitee der Sozialistischen Einheitspartei Deutschlands gratuliert Dir zu Deinem 80. Geburtstag von ganzem Herzen. Wir verbinden unsere Glückwünsche mit dem Dank für Deine unermüdliche Arbeit, die Du im Interesse der Arbeiterklasse und zum Wohle unseres Volkes leistest. Hoch schätzen wir Deinen herausragenden Anteil bei der Stärkung, Festigung und Verteidigung unserer Deutschen Demokratischen Republik.

Unsere Partei ehrt in Dir einen Partei- und Staatsfunktionär, der sich im Kampf für die Verwirklichung der kommunistischen Ideale hohe nationale und internationale Anerkennung und Achtung erworben hat.

In Deinem revolutionären Leben verkörpern sich wesentliche Perioden des heldenhaften Kampfes der deutschen Arbeiterbewegung, ihres aktiven Wirkens gegen Faschismus und Krieg, für Frieden und Sozialismus. Aus einer Berliner Arbeiterfamilie stammend, lerntest Du von Kindheit an kapitalistische Ausbeutung, Hunger und Elend kennen. Dagegen anzukämpfen, wurde bereits in jungen Jahren zu Deinem Lebensinhalt. Mit vierzehn Jahren führte Dich Dein Weg in den Kommunistischen Jugendverband Deutschlands und den Arbeitersportverein „Fichte". Die Kommunistische Partei Deutschlands nahm Dich als Achtzehnjährigen in ihre Reihen auf. Seit mehr als sechs Jahrzehnten wirkst Du mit der Dir eigenen Energie und Hingabe als Mitglied und Funktionär unserer marxistisch-leninistischen Partei.

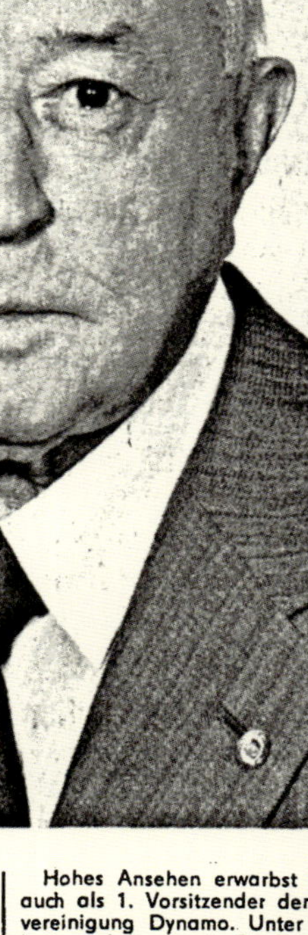

Inspiriert vom Sieg und von den Ideen der Großen Sozialistischen Oktoberrevolution, überzeugt von der Sieghaftigkeit des Sozialismus, kämpftest Du in den Reihen der Thälmannschen Garde gegen den aufkommenden Faschismus und die drohende Kriegsgefahr.

Die Freundschaft zur Sowjetunion, zur Partei und zum Lande Lenins wurde Dir zum Herzensbedürfnis. In der Internationalen Lenin-Schule der Kommunistischen Internationale in Moskau hast Du Deine Kenntnisse des Marxismus-Leninismus erweitert und danach an verschiedenen Fronten des Klassenkampfes Deine Aufgaben als überzeugter Internationalist erfüllt.

Unsere Partei würdigt Deinen mutigen Kampf als Soldat und Offizier in den Reihen der Internationalen Brigaden in Spanien sowie als unerschrockener Widerstandskämpfer im nazistischen Deutschland und in den von seinen Armeen besetzten Gebieten. Unvergessen sind Dein Mut und Dein selbstloser Einsatz an der Seite der sowjetischen Klassengenossen im Großen Vaterländischen Krieg.

Stets bist Du Deiner Lebensmaxime treu geblieben, sich dort zu bewähren, wo der Kampf am schwierigsten ist und wo er den Einsatz der ganzen Person erfordert.

Nach der Befreiung unseres Volkes durch die ruhmreiche Sowjetarmee übertrug Dir die Partei verantwortliche Funktionen bei der Errichtung und dem Schutz der antifaschistisch-demokratischen Ordnung. So erwarbst Du Dir bleibende Verdienste als Vizepräsident der Deutschen Verwaltung des Innern und als Generalinspekteur der Hauptverwaltung zum Schutze der Volkswirtschaft.

Die Bildung des Ministeriums für Staatssicherheit im Jahre 1950 und seine Entwicklung sind mit Deinem Wirken untrennbar verbunden. Als leitender Funktionär und seit über drei Jahrzehnten als Minister für Staatssicherheit leistest Du einen hervorragenden Beitrag zur Stärkung und allseitigen Sicherung der Arbeiter-und-Bauern-Macht in der Deutschen Demokratischen Republik. Unter Deiner Leitung hat sich das Ministerium für Staatssicherheit in allen Perioden der Geschichte unserer Republik als zuverlässiges Organ des sozialistischen Staates bewährt. Dafür gebührt Dir die hohe Wertschätzung unserer Partei und der Werktätigen unseres Landes.

Es ist maßgeblich mit Deinem persönlichen Einsatz für die Politik unserer Partei verbunden, wenn das Ministerium für Staatssicherheit das Vertrauen unseres Volkes genießt, von ihm geachtet und unterstützt wird. In diesem Sinne würdigen wir auch Deine Tätigkeit als Abgeordneter der Volkskammer und Mitglied des Ministerrates der DDR. Stets schenkst Du einer stabilen staatlichen Sicherheit, Disziplin und Ordnung Deine Aufmerksamkeit und Deine aktive Unterstützung.

Gemeinsam mit Dir empfinden wir Freude darüber, daß die Deutsche Demokratische Republik als treuer Verbündeter der Sowjetunion und fest verankert in der sozialistischen Völkerfamilie ihrer Verantwortung im Kampf um den Frieden und die Stärkung des Sozialismus stets gerecht wird. Dem Kampfbündnis zwischen den Staatssicherheitsorganen der DDR und der Sowjetunion, dem Ausbau der Zusammenarbeit mit den Sicherheitsorganen der anderen Bruderländer gilt Deine besondere Aufmerksamkeit.

Lieber Genosse Erich Mielke!

Seit 1950 gehörst Du dem Zentralkomitee unserer Partei an, 1971 wurdest Du als Kandidat, 1976 als Mitglied des Politbüros gewählt. Im Kollektiv der Parteiführung hast Du einen bedeutenden Beitrag zur Ausarbeitung und Verwirklichung der auf das Wohl des Volkes, auf den Schutz des Sozialismus und die Erhaltung des Friedens gerichteten marxistisch-leninistischen Sicherheitspolitik unserer Partei geleistet. Deine besondere Hilfe und Anleitung gelten den Parteiorganisationen im Ministerium für Staatssicherheit, in den Bezirksverwaltungen und Kreisdienststellen. Ihre Kampfkraft ist auf die konsequente Erfüllung der Beschlüsse der Partei gerichtet. Beispielgebend widmest Du Dich der Erziehung junger klassenbewußter Mitarbeiter und allseitig gebildeter Führungskader, der Förderung ihrer Bereitschaft und Fähigkeit, jeden Auftrag der Partei und der Regierung zu erfüllen.

Hohes Ansehen erwarbst D
auch als 1. Vorsitzender der
vereinigung Dynamo. Unter
Leitung hat sie als Sportorg
tion der Schutz- und Siche
organe der DDR einen bed
men Beitrag zum nationaler
internationalen Ansehen
sozialistischen Sportbewegun
leistet.

Lieber Genosse Erich Mielk

Es ist uns ein Bedürfnis,
Deinem Ehrentag erneut im N
unserer Partei den tiefempfun
Dank und die Anerkennung fü
jahrzehntelanges Wirken fü
lismus und Frieden auszusp
In fester Verbundenheit mit D
ber Erich, werden wir gem
im Kollektiv der Partei- und S
führung an der weiteren Ve
chung der Beschlüsse
XI. Parteitages arbeiten.

Wir wünschen Dir auch
beste Gesundheit, Schaffe
und viel Erfolg in Deiner
wortlichen Tätigkeit.

Mit sozialistischem Gruß

Zentralkomitee
Sozialistischen
Einheitspartei
Deutschlands

Glückwünsche übermittel
der Staatsrat, der Minis
und die Volkskammer der

Karl-Marx-Orde verliehen

Berlin (ADN). Auf Vor
des Politbüros des Zentral
tees der SED und des Präsi
des Ministerrates der DDF
der Generalsekretär des Z
SED und Vorsitzende des S
rates der DDR, Erich Hon
dem Mitglied des Politbür
ZK der SED und Ministe
Staatssicherheit der DDR, A
general Erich Mielke, den
Marx-Orden verliehen.

her Schichtwechsel an Bord tion Mir vor dem Abschluß

Dienstag / Wladimir Titow und Mussa Manarow setzen Arbeit fort

ondenten Frank Herold

nsame Flug
Kosmonau-
senschaftlis
s Mir geht
. Die Lan-
Sojus TM 3
n Juri Ro-
Alexandrow
nko ist für
ag geplant,
Valeri Rju-
einer inter-
renz.
ersten voll-
abe im All
sche Presse
reiches Ar-
gt. Roma-
w machten
mir Titow
ausführlich
es Komple-
heiten der
er wissen-
uren ver-
amm stan-
nische Un-
n Hilfe der

Die fünf sowjetischen Kosmonauten nach dem Umstieg der Neuankömmlinge vereint an Bord der Raumstation Mir Telefoto: ZB/TASS

»Treu zu dienen ist die höchste Verpflichtung eines Tschekisten«

Der Lebensweg des Erich Mielke

Am Dienstagmorgen, den 6. Juni 2000, versammelten sich etwa 200 Gäste zur Trauerfeier für den ehemaligen Minister für Staatssicherheit (MfS) der DDR, Erich Mielke. Zugegen waren seine Familie, Genossen des ehemaligen MfS und frühere Sportfreunde. Die Medien sahen in dieser recht überschaubaren Trauergemeinde ein Zeichen alter Seilschaften.[1] Tatsächlich waren unter den Gästen nicht wenige Neugierige. Sie alle erwiesen einem Mann die letzte Ehre, der fast sein ganzes Leben dem Kommunismus gewidmet und zur Machtelite der DDR gehört hatte. Auf seinen Befehl hin waren Hunderttausende im operativen Einsatz gewesen. Die anwesenden Genossen der Trauergemeinde entsprachen nicht einmal zwei Promille der zuletzt 91 015 hauptamtlichen Mitarbeiter seines Ministeriums. Der Trauerrede hielt standesgemäß ein ehemaliger Spitzenkader, der letzte Leiter der MfS-eigenen Hochschule, Willi Opitz, der seine mustergültige Traditionsrede mit dem Gelöbnis ausklingen ließ: »Du bleibst unvergessen.«[2]

◄ Geburtstagswünsche und Geschichtsklitterung auf der Titelseite des »Neuen Deutschlands« anlässlich des 80. Geburtstags des Ministers für Staatssicherheit. Zu Ehren Mielkes sprach man sogar von einem selbstlosen Einsatz während des Zweiten Weltkriegs an der Seite der sowjetischen Klassengenossen. Bei ihnen musste es sich um sowjetische Zwangsarbeiter oder Kriegsgefangene gehandelt haben, die es nach Frankreich geschafft hatten, 28. Dezember 1987

Wie unvergessen blieb er denn? – Im Jahr 2010 gaben zwei seinerzeit führende Offiziere des ehemaligen ostdeutschen Nachrichtendienstes und der Geheimpolizei, die Generalobristen Werner Großmann und Wolfgang Schwanitz, vormals stellvertretende Minister für Staatssicherheit, in Zusammenarbeit mit anderen hochrangigen damaligen MfS-Offizieren, darunter auch der erwähnte Willi Opitz, ein Buch heraus, dessen Titel »Fragen an das MfS« lautet. Darin rückten die ehemaligen Generale aus eigener Perspektive das von ihnen als schräg bewertete Geschichtsbild vom Ministerium gerade. Sie fühlten sich spätestens seit 1990 missverstanden, verachtet, und man mache »sich kaum Vorstellungen, in welchem Maße gerade Parteien oder Behörden mit in Anspruch genommener Deutungshoheit ein Hort von Hass, Bösartigkeit, Lügen und auch Dummheit sind, wenn es um die Diffamierung und das Verächtlichmachen, die Verleumdung und Kriminalisierung der DDR und ihrer Vergangenheit geht«, erklärten ehemalige Spitzenkader des MfS.[3] Diese Deutung ist zweifelsohne parteiisch, gleichwohl nicht uninteressant. In dem Buch rechtfertigten die beiden ehemaligen Generale erwartungsgemäß die Existenz und die Arbeit des Ministeriums; eine Anwendung von Folter oder die Repression Andersdenkender habe es jedoch nicht gegeben. So war das seinerzeitige funktionale Umfeld Mielkes dem einstigen Ministerium auch Jahre nach dessen Auflösung noch treu verbunden.

1 Vgl. Sabine Deckwerth: Geheimoperation Urne, in: Berliner Zeitung vom 7. 6. 2000. **2** Vgl. Trauerrede zum Ableben von Armeegeneral a. D. Erich Mielke, Minister für Staatssicherheit der Deutschen Demokratischen Republik, gehalten am 10. Juni 2000; nach einer Aufzeichnung von Gerald Praschl. **3** Vgl. Werner Großmann/Wolfgang Schwanitz (Hrsg.): Fragen an das MfS. Auskünfte über eine Behörde, Berlin 2010, S. 8.

Was aber ist mit dem Mann Erich Mielke, der wie kein anderer das Ministerium für Staatssicherheit personifizierte? Er hatte es mehr als dreißig Jahre lang geleitet, war bei dessen Bildung ebenso anwesend gewesen wie während des Abgesangs auf diese Behörde während der Herbstrevolution 1989. Auffälligerweise findet er dennoch bei Großmann und Schwanitz als Minister und Genosse kaum Beachtung. Welches Bild zeichnet sich von diesem Mann ab? Lediglich acht Mal wird er in dem Buch »Fragen an das MfS« erwähnt und damit nur zwei Mal häufiger als der Begriff »Rechtsstaat«. Mehr noch: Sein Name wird konkret lediglich zwei Mal genannt. Mit anderen Worten: Mielke war keiner, mit dem selbst engste damalige Weggefährten noch assoziiert werden wollten.

Der frühere Spionagechef Großmann beschrieb denn Mielke eher als einen misstrauischen, neurotischen, eigensinnigen und hysterischen Chef.[4] Auch Markus Wolf, sein Vorgänger als Leiter des Auslandsgeheimdienstes der DDR und ebenfalls einst Mielkes Stellvertreter, hatte sich – noch zu Lebzeiten Mielkes – in seinen Erinnerungen überwiegend kritisch bis negativ über den ehemaligen Chef geäußert, den er als eitel, misstrauisch, launisch und voreingenommen darstellte.[5]

Dass einzelne Personen zugunsten der Partei geopfert wurden, selbst wenn sie prominent waren, sollte Erich Mielke zu seinen Lebzeiten nicht unbekannt geblieben sein. In der stalinistischen Tradition war dies nicht unüblich, denn schließlich war ein jeder fehlerbehaftet und auch austauschbar, während das System als sakrosankt galt. Selbst der während Mielkes erster Amtsjahre beim MfS noch als Genie, Feldherr und Generalissimus gepriesene Stalin wurde nach seinem Tod geschmäht und aus dem Kreis der Verehrungswürdigen ausgestoßen. Erich Mielke, Jahrgang 1907, war in jungen Jahren der Kommunistischen Partei Deutschlands (KPD) beigetreten und in der Sowjetunion aufgewachsen, dort sozialisiert und daher mit diesen Mechanismen vertraut. Die Jahrzehnte im Zentrum der Macht in der DDR schützten ihn nicht. Doch er war schlecht darauf vorbereitet, dass auch ihn dieses Schicksal ereilen könnte.

Der junge Mielke

Wenige Jahre, bevor der »erste Arbeiter- und Bauernstaat auf deutschem Boden« Geschichte war, wurde 1987 Erich Mielke offiziell anlässlich seines 80. Geburtstags von der Sozialistischen Einheitspartei Deutschlands (SED) gefeiert und zum vierten Mal mit einem der höchstdotierten Orden der DDR, dem Karl-Marx-Orden, ausgezeichnet. Zu seinen Ehren gab das Institut für Marxismus-Leninismus (IML) beim Zentralkomitee (ZK) der SED einen Sammelband mit diversen seiner Reden heraus, mit Bildern aus seinem Leben und einer stilisierten Kurzbiografie versehen. In diesen biografischen Aufzeichnungen wurden die ersten vierzig Lebensjahre Mielkes denkbar knapp skizziert, womit die Herausgeber alsbald bei der Nachkriegszeit ankommen konnten, als Mielke politische Verantwortung in der Sowjetischen Besatzungszone übernahm. Die erste Hälfte seines Lebens wurde in der Parteifassung in vier Zeilen zusammengefasst. Sie begann bezeichnenderweise nicht mit seinem Geburtsdatum, sondern mit seiner »politischen Geburt«, als Mielke 1921 dem kommunistischen Jugendverband beitrat. Darauf folgten in der Kurzbeschreibung seine politischen Tätigkeiten während der 1920er- und 1930er-Jahre: »In den Jahren der Weimarer Republik beteiligte er sich mit dem ihm eigenen

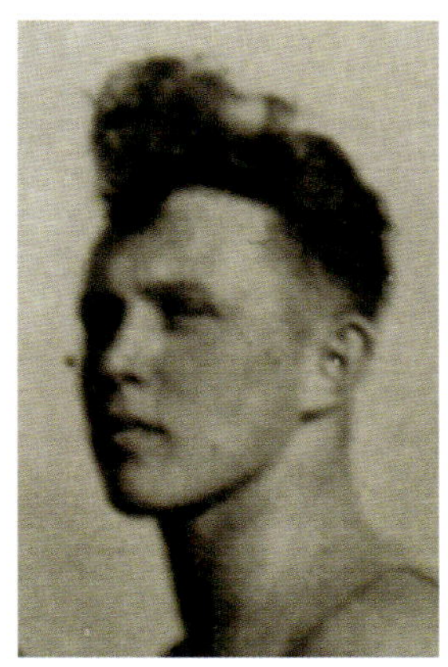

Der junge Erich Mielke im Polizeimaterial zum Bülowprozess. Die Schüsse auf die beiden Polizisten verfolgten Mielke für den Rest seines Lebens. Der ehemalige Minister für Staatssicherheit der DDR wurde 1993 zu sechs Jahren Gefängnis verurteilt.

revolutionären Elan an den Klassenkämpfen des Proletariats vor allem im Roten Wedding Berlins. Von 1933 bis 1945 stritt er in den Reihen der unbeugsamen Kämpfer gegen Faschismus und Krieg, so von 1936 bis 1939 als Interbrigadist in Spanien«.[6]

Gerade eine Zeile pro Jahrzehnt ließ also das IML die Öffentlichkeit über den wiederholten Ordensträger wissen – nicht viel und kaum besonders interessant; bemerkenswerter ist, was nicht beschrieben wurde. In der DDR mussten politische Lebensläufe der SED-Elite in ein ganz besonderes, vorgefasstes Muster passen, während man unerwünschte Lebensabschnitte aus der Darstellung und sogar aus den Akten verschwinden ließ: entweder ins Geheimarchiv des eigenen Ministeriums oder in die genauso verschlossenen Akten der Kommunistischen Partei der Sowjetunion (KPdSU). Mangels gesicherter Informationen tappte daher auch die westliche Rezeption öfter zwischen Wissen, Gerüchten und Fiktion im Dunkeln bei der Einschätzung des »Roten Kaltenbrunner«,[7] wie Mielke wenig schmeichelhaft durch den Untersuchungsausschuss freiheitlicher Juristen 1961 tituliert wurde.[8] Erst mit dem Zugang zu Archiven in Deutschland und Russland wurde es in den 1990er-Jahren möglich, sich auf solideren Grundlagen der Biografie Erich Mielkes zu nähern.[9] Die überlieferten Puzzleteilchen zu seinem Leben lassen sich für manche Perioden aber selbst dann noch nur mühsam und schwierig zusammenfassen bzw. rekonstruieren.

Geboren wurde der spätere Minister im Berliner Arbeiterbezirk Wedding zu Zeiten des Deutschen Kaiserreichs. Sein Vater war von Beruf Holzarbeiter und Stellmacher, seine Mutter verstarb kaum drei Jahre nach seiner Geburt. Die IML-Kurzbiografie legt nahe, dass der Junge Erich Fritz Emil Mielke fest auf dem »Boden der Arbeiterklasse« stand. Das mag vielleicht im politischen Sinne stimmen, aber sein Ausbildungsweg öffnete ihm die Möglichkeit des sozialen Aufstiegs. Wegen guter Schulleistungen wurde ihm ein Freiplatz am Köllnischen Gymnasium in der Wallstraße im Zentrum Berlins, am ersten Realgymnasium der Stadt, zugänglich. Obwohl er dort den Anforderungen nicht gerecht wurde, daher vor dem Abitur das Gymnasium wieder verlassen musste und eine Lehre als Speditionskaufmann absolvierte, sollte ihm sein Werdegang kein Leben als Angestellter bescheren; denn 1931 wurde ihm von Siemens gekündigt. Er trat (zu einem ungewissen Zeitpunkt) in den Kommunistischen Jugendverband ein, und seine Entscheidung, in die KPD einzutreten, soll 1927 gefallen sein.[10]

4 Vgl. Werner Großmann: Bonn im Blick. Die DDR-Aufklärung aus der Sicht ihres letzten Chefs, Berlin 2010, S. 86 f., 91, 112 f. **5** Vgl. Markus Wolf: The Man without a face. The Autobiography of Communism's Greatest Spymaster, New York, N.Y. 1997, S.181, 208, 221, 230, 251, 266, 268, 281, 302, 352. **6** Erich Mielke: Sozialismus und Frieden – Sinn unseres Kampfes. Ausgewählte Reden und Aufsätze Berlin (Ost) 1987, S. 5. **7** Ernst Kaltenbrunner war ein hochrangiger SS-Funktionär. Von 1943 bis 1945 leitete er die Sicherheitspolizei und war Leiter des Reichssicherheitshauptamts (RSHA). Er galt als Hauptkriegsverbrecher im Nürnberger Prozess, wurde als schuldig verurteilt und hingerichtet. Vgl. Peter Black: Ernst Kaltenbrunner – Der Nachfolger Heydrichs. In: Ronald Smelser/Enrico Syring (Hrsg.): Die SS: Elite unter dem Totenkopf. 30 Lebensläufe, Paderborn 2000. **8** Vgl. CIA: FOIA Collection: Doc. 0000202719; Peter Harz (Untersuchungsausschuss freiheitlicher Juristen): Normannenstrasse Lichtenberg. The SSD Agent' Center, Berlin 1961, S. 14. **9** Bahnbrechend vor allem Wilfriede Otto: Erich Mielke – Biographie. Aufstieg und Fall eines Tschekisten, Berlin 2000. Außerdem: Jochen von Lang: Erich Mielke. Eine deutsche Karriere, Berlin 1991; Heribert Schwan: Erich Mielke. Der Mann, der die Stasi war, München 1997; Jens Gieseke: Erich Mielke (1907–2000). Revolverheld und oberster DDR-Tschekist, in: Armin Wagner/Dieter Krüger (Hrsg.): Konspiration als Beruf. Deutsche Geheimdienstchefs im Kalten Krieg, Berlin 2003, S. 237–263. **10** Otto: Erich Mielke, 2000, S. 13–20.

Nach der Kündigung konnte er sich voll seiner politischen Arbeit als Reporter des Zentralorgans seiner Partei, »Die Rote Fahne«, widmen. Es findet sich in der Literatur die Behauptung, dass er »meistens im Karl-Liebknecht-Haus herumlungerte«, während der damalige Chefredakteur dieser Zeitung, Alexander Abusch, ihn in seinen Erinnerungen in folgender Weise beschrieb: »Ein neuer junger Reporter, Erich Mielke, war mir durch ausgezeichnet geschriebene Reportagen aufgefallen«.[11] Welche Version auch stimmte: Es kann kein Artikel aus seiner Feder nachgewiesen werden.[12] Sein »revolutionärer Elan«, von dem das IML berichtete, drückte sich anderweitig aus. Die KPD der späten Weimarer Jahre war schlicht eine extremistische Partei. Das bedeutete, dass die Partei sich in der ohnehin verbitterten politischen Stimmung der Zeit wenig um politische Freunde bemühte. Umgekehrt kannte sie eher zahlreiche Feinde, mit denen sich ein junger und gewaltbereiter Genosse auseinandersetzen konnte. Später rühmte sich die SED dafür, dass die Kommunisten die Nationalsozialisten bekämpft hatten, was auch zutraf. Aber sie bekämpften zugleich die parlamentarisch-demokratische Grundordnung der Weimarer Republik, die sie durch das System der Sowjetunion ersetzen wollten. Sie beschimpften vor allem die Spitze der Sozialdemokratischen Partei Deutschlands (SPD) als »Sozialfaschisten« und behandelten sie gleichsam wie Erzfeinde. Charakteristisch für eine stalinistische Partei, bekämpfte die KPD überdies eine wirkliche oder vermeintliche innerparteiliche Opposition, die zu dieser Zeit als »Versöhnler« gebrandmarkt wurde.[13]

Eine Möglichkeit, seinen »revolutionären Elan« unter Beweis zu stellen, bekam Mielke im August 1931: In diesem Jahr erreichten die Spannungen zwischen SPD und KPD einen Höhepunkt, als die Kommunisten gemeinsam mit Hitlers Nationalsozialistischer Deutscher Arbeiterpartei (NSDAP) die sozialdemokratische Regierung Preußens stürzen wollte. Die Parteizeitung »Die Rote Fahne« wurde für einige Tage verboten, in Berlin herrschte höchste Alarmstufe und Zusammenstöße mit der Polizei gehörten zur Un- und Tagesordnung dieser Zeit. In dieser instabilen Lage erschoss Mielke gemeinsam mit einem Mitstreiter zwei sozialdemokratische Polizisten auf dem Bülowplatz – direkt vor der KPD-Parteizentrale, dem Karl-Liebknecht-Haus. Diese Aktion war, scheint es, von führenden Genossen wie dem Chef-Ideologen Heinz Neumann, dem Chef des militärischen Arms der Partei, Hans Kippenberger, und dem politischen Leiter der KPD in Berlin-Brandenburg, Walter Ulbricht, geplant worden. Der Doppelmord erwies sich für die KPD nicht als politischer Vorteil, worauf die Partei wie üblich das politische Attentat als »individuellen Terror« bezeichnete und sich damit als unfehlbare Partei von jeglicher Verantwortung freisprach.[14] Auch gegenüber Moskau versuchte Kippenberger zu bekräftigen, dass das Handeln Mielkes nicht in seiner Verantwortung liege.[15]

Die Morde am Bülowplatz hatten ein langes Nachspiel. Die Nationalsozialisten nutzten das Attentat im Zuge ihrer Machtübernahme propagandistisch als Beweis für die Gefahr, die von den Kommunisten ausgehe, und damit auch als Legitimation für die politische Repression.[16] Neumann und Kippenberger wurden in Moskau Opfer der stalinistischen Säuberungen, bei deren Rechtfertigung auch der Bülowprozess eine Rolle spielte.[17] Die Schüsse am Bülowplatz sollten Mielke sein Leben lang verfolgen und ihm am Ende zum Verhängnis werden. Obwohl er sich den Behörden zunächst entziehen konnte, holte ihn seine Geschichte immer wieder ein. Nach dem Krieg ermittelte die Staatsanwaltschaft erneut, woraufhin die sowjetische Besatzungsmacht die Akten verschwinden ließ, um ihren Schützling zu retten.[18] In der DDR wurde die Geschichte unter den Teppich gekehrt; im Westen blieb jedoch die Überlieferung vom Po-

Erich Mielke beim Mauerbau (2. v. r.), rechts neben ihm sein Stellvertreter Minister Bruno Beater und weiter rechts in Zivil wahrscheinlich Ivan Konjev, der oberste Befehlshaber der Sowjetischen Streitkräfte in Deutschland. Abfotografiert aus einem Fotoalbum Erich Mielkes, 1990 gefunden in seinem ehemaligen Büro.

lizistenmörder ein fester Bestandteil des Mielke-Bildes. Nach der Herbstrevolution 1989 wurde Mielke im Jahr 1993 für seine Taten verurteilt – gewissermaßen in einer deutschen Variante der Al-Capone-Methodik. Denn während es komplizierter gewesen wäre, ihn für seine Taten als Minister vor Gericht zu stellen, bildeten offenbar die alten, aber nicht vergessenen Morde einen bequemeren Ersatz für die Juristen.[19]

Zunächst einmal hatte Erich Mielke in den 1930er-Jahren jedoch das Glück, dem nationalsozialistischen Deutschland entkommen und sich nach Moskau durchschlagen zu können. In der sowjetischen Hauptstadt besuchte Mielke unter dem Tarnnamen »Paul Bach« die militärpolitische Schule, die das Sprungbrett für eine weitere Karriere in der internationalen kommunistischen Bewegung war. Hier wurden die ideologische Standhaftigkeit geprüft und die westlichen Kommunisten in den Regeln der Konspiration in stalinistischer Intoleranz unterwiesen.[20]

11 Vgl. Karl-Wilhelm Fricke: Revolverheld neuen Typus, in: SBZ-Archiv 5 (1954), S. 149 f., hier S. 150; Alexander Abusch: Der Deckname. Memoiren, Berlin 1981 (Ost), S. 216. **12** Vgl. Otto: Erich Mielke, 2000, S. 19. **13** Vgl. Bernhard Beyerlein/Jakov Drabkin/Herman Weber (Hrsg.): Deutschland, Russland, Komintern I – Überblicke, Analysen, Diskussionen, Berlin 2015, S. 245–248. **14** Gieseke: Erich Mielke, 2003, S. 240. **15** Vertraulicher Bericht Kippenbergers über den Parteiselbstschutz (PSS) der KPD; zit. n. Bernhard Beyerlein, Jakov Drabkin, Herman Weber (Hrsg.): Deutschland, Russland, Komintern. II – Dokumente (1918–1943), Berlin 2015, S. 1182–1185. **16** Vgl. Götz Aly: Der Jahrhundertprozeß. Erich Mielke, die Morde auf dem Berliner Bülowplatz und die deutsche Strafjustiz, in: Christian Jansen/Lutz Niethammer/Bernd Weisbrod (Hrsg.): Von der Aufgabe der Freiheit. Politische Verantwortung und bürgerliche Gesellschaft im 19. und 20. Jahrhundert. Festschrift für Hans Mommsen zum 5. November 1995, Berlin 1995, S. 549–563; Götz Aly: Macht – Geist – Wahn. Kontinuitäten deutschen Denkens, Berlin 1997. **17** Vgl. Hermann Weber/Ulrich Mählert (Hrsg.): Terror. Stalinistische Parteisäuberungen 1936–1953, Paderborn 2001. **18** Vgl. Otto: Erich Mielke, 2000, S. 7–108. **19** Vgl. Klaus Bästlein: Der Fall Mielke. Die Ermittlungen gegen den Minister für Staatssicherheit der DDR, Baden-Baden 2002. **20** Vgl. Bert Hoppe: In Stalins Gefolgschaft. Moskau und die KPD 1928–1933, München 2007, S. 236–238.

Mielke machte in seinen politischen Angaben den örtlichen Genossen gegenüber keinen Hehl aus der Bülowplatz-Affäre und rühmte sich seines Einsatzes trotz der Distanzierung der Partei von »individuellem Terror«. Dies war keine ungefährliche Sache, denn der Weg vom politischen Fehler zum Urteil »Abweichler« und in eine lebensbedrohliche Situation war nicht weit. Mielkes Name fiel auch in Verbindung mit den Untersuchungen um Kippenberger, die am Ende dessen Leben sowie das seiner ehemaligen Frau und einer Freundin kosteten, während die Töchter in ein Heim gegeben wurden.[21]

Mielke hatte nochmals Glück, denn 1936 verließ er Moskau, um am Spanischen Bürgerkrieg teilzunehmen. Er soll nach späteren Angaben selbst dabei gewesen sein, als die führenden europäischen Kommunisten »Knorin, Bela Khun, Piatnitzki u.a. erledigt wurden«.[22] In den Folgejahren trafen die stalinistischen Säuberungen nicht nur hochrangige Kommunisten, sondern auch die deutsche Kolonie wurde mit tödlicher Gründlichkeit von der sowjetischen Geheimpolizei (NKWD) unter die Lupe genommen.[23] Mielke hatte Moskau also verlassen können, bevor die Exzesse möglicherweise auch ihn erreicht hätten.

In Spanien war Mielke als Hauptmann »Fritz Leissner« politischer Kommissar der Interbrigade, in der Linke verschiedener Prägung gegen die Truppen von Francisco Franco kämpften. Der General hatte im Juli 1936 gegen die demokratisch gewählte Regierung geputscht. Die IML-Kurzbiografie charakterisierte Mielke als einen »unbeugsamen Kämpfer gegen Faschismus und Krieg«. Die recht wenigen und quellenkritisch betrachtet nicht unproblematischen Zeugnisse von Mielkes Einsatz bestätigen diese Aussage nicht. Das Wochenmagazin »Der Spiegel« berichtete 1957, ehemalige Kommandeure hätten Mielke folgendermaßen charakterisiert: »Ein Avantgardist, allerdings beim Rückzug.«[24] Der deutsche Schriftsteller und Antifaschist Walter Janka beschrieb Mielkes Leistungen im Kampf gegen Franco in folgender Weise: »in Spanien [hat] keiner von uns [ihn] je zu Gesicht bekommen, ja von dessen Existenz wussten wir nichts, weil er ausschließlich im Hinterland ›Vernehmungen‹, Folterungen und Erschießungen durchführte, von denen wir, die vorne an den Fronten lagen, erst Jahre später erfahren haben«.[25]

Bei der IML-Biografie gibt es eine auffällige zeitliche Lücke in Mielkes Lebenslauf über die Zeit, nachdem er sich infolge von Francos Sieg mit der Interbrigade über die Pyrenäen nach Frankreich hatte zurückziehen müssen. Mielke verbrachte den Zweiten Weltkrieg erst in Belgien und dann als angeblicher Lette namens »Richard Hebel« in Frankreich. Nach eigenen Angaben verlor er die Verbindung zur KPD-Exilleitung, arbeitete zunächst als Holzfäller und ab Januar 1944 im Dienste der Organisation Todt, mit der er sich im Dezember 1944 nach Deutschland zurückzog.[26] Obwohl dieser Weg sicherlich auch Gefahren in sich barg, so zeigt er Mielke eher als Überlebenskünstler denn als einen antifaschistischen Kämpfer.

21 Vgl. Reinhard Müller: Menschenfalle Moskau. Exil und stalinistische Verfolgung, Hamburg 2001, S. 359. **22** Vgl. Kurt Müller an Otto Grotewohl, 31. 5. 1956, zit. n.: Aus Politik und Zeitgeschichte 9 (1990), S. 17–29. **23** Vgl. Alexander Vatlin: »Was für ein Teufelspack«. Die Deutsche Operation des NKWD in Moskau und im Moskauer Gebiet 1936 bis 1941. Aus dem Russischen übersetzt von Wladislaw Hedeler, Berlin 2013. **24** Vgl. Ich bin kein Lump, Herr Mielke!, in: Der Spiegel 5 (1957), S. 30–41. **25** Zit. n. Otto: Erich Mielke, 2000, S. 75. **26** Vgl. Wolfgang Kießling: »Leistner ist Mielke«. Schatten einer gefälschten Biographie, Berlin 1998, S. 9, 58. **27** Vgl. Bernd-Rainer Barth/Werner Schweizer (Hrsg.): Der Fall Noel Field. Asyl in Ungarn 1954–1957, Berlin 2006, S. 293. **28** Vgl. Wilfried Loth/Rolf Badstübner (Hrsg.): Wilhelm Pieck. Aufzeichnungen zur Deutschlandpolitik 1945–1952, Berlin 1994, S. 132. **29** Vgl. George Bailey/

Aufstieg in der SBZ/DDR

Unmittelbar nach Kriegsende, schon im Juni 1945, gelang es Mielke, den sowjetischen Sektor Berlins zu erreichen. So war er deutlich früher in die Hauptstadt zurückgekehrt als die meisten emigrierten Kommunisten, die oft mit geringen Mitteln den schwierigen Weg in die Heimat zurücklegen mussten. Damit konnte er sich den Moskauer Kadern wie der Gruppe um Walter Ulbricht, die im Gefolge der sowjetischen Streitkräfte nach Deutschland gekommen waren, frühzeitig empfehlen. Die übrigen der aus Moskau heimkehrenden KPD-Führer brachten loyale Kader mit, damit sie eine Administration sichern konnten, die der sowjetischen Besatzungsmacht hörig war, und eigene Ansprüche an der Macht behaupten konnten. Mielke war hier der richtige Mann an der richtigen Stelle. Der Polizistenmörder wurde als Polizeichef in Berlin-Lichtenberg eingesetzt. Gerade bei Machtpositionen wie in der Polizeibehörde war es ein großes Anliegen der KPD, diese mit zuverlässigen Kadern zu besetzen. Mielkes weiterer Werdegang hätte sich auch anders gestalten können: Als Westemigrant im Allgemeinen und mit Kontakten zum später als US-Agent verfemten Noel H. Field im Besonderen hatte Mielke keinen Lebenslauf vorzuweisen, der ihn für eine Topkarriere in der DDR prädestinierte.[27] Aber nach Wilhelm Pieck, der offenbar über verlässliche Informationen verfügte, galt Mielke als »zuverlässig«.[28]

Als die Bevölkerung in der DDR im Januar 1950 medial auf die Einrichtung eines Ministeriums für Staatssicherheit eingestimmt wurde, war Erich Mielke durchaus als Minister im Gespräch. Doch im letzten Moment kam er nicht zum Zuge, er erhielt lediglich den Rang eines Staatssekretärs, also des zweiten Mannes nach der Nummer eins – Wilhelm Zaisser. Mielke hätte sicherlich dem faktisch ersten Manne im Staate, Walter Ulbricht, mehr zugesagt, doch der sowjetischen Besatzungsmacht erschien der zweifelhafte Ruf Mielkes ebenso riskant wie dessen Mangel an nachrichtendienstlicher Geduld und an Diplomatie. Dafür bot jedoch Zaisser die Gewähr, der offenbar zunächst den stillen Militäraufbau koordinieren sollte. Zaisser hatte bereits früher wiederholt mit Mielke zu tun gehabt. Mielke war in der militärpolitischen Schule Anfang der 1930er-Jahre sein Kursant gewesen und hatte im Spanischen Bürgerkrieg weit unter dem General »José Gomez« rangiert, wie Zaisser sich nennen ließ.[29] Die Subalternität Mielkes gegenüber Zaisser war aber, wie sich zeigen sollte, zeitlich limitiert.

Das Ministerium für Staatssicherheit

Am 15. Oktober 1957 erreichte Erich Mielke den Höhepunkt seiner bisherigen Karriere. Der ehrgeizige Stellvertreter des Ministers für Staatssicherheit war von jetzt an der erste Mann im Ministerium. Das war nicht zu erwarten gewesen, denn Mielke haftete als Stellvertreter zweifellos mit für das Handeln des MfS während des Arbeiteraufstands im Juni 1953. Immerhin waren nach dem Tod des sowjetischen Diktators Stalin im März 1953 Erwägungen aufgekommen, durch einen »Neuen Kurs« ein moderateres, »Tauwetter«-artiges politisches Klima auch in der DDR zu befördern, wozu der geheimpolizeiliche Alleinstellungsanspruch als Ministerium nicht weiter ins Bild passte. Es sollte, so die Erwägungen, angesichts einer vorsichtigen innenpolitischen Entschärfung im Ministerium des Inneren aufgehen, innerhalb des Polizeiapparates jedoch an Gewicht gewinnen – ohne dass es so deutlich hätte werden sollen. Die Pläne waren ausgearbeitet, aber in Teilen nach dem Arbeiteraufstand Makulatur geworden.

Minister Mielke (r.) in der Runde seiner Stellvertreter Rudi Mittig, Markus Wolf und Bruno Beater (v. l. n. r.)

Die sowjetische Regierung lud die Verantwortung auf Minister Zaisser und auch Ulbricht ab, während Mielke in Deckung ging und sich von Zaisser distanzierte. Was blieb, war die Integration des MfS in das Innenministerium, ohne aber dort – wie zunächst beabsichtigt – die Führung zu übernehmen. Mielke gelang es, die politischen Folgen des 17. Juni unbeschadet zu überstehen, was er sicherlich auch Walter Ulbricht zu verdanken hatte.

In den Jahrzehnten unter Mielkes Leitung wuchs das MfS beträchtlich. So stieg die Anzahl der hauptamtlichen Mitarbeiter von 14 442, die er übernommen hatte, auf 91 015 im Oktober 1989 an. Statistisch gesehen befand sich kurz vor dem Ende der DDR jeder 180. DDR-Bürger – vom Säugling bis zum Greis – in Lohn und Brot des MfS. Die DDR hatte die höchste Überwachungsdichte im sowjetisch dominierten Osteuropa; in der Sowjetunion gab es – ebenfalls statistisch gesehen – einen Mitarbeiter auf 595 Bürger, in Polen einen Geheimdienstler auf 1 574 Bürger.[30] Mielkes Staatssicherheitsapparat hatte außerdem ein Netz an sogenannten inoffiziellen Mitarbeitern (IM) – ein Euphemismus für vertrauliche Informanten –, dem schließlich rund 189 000 Personen angehörten.[31] Die Statistiken erzählen die Geschichte eines Ministeriums, das fast unbegrenzten Zugang zu den begrenzten ökonomischen Ressourcen der DDR hatte. Lediglich Anfang der 1980er-Jahre musste Mielke widerstrebend seinen Offizieren berichten, dass die »DDR pleite ist«, und zeitweilig auch das bisherige Wachstum seines Ressorts unterbrechen.[32]

Mielkes Erfolg ließ sich auch an seinen weiteren Karriereschritten darstellen, denn er konnte – nachdem das Staatssekretariat für Staatssicherheit wieder ein Ministerium war – seinem Ministertitel einige weitere Titel hinzufügen.[33] 1958 wurde er Mitglied der Volkskammer. Obwohl sie kaum politische oder gar praktische Bedeutung hatte, unterstrich Mielkes Ernennung, dass er jetzt zur politischen Prominenz der DDR zu zählen war. Wichtiger noch war seine Aufnahme in den Nationalen Verteidigungsrat der DDR im Jahr 1960, da sich dieses Gremium neben Vertretern der einflussreichen Ministerien Verteidigung, Innere Sicherheit und Staatssicherheit aus den wichtigsten Entscheidungsträgern des ZK der SED, einzelnen Ersten Parteisekretären aus den Bezirken und dem Generalsekretär des ZK, zusammensetzte.[34] Als Erich Honecker seinen Vorgänger als Generalsekretär, Walter Ulbricht, 1971 entließ, befand sich Mielke rechtzeitig an der Seite des neuen starken Mannes im Staate. Mielke rückte in die erste Liga der Partei auf, ins Politbüro der SED. Er war zunächst, im Alter von 64 Jahren, Kandidat und ab 1976 Mitglied.[35]

Mielkes politische Karriere demonstriert sowohl seinen Ehrgeiz als auch seine Anpassungsfähigkeit. Diese Eigenschaften wurden auch von seiner Umgebung wahrgenommen; der frühere MfS-Angehörige Bernd Brückner, seinerzeit Honeckers Leibwächter, beschrieb ihn wie folgt: »In meiner Wahrnehmung war Mielke der Typus des preußischen Feldwebels: eifrig und servil gegenüber dem Vorgesetzten, unnachgiebig und anmaßend bis zur Peinlichkeit gegenüber Unterstellten.«[36] Hinter der Servilität sammelte Mielke jedoch belastende Akten über den neuen Generalsekretär, vereint im sogenannten Roten Koffer, den der MfS-Chef 1989 als Drohpotenzial spielen konnte, als er daran beteiligt war, den zweiten SED-Chef seiner Karriere zur Strecke zu bringen.[37]

Im Vergleich zu seinem Vorgänger als Minister, Ernst Wollweber, hatte Mielke bei der Verfolgung seiner Gegner weniger Skrupel. Dies lässt sich unter anderem in der Anzahl der sogenannten Wet Jobs ablesen: So ließ das MfS 1957, im Jahr des Führungswechsels, sieben Bundesbürger in den Osten verschleppen. Nach Mielkes Amtsantritt stieg die Anzahl solcher Fälle innerhalb der nächsten Jahre auf siebzehn, zwölf und vierzehn.[38] Insgesamt ging es Mielke aber darum, das MfS von einem stalinistischen zu einem subtileren Repressionsapparat der »entwickelten sozialistischen Gesellschaft«, als die sich die DDR gern bezeichnete, zu machen. Unter den Regierungen von Nikita Chruščev, Leonid Brežnev und anderen Nachfolgern Stalins galten für Tschekisten – die Erben der sowjetischen außerordentlichen allrussischen Kommission zur Bekämpfung von Konterrevolution (kurz Tscheka) unter der Führung des »eisernen« Feliks Dzierżyński –, als die sich Mielke und seine Männer selbst gern betrachteten, andere Spielregeln als unter Stalin. Die Einschüchterung der Gesellschaft durch offensichtliche und willkürliche Ausübung von roher Gewalt wurde ersetzt durch eine dezentere, aber ebenso willkürliche Ausübung von staatlicher Gewalt. Wer sich dem System in dessen

Sergej A. Kondraschow/David E. Murphy: Die unsichtbare Front. Der Krieg der Geheimdienste im geteilten Berlin, Berlin 1997, S. 219–223. **30** Vgl. Jens Gieseke: Die hauptamtlichen Mitarbeiter der Staatssicherheit. Personalstruktur und Lebenswelt 1950–1989/90 (Wissenschaftliche Reihe des Bundesbeauftragten, Bd. 20), Berlin 2000, S. 550. **31** Vgl. Helmut Müller-Enbergs unter Mitarbeit von Susanne Muhle: Inoffizielle Mitarbeiter des Ministeriums für Staatssicherheit, Teil 3: Statistiken, Berlin 2008. **32** Zit. n. Timothy Garton Ash: The File. A Personal History, New York, N.Y. 1997. **33** Vgl. Helmut Müller-Enbergs/Jan Wielgohs/Dieter Hoffmann/Andreas Herbst/Ingrid Kirschey-Feix/Olaf W. Reimann: Wer war wer in der DDR? Ein Lexikon ostdeutscher Biographien, 5. Ausgabe, 2 Bde., Bd. 2, Berlin 2010, S. 883. **34** Vgl. Armin Wagner: Walter Ulbricht und die geheime Sicherheitspolitik der SED. Der Nationale Verteidigungsrat der DDR und seine Vorgeschichte (1953–1971), Berlin 2002, S. 207–210. **35** Vgl. Otto: Erich Mielke, 2000, S. 348–351. **36** Bernd Brückner: An Honeckers Seite. Der Leibwächter des ersten Mannes, Berlin 2014, S. 88. **37** Vgl. Peter Przybylski: Tatort Politbüro. Die Akte Honecker, Berlin 1991, S. 202. **38** Vgl. Susanne Muhle: Auftrag Menschenraub. Entführungen von Westberlinern und Bundesbürgern durch das Ministerium für Staatssicherheit der DDR, Münster 2015, S. 84.

Der Sportfreund Mielke mit jungen Eishockeyspielern von Dynamo Weißwasser. Die DDR verfügte auf Intervention des Ministers über die kleinste Eishockey-Liga der Welt, bestehend aus Dynamo Weißwasser und Dynamo Berlin, also beide Teile des vom MfS gesponserten Dynamo, dessen Vorsitzender Mielke war.

eigener Wahrnehmung widersetzte, wurde nicht wie noch in der Stalin'schen Ära mit seiner ganzen Familie drangsaliert, sondern vom omnipräsenten Staat gleichsam diskreter repressiert. Der Überwachungsstaat neuer Prägung bot gegenüber dem Stalinismus größere Überlebenschancen für den Einzelnen, übte jedoch weiterhin eine systematisch diktatorische Willkür aus.[39] Die zwei entscheidenden Werkzeuge für diesen von der SED geführten Staat waren einerseits die Schließung der Staatsgrenzen im Jahr 1961 und andererseits das MfS. Die Grenzbefestigung sorgte dafür, dass es kaum noch heimliche Auswege aus der Diktatur gab, und das MfS sollte dafür Sorge tragen, dass jeder potenzielle Unmut im Inneren rechtzeitig aufgespürt werden konnte.

Die relative Entstalinisierung in der DDR und im MfS führte dazu, dass das Bedürfnis, innere Feinde zu bestrafen, innerhalb der SED etwas nachließ. Gerade die Konsequenzen für vermeintliche innerparteiliche Abweichungen waren auch für führende Genossen, die noch in den ersten Jahren nach Stalins Tod um ihr Leben hatten fürchten müssen, unheimlich geworden und waren sicherlich eine Triebfeder für Chruščev, im Jahr 1956 mit dem Stalinismus zu brechen und die anschließende »Tauwetterperiode« einzuläuten. Die Entstalinisierung machte vorerst mit der Verfolgung von als suspekt geltenden Kommunisten Schluss; jedoch nicht mit Verfolgungen von angeblichen »Feinden« im Allgemeinen. Daher bedeutete die Entstalinisierung für Mielke und seine Offiziere auch keine entscheidende Kehrtwende. Das MfS stellte Säuberungen und Übergriffe auf führende Parteimitglieder ein, aber die Fähigkeit, vom Ausland inspirierte »Feinde« aufzuspüren, wurde verstärkt. Der Schlüsselbegriff, den Mielke schon am Anfang seiner Ministerzeit ins Spiel gebracht hatte, war die »politisch-ideologische Diversion« (PID).[40] Unter diesem durchaus dehnbaren Subversionsbegriff konnte sich allerlei Systemresistenz verbergen, die sich mit einer MfS-eigenen Logik durch Einflussnahme von

In seinem sogenannten Wahlkreis im Bezirk Halle 1981 »im Gespräch mit Mitgliedern der Jugendschicht Melkkarussell« der zwischengenossenschaftlichen Einrichtungen »Milchproduktion Nessa«, Kreis Höhenmölsen im Bezirk Halle. Erich Mielke ließ sich gern mit seinen »Wählern« abfotografieren. Erst im 31. Jahr seiner Mitgliedschaft zur Volkskammer hielt er seine erste, dann aber desaströse Rede.

Organisationen aus dem Westen erklären ließ. Die Vorstellung, dass der Sozialismus in einem ständigen Belagerungszustand sei und erst ein gesellschaftliches Gleichgewicht erreicht werden könne, wenn Impulse von außen beseitigt seien, befand sich durchaus in einer stalinistischen Tradition. Die von Mielke innerhalb des MfS geprägte Definition der PID wurde später von den Geheimdiensten der Staaten des Warschauer Pakts übernommen.[41]

Die Vorstellung vom imperialistischen Gegner, der »nichts unversucht lässt, um seine verbrecherischen Pläne und Absichten gegen die DDR und die sozialistische Staatengemeinschaft doch noch durchzusetzen«, war recht bequem, da sie die SED und die Sowjetunion von der Verantwortung für Missstimmungen und Missstände in ihrem Machtbereich freisprach. Schließlich war die SED, deren »Schild und Schwert« das MfS darstellte, in der Selbstwahrnehmung unbeirrbar und unfehlbar auf dem richtigen Weg. Mielke selbst äußerte, die SED sei deshalb »zur erfolgreichsten Partei in der Geschichte unseres Volkes« geworden, weil sie sich »mit dem Marxismus-Leninismus wappnete, weil sie den Fragen der politischen Macht, der Rolle der Arbeiterklasse, der Bündnispolitik, der sozialistischen Ökonomie und des Internationalismus jederzeit die gebührende Aufmerksamkeit widmete und sich in ihrer praktischen Politik immer vom wissenschaftlichen Sozialismus leiten ließ«.[42]

39 Vgl. Jens Gieseke: Die Stasi 1945–1990, München 2001, S 75–78. **40** Vgl. Karl Wilhelm Fricke/Roger Engelmann: »Konzentrierte Schläge«. Staatssicherheitsaktionen und politische Prozesse, Berlin 1998, S. 241. **41** Gieseke: Erich Mielke, 2003, S. 253. **42** »Zeichnet Euch ständig durch hohe revolutionäre Wachsamkeit, Einsatzbereitschaft und Disziplin aus!«, zit. n. Erich Mielke: Sozialismus und Frieden. Sinn unseres Kampfes. Ausgewählte Reden und Aufsätze, Berlin (Ost) 1987, S. 119–123, hier S. 120.

Gerade sein fester Glaube an die Richtigkeit seiner Sache und die Bereitschaft, kompromisslos jedes Hindernis zu beseitigen, machte Armeegeneral Erich Mielke und seine ständig anwachsenden Legionen von Tschekisten und IM zu einer Belastung für die anderen DDR-Bürger. Im Grunde genommen besaß das MfS nämlich ähnliche Aufgaben wie die nach innen gerichteten Nachrichtendienste anderer Länder, namentlich die Souveränität des Staates zu beschützen, die geltende politische Grundordnung aufrechtzuerhalten sowie die Politik ihrer Regierung zu unterstützen. Aufgrund der stalinistischen Eigenart, überall Feinde zu sehen, erreichten diese allgemein anerkannten Grundsätze eine bisher ungesehene Radikalität. Dies wurde deutlich durch die Auslegung einer allgemeingültigen Arbeitsweise, die des Öfteren besonders Mielke zugesprochen wird: nämlich die Klärung der Frage »Wer ist wer?«. Diese sah er als »eine prinzipielle Frage, eine Frage der Klassenauseinandersetzung. Durch ihre Beantwortung wird mit darüber entschieden, wie wir die Lebensfrage unserer Zeit, die Erhaltung des Friedens lösen.«[43] »Wer ist wer?« ist tatsächlich eine nachrichtendienstliche Herangehensweise, die

◄ Minister und noch Generaloberst – später Armeegeneral – Erich Mielke bei der Verleihung des »Ehrennamens« Feliks E. Dzierzynski an das MfS-eigene Wachregiment Berlin im Andenken an einen Pionier des sowjetischen Repressionsapparates, »der eiserne Felix«, mit dem sich das MfS gern assoziierte, Ost-Berlin, 15. Dezember 1967

nicht MfS-spezifisch war – dort aber gigantische Dimensionen annahm. Die Bedeutung, die Mielke »der Klassenauseinandersetzung« und »der Erhaltung des Friedens« beimaß, ließ die Karteien des MfS auf fast 35 Millionen erfasste Personen anschwellen.[44] Obwohl diese Zahl auch Ausländer beinhaltet, ist sie beachtlich für einen Staat mit rund 17 Millionen Einwohnern.

Mielkes Spruch »Wir müssen alles wissen« folgend, wuchs das MfS nahezu unaufhaltsam, weil seine grundsätzlichen Feindbilder zwar gefestigt, zugleich aber auch anpassungsfähig waren. Während die sogenannte Detente der 1970er-Jahre im Westen allgemein als ein Tiefpunkt der Spannungen im Kalten Krieg galt, betrachtete Mielke die Entspannung als ein besonderes Bedrohungspotenzial für die DDR und einen Anlass für den intensivierten Einsatz seines Geschäftsbereichs.[45]

Der Fall von der Macht

Hauptamtliche oder inoffizielle Mitarbeiter anzuheuern und die Archive mit Akten über Freund und Feind zu füllen, war Bestandteil der nachrichtendienstlichen bzw. geheimpolizeilichen Arbeit. Laufende Kilometer an Archivmaterial sind nur sehr bedingt ein Erfolgsparameter. Die Sammelwut beim MfS als Folge des PID-Konzepts führte eher zu Überstunden als zu dem gewünschten Ziel, den Sozialismus zu stärken und die DDR zu erhalten. Das zeigte sich besonders deutlich 1989, im Jahr der Herbstrevolution. Das MfS war zwar imstande, die Entwicklung sowohl durch Berichte aus der DDR als auch durch seine Auslandsspionage aus dem Westen zu verfolgen. Dies befähigte jedoch weder den 82-jährigen Mielke noch seine Gefolgsleute, die Lage vorauszusehen oder sie zu meistern.[46]

Wie lässt sich dies erklären? Zum einen war die Führung der DDR davon überzeugt, dass sich komplexe politische Probleme mittels nachrichtendienstlicher Machtmittel würden lösen lassen. Zum anderen hatte sie fälschlicherweise nicht damit gerechnet, dass die Sowjetunion ihr die Loyalität verweigern würde, als es um die staatliche Existenz ging. Mielke bemerkte wohl, dass die Entwicklung innerhalb der DDR im Sommer 1989 in eine für ihn ungünstige Richtung trieb. Denn er fragte im August nahezu prophetisch die Leiter der MfS-Bezirksverwaltungen: »Ist es so, dass morgen ein 17. Juni ausbricht?«, womit er auf die kritische Situation während des Arbeiteraufstands im Juni 1953 verwies.[47] Obwohl die Demonstrierenden gewaltlos blieben und das Geschehen nicht einer Revolte glich, hätte es eine Lösung der Lage zugunsten der SED geben können, die abermalige »brüderliche Hilfe« der sowjetischen Panzer vorausgesetzt – aber sie blieb aus.

---

43 Zit. n.: Karl Wilhelm Fricke: Akten-Einsicht. Rekonstruktion einer politischen Verfolgung, Berlin 1997, S. 250. **44** Vgl. Zwölfter Tätigkeitsbericht des Bundesbeauftragten für die Unterlagen des Staatssicherheitsdienstes der ehemaligen Deutschen Demokratischen Republik für die Jahre 2013 und 2014, Berlin 2015, S. 26. **45** Vgl. Walter Süss: KBSE [i.e. CSCE] as Seen by State Security of the German Democratic Republic in the 70s, in: Alexandra Grúnova (Hrsg.): NKVD/KGB Activities and its Cooperation with other Secret Services in Central and Eastern Europe 1945–1989, Bratislava 2008, S. 210–222. **46** Vgl. Thomas Wegener Friis/Helmut Müller-Enbergs: Herbstrevolution und Nachrichtendienst. Das stille Ableben der Geheimpolizeien in der DDR im Laufe des Jahres 1989, in: Hans Jürgen Küsters (Hrsg.): Der Zerfall des Sowjetimperiums und Deutschlands Wiedervereinigung – The Decline of the Soviet Empire and Germany's Reunification. Köln 2016, S. 125–166. **47** Vgl. Armin Mitter/Stefan Wolle (Hrsg.): Ich liebe euch doch alle! Befehle und Lageberichte des MfS Januar–November 1989, Berlin 1990, S. 125.

Dass die Entwicklung in der Union der Sozialistischen Sowjetrepubliken (UdSSR) und damit im sozialistischen Osteuropa nach der Amtsübernahme durch Michail Gorbačëv aus Mielkes Sicht ungünstig verlief, war offenkundig. Er war wenig überzeugt davon, dass Gorbačëv durch seine Wirtschaftsreform »Perestroika« und seine Offenheitsreform »Glasnost« den Verfall des sowjetischen Systems aufhalten werde. Er war mittlerweile ein »alter Hase« im Sicherheitsgeschäft und wusste, dass der reale Sozialismus einer freien Diskussion nicht standhalten werde. Selbst eine halbwegs kritische Auseinandersetzung mit der Geschichte betrachtete er als Existenzbedrohung. Deshalb kritisierte er wiederholt die sowjetischen Genossen, als sie sein Jugendvorbild Stalin unter die Lupe nahmen. 1987 behauptete Mielke gegenüber dem KGB-Chef in der DDR, Iwanov Titov, er sei kein Anhänger von Stalin, aber unter Stalin hätten »Ordnung« und »Disziplin« geherrscht – und er meinte dies als Vergleich mit der damals aktuellen Lage. »Lieber einen mehr erschießen, als dass das Regiment nicht richtig marschiert«, plädierte Mielke, ohne sich Gehör zu verschaffen. »Wohin soll das führen? Ist dies gut? Wenn Fehler gemacht wurden, soll man sie beheben, aber nicht eine solche Linie fahren, durch den der ganze Sozialismus diskreditiert wird«, belehrte er 1988 Generalmajor Iwanov von der KPdSU.[48] Eigentlich war eine solche Kritik an der sakrosankten Mutterpartei unerhört, aber kam wiederholt vor. Die KPdSU hatte selbst die Büchse der Pandora geöffnet, und so hielt sich auch ein alter »Sowjetfreund« wie Mielke nicht zurück. Seine Kritik an den ersten Schritten zur historischen Aufarbeitung in der Sowjetunion brachte Mielke harsch direkt gegenüber seinen KGB-Kollegen vor. Dass ein Artikel hatte erscheinen können, in dem die Zeitung »Moskovskaya Pravda« am 30. März 1989 über Stalins Agententätigkeit für den zaristischen Nachrichtendienst Ochrana berichtete, war ihm unbegreiflich. Auf diese Weise liefere man dem Klassenfeind Munition, mit der dieser »die gesamte sozialistische Weltbewegung« diskreditieren könne.[49]

Es gelang Mielke freilich nicht, die zweifelsohne bestimmenden sowjetischen Genossen davon zu überzeugen, dass sie gerade dabei waren, den Sozialismus zu zerstören. Die Abschottung der DDR gegenüber der Sowjetunion – zum Beispiel durch das Verbot der sowjetischen Zeitschrift »Sputnik« in Dezember 1988 – half nur wenig. Der paradoxe Hilferuf der DDR-Bürger nach Gorbačëv zum 40. Jahrestag der DDR unterstrich, wie ernst die Lage für die DDR, die SED und das MfS war. Ohne die Hilfe der sowjetischen Genossen würde es keine DDR geben, aber als die DDR-Führung dies realisierte und zu handeln begann, war es bereits zu spät. Die Antwort Mielkes und der Parteispitze war in erster Linie nur noch ein bewährtes Hausmittel, dessen sich auch Stalin bedient hatte, nämlich einen Sündenbock zu finden und diese Person auszutauschen. Die Wahl fiel am 17. Oktober auf den kränklichen Generalsekretär Erich Honecker, den »Dummkopf«, wie ihn Mielke mittlerweile nannte.[50]

Die Ablösung Honeckers durch Egon Krenz half jedoch nichts mehr. Die letzte Rolle, die Minister Mielke noch zu spielen hatte, spielte er wenige Tage nach dem Mauerfall. Am 13. November 1989 hielt er seine erste Rede in der Volkskammer der DDR, der er seit 1958 angehört hatte. Es war eine der wichtigsten Reden sowohl der Herbstrevolution als auch seiner politischen Karriere. Doch der Minister, der ohnehin nicht als großer Rhetoriker galt, sprach ohne Manuskript – und versagte kläglich. Zunächst löste er mit seiner Bemerkung, das MfS habe »einen außerordentlich hohen Kontakt mit allen werktätigen Menschen«, Lacher aus. Aus dem Konzept gebracht, rief er nach überraschenden Zwischenrufen, aufgeregt und hilflos: »Ich liebe doch alle Menschen«.[51]

Der Minister hat das Wort in der Volkskammer der DDR. Wenige Tage später trat Mielke als Minister zurück. Ohne Mauer und ohne Waffen war Mielke schlicht ein alter und verbitterter Mann. Zu ihrer letzten persönlichen Begegnung schrieb sein ehemaliger Chef Erich Honecker: »Ich weiß nicht, ob er mich erkennt oder nur so tut.«, Ost-Berlin, 13. November 1989

Das Gelächter schallte durch die Volkskammer. Die Wirkung in der Gesellschaft wie innerhalb des MfS war enorm. Die Furcht vor dem MfS brach zusammen. Der bis dahin mächtige Minister hatte sich der Lächerlichkeit preisgegeben, er schrumpfte zu menschlicher Größe und zu einem alten Mann. Wenn die Mitarbeiter bis dahin Hoffnung in ihren Chef gesetzt hatten, so wurde aus ihr spätestens nach der fehlgeschlagenen Volkskammerrede Betroffenheit, die in eine realistische berufliche Überlebensangst mündete.[52] Diesen Fehlschlag ihres Ministers konnten nur die Wenigsten Mielke verzeihen. Er wurde zur Unperson in der Erinnerungsliteratur seiner ehemaligen Kampfgefährten, die ihm erst am Grab im kleinen Kreis vergeben konnten.

48 Notiz über ein Gespräch des Genossen Minister mit dem Sektorenleiter Staatssicherheit der Administrativabteilung des ZK der KPdSU Genossen Generalmajor Iwanow am 26. 8. 1988 in Berlin, Der Bundesbeauftragte für die Unterlagen des Staatssicherheitsdienstes der ehemaligen Deutschen Demokratischen Republik (BStU), MfS, Teilbestand: Zentrale Auswertungs- und Informationsgruppe (ZAIG) Nr. 5389, Bl. 1–16, hier Bl. 6. **49** Vgl. Ilko-Sascha Kowalczuk: Endspiel. Die Revolution von 1989 in der DDR, München 2009, S. 82. **50** Vgl. Otto: Erich Mielke, 2000, S 460. **51** Zit. n. ebd., S. 699 f. Die Rede ist auch an verschiedenen Stellen im Internet zu sehen und zu hören. **52** Vgl. Hans-Peter Löhn: »Unsere Nerven lagen allmählich blank«. MfS und SED in Bezirk Halle, Berlin 1996, S. 27.

KGB-SPIONE AUS DRESDEN: DER VERRATSFALL HEINZ FELFE

Für Montag, den 6. November 1961 hatte der Mitarbeiter des Bundesnachrichtendienstes (BND) Heinz Felfe einen besonderen Termin in seinen Taschenkalender notiert. Der Referatsleiter der Spionageabwehr und Gegenspionage gegen die Sowjetunion sollte in der BND-Zentrale in Pullach im Präsidentenhaus erscheinen. Der BND wollte ihm für seine zehnjährige Zugehörigkeit die sogenannte Sankt-Georgs-Medaille verleihen: eine BND-interne Auszeichnung für langjährige und verdiente Mitarbeiter.[1] Doch unmittelbar nach der Aushändigung nahm die Ehrung eine ganz andere Wendung, denn Heinz Felfe wurde von der auf ihn wartenden Münchner Polizei verhaftet. Der Vorwurf lautete: Spionage für den sowjetischen Geheimdienst KGB. Gleichzeitig erfolgte unter derselben Begründung die Verhaftung seines BND-Kollegen Hans Clemens in Köln. Drei Tage später, am 9. November 1961, wurde mit Erwin Tiebel eine weitere Person festgenommen. Tiebel hatte für Clemens und Felfe als Kurier zum KGB fungiert und zeitweise selbst als nachrichtendienstliche Quelle für Clemens gearbeitet. Alle drei enttarnten KGB-Spione waren gebürtige Dresdner, ehemalige SS-Angehörige und kannten sich aus gemeinsamer Tätigkeit für den Sicherheitsdienst (SD) des Reichsführers SS in Dresden sowie für das Reichssicherheitshauptamt (RSHA) in Berlin. Sie waren seit dieser Zeit freundschaftlich miteinander verbunden.

Bis zu ihrer Festnahme hatten Clemens und Felfe rund zehn Jahre lang für die Sowjetunion den Auslandsnachrichtendienst der Bundesrepublik Deutschland ausgespäht. Der Verratsfall um den leitenden Gegenspionagespezialisten Felfe war der größte Spionagefall im BND. Er beeinträchtigte das nationale wie internationale Image des Auslandsnachrichtendienstes nachhaltig und lähmte den Bereich seiner Gegenspionage auf Jahre hin.[2] Die Affäre schadete auch unmittelbar dem Ruf des damaligen BND-Präsidenten Reinhard Gehlen, da dieser Felfe besonders vertraut hatte – sowohl in seiner politischen Verantwortung als Behördenleiter als auch persönlich hinsichtlich seiner Menschenkenntnis.

Heinz Felfe

Johann Paul Heinz Felfe wurde am 18. März 1918 als Sohn eines sächsischen Kriminaloberwachtmeisters in Dresden geboren. Sein Elternhaus war bürgerlich geprägt. Nach der Volksschule besuchte er zwischen 1928 und 1934 die Oberrealschule, dann die Dürerschule in Dresden. Mit 16 Jahren verließ er die Schule und absolvierte eine Ausbildung als Feinmechaniker. Schon vor 1933 engagierte er sich in der nationalsozialistischen Bewegung. Er gehörte ab 1931 zunächst dem NS-Schülerbund an und kam ein Jahr später in die Hitlerjugend (HJ). 1936 wechselte er zum Motorsturm in die Allgemeine-SS. Noch im selben Jahr wurde er Mitglied der NSDAP und war von 1937 bis 1939 als Registerführer beim Gaugericht der Partei für die sächsische Gauleitung tätig. Im Jahr 1939 leistete er seine sechsmonatige Arbeitspflicht ab

◄ Der BND-Mitarbeiter und KGB-Spion Heinz Felfe

und wurde dafür zum Reichsarbeitsdienst (RAD) bei Radeburg eingezogen. Darüber hinaus übte sich Felfe in den 1930er-Jahren auch im militärischen Bereich, leistete freiwillig Wehrdienst und nahm an Übungen und Ausbildungen teil, wie 1935 bei der Landespolizeigruppe in Leipzig und 1938 bei der SS-Verfügungstruppe in Dresden.

Nach Beginn des Zweiten Weltkriegs wurde Felfe Soldat eines Bau-Bataillons und nahm am Polen-Feldzug und an der Besetzung Polens teil. Aufgrund einer Lungen- und Rippenfellerkrankung verbrachte er einige Monate im Lazarett, bevor sein Einsatz in der Wehrmacht im Februar 1940 wegen Wehruntauglichkeit endete. Felfe nutzte die Chance, um sich mit 21 Jahren beruflich neu zu orientieren. Die Rückkehr in den erlernten Beruf als Feinmechaniker kam für den ehrgeizigen jungen Mann nicht mehr in Betracht: Er wollte Jura studieren. Dazu musste er zunächst sein Abitur nachholen. Dabei halfen ihm seine persönlichen Beziehungen zum sächsischen Gaugericht und zur NSDAP. Im Frühjahr 1940 erhielt Felfe die Möglichkeit, seinen Schulabschluss auf dem zweiten Bildungsweg in Form eines »Langemarck-Studiums« nachzuholen. Dieses Programm war von den Nationalsozialisten zur gezielten Förderung fachlich begabter und politisch konformer Kandidaten aus wirtschaftlich schwachen Bevölkerungsschichten eingerichtet worden. So legte Heinz Felfe im März 1941 nach einem dreisemestrigen Studium erfolgreich die Prüfungen zum »Begabtenabitur« an der TH Dresden ab. Gegen Ende seines Studiums erfuhr er von den Aufstiegsmöglichkeiten innerhalb des RSHA und bewarb sich für den leitenden Dienst der Sicherheitspolizei und des SD.

Im Mai 1941 wurde Felfe als Anwärter des leitenden Dienstes der Reichskriminalpolizei ins RSHA versetzt und dem Polizeipräsidium Berlin zugeteilt. Gleichzeitig studierte er bis zum Oktober 1942 im Rahmen der amtlich vorgegebenen Ausbildung an der Universität Berlin drei Semester lang Rechts- und Staatswissenschaften. Wegen des Russland-Feldzugs im Sommer 1941 ruhte der Lehrbetrieb allerdings im Jahr 1942. Daraufhin wurde Felfe als Kriminalkommissar-Anwärter unter Anrechnung seiner bisherigen Ausbildungszeit von der Kriminalpolizeileitstelle Dresden übernommen. Von Juli 1942 bis März 1943 nahm er am Kriminalkommissar-Anwärterlehrgang (KKA) in Berlin-Charlottenburg teil, war nach bestandener Prüfung nun verbeamteter Kriminalkommissar im Rang eines SS-Untersturmführers und wurde zur Kriminalpolizeistelle nach Dresden, später nach Gleiwitz abkommandiert.

Nach seinem Eintritt in den SD wurde Heinz Felfe Ende August 1943 Kriminalkommissar im Amt VI (Auslandsnachrichtendienst) im RSHA. Dort war er als Sachbearbeiter im Referat B3 (Schweiz und Liechtenstein) tätig, dessen Leitung er Anfang 1944 übernahm. Mit Wirkung vom 20. April 1944 wurde er zum SS-Obersturmführer im SD befördert. Ein knappes Jahr später,

1 Vgl. dazu: Der Bundesnachrichtendienst und seine Sankt-Georgs-Medaille, hrsg. v. Bundesnachrichtendienst, verantw. Hrsg.: Bodo Hechelhammer, 2. Aufl., aktualisierte Ausg., Berlin 2013. **2** Heinz Felfe hat über seine zehnjährige Tätigkeit für den KGB in der Org und im BND eine Autobiografie geschrieben: Im Dienst des Gegners. 10 Jahre Moskaus Mann im BND, Hamburg/Zürich 1986 bzw. Berlin (Ost) 1988. Generell sei auf die entstehende Biografie über Heinz Felfe durch den Autor hingewiesen, welche voraussichtlich 2017 erscheinen und weiterführende Hinweise beinhalten wird. **3** Bodo Hechelhammer: »On His Majesty's Secret Service«. Heinz Felfe und seine nachrichtendienstliche Tätigkeit für den britischen Geheimdienst gegen die KPD (1947–1950), in: Jahrbuch für Kommunismusforschung 2016, Berlin 2016.

Hans Felfe beim SS-Motorsturm, in den er 1936 eingetreten war.

am 1. Februar 1945, wurde Felfe zum Befehlshaber der Sicherheitspolizei in den Niederlanden nach Enschede versetzt. Hier geriet er nach Kriegsende 1945 in kanadische und britische Kriegsgefangenschaft, in der er bis Ende Oktober 1946 in verschiedenen niederländischen Inhaftierungslagern verblieb. Während seiner Gefangenschaft wurde er mehrfach zu seiner geheimdienstlichen Tätigkeit im RSHA befragt und gab den Alliierten umfassende Auskünfte.

Nach seiner Entlassung reiste Felfe vom Entlassungslager Münster zunächst nach Bad Honnef, wo er eine erste private Anlaufstelle hatte. Er fürchtete zu dieser Zeit den Einfluss der Sowjetunion sowie etwaige Repressalien und wollte deshalb nicht mehr in seine geliebte Heimatstadt Dresden in der Sowjetischen Besatzungszone zurückkehren. Seine Familie konnte er 1947 aus Dresden an seinen neuen Wohnort nach Rhöndorf holen. Da es Felfe nach der Rückkehr aus der Kriegsgefangenschaft nicht mehr gelang, als Kriminalkommissar Fuß zu fassen, suchte er nach einer anderen Betätigung. Zu dieser Zeit warb der britische Auslandsgeheimdienst (MI6) für die Britische Besatzungszone in Deutschland Agenten an. Da ihnen Felfe als ehemaliger SD-Mitarbeiter aus den Verhören während seiner Kriegsgefangenschaft bekannt war und er sich äußerst kooperativ gezeigt hatte, wurde er als V-Mann gewonnen. Er war für den britischen Geheimdienst vom 4. Juli 1947 bis zum 14. April 1950 im Bonner Raum tätig, wo er den Auftrag hatte, die Kommunistische Partei Deutschlands (KPD) und kommunistische Aktivitäten an Universitäten auszuspionieren.[3] Der britische Geheimdienst beendete die Zusammenarbeit mit Felfe, weil er aufgrund seiner zunehmenden Kontakte zur kommunistischen Seite verdächtig erschien.

Hans Clemens

Hans Clemens

Wie Heinz Felfe stammte auch Johannes »Hans« Max Clemens aus Dresden. Er wurde am 9. Februar 1902 als Sohn eines Musikdirektors geboren. Nach dem Besuch der Grundschule ließ sich der junge Clemens bis 1920 an der Dresdner Musikhochschule ausbilden. Er konnte seinen Berufswunsch Militärmusiker allerdings aufgrund der Verringerung des deutschen Heeres nach 1918 nicht umsetzen. So schlug er sich als Pianist und Geiger in verschiedenen Orchestern bis 1933 mit Gelegenheitsjobs durch. Schon 1931 war er in die NSDAP und in die Allgemeine-SS eingetreten, wirkte hierbei im sogenannten Gau-ND Sachsens, dem parteieigenen Nachrichtendienst, vor allem gegen Kommunisten. An der Erstürmung des sächsischen Landtagsgebäudes am 9. März 1933 durch Einheiten der SA und SS soll Clemens beteiligt gewesen sein. Ab 1933 war er für den SD in Dresden tätig. Im Laufe der Jahre war er für seine Brutalität nicht zuletzt gegenüber Juden berüchtigt, etwa durch sein Vorgehen bei dem jüdischen Romanisten Victor Klemperer. 1942 wurde Clemens zum SS-Hauptsturmführer befördert und wechselte ins RSHA, Amt VI, zunächst ins Referat B3 (Schweiz), dann nach B1 (Italien). Ende 1943 wurde er in den Stab des Polizei-Attachés nach Rom abkommandiert und im Juni 1944 zum Leiter der SD-Stelle nach Como versetzt.

Ende April 1945 geriet Clemens in amerikanische Kriegsgefangenschaft und wurde 1946 als Mitangeklagter in dem Prozess um das Massaker in den Adreatinischen Höhlen vom 24. März 1944 nach Rom überstellt. Er hatte während des Massakers einem Erschießungskommando unter SS-Hauptsturmführer Carl-Theodor Schütz angehört, der später ebenfalls BND-Mitarbeiter wurde. Am 20. Juli 1948 sprach das zuständige Militärgericht Clemens frei, er verblieb aber bis November im Internierungslager Fraschette in Latium. Seine weiterhin in Dresden lebende Ehefrau hatte inzwischen brieflichen Kontakt mit ihm aufgenommen. Von ihr wusste er, dass der sowjetische Geheimdienst aufgrund seiner SD-Vergangenheit nach ihm suchte und seine Familie Repressalien erleiden musste. Auch hatte er Kenntnis davon, dass seine Frau inzwischen Beziehungen zu sowjetischen Offizieren unterhielt. So kehrte auch Clemens nicht in seine alte Heimatstadt zurück und suchte Kontakt zu den alten Kameraden Erwin Tiebel und Heinz Felfe in Westdeutschland.

Erwin Tiebel

Erwin Tiebel

Erwin Max Tiebel wurde am 10. November 1903 als Sohn eines Handwerksmeisters in Dresden geboren. Nach seiner Reifeprüfung 1923 studierte er Rechtswissenschaften an der Universität Leipzig. 1933 trat er der NSDAP bei, übernahm erste Parteiämter und ließ sich 1934 als Rechtsanwalt in Radeberg nieder. Er wurde Beisitzer im NSDAP-Kreisgericht, leitete eine »NS-Rechtsberatungsstelle« und war Rechtsberater der NS-Wohlfahrtsorganisation NSV. 1937 verpflichtete sich Tiebel zunächst als ehrenamtlicher SD-Mitarbeiter für die SD-Außenstelle in Radeberg. Diese unterstand der Hauptaußenstelle des SD in Dresden, deren Leiter Hans Clemens war. Mit dessen Hilfe wurde Tiebel nach Kriegsbeginn 1939 für den SD-Leitabschnitt Dresden »dienstverpflichtet«. Er folgte Clemens 1943 als SS-Oberscharführer ins RSHA, Amt VI, Referat B3 nach. Hier traf er wenig später auch auf Heinz Felfe. Zum Kriegsende setzte sich Tiebel über Bayern ab, entkam der Kriegsgefangenschaft und zog nach Lendringsen im Landkreis Iserlohn.

Nach kurzer Zeit wurde er hier Geschäftsführer einer Baufirma und baute sich eine bürgerliche Existenz auf. Die NS-Vergangenheit des nicht entnazifizierten Tiebel blieb unaufgedeckt.

Spionage für den KGB

Felfes großer Traum war es, wieder als Kriminalkommissar arbeiten zu können. Seine Bewerbungen waren aber erfolglos. Von Juli 1950 bis September 1951 arbeitete er befristet für das Bundesministerium für gesamtdeutsche Fragen. Er befragte Flüchtlinge in verschiedenen Flüchtlingslagern, insbesondere Angehörige der Volkspolizei der DDR. Mit dem Ende dieser Tätigkeit befand sich Felfe, der inzwischen eine vierköpfige Familie hatte, erneut in einer finanziellen Zwangslage.

Eine ganz neue Perspektive ergab sich unerwartet über seinen ehemaligen SD-Kameraden Hans Clemens. Dieser war inzwischen aus der italienischen Kriegsgefangenschaft nach Deutschland zurückgekehrt und bei Erwin Tiebel untergekommen. Clemens' Ehefrau kontaktierte ihren Ehemann im März 1950 erneut und bat ihn, zu einem Gespräch mit Behörden nach Dresden zu reisen. Clemens beriet sich mit Felfe und Tiebel, denn den Geheimdienstexperten war klar, dass der Grund für die Reise ein Anwerbungsversuch des sowjetischen Geheimdienstes sein musste. Clemens ging aus Mangel an Alternativen – wohl auch im Glauben, den sowjetischen Geheimdienst zu seinen Gunsten nutzen zu können – auf das Angebot ein und ließ sich vom KGB anwerben. Nach seiner Verhaftung 1961 gab er in den Verhören an, dass er seit der Zerstörung seiner Heimatstadt Dresden durch die alliierten Bombenangriffe die Amerikaner gehasst habe. Zu diesem Zeitpunkt versuchte Felfe, von seinem Wissen zu profitieren und meldete den Anwerbungsversuch des sowjetischen Geheimdienstes sowohl dem britischen Geheimdienst, für den er als V-Mann noch tätig war, als auch dem deutschen Innenministerium. Er hoffte, dadurch in eine feste Anstellung in einer Kriminalpolizeibehörde zu gelangen. Aber der Information wurde nicht nachgegangen. Clemens sollte auch ehemalige Kameraden der NS-Organisationen für eine mögliche KGB-Arbeit identifizieren und einer Anwerbung zuführen. Im Herbst 1950 ließ sich auch Tiebel anwerben, in der Hoffnung, seine im Osten lebende Familie besser schützen zu können. Ein Jahr später konnte er seinen Sohn zu sich in die Bundesrepublik holen. Aus Mangel an beruflichen Alternativen und im irrigen Glauben, eine Tätigkeit für den sowjetischen Geheimdienst für sich nutzen zu können, ging schließlich auch Felfe im September 1951 auf das Angebot ein.

Clemens erhielt den Auftrag, in die Organisation Gehlen (Org) einzudringen. Dazu stellte er zunächst Kontakt zum ehemaligen SS-Standartenführer Wilhelm Krichbaum her. Beide kannten sich aus Dresdner SD-Zeiten. Krichbaum hatte ebenfalls im RSHA gearbeitet und war Leiter der Geheimen Feldpolizei (GFP) gewesen. Er gehörte der Org seit September 1948 an. Im Auftrag einer Außenstelle in Karlsruhe sollte er frühere Kameraden ausfindig machen, die für eine Tätigkeit in der Org geeignet schienen und so gelangte Clemens in die Org. Er war zunächst seit Frühsommer 1950 als Kurier und Büroangestellter in der Untervertretung (UV) Bayern tätig und ab 1952 beim Aufbau der Bezirksvertretung (BV) Rhein-Ruhr eingesetzt. Im Anschluss daran wurde er 1953 Filialleiter der UV Württemberg in Stuttgart und wirkte ab 1956 in Bonn und Köln, ab 1958 in einem Observationskommando.

Der Kontakt zur Organisation Gehlen: Wilhelm Krichbaum

Wie Clemens verschaffte sich auch Felfe Zugang zu Krichbaum, dem Kontaktmann der Org. Im November 1951 begann Felfe unter seinem Decknamen Hans Friesen für die Org zu arbeiten, er wurde Sachbearbeiter im Bereich Spionageabwehr und Gegenspionage in der Außenstelle der Generalvertretung (GV) L in Karlsruhe unter der Leitung von Alfred Bentzinger. Der für ihn zuständige Referent war der ehemalige Abwehroffizier Oskar Reile, der im Sommer 1952 in die Zentrale nach Pullach zum Bereich 40 (Spionageabwehr) versetzt wurde. Felfe folgte ihm ein knappes Jahr später, am 1. Oktober 1953. Er arbeitete nun in der Zentrale der Org. Mit Unterstützung seiner sowjetischen Auftraggeber, die ihn gezielt mit Informationen versorgten, machte Felfe auf sich aufmerksam und konnte rasch Gehlens Vertrauen gewinnen. Der KGB stattete dabei Felfe nicht nur mit »Spielmaterial« aus, sondern auch mit echten nachrichtendienstlichen Informationen. Auf diese Weise sollte Felfes Stellung im deutschen Auslandsnachrichtendienst gefestigt und ausgebaut werden. So bekam er große Anerkennung für die »Operation Lena«, bei der er einen ostdeutschen Journalisten und KGB-Agenten als Quelle für den Dienst führte. Gehlen konnte durch die dadurch gewonnenen Informationen und Operationen Felfes auch persönlich gegenüber der Bundesregierung punkten und gleichzeitig die strategische Bedeutung der Org unterstreichen, in einer Zeit, in der diese in die Bundeshoheit als BND überführt werden sollte. Doch »Lena« war nur ein sowjetisches »Gegenspiel«.[4] Gehlen war offenbar lange Zeit vom politischen Nutzen der Informationen geblendet, die Felfe lieferte, und ignorierte selbst die vereinzelt, aber schon lange im BND vorhandenen Zweifel an dessen Glaubwürdigkeit.

Heinz Felfe stieg 1959 zu einem Leiter im Bereich »Gegenspionage Sowjetunion« auf und führte zentrale nachrichtendienstliche Operationen gegen die Sowjetunion aus. In seiner Funktion hatte er Zugang zu Geheimpapieren der Bundesregierung, des Bundesamts für Verfassungsschutz sowie der CIA. So war er ironischerweise auch mit der Leitung des Falls »Panoptikum« beauftragt, einer Untersuchung über einen im BND vermuteten hochrangigen sowjetischen Spion.

Immer wieder erregte der unter den anderen BND-Mitarbeitern als arrogant empfundene Felfe Misstrauen. Es fiel auf, dass seine nachrichtendienstlichen Operationen zu reibungslos verliefen und sein Lebensstil seinem Einkommen nicht entsprach. Auch tauchten Unregelmäßigkeiten in seinem Lebenslauf auf, wie die verschwiegene SD-Zugehörigkeit, die im Zuge seines Verbeamtungsverfahrens Mitte der 1950er-Jahre thematisiert wurde. Aber all dies konnte den geschickt agierenden Felfe nicht in die Enge treiben. Handfeste Hinweise verschiedener Dienste auf sowjetische Spionagetätigkeit im BND führten über Jahre nicht zu Felfe oder blieben unbeachtet. So war Felfe nach Verdächtigungen des britischen Geheimdienstes 1953 in den Fokus der Spionageabwehr der US-Armee, des Counter Intelligence Corps (CIC) geraten. Er stand konkret im Verdacht, vom KGB nach Pullach eingeschleust worden zu sein. Weder die

► Der KGB-Spion Heinz Felfe (l.) als BND-Mitarbeiter auf einer Auslandsdienstreise in den USA

4 »Gegenspiel (Operationsform der Gegenspionage): Unerkannt gesteuertes Zuleiten von freigegebenem Material (Spielmaterial) über eine Gegenspionage-Verbindung an einen fremden Nachrichtendienst mit dem Ziel, Erkenntnisse über diesen zu gewinnen, ihn irrezuführen und den eigenen Gegenspionage-Aufklärer zu tarnen.« Zit. n.: Nachrichtendienstliche Begriffsbestimmungen der »Organisation Gehlen« und des frühen Bundesnachrichtendienstes, hrsg. v. Bundesnachrichtendienst, verantw. Hrsg.: Bodo Hechelhammer, Berlin 2012, S. 18.

Org noch die CIA wurden darüber informiert. Die CIA erhielt aber auf anderem Wege Hinweise auf sowjetische Aktivitäten in Pullach. 1954 etwa gab ein KGB-Informant den unspezifischen Hinweis, dass zwei Spione namens »Peter« und »Paul« in der Org tätig seien.

Erst 1958 aber gab der CIA-Agent Michael Goleniewski, leitender Mitarbeiter der polnischen Spionageabwehr, den entscheidenden Hinweis: Auf einer KGB-Konferenz sei berichtet worden, dass zwei Teilnehmer einer sechsköpfigen Reisegruppe der Spionageabwehr des BND in den USA in Wahrheit sowjetische Agenten seien. Der infrage kommenden Reisegruppe im Jahr 1956 hatte auch Heinz Felfe angehört und so verengte sich der Kreis der Verdächtigen. Die CIA begann unter dem Operationsnamen »Ujdrowsy« zu ermitteln. Anfang 1961 informierte sie BND-Präsident Gehlen über den Verratsfall in seinen Reihen. Gehlen setzte einen kleinen geheimen Sonderstab ein, der die Verräter überführen sollte. Felfe und Clemens wurden identifiziert und überwacht, um strafrechtlich relevante Beweise für die Staatsanwaltschaft zusammenzutragen. Anfang November 1961 wurden Heinz Felfe, Hans Clemens und später auch deren Unterstützer Erwin Tiebel verhaftet. Der Schaden für den BND, aber auch für die CIA war enorm. Nach einem Schadensbericht der CIA soll Felfe über 15 000 geheime Vorgänge verraten und 100 CIA-Agenten enttarnt haben.[5] In Felfes Wohnung allein wurden 300 Mikrofilme mit über 15 000 Seiten Fotomaterial und zwanzig Tonbänder mit weiteren nachrichtendienstlichen Inhalten gefunden.[6] Dem KGB waren somit weite Teile des BND-Personals sowie Erkenntnisse des BND über die Sowjetunion und dessen Gegenspionage bekannt.

Am 22. Juli 1963 wurde Felfe vom Bundesgerichtshof zu 14 Jahren Haft verurteilt; Clemens erhielt zehn Jahre, Tiebel drei Jahre Haft. Auch während der Haftzeit blieb Felfe seinen sowjetischen Auftraggebern treu, tauschte über Kassiber weiterhin Informationen mit ihnen aus. Er kam am 14. Februar 1969 frei, als im Rahmen eines Häftlingsaustauschs 21 politische Häftlinge aus der DDR in die Bundesrepublik gelangten. 1967 war Felfe zum »politischen Faustpfand« geworden. Die Regierungen der Sowjetunion und der DDR hatten zuvor zunehmend politischen Druck auf die Bundesrepublik ausgeübt und zeitweise mit der Einstellung des Häftlingsfreikaufs, der Familienzusammenführungen und des Agentenaustauschs gedroht. Von nun an lebte Heinz Felfe in Ost-Berlin. Hans Clemens wurde nach sechseinhalb Jahren aus der Haft entlassen. Krank und gebrochen blieb er in Westdeutschland und starb im September 1976. Erwin Tiebel verbüßte seine Haftstrafe. Felfe dagegen wurde für seine Treue und Standhaftigkeit gegenüber dem KGB belohnt. In der DDR promovierte er und erhielt eine außerordentliche Professur an der Humboldt-Universität im Fachbereich Kriminalistik, wo er vor allem Mitarbeiter des Ministeriums für Staatssicherheit unterrichtete. Im Jahr 1986 erschien seine autobiografische Rechtfertigungsschrift »Im Dienst des Gegners«. Noch im Jahr 2008 gratulierte die Nachfolgeorganisation des KGB dem ehemaligen »Kundschafter des Friedens« zu seinem 90. Geburtstag. Wenige Wochen später, am 8. Mai 2008, starb Felfe in Berlin.

◄ Austausch von Heinz Felfe über den Grenzübergang Herleshausen in die DDR, 14. Februar 1969

5 Vgl. Norman J. W Goda.: Cia Files Relating to Heinz Felfe, SS officer and KGB Spy (URL: www.fas.org/sgp/eprint/goda.pdf, zuletzt aufgerufen am 14. 12. 2015). **6** Vgl. Urteil des Bundesgerichtshofes, 6 StE, 1/63, BArch, B 362, Aktenbestand 5568, S. 42

DIE ORGANISATIONSEINHEIT »85«: EINE WEITERE ENTNAZIFIZIERUNG IM BND?

Mitte der 1960er-Jahre trennte sich der Bundesnachrichtendienst (BND) von 68 Mitarbeitern. Vorausgegangen war eine interne Überprüfung des hauptamtlichen Personals nach möglichen »NS-Belastungen« durch die Organisationseinheit »85«. Zu den Betroffenen gehörten die ehemaligen SS- und SD[1]-Angehörigen Erich Deppner und Walter Kurreck. Ihre Beispiele zeigen Vorgehen, Befugnisse und Möglichkeiten der BND-internen Ermittlergruppe sowie den Umgang des Dienstes mit den Angehörigen des betroffenen Personenkreises. Dabei werden Rückschlüsse auf die Frage möglich, inwieweit es sich bei diesem Vorgang um eine Art weitere Entnazifizierung im BND gehandelt hat.[2]

Am 15. Juli 1942 setzte sich im niederländischen Westerbork der erste von zahlreichen Transporten Richtung Osten in Bewegung.[3] Die Insassen waren Juden, die von deutschen SS- und SD-Einheiten in dem sogenannten Durchgangslager zusammengetrieben worden waren, um nach Auschwitz verschleppt zu werden. Viele dieser Menschen wurden in den Gaskammern und Arbeitslagern des NS-Regimes ermordet. Organisator und für die Transporte verantwortlicher SD-Führer war der SS-Sturmbannführer und damalige Lagerkommandant, Erich Deppner.[4] Der Jurist hatte bereits vor diesem Kommando als Referatsleiter im Reichssicherheitshauptamt (RSHA) und bei der Einsatzgruppe Niederlande im NS-Sicherheitsapparat gearbeitet. Dort leitete er die Abteilung Gegnerbekämpfung des Befehlshabers der Sicherheitspolizei und des SD (BdS) in Den Haag. In dieser Funktion hatte er beispielsweise im April 1942 vom Höheren SS- und Polizeiführer in den Niederlanden den Auftrag erhalten, 65 sowjetische Kriegsgefangene aus dem polizeilichen Durchgangslager Amersfoort erschießen zu lassen. Auch diesem Befehl war der überzeugte Nationalsozialist[5] ohne Umschweife nachgekommen. Noch im Spätsommer 1944 würde Deppner im Konzentrationslager Herzogenbusch die Exekution von 450 Holländern leiten, die Widerstand gegen die NS-Besatzung geleistet hatten.

◄ Durchgangslager Westerbork, Blick entlang der Hauptlagerstraße, 1943/44

Während Deppner in Westerbork dazu beitrug, die systematische Ermordung der niederländischen Juden durchzuführen, engagierte sich auf einem anderen Gebiet ein weiterer Angehöriger des NS-Herrschaftsapparats. Der Mediziner und SS-Sturmbannführer Walter Kurreck

1 Der Sicherheitsdienst des Reichsführers SS (SD) war der Geheimdienst der NSDAP und ihrer Schutzstaffel (SS). **2** Dieser Text ist im Rahmen der Arbeit der Unabhängigen Historikerkommission zur Erforschung der Geschichte des Bundesnachrichtendienstes 1945–1968 entstanden. Weiterführende Quellenbelege finden sich in meiner voraussichtlich 2016 im Christoph Links Verlag Berlin erscheinenden Veröffentlichung zur »Organisationseinheit 85«. **3** Zum Durchgangslager Westerbork vgl. Angelika Königseder: Polizeihaftlager, in: Wolfgang Benz/Barbara Diestel (Hrsg.): Der Ort des Terrors. Geschichte der nationalsozialistischen Konzentrationslager, Bd. 9, München 2009, S. 19–52, hier S. 24. **4** Vgl. Königseder: Polizeihaftlager, 2009, S. 28; Raul Hilberg: Die Vernichtung der europäischen Juden, Bd. 2, 10. Auflage, Frankfurt am Main 2007, S. 619. **5** Deppner war bereits 1932 in die NSDAP eingetreten.

Zugschild Westerbork-Auschwitz, 1942–1944

fungierte 1942 in der Ukraine im Rahmen des Unternehmens »Zeppelin« als Verbindungsführer zur Einsatzgruppe D.[6] In dieser Geheimoperation setzte der SD vor allem sowjetische Kriegsgefangene in geheimdienstlichen Aktionen gegen die Rote Armee ein. Sobald die deutschen Auftraggeber ihre Agenten der Illoyalität verdächtigten oder diese beispielsweise wegen Erkrankungen nicht mehr einsatzfähig erschienen, wurden sie den Einsatzgruppen zur Exekution überstellt.[7] Seit Oktober 1944 leitete der nach Berlin zurückgekehrte Kurreck das »Sonderreferat Zeppelin« im RSHA.

Als die Niederlage 1945 ihre NS-Karrieren beendete, nahmen sowohl Deppner als auch Kurreck falsche Identitäten an. Deppner überstand auf diese Weise unbeschadet die sowjetische Kriegsgefangenschaft und verwendete nach seiner Repatriierung 1950 wieder seinen richtigen Namen. Dagegen lebte Kurreck, nachdem er 1945 aus britischem Gewahrsam entlassen worden war, noch fünf Jahre lang unter falschem Namen. Beide Männer mussten nicht lange warten, um wieder nachrichtendienstlich arbeiten zu können. Hier machte Kurreck den Anfang: Er wurde unmittelbar nach seiner Freilassung 1945 von den Briten verpflichtet, bevor er 1951 in Gehlens Geheimdienst eintrat. Deppner nahm seine Tätigkeit für die Organisation Gehlen (Org), die zu jener Zeit noch unter US-amerikanischer Ägide arbeitete, ein Jahr später auf.

In Pullach, der Zentrale der Org bzw. des BND, schätzte man zu Beginn die nachrichtendienstlichen Erfahrungen der neuen Mitarbeiter offenbar hoch ein. Sie stiegen im Bereich der Operativen Beschaffung des Geheimdienstes rasch bis zu Prüfstellenleitern[8] auf. Doch diese Wert-

6 Vgl. Andrej Angrick: Besatzungspolitik und Massenmord. Die Einsatzgruppe D in der südlichen Sowjetunion 1941–1943, Hamburg 2003, S. 480–482. **7** Zu Auftrag, Durchführung und Personal von Unternehmen »Zeppelin« vgl. Klaus-Michael Mallmann: Der Krieg im Dunkeln. Das Unternehmen »Zeppelin« 1942–1945, in: Michael Wildt (Hrsg.): Nachrichtendienst, politische Elite und Mordeinheit. Der Sicherheitsdienst des Reichsführers-SS, Hamburg 2003, S. 324–346. **8** Die Außenstellen der Org bzw. des BND waren in kleinere Untereinheiten, sogenannte Prüf- oder Hauptstellen, gegliedert. **9** Zur Überprüfung des »besonderen Personenkreises« durch die »85« vgl. auch Peter Carstens: NS-Verbrecher im BND. Eine »zweite Entnazifizierung«, in: FAZ.net, 18.3.2010 (URL: www.faz.net/aktuell/politik/inland/ns-verbrecher-im-bnd-eine-zweite-entnazifizierung-1640084.html, zuletzt aufgerufen am 3.12.2015). **10** Dazu vgl. Norbert Frei: Vergangenheitspolitik. Die Anfänge der Bundesrepublik und die NS-Vergangenheit, München 2012.

Gruppenbild mit SD-Führer Erich Deppner (Markierung 2) in den Niederlanden, 1942/43

schätzung seitens des BND war nicht von Dauer. Sowohl Deppner als auch Kurreck verließen den Dienst Mitte der 1960er-Jahre unfreiwillig. Vorausgegangen war eine Überprüfung des BND-Personals mit einschlägiger NS-Vergangenheit durch eine interne Einheit, die Organisationseinheit »85«.[9]

Einrichtung und Arbeit der »85«

Die BND-Leitung veranlasste die Überprüfungen aufgrund einer Weisung aus dem Bundeskanzleramt. Dort und in Politikerkreisen war man infolge des umfassenden Landesverrats durch einen BND-Mitarbeiter, den ehemaligen SS-Obersturmführer Heinz Felfe, sowie des im Frühsommer 1963 gegen ihn beginnenden und in der Presseberichterstattung viel beachteten Prozesses vor dem Bundesgerichtshof auf das Problem der Beschäftigung von Personal mit »NS-Belastungen« im deutschen Nachrichtendienst aufmerksam geworden. Felfe hatte seinen sowjetischen Auftraggebern seit den 1950er-Jahren kontinuierlich Interna aus der Org bzw. dem BND verraten. Ohnehin führte die besonders seit der zweiten Hälfte der 1950er-Jahre laufende vergangenheitspolitische Entwicklung dazu, dass man in der bundesdeutschen Öffentlichkeit die Beschäftigung von nationalsozialistisch belasteten Personen kritischer bewertete.[10]

Da alle drei Bundestagsfraktionen, einschließlich der CDU/CSU-Fraktion, zunehmend auf eine stärkere Kontrolle des BND drängten, sah sich Bundeskanzler Konrad Adenauer im August 1963 dazu veranlasst, den BND, der dem Kanzleramt beigeordnet war, einer genaueren Prüfung von außen, das heißt durch einen Beamten des Kanzleramts zu unterziehen.[11] Dem Bonner Abgesandten blieb allerdings auch nach seiner mehrtägigen Visite in Pullach nicht zuletzt in Personalfragen einiges unklar. Daher beschloss Adenauer mit Zustimmung der Fraktionsvorsitzenden und, so Erinnerungen aus dem BND, in Abstimmung mit BND-Präsident Reinhard Gehlen, alle hauptamtlichen BND-Angehörigen nach einheitlichen Gesichtspunkten zu ihrer NS-Vergangenheit überprüfen und anhören zu lassen.

Dieser Order nachkommend, betraute Gehlen noch im November 1963 die jungen BND-Beamten Hans-Henning Crome und Karl Bäuml mit der brisanten Aufgabe. Crome hatte sich schon zuvor in einer Arbeitsgruppe für die interne Untersuchung zu den Auswirkungen des Felfe-Verrats auf den BND verdient gemacht. Zudem stand sein Vater, der Gehlen noch aus Reichswehrzeiten bekannt und selbst Mitarbeiter des BND war, dem BND-Präsidenten nahe, sodass ein besonderes persönliches Vertrauensverhältnis bestanden haben mag. Bäuml qualifizierten seine langjährigen Erfahrungen im BND-Personalwesen. Zusammen mit einigen Hilfskräften bildeten sie die Organisationseinheit »85«, die dem BND-Leitungsstab direkt unterstellt wurde. Unterstützung erhielten die beiden Ermittler von zwei weiteren BND-Mitarbeitern, dem gelernten Historiker Karl-Eberhard Henke sowie dem BND-Leitungsstabangehörigen Volker Foertsch. Ersterer stand bei Fachfragen zur NS-Zeit als Ansprechpartner bereit. Foertsch übernahm große Teile der Kommunikation der »85« mit der BND-Leitung und mit befreundeten Nachrichtendiensten, um bei Bedarf auch von dort Informationen über die betroffenen BND-Mitarbeiter zu beschaffen.

Die »85« hatte die Aufgabe, den »besonderen Personenkreis« im BND ausfindig zu machen und sodann die entsprechenden Lebensläufe zu durchleuchten. Nach BND-interner Definition gehörten zu dieser Personengruppe alle hauptamtlich Beschäftigten, die zwischen dem 30. Januar 1933 und dem 8. Mai 1945 zum Befehlsbereich des Reichsführers SS und Chefs der Deutschen Polizei gehört hatten oder hauptamtlich in der NSDAP oder ihren Gliederungen beschäftigt gewesen waren. Diese rein formale Definition von »NS-Belastung« bezog sich zunächst nicht auf konkrete Tatbestände, sondern auf die Zugehörigkeit zu Organisationen, die der Internationale Strafgerichtshof in Nürnberg als verbrecherisch einstufte. Auf diese Weise sollten Personen, die in der Waffen-SS nur Mannschafts- oder Unteroffiziersgrade bekleidet hatten, ebenso von den Überprüfungen ausgeschlossen werden wie ehemalige Wehrmachtangehörige. Alle übergeordneten Abteilungen des BND waren angewiesen, der »85« die Mitarbeiter aus ihrem Bereich zu benennen, die unter diese Definition fielen. Auf Basis dieser Meldungen und eigener Recherchen erfassten die Ermittler neben Deppner und Kurreck noch mindestens 155 weitere Personen, insgesamt also 157 Männer.

11 Vgl. Heinrich von Brentano an Bundeskanzler Konrad Adenauer, 30. 7. 1963, Nachlass Ollenhauer, Erich, Archiv der sozialen Demokratie der Friedrich-Ebert-Stiftung (AdsD), 2/EOAA000292. **12** Arbeitsgrundsätze und Erfahrungen von 85, 1. 2. 1965, S. 1, Bundesarchiv (BArch), B 206/1976, Bl. 2.

Präsidentenvilla in Pullach, ab 1963 auch Sitz der Organisationseinheit »85«, 2012

Zu Beginn ihrer Arbeit stellten Crome und Bäuml mit Entsetzen fest, dass die personenbezogenen Akten im BND »niemals vorher von einem Bearbeiter zusammengefasst, konsequent verglichen und auf die Vollständigkeit und Übereinstimmung der von den betroffenen Mitarbeitern zu verschiedenen Zeitpunkten und gegenüber verschiedenen Stellen gemachten Angaben zu ihrem Lebenslauf, zur dienstlichen Laufbahn und zum dienstlichen Einsatz während des 3. Reiches geprüft worden« waren.[12] Dies musste »85« nun möglichst schnell mit den ihr zur Verfügung stehenden Mitteln nachholen. Aus der engen Zusammenarbeit mit weiteren BND-Stellen erhielt sie von der Personalabteilung, den Dienststellen für Operative und Personelle Sicherheit sowie den jeweiligen Führungsstellen internes personenbezogenes Aktenmaterial. Daneben war ein eigens zu diesem Zweck entworfener, 45 Punkte umfassender Fragebogen das wichtigste Werkzeug der Pullacher Ermittler.

Die Angehörigen des »besonderen Personenkreises« wurden ab November 1963 zu Einzelgesprächen nach München bestellt und anhand des Fragebogens von Crome und Bäuml zu ihren Lebensläufen und Tätigkeiten bis Mai 1945 befragt. Die Betroffenen hatten zudem sämtliche Dokumente vorzulegen, die ihre Aussagen belegen konnten. Darüber hinaus richtete »85« auf Grundlage ihrer Erkenntnisse aus den Akten Anfragen an auswärtige Stellen oder ließ sich weiteres Material durch Verbindungen des BND beschaffen. Eine besondere Rolle spielte dabei die Zentrale Stelle der Landesjustizverwaltungen zur Aufklärung nationalsozialistischer

Hans-Henning Crome
in Pullach, 2010

Verbrechen in Ludwigsburg, bei der Recherchen zu allen Angehörigen des »besonderen Personenkreises« obligatorisch wurden. Gleiches galt für das Berlin Document Center (BDC)[13], das die »85« über die CIA kontaktieren ließ. Zudem erweiterten die Ermittler kontinuierlich ihren Wissensstand über die NS-Zeit sowie über relevante Zusammenhänge, indem sie eigene Erhebungen nicht nur anhand der greifbaren Fachliteratur, sondern beispielsweise auch mit Material aus dem Bundesarchiv und dem Institut für Zeitgeschichte (IfZ) durchführten. In Einzelfällen organisierten sie sogar Zeitzeugenbefragungen und wandten sich an befreundete Nachrichtendienste.

In ihren Gutachten, die sowohl den Werdegang als auch ihre Einschätzung zur »politischen Belastung« der Betroffenen abbildeten, nahm »85« auch zum nachrichtendienstlichen Gefährdungspotenzial als Folge einer Weiterbeschäftigung der Betroffenen Stellung. Die Ermittler sahen hierbei häufig einen Zusammenhang zwischen einer als »politisch« verbrämten »Belastung« durch Aktivitäten in der NS-Zeit und einer akuten Sicherheitsbelastung für den BND. Es war, so die Logik, zu vermuten, dass östliche Nachrichtendienste Zugriff auf Unterlagen über von BND-Mitarbeitern begangene Verbrechen hatten. Durch dieses Druckmittel könnten sich gegnerische Geheimdienste, wie der Fall Felfe zu belegen schien, womöglich Zugang zu den Betroffenen und damit direkt zu den Geheimnissen des BND verschaffen.

Von Deppners möglicher NS-Täterschaft wusste man in Pullach spätestens seit seiner Verhaftung durch die Münchner Polizei im Juli 1960 wegen des dringenden Verdachts der Teilnahme an der Ermordung sowjetischer Kriegsgefangener in Amersfoort 1944. Den Dienst im BND hatte

Deppner aber nur bis zu seiner Haftentlassung Anfang März 1963 unterbrechen müssen. Am 22. Januar 1964 war er vom Schwurgericht beim Landgericht München freigesprochen worden.[14]

Die Ermittlungen von »85« kamen allerdings zu einem anderen Ergebnis. Die Befragung durch Crome und Bäuml Anfang März 1965 und die Auswertung der Unterlagen aus dem BDC, einer einschlägigen holländischen Publikation sowie der Sicherheits- und Ersatzpersonalakte[15] hatten gezeigt, dass Deppner verschiedener NS-Verbrechen dringend verdächtig war. Zudem stützten sie sich auf einen Artikel in der Wochenzeitschrift »Die Tat«, der während Deppners Münchner Prozess erschienen war und in dem er als Schlüsselfigur des NS-Terrors in den Niederlanden bezeichnet wurde.

Insgesamt ergab sich aus den Unterlagen, dass Deppner entgegen seiner Aussage, er sei erst im August 1942 zum Durchgangslager Westerbork kommandiert und dort lediglich mit Ausbau- und Verwaltungsaufgaben betraut worden, bereits Anfang Juli dorthin versetzt worden war. »85« konnte damit belegen, dass Deppner maßgeblich an der Umwandlung des Flüchtlingslagers in ein »Durchgangslager« beteiligt gewesen war. Zweifellos war er über Sinn und Zweck des Lagers unterrichtet und hatte das Ziel der Deportationen – Auschwitz – gekannt. Aufgrund dieser Verdachtsmomente und Deppners Falschaussagen zu seinem Werdegang betrachteten die Ermittler das Vertrauensverhältnis als unwiderruflich gestört. Schließlich werteten sie die öffentliche Aufmerksamkeit, die der Mitarbeiter durch den Prozess auf sich gezogen hatte, als Sicherheitsrisiko: So war es etwa in seinem unmittelbaren Wohngebiet zu einer Flugblattaktion gegen Deppner gekommen. Eine Weiterbeschäftigung sollte daher aus, wie es hieß, politischen sowie aus nachrichtendienstlichen Sicherheitsgründen ausgeschlossen werden.

Kurreck dagegen hatte die Org bereits bei Einstellung über seine frühere Tätigkeit als Referent im RSHA Amt VI und seinen Einsatz im Unternehmen »Zeppelin« informiert. Auch in seinem Fall ermittelte die bundesdeutsche Justiz eher als der BND. Die Düsseldorfer Staatsanwaltschaft leitete im Juni 1963 ein Ermittlungsverfahren gegen ehemalige Angehörige des Unternehmens »Zeppelin« ein. Eine Anklageerhebung war keineswegs auszuschließen. Kurreck gab im BND an, dass er keine Taten begangen habe, die »gegen geschriebene und ungeschriebene Gesetze verstoßen« hätten. Dies sei auch seinerzeit von den britischen und US-amerikanischen Nachrichtendiensten, für die er tätig gewesen war, bestätigt worden. Ungeachtet dessen leitete man im November 1963 in Pullach das »85«er-Verfahren ein. Nach Lektüre der BND-Personalakten recherchierten Crome und Bäuml erneut im BDC, bei der Zentralen Stelle sowie im

13 Die US-Armee hatte das BDC direkt nach Kriegsende eingerichtet. Das Archiv aus beschlagnahmten Dokumenten von NS-Behörden diente u. a. der Vorbereitung der Nürnberger Kriegsverbrecherprozesse. Zu den verschiedenen Personenunterlagen gehört auch die zentrale Mitgliederkartei der NSDAP. Die Bestände des BDC sind heute Teil des Bundesarchivs. **14** Das Ermittlungsverfahren der Staatsanwaltschaft München wurde auch nach Deppners Haftentlassung fortgeführt. Allerdings lehnte das Landgericht München die Eröffnung des Hauptverfahrens unter Hinweis auf den Befehlsnotstand am 14. 12. 1962 ab. Die Hauptverhandlung wurde infolge einer Beschwerde der Staatsanwaltschaft vor dem Schwurgericht beim Landgericht I München wegen Mordes an 65 sowjetischen Kriegsgefangenen verhandelt. Es endete mit einem Freispruch für Deppner. **15** Deppners Personalakte aus den Jahren 1952 bis 1965 konnte von »85« nicht ausgewertet werden, da sie vor der Überprüfung unter ungeklärten Umständen aus den Beständen des BND verschwunden war.

Walter Kurreck

Bundesarchiv Koblenz, dieses Mal zum gesamten Unternehmen »Zeppelin«. Auf dieser Grundlage fiel das Gutachten der Ermittler im Mai 1964 negativ aus, obwohl Kurreck gegenüber »85« angegeben hatte, sich sogar einem Mordbefehl des Leiters der Einsatzgruppe D, Otto Ohlendorf, entzogen zu haben – ausgerechnet durch die Angabe, er habe »Zeppelin zu machen«. Dass ihm dieses nun negativ ausgelegt werden könnte, hatte er wohl nicht bedacht. Die Ermittler wiesen Kurreck vielmehr neben engen Kontakten zu maßgeblichen hochrangigen NS-Führern eine direkte Beteiligung am »Röhm-Putsch« und damit zumindest eine Mitverantwortung für die Ermordung zahlreicher Personen nach.[16] Darüber hinaus stand für Crome und Bäuml in Anbetracht seines Einsatzes beim Unternehmen »Zeppelin« fest, dass Kurreck für den BND eine untragbare »politische Belastung« darstellte. Da zudem zu befürchten war, dass sich der BND-Mitarbeiter bald vor dem Düsseldorfer Landgericht für seine Taten verantworten müsse, empfahlen sie, dem Angestellten zu kündigen.

Beschlussfassung und Umsetzung

Auf Grundlage der Ermittlungsergebnisse von »85« erarbeitete eine Kommission, bestehend aus Angehörigen der Sicherheitsabteilungen, des Personalwesens, des jeweiligen Vorgesetzten des betroffenen Mitarbeiters sowie der »85«, für den BND-Präsidenten Beschlussvorlagen zum Umgang mit den Betroffenen. Dieser behielt sich die letzte Entscheidung vor. In den Vorschlägen der Kommission spielten neben einer etwaigen NS-Belastung sowohl Sicherheitsaspekte und personalrechtliche Belange als auch dienstliche Argumente eine Rolle.

Hinsichtlich Deppners und Kurrecks war in der Beschlussfassung der Kommission neben der von »85« bewiesenen »politischen« beziehungsweise »persönlichen« Belastung aus der NS-Zeit der aktuelle Sicherheitsaspekt wesentlich. Während die Vertreter der Sicherheitsabteilungen bei Deppner das Sicherheitsrisiko mit dessen Falschaussagen und den daraus folgenden Zweifeln an seiner unbedingten Loyalität gegenüber dem BND begründeten, fürchteten sie bei Kurreck dessen Enttarnung durch Felfe und die Möglichkeit, dass gegnerischen Nachrichtendiensten kompromittierendes Aktenmaterial über seine Aktivitäten im Unternehmen »Zeppelin« zugänglich sein könnte. In beiden Fällen schlug die Kommission die Trennung von den Mitarbeitern vor, und in beiden Fällen schloss sich Präsident Gehlen diesem Vorschlag an (in wenigen anderen Fällen tat er dies nicht). Deppner wurde ein Auflösungsvertrag angeboten, Kurreck fristgerecht gekündigt. Ungeachtet der personalrechtlich bedingten Unterschiede billigte man beiden scheidenden Mitarbeiten eine Abfindung in Höhe von je 10000 D-Mark zu, die sie jeweils durch eine Intervention auf 20000 beziehungsweise auf rund 26000 D-Mark erhöhen konnten. Kurreck verließ den BND Ende März 1965. Deppner folgte ihm Anfang 1966.

Bilanz

Der BND leitete das »85«er-Verfahren erst auf politischen Druck hin ein, als in der bundesdeutschen Öffentlichkeit und Politik das Unbehagen an »NS-Belasteten« in öffentlichen Ämtern angewachsen war. Grundsätzlich stellten sich die Ermittlungen von »85« als ergiebige und genaue Untersuchungen dar. Allerdings krankte das Gesamtverfahren zum einen an der einschränkenden Definition von »NS-Belastung«. Zum anderen wurde der anschließende Entscheidungsprozess in der Kommission und auf Präsidialebene über den wirklichen Umgang mit den Betroffenen zu sehr von persönlichen Interessen einzelner Akteure oder angeblichen dienstlichen Belangen beeinflusst. Darüber hinaus war der Vollzug vorgesehener Kündigungen aufgrund personalrechtlicher Schwierigkeiten nicht selten kompliziert. So verließen nach der Überprüfung durch »85« neben Deppner und Kurreck 66 weitere Personen und damit Mitarbeiter, die nachweislich oder mit hoher Wahrscheinlichkeit an NS-Verbrechen beteiligt gewesen waren, den BND. Dagegen setzten 89 ehemalige Akteure aus dem NS-Herrschaftsapparat ihre BND-Karrieren fort – angesichts dieser Anteile wird man von einer umfassenden Entnazifizierung im BND in den 1960er-Jahren nicht sprechen wollen.

16 Zum »Röhm-Putsch« und seinen Auswirkungen auf die SA vgl. Otto Gritschneder: »Der Führer hat Sie zum Tode verurteilt …«. Hitlers »Röhm-Putsch«-Morde vor Gericht, München 1993; Peter Longerich: Die braunen Bataillone. Geschichte der SA, München 1989. S. 206–224.

DER SPIONAGEKRIEG IM SPIEGEL VON HÄFTLINGSINSCHRIFTEN IM GEFÄNGNIS LEISTIKOWSTRASSE

Oskar Blau ritzte im Frühjahr 1950 seinen Namen in den Putz.[1] Er saß in einer Einzelzelle im Keller des zentralen Untersuchungsgefängnisses der sowjetischen militärischen Spionageabwehr in Potsdam. Der ehemalige Fallschirmjäger der deutschen Luftwaffe war am Abend des 23. März 1950 in seiner Wohnung in Berlin-Johannisthal vor den Augen seiner Kinder festgenommen worden, nachdem die Militärspionageabwehr bereits seinen zukünftigen Schwager Horst Litta festgesetzt hatte, als dieser den sowjetischen Militärflugplatz Cottbus auskundschaftete. Der Flugplatz war für ausländische Nachrichtendienste von Interesse, da er seit 1950 modernisiert und erweitert wurde.[2] Die beiden Männer wurden am 27. Juli 1950 vom Sowjetischen Militärtribunal Nr. 48240 wegen Spionage zum Tode verurteilt. In seinem Gnadengesuch erklärt Blau die Hintergründe seines Handelns: »Im Februar 1949 musste ich aufgrund meines schweren Magenleidens meine Arbeitsstelle aufgeben. Da ich arbeitsunfähig war, und ich keine geldliche Unterstützung bekam, geriet ich in wirtschaftliche Not und verschuldete. Um meine ebenfalls kranke Frau (Gallenleiden) und meine beiden Kinder vor zu großem Missstand zu schützen, nahm ich das Angebot Spionage zu machen an. Ich war mir der schweren Folgen dieses Verbrechens nicht bewusst.«[3] Anstelle der Ortsangabe setzte er, wie einst in seinen Feldpostbriefen, handschriftlich die Abkürzung O. U. für Ortsunterkunft, weil er vermutlich nicht wusste, dass er sich im Gefängnis Leistikowstraße Potsdam befand.

◄ Zentrales Untersuchungsgefängnis der sowjetischen Militärspionageabwehr Leistikowstraße, Potsdam, 1994

Dieser Haftort war von 1945 bis zur Auflösung des sowjetischen Komitees für Staatssicherheit (KGB) 1991 in Betrieb.[4] Er war der höchsten Verwaltungsebene der sowjetischen Militärspionageabwehr zugeordnet. Der Deutschlandsitz dieses Geheimdienstes lag in unmittelbarer Nähe des Gefängnisses, im Gebäudekomplex des ehemaligen Kaiserin-Augusta-Stifts. In der näheren Umgebung hatte die Spionageabwehr auf einer Fläche von 16 Hektar über 100 Ge-

1 Vgl. Ines Reich: Oskar Blau, in: Ines Reich/Maria Schultz (Hrsg.): Sprechende Wände. Häftlingsinschriften im Gefängnis Leistikowstraße Potsdam, Berlin 2015, S. 288–294. Die Begriffe Militärspionageabwehr, militärische Spionageabwehr und Spionageabwehr werden synonym verwendet. **2** Vgl. Lutz Freundt (Hrsg.)/Stefan Büttner: Rote Plätze. Russische Militärflugplätze Deutschland 1945–1994: Fliegerhorste – Aerodrome – Militärbrachen, Berlin 2007, S. 147. **3** Gnadengesuch von Oskar Blau, 1. 8. 1950, Russisches Staatsarchiv Moskau (GARF), f. 7523, op. 66, d. 111, l. 96–97. **4** Danach diente das Gebäude der russischen Armee als Materiallager. Im August 1994 wurde es an die Stadt Potsdam übergeben. Der Evangelisch-Kirchliche Hilfsverein (EKH) als Alteigentümer, ehemalige Häftlinge, engagierte Bürger, Amnesty International, Memorial Deutschland e. V. und der im Jahr 2003 gegründete Gedenkstättenverein setzten sich für den Erhalt des Hauses sowie für die Erforschung seiner Geschichte und die Errichtung einer Gedenkstätte ein. Das denkmalgeschützte Gefängnisareal wurde ab dem Jahr 2007 konserviert und um ein Besucherzentrum erweitert. Im Dezember 2008 erfolgte die Gründung der Stiftung Gedenk- und Begegnungsstätte Leistikowstraße Potsdam in der Stiftung Brandenburgische Gedenkstätten.

Gefängnishof mit Fundamenten von Freigangzellen, 1994

bäude beschlagnahmt, um alle Abteilungen und Diensteinrichtungen sowie das Personal und dessen Angehörige unterzubringen. Dieses Sperrgebiet firmierte unter dem Namen »Militärstädtchen Nr. 7«. Es gehörte neben dem Hauptquartier des KGB in Berlin-Karlshorst zu den wichtigsten sowjetischen Geheimdienststandorten außerhalb der Sowjetunion und an der Nahtstelle zu Westeuropa.[5]

Für die Militärspionageabwehr war nach zahlreichen Umstrukturierungen seit 1954 die 3. Hauptverwaltung, ab 1959 die 3. Verwaltung des KGB zuständig. Sie war für die Abwehr von nachrichtendienstlichen Aktivitäten westlicher Geheimdienste gegen die in der Sowjetischen Besatzungszone (SBZ) und in der DDR stationierte Sowjetarmee sowie für die politische Überwachung der Armeeangehörigen verantwortlich. Dazu wurden alle Armeeobjekte, Soldaten und Offiziere, deren Familien, die Bewohner militärischer Siedlungen sowie deutsche Zivilbeschäftigte und deutsche Staatsbürger, die Kontakte zu solchen Personen hatten, überwacht. Letztere waren die bevorzugten Kreise, in die die westlichen Dienste Agenten einschleusten. Damit war die Spionageabwehr der unmittelbare Gegenspieler der westlichen Nachrichtendienste.[6]

Die Aufklärungsarbeit der westlichen Geheimdienste gegen die in der DDR stationierten sowjetischen Streitkräfte und die Reaktionen der sowjetischen Militärspionageabwehr darauf sind weitgehend unerforscht. Aus Mangel an Quellen ist wenig darüber bekannt, wer die Agenten waren, für welche Dienste sie arbeiteten, aus welchen Motiven heraus sie handelten und ob sie Informationen von Wert geliefert haben. Deshalb sind die Häftlingsinschriften im Keller des Gefängnisses Leistikowstraße nicht nur eine einzigartige Quelle für die Rekonstruktion der Geschichte des Haftortes, sondern die Schicksale ihrer Urheber spiegeln Aspekte des Spionagekriegs bis Mitte der 1950er-Jahre und liefern damit Antworten auf Forschungsfragen.

1400 Einritzungen zählten die Restauratoren. Sie zeigen mögliche Innen(an)sichten der Betroffenen und überliefern auf diese Weise – wenn auch chiffriert – deren Gedanken und Gefühle während der Haftzeit. Für die Fertigung von Inschriften benutzten Häftlinge, was gerade zur Hand war. Die Holzpritschen in den Zellen boten dabei eine bescheidene Quelle für Werkzeuge: Aus den Pritschen wurden Eisennägel gezogen oder Holzstäbchen bzw. -splitter abgebrochen oder abgespalten. Außerdem fanden Schrauben, Blechstücke, Glas- und Spiegelscherben, Besteckteile sowie Fischgräten Verwendung. Wenn keinerlei Werkzeug zur Verfügung stand, wurden aber auch die eigenen Fingernägel eingesetzt. Mit diesen unterschiedlichen Materialien entstanden Zeichnungen und Texte jeder Größe und Strichstärke. Neben zahlreichen, zumeist nur schwer oder gar nicht deutbaren Buchstaben-, Zeichen- und Zahlengruppen bzw. -fragmenten, die die größte Gruppe grafischer Darstellungen ausmachen, gibt es bildliche, szenische, figürliche und symbolische Darstellungen, Häftlingsnamen oder Namensfragmente, oft kombiniert mit persönlichen Angaben (Ortsangaben, Lebensalter) und/oder Angaben zur Haft (Datum der Verurteilung, Strafmaß), topografische Bezeichnungen (Orte, Gebiete) und Sprüche, Aufrufe, andere Textnachrichten sowie Kalender, Zahlenfolgen und Zählstriche. Mehrzeilige Texte und Gedichte sind selten.

Die 136 Namensinschriften und Namensfragmente konnten im Rahmen eines mehrjährigen Forschungsprojektes 49 realen Personen zugeordnet werden: Es handelt sich um 13 Frauen und 36 Männer, deren Lebenswege trotz der schwierigen Quellenlage in wichtigen Teilen rekonstruiert werden konnten. Die Inschriften sind vielfach der einzige Beleg dafür, dass die Betroffenen von der Militärspionageabwehr in Potsdam festgehalten worden sind, so wie bei Oskar Blau.[7] Zeitlich bilden die Inschriften die erste heiße Phase des Kalten Krieges ab. Die älteste datierbare deutsche Häftlingsinschrift hinterließ Lieselotte Betzner, die von November 1948 bis Herbst 1949 inhaftiert war. Die jüngste Inschrift stammt von Claus-Dieter Wetzig. Er war im Sommer 1954 inhaftiert und gehörte damit wahrscheinlich zu den letzten deutschen Häftlingen, die im Gefängnis Leistikowstraße festgehalten wurden.

In den Biografien scheinen die Interaktion der Geheimdienste, die Kenntnisse, die der sowjetische Geheimdienst über die Aktivitäten der westlichen Dienste hatte oder zu haben glaubte sowie die Motive der Informanten auf. Nur selten ist in den Quellen ersichtlich, für welchen Dienst die Betroffenen tätig waren, weil sie es oft, wie im Fall von Blau, selbst nicht wussten. In den sowjetischen Ermittlungsunterlagen sind deshalb so unspezifische Formulierungen zu lesen wie »französischer Geheimdienst«, ungeachtet der Tatsache, dass es mehrere französische

5 Zur Geschichte des »Militärstädtchen Nr. 7« siehe u. a. Ines Reich unter Mitarbeit von Maren Franke/Iris Hax/ Maria Schultz: Geschichtspfad Geheimdienststadt »Militärstädtchen Nr. 7« (URL: http://www.gedenkstaette-leistikowstrasse.de/Geschichtspfad/index.php, zuletzt besucht am 14. 9. 2015). **6** Zur Spionageabwehr vgl. u. a. Nikita Petrov: Verwaltung Spionageabwehr des Ministeriums für Staatssicherheit der UdSSR bei der GSBSD, in: Horst Möller/Alexandr O. Tschubarjan (Hrsg.): SMAD-Handbuch. Die sowjetische Militäradministration in Deutschland 1945–1949, München 2009, S. 73–76. **7** Die Kurzbiografie in der Publikation »Erschossen in Moskau « liefert keinen Hinweis auf den Haftaufenthalt im Gefängnis Leistikowstraße. Vgl. Arsenij Roginskij/Frank Drauschke/ Anna Kaminsky: »Erschossen in Moskau ...«. Die deutschen Opfer des Stalinismus auf dem Moskauer Friedhof Donskoje 1950–1953, 3. vollständig überarbeitete Aufl., Berlin 2008, S. 141. Ausgehend von der Inschrift ermittelte die Gedenk- und Begegnungsstätte die noch lebenden Kinder von Oskar Blau. Dank ihrer Mithilfe kann sein Schicksal und das seiner Mitangeklagten nun ausführlicher dargestellt werden als bisher.

Inschriften und Zeichnungen im Kellergeschoss

Befunddichte im Keller des ehemaligen Gefängnisses Leistikowstraße, 2007

Ehemaliges KGB-Gefängnis, Potsdam, Restauratorisches Gutachten, Gramann und Schwieger GbR, Januar 2007

Bewertung der Wandseiten und Decken

Einzelbefunde

Hohe Befunddichte

Sehr hohe Befunddichte

Befunde an den Decken

N

Bewertung der Räume

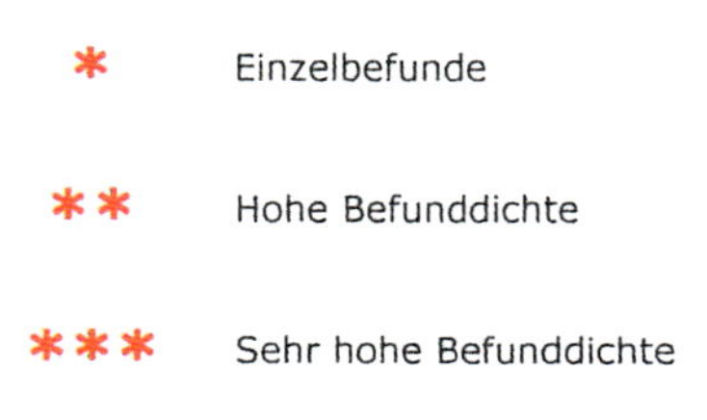

Dienste gab, die sich lebhaft für das sowjetische Militär interessierten. Blau war aufgrund seines militärischen Wissens von besonderem Interesse. Für den ehemaligen Fallschirmjäger war es im Gegensatz zu Laien kein Problem, Flugplätze zu erkunden und sichere Aussagen über Truppenstärke, Ausrüstungsgrad und Technik zu sammeln. Seine Heimateinheiten waren mehr als zehn Jahre lang auf ostdeutschen Flugplätzen stationiert gewesen, die nach 1945 bedeutende sowjetische Militärstandorte mit Bomber- und Jägerverbänden waren und als Vorposten für sowjetische »Alarm-Ketten« im Rahmen der Luftverteidigung agieren sollten.[8]

Es stellt sich die Frage, wie repräsentativ das vorgestellte Schicksal von Blau ist, denn es ist nur ein Teil der Inschriften erhalten, und die Überlieferung selbst ist in hohem Maße dem Zufallsprinzip geschuldet. Dennoch sind auf dieser Grundlage einige grundsätzliche Aussagen über den Kreis der Gefangenen und die Gründe für ihre Haft möglich.

Wie Blau wurde die Mehrheit der Inschriftenautoren dem Vorwurf ausgesetzt, als »westliche Agenten« an Militärspionage gegen die in Ostdeutschland stationierten sowjetischen Truppen beteiligt gewesen zu sein. Die Militärspionage erlebte durch den im Juni 1950 ausgebrochenen Koreakrieg eine neue Intensität, nicht nur in der DDR, sondern in ganz Osteuropa. In dieser verschärften außenpolitischen Lage übertrug die sowjetische Militärjustiz beim Spionagevorwurf das stalinistische Denkmodell von der heimlichen, aber intensiven Zusammenarbeit des »äußeren Feindes« im Westen mit dem »inneren Feind« auf Ostdeutschland. So reagierten sowjetische Dienststellen besonders sensibel, wenn die Spionage folgende Bereiche betraf: die Stationierung und Verlegung sowjetischer Truppen, die sowjetischen Flugplätze, die Tätigkeit der Kommandanturen, die Bewachung der Grenzen und Zonenübergänge sowie die sowjetischen Wirtschaftsbetriebe, wie beispielsweise die Sowjetischen Aktiengesellschaften (SAG), insbesondere den Uranbergbau durch die SAG Wismut. Das in Sachsen und Thüringen geförderte und aufbereitete Uran war eine wichtige Rohstoffbasis für die sowjetische Atomindustrie.

Sowjetische Militärtribunale verurteilten 39 der 49 ermittelten Inschriftenautorinnen und -autoren wegen Spionage. Mehr als zwanzig von ihnen hatten nachweislich für einen westlichen Dienst spioniert. In den verbleibenden Fällen konnten im Rahmen der Recherchen die Vorwürfe aus Mangel an Quellen der »Gegenseite« oder Zeitzeugenaussagen nicht verifiziert werden. Zu den Quellen, die den in sowjetischen, polnischen und ostdeutschen Geheimdienstdokumenten aufgezeichneten Spionagevorwurf bestätigen, zählen Unterlagen der 1948 in West-Berlin gegründeten Kampfgruppe gegen Unmenschlichkeit (KgU) wie Befragungsprotokolle von Flüchtlingen nach West-Berlin, Schriftwechsel im Rahmen von Notaufnahmeverfahren für Flüchtlinge und Übersiedler aus der DDR sowie Untersuchungsvorgänge, Berichte und V-Mann-Akten. Aber auch Akten einer Agentenführungsabteilung des Auslandsnachrichtendienstes der Vereinigten Staaten, der Central Intelligence Agency (CIA) aus dem National Archives and Records Administration Washington, D.C. (NARA) dokumentieren in manchen Fällen eine nachrichtendienstliche Tätigkeit der Betroffenen für westliche Dienste. Hinzu kommen Zeitzeugenaussagen und handschriftliche Gnadengesuche der Todeskandidaten. Blau

8 Vgl. Freundt: Rote Plätze, 2007, S. 130–132, 190 f.

räumte in seinem Gnadengesuch nicht nur seine nachrichtendienstliche Tätigkeit ein, wie eingangs zu lesen war, sondern betonte die Ehrlichkeit seiner Einlassungen. »Bei allen Vernehmungen bei dem Herrn Untersuchungsrichter wurde mir immer wieder erklärt, dass nicht Dauer und Zahl der Spionagefälle ausschlaggebend für die Strafe sei, sondern die Ehrlichkeit und Offenheit. Ich war daher stets bemüht, mein zu erwartendes Strafmaß herabzusenken, und sagte mit aller Wahrheit ohne etwas geheim zu halten alles aus, was ich während meiner verbrecherischen Tätigkeit getan hatte und von anderen wusste, um auch auf meine Art beizutragen, die Spionagetätigkeit des Residenten Herbert Schmock auszuschalten. Mein Untersuchungsrichter sagte mir immer wieder, dass das Strafmaß für meine Aussagen nicht all zu hoch wäre. Schon allein die Tatsache, daß die Vernehmungen von allen beteiligten Agenten ohne Gegenüberstellungen sich decken und innerhalb von 8 Wochen zum Abschluß gebracht wurden, ist ein Beweis unserer Ehrlichkeit.«[9]

Die Vernehmer hatten Blau mit ihrer Methode offenbar zu weitreichenden Aussagen bewegen können. Diese wirkten sich jedoch nicht strafmildernd aus. Ihn und die anderen belastete nicht nur, dass Litta »auf frischer Tat« verhaftet worden war, sondern gegen sie sprachen auch die beschlagnahmten Notizbücher, die eigenen Geständnisse und zwei Zeugen.[10] Die Kenntnisse über die Beweislage stammen zum Teil aus russischen Bescheiden zu abgelehnten Rehabilitierungsanträgen. In solchen Dokumenten wird auf Beweismittel verwiesen, die den Spionagevorwurf untermauerten, wie beispielsweise Protokolle von Zeugenbefragungen, Hausdurchsuchungen oder bei der Verhaftung beschlagnahmte Dokumente, Notizbücher, Kartenmaterial, Fahrkarten und abgenommene Fotoapparate. Bei aller Beweiskraft der skizzierten Personen- und Sachbeweise bleiben sie Indizien, solange andere vertrauenswürdige Quellen oder Zeitzeugenaussagen fehlen. Angehörige Blaus und des mitangeklagten Adalbert Radziejewski bestätigten die Spionagetätigkeit der Männer und erhärteten dadurch die Vermutungen des sowjetischen Geheimdienstes.

Die sowjetische Spionageabwehr war zu dem Schluss gekommen, dass Blau und die Mitangeklagten zu einem Kreis von Informanten gehörten, der von dem V-Mann-Führer Schmock unter dem Deckmantel einer Handelsfirma für Metallwaren aufgebaut worden war. Sie wurden beschuldigt, als Handelsvertreter getarnt in verschiedene Städte der DDR gereist zu sein, um Informationen über sowjetische Flugplätze, Flugzeugtechnik, Truppenteile sowie Feldpostnummern und Autokennzeichen militärischer Einheiten zu beschaffen.[11] Blau habe dabei insgesamt zehn Städte mit sowjetischen Truppenstandorten bereist und für diese Arbeit, wie jeder der beteiligten Männer, monatlich 250 Westmark ausgezahlt bekommen.[12] Der Umtauschkurs von West- in Ostmark schwankte in den West-Berliner Wechselstuben 1949/50 zwischen 1:3 und 1:7,5.[13] Der Betrag überstieg mehrfach das Durchschnittsgehalt eines Arbeiters in der DDR.[14] Im Fall von Blau wird die übliche geheimdienstliche Praktik sichtbar, die

► Keller des ehemaligen Gefängnisses, 2010

9 Gnadengesuch von Oskar Blau. Die Identität von Herbert Schmock ließ sich bisher nicht ermitteln, wahrscheinlich handelte es sich um einen Decknamen. **10** Vgl. Beschluss des Präsidiums des 3. Bezirksmilitärgerichts Moskau, 8. 11. 2011, Dokumentationsstelle Dresden. **11** Vgl. Gnadengesuch von Oskar Blau und Beschluss des Präsidiums des 3. Bezirksmilitärgerichts Moskau. **12** Vgl. ebd. **13** Vgl. Michael W. Wolf: Die Währungsreform in Berlin 1948/49, Berlin 1990, S. 274. **14** Der Mindestlohn betrug zu dieser Zeit 135,– Ostmark. Vgl. Marcel Boldorf: Sozialfürsorge in der SBZ/DDR 1945–1953. Ursachen, Ausmaß und Bewältigung der Nachkriegsarmut, Stuttgart 1998, S. 110.

beauftragenden Dienststellen mit Tarnbezeichnungen von Handelsfirmen, Wandertheatern oder Zirkusunternehmen zu versehen und ihre Mitarbeiter mit entsprechenden Legenden auszustatten, die sie gegenüber Dritten schützen und die Agententätigkeit kaschieren sollten.[15]

Blau hatte aus wirtschaftlicher Not gehandelt. Die Forschungen zu seinen Motiven stehen noch am Anfang, die Quellenlage ist schwierig. Auch in anderen Fällen gibt es nur wenige Selbstzeugnisse, die Rückschlüsse auf die Motivlage der Angeklagten erlauben. Dennoch lassen sich zahlreiche Beweggründe erkennen: Ihre finanzielle Situation, Protestverhalten gegenüber dem SED-Regime, Abenteurertum oder schlichte Naivität ließen Frauen wie Männer für die westlichen Geheimdienste tätig werden.[16]

Hier sollen keine voreiligen Schlüsse über vorangegangene Sozialisationserfahrungen in der Hitlerjugend (HJ) oder sonstige Lebens- und Kriegsereignisse als Erklärung für vermeintliche Verhaltensmuster gezogen werden, dennoch fallen unter den Urhebern der Inschriften bestimmte Gemeinsamkeiten auf. Junge Erwachsene bildeten die größte Gruppe unter ihnen. 28 der 49 Personen waren zum Zeitpunkt ihrer Verhaftung zwischen 19 und 29 Jahre alt. Dieser hohe Anteil zeigt einmal mehr, dass die Dienste nicht davor zurückschreckten, junge Leute für ihre Operationen einzusetzen. Sie waren in die Zeit der Weimarer Republik hineingeboren worden. Die als »Hitlerjugend-Generation« oder als »Flakhelfer-Generation« bezeichneten jungen Frauen und Männer standen in den späten 1940er-Jahren an der Schwelle zum Erwachsensein. Sie waren alt genug, um beruflich zu starten, und zu jung, um an nationalsozialistischen Verbrechen beteiligt gewesen zu sein. Viele Jugendliche und junge Erwachsene waren, wenn sie nicht studierten, von der hohen Jugendarbeitslosigkeit betroffen, die Anfang der 1950er-Jahre in der DDR herrschte. So war meistens die wirtschaftliche und soziale Situation ausschlaggebend für eine Zusammenarbeit mit westlichen Diensten.

15 Personen waren zum Zeitpunkt ihrer Verhaftung dreißig Jahre alt oder älter. Sie waren während des Ersten Weltkriegs und davor geboren worden. Ihnen gemeinsam waren die Erfahrungen des politischen Kampfes in der Weimarer Republik und der Politisierung im Nationalsozialismus. Sie hatten die NS-Zeit als Erwachsene erlebt und überstanden. Die Männer waren, soweit nicht ausgemustert, zum Kriegsdienst eingezogen worden und verfügten oft über mehrjährige militärische Erfahrungen. Sie waren als Offiziere, Unteroffiziere, Soldaten oder Mitglieder der Schutzstaffel (SS) in Kriegshandlungen verwickelt oder als Geheimdienstler in den NS-Spionagekrieg verstrickt gewesen. Von den 36 männlichen Inschriftenautoren waren 27 bereits in der NS-Zeit im wehrdienstfähigen Alter gewesen. Davon hatten 17 Männer im Heer gedient, fünf bei der Luftwaffe und drei bei der SS.[17] Fast die Hälfte der männlichen Inschriftenautoren – 17 Männer – war in Kriegsgefangenschaft geraten: zehn in Gefangenschaft der Westalliierten und sieben in sowjetische Gefangenschaft. Darüber hinaus waren

---

15 Vgl. den Fall von Gerhard Penzel, der vermutlich für die Organisation Gehlen spionierte. In der sowjetischen Ermittlungsakte haben sich gefälschte Papiere erhalten mit teilweise erfundenen oder geänderten biografischen Daten, um den nachrichtendienstlichen Auftrag zu erfüllen. Vgl. Ines Reich/Maria Schultz (Hrsg.): Sowjetisches Untersuchungsgefängnis Leistikowstraße Potsdam, Berlin 2012, S. 81–83. **16** Eine ausführliche Darstellung übersteigt den Rahmen dieses Beitrags. Vgl. dazu die Biografien der Inschriftenautoren in: Reich/Schultz: Sprechende Wände, 2015. **17** Zu zwei Personen liegen keine Informationen über die militärische Verwendung vor.

Oskar Blau

acht Männer als Kriegsinvaliden zurückgekehrt. Damit startete über die Hälfte der männlichen Inschriftenautoren verspätet in ein neues Leben nach Kriegsende. Sie hielten sich mit wechselnden Anstellungen bzw. Gelegenheitsarbeiten »über Wasser« oder waren von Arbeitslosigkeit betroffen. In einer solchen Lage standen die Betroffenen unter besonderem Druck, wenn sie eine Familie ernähren mussten.

Ob und wie die Erfahrungen und Prägungen in der NS-Zeit und in der Kriegsgefangenschaft, die seinerzeit aufgebauten Beziehungsgeflechte sowie die sozialen Hintergründe und Lebensumstände in der DDR die Entscheidung beeinflussten, sich in den Dienst westlicher Stellen zu

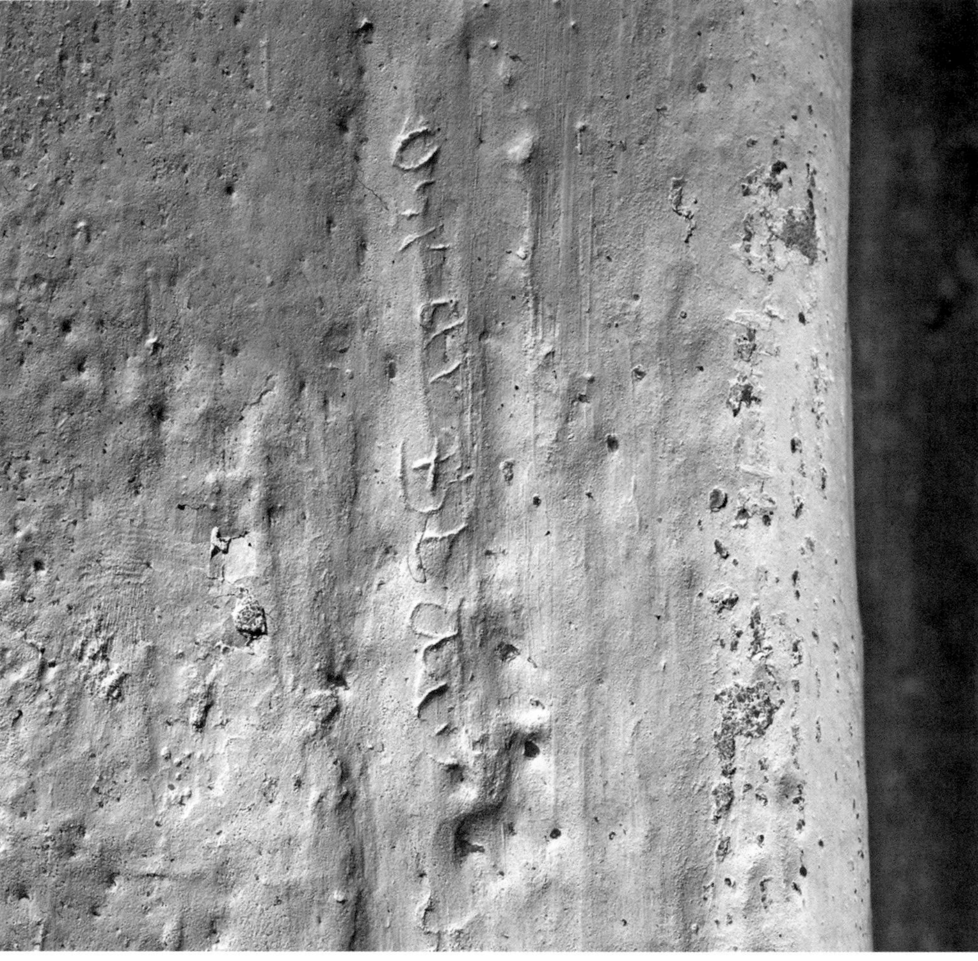

Inschrift
von Oskar Blau

begeben, muss noch eingehend untersucht werden. So viel scheint aus den Quellen schon hervor: Antikommunismus war sicherlich das übergreifende Band der Kuriere, Informanten und V-Leute. Der zum Tode verurteilte Häftling Roland Feige ging darauf im Sommer 1952 in seinem Gnadengesuch ein, als er schrieb: »Mit Beginn der Hitlermacht kam ich 1933 in die Schule wo bereits die Antisowjethetze an uns Kindern begann. Wie ich 1942 Soldat wurde, erzogen uns die Offiziere der Hitlerwehrmacht mit dem Ziel die Sowjetunion zu vernichten. In meiner ganzen Jugend lernte ich nichts anderes als wie die Sowjetmenschen zu hassen. – Noch diesen alten Stachel des Hasses zum Teil in mir lernte ich im August 1951 zufällig Mister Schmidt in Westberlin kennen. Dieser schürte erneut den Haß in mir und mit Briefen, Dokumenten und modernem Propagandamaterial von geflüchteten sowjetischen Offizieren überzeugte er mich endgültig von der einzigen wahren Demokratie des Westens. Auch waren die Angebote, die mir Mister Schmidt in materieller und beruflicher Hinsicht machte, derartig verlockend dass ich meine Einwilligung zur Mitarbeit gab.«[18]

Ebenso spielten eine gemeinsame Zugehörigkeit zur Deutschen Wehrmacht, eine gemeinsame regionale Herkunft aus den verloren gegangenen Ostgebieten und verwandtschaftliche Bindungen eine Rolle. Der ebenfalls wegen Spionage angeklagte Helmut Winkler bestätigte beispielsweise die Bindungskraft des militärischen Korpsgeistes, als er im Verhör erklärte, warum er sich durch Fritz Lehmann für ein Spionagenetzwerk im Raum des heutigen Landkreises Leipzig hatte anwerben lassen: »Ich konnte Lehmann nicht nein sagen. Sowohl Lehmann und ich waren Angehöriger der Armee. Unsere Anschauungen und Überzeugungen waren gleich.«[19] Beide Männer waren sich als Arbeitskollegen und Mitglieder der Blockpartei NDPD begegnet. Die Partei war nach dem offiziellen Abschluss der Entnazifizierung in der SBZ im Frühjahr 1948 als Auffangbecken für ehemalige NSDAP-Mitglieder und ehemalige Angehörige der Wehrmacht gegründet worden.[20]

Der aus dem ostpreußischen Tilsit stammende und im schlesischen Liegnitz aufgewachsene Kopf der nach ihm benannten »Teschner-Gruppe«, Karl-Dieter Teschner, warb zum einen Militärkameraden wie beispielsweise Johannes Oesterhelt an, den er von der gemeinsamen Ausbildung an der Luftkriegsschule 1 in Dresden-Klotzsche kannte. Außerdem rekrutierte er Heimatvertriebene für sein Netzwerk. Von den 1948 von der Militärspionageabwehr verhafteten und verurteilten 28 Personen der »Teschner-Gruppe« waren elf in Liegnitz geboren worden und dort aufgewachsen. Der ehemalige Fallschirmjäger Karl-Heinz Schommler, der während des Notaufnahmeverfahrens vom amerikanischen Counter Intelligence Corps (CIC) angeworben und mit nachrichtendienstlichen Aufträgen zurückgeschickt wurde, verweist auf die besondere Anwerbungsmethode bei Heimatvertriebenen, bei der Revanchismus geschürt wurde und die Hoffnung auf die Rückkehr in die alte Heimat die Bereitschaft zur Agententätigkeit weckte.[21]

Elisabeth Reich stellte mit Blick auf ihre Zellenkameradinnen die Bedeutung verwandtschaftlicher Beziehungen fest: »[D]ie meisten [sind] immer durch irgendeinen, die eine durch ihren Mann, die andere durch ihren Onkel, die Elfriede auch durch ihren Verlobten, [hineingeraten]. [...] Also selber waren sie mehr oder weniger unschuldig.«[22] Aber auch bei Männern gab es solche sozialen Verknüpfungen. Oskar Blau war von Horst Litta rekrutiert worden, der seit 1949 mit der Schwester seiner Ehefrau verlobt war.

Die Agenten verteilten Flugblätter oder spähten Flugplätze, Garnisonen, Übungsplätze, Stäbe, Depots, aber auch Straßen, Eisenbahnlinien und Bahnknotenpunkte aus. Sie gerieten als Mitarbeiter von SAG-Betrieben ins Visier der Militärspionageabwehr. Selbst das Durchstöbern von Mülldeponien nahe sowjetischer Truppenstandorte galt als Spionagetätigkeit, denn weggeworfene Briefe und Kuverts sowjetischer Militärangehöriger konnten Namen, Dienstgrade und Feldpostnummern von Militäreinheiten verraten.

---

18 Gnadengesuch von Roland Feige, Potsdam, 30. 7. 1952, GARF, f. 7523 op 76, d. 114, l. 118-119. Das Todesurteil wurde am 19. 11. 1952 in Moskau vollstreckt. **19** Verhörprotokoll von Helmut Winkler, 6. 11. 1951, Archiv des Föderalen Sicherheitsdienstes Moskau (FSB), OKR MGB Nr. 02575. **20** Vgl. u. a. Bernd Gottberg: Die Gründung und die ersten Jahre der NDPD 1948–1954, in: Jürgen Frölich (Hrsg.): »Bürgerliche« Parteien in der SBZ/DDR. Zur Geschichte von CDU, LDP(D), DBD und NDPD 1945 bis 1953, Köln 1994, S. 73–87. **21** »Ich [...] wollte mich in der Nähe von Frankfurt am Main [...] niederlassen. [...] da bin ich dann zu einem Flüchtlingskommissar gegangen. Das war derjenige, der die Leute dem CIC zugeführt hat. Ich hab mich dann auch einlullen lassen. Außerdem war es ja so, dass Deutschland ja schon wieder drin in so eine Diktatur rein geschlittert ist. Dann haben sie mich weichgekocht, die Amerikaner mit Schlesien und meiner Heimat. Dann habe ich dann ja gesagt.« Interview mit Karl-Heinz Schommler, 17. 6. 2010, Archiv Gedenk- und Begegnungsstätte Leistikowstraße Potsdam (GBLP). **22** Interview mit Elisabeth Hermes, 1. 12. 2010, Archiv GBLP.

Oskar Blau
geb. 2.10.1914

O.U. 1. Aug. 1950 96

Gnadengesuch!

An das
oberste Militärgericht
in
Moskau

Ich bitte das oberste Militärgericht in Moskau um einen Gnadenerlaß, für das von mir begangene Verbrechen gem. §58, Absatz 6/I und bitte folgende Gründe, als mildernde Umstände an zu erkennen:

1.) Das von mir begangene Verbrechen geschah nicht aus Haß oder Feindschaft gegen die sowjetische Besatzungsmacht, sondern einzig und allein die wirtschaftliche Notlage hat mich zu diesem Schritt getrieben.

Im Februar 1949 mußte ich auf Grund meines schweren Magenleidens meine Arbeitsstelle aufgeben. Da ich arbeitsunfähig war und ich keine geldliche Unterstützung bekam, geriet ich in wirtschaftliche Not und verschuldete. Um meine ebenfalls kranke Frau (Gallenleiden) und meine beiden Kindern vor zu großem Notstand zu schützen, nahm ich das Angebot Spionage zu machen an. Ich war mir der schweren Folgen dieses Verbrechens nicht bewußt.

2.) Bei allen Vernehmungen bei dem Herrn Untersuchungsrichter wurde mir immer wieder erklärd daß nicht Dauer und Zahl der Spionagefälle ausschlaggebend für die Strafe sei sondern die Ehrlichkeit und Offenheid.

Ich war daher stets bemüht mein zu erwartendes Strafmaß herab zu setzen, und sagte mit voller Wahrheit ohne etwas geheim zu halten alles aus was ich während meiner verbrecherischen Tätigkeit

2

Gnadengesuch von Oskar Blau, 1. August 1950

Der nachrichtendienstliche Wert der zusammengetragenen und weitergegebenen Informationen wird von Historikern und damals Beteiligten unterschiedlich bewertet. Für eine abschließende Einschätzung fehlen die Unterlagen der Auswertungsabteilungen der jeweiligen Dienste. Es ist zu bedenken, dass die Berichte oftmals Bereiche betrafen, die allgemein zugänglich waren. Sie stammten aus Sichtobservationen, der damals üblichsten Form, um an Informationen zu gelangen. Die Nachrichtenbeschaffung mittels Beobachtungen machte den Kern der nachrichtendienstlichen Tätigkeit von Standortüberwachern aus. In der Summe lieferten sie Daten, die durch die Auswertungsabteilungen der westlichen Geheimdienste zu einem strategischen Gesamtbild zusammengefügt wurden. Darin lag die Bedeutung der beschafften Informationen. Verhaftete Zuträger verwiesen darauf, dass sie nur öffentlich zugängliche Informationen gesammelt und weitergegeben hätten. So erklärte Blau in seinem Gnadengesuch: »Alle Beobachtungen von Flugplätzen erfolgte[n] von öffentlichen nicht gesperrten Verkehrsstraßen, wodurch meine Verbrechen leicht gemacht wurde[n].«[23]

Nach heutiger Beurteilung handelte es sich bei den weitergegebenen Informationen oftmals um Alltagswissen und nicht um Staats- und Dienstgeheimnisse, wie in der sowjetischen Auslegung behauptet wurde. Daher waren sich manche über die möglichen Folgen ihrer Aktivitäten nicht im Klaren gewesen.

Die Betroffenen erhielten von sowjetischen Militärrichtern in nicht rechtsstaatlichen Verfahren auf der Grundlage des Strafgesetzbuches der Russischen Sozialistischen Föderativen Sowjetrepublik drastische Urteile.[24] Seit der Wiedereinführung der Todesstrafe 1950 in der Sowjetunion drohte ihnen die Erschießung.[25] Dieses Strafmaß war durch den »Wert« der Informationsflüsse in den Westen nicht gerechtfertigt. Insgesamt vollstreckte der Geheimdienst in 18 Fällen die Todesstrafe an Inschriftenautoren. Oskar Blau wurde am 13. Oktober 1950 in Moskau hingerichtet.

23 Gnadengesuch von Oskar Blau. **24** Die Tribunale verhängten vor allem auf der Grundlage des »politischen« Artikels 58 unverhältnismäßig hohe Haftstrafen oder Todesurteile. 13 von 14 Punkten des Artikels enthielten Todesstrafen durch Erschießung als Strafoption. Erst nach dem Tod Josef Stalins im März 1953 wurden Todesstrafen wesentlich seltener verhängt. Militärrichter revidierten bereits ausgesprochene Todesurteile zum großen Teil und ersetzten sie durch Lagerhaft. **25** Wie viele Häftlinge des Gefängnisses Leistikowstraße ein Todesurteil erhalten haben, ist ebenso unbekannt wie die Zahl derjenigen, die begnadigt wurden. In der Zeit von 1945 bis 1947 wurde die Todesstrafe in Potsdam vollstreckt. Der konkrete Vollstreckungsort und die Bestattungsfläche sind unbekannt. Die Leichen der Betroffenen wurden ohne jede Kennzeichnung des Grabes verscharrt. Vgl. u. a. die Meldung des Vorsitzenden des Militärtribunals der 16. Luftarmee, Prokoschin, über die Vollstreckung der Todesstrafe gegen Gerhard Feuerstark, Hans Richter, Joachim Löwenstern, Hans-Wolfgang Landt, Hans Gerhard und Hans Deimling am 30. 5. 1946. Sie stützt sich auf die Mitteilung des Leiters des Gefängnisses Leistikowstraße vom 3. 6. 1946. Vgl. Übersetzung des Dokuments, in: Archiv GBLP. Das Original lag nicht vor. Ab 1950 wurden die Todesstrafen in Moskau vollstreckt. Die Leichen wurden verbrannt und die Asche auf dem Donskoje-Friedhof in anonymen Massengräbern verscharrt. Zur Urteilsvollstreckung vgl. Andreas Hilger: Strafjustiz im Verfolgungswahn. Todesurteile sowjetischer Gerichte in Deutschland, in: ders. (Hrsg.): »Tod den Spionen!« Todesurteile sowjetischer Gerichte in der SBZ/DDR und Sowjetunion bis 1953, Göttingen 2006, S. 99.

NICHT NUR GÄNSEBLÜMCHEN UND HONIGFALLEN

Frauen in der Frühphase der (west-)deutschen Geheimdienste

Rote Haare, rote Lippen, flirrende Augen – das lockende Verderben, lauernd hinter einem Spinnennetz: So stellte sich der Grafiker Frauen im Geheimdienst vor, als er in den 1970er-Jahren das Cover für Oskar Reiles gleichnamiges Buch entwarf.[1] Klischees wie diese waren damals weit verbreitet und sind es noch heute. Wer denkt bei Frauen im Geheimdienst nicht zuerst an die exotische Mata Hari oder die langbeinigen Gespielinnen in den 007-Filmen, die Weg und Bett des Helden James Bond kreuzten?

Die Realität war anders; sie war banaler, vielgestaltiger – vor allem in den ersten Jahren nach dem Ende des Zweiten Weltkriegs, in einem in großen Teilen zerstörten Mitteleuropa. Natürlich gab es sie auch, die attraktiven Frauen, die ihren Körper zur Informationsgewinnung oder Diskreditierung Dritter einsetzten und deshalb »Honigfallen« genannt wurden. Die für die Organisation Gehlen (Org) und den Nachrichtendienst im Amt Blank arbeitende Gruppe um Heinrich Baron Mast setzte solche »Honigfallen« etwa zur Informationsbeschaffung in der russisch besetzten Zone Österreichs ein.[2] Mindestens genauso wichtig aber war das Heer der unauffälligen weiblichen Bediensteten, der Zuträgerinnen, Kurierinnen, Dolmetscherinnen, Übersetzerinnen und vor allem der Sekretärinnen und Sachbearbeiterinnen. Auch die Ehefrauen der Dienststellenleiter im Westen, nicht selten von der Sekretärin der Vergangenheit zur Ehefrau der Gegenwart aufgestiegen, hatten ihren unverzichtbaren Platz in einem Gefüge, wo Vertrauen und Ehrlichkeit privat wie dienstlich selektiv ausgeübte Tugenden waren. In der männlich dominierten Welt der Geheimen blieb der weibliche Anteil bis auf einzelne Top-Agentinnen des Ostens noch stärker verborgen.

Die östliche Seite bzw. linke Organisationen setzten Frauen intensiver und professioneller als westliche Dienste ein. Paradebeispiel ist Ursula Kuczynski, Deckname »Sonja«. Es gibt vermutlich weltweit keinen zweiten Agenten (ob weiblich oder männlich und gleich auf welcher Seite), der in der ersten Hälfte des letzten Jahrhunderts im Laufe einer rund zwanzigjährigen Arbeit für die Dienste gleich an drei nachrichtendienstlichen »Hotspots« vor Ort eingesetzt war, nämlich in China, der Schweiz und England. Die in eine großbürgerliche jüdische Familie in Berlin geborene Buchhändlerin und überzeugte Kommunistin wurde zu Beginn der 1930er-Jahre in Shanghai von Richard Sorge für den sowjetischen militärischen Geheimdienst GRU angeworben. Nach ihrer Tätigkeit für Sorge arbeitete sie als Funkerin und Funkausbilderin für

◄ Gefährlich und glamourös – so stellte sich ein Grafiker in den 1970er-Jahren Frauen im Geheimdienst vor.

1 Oscar Reile: Frauen im Geheimdienst, Illertissen o. J. [1978]. **2** Heinrich Baron Mast: Erinnerungen an meine Tätigkeit als Nachrichten Offizier [sic] in den Jahren 1947–1953 bei den Nachrichtenorganisationen »General Gehlen« und »Amt Blank«, 26. 7. 1962, MHM, Nachlass Heinrich Baron Mast.

Stalins erfolgreichste »Kundschafterin«: Ursula Kuczynski alias »Ruth Werner« (Bildmitte) mit leitenden Funktionären und Schriftstellern der DDR, 30. Mai 1978

die der »Roten Kapelle« zugerechneten Widerstandsgruppe um Sandor Rado in der Schweiz, und schließlich diente sie in England dem sowjetischen »Atomspion« Klaus Fuchs als Kurierin.[3] Es läuft jeder Regel zuwider, dass sie nicht bereits nach einem solchen erfolgreichen Einsatz als »verbrannt« galt und in den Innendienst versetzt wurde. Dies war wohl teils den Wirren der Zeit und teils ihrer ungewöhnlichen Leistungsfähigkeit in diesem Metier zu verdanken. Sie war durch und durch – wie man heute sagen würde – »Überzeugungstäterin« oder in ihrem Selbstverständnis »Soldat der Revolution«. Nach Fuchs' Enttarnung flüchtete sie 1950 in die DDR, wo sie als Romanautorin bekannt wurde. Seit sie 1977 unter ihrem Pseudonym Ruth Werner ihre Autobiografie »Sonjas Rapport« veröffentlicht hatte,[4] galt sie in der DDR als eine Ikone unter den »Kundschafter/innen«.

Ursula Kuczynski unterschied sich markant von den (nicht nur) von westlichen Geheimdiensten eingesetzten »Spy Ladies«, also Damen der guten Gesellschaft, die eben diese ausspionierten, oder den Gestalten der Halbwelt, die Sex, Hörigkeit und Erpressung als Handwerk zur Informationsbeschaffung nutzten. Frauen wie »Sonja« waren eher die gleichberechtigte Kameradin an der Seite des Mannes, das heißt in ihrem Falle des jeweiligen Mannes. In zwanzig Jahren war sie zwei Ehen eingegangen und gebar drei Kinder von je verschiedenen Männern. Und doch führte sie immer ein intaktes Familienleben mit beschützt heranwachsenden und natürlich ahnungslosen Kindern. Jahrzehnte später urteilte einer ihrer Söhne, die Kinder seien ihr ganzes Leben gewesen, sofern es möglich ist, dass ein Mensch gleichzeitig mehrere ganze Leben führt – eine Eigenschaft, die sie ganz besonders ausgezeichnet habe. Ihre zwei Identitäten, kommunistische Agentin und Bürgersfrau mit Familie, lebte sie überzeugend nach außen und aufgrund ihrer hohen ideologischen Motivation bruchlos nach innen. Und als Randnotiz: Diese Lebensumstände brachten es mit sich, dass sie nie einen falschen Pass besessen oder illegal gewohnt hat, sondern brav polizeilich gemeldet nach den Gepflogenheiten des jeweiligen Landes. Dies alles waren in summa die entscheidenden Voraussetzungen dafür, dass sie nie enttarnt wurde.[5]

In den westlichen Diensten wurden die Frauen gemäß dem bürgerlichen Frauenbild als aktiv Handelnde unterbewertet – mit manchmal gravierenden Folgen, da sie erst spät als östliche Agentinnen entlarvt wurden.[6] Zahlen über den Einsatz von Frauen in den westdeutschen Diensten gibt es bislang kaum. Nicht einmal über den Frauenanteil beim hauptamtlichen Personal der Org und des frühen BND gibt es bisher Klarheit. Christoph Rass, wissenschaftlicher Mitarbeiter der Unabhängigen Historikerkommission (UHK) des BND, hat erste Ergebnisse seiner Erforschung des Sozialprofils der Org und des BND bis 1968 – basierend auf einer Stichprobe von 3 500 Personalakten und damit einem Drittel des Gesamtbestandes – im Dezember 2013 vorgetragen. Angaben zum prozentualen Anteil der weiblichen Beschäftigten an der Gesamtzahl der Mitarbeiter und ihre Verteilung auf die Besoldungsgruppen hat er in diesem ersten Überblick noch nicht gemacht.[7] In welchem Umfang die Org auch beim weiblichen hauptamtlichen Personal auf frühere Mitarbeiterinnen der Nachrichtendienste des »Dritten Reiches« oder der Wehrmacht zurückgriff, lässt sich wegen der untergeordneten Positionen, die in den Akten kaum einen Niederschlag finden, bislang ebenso nicht systematisch feststellen.

Wie groß oder klein der Frauenanteil bei den V-Leuten der auf Militäraufklärung konzentrierten Org war, ist bis dato ebenfalls unbekannt. Einen ersten Anhaltspunkt bieten allenfalls die beiden am 1. Juni 1950 von der Geheimdienstabteilung des EUCOM (European Command der US-Streitkräfte) nach Abschaltgründen getrennten Listen. Sie erfassten alle in den acht Monaten zwischen Oktober 1949 und Mai 1950 in den US-amerikanischen Besatzungszonen Deutschlands und Österreichs »abgeschalteten«, das heißt aus verschiedenen Gründen nicht mehr beschäftigten oder entlassenen Agenten US-amerikanischer Dienste einschließlich der Org. Es waren 156 Personen, die namentlich, mit dem Geburtsdatum, ihrer Nationalität, ihrer Wohnanschrift sowie dem Datum und Grund der Anstellung aufgeführt wurden. Unter diesen 156 V-Leuten waren 143 V-Männer und nur 13 V-Frauen.[8]

3 Rudolf Hempel (Hrsg.): Funksprüche an Sonja. Die Geschichte der Ruth Werner, Berlin 2007; Rudolf Hamburger: Zehn Jahre Lager. Als deutscher Kommunist im sowjetischen Gulag, München 2013. **4** Ruth Werner (d. i. Ursula Kuczynski): Sonjas Rapport, Berlin 1977. **5** Mein Dank gilt hier der Familie von Ursula Kucynski für ihre Hinweise und Hintergrundgespräche. **6** Für Informationen und Bildmaterial danke ich Dr. Jens Ebert, Dr. Bodo Hechelhammer, Dora Heinze und Erich Schmidt-Eenboom. Mein Dank gilt ebenfalls den früheren Angehörigen des BND für ihre Hintergrundgespräche. **7** Vgl. Christoph Rass: Leben und Legende. Das Sozialprofil eines Geheimdienstes, in: UHK (Hrsg.): Die Geschichte der Organisation Gehlen und des BND 1945–1868: Umrisse und Einblicke. Dokumentation der Tagung am 2. Dezember 2013, Marburg 2014, S. 24–39. **8** Vgl. HEADQUARTERS EUROPEAN COMMAND Intelligence Division 350.09 (GID/OPS/COLL) vom 1. 6. 1950 ANNEX A-7 und ANNEX B-7, in: NARA (US National Archives and Records Administration), Record Group (RG) 263, Name File Josef Urban, Vol. 1.

Noch dürftiger sind die Informationen zum Bundesamt und den Landesämtern für Verfassungsschutz.[9] Die neue von Constantin Goschler und Michael Wala verfasste Studie zum Bundesamt verzeichnet unter den NS-belasteten Personen immerhin eine Frau in der Führungsetage: die stellvertretende Pressesprecherin Dr. Margit Brüssow. Die bis heute unter dem Verdacht der Ostspionage stehende Leitungsassistenz Otto Johns, die ehemalige Sekretärin von Admiral Wilhelm Canaris, Wera Schwarte, findet dagegen keine Berücksichtigung in der Darstellung.[10] Vom kurzzeitigen Nachrichtendienst im Amt Blank, dem Friedrich-Wilhelm-Heinz-Dienst (FWH-Dienst), liegen außer den Namen der Sekretärinnen bis auf einen markanten Einzelfall, von dem im Folgenden noch die Rede sein wird, überhaupt keine Informationen vor.[11]

Intelligenz, Ausdauer und Verschwiegenheit – Fehlanzeige?

»Hunderte von Frauen sind Angestellte der Pullacher Zentrale, sie werden nicht schlecht bezahlt. Einige werden sogar Oberregierungsrätin oder steigen noch höher auf. Aber in den zwölf Jahren, die ich der Org. Gehlen und dem aus ihr hervorgegangenen Bundesnachrichtendienst bis Ende 1961 [korrekt: 1963, d. Verf.] angehört habe, ist, soweit ich weiß, keine dieser Frauen in der Praxis des Geheimdienstes eingesetzt worden. Woran liegt es, daß in der geheimdienstlichen Praxis, besonders zur Spionage in fremden Ländern, weit überwiegend Männer, aber nur in seltenen Ausnahmefällen Frauen eingespannt werden? Sind Frauen hierfür weniger geeignet? Gibt es keine Frau mit den für den Geheimdienst erforderlichem Eigenschaften, wie Intelligenz, Selbstbeherrschung, Schlagfertigkeit, Charakterfestigkeit, Ausdauer und Verschwiegenheit?«[12]

Oscar Reile, Ende der 1960er-Jahre

Der moderne Mann und die emanzipierte Frau würden über Oscar Reiles Einschätzung spätestens jetzt die Stirn runzeln. Doch in den 1960er-Jahren beherrschte ein traditionelles, ultrakonservatives Frauenbild die Wahrnehmung in den Nachrichtendiensten. Frauen waren nur in untergeordneten und dienenden Funktionen erwünscht. Heinz Danko Herre (»Herdahl«) bezeichnete in seinem Tagebuch die dem Teenageralter meist deutlich entwachsenen Schreibkräfte als »unsere Mädels«. Selbst die Mitarbeiterinnen der leitenden »Herren«, darunter seine eigene Sekretärin »Frl. Langer (Lanz)«, firmierten in Herres Tagebuch als »Chef-Mädels«.[13] Dieses patriarchalische Rollenverständnis war auch dem Autoren des besagten Buches

9 Constantin Goschler/Michael Wala: »Keine neue Gestapo«. Das Bundesamt für Verfassungsschutz und die NS-Vergangenheit, Reinbek 2015; Susanne Meinl/Joachim Schröder: »Einstellung zum demokratischen Staat: Bedenkenfrei«. Zur Frühgeschichte des Bayerischen Landesamtes für Verfassungsschutz (1949–1965), hrsg. v. Bündnis 90/Die Grünen im Bayerischen Landtag, München 2013, URL: http://www.gruene-fraktion-bayern.de/themen/demokratie-transparenz/braune-wurzeln-des-landesamts-fuer-verfassungsschutz, zuletzt aufgerufen am 11.11.2015. **10** Goschler/Wala: Keine neue Gestapo, S. 69. **11** Zum FWH-Dienst vgl. den anderen Beitrag der Autorin im vorliegenden Band, S. 95–113, sowie ausführlicher Susanne Meinl/Dieter Krüger: Der politische Weg von Friedrich Wilhelm Heinz, in: Vierteljahrshefte für Zeitgeschichte, Heft 1/1994, S. 39–69; Peter F. Müller/Michael Müller/Erich Schmidt-Eenboom: Gegen Freund und Feind. Der BND: Geheime Politik und schmutzige Geschäfte, Reinbek 2002. Vgl. auch Nachlass Wolfgang Gerhardt (Privatbesitz), Auszug Tagebuch Dietrich Kuhhagen, 1960. **12** Reile: Frauen im Geheimdienst, S. 142. **13** Vgl. Tagebuch Heinz Danko Herre, Eintrag vom 6.3.1950, S. 132. **14** BND-Archiv Pullach, Nr. 220123_oT. Auch Reiles Ehefrau entstammte dem Pullacher Dienst: Reile hatte in zweiter Ehe Annchen Groth, Sekretärin bei Jürgen Thorwald, dann bei General Wolfgang Langkau, geheiratet, vgl. Interview Thomas Walde mit Oscar Reile vom 1.10.1974, S. 1, Archiv Forschungsinstitut für Friedenspolitik Weilheim, und o.g. Akte Reile des BND.

Mitarbeiterinnen und Mitarbeiter des Friedrich-Wilhelm-Heinz-Dienstes im Amt Blank bei einer Betriebsfeier. Im »Dienst« mussten die Damen die Bälle sonst eher »flach halten«: Das Leitungspersonal bestand ausschließlich aus Männern.

über die Frauen im Geheimdienst nicht fremd. Denn der ehemalige Abwehr-Oberst Oscar Reile, Autor des Buches über »Frauen im Geheimdienst«, war unter dem Decknamen »Rischke« bis 1963 für den BND tätig: Er arbeitete bei einer der Außenstellen und in der Pullacher Zentrale als Spezialist für die Königsdisziplin der Nachrichtendienste, die Gegenspionage – für die er Frauen generell als ungeeignet bezeichnete.[14] Doch waren Reiles für die Aufbauzeit des BND geltende Aussagen wirklich zutreffend?

Richtig lag Reile mit seiner Beobachtung, dass als hauptamtliche Anbahner/Verbindungsführer nur Männer eingesetzt wurden. Auch die Schlüsselpositionen in den operativen Außenstellen wurden nur sehr selten mit Frauen besetzt. Falsch lag er mit seinen Behauptungen für jene nachrichtendienstlichen Segmente, in denen die Org durchaus Agentinnen einsetzte, nämlich bei der Beschaffung und der Zuarbeit in der Auswertung. Die bekannteste von ihnen in der ersten Hälfte der 1950er-Jahre war wohl Elli Barczatis, Chefsekretärin des DDR-Ministerpräsidenten Otto Grotewohl und ab Juni 1953 Sachbearbeiterin im Büro des Ministerpräsidenten, über die später noch zu sprechen sein wird. Und falsch lag er beim Dienstbetrieb der Zentrale in Pullach: einem geschlossenen System, in dem ganze Familien aus Sicherheitsgründen, aber auch zur sozialen Absicherung und aufgrund einer gewissen arbeitsfördernden Nestwärme eine Art Intelligence Community bildeten, in der zumindest der weibliche Anteil der in der Zentrale Beschäftigen nicht das primäre Einfallstor für die östliche Unterwanderung

Bei der Org arbeiteten Familienmitglieder der Mitarbeiter als Sekretärinnen, Übersetzerinnen oder wie hier in der Pullacher Zentrale als Kindergärtnerinnen. Im Hintergrund das »Colonial House«, von der Org als Kindergarten genutzt, Foto vor 1956

bildete.[15] Der einzig bekannte Fall einer versuchten Anwerbung einer Schreibkraft wurde von dieser nach Kontaktaufnahme durch den sowjetischen Geheimdienst der Sicherheitsabteilung gemeldet.[16] Grenzenlos war das Vertrauen in die Unanfechtbarkeit des weiblichen Personals bei den alten Wehrmachtsoffizieren allerdings nicht. Nach der Verhaftungswelle von Agenten der Org 1953/54 durch die Operationen »Feuerwerk«, »Blitz« und »Pfeil« des Ministeriums für Staatssicherheit der DDR (MfS) gerieten selbst »langerprobte und langgediente Schreibkräfte in den Verdacht der Mitarbeit für den Gegner«[17], erinnerte sich Siegfried Graber (»Gay«) im Jahr 1994.

Graber mokierte sich später auch darüber, dass die Leistungen und Fähigkeiten der angeheuerten Familienangehörigen den dienstlichen Anforderungen hinterherhinkten: »Zur Behebung des Schreibkraft-Notstandes in den Anfangsjahren wurden nicht immer die besten Kräfte eingestellt. So war es eine beliebte Masche, Töchter oder Verwandte von Org-Angehörigen einzustellen. GEHLEN selber begründete eine solche Heranziehung von Verwandten als eine seiner Sicherheitsmaßnahmen. Daß auch diese Überlegung nicht bis zum Ende durchdacht war, zeigten später die journalistischen Angriffe auf die Vetternwirtschaft, aber auch die Pannen, z. B. beim eigenen Schwiegersohn in Paris. Daß die eingestellten Verwandten dann erst in der Org das Maschineschreiben lernen mussten – von der Kurzschrift ganz zu schweigen –, sei nur am Rande erwähnt. Die Hauptlast der Arbeit blieb an den ›alten Truppenpferdchen‹ hängen, wie z. B. bei der mir attachierten ›Lale‹, Frl. DREIST«.[18]

Mit den »alten Truppenpferdchen« waren diejenigen Damen unterschiedlicher Altersgruppen gemeint, die als Sekretärinnen bereits zum Teil seit den 1930er-Jahren in den diversen Stäben als Schreibkräfte und Sachbearbeiterinnen ihren Dienst versehen hatten. Sie waren mit ihren Chefs nicht selten vertrauter als die Ehefrauen und wie die in großer Zahl in der Infanterie eingesetzten Pferde eine überall zu verwendende Stütze ihrer Herren: »Denn gerade im Nachrichtendienst ist die Sicherheit und die Kontinuität der Arbeit durch die unbedingte Verläss-

Annelore Krüger (1. v. l.) beim 70. Geburtstag von Reinhard Gehlen, 3. April 1972

lichkeit der Sekretärin – bei der alles zusammenläuft und die über Alles Bescheid wissen muss – grundsätzlich bedingt!« So äußerte sich Heinrich Baron Mast, dessen Erinnerungen wir einige wenige Informationen zum Einsatz von Frauen in der Beschaffung der Org und dem Nachrichtendienst im Amt Blank verdanken.[19]

In der Org und auch noch im BND nahm die Position des »Chef-Mädels«, um zunächst im patriarchalischen Jargon von Heinz Danko Herre zu bleiben, die 1922 geborene Annelore Krüger ein.[20] Die pommersche Arzttochter sollte eine der wichtigsten Mitarbeitenden des BND in der Ära Gehlen werden und war bis zur Pensionierung des ersten Präsidenten sicher die einflussreichste Frau im Dienst. Annelore »Alo« Krüger hatte nach Abitur, Reichsarbeitsdienst und landwirtschaftlicher Frauenschule an einer Sprachenschule in Dresden das Dolmetscherdiplom für Englisch und Spanisch abgelegt. Ein Sprachenstudium verhinderte die Kriegsdienstverpflichtung bei der Heeresstandortverwaltung in Köslin. Ende 1942 bewarb sie sich beim Oberkommando des Heeres und wurde ab Januar 1943 für die Abteilung Fremde Heere Ost (FHO) eingesetzt. Von der Schreibkraft beim Referat Bandenbekämpfung (Partisanenbekämpfung) stieg sie zur Vorzimmerdame des Abteilungschefs Reinhard Gehlen auf, versiert nicht nur in Stenografie und Sprachen, sondern auch beim Aufbau eines neuen Karteikartensystems oder in der Bearbeitung von »Feindpropaganda« und chiffrierten Nachrichten. Im

15 SWEM, Critchfield German Collection, Box 5, Siegfried Graber: Splittersammlung, Typoskript, Straßlach Mai 1994; ebd., Box 9–14, Heinz Danko Herre, Tagebücher Mai 1949 bis September 1951. **16** Die Tochter des 1948 in sowjetischer Kriegsgefangenschaft zu 25 Jahren Zwangsarbeit verurteilten Generals Otto Lasch arbeitete in der Pullacher Zentrale. Lasch meldete sich brieflich Anfang der 1950er-Jahre aus Sibirien und schlug ihr eine Zusammenarbeit mit der Sowjetunion vor, vgl. Graber: Splittersammlung, S. 16. **17** Ebd., S. 50. **18** Ebd., S. 28. **19** Heinrich Baron Mast: Erinnerungen an meine Tätigkeit als Nachrichten Offizier. **20** Zu Annelore Krüger vgl. Bodo Hechelhammer: Annelore »Alo« Krüger (1922–2012). Die verschwiegene Treue oder der »Wächter« des Präsidenten, in: Susanne Meinl/Bodo Hechelhammer: Geheimobjekt Pullach. Von der NS-Mustersiedlung zur Zentrale des BND Berlin 2014, S. 210 ff. Alle Informationen, soweit nicht anders kenntlich gemacht, ebd.

► Seite 199 und 200
Langjährige Vertraute: Annelore Krügers Aussage zugunsten von Reinhard Gehlen für dessen Entnazifizierungsverfahren, 1949

März 1945 gelangte sie mit der FHO-Gruppe um Gehlen nach Bayern und wartete auf der Elend-Alm in den Alpen auf das Kriegsende. Zwischen Sommer 1945 und Frühjahr 1947 arbeitete Krüger als Übersetzerin und Chefsekretärin für die U. S. Army. Als aus FHO allmählich die Org wurde, kehrte auch sie wieder an die Seite ihres Vorgesetzten zurück. In Pullach trug sie den Decknamen »Kunze« und nahm ihre alte Vertrauensstellung wieder ein. Sie war dabei durch ihr auch privat enges Verhältnis zu Gehlen mehr als »Chef-Mädel« oder Chefsekretärin. Mit der Übernahme der Org in den Bundesdienst wurde sie die erste weibliche Referatsleiterin, zuständig unter anderem für die Überprüfung der Mitarbeiter des neuen Bundesnachrichtendienstes auf eine NS-Belastung nach dem Fall Felfe in den 1960er-Jahren und die Führung der »Sonderkartei« Gehlens, in der politisch sensible Erkenntnisse über herausgehobene Persönlichkeiten der Bundesrepublik Deutschland gesammelt wurden. Nun waren auch die Zeiten vorbei, in denen sich die alten Wehrmachtsoffiziere unter den Mitarbeitern darüber aufregten, dass sich eine Frau selbst ans Steuer setzte. Als Krüger im Juni 1950 sogar mit einem eigenen Auto geliebäugelt hatte, war Gehlens persönlicher Referent Walter Lobedanz schier entsetzt gewesen, »daß sich Frl. KUNZE einen Wagen kaufen will.«[21]

Leider wissen wir nicht, ob sich die resolute Stabshelferin gegenüber ihren männlichen Vorgesetzten damals hatte durchsetzen können. Über die von Reile offenkundig vermissten Eigenschaften wie »Intelligenz, Selbstbeherrschung, Schlagfertigkeit, Charakterfestigkeit, Ausdauer und Verschwiegenheit« hat Alo Krüger in Anbetracht ihrer Laufbahn in der Org und im BND zweifelsohne verfügt.

Frauen bei der Beschaffung von Nachrichten: Zwei Fallbeispiele

1952 geriet die für den Nachrichtendienst im Amt Blank arbeitende Gruppe um den ehemaligen Abwehr-Offizier Heinrich Baron Mast und den ehedem leitenden Mitarbeiter des Auslandsnachrichtendienstes im Reichssicherheitshauptamt (RSHA) Wilhelm Höttl unter Zugzwang. Ihre Auftraggeber wünschten mehr Informationen über die Dislozierung der Truppen in der sowjetischen Besatzungszone Österreichs.[22] Die üblichen Mittel – eigene Observation der Kasernen und Stützpunkte, diskrete Befragung von Anwohnern und Lieferanten, Auswertung vom Müll und Fahrzeugkennzeichen der Garnisonen – lieferten offenbar zu wenige oder zu widersprüchliche Erkenntnisse. Auch über die Aktivitäten des sowjetischen und jugoslawischen Geheimdienstes in Österreich und auf dem Balkan wollte man in Bonn mehr wissen. So entschloss sich Mast, nun »auch gegen die Russen Frauen einzusetzen« – also »am Mann« –, etwas, das man vorher offenkundig vermieden hatte. Eine größere Zahl von Frauen war in der Steiermark bereits als Agentinnen mit Zielrichtung Balkan erfolgreich tätig, geführt vom dortigen Dienststellenleiter in Graz, dem Juristen Hans Ambroschitz.[23] Sie arbeiteten im »Kampf gegen den Bolschewismus« aus purem Idealismus und verzichteten sogar auf eine Entlohnung.

21 Tagebuch Heinz Danko Herre, Eintrag vom 14. 6. 1950, S. 209. **22** Heinrich Baron Mast: Erinnerungen an meine Tätigkeit als Nachrichten Offizier. **23** Lebenslauf von Hans Ambroschitz ohne Berücksichtigung seiner Nachrichtendiensttätigkeit: http://www.atlas-burgenland.at/index.php?option=com_content&view=article&id=296:hans-ambroschitz&catid=44&Itemid=209, zuletzt aufgerufen am 20. 12. 2015.

Anl. 6
14

Annelore Krueger

Koenigstein, den 3. Januar 1949
Adelheidstr. 19

Eidesstattliche Versicherung

Mit der Bedeutung einer eidesstattlichen Versicherung bekannt, erklaere ich folgendes an Eidesstatt:

Von Januar 1943 bis zum Zusammenbruch im Jahre 1945 war ich Stabshelferin im OKH. Waehrend dieser Zeit war ich etwa ein halbes Jahr staendig, spaeter des oefteren noch vertretungsweise im Vorzimmer des Oberst, spaeter Generalmajor Gehlen taetig, sodass ich genauen Einblick in seine taegliche Arbeit gewann.

Mir ist genau erinnerlich, mit welcher Fuersorge sich General Gehlen staendig um alle Angehoerigen der Abteilung kuemmerte, ganz gleich, ob es sich um Offiziere, Soldaten oder Stabshelferinnen handelte. Dies kam zum Beispiel darin zum Ausdruck, dass er sich staendig nach den persoenlichen Verhaeltnissen seiner Untergebenen erkundigte, trotz staerkster dienstlicher Belastungen jederzeit in wichtigen persoenlichen Angelegenheiten fuer jeden zu sprechen war und - wenn es sich irgendwie ermoeglichen liess - den an ihn herangetragenen Bitten entsprach. Er ging haeufig selbst durch die einzelnen Referate, um sich von sich aus nach den Verhaeltnissen der Angehoerigen seiner Abteilung zu erkundigen. Ich weiss, dass er, als in den letzten Monaten des Krieges selbst bei Bombenschaeden oder Trauerfaellen in der Familie kaum noch Urlaub erteilt werden konnte, diesen den Betreffenden durch Verbindung mit dienstlichen Auftraegen noch ermoeglicht hat.

Weiterhin erinnere ich mich noch daran, dass General Gehlen, als etwa um die Jahreswende 1944/45 sogar sogenannte 25%ige juedische Mischlinge aus ganz untergeordneten Diensten aus dem OKH entfernt werden mussten und zur Front versetzt werden sollten, dafuer sorgte, dass z.B. ein unter diese Bestimmungen fallender Gefreiter in vorgeruecktem Lebensalter mit besonders schwierigen familiaeren Verhaeltnissen bei einem anderen Stabe verbleiben konnte.

Zu den Aufgaben, die ich eine Zeit lang bei der Abteilung mit zu bearbeiten hatte, gehoerte u.a. auch die Zusammenstellung der Nachrichten aus den Propagandasendern der Alliierten. Darin wurden des oefteren auch Angehoerige der Wehrmacht erwaehnt, die sich in russischer Kriegsgefangenschaft angeblich propagandistisch im sowjetischen Sinne geaeussert haben sollten. Diese Namen sollten befehlsgemaess weitergegeben werden. Da die scharfen Massnahmen gegen die Familien der Betreffenden bekannt wurden, untersagte General Gehlen - entgegen dem bestehenden Befehl - die Weitergabe dieser Namen und setzte sich damit einer erheblichen Gefaehrdung aus.

15

- 2 -

Nationalsozialistische Propaganda hat General Gehlen weder im grossen Kreis bei amtlichen Reden in seiner Eigenschaft als Abteilungschef, noch in seinem Verhalten im taeglichen Dienst, noch bei privaten Aeusserungen gegenueber Angehoerigen des Stabes betrieben.

Ferner weiss ich durch meine Vorzimmertaetigkeit von den laufenden wechselseitigen Besuchen von Abteilung zu Abteilung, dass General Gehlen mit den im Zusammenhang mit den Ereignissen des 20. Juli 1944 hingerichteten Chefs zweier anderer Abteilungen des OKH, Generalmajor Stieff und Oberst Freiherr von Roenne, in enger Verbindung gestanden hat, sodass wir taeglich auch seine Verhaftung befuerchteten.

Ich selbst bin nie Mitglied der NSDAP gewesen.

Annelore Krüger.

<u>Nr. 4 der Urkundenrolle für 1949:</u>

Die vorstehende Unterschrift der Sekretärin Annelore Krüger aus Königstein, Adelheidstr. 19, beglaubige ich.

Frankfurt/Main, den 20. Januar 1949

Dr. jur. Otto Eckerdt Notar in Frankfurt a. M.

Dr Otto Eckardt

Notar.

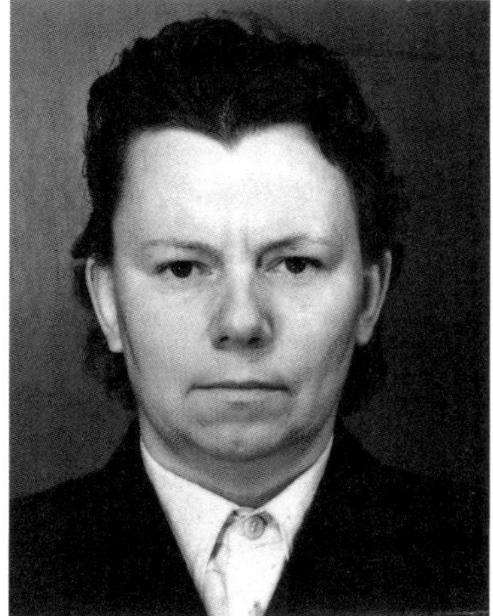

Elli Barczatis und Dr. Karl Laurenz nach ihrer Verhaftung im März 1955

Mast konnte in Wien drei Frauen rekrutieren, sogar eine im russisch besetzten St. Pölten. Er zeigte sich zunächst skeptisch, ob sie den Belastungen als »Honigfallen« zwischen Modesalons, Nachtlokalen und Tanzschulen gewachsen waren. Schon bei der Schulung fielen ihm die besonderen Motive dieser Frauen auf. Während die in der Steiermark eingesetzten Agentinnen aus politischen Beweggründen unterwegs waren, trieb die von ihm angeworbenen Mitarbeiterinnen neben einer gewissen Spionageromantik Rache für erlittene Misshandlungen beim Einmarsch der sowjetischen Armee an. Sie verzichteten sogar, mit Ausnahme der Spesen, auf eine Bezahlung. Mit dem Tod von Ambroschitz und dem Ende der Beauftragung der Mast-Gruppe durch das Amt Blank im Oktober 1952 wurde die erfolgreich angelaufene Operation abgebrochen. Für Mast war dieses »Kapitel des Nachrichtendienstes sowohl Erfolgs- als Erlebnismässig sehr interessant«, auch da es ihm »gleichzeitig beachtliche Einblicke in die weibliche Psyche in Zusammenhang mit dem Begriff der ›Agentin‹ gebracht« habe.«[24]

Der Fall von Elli Helene Barczatis – angeblich Gehlens berühmtester Agentin in den 1950er-Jahren in der DDR – war ungleich komplexer, als er in der bisherigen Literatur dargestellt wird,[25] und lässt, solange die Akten zu ihr in Ost und West nur unvollständig zugänglich sind,[26] mehrere Deutungsmöglichkeiten zu.[27] Auch die Frage, ob der Jurist Karl Laurenz nur wegen seiner Liebhaberrolle bei Barczatis angeworben wurde, also ein sogenannter »Romeo« war, oder ob sich hier nur eine besondere Tragödie zweier Liebender im Kalten Krieg abspielte, kann nicht abschließend beantwortet werden.

24 Heinrich Baron Mast: Erinnerungen an meine Tätigkeit als Nachrichten Offizier. **25** Vgl. Heinz Höhne/Hermann Zolling: Pullach intern. General Gehlen und die Geschichte des Bundesnachrichtendienstes, Hamburg 1971, S. 156 f.; Reinhard Gehlen: Der Dienst. Erinnerungen 1942–1971, Mainz, Wiesbaden 1971, S. 201; Heinz Höhne/Hermann Zolling: Zentrale ruft Gänseblümchen, in: Verlag Das Beste (Hrsg.): Die Lautlose Macht, Band 1, Stuttgart 1985, S. 21–23; Karl Wilhelm Fricke/Roger Engelmann: »Konzentrierte Schläge«. Staatssicherheitsaktionen und politische Prozesse in der DDR 1953–1956, Berlin 1998, S. 181–194, 338–340. **26** Für diesen Aufsatz wurden Auszüge der Unterlagen des MfS, des BND und der CIA verwendet. Im Hinblick auf die Akten der CIA hat die NARA in der RG 263, Subject Files UJDROLLERY, keine Einzelfallakten zu »Gänseblümchen« archiviert bzw. sind diese von der CIA noch nicht freigegeben worden. Soweit nicht anders kenntlich gemacht, orientiert sich die Darstellung an den o. g. Quellen sowie Anm. 24. **27** Vgl. dazu die Edition der MfS-Tonbänder der Gerichtsverhandlung gegen Barczatis und Laurenz:

Elli Barczatis war eine der von Mast gerühmten Sekretärinnen, nur dass ihre »unbedingte Verlässlichkeit« nicht ihrem Chef Otto Grotewohl, sondern ihrem Geliebten Karl Laurenz galt. Geboren 1912 in Berlin in ärmlichen Verhältnissen, arbeitete sie sich bis zur Sekretärin der Chefetage verschiedener Firmen empor. Elli Barczatis blieb unverheiratet, ihr Verlobter war im Zweiten Weltkrieg an der Ostfront gefallen. 1946 trat sie in die SED ein und wurde Chefsekretärin beim Präsidenten der Zentralverwaltung der Brennstoffindustrie, Gustav Sobottka. Hier lernte sie nicht nur ihren Geliebten Karl Laurenz, einen promovierten Juristen und Journalisten aus Brünn, kennen, sondern auch den persönlichen Referenten Sobottkas bis 1949, Clemens Laby.[28]

Laby stand unter der Mitarbeiternummer V-4907 im Dienst der Org. Er warb Laurenz im Mai 1952 (V-4907,2/V-4952, Deckname »Kurt Lehmann«) für seinen Auftraggeber an und empfahl auch die Anwerbung von Barczatis.[29] Diese, mit dem seit 1929 verheirateten Laurenz 1949 angeblich sogar verlobt, musste die Liaison jedoch mit der Versetzung ins Vorzimmer des DDR-Ministerpräsidenten Grotewohl im April 1950 beenden.[30] Sie setzte dennoch die Beziehung fort, auch nachdem Laurenz wegen regimekritischer Äußerungen seine Position bei der Zentralverwaltung der Brennstoffindustrie verloren hatte und aus der SED ausgeschlossen worden war. Laurenz' Bewerbungen danach blieben weitgehend erfolglos, bis er 1951 bei dem Anwalt Günter Greffin als juristischer Hilfsarbeiter unterkam. Wegen des Vorwurfs der Gefangenenbegünstigung geriet Laurenz mit den DDR-Gesetzen in Konflikt und musste Ende 1951 für drei Monate ins Gefängnis. Nach seiner Entlassung bemühte sich Laurenz 1952 über seinen inzwischen in West-Berlin und in Uelzen lebenden ehemaligen Arbeitskollegen und Bekannten Laby um eine Stellung. Wie er im Prozess 1955 aussagte, habe ihn Laby nun für einen westdeutschen Geheimdienst angeworben. Laurenz sollte Informationen aus Politik, Wirtschaft und Kultur liefern. Zum Zeitpunkt seiner Anwerbung, im Mai 1952, hatte die Org Laurenz und seine Geliebte Barczatis – denn nur diese machte Laurenz als Agent, korrekt: V-Mann-Führer, für die Org interessant – seit Monaten beobachtet, »geforscht«, wie es in der Sprache der Nachrichtendienste hieß.[31]

Dieser jetzt zugängliche Vorgang (»Statistik II«) enthält Verblüffendes: Elli Barczatis galt nach einer Schulung 1950 als so kommunistisch gefestigt, dass ihre Anwerbung fraglich schien. Laby hoffte wohl, über Hertha Barczatis, ihre ältere Schwester, die ihm bekannt war, zum Ziel zu kommen. Doch das Verhältnis von Elli Barczatis zu ihrer regimekritischen Schwester war wegen deren Abneigung gegen den Schürzenjäger Laurenz so schlecht, dass sie zur Anbahnung nicht gewonnen werden konnte. Laurenz wiederum stand bei den Elli Barczatis' »Forschenden« der Org im Verdacht, ein langjähriger sowjetischer Agent zu sein. Die Überprüfung führte im Mai 1952 dann doch zur Anwerbung von Laurenz und damit der Abschöpfung von Elli Barczatis, möglicherweise auch als Gegenspionageoperation (für die Organisation Gehlen galt Barczatis spätestens 1954 als angeworben). V-4952 begründete Barczatis gegenüber sein jetzt entstandenes besonderes Interesse an ihrem Wissen aus dem Umfeld von Grotewohl mit der Behauptung, dass er einen neuen Job habe: Er arbeite als Journalist jetzt für Westzeitungen und berichte aus der DDR. Auch seinen wechselnden Agentenführern gegenüber beharrte er bis 1954 darauf, das Barczatis nichts von seiner wirklichen Rolle wisse und dass er eine »Klaransprache«, also Offenlegung seiner Spionagetätigkeit, für verfrüht halte.[32] Hatte er Angst, dass ihn Barczatis ansonsten fallengelassen und er seinen lukrativen Auftrag verloren hätte?

Was weder das Liebespaar noch die Org wussten: Die östlichen Geheimdienste waren als unsichtbare Dritte bereits von Anfang an mit von der Spionage-Partie und hatten schon im März 1951 (!) den »Gruppenvorgang Sylvester« in Gang gesetzt. Das MfS hatte bereits Anfang 1951 von einer Arbeitskollegin von Elli Barczatis aus dem Ministerium den Hinweis bekommen, dass sie sich trotz ihres Kontaktverbots wieder mit Laurenz traf und ihm auch angeblich Unterlagen übergab. Nun wurden verschiedene geheime Informanten auf Barczatis angesetzt. Fast jeder ihrer Schritte im Ministerium und bei Schulungsmaßnahmen wurde überwacht, genauso bei Laurenz. Das MfS und auch die eingeschalteten »Freunde«, der sowjetische Geheimdienst, beobachteten die regelmäßigen »Treffs« von Laurenz mit seinen Agentenführern in West-Berlin und kannten teilweise auch deren Identität. Die Telefone der beiden Liebenden wurden über Jahre abgehört, was aber wohl wenig Belastungsmaterial außer der politisch inopportunen Liaison erbrachte. In den Wohnungen von Barczatis und Laurenz waren aber wahrscheinlich noch keine Wanzen versteckt, sonst hätten die östlichen Dienste schnell den Beweis für Laurenz' Spionagetätigkeit erlangt. Aber vielleicht waren die Informationen, welche die lebens- und liebeshungrige Sekretärin im Bett von sich gab, auch bis 1954 zu belanglos und uninteressant.[33] Das MfS und der Staatsanwalt im Gerichtsverfahren betonten später, dass das Duo »Gänseblümchen« zahlreiche Staatsgeheimnisse verraten hatte.[34] Der Org waren Laurenz' Berichte zunächst nicht mehr als 250 Westmark monatlich wert. Seine Beurteilung enthielt den signifikanten Satz, er habe sich im Rahmen seiner Möglichkeiten eifrig bemüht und konstruiere seine Informationen. Barczatis erhielt kein Geld; ihre Bezahlung bestand aus persönlicher Nähe und Sex, vielleicht war es von Seiten von Laurenz zeitweise auch Zuneigung. Abgesehen davon hielt Laurenz sie mit kleineren Geschenken, wie West-Schokolade und Besuchen in West-Kinos, knapp, denn er benötigte die monatlichen Zahlungen des Geheimdienstes für seine Familie, vor allem zur »Ruhigstellung« seiner Ehefrau. Diese war über die Affäre mit Barczatis informiert, zumal die Wohnung von Laurenz auch als Liebesnest diente.[35]

Hatte Barczatis, eine kluge, gebildete und lebensnahe Frau, wirklich nichts davon gewusst, dass sie und ihr Wissen abgeschöpft wurden? Das zu glauben fällt angesichts der Informationen, die sie vor allem ab 1954 Laurenz gab, und die Art und Weise, wie sie sich sie verschaffte, sehr schwer.[36] Den beiden zugänglichen Akten des BND zu V-4907,2 und V-4907,21 (1954 als Agenten-Duo »Gänseblümchen« mit den neuen V-Nummern V-4952 und 4984) ist die deutliche Unzufriedenheit mit den Informationen der vermeintlichen Top-Agentin zu entnehmen. In Pullach wollte man mehr wissen als über die Versäumnisse bei der Organisation der Obsternte in der DDR oder die unzureichende Versorgung mit Rosinen im Großraum Dresden, gerade nach dem gescheiterten Volksaufstand des 17. Juni 1953.[37] Mitarbeiter der Abteilung Auswertung mutmaßten

Stiftung Radio Basel/Maximilian Schönherr: Fallbeil für Gänseblümchen: Der Spionageprozess gegen Elli Barczatis und Karl Laurenz im Originalton Audio-CD – Audiobook, 1. 11. 2012, sowie die im Oktober 2015 ausgestrahlte TV-Dokumentation: »Tatort Berlin: Die Sekretärin und das Fallbeil«. Ein Film von Dora Heinze, RBB 2015. **28** BStU, ZA, MfS, 32/55, Ermittlungsverfahren gegen Elli Barczatis; ebd., MfS, AU, 406–55, Bd. 2. **29** Dieser Vorgang hieß in der Sprache der Nachrichtendienste »tippen«. **30** BND-Archiv Pullach, Nr. 21059_oT (Elli Barczatis), Nr. 24849_oT (Dr. Karl Laurenz). **31** Ebd., Nr. 21059_oT , 80/III an L. H. o. V., Stand der Forschung »Vorgang Statistik II«, 13. 12. 1951. **32** Ebd., 40/F, Aktenvermerk Situationsbericht V-4907,21, 22. 4. 1953. **33** BstU, Ermittlungsverfahren. **34** Karl Wilhelm Fricke/Roger Engelmann: »Konzentrierte Schläge«, S. 338–340. **35** BND-Archiv Pullach, Nr. 21059_oT (Elli Barczatis); Nr. 24849_oT (Dr. Karl Laurenz). **36** Das MfS wollte sogar von »Treffs« von Barczatis mit V-Mann-Führer der Organisation Gehlen wissen. **37** "#1214: The content of the reports was considerably better though, unfortunately source

verärgert sogar, dass es sich bei Laurenz nur um einen Nachrichtenschwindler handle, der seine Top-Agentin an der Seite Grotewohls nur erfunden habe,[38] während die Abteilung Beschaffung der Org zumindest der CIA gegenüber die wertvollen Berichte der DDR-Topquelle hervorhob.[39] Wieder bekam Laurenz einen neuen Agentenführer, immer unter den wachsamen Augen des sowjetischen und ostzonalen Geheimdienstes. »Schatten«, wie das MfS den Agentenführer nannte, setzte Laurenz offenkundig so unter Druck, dass Barczatis nicht mehr nur im Bett plauderte, sondern auch dazu überging, ihren Stenoblock zur Auswertung mitzubringen und geheime Unterlagen von Grotewohl aus dem Panzerschrank zu nehmen. Nun stellte ihr das MfS eine Falle: Wichtige Schriftwechsel von Grotewohl wurden so präpariert, dass ein Zugriff von Barczatis auf die Briefumschläge kontrolliert werden konnte. Die nach wie vor ahnungslose Barczatis tappte in die Falle. Unmittelbar danach war die Verhaftung des Duos eigentlich vorgesehen, was sich aber aus heute noch nicht nachvollziehbaren Gründen bis März 1955 hinzog. Barczatis und Laurenz wurden in der ersten Märzwoche 1955 unter konspirativen Umständen festgenommen. In den unter massivem Druck durchgeführten Verhören gab Barczatis an, erst jetzt erfahren zu haben, welches Spiel Laurenz mit ihr getrieben hatte. Laurenz lieferte den Verhöroffizieren des MfS einen harten Kampf und versuchte, sich schützend vor Barczatis zu stellen. Am 23. September 1955 wurden beide in einem Gerichtsverfahren zum Tode verurteilt und am 23. November in Dresden mit dem Fallbeil hingerichtet. Gericht und Staatsanwalt hatten Barczatis nur bedingt abgenommen, dass Naivität und Einsamkeit sie in ihre Situation gebracht hatten. Die Org und später der BND kümmerten sich um die Familie von Laurenz und unterstützten sie bei ihrem Neuanfang in Westdeutschland.[40]

Trotzdem sind nach wie vor wesentliche Eckpunkte der »Gänseblümchen«-Story unklar: War Barczatis das Opfer eines gewissenlosen »Romeos«, oder handelten sie und Laurenz als tragisches Liebespaar, verstrickt in größere Zusammenhänge? Ließen KGB und MfS »Gänseblümchen« nur so lange aktiv bleiben, wie dies nachrichtendienstlich oder politisch nützlich schien, beispielsweise um Otto Grotewohl unter Druck zu setzen? Solange nur wenige Akten freigegeben sind, welche die Geschichte des Agentenduos »Gänseblümchen« aus der Sicht des MfS, der Perspektive eines Gerichtsverfahrens nach verschärften Verhören und der enttäuschten »Auswertung« in Pullach erzählen, bleiben viele Fragen offen – vor allem auch, ob nicht der in der Pullacher Zentrale wirkende sowjetische Top-Agent Heinz Felfe an der Operation »Gänseblümchen« beteiligt war, was man im BND später untersuchte, aber in den 1960er-Jahren noch für unwahrscheinlich hielt.[41]

Was die DDR jedoch später perfektionierte und sicher aus dem großen Spionagefall Sosnowski im Reichswehrministerium zwischen 1926 und 1934[42] und auch beim Fall »Gänseblümchen« gelernt hatte, war der Einsatz von attraktiven Männern, später »Romeos« genannt, bei einsamen Sekretärinnen. Viele Männer waren als Soldaten gefallen, und so gab es gerade in den Jahren nach den beiden Weltkriegen unzählige Frauen, die einerseits zur Existenzsicherung gezwungen waren, einen Beruf auszuüben, andererseits aber zur Ehelosigkeit und wegen der geltenden Moralvorstellungen zu Einsamkeit und dem Verzicht auf ein Liebesleben verdammt waren. Diese Frauen bildeten, wenn richtig »angesprochen«, ein schier unerschöpfliches Reservoir für eine nachrichtendienstliche Rekrutierung. Bei so mancher Sekretärin war es im proaktiven Sinne auch besser, sie vorsorglich unter Kontrolle zu halten, bevor sie sich auf eigene Faust auf Spionejagd machte, wie die letzte Fallstudie zeigt.

Die Jägerin der »Roten Kapelle«: Agnes-Linda Schott

Agnes-Linda Schott war als selbsternannte Jägerin auf das legendäre sowjetische Spionagenetzwerk des Zweiten Weltkriegs, die »Rote Kapelle«[43], zwischen 1948 und 1954 der Schrecken immerhin dreier Nachrichtendienste: der Org, des Bundesamts für Verfassungsschutz und des FWH-Dienstes. Schott, 1903 geborene älteste Tochter eines Architekten, war 1935 als Schreibkraft in die Abwehrstelle Königsberg eingetreten.[44] 1940 wechselte sie von der Peripherie in die Zentrale nach Berlin, zur Abwehrabteilung I, und für ein Jahr nach Istanbul an die dortige deutsche Botschaft. Im Sommer 1944 trat Schott die Stelle als Vorzimmerdame beim Leiter der inzwischen dem RSHA unterstellten Abwehr, Oberst Georg Alexander Hansen, an. Hansen wurde nach dem Attentat des 20. Juli 1944 als an der Konspiration Beteiligter verhaftet und hingerichtet. Schott kam mit einigen Verhören davon und wurde anschließend bis 1945 zu Oberst Hugo Kettler, dem Kommandeur der Chiffrierabteilung des Oberkommandos der Wehrmacht, versetzt. 1948 trat sie in die Außenstelle Frankfurt der Org ein, 1950 wechselte sie zum Bundesamt für Verfassungsschutz nach Köln. Dort hatten unter anderem mit dem Vizepräsidenten Albert Radke und dem Leiter der Beschaffung, Konrad Gallen, frühere Mitarbeiter der Org zentrale Positionen inne.[45]

Im Bundesamt machte sich Schott rasch unbeliebt: Radke verdiente ihr Missvergnügen nicht nur damit, dass er sich der als Sachbearbeiterin in der Beschaffung tätigen Dame gegenüber despektierlich über den 20. Juli äußerte (»Die Henker vom 20. Juli haben auch nur ihre Pflicht getan«).[46] Gravierender war, dass ihr Vorgesetzter Gallen an einen ehemaligen RSHA-Mitarbeiter von Walter Schellenberg internes Material weitergab, zu für Schott undurchsichtigen Zwecken. Was Schott nicht wusste: Dieser fragwürdige Herr Dr. Wilhelm Schmitz, früher RSHA VI, war unter der Nummer V-13910 ebenfalls Mitarbeiter der Org. Schott kritisierte auch den asymmetrischen Informationsaustausch mit Pullach. Von dort erhalte man hoch honoriertes, jedoch inhaltlich weitgehend wertloses Material, während Köln, also das Bundesamt für Verfassungsschutz, Qualität zum Nulltarif liefere. Als Schott dies gegenüber Radke ansprach, deckte der angeblich Gallen: Alles geschehe mit seiner Zustimmung und man möge »um Gottes willen« nicht im Bonner Innenministerium vorstellig werden. Wie Schott später aus-

has not yet been able to report on the Berlin situation", UJDROLLERY, Vol. 1, Master List, Chief EE/Chief of Base Pullach, UJ-Drollery General Monthly Progress Report, 10. 7. 1953, NARA, RG 263. **38** BND-Archiv Pullach, Nr. 21059_oT (Elli Barczatis); Nr. 24849_oT (Dr. Karl Laurenz); BStU, Ermittlungsverfahren. **39** UJDROLLERY Master List, verschiedene Beurteilungen 1953, NARA, RG 263; BND-Archiv Pullach, Nr. 21059, diverse widersprüchliche Beurteilungen Beschaffung/Auswertung Org zwischen Herbst 1952 und Herbst 1954. **40** Vgl. Anm. 23 u. 24. **41** 84/VAT »Castrop« [Hans Henning Crome] an 83, Betr.: V-4984 – hier Fall Chile, 18. 2. 1965, BND-Archiv Pullach, Nr. 21059. »Fall Chile« war die interne Bezeichnung des BND für den Verratsfall Heinz Felfe/Hans Clemens/Erwin Tiebel. **42** Jerzy Sosnowski warb ab 1926 mindestens drei Damen aus dem Adel an, die im Berliner Reichswehrministerium arbeiteten. Dabei setzte der für den polnischen Nachrichtendienst arbeitende Major gezielt seine Fähigkeiten als »Womanizer« ein. Sosnowski wurde 1934 verhaftet, seine Agentinnen teilweise zum Tode oder zu lebenslänglicher Haft verurteilt. **43** Zur »Roten Kapelle« vgl. den anderen Beitrag der Autorin im vorliegenden Band, S. 105. **44** Weitere Angaben zu ihren Familienverhältnissen und zur beruflichen Auskunft liegen derzeit nicht vor. Ihr Bruder Erwin gehörte bis 1951 zur »Bruderschaft« von Helmut Beck-Broichsitter und Alfred Franke-Griksch, vgl. Agnes-Linda Schott, Tatbestand, 24. 6. 1953, BND-Archiv Pullach, Nr. 101852_oT. **45** Vgl. Constantin Goschler/Michael Wala: »Keine neue Gestapo«. Das Bundesamt für Verfassungsschutz und die NS-Vergangenheit, Reinbek 2015, S. 60 f. und Korrespondenz über Abgrenzung BfV und BND/Zusammenarbeit 1951–1958, BND-Archiv Pullach, Nr. 01219_oT. **46** Agnes-Linda Schott, Tatbestand, 24. 6. 1953, BND-Archiv Pullach, Nr. 101852_oT.

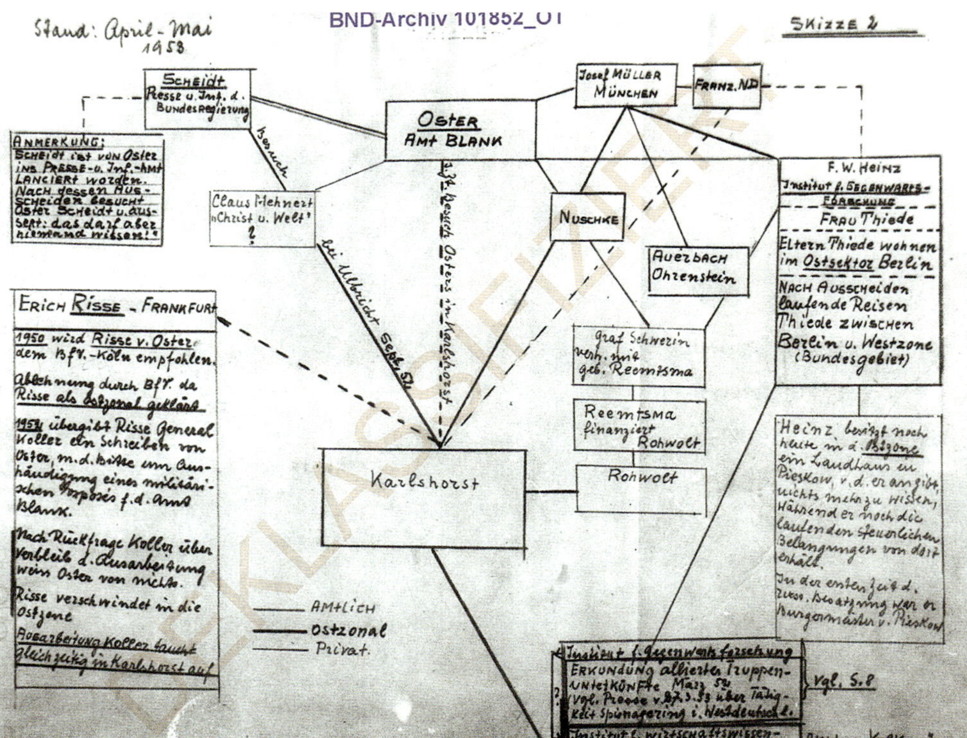

Das »Spinnennetz« der »Roten Kapelle« reichte vom sowjetischen Hauptquartier in Berlin-Karlshorst bis in das Bonner Bundeskanzleramt – in der Fantasie von Agnes-Linda Schott.

sagte, sei dies alles hinter dem Rücken des neuen Amtschefs John geschehen. Nachdem Schott ihren Vorgesetzten Gallen mit gestürzt hatte, musste auch sie gehen. Sie wusste nicht nur zu viel, sondern traute sich auch, mit diesem Wissen zu operieren.

Otto John versetzte die unbequeme Untergebene als Chefsekretärin zum FWH-Dienst nach Frankfurt am Main. Dies tat er möglicherweise auch, um dort für John Augen und Ohren offen zu halten, hatte Gehlen den Verfassungsschutzpräsidenten doch auf Heinz als einen mutmaßlichen Agenten der »Roten Kapelle« angesetzt. Schott konnte sich aber bei Johns und Gehlens nachrichtendienstlichem Konkurrenten nicht lange halten. Während sie anfänglich versucht hatte, sich mit der Schilderung der Amtsinterna im Hause John ein gutes Entree bei Heinz zu verschaffen, entdeckte sie mit routiniertem Blick die Geheimnisse der Heinz-Zentrale, von den innerhäuslichen Liebschaften bis zu der streckenweise abenteuerlichen Kassenführung, und operierte offensiv mit ihrem Wissen, auch bei Heinz' Vorgesetzten in Bonn. Ihr besonderes Misstrauen weckten die häufigen Dienstreisen nach Berlin und die besondere Tätigkeit eines Mitarbeiters: Er war angeblich damit beauftragt, US-Militärbasen zu fotografieren. Außerdem machte sie den FWH-Dienst und den Kreis um Achim Oster und Ernst Wirmer als Konspirateure gegen Bundeskanzler Konrad Adenauer aus.

Schotts Vorwürfe und Verdächtigungen wollte bis zum Rücktritt von Heinz im September 1953 niemand hören – danach fanden ihre Verdächtigungen bei einem Herrn Friesen von der Org ein offenes Ohr.[47] Über die gegen Heinz arbeitende Sonderverbindung »Becher« der Org, Rechtsanwalt Hellmuth Kelch, gelangte das von ihr zusammengestellte Dossier zum Oberbundesanwalt Dr. Carl Wiechmann in Karlsruhe.[48] Ende März 1954 wurden Heinz und sein

Berliner Stellvertreter Jakob Kolb wegen des Verdachts der Unterschlagung verhaftet, Kolb aus dem Dienst des Amtes Blank entlassen – und im Anschluss daran vom sowjetischen Geheimdienst angeworben.[49]

Die Schadensbilanz der resoluten Dame war beachtlich: Im Bundesamt für Verfassungsschutz hatte sie zum Sturz eines leitenden Mitarbeiters beigetragen, den Gehlen dort platziert hatte. Im Amt Blank hatte sie den Leiter des Nachrichtendienstes, einen seiner Außenstellenleiter und den mit dem FWH-Dienst befassten Unterabteilungsleiter Achim Oster in den Verdacht der Unterschlagungen bzw. des Vertuschens gerückt. Der sie betreuende Mitarbeiter der Org empfahl ihrem Leiter Gehlen im März 1954 dringend, die »Dame in der Pullacher Zentrale unter Kontrolle zu bringen«, bevor sie »auf die Idee kommt, die Welt verbessern zu wollen«.[50] Diese Empfehlung kam jedoch zu spät: Von ihrem Wissen um Dienstinterna dreier Nachrichtendienste hatte bereits ein Mitarbeiter der Org profitiert, der zu diesem Zeitpunkt schon drei Jahre lang für den sowjetischen Geheimdienst arbeitete: Herr Friesen, Klarname Heinz Felfe. Agnes-Linda Schott witterte bis an ihr Lebensende kommunistische Agenten am Werk: Noch bis in die 1960er-Jahre verdächtigte sie in der Politik hoch aufgestiegene Persönlichkeiten der Spionagetätigkeit für die »Rote Kapelle«, darunter den bayerischen Politiker Josef Müller (»Ochsensepp«) und ein Mitglied des Bundesvorstands der SPD, den späteren Bundesminister der Justiz und Bundespräsidenten, Gustav Heinemann.[51]

Die Frau an seiner Seite

Dieser Essay über die Frauen wäre unvollständig ohne einen abschließenden Blick auf die First Ladies an der Seite der ersten Geheimdienstchefs der Org und im Amt Blank: Herta Gehlen, geborene von Seydlitz-Kurzbach,[52] und Hedwig Heinz, geborene Meyer.[53] Beide waren fast gleich alt (die eine 1904, die andere 1906 geboren) und hatten vor ihrer Heirat den gleichen Beruf ausgeübt: den der Sekretärin. Damit und mit der Zahl der Kinder enden aber bereits die Gemeinsamkeiten. Herta von Seydlitz-Kurzbach war in eine schlesische Offiziersfamilie mit großem Namen geboren worden – der berühmte preußische General der Kavallerie Friedrich Wilhelm von Seydlitz-Kurzbach zählte zu den Vorfahren –, während Hedwig Meyers Familie der Binnenschifffahrt an der Elbe verbunden war.

Reinhard Gehlen heiratete die in einer Militärdienststelle beschäftigte und viel umworbene Offizierstochter 1931. Sie brachte, wie er später einem Freund schrieb, ganz klassisch »die für eine Offiziersfrau unerlässliche selbstlose Einstellung mit. Sie hat es immer für selbstver-

47 Ebd. **48** Agnes-Linda Schott, Tatbestand, 24. 6. 1953 und Erasmus an Reinhard Gehlen, 3. 3. 1954, BND-Archiv Pullach, Nr. 101852_oT. Bei Erasmus handelte es sich vermutlich um Dr. Johannes Erasmus, sein Deckname lautete »Erbs«. Erasmus war ehemaliger Major i. G. und Ia der Division Brandenburg. Vgl. Graber: Splittersammlung, S. 25; Critchfield GC Box 1. **49** Abwehr: Alle Dienste trinken, Der Spiegel Nr. 16 vom 14. 4. 1954, S. 9–12. **50** Erasmus (?) an Reinhard Gehlen, BND-Archiv Pullach, Nr. 101852_oT. **51** 106/II, Vermerk zu Gespräch MA Gräfe (KN) und der Agnes-Linda Schott am 3. 4. 1966, BND-Archiv Pullach, Nr. 101852_oT. **52** Vgl. Magnus Pahl: Fremde Heere Ost. Hitlers militärische Feindaufklärung, Berlin 2012, S. 95. **53** Vgl. Susanne Meinl: Nationalsozialisten gegen Hitler, Berlin 2000. Informationen zu Hedwig Heinz und reichhaltiges Bildmaterial enthält auch die Homepage der Familie Heinz, URL: http://www.friedrich-wilhelm-heinz.de/, zuletzt aufgerufen am 22. 12. 2015.

ständlich gehalten, dass ihre eigene Person vor [sic] den vielfachen dienstlichen Notwendigkeiten ihres Mannes zurückstehen musste.«[54] Herta Gehlen kümmerte sich um die Familie und ein entsprechendes häusliches Ambiente. In die Geheimdienstarbeit ihres Mannes war sie, abgesehen von den gesellschaftlichen Verpflichtungen, intensiver nie eingebunden.[55] Hedwig Heinz dagegen begleitete den politischen Lebenslauf ihres Mannes von Anfang an. Sie war zunächst Sekretärin beim Stahlhelm, Bund der Frontsoldaten, wo sie Friedrich Wilhelm Heinz, Mitarbeiter der Stahlhelm-Bundesleitung und Redakteur des Verbandsblattes, kennen- und lieben lernte. Nach ihrer Heirat zog sie sich nicht ins häusliche Umfeld zurück, sondern war bei vielen Veranstaltungen und Gesprächen dabei. Als ihr Mann 1928 vom Stahlhelm zur NSDAP wechselte, lernte sie bei einer der Besprechungen mit wichtigen Männern der Partei auch Joseph Goebbels kennen, der später in seinem Tagebuch ihren Charme und ihren – untadeligen – Einsatz für den beruflichen Aufstieg ihres Mannes lobte.[56] In den Jahren des »Dritten Reiches« begleitete sie die Einbindung ihres Mannes in die Konspiration gegen Hitler und ging nach dem 20. Juli 1944 für ihn ins Gefängnis. Auch die Aktivitäten des FWH-Dienstes im Amt Blank waren ihr nicht fremd. In den Memoiren des holländischen Nachrichtenhändlers Jan Eland[57] scheint sie gar als wichtigste Mitarbeiterin ihres Mannes Friedrich Wilhelm Heinz auf,

◄
Herta und Reinhard Gehlen (r. und 2. v. l.) in ihrem Haus beim Besuch von Lois und James H. Critchfield, 1977

►
Hedwig und Friedrich Wilhelm Heinz, 1950er-Jahre

nicht unähnlich der Frau auf dem Cover des Buches von Oscar Reile, in dessen Spinnennetz sich der Holländer angeblich verfangen hatte. Eland hatte zwischen 1946 und 1950 mit Friedrich Wilhelm Heinz zusammengearbeitet und behauptete nach erzwungener Beendigung der Kooperation, den Geheimdienstchef im Amt Blank als kommunistischen Agenten entlarvt zu haben. Da Elands Enthüllungen über den mutmaßlichen Super-Spion der »Roten Kapelle« selbst einem Magazin wie dem »Spiegel« zu teuer waren, hat die Welt auch auf diese Geschichte einer weiteren »roten Agentin« verzichten müssen. Das fantasievolle Manuskript blieb unveröffentlicht.[58]

54 Ebd. **55** Ihre Personalunterlagen bei der CIA enthalten weder eine Payroll-Number noch eine bestimmte Beschäftigung für die Org, vgl. NARA, RG 263, Name File Reinhard Gehlen, Vol. 1. **56** Vgl. Susanne Meinl: Nationalsozialisten gegen Hitler. Die nationalrevolutionäre Opposition um Friedrich Wilhelm Heinz, Berlin 2000, S. 140. **57** Vgl. dazu den anderen Beitrag der Autorin im vorliegenden Band, S. 95–113. **58** Und liegt heute unter anderem im BND-Archiv, »Komplex Rote Kapelle/Friedrich Wilhelm Heinz«, Nr. 101851.

Der Bundesminister
für Verteidigung

VON GEHLEN ZU BLANK

Wehrmachtsoffiziere im Dienste der Org und der Bundeswehr

Nicht nur für die ehemaligen Offiziere der Wehrmacht galt es, sich nach Kriegsende in der Realität einer neu entstehenden politischen Ordnung vor und während der Adenauerzeit zurechtzufinden. Der Bruch mit der Vergangenheit vollzog sich allerdings nicht so dramatisch, wie oft behauptet wurde. Vielmehr trugen personale Netzwerke vergangener Kriegstage dazu bei, den persönlichen Übergang in die Demokratie zu erleichtern. In vielen Bereichen ging es beruflich sogar mehr oder weniger in den alten Bahnen weiter, auch wenn sich Rechtsnormen grundsätzlich geändert hatten. Der Richter sprach Recht, die Beamten verwalteten, die Ärzte behandelten, die Polizisten sorgten für Ruhe und Ordnung, auch wenn alle in ihrer Berufsausübung durch gesetzliche Auflagen deutlich eingeschränkter waren als vor 1945.[1]

Bei den Kriegsteilnehmern halfen jene Netzwerke, die sich hauptsächlich über die ehemaligen Wehrmachtverbände knüpften. Regelmäßig trafen sich Veteranen, um sich über ihre Kriegserlebnisse auszutauschen.

Die Kameradschaftsverbände dienten aber auch als Kader für künftige Divisionen, die im Kriegsfall rasch aufgestellt werden sollten. Diese angesichts der vorgeschriebenen Demilitarisierung »geheime Verteidigungsstruktur der frühen Bundesrepublik« wurde erst kürzlich wieder im Zuge der Erforschung der Geschichte des Bundesnachrichtendienstes (BND) thematisiert.[2] Nicht zuletzt half man sich gegenseitig, in der Nachkriegsgesellschaft zurechtzukommen. Bekannte Netzwerke sind das der ehemaligen 116. Panzerdivision (die »Windhund-Division«), das Netzwerk des Kameradenhilfswerks der 25. Infanteriedivision oder das der Division Großdeutschland. Auch die Angehörigen der höheren Stäbe hielten nach 1945 engen Kontakt zueinander. Hier können vor allem die Generale und Generalstabsoffiziere des Oberkommandos des Heeres genannt werden. Kooption über persönliche Empfehlungen war sowohl in der freien Wirtschaft als auch im Staatsdienst weit verbreitet.[3] Die Auseinandersetzung mit der eigenen Rolle im NS-Staat trat dabei in den Hintergrund. Zuerst galt es, in Lohn und Brot zu kommen.

◄ Verteidigungsminister Theodor Blank mit den Generalen Adolf Heusinger (l.) und Hans Speidel; im Hintergrund Karl Gumbel, Leiter der Personalabteilung, November 1955

Während sich die meisten Wehrmachtsveteranen in der Nachkriegswirtschaft zu bewähren hatten und ihre soldatischen Fähigkeiten mit neuen beruflichen Fertigkeiten ergänzen mussten, boten die Alliierten eine breite Angebotspalette für die ehemaligen Sicherheitsexperten

1 Beispielhaft für die wissenschaftliche Aufarbeitung dieser Thematik: Manfred Görtemaker/Christoph Safferling (Hrsg.): Die Rosenburg. Das Bundesministerium der Justiz und die NS-Vergangenheit – eine Bestandsaufnahme, Göttingen 2013. **2** Vgl. Agilolf Keßelring: Die Organisation Gehlen und die Verteidigung Westdeutschlands. Alte Elitedivisionen und neue Militärstrukturen, 1949–1953, Marburg 2014 (Unabhängige Historikerkommission [UHK] zur Erforschung der Geschichte des Bundesnachrichtendienstes 1945–1968, Studie Nr. 3). **3** Vgl. Matthias Molt: Von der Wehrmacht zur Bundeswehr. Personelle Kontinuität und Diskontinuität beim Aufbau der deutschen Streitkräfte 1955–1966, Diss., Heidelberg 2007.

◄ ►
Ehemalige Wehrmachtsoldaten in amerikanischen Diensten, German-Labour-Service-Einheiten zu Beginn der 1950er-Jahre

des »Dritten Reiches«.[4] Bereits 1945 wurden aus ehemaligen Wehrmachtsoldaten Arbeits-, Versorgungs- und Wacheinheiten aufgestellt, um die eigene Demobilmachung zu unterstützen. Der zu diesem Zwecke eingesetzte britische Labour Service zum Beispiel erreichte im ersten Quartal 1946 mit rund 140 000 Mann seinen Höchststand. Nachdem eine sowjetische Protestnote diese Praxis als Verstoß gegen das Potsdamer Abkommen bezeichnet hatte, wurden die Dienstgruppen wenige Jahre später offiziell aufgelöst, inoffiziell umorganisiert und personell reduziert. Die Dienstgruppen wurden wie der spätere Bundesgrenzschutz ein Personalpool der neuen westdeutschen Streitkräfte.[5]

Neben den Dienstgruppen waren die Informationsdienste der Alliierten lukrative Betätigungsfelder für ehemalige Soldaten. So gaben zahlreiche Generale und Generalstabsoffiziere der Wehrmacht ihre Kriegserfahrungen und ihr militärisches Fachwissen in der Operational History (German) Section, der historischen Abteilung des amerikanischen Oberkommandos in Europa, preis.[6] Unter der Koordination von General a. D. Franz Halder entwickelte sich die Gruppe im Zuge des sich verschärfenden Kalten Krieges zu einem »Thinktank« für den Kampf gegen die Rote Armee.[7] Zwischen 1946 und 1947 verlagerte sich der thematische Schwerpunkt von allgemeinen Kriegserfahrungen auf Erfahrungen aus dem Ostfeldzug. Titel wie »War Experiences in Russia« (1947), »Experiences Gained in Combat Against Soviet Infantery« (1950) oder »German Defense Tactics Against Russian Breakthroughs« (1952) waren häufiger Lesestoff amerikanischer Offiziere. Die Arbeit wurde bis Mitte 1948 weitergeführt, eine kleinere Gruppe mit dann freien Mitarbeitern erstellte solche Studien sogar bis 1961.[8] Zahlreiche Angehörige dieses Expertenkreises traten in späteren Jahren in das Amt Blank bzw. in die Bundeswehr ein.

Ein anderes Beispiel ist die Zusammenarbeit der amerikanischen Besatzungsmacht mit der Organisation Gehlen (Org).[9] Ähnlich wie bei den Dienstgruppen wurden auch im Bereich des militärischen Nachrichtenwesens Defizite der westlichen Besatzungsmächte durch die Nutzung des deutschen Potenzials ausgeglichen. US-Präsident Harry S. Truman hatte im Herbst 1945 im Zuge der allgemeinen Abrüstung auch das Office of Strategic Services aufgelöst. Erst Monate später wurde die Vorläuferorganisation der Central Intelligence Agency (CIA) eingerichtet, die naturgemäß wenig Informationsmaterial über die Sowjetunion und ihren Einflussbereich bieten konnte. Generalmajor a. D. Reinhard Gehlen, ab 1942 Chef der Abteilung Fremde Heere Ost (FHO) im Oberkommando des Heeres (OKH) und damit Chef der Feindaufklärung an der Ostfront, gelang es, Entscheidungsträger in den amerikanischen Streitkräften für sich zu

4 Vgl. Manfred Lesch: Die Rolle der Offiziere in der deutschen Wirtschaft nach dem Ende des Zweiten Weltkrieges, Berlin (West) 1970 (Volkswirtschaftliche Schriften, Heft 139). **5** Vgl. Josef Zienert: Dienstgruppen. Entwicklung, Aufgaben und Organisation der Dienstgruppen 1945–1956, Freiburg im Breisgau 1976. **6** Vgl. Charles B. Burdick: Vom Schwert zur Feder, in: Militärgeschichtliche Mitteilungen 2/1971, S. 69–80. **7** Vgl. Bernd Wegner: Erschriebene Siege. Franz Halder, die »Historical Division« und die Rekonstruktion des Zweiten Weltkrieges im Geiste des deutschen Generalstabes, in: Ernst Willi Hansen u. a. (Hrsg.): Politischer Wandel, organisierte Gewalt und nationale Sicherheit. Beiträge zur neueren Geschichte Deutschlands und Frankreichs. Festschrift für Klaus-Jürgen Müller, München 1995, S. 287–302. **8** Zur Bedeutung der Arbeiten für das amerikanische Heer siehe Kevin Soutor: To Stem the Red Tide: The German Report Series and Its Effect on American Defense Doctrine, 1948–1954, in: The Journal of Military History, vol. 57, No. 4, October 1993, S. 653–688. **9** Zur Org und zur Person siehe Georg Meyer: Zur Situation der deutschen militärischen Führungsschicht im Vorfeld des westdeutschen Verteidigungsbeitrages, 1945–1950/51, in: Militärgeschichtliches Forschungsamt (Hrsg.): Anfänge westdeutscher Sicherheitspolitik 1945–1956, Bd. 1, München/Wien 1982, S. 577–737; Dieter Krüger: Reinhard Gehlen (1902–1979). Der BND-Chef als Schattenmann der Ära Adenauer, in: Dieter Krüger/Armin Wagner (Hrsg.): Konspiration als Beruf. Deutsche Geheimdienstchefs im Kalten Krieg, Berlin 2003, S. 207–236.

Reinhard Gehlen, 1975

gewinnen. Anfang 1946 konnte die Org in Oberursel im Taunus ihre Arbeit aufnehmen, Ende 1947 zog sie nach Pullach bei München um. Mitte 1949 wurde der Dienst offiziell in die CIA übernommen. Gehlens Bedrohungsanalysen passten in das politische Weltgeschehen und stützten die »Falken« in Washington im Kampf gegen Moskau. Kaum unter dem Dach der CIA, baute Gehlen seine Kontakte zur Regierung Adenauer aus und sondierte deren Interesse an geheimdienstlichen Informationen. Sein starker Bündnispartner hierbei war der Verwaltungschef im Bundeskanzleramt, Hans Maria Globke.

Das Personal der Org rekrutierte sich aus ehemaligen Nachrichtendienstleuten und Geheimpolizisten. Gehlen selbst verstand es darüber hinaus, eine Gruppe ehemaliger Generalstabsoffiziere und Generale des OKH um sich zu scharen, darunter seinen früheren Chef und späteren ersten Generalinspekteur der Bundeswehr, Adolf Heusinger. Dessen Eintritt in die Org 1948 zeigt auch die engen Kontakte zwischen den verschiedenen »Kreisen«, die für die west-

lichen Besatzungsmächte arbeiteten. Nicht ohne Grund war Heusinger ab 1947 Halders Stellvertreter in der Operational History (German) Section gewesen. Der Pragmatismus dieser Übergangszeit, auf bewährte Kräfte und auf alte Feindbilder zu setzen, spiegelte sich auch im Auftrag der Org: »Es wird eine deutsche nachrichtendienstliche Organisation unter Benutzung des vorhandenen Potentials geschaffen, die nach Osten aufklärt, bzw. die alte Arbeit im gleichen Sinne fortsetzt. Die Grundlage ist das gemeinsame Interesse an der Verteidigung gegen den Kommunismus.«[10]

Wie bei den Dienstgruppen war nicht nur der Antikommunismus für die Bereitschaft der Mitarbeit ausschlaggebend. Weitere Gründe waren der gehobene Lebensstandard, den die Mitarbeiter der amerikanischen Dienste pflegten, sowie das Zusammengehörigkeitsgefühl. Dieses war im Falle der Org noch ausgeprägter: Die Familien lebten auf einem Campus, von US-Militärpolizei beschützt, Tür an Tür, die Ehefrauen konnten zum Teil ebenfalls als Mitarbeiterinnen gewonnen werden und es gab Schulen und Einkaufsmöglichkeiten.[11]

So erlebten zahlreiche ehemalige Mitarbeiter der nationalsozialistischen Sicherheits- und Nachrichtendienste einen fast gleitenden Übergang in die neue Zeit. Nach einer mehr oder weniger intensiven Entnazifizierung in den westlichen Besatzungszonen und grundlegenden rechtlichen und organisatorischen Neuerungen wurde bereits 1946 mit der Einstellung der »bewährten Kräfte« begonnen. Vor allem bei der Polizei und bei den Verfassungsschutzbehörden zählte das Expertenwissen mehr als die politische Vergangenheit.[12] Bei Gehlen galt dieser Grundsatz, gepaart mit dem der persönlichen Empfehlung, für alle Neueinstellungen von Anfang an.

Himmerod 1950

Gehlen wollte seine nachrichtendienstliche Karriere als Leiter einer einzigen und mächtigen Geheimdienstbehörde krönen, die gleichermaßen Inlands- und Auslandsdienst sein sollte. Eine solche Behörde bekam die Bundesrepublik Deutschland nicht. Nach rund zehn Jahren als Leiter der Org wurde Gehlen aber Gründungspräsident des BND. Diesen größten Nachrichtendienst der Bundesrepublik leitete er zwölf Jahre lang.[13] Reinhard Gehlen verstand es wie kein Zweiter, sein personales Netzwerk für sich und den Auf- und Ausbau seines Dienstes zu nutzen. Darüber hinaus nahm er mehr oder weniger Einfluss auf alle Entscheidungen, welche die innere und äußere Sicherheit der Bundesrepublik betrafen. Die Org kann sowohl als »Dachverband für die westdeutsche Militärlobby« als auch als Personalpool für den Aufbau der neuen Streitkräfte gelten. Das historische Vorbild war sicherlich die Kaderarmee in der Weimarer Republik mit ihren vielen Tarnbezeichnungen und dem verdeckten Personalersatz, welcher auf die Aufrüstung wartete. In der Planungsphase für die Aufstellung westdeutscher Streitkräfte

10 Reinhard Gehlen: Der Dienst. Erinnerungen 1942–1971, Mainz/Wiesbaden 1971, S. 149. **11** Zu den Lebensumständen siehe Krüger: Reinhard Gehlen, 2003, S. 219 f. **12** Siehe Gerhard Fürmetz/Herbert Reinke/Klaus Weinauer (Hrsg.): Nachkriegspolizei. Sicherheit und Ordnung in Ost- und Westdeutschland 1945–1969, Hamburg 2001 (Forum Zeitgeschichte, Bd. 10); Wolfgang Buschfort: Geheime Hüter der Verfassung. Von der Düsseldorfer Informationsstelle zum ersten Verfassungsschutz der Bundesrepublik (1947–1961), Paderborn u. a. 2004. **13** Vgl. Krüger: Reinhard Gehlen, 2003, S. 207–236.

Himmeroder Denkschrift: das erste Gesamtkonzept für den Aufbau westdeutscher Streitkräfte, 1950

waren vier von 15 Experten der entscheidenden Tagung im Kloster Himmerod im Oktober 1950 sogenannte Gehlen-Leute. Neben Adolf Heusinger und Hermann Foertsch waren dies Oberst a. D. Eberhard Graf von Nostitz und Kapitän z. S. a. D. Alfred Schulze-Hinrichs. Alle vier verstanden sich jedoch nicht unbedingt als Abgesandte Gehlens, vielmehr als Wehrexperten, die unabhängig von ihrer nachrichtendienstlichen Beschäftigung eine Einladung erhalten hatten. In vier Ausschüssen wurden erste Kernpunkte für eine Aufrüstung festgelegt. Den Vorsitz im allgemeinen Ausschuss, der sich mit ethischen Grundsätzen und dem »Inneren Gefüge« befasste, hatte Hermann Foertsch inne. Heusinger war der Vorsitzende des Organisationsausschusses, der Fragen des Kriegsbildes, der Gliederung, Bewaffnung und Anzahl künftiger Verbände klären sollte. Im militärpolitischen Ausschuss unter Hans Speidel, der die Forderungen an die Westalliierten und die Einflussnahme der Bundesregierung thematisierte, saß Graf Nostitz. Im Ausbildungsausschuss unter General a. D. Frido von Senger und Etterlin arbeitete Schulze-Hinrichs mit. So waren in jedem der vier Ausschüsse Herren der Org vertreten, sodass Gehlen stets bestens informiert war und indirekt auch Einfluss auf die eine oder andere Grundsatzentscheidung bei der Konzeption und dem Aufbau der späteren Bundeswehr nehmen konnte.[14] Zahlreiche Empfehlungen, die in der Denkschrift aufgelistet waren, wurden nicht aufgegriffen. Viele andere Grundsätze, wie zum Beispiel die operative Grundidee eines Bewegungskriegs und die grenznahe Verteidigung, wurden später umgesetzt. Dafür sorgten schon die Teilnehmer der Himmeroder Tagung selbst, denn jeder Zweite von ihnen sollte später den Aufbau der Bundeswehr in Spitzenpositionen nachhaltig prägen.

Amt Blank

Adolf Heusinger wechselte Anfang Oktober 1951 in das Amt Blank, dem Vorläufer des Verteidigungsministeriums, und übernahm die Abteilung II (Militärische Abteilung).[15] Damit hatte Gehlen einen engen Vertrauten in einer entscheidenden Position, auch wenn Heusinger sich selbst nicht unbedingt als Gehlen-Mann sah.[16] Vielmehr hatte Heusinger als Leiter der Auswertung genügend Freiräume, sich gedanklich – und mit Wissen Gehlens – mit dem Aufbau westdeutscher Streitkräfte zu beschäftigen und sich mit zahlreichen Gesprächspartnern auszutauschen. So wie er selbst es getan hatte, betrachteten auch andere ehemalige Generalstabsoffiziere ihre Anstellung in Pullach nur als Übergangslösung. Ihre Absicht, wieder Uniform tragen und ihr militärisches Handwerk ausüben zu können, war ein offenes Geheimnis. Gehlen hatte deshalb bereits Anfang 1950 in Erfahrung bringen lassen, wer seinen Dienst verlassen würde.[17] Doch der personalpolitische Konkurrenzgedanke führt bei Gehlen sicher in die Irre. Für ihn waren die äußere und die innere Sicherheit der Bundesrepublik zwei Seiten einer Medaille, die beide auf Hochglanz gebracht werden sollten. Daher war es in seinem Verständnis weniger ein Verlust für seine Organisation, wenn Personal von der Org ins Amt Blank oder zu den Landesämtern für Verfassungsschutz wechselte, als vielmehr eine sinnvolle Investition in die gemeinsame Sache und nicht zuletzt Garant seines Wissensvorsprungs.[18] Es ist daher nicht verwunderlich, wenn im Amt Blank und später in den einzelnen Teilstreitkräften und nicht zuletzt sogar auf Truppengattungsebene Gehlen-Leute arbeiteten. Auch diese waren Angehörige der verschiedenen militärischen Aufbaugenerationen der Bundeswehr.[19] Neben Heusinger sollen hier Ernst Ferber, Werner Panitzki, Leo Hepp, Albert Schnez[20] und Heinz-Günther Guderian genannt werden. Ferber war von 1955 bis 1957 Unterabteilungsleiter der Abteilung

Personal, Panitzki in seiner ersten Verwendung Leiter der Abteilung VI (Luftwaffe) im Verteidigungsministerium. Leo Hepp, bei Gehlen für die Funkaufklärung zuständig, war von 1956 bis 1959 Inspizient der Fernmeldetruppe im Truppenamt in Köln. Schnez war Unterabteilungsleiter IV E und für die Logistik zuständig, während Guderian als Oberstleutnant der Bundeswehr bis April 1958 als Referent beim BND in Pullach weiterarbeitete, ehe er Kommandeur eines Panzerbataillons wurde. Agilolf Kesselring geht sogar von einer sogenannten Platzhalter-Theorie aus.[21] Demnach gab es in der Org für künftige Spitzenverwendungen in den neuen Streitkräften Platzhalter im vergleichbaren Dienstgrad Oberst oder Kapitän zur See. Der Pullacher Dienst wurde also nicht ohne Grund als »Geburtshelfer für die Bundeswehr« bezeichnet.[22]

Gerhard Wessel und der Militärische Abschirmdienst

Als im Zuge der seit 1951 betriebenen Verhandlungen über die Europäische Verteidigungsgemeinschaft (EVG) die Frage nach der Militärischen Sicherheit aufkam, setzte sich Gehlen für eine klare Trennung zwischen Aufklärung und Absicherung ein. Vorausgegangen war ein Konkurrenzkampf mit den Nachrichtenexperten in der Dienststelle Schwerin und im Amt Blank, der das Ziel Gehlens, aus der Org den einzigen Dienst der Bundesrepublik zu machen, bedrohte. Im Amt Blank waren es vor allem Johann Adolf Graf von Kielmansegg[23] und Joachim Oster[24], die einen eigenen Nachrichtendienst aufbauen wollten. Die Org galt als amerikanischer Dienst und sollte aus ihrer Sicht, wenn überhaupt, nur nichtmilitärische Bereiche abdecken. Friedrich Wilhelm Heinz baute dagegen ab Mitte 1950 einen aufklärenden Dienst für die Zentrale für Heimatdienst unter Graf Schwerin[25] bzw. für das der Zentrale nachfolgende Amt Blank auf – für Gehlen eine offene Kampfansage.[26] Der Wechsel von Mitarbeitern zum Amt Blank in den Folgejahren und seine Vernetzung in der Politik sollten sich aber auszahlen: Heusinger und Globke sorgten ab 1953 für die recht abrupte Abwicklung der militärischen Konkurrenz.

---

14 Vgl. Georg Meyer: Adolf Heusinger. Dienst eines deutschen Soldaten 1915 bis 1964, Hamburg u. a. 2001, S. 354–356. Grundlegend zur Tagung s. Hans-Jürgen Rautenberg/Norbert Wiggershaus: Die »Himmeroder Denkschrift« vom Oktober 1950. Politische und militärische Überlegungen für einen Beitrag der Bundesrepublik Deutschland zur westeuropäischen Verteidigung, Karlsruhe 1977. **15** Vgl. Dieter Krüger: Das Amt Blank. Die schwierige Gründung des Bundesministeriums für Verteidigung, Freiburg im Breisgau 1993. **16** Grundlegend zum Personalaufbau Frank Pauli: Wehrmachtsoffiziere in der Bundeswehr. Das kriegsgediente Offizierkorps der Bundeswehr und die Innere Führung, Paderborn u. a. 2010. **17** Vgl. Meyer: Zur Situation der deutschen militärischen Führungsschicht, 1982, S. 684. **18** Vgl. Krüger: Reinhard Gehlen, 2003, S. 215–226. Grundlegend zum Verständnis Gehlens auch Keßelring: Alte Elitedivisionen, 2014, S. 30–41. Im Zuge der Arbeit der UHK zur Erforschung der Geschichte des BND schreibt Rolf-Dieter Müller eine Biografie Reinhard Gehlens. **19** Vgl. Helmut R. Hammerich/Rudolf J. Schlaffer (Hrsg.): Militärische Aufbaugenerationen der Bundeswehr 1955 bis 1970. Ausgewählte Biografien, München 2011. Zu den Genannten siehe Clemens Range: Kriegsgedient. Die Generale und Admirale der Bundeswehr, Müllheim-Britzingen 2013. **20** Der spätere Generalleutnant Schnez arbeitete unter dem Decknamen »Schnepfe« seit 1950 als »Sonderverbindung«, vergleichbar einem freien Mitarbeiter, für die Dienststelle 35 (DS 35) der Org. Leiter der DS 35 war General der Artillerie a. D. Horst von Mellenthin. Siehe Keßelring: Alte Elitedivisionen, 2014, S. 31 f. **21** Agilolf Keßelring im Gespräch mit dem Autor am 22. 9. 2015. Für die zahlreichen Hinweise und Anregungen danke ich Dr. Keßelring. **22** Erich Schmidt-Eenboom: Schnüffler ohne Nase. Der BND. Die unheimliche Macht im Staate, Düsseldorf 1993, S. 235. **23** Vgl. Karl Feldmeyer/Georg Meyer: Johann Adolf Graf von Kielmansegg 1906–2006. Deutscher Patriot, Europäer, Atlantiker, Hamburg/Berlin/Bonn 2007. **24** Joachim Oster war unter Schwerin Leiter des Informations- und Nachrichtendienstes, danach bis 1957 Leiter der Sicherheitsgruppe im Amt Blank und im Verteidigungsministerium. **25** Vgl. Peter M. Quadflieg: Gerhard Graf von Schwerin (1899–1980): Karrierepfade eines Generals zwischen Kaiserreich und Bundesrepublik, Belegexemplar (Diss.), Aachen 2014. **26** Vgl. Susanne Meinl/Dieter Krüger: Der politische Weg von Friedrich Wilhelm

Gerhard Wessel als Deutscher Militärischer Vertreter im Militärausschuss der NATO, 1963/64

Wie nicht anders zu erwarten, traten nun die Experten aus Pullach auf den Plan. Gehlen schickte Ende 1955 seinen engsten Mitarbeiter Gerhard Wessel nach Bonn, um für die neuen Streitkräfte einen rein abwehrenden Dienst aufzubauen. Von 1952 bis 1954 war Wessel sein Experte für das militärische Nachrichtenwesen in den EVG-Verhandlungen gewesen, später fungierte er auf Anfrage von Heusinger auch als Sicherheitsexperte für die künftigen Streitkräfte. Wie bereits skizziert, machte Gehlen seinen Einfluss geltend, um auch Personal aus seiner Organisation in den im Zuge der Bundeswehraufstellung neu aufzubauenden Militärischen Abschirmdienst (MAD) zu schleusen. Damit sicherte er sich indirekten Einfluss auf den neben Org/BND und Bundesamt für Verfassungsschutz dritten bundesdeutschen Nachrichtendienst. Auffällig ist, dass mit Gerhard Wessel der langjährige Stellvertreter Gehlens der entscheidende Mann beim Aufbau des MAD wurde. Der erste Leiter der Unterabteilung Sicherheit im neuen Ministerium für Verteidigung in Bonn wurde als Gehlen-Mann angesehen. Das heißt aber nicht, dass er automatisch die Interessen Gehlens vertrat. Vielmehr konnte sich Wessel in der neuen Verwendung nach der langen Zeit der Zusammenarbeit in und nach dem Zweiten Weltkrieg endlich von seinem früheren Chef abnabeln und beim Aufbau des Abschirmdienstes eigene Interessen und Ideen verwirklichen. Georg Meyer sieht sogar einen Bruch der Vertrauensbasis zwischen Gehlen und Wessel als Grund für »Schneckenfuß«, die Org zu verlassen.[27]

Die Auswertung sollte sein Metier werden, war er doch von Januar 1942 bis Kriegsende Angehöriger der Abteilung Fremde Heere Ost des OKH gewesen. Kurz vor Kriegsende war Wessel sogar Leiter von FHO und damit Gehlens Nachfolger geworden. Nach der Rückkehr Gehlens aus den USA wurde Wessel Leiter der Auswertung in der Org. Während der EVG-Verhandlungen in Paris gehörte er dann als Angestellter der Dienststelle Blank der deutschen Militärdelegation unter Generalleutnant a. D. Hans Speidel an. Nach dem Scheitern der EVG 1954 hielten er und Speidel von Bonn aus Verbindung zur NATO in Paris. Anfang November 1955 wurde er als Oberst in die neuen Streitkräfte eingestellt und arbeitete im Bundesministerium für Verteidigung auf dem Gebiet der militärischen Sicherheit. Achim Oster, bis dahin für dieses Aufgabengebiet zuständig, klagte darüber, von einem Gehlen-Mann ersetzt worden zu sein.[28] Als Gehlen die Trennung zwischen Auslandsaufklärung und Abschirmaufgaben durchsetzen konnte, wurde Wessel als zuständiger Unterabteilungsleiter der »Vater des MAD«.

Wessels Stellvertreter kam ebenfalls aus Pullach. Major i. G. a. D. Armin Eck arbeitete von März 1948 bis zu seiner Übernahme in die Bundeswehr im Februar 1956 bei der Org. Eck, während des Krieges als Abteilungskommandeur und in diversen Generalstabsverwendungen eingesetzt, trat im Februar 1956 im Dienstgrad Oberstleutnant in die neuen Streitkräfte ein. Nach Truppen- und Stabsverwendungen im Heer, hier als Referent bei FüH II (Militärisches Nachrichtenwesen), wurde er im April 1964 stellvertretender Amtschef des Amtes für Sicherheit der Bundeswehr (ASBw), wenig später Kommandeur der Schule für Nachrichtenwesen der Bundeswehr (SNBw). Von 1967 bis 1972 leitete er schließlich die Zentrale des MAD, das ASBw.[29]

Mit der Umstrukturierung des Verteidigungsministeriums Anfang 1956 erfolgte am 30. Januar die Aufstellung der Unterabteilung IV J – Sicherheit. »Vier Ida«, so die Abkürzung, war mit acht Referaten für »die Abschirmung der Streitkräfte gegen Spionage, Sabotage, Zersetzung und Infiltration«[30] zuständig. Diese Keimzelle organisierte den MAD in der Fläche. Dazu wurde das Regionalprinzip angewandt, welches schon in früheren deutschen Armeen praktiziert worden war. Gemäß den sechs Wehrbereichen wurden sechs Abteilungen, später Gruppen, aufgestellt. Dazu kam die MAD-Stelle, später MAD-Gruppe S in Bonn, die für das Ministerium und für die Bundeswehrangehörigen in den NATO-Hauptquartieren zuständig war. Das MAD-Netz breitete sich ab 1957 langsam, aber stetig von den MAD-Gruppen über die ihnen unterstellten MAD-Stellen über das gesamte Gebiet der Bundesrepublik aus. Mit den Obersten i. G. a. D. Konrad Stephanus, Alfred Siebert und Josef Selmayr und dem Kapitän zur See a. D. Heinz Riede waren vier von sechs Kommandeuren der MAD-Gruppen ebenfalls ehemalige Mitarbeiter der Org. Die Unterabteilung selbst wurde 1957 aus dem Ministerium ausgegliedert und als zentrale militärische Dienststelle zur Zentralstelle Sicherheit, später Amt für Sicherheit der Bundeswehr, aufgestellt.[31] Erster Leiter wurde Oberst Selmayr, sein Stellvertreter wurde Oberstleut-

Heinz, in: Vierteljahrshefte für Zeitgeschichte, 42. Jg. (1994), Heft 1, S. 39–69; Susanne Meinl: Im Mahlstrom des Kalten Krieges. Friedrich Wilhelm Heinz und die Anfänge der westdeutschen Nachrichtendienste 1945–1955, in Wolfgang Krieger/Jürgen Weber (Hrsg.): Spionage für den Frieden? Nachrichtendienste in Deutschland während des Kalten Krieges, München/Landsberg am Lech 1997, S. 247–266. **27** »Schneckenfuß« war einer der unrühmlichen Decknamen, die Gehlen seinem engsten Mitarbeiter inoffiziell verpasst hatte. Georg Meyer im Gespräch mit dem Autor am 8. 12. 2014. Der Autor hat aber bisher keine weiteren Hinweise auf einen Bruch finden können. Vielmehr unterstreicht der persönliche Schriftverkehr zwischen Gehlen und Wessel die beiderseitige Wertschätzung und die stete Loyalität Wessels gegenüber seinem alten Chef. **28** Vgl. Dieter Krüger: Das Amt Blank. Die schwierige Gründung des Bundesministeriums für Verteidigung, Freiburg im Breisgau 1993 (Einzelschriften zur Militärgeschichte, Bd. 38), S. 77. **29** Zentrum für Militärgeschichte und Sozialwissenschaften der Bundeswehr (ZMSBw), Archiv des IP-Stabes BMVg, Zeitungsausschnittsammlung, Mappe 73-1. (M 2/2), MAD-Amt. **30** Besprechungsnotiz Wessel vom 5. 1. 1956, Amt für den MAD, BW 31/1175. **31** Im Oktober 1984 wurde daraus dann das Amt für den MAD.

nant i. G. Armin Eck, beide wie gezeigt ehemalige Angehörige der Org. Aus der Gruppe Sicherheit im Amt Blank entwickelte sich im Laufe der Jahre ein professioneller Nachrichtendienst, der 1977 rund 2000 Mitarbeiter umfasste.[32]

Geeignetes Personal für die verschiedenen Arbeitsgebiete des MAD zu werben war nicht einfach, da bereits kurz nach dem Krieg zahlreiche Geheimdienstexperten in fremden Diensten, in der Org, in den Verfassungsschutzämtern oder beim Bundeskriminalamt untergekommen waren. Zudem kamen allein aus Altersgründen hohe Offiziere der ehemaligen Abwehr kaum mehr für Führungspositionen infrage. Die ehemaligen Nachrichtendienstleute mussten sich den Auswahlprozessen der neuen westdeutschen Streitkräfte stellen. Ab Oberst aufwärts war der Personalgutachterausschuss zuständig, Dienstgrade darunter wurden durch andere Gremien überprüft. Im Vergleich zu anderen Ressorts sind diese Prüfschleifen bei der Personalauswahl aus heutiger Sicht als vorbildlich zu bezeichnen.[33] Dennoch gelang es einigen NS-Belasteten, den Dienst in den Streitkräften antreten zu können. So arbeitete beim MAD in München ein ehemaliger SS-Obersturmführer als Regierungsoberinspektor. Er soll von 1940 bis 1945 als Abteilungsleiter der Gestapo tätig gewesen sein und in der berüchtigten Einsatzgruppe »Iltis« in Jugoslawien bei der Partisanenbekämpfung Verbrechen begangen haben.[34] Auch traten einige Angehörige der Brandenburger in MAD-Dienste. Teile dieser der Abwehr unterstellten Sondertruppe waren während des Zweiten Weltkriegs an zahlreichen Kriegsverbrechen beteiligt gewesen. Meist waren die ehemaligen Brandenburger über die Verbindung zu Friedrich Wilhelm Heinz rekrutiert worden, der 1943 Regimentskommandeur in diesem Spezialverband der Wehrmacht gewesen war.[35]

Fazit

Die Org war ein »Auffangbecken« für ehemalige Wehrmachtsangehörige, vor allem der höheren Führungsstäbe, die auf den Aufbau neuer Streitkräfte warteten. In dieser Parkposition konnten sie neben ihren dienstlichen Verpflichtungen über Konzeption und Aufbau der »neuen Wehrmacht« nachdenken und in trauter Runde diskutieren. Nach den institutionellen Grundsatzentscheidungen zum Aufbau westdeutscher Streitkräfte verlor Gehlen eine Anzahl seiner Experten an die Bundeswehr, auch um den MAD aufzubauen. Allerdings garantierte dieser Verlust sowohl den professionellen Aufbau der militärischen Sicherheit als auch, mehr oder weniger, den Einfluss Gehlens im neuen dritten Nachrichtendienst des Bundes.

Nachweislich wurden über siebzig kriegsgediente Offiziere, die anfänglich in der Org oder im BND arbeiteten, Generale und Admirale der Bundeswehr. Der Vergleich zu den 37 aus dem Bundesgrenzschutz oder den 17 aus den Dienstgruppen rekrutierten späteren Bundeswehrgeneralen und -admiralen zeigt die Bedeutung des Pullacher Personalreservoirs für den Aufbau der Bundeswehr.[36] Der Wunsch, wieder Uniform anzuziehen und wieder den Soldatenberuf auszuüben, war oft ausschlaggebend für den Wechsel von der Org in das Amt Blank oder zum MAD.[37]

Auch für die Mitarbeiter der Org und für die Bundeswehrangehörigen der ersten Stunde galt, was Ulrich Herbert über die Juristen nach 1945 schrieb. Demnach identifizierten sich die

Plakat des MAD zur Militärischen Sicherheit in einem Kompaniegebäude, um 1960

meisten der NS-Belasteten sehr schnell mit dem neuen politischen System und wurden früher oder später überzeugte Demokraten. Sie redeten ihre eigene Rolle im Nationalsozialismus klein oder verdrängten sie angesichts der neuen beruflichen und familiären Herausforderungen nach Kriegsende. Diese Strategie funktionierte rund zwanzig Jahre lang, dann hinterfragte die erwachsen gewordene »45er-Generation« die Legenden der Anständigkeit.[38]

Inwieweit sich die personellen Kontinuitäten auf die mentalen Prägungen der Mitarbeiter des MAD, ja auf die Arbeitsmethoden und nachrichtendienstlichen Praktiken durchschlugen, muss noch genauer in den Blick genommen werden.[39] Sicherlich prägten die Angehörigen des ehemaligen NS-Sicherheitsapparates in den ersten Jahren des Dienstes die Arbeitsatmosphäre. Das Expertentum und die professionelle Vorgehensweise der »alten Hasen« im Kampf gegen den Kommunismus im Allgemeinen und gegen Spionage und Sabotage im Besonderen gaben den unbelasteten jüngeren Kollegen Orientierung. Diese sahen deshalb auch das eine oder andere Mal über deren »Ecken und Kanten« hinweg und ertrugen geduldig die »alten Geschichten« über die großen Abwehrerfolge während des Zweiten Weltkriegs, die von Jahr zu Jahr größer wurden.[40]

32 Vgl. Herbert Kloss: MAD – Der Militärische Abschirmdienst der Bundeswehr. Bilanz und Ausblick, in: Beiträge zur Konfliktforschung 1/1987, S. 99–133. **33** Ausführlich zum Personalgutachterausschuss siehe Molt: Von der Wehrmacht zur Bundeswehr, 2007, S. 153–200. **34** Vgl. Mitteilungen der Humanistischen Union 32, Mai/September 1967, Nr. 6. **35** Dazu Hinrich-Boy Christiansen: Mit Hurra gegen die Wand. Erinnerungen eines »Brandenburgers« an Krieg und Gefangenschaft, hrsg. v. Rudolf Kinzinger, Norderstedt 2010. **36** Vgl. Range: Kriegsgedient, 2013, S. 623–625. **37** Georg Meyer im Gespräch mit dem Autor am 8. 12. 2014 in Freiburg im Breisgau. Meyer ist einer der profiliertesten Kenner der Frühgeschichte der Bundeswehr und der Org. **38** Vgl. Ulrich Herbert: Justiz und NS-Vergangenheit in der Bundesrepublik 1945–1970, in: Görtemaker/Safferlin (Hrsg.): Die Rosenburg, 2013, S. 43–59. **39** Der Autor erforscht derzeit die Geschichte des MAD von 1956 bis 1990. **40** Gespräch des Autors mit einem Zeitzeugen aus Köln, der namentlich nicht genannt werden möchte, am 30. 9. 2015.

Opera

ionen

DIE TECHNISCHE NACHRICHTENBESCHAFFUNG DER ORGANISATION GEHLEN

In den frühen Morgenstunden des 24. Juni 1948 schlossen sowjetische Truppen alle Versorgungsverbindungen nach West-Berlin. Die amerikanischen und britischen Streitkräfte reagierten mit einer Luftbrücke: Rund drei Jahre nach dem alliierten Sieg über Deutschland hatte die erste Schlacht des Kalten Krieges begonnen. Es wurde eine Materialschlacht, bei der in den folgenden elf Monaten der Transport von 2,3 Millionen Tonnen an Versorgungsgütern in die eingeschlossene Stadt mit dem Verlust von 83 Menschenleben erkauft wurde. Dennoch war es ein großer Erfolg der Westalliierten – ein Erfolg, zu dem maßgeblich eine Gruppe deutscher Militärs und Aufklärungsspezialisten um den früheren Wehrmachtsgeneral Reinhard Gehlen beigetragen hatte?[1]

So scheint es, wenn man den Erinnerungen von James Critchfield glauben mag. Dieser wurde im Herbst eben jenes Jahres 1948 nach Deutschland entsandt, um eine Übernahme der unter der Obhut der US-Streitkräfte entstandenen Organisation Gehlen (Org) durch die Central Intelligence Agency (CIA) zu prüfen. Jahre später beschrieb er einen Besuch auf Schloss Kransberg im Taunus, wo im Rahmen der Org eine Keimzelle der technischen Aufklärung ihre Tätigkeit aufgenommen hatte: »[Hauptmann] Redden und ich schauten etwa zehn erfahrenen deutschen Horchfunkern zu, die mit Kopfhörern über einzelne Funkempfänger gebeugt saßen und den sowjetischen Sprechfunkverkehr in der Luft und am Boden abhörten. [...] Auf Grund dieser Berichte erfuhr der A2 [Feindaufklärungsoffizier] der amerikanischen Luftwaffe, ob die sowjetischen MIG-Jagdmaschinen gestartet waren oder noch am Boden standen und welche Flugplätze sie benutzten.«

Critchfield führte weiter aus: »Die sowjetische Luftwaffe verfügte über eine große Anzahl MIGs, die sie auf ständig wechselnde Flugplätze in der sowjetischen Zone verlegte. [...] Für Monate war es das vorrangige Ziel der Agenten Gehlens gewesen, herauszufinden, auf welchen sowjetischen Flugplätzen und in welcher Stückzahl die MIGs in Ostdeutschland stationiert waren. Nur die Abhörspezialisten im Rahmen der ›Operation Dustbin‹ [so der Tarnname für Schloss Kransberg] konnten in Echtzeit die Aktivitäten der MIGs melden, sodass ich ohne zu zögern über die schnellste sichere Telefonverbindung dazu riet, dieses Projekt fortzuführen.«[2]

◄ Horchstelle der Organisation Gehlen in Kransberg

1 Dieser Text entstand im Rahmen der Arbeit der Unabhängigen Historikerkommission zur Erforschung der Geschichte des Bundesnachrichtendienstes 1945–1968. Weiterführende Quellenbelege finden sich in einer umfassenden Darstellung des Autors zu Agentenfunk und technischer Aufklärung der Organisation Gehlen und des Bundesnachrichtendienstes, die voraussichtlich 2016 im Christoph Links Verlag, Berlin erscheinen wird.
2 James H. Critchfield: Auftrag Pullach. Die Organisation Gehlen 1948–1956, Hamburg/Berlin/Bonn 2005, S. 100 f.; vgl. Mary Ellen Reese: Organisation Gehlen. Der Kalte Krieg und der Aufbau des deutschen Geheimdienstes, Berlin 1992, S. 159–171; Kevin Ruffner: Forging an Intelligence Partnership: CIA and the Origins of the BND, Vol II, Doc. 72:

▶
Mobiler Erfassungstrupp

Sollte also wirklich Gehlens kleine Truppe von Funkern so entscheidend für die Durchführung der Luftbrücke gewesen sein? Um diese Frage zu beantworten, wird im Folgenden ein genauerer Blick auf die Anfänge der technischen Beschaffung der Org, also auf die Fernmeldeaufklärung und die Funkkommunikation mit Agenten – den sogenannten Agentenfunk – geworfen. Waren diese Männer wirklich in der Lage, den Alliierten einen entscheidenden Vorteil zu verschaffen?

Während des Zweiten Weltkriegs waren auf allen Seiten Tausende von Soldaten in der Funkaufklärung beschäftigt gewesen. Eine immense Anzahl von Horchfunkern, Peilfunkern und Auswertern erfasste an verschiedensten Standorten Funkverkehre und verwob die Informationen zu Lagebildern. Nur mit einem derartig großen Aufwand an Personal und Material war es möglich, an diesem manchmal als »Wellenkrieg« bezeichneten Ringen auf Augenhöhe teilzunehmen.[3] Eher bescheiden muten im Vergleich dazu die Anfänge in der bunt zusammengewürfelten Org an: Seit Sommer 1945 hatten ehemalige Angehörige der Abteilung Fremde Heere Ost (FHO) aus dem Oberkommando des Heeres zusammen mit früheren Angehörigen der Abwehr begonnen, in Oberursel für die US-Streitkräfte einen Aufklärungsdienst gegen die Sowjetunion einzurichten. Neben Generalmajor Gehlen, dem früheren Abteilungschef von FHO, brachte auch Oberstleutnant Hermann Baun als ehemaliger Chef der Frontaufklärungsstelle I Ost »Walli« Personal in dieses Unternehmen ein. In Bauns Personalpool fand sich eine Reihe von Funktechnikern, die im Rahmen seiner Agentennetze den Funkverkehr hinter den feindlichen Linien abgewickelt hatten. Wie bei der Abwehr üblich, handelte es sich hierbei überwiegend um kriegsverpflichtete frühere Amateurfunker. Agentenfunkleiter Ost war während des Krieges Hauptmann der Reserve Ferdinand Bödigheimer gewesen. Als ausgewiesener Experte seines Faches hatte er bereits mehrere Standardwerke zur Amateurfunktechnik verfasst.[4]

Bödigheimer war im Mai 1946 von Baun in dessen neue Information Collection Organization nach Oberursel geholt worden und erhielt den Auftrag, unter der Bezeichnung »Signal Section« die Informationsbeschaffung um eine technische Komponente zu erweitern. Im Blick hatte man hier vor allem den Agentenfunk, der eine zeitnahe Kommunikation mit Quellen im sowjetischen Einflussbereich ermöglichen sollte. Doch die technischen Möglichkeiten waren bescheiden. Zunächst behalf man sich für die Leitstelle mit Funkempfängern aus Wehrmachtsbeständen und für den Agentenfunk mit Kofferfunkgeräten, die für das amerikanische Office of Strategic Services (OSS) entwickelt worden waren. Die damals als »Operation RUSTY« von der U. S. Army betriebene Org wuchs jedoch stetig, so zog im Mai 1947 unter anderem das mit

The Critchfield-Report, 17. 12. 1948, S. 45–123, hier S. 105–108. Zur Berlin-Blockade vgl. u. a. Roger G. Miller: To save a City. The Berlin Airlift 1948–1949, Bolling 1998; zu nachrichtendienstlichen Aspekten der Blockade vgl. George Bailey/Sergej A. Kondraschow/David E. Murphy: Die unsichtbare Front. Der Krieg der Geheimdienste im geteilten Berlin, Berlin 1997, S. 81–104. **3** Vgl. Günther K. Weiße: Geheime Nachrichtendienste und Funkaufklärung im Zweiten Weltkrieg. Deutsche und alliierte Agentenfunkdienste in Europa 1939–1945, Graz 2009; Jürgen Rohwer/Eberhard Jäckel (Hrsg.): Die Funkaufklärung und ihre Rolle im 2. Weltkrieg, Stuttgart 1979. **4** Vgl. Magnus Pahl: Fremde Heere Ost. Hitlers militärische Feindaufklärung, Berlin 2012, S. 428; zum Amateurfunk: Ferdinand Bödigheimer: Amateurstation für Radio – Kurze Wellen, Ravensburg 1931; Ferdinand Bödigheimer: Radiotechnik für Amateure. Ein Lehr- und Werkbuch für den selbstbauenden Funkfreund, Ravensburg 1930.

der Technik befasste Personal in das Schloss Kransberg. Dieses firmierte, von den Amerikanern zunächst mit dem wenig ansprechenden Decknamen »Dustbin« versehen, bald als »Capitol«, die »Signal Section« wurde hier zur »Organisation 56«.

Fernmeldeaufklärung

Trotz der mäßigen Empfangsverhältnisse und der wenig geeigneten Räumlichkeiten entstand hier eine umfassende Antennenanlage, mittels weiterer Funk-Horchempfänger begann eine einfache Funkaufklärung. Zunächst hörte russischsprachiges Personal gängige Kurzwellenfrequenzen ab, von Interesse waren hierbei vor allem Wirtschaftsnachrichten aus der Sowjetunion. Eher zufällig stieß man dabei auf Funkverkehre der sowjetischen Luftwaffe – so wurden die bescheidenen Ressourcen auf die Fliegerverbände in Ostdeutschland angesetzt.

Horchstellenempfangsplatz mit Kurzwellenempfänger

Um eine effektive Fernmeldeaufklärung zu erreichen, genügte dies nicht. So bestand der Erkenntnisgewinn bei dieser Art von Beschaffung nicht nur im Mithören fremder Kommunikation; hier würde der Gegner stets bemüht sein, die preisgegebenen Informationen zu minimieren – von Codewörtern und einfachen Verschleierungen bis hin zu mathematisch nicht lösbarer Verschlüsselung existierte eine Vielzahl an Mitteln, um die eigene Kommunikation zu schützen.[5] Doch es konnte auch ohne Kenntnis des Inhaltes schon eine wesentliche Information sein, zu erfahren, wer überhaupt mit wem sprach. Kommandohierarchien spiegeln sich in ihrer Befehlsweitergabe, die so auf die Struktur der beteiligten Streitkräfte schließen lässt. Kann man einzelnen Teilnehmern an der Kommunikation noch einen Ort zuweisen, ergeben sich wichtige Puzzlestücke bei der Erstellung eines militärischen Lagebildes.

Um dies zu erreichen, musste die auf Schloss Kransberg etablierte Horchstelle um zusätzliche Peilstellen erweitert werden. Denn war einmal eine Kommunikation erfasst, konnte man von Kransberg aus nur die ungefähre Richtung angeben, aus der die Funksendungen kamen. Erst die Kombination der Richtungspeilungen mehrerer Empfangsstationen erlaubte eine räumliche Zuordnung der einzelnen Sender – also der mutmaßlichen Standorte der jeweiligen Truppenteile. Im Herbst 1948 erweiterte man die Infrastruktur der Fernmeldeaufklärung um drei Peilstationen in Butzbach (Deckname »Heckenrose«), in Übersee am Chiemsee (»Torfstich«)

und auf dem Schießplatz Garstetter Heide bei Bremen (»Heidekrug«), die nun – koordiniert von Kransberg aus – mittels Kreuzpeilungen genauere Ortsbestimmungen ermöglichten. Doch Aufbau und Etablierung entsprechender Verfahren dauerten lange, sodass die Peilstellen während der Luftbrücke keine wesentliche Rolle spielten.[6]

Spitzenpersonal

Mit dem Zuwachs an Infrastruktur folgte auch eine ausdifferenziertere Organisationsstruktur: Der gesamte fernmeldetechnische Bereich wurde im Jahr 1949 mit der Bezeichnung 34 N unter die Leitung des früheren Stabschefs im Heeresnachrichtenwesen, Leo Hepp, gestellt. Die in der Organisation 57 gebündelte Fernmeldeaufklärung[7] führte künftig Friedrich Boetzel, der im Krieg zuletzt als General der Nachrichtenaufklärung eingesetzt gewesen war. Ergänzt wurde die Gruppe später noch durch Albert Praun, der als Nachfolger des im Zusammenhang mit dem Attentat auf Hitler am 20. Juli 1944 hingerichteten Generals Erich Fellgiebel zuletzt die Funktion des Generals der Nachrichtentruppe innegehabt hatte. Hinzu kam August Winter, eher ein »Unterbringungsfall«, der zwar nicht aus der Nachrichtentruppe kam, aber bei Kriegsende als General der Gebirgstruppen und ranghöchster Offizier des Oberkommandos der Wehrmacht in Süddeutschland für Gehlens Pläne durchaus nützlich gewesen war – was dieser nicht vergessen hatte. Mit diesem Personal war für die knapp dreißig Mitarbeiter in der Fernmeldeaufklärung ein hochkarätiger Führungsstab versammelt. Wie auch in anderen Bereichen der Org hatte man schon im Krieg eng zusammengearbeitet. So zog in die anfangs stark durch die Frontaufklärung »Walli« und deren Amateurfunkspezialisten geprägte Fernmeldeaufklärung nun die frühere Spitze der Nachrichtentruppe des Heeres ein. Dass dies – ebenfalls typisch für die Org – für manche Generale nur eine Durchgangsstation war, zeigen die künftigen Karrieren: Friedrich Boetzel übernahm nach der Wiederbewaffnung die neu geschaffene Fernmeldedienststelle der Bundeswehr – die Keimzelle einer eigenen militärischen Aufklärung der neuen Armee, aus der später das Zentrum für Nachrichtenwesen der Bundeswehr hervorging.[8] Der Leiter der Fernmeldeaufklärung, Hepp, wechselte 1956 auf den

5 Vgl. Friedrich L. Bauer: Entzifferte Geheimnisse. Methoden und Maximen der Kryptologie, 3. überarb. u. erw. Aufl., Berlin 2000; Michael Pröse: Chiffriermaschinen und Entzifferungsgeräte im Zweiten Weltkrieg. Technikgeschichte und informatikhistorische Aspekte, München 2006. Mit Beginn der Funkaufklärung widmete sich die Org auch dem Chiffrierwesen, auf das hier nicht weiter eingegangen werden kann. **6** Andreas Hilger/Armin Müller: »Das ist kein Gerücht, sondern echt.« Der BND und der »Prager Frühling« 1968, Marburg 2014, S. 38–48. Vgl. a. Peter F. Müller/Michael Mueller/Erich Schmidt-Eenboom: Gegen Freund und Feind. Der BND: Geheime Politik und schmutzige Geschäfte, Reinbek 2002, S. 116–121, wobei die Zuordnung der Dienststellen und des Personals hier nicht korrekt ist. **7** Hierzu zählte zunächst auch noch die Funkabwehr, also die Erfassung gegnerischer Funkagenten auf westdeutschem Boden, auf die hier nicht näher eingegangen werden kann. Diese wurde im Jahr 1954 durch das Bundesamt für Verfassungsschutz übernommen. Vgl. Hilger/Müller: »Das ist kein Gerücht, sondern echt.«, 2014, S. 44. **8** Die »Dienststelle für Fernmeldeaufklärung und Schlüsselwesen« avancierte 1964 zum »Amt für Fernmeldewesen der Bundeswehr«, dem Vorläufer des Amts respektive »Zentrums für Nachrichtenwesen der Bundeswehr«. Dieses Zentrum begnügte sich keineswegs mehr mit der Fernmeldeaufklärung, sondern lieferte bis zu seiner Auflösung im Jahr 2007 parallel zum BND zunehmend eigene militärische und politische Auslandsanalysen sowie Bewertungen der deutschen Sicherheitslage. Vgl. Offiziersgemeinschaft des ehemaligen Zentrums für Nachrichtenwesen der Bundeswehr (Hrsg.): Von der Fernmeldedienststelle der Streitkräfte zum Zentrum für Nachrichtenwesen der Bundeswehr, Gelsdorf 2007; Rudolf Grabau: Lageaufklärung Ost. Elektronische Kampfführung – SIGINT – des Heeres der Bundeswehr im Kalten Krieg, Berlin 2014, S.113–119.

Posten des ersten Inspizienten der neu aufgestellten Fernmeldetruppe des Heeres. Als Drei-Sterne-General und zuletzt als Kommandeur des II. Korps in Ulm schied er 1967 aus der Bundeswehr aus und leitete bis 1970 erneut die bis dahin auf über 1 500 Planstellen angewachsene technische Aufklärung des Bundesnachrichtendienstes (BND). Die wachsende Abteilung war zuvor von Praun und Winter geführt worden, die beim Dienst verblieben waren.[9]

Agentenfunk

Parallel zur Fernmeldeaufklärung blieb mit der Organisation 56, weiterhin unter Führung von Bödigheimer, der Bereich Agentenfunk, also die Kommunikation mit jenseits der Zonengrenze eingesetzten Agenten über Funk, bestehen. Dessen Leitstelle wurde mitsamt der Organisation 56 im Herbst 1948 nach Butzbach und dann weiter in das Schloss Ising am Chiemsee (»Seeheim«) verlegt. Wie schon in Kransberg gestalteten sich die Anfangsjahre auch in Butzbach, wo eine von den Amerikanern beschlagnahmte Villa mit Decknamen »Papermill« genutzt wurde, durchaus bescheiden. Funkagenten waren begehrt, der Aufwand für deren Einsatz war jedoch beträchtlich. Zunächst war die nötige Ausbildung sicherzustellen. Hilfreich war natürlich, wie schon bei der Frontaufklärungsstelle Ost, wenn der einzusetzende Agent bereits funken konnte. Doch waren die Agenten nun keine Feldnachrichtenkräfte, die zeitlich begrenzt hinter feindlichen Linien eingesetzt wurden. Vielmehr mussten sie über einen langen Zeitraum getarnt und unentdeckt als Teil der DDR-Gesellschaft leben. Hier machte eine Vergangenheit als Amateur- oder Militärfunker sie für die Spionageabwehr schnell verdächtig. So war es im Jahr 1950 ein schwerer Schlag für die Org, dass die sowjetische Geheimpolizei in der DDR ein komplettes Funknetz enttarnen konnte, das sich aus ehemaligen Mitgliedern der Funkpeilkompanie 616 der Wehrmacht zusammengesetzt hatte. Deshalb galt es, unverdächtige Neulinge im Funken zu unterweisen. In der Org hatte schon 1946 dezentral eine turnusmäßige Ausbildung mit altem Wehrmachtsgerät begonnen, 1948 wurden hierfür – unter den bezeichnenden Tarnnamen »Baumschule« und »Kindergarten« – die ersten Funkschulen mit Übungssendern eingerichtet. Die Ausbildung in dem aus technischen Gründen bevorzugten Kurzwellen-Morsefunk war zeitintensiv. Der Unterricht musste aus Sicherheitserwägungen überwiegend konspirativ in West-Berlin stattfinden, was eine Überquerung der Zonengrenze erforderte; für die Zeit zwischen den Schulungen wurden Übungsschallplatten mit Morsecode in die Sowjetische Besatzungszone (SBZ)/DDR geschleust. Bei all dem nicht enttarnt zu werden, war nur mit hohem Aufwand sicherzustellen.

► Agentenfunkgerät 12WG

9 Für einen Eintritt in die Streitkräfte dürfte für Albert Praun mitunter ein in Frankreich verhängtes Todesurteil in Abwesenheit aus dem Jahr 1955 wegen Ermordung von 19 Résistance-Mitgliedern hinderlich gewesen sein. Für dieses Verfahren war er jedoch weder während seiner Kriegsgefangenschaft von den US-Amerikanern noch später von bundesdeutschen Behörden an Frankreich ausgeliefert worden. Winter wäre durch seine frühere Stellung im OKW wohl auch weniger für die Bundeswehr in Frage gekommen, zudem beschreibt Critchfield ihn als überzeugten Nationalsozialisten. Vgl. Critchfield: Auftrag Pullach, 2005, S. 39, 121.

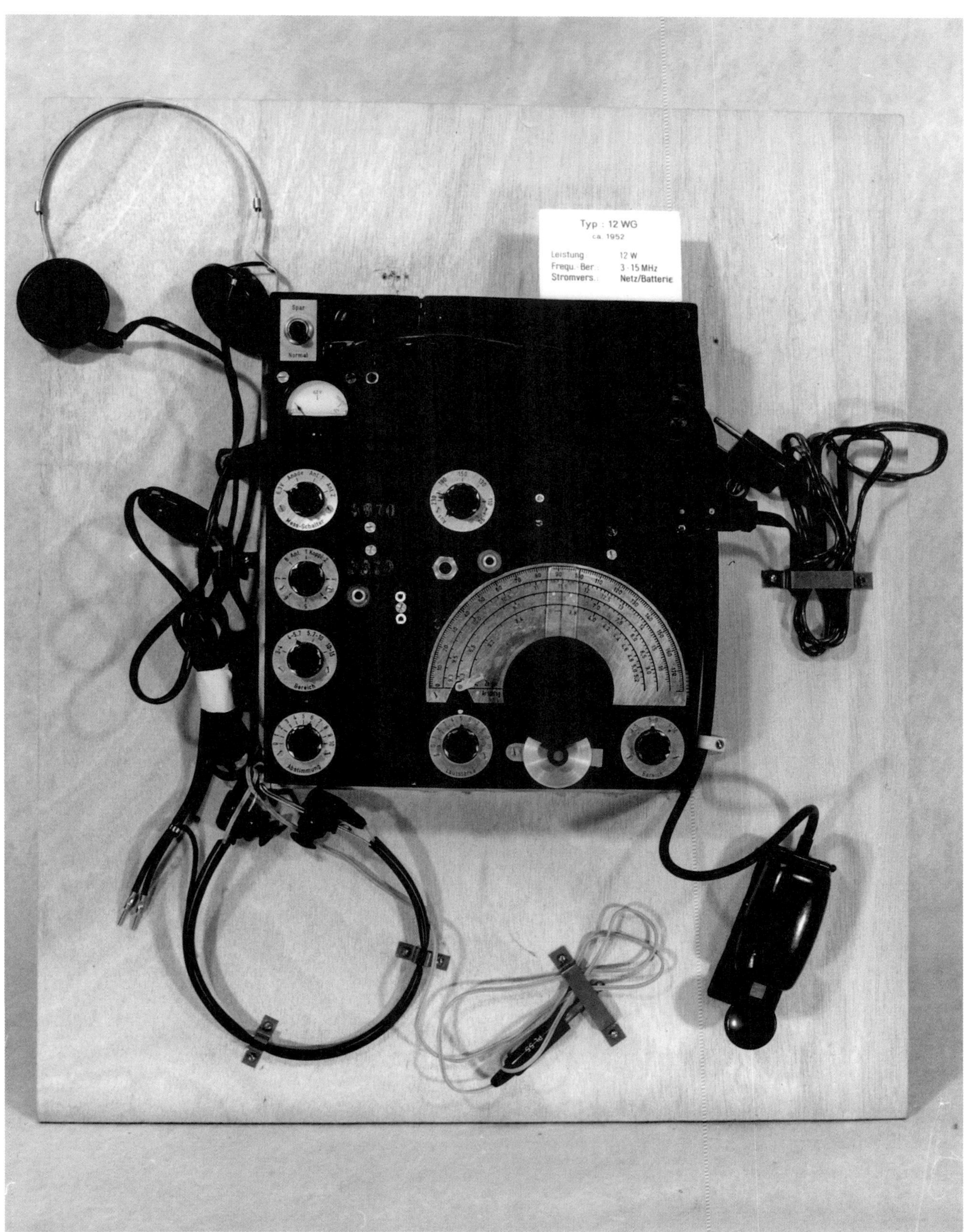
Typ : 12 WG
ca. 1952
Leistung 12 W
Frequ.-Ber.: 3-15 MHz
Stromvers.: Netz/Batterie
Spar
Normal
Mess-Schalter
Bereich
Abstimmung
Bereich

Funker an Empfangsgeräten

Waren die Grundkenntnisse des Funkwesens vermittelt, musste der Funker mit entsprechendem Gerät ausgestattet werden. Die anfangs verwendete Ausrüstung kam von den Amerikanern: 15-Watt-Kofferfunkgeräte des Typs SSTR-1 aus den Beständen des OSS. Ihre Größe und ihr Gewicht machten es jedoch schwierig, sie unauffällig an Kontrollen vorbei in die SBZ zu schmuggeln. Abhilfe schaffte ein 1947 von der Signal Section überwiegend aus Bauteilen alter Wehrmachtsgeräte entwickeltes Agentenfunkgerät, das etwa die Größe einer Zigarrenkiste hatte. Die zunächst 150 Funkgeräte wurden – da für Deutschland Produktionsbeschränkungen galten – in den USA gefertigt und im Juli 1948 ausgeliefert. Allerdings mussten sie, um den Anforderungen der Org zu entsprechen, in eigenen Werkstätten noch einmal überarbeitet werden. In den frühen 1950er-Jahren kamen neben diesem selbst konstruierten »Sender-Empfänger 3 Watt Universal« (3WU) auch neuere Agentenfunkgeräte amerikanischer Bauart, wie das RS-6, zum Einsatz. Das 3WU wurde schließlich in den 1950er-Jahren sukzessive durch eine eigene, leistungsstärkere Weiterentwicklung namens 12WG abgelöst.[10]

Die aus mehreren Teilen aufgebauten Geräte, Ersatzteile und Funkunterlagen konnten nun vom Agentenfunker oder auch anderen Personen Stück für Stück an ihren Bestimmungsort geschmuggelt werden. Dort wurde dann die Funkanlage mit einer getarnten Antenne zu bestimmten Zeiten in Betrieb genommen. Diese Zeiten richteten sich jedoch nicht nach den Arbeitszeiten des Funkers, günstiger Tarnung oder dem aktuellen Anfall von Erkenntnissen, vielmehr mussten sie sich den physikalischen Bedingungen des Kurzwellenfunks unterwerfen. Dies bedeutet, dass über eine bestimmte Distanz auf einer bestimmten Frequenz nur zu bestimmten Zeiten ein Kontakt mit der Leitstelle möglich war – abhängig von Tageszeit, Jahreszeit und anderen Faktoren. Hier mussten die Leitstellenfunker nun zu den verabredeten Zeiten die mit zunächst drei Watt Leistung gesendeten, sehr schwachen Funksprüche erfassen und dann auf eine freie Frequenz dirigieren, ehe eine wechselseitige Kommunikation zustande kam. Dies war ein aufwendiges und für den unter konspirativen Bedingungen arbeitenden Agentenfunker, der während des Kontaktes noch alle Nachrichten ver- und entschlüsseln musste, ein nervenaufreibendes Verfahren. Immerhin blieben, bei allen vorhandenen Risiken des Funkbetriebes, die Erfolge der gegnerischen Funkabwehr gering. Die Personalverluste hingegen waren besonders in den 1950er-Jahren hoch; gefährlich war nicht nur die Funkerei selbst, die Agentenfunker hatten auch alle üblichen anderen Risiken einer Agententätigkeit zu tragen. So waren Verrat, Entdeckung bei der Aufklärungstätigkeit, bei Schleusungen oder Treffen sowie Verstöße gegen die Sicherheit in Dienststellen oder Ausbildungseinrichtungen die häufigsten Gründe einer Enttarnung – mit meist verheerenden Folgen für den Enttarnten und oft auch für dessen Familie und Umfeld.

Trotzdem wurde in der Org der schnellen Nachrichtenübermittlung eine hohe Bedeutung beigemessen. Besonders galt dies für den Bereich der Vorwarnung und für den Fall, dass durch komplette Abriegelung der SBZ alle anderen Kommunikationswege unterbrochen sein sollten. Aber es wurde auch eine Vermehrung der sogenannten Routinefunker angestrebt. Ihre Anzahl blieb dennoch gering: Im Zeitraum von 1948 bis 1951 wurden gerade einmal 22 Funker neu ausgebildet und in Ostdeutschland mit ihrem Gerät zum Einsatz gebracht. Während des Volksaufstands im Jahr 1953 war nur ein Agentenfunker mehr einsatzbereit.[11] Auch wenn an diese Funker oft zahlreiche weitere Quellen angebunden waren, erfolgte die Informationsweitergabe der mehreren Hundert V-Leute, die gerade auch während der Luftbrücke viele einzelne Informationen zum militärischen Lagebild zusammentrugen, überwiegend auf konventionellem Weg, also mithilfe von Kurieren, »Toten Briefkästen« oder versteckten Nachrichten auf dem Postweg.[12]

10 Vgl. Lois Meulstee/Rudolf F. Staritz: Wireless for the Warrior. A technical History of Radio Communication Equipment in clandestine and Special Forces Operation. Vol. 4: Clandestine Radio, Ferndown 2004. **11** Zur Dislozierung und dem Ausbildungsstand der Funker auf dem Gebiet der DDR 1953 vgl. Bundesnachrichtendienst (Hrsg.)/Bodo Hechelhammer (verantw. Hrsg.)/Ronny Heidenreich (Bearb.): Dokumente der »Organisation Gehlen« zum Volksaufstand am 17. Juni 1953 (Mitteilungen der Forschungs- und Arbeitsgruppe »Geschichte des BND«, Nr. 6), Berlin 2013, hier Dokument 34: 50/D, Bericht »Die Unruhe in der Ostzone. Überblick und Betrachtungen im Spiegel der 50D-Tätigkeit, S. 217–402, bes. S. 250 und S. 333. Vgl. auch: Ronny Heidenreich: Die Organisation Gehlen und der Volksaufstand am 17. Juni 1953, Marburg 2013, S. 30 f. **12** Ein großer Anteil dieser Quellen waren – in Ermangelung von Insider-Quellen – die sogenannten Standort-Beobachter. Diese trugen in großer Zahl Einzelinformationen über Ausrüstung, Personalstärken und Belegung der einzelnen Standorte zusammen, aus denen in Pullach ein umfassendes Lagebild erstellt wurde. Durch die schiere Masse an einzelnen Puzzleteilchen war es hier offenbar möglich, zu einer zumindest in Teilen akkuraten Übersicht der sowjetischen Militäraktivitäten in Ostdeutschland zu kommen. Vgl. auch Armin Wagner/Matthias Uhl: BND contra Sowjetarmee. Westdeutsche Militärspionage in der DDR, Berlin 2007, S. 99–112; Hilger/Müller: »Das ist kein Gerücht, sondern echt.«, 2014, S. 77–87.

Horchstelle des Bundesnachrichtendienstes in Lauf

Fazit

Ob die frühe Funkaufklärung der Org, die während der Berlin-Blockade auf Schloss Kransberg installiert war, für das Gelingen der alliierten Luftbrücke unverzichtbar war, wäre noch genauer zu überprüfen. Die geringe Anzahl der Empfänger und die noch nicht voll einsatzbereite Peilbasis schränkten den Informationsgehalt der Meldungen doch beträchtlich ein.

So schmeichelhaft die Beurteilung der technischen Aufklärung durch Critchfield auch ausfiel, so war er eben ein technischer Laie, dem man bei seinem Besuch in Kransberg allerlei hätte vorführen können. Er musste sich auf die Bewertung der U. S. Air Force verlassen, die jedoch auch sicherlich ihre eigenen Interessen im Ringen um die US-amerikanischen Signals-Intelligence(SIGINT)-Kapazitäten verfolgte. Darüber hinaus wäre sicherlich zu untersuchen, ob die alliierte Seite nicht selbst in der Lage gewesen wäre, über effektive eigene Elemente einer Funkaufklärung in Westdeutschland zu verfügen – besonders vor dem Hintergrund des ansonsten beträchtlichen Material- und Personaleinsatzes für die Luftbrücke. Kompetenzstreitigkeiten zwischen den amerikanischen Teilstreitkräften wären hier genauso zu berücksichtigen wie die Rolle der im Entstehen begriffenen National Security Agency (NSA).[13]

Dienstgebäude mit Heptagon-Antennenanlage

Was die Arbeit der Org jedoch wertvoll machte, war zum einen die Tatsache, dass sich ihre Mitarbeiter in der Funkerfassung und -auswertung bereits während des Krieges mit sowjetischem Funkverkehr beschäftigt hatten und über langjährige Erfahrung verfügten. Hinzu kam die Vielzahl von Informationen über Art, Anzahl und Dislozierung der sowjetischen Fliegerverbände, die durch Quellen vor Ort – auch durch Funkagenten – gesammelt wurden. All dies könnte in gewissem Umfang Nachteile in Ausrüstung und Infrastruktur ausgeglichen haben, sodass die Org tatsächlich wichtige Informationen an die alliierte Operationsführung liefern konnte. Sollte dies, um hier Critchfield zu folgen, die Grundlage für die Weiterführung der Org gelegt haben, ermöglichte diese Leistung schließlich auch den Aufbau einer wirklich schlagkräftigen Fernmeldeaufklärung in den folgenden Jahren – die bei späteren Krisen dann durchaus ihre Erfolge erzielen konnte.[14]

13 Ein immerhin grober Überblick über die Verbände der US-amerikanischen Funkaufklärung in Deutschland von 1945 bis 1955 findet sich bei Günther K. Weiße: Geheime Funkaufklärung in Deutschland 1945–1989, Stuttgart 2005, S. 54–68. Eine umfassendere Untersuchung zu alliierten SIGINT-Aktivitäten in Westdeutschland steht gerade für diese frühe Zeit noch aus. **14** Zur Leistung der Fernmeldeaufklärung des BND während der Niederschlagung des Prager Frühlings im Jahr 1968 vgl.: Hilger/Müller: »Das ist kein Gerücht, sondern echt.«, 2014, S. 66–75, 80–87.

TABAKWAREN
S
Tabakwaren
S
S

Der Juni 1953 in der DDR

Überforderte Geheimdienste in Zeiten allgemeiner Agentenhysterie

Die Ereignisse um den 17. Juni 1953 in der DDR waren einer der Höhepunkte des Kalten Krieges. Eruptiv brachen angestaute Konflikte auf, befördert durch unterschiedliche, teils gar gegensätzliche Interessen. Dass die Unruhen im geteilten Berlin mit seinen offenen Grenzen kulminierten, ist kein Wunder. Hier residierten wichtige politische Institutionen. Nirgendwo sonst standen sich die nunmehr verfeindeten Siegermächte des Zweiten Weltkriegs so nah gegenüber.

Es ist die klassische Aufgabe von Nachrichtendiensten, allgemein zugängliche sowie nicht öffentliche Informationen zur aktuellen Lage zu beschaffen und aus deren Zusammenschau Schlüsse zu ziehen. Beide deutsche Staaten verfügten über solche Dienste, die Anfang der 1950er-Jahre auch bereits hinreichend mit Technik und Mitarbeitern ausgerüstet waren. Doch weder der Geheimdienst der DDR – Ministerium für Staatssicherheit (MfS) – noch der Geheimdienst der Bundesrepublik – Organisation Gehlen (Org) –, der neben dem Friedrich-Wilhelm-Heinz-Dienst und dem Bundesamt für Verfassungsschutz für die Beschaffung von Informationen über die DDR zuständig war, hatten die dramatischen Ereignisse im Juni 1953 in dieser Form auch nur ansatzweise kommen sehen.

Wenige Jahre nach Kriegsende war die deutsche Frage noch offen, wenn auch beide deutsche Staaten zunehmend in Paktsysteme eingebunden wurden. Zur Veränderung des Status quo gab es 1952 in Form der sogenannten Stalin-Noten Vorstöße der Sowjetunion, die durchaus Zugeständnisse als Schritte zur Wiedervereinigung enthielten.[1] »Nach Versicherungen des damaligen Leiters der Auslandsaufklärung, Pawel Sudoplatow, trug sich sein damaliger Vorgesetzter Berija mit dem Gedanken, die DDR in einem wiedervereinigten Deutschland aufgehen zu lassen und darüber mit dem Westen in Verhandlungen einzutreten.«[2] Die Belastbarkeit der sowjetischen Angebote wurde von der Bundesregierung unter Konrad Adenauer und den Westmächten nie ernsthaft ausgelotet. Westliche Nachrichtendienste gingen stets von reinen Propagandaaktionen aus. Auch im Machtapparat der DDR verstand man nicht wirklich, welche Konsequenzen eine auch nur verhalten positive Reaktion des Westens für die eigene Position haben würde. Weitsichtiger als andere erwies sich der Minister für Staatssicherheit, Wilhelm Zaisser. Er verfügte über gute, nicht immer öffentliche Kontakte zur Kommunistischen Partei der Sowjetunion (KPdSU). Auf einer Dienstbesprechung bereitete er seine Genossen im Jahr

◄ Das von Demonstranten in Brand gesetzte Columbushaus am Potsdamer Platz in Berlin, 17. Juni 1953

1 Elke Scherstjanoi: Die sowjetische Deutschlandpolitik nach Stalins Tod. Neue Dokumente aus dem Archiv des Moskauer Außenministeriums, in: Vierteljahrshefte für Zeitgeschichte, 46 (1998), Heft 3, S. 497–549.
2 Gerhard Wettig: Berijas deutsche Pläne im Licht neuer Quellen, in: Christoph Kleßmann/Bernd Stöver (Hrsg.): 1953 – Krisenjahr des Kalten Krieges in Europa, Köln u. a. 1999, S. 49–69, hier S. 61.

1952 darauf vor, dass die Sozialistische Einheitspartei Deutschlands (SED) bei gesamtdeutschen Wahlen nicht die Mehrheit werde erringen können und folglich kaum an der Bildung einer Regierung beteiligt sein werde. Wörtlich soll er für die Zeit nach einer gesamtdeutschen Wahl vorausgesagt haben: »Ich werde dann nicht Minister für Staatssicherheit sein und der Genosse Mielke wird ebenfalls nicht im Ministerium für Staatssicherheit arbeiten.« Erich Mielke soll daraufhin gerufen haben: »Du vielleicht ja, aber ich bestimmt nicht.«[3] Nur wenige Monate später wurde Zaisser als Minister entlassen, Mielke aber amtierte als MfS-Chef bis 1989.

Nach der Ablehnung der Stalin-Noten durch den Westen vollzog die 2. Parteikonferenz der SED in der DDR politische und vor allem ökonomische Weichenstellungen, die geradewegs in die Krise der Jahresmitte 1953 führten. Der nun proklamierte Aufbau des Sozialismus ging einher mit einer grundlegenden Veränderung der wirtschaftlichen Verhältnisse. Private Betriebe wurden enteignet und in »Volkseigentum«, korrekter wohl in Staatseigentum überführt. Es erfolgten eine überhastete Kollektivierung der Landwirtschaft und ein forcierter Aufbau der Schwerindustrie. Der von Moskau befohlene beschleunigte Aufbau von Streitkräften belastete in erheblichem Maße den Staatshaushalt. Dies alles geschah zudem vor dem Hintergrund einer nie wirklich ausreichend benannten Tatsache, welche die ökonomische Entwicklung der SBZ/DDR behinderte und einen erheblichen Teil zu den Konflikten Mitte 1953 beitrug. »Ihr armen Kerle aber seht aus, als ob ihr den Krieg ganz alleine verloren hättet«[4], sagt Thomas Lieven, der smarte und weltgewandte Spion aus Johannes Mario Simmels Roman-Bestseller »Es muß nicht immer Kaviar sein« nach einem geheimen Übertritt in die Sowjetische Besatzungszone (SBZ). Und so ähnlich war es auch. Die SBZ/DDR leistete den Hauptteil der von Gesamtdeutschland zu tragenden Reparationen allein, da die Sowjetunion und Polen, die die meisten Ansprüche besaßen, auf die Leistungen weder verzichten wollten noch konnten. »Trotz großer Produktionsschwierigkeiten musste sich die DDR-Regierung am 27. März zur unbedingten Sicherung der Reparationslieferungen im Jahr 1953 verpflichten.«[5] Hinzu kamen die exorbitanten Besatzungskosten. In der DDR war das Thema generell, insbesondere aber seine Tragweite in der Öffentlichkeit tabu, wollte man doch das ohnehin ramponierte Image der sowjetischen »Freunde« in der Bevölkerung nicht weiter beschädigen.

Das Tabu der Reparationsfrage galt aus anderen Gründen auch in der Bundesrepublik. Hier war man froh, nicht behelligt zu werden und ohne weitere finanzielle Belastungen das »Wirtschaftswunder« am Laufen halten zu können. Der Abschluss eines Friedensvertrags nach gesamtdeutschen Wahlen hätte die Reparationsfrage wieder auf die Tagesordnung gesetzt.[6] Die Probleme im Osten Deutschlands 1953 hatten somit durchaus etwas mit den Einflüssen westlicher Politik zu tun, wenn auch anders, als es die SED-Propaganda zu verbreiten bemüht war.

Die verfehlte Wirtschaftspolitik der DDR ging einher mit stärkerer politischer Repression. In der Wahrnehmung der Arbeiter minderten die Veränderungen der Besitzverhältnisse kaum das Gefühl, ausgebeutet zu werden. Das MfS hatte immer wieder wirkliche oder vermeintliche, angeblich oder tatsächlich vom Westen gesteuerte Saboteure, Unruhestifter und Provokateure verhaftet und der Justiz übergeben. Das Ausmaß der Unzufriedenheit über die Probleme des Alltags und die Frustrationen wegen der Ineffektivität staatlicher und ökonomischer Strukturen waren aber im MfS offenbar nicht wirklich bekannt. Es gab kaum Vorwarnungen durch das Ministerium, dass die Regierenden in eine dramatische Konfrontation mit den Regierten ge-

Demonstration von Ost-Berliner Bauarbeitern zur Rücknahme der Normerhöhungen, 16. Juni 1953

raten würden. Dafür wurde das MfS nach den Unruhen abgestraft und am 23. Juli 1953 zum Staatssekretariat im Ministerium des Innern zurückgestuft. Erst 1955 wurde es wieder zu einem Ministerium. Bis zur Ablösung Walter Ulbrichts als SED-Chef 1971 erhielt der Minister für Staatssicherheit keinen Sitz mehr im Politbüro.

Die Beschlüsse der Regierung der DDR von Anfang Juni 1953 – oder besser: die von der Regierung auszuführenden Beschlüsse des Politbüros der SED, die Normen zu erhöhen und zahlreiche Sozialmaßnahmen einzuschränken, brachten das Fass zum Überlaufen. Der Aufruhr, acht Jahre nach dem Ende des Zweiten Weltkriegs und der NS-Diktatur, war regierungskritisch, wohl aber nur zum Teil systemkritisch und ein Zeichen von neu erlangtem Demokratieverständnis der Bürger. Zwischen 1933 und 1945 hatte die deutsche Arbeiterklasse kaum Zeichen offenen Protests gezeigt, hatte noch, wie Heiner Müller es ausdrückte, für Hitler »mit allen vieren Granaten gedreht«.[7] Bereits am 16., vor allem aber am 17. Juni 1953 kam es in Ost-Berlin und sukzessive fast in der gesamten DDR zu allgemeinen Erhebungen und Unruhen.

3 Bundesarchiv (BArch), DY 30/IV 2/11/V 519, Bl. 93, 183, 184. **4** Johannes Mario Simmel: Es muß nicht immer Kaviar sein, München/Zürich 1972, S. 466. **5** Scherstjanoi: Die sowjetische Deutschlandpolitik nach Stalins Tod, 1998, S. 513. **6** Daher bemühte sich die Bonner Diplomatie nach Kräften, dass der Zwei-plus-Vier-Vertrag 1990 nicht als Friedensvertrag betrachtet werden sollte. **7** Wilhelm Bittorf: Mein Platz wäre auf beiden Seiten der Front, in: Der Spiegel 7/1988, 15. 2. 1988 (URL: http://www.spiegel.de/spiegel/print/d-13528181.html, zuletzt aufgerufen am 12. 11. 2015).

Vor dem Haus der Ministerien in der Wilhelmstraße, Ecke Leipziger Straße forderten Demonstranten einen Dialog mit der Regierung, Berlin, 17. Juni 1953

Die Ereignisse aber Volksaufstand oder gar Revolution zu nennen, wie damals im Westen und auch bis heute geläufig, ist wohl etwas hochgegriffen. Zu einem Aufstand gehören ein Mindestmaß an Vorbereitung und Programmatik – und eine Führung. »Eine Revolution ohne Organisation gibt's nicht. Das ist hoffnungslos. Das ist auch nicht zu verantworten.«[8] Doch es fehlte damals »die Kraft, die aus der spontanen Arbeiterbewegung einen gezielten Aufstand hätte formen können«.[9] Wie wenig die demonstrierenden Arbeiter in Berlin von den Machtstrukturen ihres Staates wussten, zeigt sich an der Tatsache, dass ihr Ziel das Haus der Ministerien in der Wilhelmstraße, also die Regierung war. Das eigentliche Machtzentrum lag damals aber in der Prenzlauer Allee, beim Zentralkomitee (ZK) der regierenden Partei. »Der Sitz des ZK der SED und des Politbüros war nicht das Ziel der Demonstranten, eine Tatsache, welche die politische Ahnungslosigkeit der Massen verdeutlicht.«[10]

Das für die Sicherheit des Staates zuständige Ministerium war vom Volkszorn so überrascht, dass in mehreren Orten die Dienststellen einfach überrannt werden konnten. Akten flogen auf die Straßen, Büros wurden verwüstet, Untersuchungsgefängnisse gestürmt. »Vielerorts völlig unvorbereitet, anderswo auf Straßen und Plätzen auf westliche Provokateure wartend, versagte der Staatssicherheitsdienst an diesem Tage […] vollkommen. Erst als die sowjetische Armee und die KVP die Lage stabilisierten, wurde auch das MfS wieder handlungsfähig.«[11]

Sowjetische Panzerspähwagen in der Straße Unter den Linden, Berlin, 17. Juni 1953

Es gab am 17. Juni aus Kreisen der Protestierenden auch Gewaltverbrechen, wie den Lynchmord am Funktionär Wilhelm Hagedorn in Rathenow. So manche alte Rechnung wurde an diesem Tag beglichen. Es gab Körperverletzungen, Vandalismus und vor allem Brandstiftungen. In Görlitz wurde die Abschaffung der Oder-Neiße-Grenze gefordert.[12] Ehemalige NS-Beamte, die in Braunkohlerevieren dienstverpflichtet waren, gaben in Espenhain den Ton an. Während der Auseinandersetzungen sollen mehr als fünfzig Personen zu Tode gekommen sein.[13] Bei der äußerst widersprüchlichen und komplexen Gemengelage, die zu den Ereignissen des 17. Juni geführt hatte, sollte nicht vergessen werden, dass es acht Jahre nach dem 8. Mai 1945 eine durch Krieg und Gewaltherrschaft demoralisierte und entwurzelte Generation und noch Kräfte gab, deren Gegnerschaft zur DDR sich aus der ideologischen Prägung in der NS-Diktatur herschrieb. Oder, um es mit einer Romanfigur von Stefan Heym zu sagen: »Die Weltgeschichte hat sich den Spaß erlaubt, von uns zu verlangen, dass wir den Sozialismus in einem Drittel eines geteilten Landes aufbauen, und das mit Menschen, die sich den Sozialismus keineswegs alle gewünscht haben. Wie viel von der Abneigung gegen die Partei hat seinen Grund nicht in ihren Fehlern, sondern in ihren Zielen?«[14]

Vom 18. Juni an arbeitete der MfS-Apparat wieder auf Hochtouren, er suchte nach »Rädelsführern« und »Westspionen«. Verschiedene, uneinheitliche und von unterschiedlichen Quellen ausgehende Erhebungen geben mehr als 8 000 Verhaftete an, von denen jedoch die Mehrzahl

8 »Die Bewegung ging von Ostdeutschland aus«, Egon Bahr im Gespräch mit dem Verfasser, in: Berliner Zeitung, 16. 6. 1993. **9** Torsten Diedrich: Waffen gegen das Volk. Der 17. Juni 1953 in der DDR, München 2003, S. 67.
10 Ebd. **11** Ebd., S. 89. Die 1952 gegründete Kasernierte Volkspolizei (KVP) bestand aus bewaffneten, uniformierten Verbänden. 1956 ging sie in der neu gegründeten NVA auf. **12** Diedrich: Waffen gegen das Volk, 2003, S. 120.
13 Edda Ahrberg/Hans-Hermann Hertle/Tobias Hollitzer (Hrsg.): Die Toten des Volksaufstandes vom 17. Juni 1953, Münster 2004. **14** Stefan Heym: 5 Tage im Juni, Berlin (Ost) 1989, S. 397.

Prozess gegen vier »Rädelsführer« des 17. Juni vor dem Obersten Gericht der DDR, Berlin, 11. Juni 1954

rasch wieder entlassen wurde, da keine oder nur unbedeutende Straftaten vorlagen oder die Haftprüfung eines Gerichts Geringfügigkeit oder ein jugendliches Alter der Festgenommenen ergeben hatte. In etwa 15 Prozent der Fälle erfolgte eine gerichtliche Verurteilung mit Strafen zumeist zwischen einigen Monaten und fünf Jahren. Insgesamt soll es mehr als 1 400 Verurteilungen gegeben haben.[15] Gegen drei Beschuldigte wurden Todesurteile und in bis zu zehn Fällen lebenslange Haft verhängt. Dies geschah nicht, weil das in diesen Fällen Verhandelte so viel gravierender war als in anderen Fällen, sondern um Schuldige zu präsentieren, die man für die Umdeutung der Ereignisse benötigte. Mehrere zu lebenslänglicher oder langjähriger Haft Verurteilte wurden in den folgenden Jahren begnadigt, oder ihre Haftzeit wurde reduziert.[16]

Die einzige Frau, die in der DDR nach dem 17. Juni 1953 zum Tode verurteilt und wenig später auch hingerichtet wurde, war Erna Dorn.[17] Wer war diese Frau? Diese Frage stellte die Vereinigung der Verfolgten des Naziregimes bereits 1952 in einer Suchanzeige ihres Ermittlungsdienstes – mit wenig Erfolg. Bis heute ist nicht restlos geklärt, wer sie wirklich war. Alle Dokumente ihrer Biografie stammen erst aus der Zeit nach 1945. Doch selbst das, was man aus Akten rekonstruieren kann, ist widersprüchlich und mit vielen Fragezeichen zu versehen. In einem Punkt widersprechen sich die Akten nicht: Erna Kaminski, verheiratete Dorn, wurde am 17. Juli 1911 in Tilsit geboren. Nach eigenen Angaben ging sie nach einer kaufmännischen Ausbildung und beeinflusst durch ihren Vater zur Polizei in Königsberg und arbeitete ab Ende 1934 bei der Gestapo. Ab 1941 habe sie in der Politischen Abteilung des Konzentrationslagers Ravensbrück gearbeitet, was sich aber durch die dort überlieferten Akten oder durch Zeitzeugen nicht nachweisen lässt. Das Kriegsende ist auch ein Bruch in Dorns Biografie: Sie verschafft sich einen Entlassungsschein des KZ-Außenlagers Hertine auf den Namen Erna Brüser. Ob eine Frau dieses Namens dort Häftling war, ist bis heute nicht nachweisbar. Dorn geht in diesem spektakulären Identitätswechsel, der aber auch symptomatisch ist für den allgemeinen Prozess der Verdrängung und Anpassung in der Nachkriegszeit, vollständig auf. Sie beantragt einen OdF-Ausweis, heiratet in Halle/Saale einen ehemaligen Spanienkämpfer und wird Mitglied der KPD. Als »Opfer des Faschismus« (OdF) genießt sie in der kargen Zeit kleinere materielle Vorteile. Doch das reicht ihr nicht. Wegen »vieler Betrügereien und Schwindeleien« trennt sich ihr Mann von ihr. Ende 1949 muss sie wegen Betrugs und Diebstahls für einige Monate ins Gefängnis, dann erneut 1950 und 1951. Nun ermitteln die Behörden auch wegen Spionagetätigkeit – nicht weil Hinweise oder Beschuldigungen vorliegen, sondern weil Erna Dorn sich selbst bezichtigt. In der allgemeinen Agentenhysterie Anfang der 1950er-Jahre fallen ihre Bemerkungen zunächst auf fruchtbaren Boden. Doch den MfS-Vernehmern in Halle sind ihre kruden, im Laufe der Haft immer fantastischer werdenden Äußerungen zunehmend suspekt. Nach intensiven Recherchen vermerken sie im Schlussbericht: »Unsere Ermittlungen über Spionage/Agententätigkeit verliefen völlig negativ.«[18]

Eine wichtige Agentin eines westlichen Geheimdienstes, wie Dorn suggerierte, war sie sicher nicht. Anfang der 1950er-Jahre waren viele DDR-Bürger für einige Westmark, aus Abenteuerlust oder auch aus Überzeugung bereit, sowjetische Kfz-Kennzeichen, Adressen von Kasernen oder Informationen über die Produktion in wichtigen Betrieben an Mittelsmänner in West-Berlin weiterzuleiten. Oft wussten sie nicht einmal genau, für welchen Geheimdienst sie eigentlich arbeiteten. Die MfS-Akten sind voll von unbedeutenden »Spionen« und »Saboteuren«, die nichtsdestoweniger oftmals zu mehrjährigen Gefängnisstrafen verurteilt wurden. So wie ein Arbeiter aus Berlin, der für die Weitergabe von Kfz-Kennzeichen der Sowjetarmee und Angaben über Bewaffnung und Mannschaftsstärken zu sieben Jahren Haft verurteilt wurde.[19]

Eine ähnliche Strafe hätte wohl auch Erna Dorn gedroht. Doch dann kam der 17. Juni. In Halle befreite eine aufgebrachte Menschenmenge Inhaftierte aus dem Untersuchungsgefängnis. Dorn kam unverhofft in Freiheit, wurde aber noch am Abend des gleichen Tages wieder ins Gefängnis eingeliefert. Ihre früheren Selbstbezichtigungen wurden ihr jetzt zum Verhängnis. Die DDR-Propaganda brauchte »Beweise« für den »faschistischen Putschversuch«. Eine ehemalige KZ-Aufseherin und vom Westen gelenkte Spionin passte nun genau ins gewünschte Bild. Die eigenen vehementen Zweifel des MfS an einer Agententätigkeit spielten keine Rolle mehr. Die Geschichte wurde sogar noch weiter ausgeschmückt. Die Presse behauptete, Dorns Befreiung sei von langer Hand geplant gewesen. Auf dem Hallmarkt habe sie vor einer großen Menschenmenge gegen die DDR-Regierung gehetzt. Tatsächlich hielt sich Erna Dorn während der Versammlung wahrscheinlich in der Stadtmission auf, um die Kleider zu wechseln. Doch die Legende von der Hetzrede blieb bis zum Ende der DDR hartnäckig bestehen, obwohl es

15 Die Folgen des Aufstands. Wie der Volksaufstand zum nachhaltigen Trauma für Staatsführung und Volk wurde (URL: http://www.bstu.bund.de/DE/Wissen/DDRGeschichte/17-juni-1953/Folgen-des-Aufstands/_node.html#doc1769460bodyText2, zuletzt aufgerufen am 12.11.2015); Hermann Weber: Die DDR 1945–1990, Oldenburg 2000, S. 42; Karl Wilhelm Fricke: Juni-Aufstand und Justiz, in: Ilse Spittmann/Karl Wilhelm Fricke (Hrsg.): 17. Juni 1953, Köln 1988; Heidi Roth: Der 17. Juni 1953 in Sachsen. Mit einem einleitenden Kapitel von Karl Wilhelm Fricke (Schriften des Hannah-Arendt-Instituts für Totalitarismusforschung, Bd. 11), Köln/Weimar/Wien 1999, S. 67; Der Bundesbeauftragte für die Unterlagen des Staatssicherheitsdienstes der ehemaligen Deutschen Demokratischen Republik (BStU), AS 1/54, Bd. 1–3. **16** Vgl. u. a. BStU, AU 15/54, Bd. 26, Bl. 53–61; Bd. 31, Bl. 34; Bd. 34, Bl. 05. **17** Vgl. Jens Ebert/Insa Eschebach: »Die Kommandeuse«. Erna Dorn zwischen Nationalsozialismus und Kaltem Krieg, Berlin 1994. **18** BStU, Ast. Halle, AU 253/54, Bd. 2, 7, 8. **19** BStU, AU 265/54, AU 455/54.

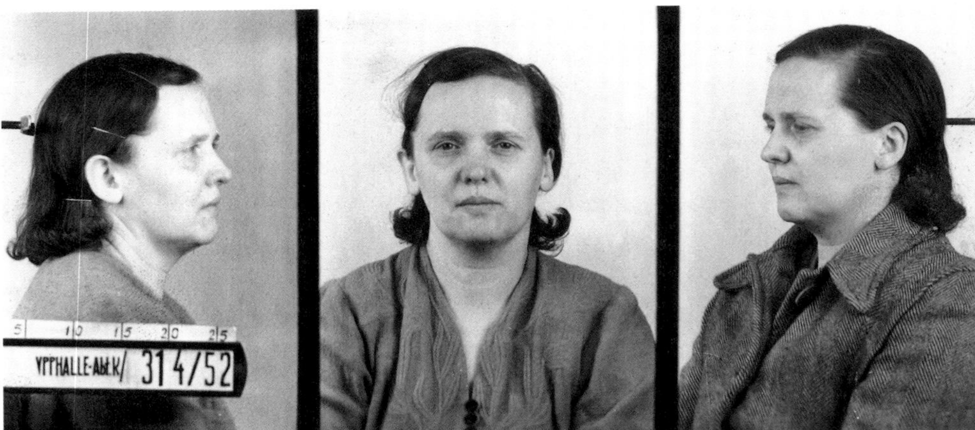

Erkennungsdienstliche Fotos von Erna Dorn

unter den geschätzten 20 000 Demonstranten niemanden gab, der sie ernsthaft zu bestätigen bereit war.[20] Eilig wurde der Prozess für den 22. Juni anberaumt. Ein im Justizministerium gebildeter »Operativstab« erteilte Anweisungen für den Ablauf aller Prozesse. Die von ihm als Abschreckung für die Bevölkerung geforderte Öffentlichkeit wurde im Fall Erna Dorns ausgeschlossen. Zu dürftig, so scheint es, war die Beweislage. Die Anklage stützte sich, wie oft in Prozessen gegen vermeintliche Agenten oder Provokateure, auf den Artikel 6 der DDR-Verfassung, der gegen Boykott- und Kriegshetze gerichtet war, und die Alliierte Kontrollratsdirektive 38. In diese waren auf US-amerikanische Initiative Grundsätze der »conspiration« eingegangen, daher war schon die Mitgliedschaft in einer als verbrecherisch geltenden Organisation wie SS oder Gestapo ein Verurteilungsgrund. Ähnlich wie Artikel 6 der DDR-Verfassung und das oft herangezogene Kontrollratsgesetz Nr. 10 über die Bestrafung von Kriegsverbrechen waren die Bestimmungen der Direktive 38 sehr dehnbar gefasst und wurden in der DDR exzessiv angewendet. Alle Bestimmungen waren ursprünglich nur dazu gedacht, die maßlosen NS-Verbrechen ahnden zu können, die die Normen bürgerlicher Gesetzgebung sprengten. Die Begründung des Todesurteils gegen Erna Dorn spricht eine deutlich politische Sprache und ist in ihren Anschuldigungen maßlos: »Ziel des Planes war, die Regierung der DDR zu stürzen, bzw. in deren Gebiet eine Situation zu schaffen, die es den westlichen imperialistischen Mächten, vor allem den USA ermöglicht hätte, bei uns in Deutschland mit einem neuen Korea und mit ihrem geplanten Feldzug gegen die Sowjetunion sowie die Volksdemokratien zu beginnen.«[21]

Die Bereitschaft des Hallenser Gerichts, gegen Erna Dorn die Todesstrafe zu verhängen, dürfte nicht unwesentlich von der politischen Weltlage beeinflusst worden sein. Drei Tage nach dem 17. Juni und zwei Tage vor Dorns Verurteilung waren in den USA Ethel und Julius Rosenberg, beide übrigens fast gleichaltrig mit Dorn, nach einem umstrittenen Prozess und internationalen Protesten wegen Atomspionage[22] auf dem elektrischen Stuhl hingerichtet worden. Erna Dorns Hinrichtung mit dem Fallbeil erfolgte am 1. Oktober 1953 in Dresden.

In Berlin gab es am 17. Juni auch die von der SED behaupteten westlichen Teilnehmer. Allerdings nur in geringer Zahl, wie die Verhaftungszahlen des MfS beweisen.[23] Dem MfS galt jede westliche Vereinigung, Institution oder Parteigliederung, die der DDR kritisch gegenüberstand, als Geheimdienstzentrale und als »faschistisch«, so auch Zeitschriftenredaktionen – oder der

West-Berliner Rundfunksender RIAS (Rundfunk im amerikanischen Sektor). Ohne den Sender hätten sich die Ereignisse nicht so rasch und so weit verbreitet. Es tummelten sich in West-Berlin jedoch auch zahlreiche wirkliche Geheimorganisationen mit den unterschiedlichsten Zielrichtungen. Nicht klar ist, welche von ihnen, geplant oder spontan, ebenfalls versuchten, die Demonstrationen und Proteste zu nutzen, zu beeinflussen oder zu lenken. Das MfS verdächtigte die Org – wohl meist zu Unrecht.

Die vom US-amerikanischen Auslandsgeheimdienst CIA und zuvor von dessen Vorgängerinstitution CIG finanzierten und gesteuerten Organisationen, wie der Bund Freiheitlicher Juristen, hatten seit Ende der 1940er-Jahre mit rüden propagandistischen Mitteln, zunehmend aber auch, wie zum Beispiel die Kampfgruppe gegen Unmenschlichkeit (KgU), mit Sabotage- und Terrorakten versucht, die Verhältnisse im Osten Deutschlands zu destabilisieren. Anders als die auf Veränderung drängende Oppositionsbewegung der DDR in den 1960er- bis 1980er-Jahren, hatte »der frühe Widerstand eher die Zerstörung des Regimes in der SBZ/DDR zum Ziel«[24]. Ikonografie und Wortwahl ihrer Propagandaschriften erinnern zum Teil an die NS-Propaganda.

Die KgU mit ihrer »underground terrorist campaign«, die Gary Bruce als »most violent« bezeichnet, war ein Hauptgegner der DDR-Staatsmacht, so legen es nicht nur die Aktenberge des MfS nahe.[25] Vieles deutet darauf hin, dass »bereits in der Gründungszeit [deren] nachrichtendienstliche Aktivität ein bedeutsames Ausmaß erreicht haben muss«.[26] In der Folgezeit verübte die KgU, von Martin Niemöller 1952 als »Verbrechergruppe« bezeichnet,[27] zahlreiche Straftaten bis hin zu terroristischen Aktionen in der DDR. Einige Mitglieder der Organisation waren sogar bereit, »Todesopfer in Kauf zu nehmen«.[28] Auch in der Bundesrepublik manövrierten sich die vom Magazin »Spiegel« als »Widerstandsamateure« apostrophierten KgU-Mitglieder mit ihren Aktionen »vom Zettelkleben bis zum – mißlungenen – Brückensprengen« zunehmend ins Aus.[29] Die CIA stellte 1959 die Finanzierung ein, und die Gruppe löste sich auf.

»Gegner Nr. 1« des MfS war in jenen Jahren die Org. Da sie von einem ehemaligen Wehrmachtsgeneral gegründet worden war und in ihren Reihen zahlreiche ehemalige Angehörige von SS, Gestapo und Abwehr vereinte, war es propagandistisch naheliegend, sie für den »faschistischen Putschversuch« vom Juni 1953 mitverantwortlich zu machen. Doch ähnlich wie das MfS war auch die Org von den Ereignissen überrascht worden. Sie hatte sich weitgehend auf die Ausspähung militärischer Anlagen und der wirtschaftlichen Infrastruktur in der DDR fokussiert und besaß weniger Kompetenzen bei gesellschaftspolitischen Fragen. Das offensichtliche Versagen der Org wurde in der Zentrale in Pullach kritisch ausgewertet, wie aus internen Papieren hervorgeht: »Insgesamt ist zu sagen, dass bei den Quellen ebenso wie beim Führungspersonal das Gefühl für die Bedeutung des Augenblicks weitgehend fehlte. Mangelndes politisches Finger-

20 Ebert/Eschebach: »Die Kommandeuse«, 1994, S. 89. **21** BArch, P, DP 1, VA, Nr. 7794. **22** Erst die Informationsweitergabe zahlreicher Mitarbeiter des US-Manhattan-Projekts ermöglichte den raschen Bau der sowjetischen Atombombe. **23** vgl. Anm. 15 **24** Enrico Heitzer: Die Kampfgruppe gegen Unmenschlichkeit. Widerstand und Spionage im Kalten Krieg 1948–1959, Köln u. a. 2015, S. 20. **25** Gary Bruce: Resistance with the People. Repression and Resistance in Eastern Germany 1945–1955, Lanham 2003, S. 94 f. **26** Heitzer: Die Kampfgruppe gegen Unmenschlichkeit, 2015, S. 206. **27** Zit. n. ebd., S. 294. **28** Ebd., S. 318. **29** Später Werwolf, in: Der Spiegel 27/1958, 2. 7. 1958 (URL: http://www.spiegel.de/spiegel/print/d-41761762.html, zuletzt aufgerufen am 12. 11. 2015).

Das Bild zeigt die Schornsteine der Filmfabrik Wolfen. Einen dieser Schornsteine sollte ich im Auftrage der K. g. U. durch Sprengung umlegen.

spitzengefühl und geringe Eigeninitiative beeinträchtigten die Nachrichtengebung negativ gerade in einem Augenblick, indem [sic!] sie schon aus Prestigegründen (befreundete Seite und Regierungsstellen) qualitativ und quantitativ eine Spitzenleistung hätte darstellen müssen.«[30]

Ausdrücklich positiv wird in den Berichten jedoch in Bezug auf eigene V-Leute vor Ort vermerkt, dass sie sich nicht an Aktionen beteiligten: »Als anerkennende Tatsache ist lediglich hervorzuheben, dass die systematische Erziehung zu ND-mäßig richtigem Benehmen in allgemein vorbildlicher Zurückhaltung der Quellen während der Demonstrationen zur Auswirkung kam.«[31]

Viele Berichte der Org nach den Ereignissen zeigen, wie wenig analytischer Geist zu ihrem Entstehen beigetragen hatte und wie sehr eine vorgefasste Meinung die Sicht auf Realitäten versperrte. In einer »Kurzorientierung über den Juni-Aufstand« vom 29. Juni wurde eine Vorgeschichte des 17. Juni skizziert, die beweist, wie wenig man eigentlich wusste.[32] Fast gänzlich fehlen konkrete Ortsangaben. Formulierungen wie »auf einigen Großbaustellen«, »auf einem Flugplatz«, »einzelne Bauerndörfer« deuten auf wenig fundiertes Wissen hin, das auf Hörensagen basierte. Kenntnisse der Lage scheinen eher vorgetäuscht zu sein.

Einige der streng vertraulichen Berichte der Org gelangten in die Hände des MfS.[33] Sie waren der offensichtliche Beweis, dass auch die Gegenseite von den Juni-Ereignissen überrascht wurde und geheime Mitarbeiter der Org kaum oder gar nicht an den Unruhen beteiligt waren. Dies änderte jedoch nichts an der Tatsache, dass die offizielle Lesart, die Ereignisse um den 17. Juni seien maßgeblich vom Westen gesteuert gewesen, bis 1989 von der SED-Führung aufrechterhalten wurde.

Eine andere Fehlinterpretation, die Historiker der Org anlasten,[34] scheint jedoch nicht ganz aus der Luft gegriffen, nämlich dass der Kurswechsel der SED vor dem 17. Juni[35] nur »ein außenpolitisches Manöver der sowjetischen Führung sei, um die Westintegration der Bundesrepublik zu hintertreiben.«[36] Wegen des restriktiv gehandhabten Zugangs zu sowjetischen Akten kann nicht eruiert werden, wie weitgehend Mitarbeiter des sowjetischen Geheimdienstes KGB versuchten, vor Ort in die Ereignisse einzugreifen.[37] »Berija war zwar nicht nach Berlin geflogen, hatte aber seinen Stellvertreter für besondere Fälle, Goglidse, und den Chef des GULAG, [...] Kobulow, nach Berlin entsandt.«[38] Beide wurden im sowjetischen Hauptquartier Berlin-Karlshorst verhaftet, nach Moskau zurückgeflogen und noch im gleichen Jahr wegen Hochverrats hingerichtet.

◄ Beweismaterial des MfS für einen Prozess gegen Mitglieder der KgU wegen geplanter Sabotage.

30 BStU, AU 15/54, Bd. 8, Bl. 200–204. **31** Ebd. Die Abkürzung »ND« steht für Nachrichtendienst. **32** Bundesnachrichtendienst (Hrsg.)/Bodo Hechelhammer (verantw. Hrsg.)/Ronny Heidenreich (Bearb.): Dokumente der »Organisation Gehlen« zum Volksaufstand am 17. Juni 1953 (Mitteilungen der Forschungs- und Arbeitsgruppe »Geschichte des BND«, Nr. 6), Berlin 2013, S. 22 ff. **33** Ebd. **34** Ronny Heidenreich: Die Organisation Gehlen und der Volksaufstand am 17. Juni 1953, in: Unabhängige Historikerkommission zur Erforschung der Geschichte des BND 1945–1968, hrsg. v. Jost Dülffer/Klaus-Dietmar Henke/Wolfgang Krieger/Rolf-Dieter Müller, Studien Nr. 1, Marburg 2013, S. 5 (URL: http://www.uhk-bnd.de/wp-content/uploads/2013/06/UHK-BND_Studien1-Inhalt-rz_online1.pdf, zuletzt aufgerufen am 12.11.2015). **35** Der »Neue Kurs« nahm die Normerhöhungen bereits am 16. Juni zurück. **36** Heidenreich: Die Organisation Gehlen und der Volksaufstand, 2013, S. 23. **37** Vgl. dazu Hans Bentzien: Was geschah am 17. Juni? Vorgeschichte, Verlauf, Hintergründe, Berlin 2003, S. 71. **38** Wladimir S. Semjonow: Von Stalin bis Gorbatschow. Ein halbes Jahrhundert in diplomatischer Mission 1939–1991, Berlin 1995, S. 298.

EIN »MISSING LINK«?

Die Rolle der Organisation Gehlen bei der Entstehung einer bundesdeutschen Verteidigungsarchitektur

Dieser Beitrag[1] folgt der Fragestellung, inwiefern die Ausstattung der Bundesrepublik Deutschland mit Exekutivinstrumenten zur Verteidigung des eigenen Staatsterritoriums durch die Organisation Gehlen (Org) unterstützt oder gar orchestriert wurde.[2] Die Geschichte der »Wiederbewaffnung« bildete bisher ein Sondernarrativ innerhalb der Frühgeschichte der Bundesrepublik Deutschland. So begann die Aufstellung der Bundeswehr erst zeitverzögert gegenüber der Ausbildung anderer staatlicher Exekutivinstitutionen mit dem NATO-Beitritt der Bundesrepublik im Mai 1955 und dem damit als politisches Junktim verbundenen Inkrafttreten des Deutschlandvertrages. Im Licht der bisherigen Forschung scheinen auch die ersten planerischen Weichenstellungen für zukünftige Streitkräfte erst im Oktober 1950 mit der Konferenz von Himmerod eingesetzt zu haben.[3] Der Beginn der westdeutschen Wiederbewaffnung lässt sich damit infolge des »Korea-Schocks« als aus der Not militärischer Bedrohung heraus geborene Maßnahme interpretieren. Fügt man in dieses Geschichtsbild als frühen Akteur der Jahre 1949/50 die Org hinzu, so verändern sich die Koordinaten entsprechend:[4] Die Geschichte der Schaffung einer bundesdeutschen Verteidigungsarchitektur verschiebt sich auf der Zeitachse deutlich vor den Beginn des Koreakriegs im Juni 1950 und rückt zudem näher an das Ende des Zweiten Weltkriegs auf dem europäischen Kriegsschauplatz heran. Dies kann nicht ohne Implikationen für weiterreichende Fragestellungen im Kontext anhaltender historiografischer Debatten bleiben. Exemplarisch seien hier zwei geschichtswissenschaftliche Diskurse von hoher Aktualität genannt:

◄ Generalleutnant a. D. Adolf Heusinger, Theodor Blank (CDU) und Generalleutnant a. D. Dr. Hans Speidel (v. l. n. r.), 1954

1. der – oft verkürzend mit dem Schlagwort der »Stunde Null« charakterisierte – Diskurs um die Kontinuitäten und Brüche deutscher Geschichte mit den Bezugspunkten der nationalsozialistischen Gewaltherrschaft im »Dritten Reich« einerseits und dem Aufbau eines freiheitlich-demokratischen Rechtsstaates, der Bundesrepublik Deutschland, unter den Bedingungen von totaler militärischer Niederlage, Zerstörung und Besatzung andererseits[5]

1 Den Militärhistorikern und Wegbereitern der Erforschung der Anfänge westdeutscher Sicherheitspolitik, Oberst i. G. a. D. Dr. Roland G. Foerster und Oberst i. G. a. D. Dr. Norbert Wiggershaus zum ehrenden Gedenken gewidmet. **2** Der Text ist im Rahmen der Forschungen der Unabhängigen Historikerkommission zur Erforschung der Geschichte des Bundesnachrichtendienstes 1945–1968 (UHK) entstanden. Weiterführende Quellenbelege finden sich in meiner umfassenden Darstellung, die voraussichtlich 2016 im Christoph Links Verlag, Berlin erscheinen wird. **3** Vgl. Thorsten Loch/Agilolf Keßelring: Himmerod war nicht der Anfang. Bundesminister Eberhard Wildermuth und die Anfänge westdeutscher Sicherheitspolitik, in: Militärgeschichtliche Zeitschrift (MGZ) 74 (2015), Heft 1–2, S. 59–95. Zur Himmeroder Denkschrift vgl. Hans-Jürgen Rautenberg/Norbert Wiggershaus: Die »Himmeroder Denkschrift« vom Oktober 1950. Politische und militärische Überlegungen für einen Beitrag der Bundesrepublik Deutschland zur westeuropäischen Verteidigung, in: Militärgeschichtliche Mitteilungen (MGM) 21 (1977), Heft 1, S. 135–206. Das Original der Denkschrift befindet sich im Bundesarchiv (BArch) BW 9/3119. **4** Vgl. Agilolf Keßelring: »Operation Versicherungen: Das gekaderte Armeekorps« der Jahre 1949 bis 1953 – Bedeutet die Akte 1438 eine Wende in der Geschichte der Wiederbewaffnung?, in: MGZ 72 (2013), Heft 2, S. 353–364. **5** Dieser Diskurs wird aus verschiedenen Perspektiven geführt, vgl. bspw.: Jürgen Kocka: Wie tief war die Zäsur von 1945 wirklich?, in: Bernd Faulenbach/

2. die Debatte um die Ursprünge des Kalten Krieges, geleitet von der Fragestellung, wann und woran das fragile, während des Zweiten Weltkriegs entstandene Zweckbündnis zwischen den angelsächsischen liberalen Demokratien und der bolschewistischen Diktatur Stalins zerbrochen sei.[6]

In diesen beiden »großen Debatten« kommt der Bewertung der »Remilitarisierung«[7] eine bedeutende Rolle als Argument für gegensätzliche Positionen zu. Dies mag zumindest teilweise erklären, wieso die Geschichte des »westdeutschen Verteidigungsbeitrags« auch heute noch dazu geeignet ist, die Gemüter zu erregen, obwohl ein breiter Konsens darüber besteht, dass Streitkräfte gewissermaßen zur »Grundausstattung« eines jeden souveränen Staates gehören. Durch die Einführung eines Geheimdienstes in diesen historischen Prozess mag die Geschichte gar als »geheime Verschwörung« erscheinen: Stellt die Org also doch das »Missing Link« in der »militärischen Evolution« von der Wehrmacht zur Bundeswehr dar? Wie ist die verschwörungstheoretisch anmutende These, dass »vom Dritten Reich in die Dienste der Bundesrepublik übernommene Generale […] aus der ehemaligen ›Rudolf-Heß-Siedlung‹ in Pullach in eilends errichtete Bundeswehrbaracken« umgezogen seien, zu bewerten?[8] Welcher historische Gehalt steckt hinter den – gerade durch eine solche Wortwahl intendierten – Implikationen?

Optionen für die Verteidigung des Bundesgebiets im Jahr 1950

Im Zuge einer Historisierung der militärischen und nachrichtendienstlichen Zeitgeschichte der Bundesrepublik Deutschland gilt es, sich nicht von den – im Rahmen der bipolaren Mächtekonfrontation im Ringen um die historiografische Deutungshoheit der antagonistischen Systeme ideologisch geformten – »ausgetretenen Pfaden« in die Irre führen zu lassen.[9] Spätestens

Gunther Ader (Hrsg.): Deutschland, Europa und die »deutsche Katastrophe«. Gemeinsame und gegensätzliche Lernprozesse, Essen 2006, S. 15–26; Hans Günter Hockerts: Gab es eine Stunde Null? Die politische, wirtschaftliche und gesellschaftliche Situation in Deutschland nach der bedingungslosen Kapitulation, in: Stefan Krimm/Wieland Zirbs (Hrsg.): Nachkriegszeiten. Die Stunde Null als Realität und Mythos in der deutschen Geschichte, München 1996, S. 119–156; Klaus Naumann: Die Frage nach dem Ende. Von der unbestimmten Dauer der Nachkriegszeit, in: Mittelweg 36 8 (1999), S. 21–32. **6** Einen Eindruck dieser Debatte gibt: John L. Gaddis: We Now Know. Rethinking Cold War History, Oxford 1997; vgl. Richard Ned Lebow: We Still Don't Know!, in: Diplomatic History 22 (Fall 1998), Heft 4, S. 627–632; mit besonderem Augenmerk auf ideologischen Fragen: Anders Stephanson: The Cold War Considered as a U. S. Project, in: Silvio Pons/Federico Romero (Hrsg.): Reinterpreting the End of the Cold War. Issues, Interpretations, Periodizations, London 2005, S. 52–67. **7** Die zeitgenössischen Begriffe »Remilitarisierung«, »Wiederbewaffnung«, »Wehrbeitrag« und »westdeutscher Verteidigungsbeitrag« werden hier synonym verwendet. Sie beschreiben alle gleichermaßen die Ausbildung einer bundesdeutschen Verteidigungsarchitektur, legen aber den Fokus auf unterschiedliche Aspekte derselben. Der Begriff einer westdeutschen Remilitarisierung oder Wiederbewaffnung ist irreführend, da die Bezugsgröße für das »wieder« Deutschland als Staatskontinuum und nicht die 1949 gegründete Bundesrepublik sein muss. **8** Erich Schmidt-Eenboom: Schnüffler ohne Nase. Der BND. Die unheimliche Macht im Staate, Düsseldorf u. a. 1993, S. 235 f., Zitat S. 235. Zur Geschichte der Pullacher Liegenschaft des späteren BND vgl. Bodo Hechelhammer/Susanne Meinl: Geheimobjekt Pullach. Von der NS-Mustersiedlung zur BND-Zentrale, Berlin 2014. **9** Vgl. hierzu die geschichtstheoretischen Gedanken in: James C. Watt: Bemerkungen mit dem Ziel einer Synthese, in: Norbert Wiggershaus/Roland G. Foerster (Hrsg.): Die westliche Sicherheitsgemeinschaft 1948–1950. Gemeinsame Probleme und grundsätzliche Nationalinteressen in der Gründungsphase der Nordatlantischen Allianz, Boppard am Rhein 1988, S. 343–372. **10** Vgl. Saki Dockrill: Britain's Policy for West German Rearmament, 1950–1955, Cambridge 1991, S. 4–20. Das Werk Dockrills beleuchtet leider kaum die früheste Phase deutscher Wiederbewaffnung aus britischer Sicht. Diese Lücke können auch Searles Forschungen nicht ausfüllen: Alaric Searle: Wehrmacht Generals. West German Society and the Debate on Rearmament, 1949–1959, Westport 2003; ders.: Internecine Secret Service Wars Revisited: The Intelligence Career of Count Gerhard von Schwerin, 1945–56, in: MGZ 71(2012), Heft 1, S. 25–55.

Das erste deutsche Bundeskabinett: (v. l.) Fritz Schäffer, Thomas Dehler, Robert Lehr, Jakob Kaiser, Ludwig Erhard, Konrad Adenauer, Hans Schuberth, Hans Christoph Seebohm, Franz Blücher, Eberhard Wildermuth, Bonn, 20. September 1949

mit dem Zusammentreten der ersten Bundesregierung im Herbst 1949 stellte sich für diese die Frage nach dem »Wie« einer eigenen Verteidigung. Zwar waren völkerrechtlich gesehen die Besatzungsmächte noch verpflichtet, das Territorium des jungen Staates zu schützen, doch musste die Bundesregierung auf möglicherweise stattfindende Verhandlungen zu einem Friedensvertrag – und somit auch auf das »militärische Kapitel« eines solchen – vorbereitet sein. Darüber hinaus galt es, sich, zumindest gedanklich, auf einen Abzug der Besatzungstruppen oder eine »Wiedervereinigung« der vier Besatzungszonen und den dann zu erwartenden Konflikt um die Staatsform vorzubereiten. Schließlich war in der DDR durch die Aufstellung der Kasernierten Volkspolizei (KVP) ein militärisches Machtmittel der SED-Regierung entstanden. Diesem hätte in einer innerdeutschen Auseinandersetzung die Bundesregierung nichts entgegenzusetzen gehabt. Kein Geringerer als Feldmarschall Bernard Montgomery stellte bereits im Mai 1950 auf der NATO-Konferenz in London heraus, dass die Besatzungstruppen angesichts ihrer Besatzungsaufgaben für den Fall eines Angriffs aus dem Osten vollkommen falsch disloziert und somit zu einer Verteidigung des Bundesgebiets nicht in der Lage seien.[10]

Für diese unterschiedlichen Problemstellungen eines grundsätzlich als notwendig erachteten Beitrags der Bundesrepublik Deutschland zur Verteidigung des eigenen Territoriums einerseits und zur Absicherung der Regierung im Inneren andererseits gab es bereits auf der rein theoretischen Ebene verschiedene Lösungsansätze. Sie wurden alle – wenn auch in unterschiedlicher Intensität – planerisch durchdrungen und teilweise sogar umgesetzt:

1. das Eingliedern wehrfähiger deutscher Staatsbürger unter das Kommando der westalliierten Besatzungstruppen, etwa in den bereits vorhandenen alliierten Dienstgruppen[11]

2. das Aufstellen einer für Polizeiverhältnisse mit Maschinengewehren und leichten Mörsern schwer bewaffneten, aber in militärischen Kategorien nur als leichte Infanterie zu kategorisierenden Bundesbereitschaftspolizei oder Bundesgendarmerie – gewissermaßen als Gegenstück zur KVP

3. das Vorbereiten einer Partisanenbewegung für den Fall eines erfolgreichen Angriffs mit anschließender Besetzung des Bundesgebiets durch die Armee der Sowjetunion

4. das Anwerben von Freiwilligenverbänden auf der Grundlage ehemaliger Wehrmachtsdivisionen als Führungskader oder Kader-Armeen – vorerst ohne direkten Zugriff auf Bewaffnung und militärische Ausrüstung[12]

5. das Aufstellen eines (west-)deutschen Heeres oder gar Streitkräftekontingents innerhalb einer integrierten Europa-Armee oder im transatlantischen Rahmen.

Es lässt sich unschwer erkennen, dass jeder dieser Optionen unterschiedliche Zukunftsszenarien in Hinblick auf Besatzung, Wiedervereinigung und Westintegration sowie unterschiedliche Bedrohungsperzeptionen zugrunde lagen. Diese waren Bundeskanzler Konrad Adenauer geläufig.[13] Die westlichen Besatzungsmächte bevorzugten unterschiedliche Vorgehensweisen. Diese entsprachen wiederum ihrer eigenen geostrategischen Lage und dem jeweiligen Wehrpotenzial. Das sei an zwei Beispielen verdeutlicht: Die britische Verteidigungsstrategie beruhte auf der Insellage des Vereinigten Königreichs und der eigenen Luftüberlegenheit sowie einer Art privilegierter Partnerschaft mit den zu atomaren Luftangriffen befähigten USA. Angesichts der eigenen Schwäche auf dem europäischen Kontinent wurde für

11 Heinz-Ludger Borgert/Walter Stürm/Norbert Wiggershaus: Dienstgruppen und westdeutscher Verteidigungsbeitrag – Vorüberlegungen zur Bewaffnung der Bundesrepublik Deutschland, Boppard am Rhein 1982. **12** Agilolf Keßelring: Die Organisation Gehlen und die Verteidigung Westdeutschlands. Alte Elitedivisionen und neue Militärstrukturen 1949–1953 (UHK, Studien Nr. 3), Marburg 2014. **13** Norbert Wiggershaus: Bedrohungsvorstellungen Bundeskanzler Adenauers nach Ausbruch des Korea-Krieges, in: MGM 1 (1979), S. 79–122. **14** Maquis (von Macchie: Buschwald in den Ländern des Mittelmeers) nannten sich während des Zweiten Weltkriegs Angehörige der französischen Résistance. Sie hielten sich in Wäldern, Gebirgen und spärlich besiedelten Gegenden versteckt, um von dort aus die Besatzungstruppen der Wehrmacht zu bekämpfen. **15** Ausführlich zur Rolle Wildermuths vgl. Loch/Keßelring: Himmerod war nicht der Anfang, 2015. **16** Norbert Wiggershaus: Zur Frage der Planung für die verdeckte Aufstellung westdeutscher Verteidigungskräfte in Konrad Adenauers sicherheitspolitischer Konzeption 1950, in: Dienstgruppen und westdeutscher Verteidigungsbeitrag. Vorüberlegungen zur Bewaffnung der Bundesrepublik Deutschland (Militärgeschichte seit 1945, Bd. 6), Boppard am Rhein 1982, S. 11–88, hier S. 16; Hans Speidel: Aus unserer Zeit. Erinnerungen, 4. Aufl., Berlin (West) 1977, S. 239–243. **17** Clemens Range: Kriegsgedient. Die Generale und Admirale

Oberst d. R. a. D. Eberhard Wildermuth, Wohnungsbauminister und bis Oktober 1950 »nebenamtlich« im Kabinett Adenauer für Verteidigungsfragen zuständig.

den Fall eines sowjetischen Angriffs die Aufgabe des bundesdeutschen Territoriums geplant. Allerdings erachteten die britischen Verteidigungsstrategen einen offenen sowjetischen Panzerangriff für wenig wahrscheinlich. Sie befürchteten eine verdeckte Übernahme der Bundesrepublik nach »Prager Muster«, also einen als Volksaufstand getarnten und durch die KVP unterstützten kommunistischen Putsch. Ein solcher Putsch hätte, politisch als »innerdeutsche Angelegenheit« vermarktet, das Potenzial besessen, die USA außen vor zu lassen. Für dieses Szenario schien der Aufbau einer Bundesgendarmerie das geeignete Mittel zu sein: Sie versprach, zugleich diese Bedrohung zu reduzieren und für Großbritannien keine Bedrohung durch Deutschland aufkommen zu lassen.

Auch aus amerikanischer Sicht waren die westalliierten Heereskräfte in der Bundesrepublik zu schwach, um einem sowjetischen Angriff standzuhalten. Die amerikanische Strategie setzte für diesen Fall ebenso auf die Evakuierung der eigenen Truppen wie auf eine spätere Rückeroberung Europas nach Art der Landung in der Normandie. Diesem Szenario entsprach die Idee eines Aufbaus von bundesdeutschen Partisanen-Zellen nach Art des französischen Maquis[14]. Eine deutsche Partisanenbewegung hätte einerseits rechtlich-moralisch den Anspruch einer freien Bundesrepublik auch unter sowjetischer Besatzung aufrechterhalten und andererseits bei der geplanten Rückeroberung militärisch wertvolle Aufklärungs- und Sabotageaufträge ausführen können. Dem gleichen Szenario entsprach auch die Vorbereitung deutscher »Freikorps«, die sich im Angriffsfall über den Rhein nach Frankreich zurückzuziehen hätten, um von dort später den amerikanischen Gegenangriff zu unterstützen. Die Konzeption einer Verteidigung am Rhein wiederum entsprach den politischen französischen Forderungen und sollte – ob militärisch im Ernstfall durchführbar oder nicht – bis in die frühen 1960er-Jahre die NATO-Strategie bestimmen.

Es ist naheliegend, dass aus bundesdeutscher Perspektive alle diese Pläne unbefriedigend sein mussten: Eine militärische Aufgabe des Staatsterritoriums hätte das faktische Ende der Bundesrepublik sowie eine erneute Zerstörung des Landes im Zuge von Eroberung und Rückeroberung bedeutet und die eigene Bevölkerung der stalinistischen Gewaltherrschaft preisgegeben.

Der versteckte »Verteidigungsminister«

Um solche und ähnliche Fragen kümmerte sich bereits zu Beginn der Regierungszeit von Bundeskanzler Konrad Adenauer, gewissermaßen nebenamtlich, Wohnungsbauminister Oberst d. R. a. D. Eberhard Wildermuth (FDP).[15] Er verfügte zwar nicht über einen größeren, für solche Aufgaben geeigneten Mitarbeiterstab, hielt aber bereits seit 1947 engste Verbindung zu Generalleutnant a. D. Dr. Hans Speidel, den die Org seit 1949 als »militärische Spitze«, also als eine Art Generalstabschef, militärische Integrationsfigur und Interessenvertreter gegenüber der Bundesregierung empfahl.[16] Im Januar 1950 einigten sich Speidel, der General der Infanterie a. D. Hermann Foertsch und Generalleutnant a. D. Adolf Heusinger auf die inhaltlichen Punkte des sogenannten »Besprechungsplans«, der alle wichtigen Weichenstellungen des in der Forschung als »Magna Charta der Bundeswehr« angesehenen Dokuments von Himmerod vom Oktober 1950 bereits vorwegnahm. Foertsch und Heusinger waren Mitarbeiter der Org, Speidel war eine »Sonderverbindung«.[17] Der Plan wurde Wildermuth kommuniziert.

In dem »Besprechungsplan« wurden die oben erwähnten »Lösungen« (1) bis (3), also eine Aufrüstung über die alliierten Dienstgruppen, über eine Bundespolizei sowie das Vorbereiten einer Partisanenbewegung strikt abgelehnt. Auch dem bereits in den Anfängen existenten republikanischen Freikorps-Konzept standen die drei Generale skeptisch gegenüber. Ein solches existierte zu diesem Zeitpunkt bereits unter dem Namen »Soldatenselbsthilfe« im Südwesten der Bundesrepublik. Als dessen treibende Kraft ist Wildermuth anzusehen. Stattdessen sprachen sich die drei Generale für ein deutsches Kontingent innerhalb einer Europa-Armee aus. Dieses Kontingent sollte – dies waren nur die wichtigsten Forderungen – bis mindestens zur Korpsebene aus modernen mechanisierten Divisionen deutscher Soldaten gebildet werden und über eine ebenfalls deutsche »Begleitluftwaffe« sowie eine maritime Küstenschutzkomponente verfügen.[18] Diese Punkte, die sich wie ein roter Faden durch alle späteren Dokumente zur Wiederbewaffnung zogen, wurden schließlich bei der Aufstellung der Bundeswehr sechs Jahre später verwirklicht.

der Bundeswehr, Müllheim-Britzingen 2013, S. 623; Georg Meyer: Adolf Heusinger. Dienst eines deutschen Soldaten 1915 bis 1964, Hamburg u. a. 2001, S. 355; zu Speidel: Brief Mellenthin an Nostitz vom 21.3.1976, Bundesarchiv (BArch) Militärarchiv, N 3 / 4 (Nachlass Nostitz) [lfd. Nr. 96]. **18** Zum »Besprechungsplan« siehe ausführlich: Agilolf Keßelring/Thorsten Loch: Der »Besprechungsplan« vom 5. Januar 1950 – Gründungsdokument der Bundeswehr? Eine Dokumentation zu den Anfängen westdeutscher Sicherheitspolitik, in: Historisch-Politische Mitteilungen (HPM) 2015, S. 199–229. Dort auch Abdruck des Originaldokuments. **19** Besprechungsplan vom 5. 1. [19]50, Nachlass Speidel (im Privatbesitz), Ordner 50. Ich danke Herrn Brigadegeneral a. D. Hans Speidel für die Möglichkeit der Einsichtnahme in den Nachlass seines Vaters. **20** Karl Feldmeyer/Georg Meyer: Johann Adolf Graf von Kielmansegg 1906–2006. Deutscher Patriot – Europäer – Atlantiker, Hamburg u. a. 2007, S. 41 f. **21** Meyer: Adolf Heusinger, 2001, S. 347–354. Wessel beklagte sich immer wieder darüber, dass er letztlich die Arbeit mache und Heusinger sich gar nicht für die Geschäfte der Auswertung interessiere. Heusinger berichtete von seinem »leeren Schreibtisch«.

◄
General der Infanterie a. D.
Hermann Foertsch, 1951

◄
Generalleutnant a. D.
Dr. Hans Speidel, 1953

►
General der Artillerie a. D.
Horst von Mellenthin, Anfang der 1950er-Jahre

Als wesentliches Element des »Besprechungsplans« ist auszumachen, dass dessen Verfasser die bundesdeutsche Remilitarisierung als Interesse der Westalliierten erkannten. Im Gegenzug zu einer Wiederbewaffnung verlangten sie staatliche Souveränität, politische Gleichberechtigung der Bundesrepublik und Wiederherstellung der soldatischen Ehre. In unserem Zusammenhang ist darüber hinaus entscheidend, dass die Autoren des »Besprechungsplans« nicht nur zufälligerweise aus der Org oder zumindest deren Umfeld kamen, sondern auch in diesem Dokument festlegten, dass für diesen Plan »Unterstützung durch die Org.«[19] erfolgen solle.

Der »Generalstab« innerhalb der Org

In der Org hatten sich seit 1948 zunehmend auch solche ehemaligen Generalstabsoffiziere gesammelt, deren Qualifikation nicht auf dem Gebiet eines Militärnachrichtendienstes lag. Damit begann sie, zunehmend Aufgaben wahrzunehmen, die nicht im herkömmlichen Sinn in den Aufgabenbereich eines Nachrichtendienstes fallen, sondern der Operationsabteilung und Organisationsabteilung eines Generalstabes entsprechen. Einige dieser ehemaligen Generalstabsoffiziere wurden in der Dienststelle 35 unter General der Artillerie a. D. Horst von Mellenthin organisiert,[20] andere erhielten nachrichtendienstliche Führungsaufgaben – das prominenteste Beispiel ist hier der ehemalige Leiter der Operationsabteilung im Oberkommando des Heeres, Heusinger, der in der Org die Auswerteabteilung leitete. Das nachrichtendienstliche Tagesgeschäft – hier die Analyse von nachrichtendienstlichen Meldungen – nahmen ihre hochqualifizierten Vertreter wahr. Im Falle Heusingers füllte der in den letzten Kriegsmonaten mit der Führung der Abteilung Fremde Heere Ost betraute Oberstleutnant i. G. a. D. Gerhard Wessel die durch die Wiederbewaffnungsaktivitäten entstandene Personallücke im nachrich-

Adolf Heusinger, Leiter der militärischen Abteilung in der Dienststelle Blank, an seinem Schreibtisch, Bonn 1954

tendienstlichen Bereich praktisch aus.[21] Diese Funktionen der Operations- bzw. Organisationsabteilung waren freilich eng verwoben mit den militärnachrichtendienstlichen Funktionen der klassischen »Dritten Abteilung«, Fremde Heere des Generalstabs. Die innerhalb der Org beschäftigten Generalstabsoffiziere legten die Grundlagen für den »Besprechungsplan« und leisteten die fachliche Zuarbeit. Sie sprachen die dort enthaltenen Forderungen mit militärischen Spezialisten ab, brachten die Haltungen möglicher Interessengruppen in Erfahrung und kommunizierten die Ergebnisse an Multiplikatoren innerhalb der Gruppe der ehemaligen militärischen Führer. Dabei wurde unter den signifikanten potenziellen militärischen Führern ein breiter Konsens für die Durchführung dieses Programms hergestellt. Sich entgegenstellende prominente militärische Führungspersönlichkeiten – wie beispielsweise der eng an britischen Vorstellungen einer »Polizeilösung« orientierte General der Panzertruppe a. D. Gerhard Graf von Schwerin – wurden ausgebremst oder von den eigenen Vorstellungen überzeugt, wie etwa Wildermuth, der ursprünglich für einen »republikanischen Freikorpsgedanken« gestanden hatte. Dabei hielt die Dienststelle 35 über Henry Pleasants, den die Central Intelligence Agency (CIA) eigens für diese Aufgaben an das Hochkommissariat für Deutschland (High Commission of Germany, HICOG) abgestellt hatte, enge Verbindung zu den eigentlichen Entscheidungsträgern im Mächtekonzert, der amerikanischen Besatzungsmacht. Auf diese Weise konnten die Pläne auch mit dem in der politischen Realität Durchsetzbaren korrespondieren.[22]

Die Soldatenselbsthilfe und ihre Übernahme durch die Org als »Unternehmen Versicherungen«

Seit spätestens 1948 war in Tübingen eine schutzkorpsartige Freikorpsorganisation aus Angehörigen der ehemaligen 25. Panzer-Grenadier-Division unter Führung kriegserfahrener Studenten entstanden.[23] Zu deren frühesten organisatorischen Köpfen gehörten Oberleutnant zur See a. D. Heinz-Eugen Eberbach[24] und Hauptmann a. D. Hans-Jörg Kimmich[25]. Eberbach stand seit seiner Freilassung aus britischer Gefangenschaft im Jahr 1946 in enger Verbindung mit Wildermuth.[26] Im Februar 1950 stellten Eberbach und Kimmich die Verbindung mit dem für eine amerikanische Stay-Behind-Organisation in Italien arbeitenden Oberst i. G. a. D. Albert Schnez her.[27]

Eine erste Besprechung zwischen »dem Generalstab« – Foertsch und Speidel – und der »Truppe«, repräsentiert durch Schnez, Kimmich und Eberbach, fand am 18. Mai 1950 (Christi Himmelfahrt) statt. Schnez vertrat dabei den krankheitsbedingt verhinderten Generalleutnant a. D. Oldwig von Natzmer.[28] Speidel notierte dazu: »Unbedingt mit dieser Gruppe Verbindung halten, die offenbar viel weiß und vor allem die Bestrebungen von Wild[ermuth] erkennen lässt. Sie geht sonst in andere Bahnen oder macht eigenen Unsinn trotz grundsätzlich gesunder Einstellung der Besprechungsvertreter. [...] Stärkste, aber weitergehend getarnte Einschaltung der Firma Schneider [Tarnname für die Org] und des Firmeninhabers persönlich in den ganzen Fragenkomplex.«[29] Diese »Einschaltung« der Org fand auch in der Tat bald statt: Ab Juni wurde Schnez entsprechend durch die Org überwacht und bald als »Sonderverbindung« durch die Dienststelle 35 über Natzmer geführt.[30] Die »Soldatenselbsthilfe« entwickelte unter Schnez zunehmend eine professionelle militärische Struktur, in der (ehemalige) Dienstgrade und formale Ausbildungskriterien eine entscheidende Rolle zu spielen begannen, womit die Zeiten des personenbezogenen studentischen Freikorpsverbandes zu Ende gingen.[31]

22 Zu Pleasants und dessen Rolle in Bezug auf die Dienststelle 35 vgl. James H. Critchfield: Auftrag Pullach. Die Organisation Gehlen 1948–1956, Hamburg 2003, S. 116. **23** Protokoll der Befragung von KzS Heinz Eugen Eberbach v. 20. 9. 1973, Militärgeschichtliches Forschungsamt, S. 1; Brief Eberbach jun. an Wildermuth v. 26. 11. 1949, BArch, MSG 2 / 13934. **24** Heinz-Eugen Eberbach, Sohn des Generals der Panzertruppe Heinrich Eberbach; zuletzt Kapitän zur See (Bundeswehr), im Zweiten Weltkrieg zuletzt als Oberleutnant zur See Kommandant auf U-230. **25** Hans-Jörg Kimmich, Hauptmann a. D., 1938 in das Infanterie-Regiment 119 eingetreten, 1944 Regimentsadjutant im umbenannten Grenadier-Regiment (mot) 119, nach dem Krieg Jurastudium, Senatspräsident am Verwaltungsgerichtshof des Landes Baden-Württemberg. Stv. Vorsitzender Kameradenkreis Infanterie-Regiment 119 und Geschäftsführer der Traditionsgemeinschaft 25. Infanterie-Division. Den Kern des »Unternehmens Versicherungen« bildete u. a. die ehemalige 25. Infanterie-Division. **26** Tagebucheintrag vom 25. 9. 1946, BArch N 1251/27. **27** Albert Schnez, Oberst i. G. a. D., 1950–1953 Stabschef im »Unternehmen Versicherungen«, zuletzt Generalleutnant und Inspekteur des Heeres der Bundeswehr, vgl. Keßelring: Die Organisation Gehlen, 2014, S. 36–44, gestützt auf BArch Pers 2 / 25972. Brief Eberbach an Wildermuth vom 10.2.1950, BArch N 1251/7. **28** Oldwig von Natzmer, Generalleutnant a. D., im Zweiten Weltkrieg Ia der 161. Infanterie-Division, der 26. Panzer-Division, der Panzer-Grenadier-Division »Großdeutschland«, zuletzt Chef des Stabes der Heeresgruppe Nord und ab 1945 Mitte. **29** Besprechung vom 18.5.[19]50, Nachlass Speidel, Ordner 50. **30** Zit. n. Keßelring: Organisation Gehlen, 2014, S. 40 f. **31** Ebd., S. 35 f., 47–49.

Am 24. Juli 1951 erfolgte schließlich die erste und auch einzige belegbare Besprechung auf Leitungsebene zwischen Gehlen, Mellenthin und Schnez. Das entsprechende Protokoll besagt: »1) Zwischen [Gehlen] und Schnez bestehen seit langem Beziehungen freundschaftlicher Art. 2) Schneez [sic!] trug seine Absichten für die Evakuierung seiner alten 25. PzGrenDiv. im E-Fall vor und schilderte die getroffenen Vorbereitungen für diesen Fall. Er betonte jedoch, dass er nunmehr in seiner Arbeit an Grenzen angelangt sei und nicht weiter könne. Er erbat dazu die Hilfe der Org. 3) [Gehlen] sagte diese Hilfe für folgende Punkte zu: a) Versuch einer finanziellen Hilfe b) Orientierung [Adenauer] über [Globke] und der Amerikaner c) Einbau in unser E[mergency]-System in Bezug auf Warnung und Voralarm d) Klärung von Personal auf Gegenseitigkeit. 4) Schneez [sic!] wird durch [Dienststelle] 35 geführt. Die unmittelbare Führung übernimmt nach Weisung Leiter [Dienststelle] 35 [von Natzmer].«[32]

Dieser hiermit begonnenen Übernahme durch die Org war ein Treffen über »Selbsthilfeangelegenheiten« am 23. Juni 1951 vorangegangen. Bei diesem war neben Speidel, Schnez, Kimmich und Eberbach auch der spätere Inspekteur der Bundesmarine, Vizeadmiral a. D. Friedrich Ruge anwesend.[33] Es ist anzunehmen, dass die Übernahme durch die Org besprochen wurde. Ein Dokument der CIA aus dem Jahr 1953 klassifiziert die »Soldatenselbsthilfe« (auch »die Selbsthilfe«) gemeinsam mit der »Dienststelle Blank« als »official German agency«.[34] Zu diesem Zeitpunkt stand die »Selbsthilfe« bereits seit über zwei Jahren unter Obhut der Org, die ihrerseits als CIA-Projekt gesehen werden kann. Von einer »official agency« konnte allerdings weder in Bezug auf des Amt Blank noch in Bezug auf die als »Unternehmen Versicherungen« geführte »Soldatenselbsthilfe« die Rede sein. Dieser Zustand hielt zumindest bis Ende des Jahres 1953 an. Dann verliert sich ihre Spur in den Akten.

32 Zit. n. ebd., S. 32 f. Bei Punkt 3 b) ist gemeint: Die Informationsweitergabe (»Orientierung«) an Adenauer erfolgte über Globke, an die Amerikaner auf dem direkten Wege. **33** Brief Eberbach an Ruge vom 23. 6. 1951, BArch MSG 2/13934. **34** Chief EE to Chief of Mission Frankfurt, Germany; Subject: Operational KIBIETZ, polygraph examination of KIEBITZ 15 [Walter Kopp], COM-241 vom 20. 1. 1953. (URL: http://www.foia.cia.gov/sites/default/files/document_conversions/1705143/PP_WALTER_VOL.2_0036.pdf, zuletzt abgerufen am 6. 10. 2014).

Fazit

Mit der Org nahm eine außerhalb des Einflusses der Bundesregierung liegende, durch die CIA, also den Auslandsnachrichtendienst der Besatzungsmacht USA, geführte Institution Einfluss auf die Debatte und den Aufbau der Verteidigungsstrukturen eines kurz zuvor besiegten und staatsrechtlich aufgelösten, demilitarisierten, besetzten und nach Neugründung allenfalls teilsouveränen Staates. Dieser neue Staat, die Bundesrepublik Deutschland, sollte – nach dem Ende des Zweiten Weltkriegs und angesichts der spätestens seit 1948 auch in Europa deutlich werdenden bipolaren Mächtekonfrontation – selbst erst in ein neu aufzubauendes System kollektiver Sicherheit eingefügt werden. Ehemalige Generale und Generalstabsoffiziere der Wehrmacht schufen auch innerhalb der Org die geistigen Grundlagen für den kommenden deutschen Anteil an transatlantischen Strukturen. Dazu gehörten planerische Grundlagen aufgrund eigener Feindlagebeurteilung, Vorarbeiten für künftige Organisationsstrukturen und die Aufstellung von Truppenkadern. Die ehemaligen Generale in der und um die Org berieten die mit Verteidigungsfragen betrauten Personen der demokratisch legitimierten Bundesregierung. Dies entsprach den originären Aufgaben eines Generalstabes, sodass mit Recht hinsichtlich Personal und Funktion von einem »Schatten-Generalstab« gesprochen werden kann. Die außerhalb der Org entstandenen freikorpsähnlichen Strukturen in Anlehnung an den ersten mit Verteidigungsfragen beauftragten Bundesminister, Eberhard Wildermuth, wurden ab 1950 durch diese überwacht, ab 1951 übernommen und mit amerikanischen Militärdienststellen gekoppelt. Alle diese Verteidigungsstrukturen unterlagen der Sensibilität ihres Auftrags entsprechend höchster Geheimhaltung.

Diese Vorbereitungen waren rein defensiver Natur. Die Offiziere des »Schatten-Generalstabs« um die Org machten das außenpolitische Anliegen der Bundesrepublik Deutschland (Souveränität) zu ihrem eigenen. Sie unterstellten sich der aus freien Wahlen hervorgegangenen Bundesregierung. Bundespräsident, Bundeskanzler und ausgewählte Führungspersonen der CDU, FDP und der oppositionellen SPD waren ebenso informiert wie die amerikanische Besatzungsmacht. Darüber hinaus bestand eine Bereitschaft zum Verzicht auf nationale Verteidigungsorganisationen und zur Verwirklichung eines Grades an europäischer bzw. bald transatlantischer militärischer Integration, die nicht nur damals neu war, sondern auch hinsichtlich der Bereitschaft zur Integration weit über das bis heute Erreichte hinausging.

Bezug des Standortes Pullach im Dezember 1947

Das »Camp King« in Oberursel (»Basket«) erwies sich 1947 als zu klein für die im schnellen Aufbau befindliche Organisation Gehlen (Org). Obgleich zusätzlich das nahegelegene Schloss Kransberg (»Dustbin«), das Jagdhaus der Familie Opel in Schmitten im Taunus (»Blue House«) nebst einem benachbarten Hotel genutzt wurden sowie eine Handvoll erster Außenstellen aufgebaut worden waren,[1] reichte der Platz für den expandierenden deutschen Geheimdienst unter Führung der U.S. Army nicht aus.

Für den Umstand, dass bei der Suche nach einer genügend großen Zentrale für die Org die Wahl auf das Areal in Pullach fiel, gibt es zwei Erklärungen. Die »Spiegel«-Redakteure Hermann Zolling und Heinz Höhne berichteten 1971, Gehlens rechte Hand Heinz Danko Herre (»Herdahl«) habe sich an einen geeigneten Gebäudekomplex erinnert, als er mit US-Oberst Willard K. Liebel im Herbst 1947 auf Quartiersuche in der US-amerikanischen Zone unterwegs war,[2] die sie auch nach Murnau und Esslingen geführt hatte.[3] Mary Ellen Reese hingegen schrieb 1992, Gehlens US-Betreuungsoffizier Eric Waldman (»Erikson«) habe im Münchner PX, einer amerikanischen Verkaufseinrichtung für Militärangehörige, das Gespräch zweier Engländerinnen gehört. Die beiden waren bei der amerikanischen Civil Censorship Division beschäftigt und klagten, dass sie ihr geräumiges Domizil verlassen müssten. Er sei der Sache nachgegangen, habe das Pullacher Gelände besichtigt und Oberst Willard K. Liebel für die Idee gewonnen, die Org dort unterzubringen.[4] Da sich Reese auf Interviews mit Waldman stützte, ist die zweite Version wohl die zutreffende.

◄ Zum Geburtstagsfest seiner Töchter Mary und Elisabeth holte US-Oberst James Berry aus dem Münchner Tierpark Hellabrunn die Elefantenkuh »Stasi« ins »Camp Nikolaus«: ein ungewöhnliches Reitvergnügen für Kinder von Org-Mitarbeitern, Sommer 1948

Der erste Teil des Trosses zog am 6. Dezember 1947 in die ehemalige Reichssiedlung Rudolf Heß in Pullach[5]. Diesem Datum verdankte das Hauptquartier der Org den Namen, mit dem es künftig bezeichnet wurde: »Camp Nikolaus«. Die Anlage war während der NS-Zeit für Angehörige des »Stabes des Stellvertreters des Führers« errichtet worden. Was die Org-Mitarbeiter und ihre Familien in dem 68 Hektar großen ummauerten Areal vorfanden – gut drei Dutzend

Englischsprachige Zitate wurden für diesen Beitrag ins Deutsche übersetzt. **1** Vgl. Kevin C. Ruffner: Forging an Intelligence Partnership: CIA and the Origins of the BND, 1945–49, Washington, D.C. 1999, Part I, Dokument 9: Debriefing of Eric Waldman on the US Army's Trusteeship of the Gehlen Organization 1945–1949, 26.3.1969, S. 48. **2** Vgl. Hermann Zolling/Heinz Höhne: Pullach intern, Hamburg 1971, S. 131. **3** Vgl. Andres Magdanz: BND – Standort Pullach, Köln 2006, S. 5. **4** Vgl. Mary Ellen Reese: Organisation Gehlen, Berlin 1992, S. 286. **5** Zur Geschichte der im Januar 1937 bezogenen NS-Siedlung vgl. Susanne Meinl: Die Geschichte der »Reichssiedlung Rudolf Heß« und des Führerhauptquartiers »Siegfried«, in: Susanne Meinl/Bodo Hechelhammer: Geheimobjekt Pullach. Von der NS-Mustersiedlung zur Zentrale des BND, Berlin 2014, S. 12–139.

Siedlungshäuser mit Raum für über 50 Familien, 15 Baracken, ein Kasino, ein Schwimmbad und ein Klubhaus –, hat Bodo Hechelhammer mit einem detaillierten Nutzungsplan des Compounds für die 1950er-Jahre dargestellt.[6] Zunächst zogen etwa 150 Menschen ein: die Org-Mitarbeiter, deren Ehefrauen und Kinder sowie das betreuende US-Personal. »Camp Nikolaus« war Wohn- und Arbeitsort zugleich. Die Vorteile lagen auf der Hand: Zum einen konnte die belastende Trennung der Mitarbeiter von ihren Familien beendet und zum anderen die Abschottung des Dienstes noch konsequenter gesichert werden. Auf dem Gelände entstanden eine Krankenstation, ein Kindergarten, im Februar 1948 eine Schule, ein eigener Lebensmittelladen, eine Schuhmacherwerkstatt – in der Summe eine autarke Gemeinde. »Camp Nikolaus« wurde zu einem geschlossenen Geheimdienstdorf, in dem es sich wie in einer »Großfamilie«[7] lebte.

Gehlen selbst bezog mit seiner Familie das »Weiße Haus«, eine zweistöckige Villa, in der einst Martin Bormann als »Sekretär des Führers« residiert hatte. Über dem Eingang prangte ein steinerner Reichsadler. Das Hakenkreuz, das er vor noch nicht langer Zeit in seinen Krallen getragen hatte, hatten die Mitarbeiter der US-Zivilzensur herausgeschlagen.[8]

Offiziell war Gehlen erst gut zwei Jahre später, nachdem die US-amerikanische Central Intelligence Agency (CIA) bereits zum 1. Juli 1949 die Treuhänderschaft über die Org übernommen hatte, in Oberbayern angekommen – getarnt natürlich. Die Headquarters Industrial Research Unit der U.S. Army bescheinigte ihm am 28. November 1949, dass er seit seiner Entlassung aus der Gefangenschaft auf Honorarbasis als Wirtschaftsberater für die amerikanische Regierung gearbeitet habe.[9] Sein Beschäftigungsverhältnis ende zum 30. November, weil er in die Privatwirtschaft gehe, er werde an den Wohnsitz seiner Familie nach Oberzeismering bei Tutzing ziehen.[10] Um den deutschen Behörden vorzugaukeln, Gehlen habe bis dahin in Washington unter einer Adresse der Schwiegermutter seines US-Betreuungsoffiziers Eric Waldman gelebt – und nicht vier Jahre in der Illegalität, ohne sich dem obligatorischen Spruchkammerverfahren zu stellen –, fälschte die CIA 1950 sogar Flugpapiere, die ein Eintreffen in Deutschland für Ende November 1949 ausweisen sollten.[11] Dabei hatte der bayerische Innenminister Dr. Willi Ankermüller Gehlen bereits am 14. Juli 1948 die erforderliche Zuzugsgenehmigung in die US-Zone für die Gemeinde Berg am Starnberger See erteilt. Das Landratsamt Starnberg

6 Vgl. Bodo Hechelhammer: Die NS-Siedlung wird Geheimdienstzentrale, in: Meinl/Hechelhammer: Geheimobjekt Pullach, 2014, S. 140–228. **7** Vgl. Zolling/Höhne: Pullach intern, 1971, S. 132. **8** Vgl. ebd. **9** Vgl. Zusatzbescheinigung zum Entlassungsschein aus der Kriegsgefangenschaft, 28. 11. 1949, MHM, Inv.-Nr. BBAR9420. **10** Vgl. HEADQUARTERS INDUSTRIAL RESEARCH UNIT US ARMY vom 28. 11. 1949, Swem Library, The College of William and Mary, Williamsburg, Critchfield German Collection (CGC), Box 2: Occupation – Gehlen Organisation. **11** ODEUM – Travel Document for Reinhard GEHLEN, National Archives and Records Administration (NARA) RG 263 Gehlen, Reinhard, Volume 1, Chief of Station, Karlsruhe and Chief, Foreign Division M vom 4. 1. 1950. **12** Vgl. Zuzugsgenehmigung gem. Entschl d. BstMdI., Az.: FL 41/8133 E 22 v. 14. 7. 48, CGC, Box 2: Occupation – Gehlen Organisation. Ankermüller fungierte von 1947 bis 1950 als Bayerischer Innenminister; vgl. URL: http://de.wikipedia.org/wiki/Willi_Ankerm%C3%BCller, zuletzt besucht am 21. 8. 2015. **13** Vgl. Walter Vogel und Christoph Weisz (Hrsg.): Akten zur Vorgeschichte der Bundesrepublik Deutschland, 1945-1949, Band 5, München 1976, S. 274. **14** Vgl. Dieter Krüger: Reinhard Gehlen (1902–1979). Der BND-Chef als Schattenmann der Ära Adenauer, in: Dieter Krüger/Armin Wagner (Hrsg.): Konspiration als Beruf, Berlin, 2003, S. 220. Die Abkürzung FHO steht für Fremde Heere Ost. **15** Interview Christoph Gehlen in der MDR-Dokumentation »Reinhard Gehlen – Der Meister-Spion und die Nazis«, ausgestrahlt am 9. 9. 2012.

Der Kindergarten im Camp: Zehn bis 15 Sprösslinge waren in der Obhut von Almuth Gräfin Schwerin von Krosigk.

stellte die Zuzugsgenehmigung jedoch erst am 8. November 1950 zu.[12] Um von einer der alliierten Besatzungszonen in eine andere Zone umziehen zu dürfen, bedurfte es einer Genehmigung der aufnehmenden Zone, die erteilt werden konnte, wenn es der Familienzusammenführung diente oder ein Arbeitsangebot vorlag. Bis zum Sommer 1949 lag das Ermessen bei den Militärregierungen, anschließend bei den Landesbehörden.[13]

Gehlen zog daraufhin mit seiner Familie in ein Haus in Berg und konterkarierte damit die von ihm selbst formulierten Sicherheitsvorteile einer Heimstatt im Compound. Doch der Hausherr zog es vor, mehr im »Camp Nikolaus« zu leben als bei Frau und Kindern. »Meist getrennt von der Familie, bewohnte Gehlen ein kleineres Apartment in Pullach, umsorgt von Sekretärinnen, die ihm schon in der FHO dienten«[14], hielt Dieter Krüger 2003 fest.

Gehlens Sohn Christoph erinnerte sich an die Zeit im Camp: »Wir hatten große Spielfelder, Wald, Wiese, ein Schwimmbad, eine eigene Schule, und das war für uns Kinder eine sehr, sehr schöne Zeit. Und wir hatten natürlich eine Versorgung durch die Amerikaner, das heißt amerikanische Verpflegung, und uns ging es einfach gut, während draußen die Menschen eben ganz schön am Hungertuch nagten.«[15]

Thomas Wessel, Jahrgang 1947, einziger Sohn von Gehlens Nachfolger Gerhard Wessel, sah die Vergangenheit 1984 beim Blättern im Familienalbum weniger rosig: »Graue, im Schwarzweißbild noch schäbiger aussehende Einfamilienhäuser, eins wie das andere; ein kleiner Garten mit zwei Liegestühlen, ein Waschzuber als Planschbecken, Schnappschüsse von Kindergeburtstagen.«[16] Dennoch beschlich ihn beim Rundgang mit dem Vater 1984 eine gewisse Wehmut: »Verschwunden sind die Hinterhofgärten mit ihren Gemüsebeeten, verschwunden auch der Kindergarten und der kleine Tümpel vor dem ›Colonial-House‹.«[17]

Obwohl Gerhard Wessel (»Wieland«) zum 1. Oktober 1952 ins Amt Blank, den Vorläufer des Verteidigungsministeriums, gewechselt war, lebte seine Familie bis 1954 in ihrem Haus an der alleeartigen »Gefängnisstraße« im Compound, die ihren Namen beidseitigen hohen Begrenzungsmauern verdankte.[18] Als die Org wegen der Budgetkürzungen der CIA in Finanznot geriet, wurden für die Wohnungen im Compound sogenannte Eigenmieten erhoben. 1950 stand eine Erhöhung an. »Schneckenfuß« Wessel – so sein Spitzname im Compound – machte sich bei Herre gegen die Erhöhung der Eigenmieten stark.[19]

Pullach als goldener Käfig

Der ehemalige US-Präsident Herbert Hoover gab der amerikanischen Presse nach der Rückkehr von einer Inspektionsreise nach Deutschland im Frühjahr 1947 ein Bild von den dortigen Zuständen: »Die Wohnungssituation in der Bizone ist die schlimmste, die die moderne Zivilisation je erlebt hat. […] Ungezählte Menschen hausen in Ruinen und Kellern. Der Durchschnittsraum für Millionen Menschen ist ein Zimmer von 12 mal 12 Fuß für drei bis vier Personen. […] Die Kohlenknappheit ist nächst den Lebensmitteln der ernsteste unmittelbare Engpaß.«[20] Die Angehörigen der Org lebten im »Camp Nikolaus« demgegenüber unter wesentlich günstigeren Umständen. Während eines Seniorentreffens ehemaliger Mitarbeiter von Org und Bundesnachrichtendienst (BND) im November 1986 gab der Sprecher der Versammelten einen Einblick in das Lebensgefühl der Org-Angehörigen der ersten Stunde: »Für viele war der Eintritt in die ›Org. Gehlen‹ […] mehr als Arbeit und Brot; er bedeutete je nach Situation des Einzelnen eine neue Heimat nach der Vertreibung oder Flucht, eine aufnahmebereite neue Gemeinschaft in einer fremden Stadt, eine Zuflucht aus der Einsamkeit und der Trauer um den gefallenen Mann, um den verlorenen oder verlassenen Besitz, um die zerstörte Existenz oder gar Familie, er bedeutete eine Rückkehr in eine Gruppe von Menschen gleicher ethischer Grundrichtung, gleicher Erziehung, mit ungebrochener Liebe und Opferbereitschaft zum Vaterlande, mochte dieses noch so darniederliegen, zerstört, zerstückelt, besetzt und verdammt.«[21]

Aufgrund des geheimdienstlich begründeten Kontaktverbots zur Pullacher Bevölkerung und der Ausgangsbeschränkungen lebten die Org-Angehörigen wie in einem Käfig – in einem »goldenen Käfig« allerdings, bestens versorgt mit allen Dingen des täglichen Bedarfs und selbst mit Luxusgütern. Dies alles war für den Eigenbedarf gedacht, erwies sich aber auch als geeignet für den gefahrvollen Verkauf auf dem Schwarzmarkt in der Münchner Möhlstraße. Die Warenausgabe in Pullach oblag dem ehemaligen Lufthansakapitän Liehr (»Leinberger«), bei dem die Mitarbeiterinnen und Mitarbeiter der Zentrale anstanden, um ihre Waren in Empfang zu nehmen. Durch Hans Ewald von Kleist (»Kroll«) erhielt Liehr auch Anweisung darüber, welche Mengen an Zigaretten, Kaffee oder Damenstrümpfen an die Außenstellen und an wichtige Persönlichkeiten wie die Mitglieder des sogenannten Professorenklubs, Gehlens universitäre Berater, ausgeliefert werden sollten.

Der Umzug ins Isartal im Dezember 1947 linderte zunächst die Raumknappheit der Org, doch bald trat das aus Oberursel bekannte Platzproblem auch hier auf: Im März 1948 waren 161 Mitarbeiter in der Org-Zentrale beschäftigt, im Mai 1949 bereits 269. Und im Juli 1951 hatte sich ihre Anzahl mit 550 mehr als verdreifacht.[22] Die Frau von Hans Hinrichs (»Hillmann«), die schon den Umzug nach Pullach mitgemacht hatte, erinnerte sich 2002: »Es kam jede Woche beinah einer. Na ja, von Anfang an waren wir glaube ich, zehn oder zwölf und dann zum Schluss eben über 40, und jedes Eckchen, mein Sohn und meine, die Tochter Wessel, die mussten ihr Schlafzimmer räumen und kamen dann in eine Kofferkammer, Besenkammer, also es wurde wirklich jede Ecke ausgenutzt. Es ging dann auf die Nerven.«[23] Das Ehepaar Hinrichs zog daraufhin nach Stockdorf bei München um und wohnte dort, bis Hans Hinrichs im November 1955 zur Bundeswehr ging.

Die Org als »Rettungsboot« ehemaliger Generalstabsangehöriger der Wehrmacht

Die Org war – so James H. Critchfield, der im Auftrag der CIA die Org beaufsichtigte – das Rettungsboot für den deutschen Generalstab und die Angehörigen von Fremde Heere Ost. Im Prinzip habe dieses Korps aus dem Kriegshauptquartier in Mauerwald bei Zossen seinen Weg nach Pullach gemacht.[24] Das war ein sehr überspitztes Votum des CIA-Offiziers, der von Juli 1949 bis März 1956 in Pullach die Aufsicht führte. Wie bei so manchem Untergang großen Ausmaßes war das Rettungsboot nämlich viel zu klein, um alle Schiffbrüchigen aufzunehmen. Wo Critchfield konkret wurde, sah er dreißig bis vierzig ehemalige Generalstäbler, die zwischen 1948 und 1956 Schlüsselpositionen in der Org-Zentrale in Pullach bekleideten.[25]

Um das künftige Führungspersonal westdeutscher Streitkräfte zu erfassen, griff das Amt Blank Anfang der 1950er-Jahre auf eine Liste aller Generalstabsoffiziere des Heeres aus dem Jahr 1946 zurück. Von diesen 2630 Generalstäblern verblieben – nach Abzug der Generalmajore und Feldmarschälle, der über 50-jährigen Obersten sowie der Vermissten und Toten – 1689 potenziell verfügbare Generalstabsoffiziere. Soweit es die Dienststelle Blank überprüfen konnte, waren 119 von ihnen in der Org beschäftigt.[26]

16 Thomas Wessel: Heimat der Agenten, Geo-Special München, Hamburg 1984, S. 160. **17** Ebd.,S. 160. **18** Vgl. ebd. **19** Vgl. Siegfried Graber: Splittersammlung, Straßlach 1994, S. 27, CGC, Box 4; CGC, Box 4: Tagebuch Heinz Danko Herre. **20** Zit. n. Volker Kopp: Besetzt. Amerikanische Besatzungspolitik in Deutschland, Berlin 2006, S. 267. **21** Zit. n. Waldemar Markwardt: Erlebter BND. Kritisches Plädoyer eines Insiders, Berlin 1996, S. 61f. **22** Vgl. Hechelhammer: Die NS-Siedlung wird Geheimdienstzentrale, 2014, S. 160. **23** Abschrift Interview Michael Müller für die WDR-Fernsehdokumentation »Gegen Freund und Feind« mit Hannah Hinrichs 2002, Archiv Forschungsinstitut für Friedenspolitik e.V. (FF). **24** Vgl. CGC, Box 7: Affiliations. **25** Vgl. CGC, Box 7: Affiliations, RECOLLECTIONS AND OPINIONS ON NAZI INFLUENCE IN THE GEHLEN ORGANIZATION 15.2.2002. **26** Vgl. CGC, Box 1, Aufstellung »rotes Buch«/Dienststelle Blank (im Orig. bei BMVg-P III 9).

Die Familie von Adolf Heusinger nach der Bescherung, Weihnachten 1948

»Durch die Einbeziehung einer sehr großen Menge von GenStabsOffz nach Pullach war diese Selbstunterbringung [eine eigenständige Wohnungssuche auf dem knappen Wohnungsmarkt im Großraum München; der Verf.] unmöglich geworden. Die meisten Nobili waren ehem. Offiziere und überdies meist auch vertrieben, die ohne jede Verbindung in Bayern oder sonst im Bundesgebiet, bzw. der US-Zone waren. Meist kamen sie direkt aus den Lagern, wo sie unter der Markierung Automatical Arrest festgehalten worden waren«[27], erläuterte Siegfried Graber einen Grund dafür, dass das Compound Anfang der 1950er-Jahre als Mischgebiet für Wohnen und Arbeiten herhalten musste.

Die 12. US-Armee hatte dem Counter Intelligence Corps (CIC) am 10. April 1945 den Auftrag erteilt, alle Generalstabsoffiziere des Heeres und analoge Dienstposteninhaber von Luftwaffe und Marine automatisch in Haft zu nehmen.[28] Selbst nach der Entlassung aus der Kriegsgefangenschaft durften ehemalige Generalstäbler als Sühnemaßnahme der Spruchkammern nur in den untersten Berufsgruppen arbeiten und auch die Immatrikulation an einer Universität blieb ihnen untersagt.

Nur ein Teil der Generalstabsoffiziere kam direkt aus der Kriegsgefangenschaft, wie etwa der Major i. G. Bernd Freiherr Freytag von Loringhoven, der bis Februar 1948 in britischer Kriegsgefangenschaft gesessen hatte und bereits im März 1948 zu Gehlen stieß.[29] Andere waren nach ihrer Entlassung aus den Kriegsgefangenenlagern der Westalliierten zunächst sozial tief gestürzt, hatten sich mangels einer zivilen Qualifikation und aufgrund des alliierten Immatrikulationsverbots für ehemalige Generalstabsoffiziere in Notberufen durchschlagen müssen. Major i. G. Armin Eck etwa, der sich von Mai 1945 bis März 1947 in kanadisch-britischer Kriegsgefangenschaft befunden hatte, arbeitete von April 1947 bis Februar 1948 als Maurer in Northeim, bevor er im März 1948 unter dem Decknamen »Edinger« in die Pullacher Sicherheitsabteilung kam.[30] Oberstleutnant i. G. Joachim Frithjof Lindner hatte sich von Mai bis Juni 1945 für zwei Monate in US-Kriegsgefangenschaft befunden, war anschließend bis Januar 1946 arbeitslos gewesen und fand nur Gelegenheitsjobs als Gartenarbeiter in Ulm. Von Januar bis Oktober 1946 lebte er in Stuttgart, um eine Ausbildung zum Schauspieler zu absolvieren. Er stieg im Dezember 1946 in die Org ein.[31] Oberst i. G. Lothar Metz (»Mertens«), bis Juni 1947 in US-Kriegsgefangenschaft, diente von Juli 1947 bis März 1948 in der Historical Division in Allendorf-Neustadt, war jedoch ab April 1948 zunächst arbeitslos, dann Arbeiter in einem Betonwerk in Bad Tölz, bis er im Oktober 1948 für die Org zu arbeiten begann.[32]

»Im Zweifel rangierte für Gehlen die nachrichtendienstliche Professionalität hinter seiner Absicht, der arbeitslosen Militärelite ein Rettungsfloß anzubieten, auf dem sie die Fährnisse der Zeit sehr erträglich überstehen konnten«[33], so Dieter Krüger. Auf der anderen Seite bot der Org-Chef entwurzelten und nun mittellos dastehenden Angehörigen des Adels und des Bürgertums aus den verlorenen deutschen Ostgebieten und so manchem Angehörigen der NS-Elite aus Politik und Geheimdienst eine solche Heimstatt, wobei es naturgemäß Überschneidungen zwischen diesen beiden Gruppen gab, die Graber unter dem Begriff »Nobili« zusammengefasst hat.

Um tatkräftige Offiziere zu rekrutieren, betätigte sich Herre als eine Art Headhunter. Er hatte im November 1949 in Krün seinen Jahrgangskameraden Hans-Georg Faulmüller[34] getroffen, der während des Zweiten Weltkriegs als Generalstabsoffizier unter anderem in Finnland eingesetzt gewesen war. Verheiratet war Faulmüller mit der Finnin Maria Emelie von Zwehl, deren Vater Otto in Helsingfors für das Amt Ausland/Abwehr des Oberkommandos der Wehrmacht (OKW) gearbeitet hatte.[35] Herre nutzte die Gelegenheit, seinen alten Bekannten, der nun als Schnitzer in Garmisch tätig war, auf einen Einsatz für die Org gegen Finnland anzusprechen, und verpasste ihm den Decknamen »Schnitzer«.[36] Am 2. Dezember 1949 fuhr Herre

27 Graber: Splittersammlung, 1994, S. 40. **28** Vgl. NARA RG 319 (Records oft he Army): HISTORY OF THE CIC VOLUME XXI, HEADQUARTERS 12TH ARMY GROUP: COUNTERINTELLIGENCE (CI) DIRECTIVE FOR GERMANY 10. 4. 1945, Chapter V – EXTIRPATION OF NAZISM AND GERMAN MILITARISM, Appendix 1–52. **29** Vgl. CGC, Box 1; Clemens Range: Kriegsgedient. Die Admirale und Generale der Bundeswehr, Müllheim-Britzingen 2013,S. 146. **30** Vgl. Range: Kriegsgedient, 2013, S. 118; Graber: Splittersammlung, 1994. **31** Vgl. Range: Kriegsgedient, 2013, S. 310; CGC, Box 1. **32** Vgl. CGC, Box 1; Range: Kriegsgedient, 2013, S. 340. **33** Vgl. Krüger: Reinhard Gehlen (1902–1979), 2003, S. 219. **34** Hans-Georg Faulmüller, geb. 26. 3. 1908, ging am 5. 10. 1937 vom Gebirgsjägerregiment 99 zur Kriegsakademie und wurde am 20. 7. 1940 in den Generalstab versetzt. Im Zweiten Weltkrieg diente er ab dem 10. 5. 1940 als Quartiermeister des XVIII. Armeekorps, ab dem 20. 10. 1941 als Quartiermeister des XVIII. Armeekorps, ab dem 28. 5. 1942 als Ia des XVIII. Armeekorps, ab dem 16. 8. 1943 als Kommandeur des Gebirgsregiments 310 und ab dem 25. 8. 1944 als Ia der 1. Gebirgsdivision. Nach dem Lehrgang für Kommandierende Generale im Januar 1945 wurde der Oberst i. G. am 20. 3. 1945 Chef des Stabes des LXXV. Armee-Korps. Vgl. Christian Zweng (Hrsg.): Die Dienstlaufbahnen der Offiziere des Generalstabes des deutschen Heeres 1935–1945, Osnabrück 1995, S. 167; CGC, Box 1. **35** Dr. Otto von Zwehl, Hauptmann im OKW-Amt Ausland Abwehr, war in der finnischen Armee im ersten finnisch-russischen Krieg, bis zur Ausweisung im September 1939 als Direktor der deutschen Handelskammer in Helsinki abgedeckt; zu lesen in: The German Intelligence Service, Washington, D. C. 1944 (vom OSS gefertigtes, zweibändiges Übersichtswerk über die deutschen Nachrichtendienste, das sich in deutschem Privatbesitz befindet). **36** Vgl. Tagebuch Herre, Eintrag vom 19. 11. 1949, S. 72; bei Herre lautete der Vorname Hans-Jörg. Erklärlich daraus, dass er seine stenografischen Notizen erst etwa 15 Jahre später abgetippt hatte.

Das Klubhaus mit gehisster Fahne: Kantine und deutsch-amerikanische Begegnungsstätte, 1950er-Jahre

mit seiner Frau Christa nach Ulm, um einen weiteren Bekannten zu treffen: Harald Mors, 1944 als Kommandeur eines Fallschirmjägerbataillons entscheidend an der Befreiung Benito Mussolinis auf dem Gran Sasso beteiligt. Nun war der Ex-Major Tanzlehrer in Ulm. Herre bot ihm einen Posten in der Luftwaffenauswertung der Org an, und Mors zeigte sich nicht abgeneigt.[37]

Schon zehn Tage später, am 12. Dezember 1949, stieß Mors (»Möller«) zum Stab der Org.[38] Nach seiner Ankunft in Pullach beschrieb ihm ein Org-Mitarbeiter mittags in der Messe unter Decknamen die jeweilige Herkunft der eintretenden Kolleginnen und Kollegen: »Artillerieregiment 28, Fremde Heere Ost, Familienclan, um 27 Ecken verwandt, hoher verarmter Adel aus dem Osten usw. Der ›Laden‹ bestand aus mehreren Cliquen, die sich zu einer grossen Clique zusammengeschlossen hatten. ›Background‹ und ›ambiente‹ – um zwei damals gängige Lehnwörter zu gebrauchen – waren eine Mischung aus hinterpommerschem Adel, ostpreussischem Großgrundbesitz, baltischer Schlossatmosphäre, schlesischem Garnisonskino und der verschworenen Gemeinschaft der nächtlichen Kognak- und Kaffeerunden im OKW-Führungsstab nach der Lagebesprechung bei Hitler!«[39], fasste Mors die Gesellschaft zusammen, auf die er in Pullach stieß, und resümierte: »Flieger und Seebären waren anfangs in der Minderzahl, das Heer in altpreußischer Prägung und Erziehung bestimmte Ton und Umgang: man war ›unter sich‹ und lebte im verwobenen Netz tausendfältiger Querverbindungen landsmannschaftlichen, kriegsbedingten, waffen- oder jahrgangsmäßigen, verwandtschaftlichen Ursprungs.«[40]

Mors beschwor zugleich die unschätzbaren Vorteile, nun in diesen Kreis aufgenommen zu sein, »unter der schützenden Glocke der Amerikaner, unberührt von Lebensmittelmarken, Trümmern, Wohnungsnot, Schwarzmarktpreisen auf einer stacheldrahtumzäunten Insel, die sich aus dem Gestern unversehrt in das Heute hinübergerettet hatte. Hinter der Anonymität banaler Decknamen, die zu den Kronen auf den Wappenringen nicht passen wollten, lebte und arbeitete

Kinderfastnacht im »Camp Nikolaus« (Fotoalbum Adolf Heusinger), 1950

hier eine einzigartige Gemeinschaft in einer einzigartigen Atmosphäre an einer einzigartigen Aufgabe. Da die Sicherheitsauflagen Kontakte nach aussen auf ein Minimum beschränkten, wurde man Mitglied einer Grossfamilie und lebte darin in einer für die damaligen Verhältnisse im geschlagenen und zerbombten Deutschland unvorstellbaren Unbeschwertheit.«[41]

Geradezu nostalgisch verzückt klingen die Stimmen aus der Gründergeneration des Dienstes, wenn es um das Lebensgefühl in der Enklave im Isartal geht. »Die fünfziger Jahre waren atmosphärisch wohl einmalig und nie wiederholbar. [...] ›Früh- und Feudalzeit‹ pflegte ich diesen Abschnitt zu apostrophieren, eine benevolente, arbeitsintensive und aufbauende Periode in der Geschichte des Dienste«[42], charakterisierte der ehemalige Wehrmachtoffizier aus dem traditionsreichen Reiterregiment 18 und spätere BND-Präsident Eberhard Blum diese Epoche. Waldemar Markwardt, ab 1952 Gehlens »Marx«, ließ noch 1996 seiner Begeisterung über das Sozialklima im »Camp Nikolaus« freien Lauf, »ein Hauch von Freikorps-Mentalität schien über allem zu schweben, eine Atmosphäre war zu schnuppern, die auch einem elitären britischen Herren-Club von vornherein zugeeignet wird.«[43]

»Jedenfalls hatte GEHLEN um 1950 [...] bereits so viele Nobili um sich geschart, dass er mit ihrer Hilfe sich zum tatsächlichen Vertreter der Deutschen Konzeption hochstilisieren konnte«[44], analysierte Graber die auf Westintegration und Wiederbewaffnung zielende Kon-

37 Vgl. ebd., Eintrag vom 2. 12. 1949, S. 77f. **38** Vgl. CGC, Box 8: Book Production Chronologies & Notes 2. **39** CGC Box, 4: Harald Mors: 1. General Reinhard Gehlen, Typoskript Berg 1983, S. 13. **40** Ebd. **41** Ebd. **42** Eberhard Blum: Reinhard Gehlen – A Portrait, in: Foreign Intelligence Literary Scene Volume 10, Number 6, Washington 1991. Deutschsprachige Typoskriptvorlage, S. 6. **43** Markwardt: Erlebter BND, 1996, S. 53. **44** Graber: Splittersammlung, 1994, S. 4.

Joachim Kaintzik: Ein SS-Sturmbannführer und Feldpolizeidirektor garantierte für die Sicherheit im Compound.

zeption seines Chefs. Doch es waren nicht nur »Nobili«, die in Pullach Führungsverantwortung übernahmen. Für die Sicherheit war beispielsweise Joachim Kaintzik (»Karrner«) zuständig, ein ehemaliger SS-Sturmbannführer und Feldpolizeidirektor der Geheimen Feldpolizei, der 1955 zur Sicherungsgruppe Bonn des Bundeskriminalamtes wechselte.[45] Ulrich Erich Kayser-Eichberg, von 1942 bis 1944 Sturmbannführer der Waffen-SS beim Höheren SS- und Polizeiführer (HSSPF) Alpenland in Salzburg und von 1944 bis Mai 1945 beim HSSPF für Böhmen und Mähren, fungierte 1953 in der Org als Leiter des Referats 45 D (Berichts- und Übersetzungswesen in der Auswertegruppe 45).[46] In die Kategorie der rekrutierten SS-Offiziere fällt auch Artur Valentin, geboren am 22. August 1904 in München, der bis zu seiner Einberufung in die Panzergrenadierdivision Hohenstaufen im November 1943 als SS-Untersturmführer in der Kraftfahrtechnischen Staffel der SS in München gedient hatte. Valentin trat spätestens im September 1948 in die Org ein. Bis zum Juni 1958 arbeitete er als Autoelektriker auf dem Pullacher Gelände. Laut CIA war er auch noch im Mai 1964 wahrscheinlich Mitarbeiter des BND und wurde einer Sicherheitsüberprüfung unterzogen.[47]

Markwardt schilderte 1996 blumig den Bürobetrieb, den er 1952 im Camp vorfand, als er zum ersten Mal »die Büros in den ehemaligen Wohnhäusern der ›Goldfasane‹ aus dem Hauptquartier des berüchtigten Reichsleiters Martin Bormann betrat. Ein Fortissimo von Schreibmaschinengeklapper schlug mir entgegen, unterbrochen von schrillem Telephongeläute. In jedem Zimmer standen Panzerschränke verschiedenster Bauart – alle weit geöffnet. Sie wurden allerdings penibel sorgfältig verschlossen, wenn der oder die Verantwortliche den Raum verließ. Gummibäume und Kakteen fehlte als Büroschmuck genauso wenig wie die an die Wand gepinnten Urlaubsgrüße der Mitarbeiter, die sich gerade im Süden ihren Urlaubsfreuden hingaben.«[48]

Die Heilmannstraße war bis Juni 1956 für Pullacher Bürger gesperrt.

1952 warteten im Camp bereits alle auf die Übernahme der Org als Bundesnachrichtendienst, die sich aber noch bis 1956 verzögerte. »Die Zentrale begann auch aus den Nähten zu platzen«, erinnerte sich Markwardt an die Periode des Umbruchs vom »Freikorps« zur Behörde. »Die letzten Mitarbeiter, die, wie Gehlen selber anfangs auch, noch innerhalb des Areals wohnten, mussten ihre Wohnungen räumen, die dringend als Büroräume benötigt wurden.«[49] Die letzten Familien verließen den Compound im März 1953. Damit wurde der Zeitplan eingehalten, den Gehlen bereits am 23. Juni 1952 in einer Gruppenleiterbesprechung genannt hatte: Alle Bewohner sollten bis zum 1. April 1953 ausgezogen sein.[50]

Diese Umnutzung des Compounds zu einem reinen Bürokomplex markierte das Ende der »Früh- und Feudalzeit« der Org. Gehlen hatte die Unterbringung der Familien im Camp von vornherein nur als Übergangslösung gedacht, »für einen begrenzten Zeitabschnitt von wenigen Jahren.«[51] Mit der Aufblähung der Zentrale durch Verwaltungspersonal setzte die in den folgenden Jahrzehnten wieder und wieder beklagte Verkrustung des Dienstes ein – eine Entwicklung, die in der Org frühzeitig als problematisch erkannt wurde. Ende August 1953 erhielt Gehlen die Studie »Die Entartung staatlicher Führungs- und Verwaltungsstellen zu einer Büro-

45 Vgl. Paul B. Brown: Forester to Feldpolizeichef. The Life and Counterintelligence Career of Wilhelm Krichbaum, Presented at the Conference of the International History Study Group, Tutzing 24–26 April 1998, Fußnote 85.
46 Vgl. NARA, RG 263 Kayser-Eichberg, Erich Ulrich. Er wurde 1956 in den BND übernommen, aufgrund der Untersuchungen der BND-Organisation 85 jedoch am 31.3.1968 aus dem BND entlassen; vgl. faz.net vom 18.3.2010: »Ein besonderer Personenkreis«. **47** Vgl. NARA, RG 263 Valentin, Arthur. **48** Markwardt: Erlebter BND, 1996, S. 52f. **49** Ebd., S. 79. **50** Vgl. Hechelhammer: Geheimdienstzentrale, 2014, S. 195. **51** Reinhard Gehlen: Der Dienst, Mainz 1971, S. 163.

Torkontrolle am Hauptquartier der Organisation Gehlen, 1954

kratie – ihre Ursachen und Gedanken zu ihrer Bekämpfung« von Kilian Ruprecht (»Kramer«), in den 1940er-Jahren als Kriminaloberassistent Leiter der Gestapo-Außenstelle Klattau. Begeistert leitete er die in ihrer Diktion auf die nationalsozialistische Vergangenheit des Verfassers deutlich hinweisende Studie am 27. August 1953, ohne den Autoren namhaft zu machen, an alle Dienststellenleiter mit der Bitte um Stellungnahme weiter und machte deutlich, wie wichtig ihm die Denkschrift war: »Schon lange erfüllt mich der Bürokratisierungsprozess, welchem unsere Organisation infolge der durch die Verhältnisse bedingten, schematischen Arbeitsverfahren unterliegt, mit dem Bewusstsein, dass dadurch eine schöpferische Weiterentwicklung unseres Dienstes gehemmt wird.«[52] Bereits am nächsten Tag setzte der Org-Chef eine von Horst Wendland (»Wendt«) geführte fünfköpfige Arbeitsgruppe »zur Vereinfachung der Arbeitsweise der Organisation auf allen Gebieten« ein. Die erbetenen Stellungnahmen lösten eine Lawine von Kritik an der Org aus. Einige Beispiele:

»Die in der Ausarbeitung des ungenannten Mitarbeiters niedergelegten Gedankengänge sind sicherlich richtig und treffen weitgehend auf die Zentrale zu. Die Vergrösserung des Personals und die Ausweitung der Arbeitsgebiete haben zu einer Unübersichtlichkeit und dadurch bedingt zu einem gewissen Leerlauf geführt«[53], klagte der Leiter 40 (Spionageabwehr), Kurt Kohler (»Klausner«), am 12. Oktober 1953.

»Eine glänzend geschriebene Studie, deren gedanklicher Flug geradezu begeistern kann. Die Grundgedanken teile ich voll und ganz!«, urteilte der Leiter der Aufklärung Hans-Heinrich Worgitzky (»Wagner«) sieben Tage später. Zugleich stellte er in seiner Stellungnahme den ganzen nachrichtendienstlichen Ansatz der Org infrage: »Wir arbeiten meistens mit dem guten Willen ehem. Feldwebel pp. oder anderer braver Deutscher in Behörden und Büros im Stile der Inf.-Aufklärung. D e n D u r c h b r u c h z u r S p i o n a g e h a b e n w i r n u r i n A u s n a h m e - f ä l l e n e r r e i c h t.«[54]

»Wir sind kopflastig«[55], begann der Leiter der Darmstädter Generalvertretung H, Erich Brandenberger (»Körnig«), seine Stellungnahme vom 24. September 1953, um dann auf 14 Seiten dem Leiter der Verwaltung (30 a) einige Dutzend konkreter Vorschläge zur Entbürokratisierung zu unterbreiten.

Der Auszug der Amerikaner aus Pullach zum 1. April 1956

Der nächste große Einschnitt bestand im Übergang der Org zum BND und dem damit verbundenen Auszug der Amerikaner. »Camp Nikolaus« wurde nun zu einer rein deutschen »Behördenunterkunft« – so die bis 1996 benutzte Bezeichnung auf dem Eingangsschild zum Compound. Der Wechsel in Pullach zum 1. April 1956 vollzog sich in einer Weise, die von den Amerikanern als unwürdig und Ausdruck anti-amerikanischer Ressentiments empfunden wurde. Critchfields Enttäuschung über das Vorgehen der Org-Führung ist auch seinen fast fünfzig Jahre später entstandenen Aufzeichnungen noch zu entnehmen: »31. März 1956. Der Tag endet wie gewöhnlich. Kein Gespräch darüber, was am nächsten Tag passiert. Es gab keine Zeremonie, nicht einmal eine Tasse Kaffee. Es schien, als sei es dem deutschen Stab gar nicht klar, dass sich alles ändert und dass ich Gehlen am nächsten Tag den Schlüssel für mein Büro geben würde – was ich auch tat. In den Wochen vorher hatten wir alle unsere Karteien Stück für Stück aus Pullach herausgeholt, aber die Routine weiterlaufen lassen. Um fünf Uhr nachmittags stand ich am Fenster und sah auf den Hof und das Kolonial-Haus und beobachtete einen amerikanischen Mannschaftsdienstgrad zusammen mit einem bayerischen Grenzpolizisten beim Einholen der amerikanischen, der deutschen und der bayerischen Flagge. Es war ein kalter und grauer Tag. Ich sah sonst niemanden, der das letzte Niederholen der Stars und Stripes über dem beobachtete, das morgen das Hauptquartier des BND sein würde.«[56]

52 30 An die Dienststellenleiter vom 27. 8. 1953, Archiv FF. **53** Leiter 40 An 30a vom 12. 10. 1953: Betr. Organisationsänderungen, Archiv FF. **54** 30 b (Leiter der Aufklärung; der Verf.) vom 19. 10. 1953: Zusammenfassende Stellungnahme, S. 3, Archiv FF; Unterstreichung und Sperrdruck im Original. **55** Leiter H An Leiter 30.a persönlich vom 24. 9. 1953, Archiv FF. **56** CGC, Box 8: Papers, Book Production, Chronologies & Notes.

AUSSTELLUNG

des Staatssekretariats für Staatssicherheit

agenten

prl3 mvzo a72eb

spione

kp gzalo

saboteure

lyerc gz9jn

rc 65tvb sfa14 mux30

entlarvt

BEROLINAHAUS

am Alexanderplatz

vom 6. August bis 27. August 1955

geöffnet täglich von 10-20 Uhr

DIE »KONZENTRIERTEN SCHLÄGE« DER DDR-STAATSSICHERHEIT GEGEN DIE ORGANISATION GEHLEN

Im deutsch-deutschen Nachrichtendienstkrieg mussten beide Seiten immer wieder auf Quellen im jeweiligen »Operationsgebiet« verzichten, das galt bereits kaum ein Jahr nach Gründung der DDR. Zum 1. Juni 1950 hatte die Geheimdienstabteilung des EUCOM (European Command der US-Streitkräfte) zwei nach Abschaltgründen getrennte Listen aufgelegt. Sie erfassten alle in den acht Monaten zwischen Oktober 1949 und Mai 1950 in den US-amerikanischen Besatzungszonen Deutschlands und Österreichs abgeschalteten Agenten US-amerikanischer Dienste einschließlich der Organisation Gehlen (Org). Es waren 156 Personen, die namentlich, mit dem Geburtsdatum, ihrer Nationalität, ihrer Wohnanschrift sowie dem Datum und Grund der Ausstellung aufgeführt wurden. Die Gründe für die Abschaltungen lagen nur selten bei den Agenten selbst. Ohne eigenes Verschulden mussten 107 V-Leute gehen, ungeeignet waren zwanzig, aus Sicherheitsgründen erfolgten 14 Abschaltungen und nur zwölf, weil die V-Leute kompromittiert waren. In drei Fällen war die Ursache unbekannt.[1] Die Agentenverluste infolge von Qualitätskontrolle, Sparmaßnahmen oder Einstellung von Aufklärungsbereichen waren bis zum Sommer 1950 weit größer als die Verluste infolge gegnerischer Spionageabwehr.

Die DDR-Staatssicherheit

Im Juni 1952 hatte Erich Mielke – seinerzeit Erster Stellvertreter des Staatssekretärs für Staatssicherheit – in einem Rundbrief an die Länderverwaltungen des Ministeriums für Staatssicherheit (MfS) der DDR zwar beachtliche Einzelerfolge konstatiert, beklagte jedoch, dass es dem MfS bisher nicht gelungen sei, »in die imperialistischen Spionageorganisationen einzudringen«.[2] »Die Frühzeit der Spionageabwehr im MfS«, heißt es, sei »quellenmäßig wenig überliefert«.[3] Anfangs lag die Zuständigkeit für diese Aufgabe bei der Abteilung IV und den analogen Abteilungen der Landesverwaltungen.

◄ Plakat zur Ausstellung des Staatssekretariats für Staatssicherheit »Agenten Spione Saboteure entlarvt«, Berolinahaus am Alexanderplatz, Berlin, 6. bis 27. August 1955

Die Abteilung IV bestand zunächst aus vier Referaten, die auf der US-amerikanischen, französischen, englischen und westdeutschen »Linie« arbeiteten, bis Ende 1950 ein fünftes Referat für nicht zuzuordnende Spionagefälle hinzukam.[4] Der erste Leiter der Abteilung IV wurde im Februar 1960 – aus der »Hauptverwaltung zum Schutz der Volkswirtschaft« kommend –

1 Vgl. National Archives and Record Administration (NARA), Record Group (RG) 263 (Records of the CIA) Urban, Josef Volume 1: HEADQUARTERS EUROPEAN COMMAND Intelligence Division 350.09 (GID/OPS/COLL) vom 1. 6. 1950 ANNEX A-7 und ANNEX B-7. **2** Hanna Labrenz-Weiß: Die Hauptabteilung II: Spionageabwehr, in: Siegfried Suckut/Ehrhardt Neubert/Clemens Vollnhals/Walter Süß/Roger Engelmann (Hrsg.): Anatomie der Staatssicherheit. Geschichte, Struktur und Methoden – MfS-Handbuch, Berlin 1995, S. 33. **3** Labrenz-Weiß: Hauptabteilung II, 1995, S. 32; die folgende Kurzdarstellung der Entwicklung folgt den Seiten 27 und 32–41.

Werner Kukelski. Schon im Dezember desselben Jahres übernahm, nach einjähriger Schulung in der Sowjetunion, Paul Rumpelt diesen Posten, Kukelski wurde sein Stellvertreter. Von 1952 bis zur Gründung der Hauptabteilung II Ende 1953 hatte dann Rolf Markert die Leitung der Abteilung IV inne. Sie verfügte im Februar 1953 über 32 operative Mitarbeiter, die Bezirksverwaltungen zusammen über 124, in den Kreisverwaltungen saß ab Frühjahr 1953 je ein Sachbearbeiter. Die MfS-Abteilung II – »Agenturarbeit nach Westdeutschland« – war 1952 aus dem Sonderbereich IVa hervorgegangen und wurde am 25. November 1953 mit der Abteilung IV zur neuen Hauptabteilung (HA) II zusammengeführt. Diese bestand aus vier Abteilungen, die sich auf die westdeutsche »Linie« und drei »Linien« für die westalliierten Siegermächte des Zweiten Weltkriegs richteten. 1954 lag die Zahl der Mitarbeiter in der HA II bei 156.

Die sowjetische Karte

In den Anfangsjahren stützte sich das MfS stark auf den sowjetischen Partnerdienst, das Ministerium für Staatssicherheit der UdSSR (MGB). »Das MGB hatte wesentlich beim Aufbau und der Profilierung des MfS durch zahlreiche Berater geholfen«[5], erläuterten die beiden ehemaligen MfS-Offiziere Günter Möller und Wolfgang Stuchly 2002 in einem Aufsatz zur Spionageabwehr des MfS. Dass die Instrukteure des MGB – später MWD – eine wichtige Rolle bei der Spionageabwehr spielten, ist unbestritten.[6] Die sowjetischen Dienste beschränkten sich jedoch nicht auf die Beraterrolle, sondern führten auch eigene Gegenspionageoperationen gegen die Org durch, 1950 beispielsweise gegen den Leiter der Untervertretung 113 der Org in Bayreuth, Walter Geipel (»Werner Grumert«).[7]

Anfangserfolge

Mit einem nachrichtendienstlichen Einbruch in die West-Berliner Untervertretung 131 erzielte das MfS 1951/52 einen Anfangserfolg[8] und schreckte die Org auf. Zur Vorbereitung eines Besuchs aus Bonn am 16. Januar 1952 hatte der westdeutsche Nachrichtendienst einen siebenseitigen Sprechzettel zur Struktur und zum Auftrag der Gruppe 50 D vorbereitet, die für die Führung der operativen Arbeit in der DDR zuständig war. Was die künftige Operationsfreiheit des Gehlen-Dienstes betraf, herrschte großer Pessimismus: »Immer dichter werden die Maschen des Netzes, das MWD, SSD, SED, Vopo usw. über die Zone geworfen haben, immer größer dementsprechend die abschreckende Wirkung. Die Tatsache, dass auf baldige Befreiung weniger denn je zu hoffen ist, die Wirkung der geschickten gesamtdeutschen Propaganda, die so offene Herzen findet; sie sind nicht zu unterschätzen als Hindernisse für die Bereitwilligkeit der Deutschen jenseits des Eisernen Vorhangs, ihr Leben aufs Spiel zu setzen. Es sind Idealisten (der Wunsch, die Lebensverhältnisse für sich zu bessern oder sich im Westen ein Sparkonto zu errichten, schliessen dies nicht aus), vorwiegend Angehörige der Kriegsgeneration oder älter – weniger ganz Junge, hier wirkt sich der Bazillus der Sowjetisierung schon in der FDJ aus!«[9] Zuvor hatte die Vortragsvorlage bereits auf die Freiwilligkeit der Arbeit eines V-Mannes hingewiesen: »Dementsprechend weiss er, dass er für sein Handeln die volle Verantwortung trägt. Dies weiß auch der fanatische und grausame Gegner und trifft in ganzer Schärfe, wenn er seiner habhaft werden kann.«[10]

Der Leiter der Untergruppe 50 D/I der Org, Konrad Kühlein (»Kühne«),[11] befürchtete Ende Februar 1953, dass aufgrund der Verschärfung der nachrichtendienstlichen Lage in Berlin »auf die Dauer mit einem Absinken des Quellenbestandes gerechnet werden« müsse und warnte: »Darüber hinaus werden von diesen Quellen nicht mehr gleichwertige Ergebnisse zu erwarten sein – aufgrund der verschärften gegnerischen Abwehr – sodass die Leistungskurve relativ stärker abfallen wird, als der Quellenbestand«. Als Gegenmaßnahme forderte er eine »Fortsetzung, Intensivierung und Lenkung der Quellenforschung, mit dem Ziel einen grossen Bestand in den ND-Kampf zu führen und unter diesem Bestand möglichst zahlreiche wertvolle und krisenfeste Quellen zu finden«, sowie den »Ausbau der Meldefestigkeit der vorhandenen Quellen, beginnend bei den wertvollen Juno-Quellen«[12], also bei den Agenten, die auch im Kriegsfall weiter aufklären sollten.

Aktionen

Ein gutes halbes Jahr später schienen sich diese Vorhersagen zu bestätigen. Nachdem Ernst Wollweber am 24. Juli 1953 wegen des vermeintlichen Versagens der DDR-Dienste im Vorfeld des Volksaufstands vom 17. Juni Wilhelm Zaisser als MfS-Chef abgelöst hatte, setzte Anfang Oktober 1953 mit der MfS-Aktion »Feuerwerk« eine konzertierte nachrichtendienstliche und propagandistische Aktion gegen westliche Nachrichtendienste und Dissidenten ein, in deren Folge es zu rund einhundert Verhaftungen kam.[13]

Da die Aktenlage des MfS in der wissenschaftlichen Literatur bereits diskutiert wurde, konzentriert sich dieser Beitrag auf die noch kaum erschlossenen Akten der Org. In ihrem Wochenbericht, der »Übersicht«, vom 19. November 1953 nahm die Org pauschal zu dieser Offensive Stellung: »Die laufenden Auseinandersetzungen zwischen östlichen und westlichen Diensten führten in den letzten Monaten zu wechselseitigen Einbrüchen und Verlusten. In diesem ständigen Kampf stehen dem Ostblock alle Möglichkeiten der Polizeistaaten, vor allem einheitlich geleitete, scharf zentralisierte und den ganzen Raum engmaschig überdeckende Abwehrapparate zur Verfügung, Möglichkeiten, die eine gute Basis für die Arbeit nach dem Westen und für die Bekämpfung seiner Nachrichtendienste geben.«[14]

Knapp einen Monat zuvor hatte man in Pullach den Beginn der groß angelegten Gegenmaßnahmen des MfS gegen die DDR-Aufklärung der Org noch relativ gelassen gesehen. Am 21. Oktober 1953 beschäftigt sich der Org-Mitarbeiter »Werff« nach der ersten großen Verhaf-

4 Vgl. Roland Wiedmann: Die Diensteinheiten des MfS 1950–1989. Eine organisatorische Übersicht, Berlin 2012, S. 42. **5** Günter Möller/Wolfgang Stuchly: Zur Spionageabwehr (HA II im MfS/Abt. II der BV), in: Reinhard Grimmer/Werner Irmler/Willi Opitz/Wolfgang Schwanitz: Die Sicherheit. Zur Abwehrarbeit des MfS Bd. 1, Berlin 2002, S. 435 f. **6** Vgl. Labrenz-Weiß: Hauptabteilung II, 1995, S. 32. **7** Vgl. NARA RG 263 Geipel, Walter. **8** Vgl. Erich Schmidt-Eenboom/Helmut Müller-Enbergs: MfS contra Organisation Gehlen: Ein beachtlicher Erfolg im Spionagekrieg 1951/52, in: Zeitschrift für Geschichtswissenschaft 63. Jg. (2015), S. 668–678. **9** Archiv Forschungsinstitut für Friedenspolitik e.V. (FF): Org: Bonner Besuch 16. 1. 1952, S. 2; Hervorhebung im Original. **10** Ebd., S. 1; Hervorhebung im Original. **11** Vgl. Heinz Felfe: Im Dienst des Gegners: 10 Jahre Moskaus Mann im BND, Hamburg 1986, S. 190. **12** Archiv FF: Org 50 D/I Az O 211/53 vom 23. 2. 1953 an Leiter 50, S. 1 f. **13** Vgl. Karl Wilhelm Fricke/Roger Engelmann: »Konzentrierte Schläge«. Staatssicherheitsaktionen und politische Prozesse in der DDR 1953–1956, Berlin 1998, S. 42–47. **14** Bundesarchiv Koblenz B 206/857: Org: Übersicht 47/53 vom 19. 11. 1953, Streng vertraulich, S. 6.

Aufsehenerregende Enthüllungen über USA-Spionagetätigkeit in der DDR

Ehemaliger stellvertretender Leiter der westberliner Agentenzentrale X/9592 berichtet auf einer Pressekonferenz

Berlin (Eig. Ber.). Aufsehenerregende Tatsachen über die verbrecherische Tätigkeit amerikanischer Spionage- und Sabotageorganisationen und ihre Verbindungen mit der Adenauer-Regierung wurden auf einer Pressekonferenz am Montag in Berlin bekanntgegeben. Der ehemalige stellvertretende Leiter der Filiale X/9592 der Spionageorganisation des Nazigenerals Gehlen, Hans-Joachim Geyer, gab in einer Erklärung Einzelheiten der gegen die Bevölkerung der Deutschen Demokratischen Republik gerichteten Schädlingsarbeit bekannt und berichtete über die Methoden, Drahtzieher und Geldgeber der Gehlen unterstehenden Spionageorganisationen.

Geyer, der um Aufnahme in der DDR bat, hat sämtliche Geheimdokumente, die sich in der westberliner Spionagedienststelle X/9592 befanden, den zuständigen Organen unserer Regierung übergeben. Diese Originaldokumente sowie Sendeanlagen amerikanischer Herkunft, Mord- und Terrorgeräte und andere Spionagematerialien standen den Journalisten in einer Ausstellung zur Einsicht zur Verfügung.

Nationalpreisträger Prof. Albert Norden, der Leiter der Pressekonferenz, appellierte in einem Schlußwort an die anwesenden Journalisten, alle friedliebenden Menschen in ganz Deutschland aufzurufen, in ihrem eigenen Interesse der Pest des faschistisch-amerikanischen Untergrundkrieges entgegenzutreten.

Auf der Pressekonferenz waren in- und ausländische Journalisten sowie Vertreter der wichtigsten Nachrichtenagenturen aus aller Welt anwesend.

Der Leiter des Presseamtes beim Ministerpräsidenten, Fritz Beyling, wies in seiner Eröffnungsansprache darauf hin, daß in letzter Zeit von den Organen der Staatssicherheit unserer Republik unter starker Mithilfe der Bevölkerung umfangreiche Gruppen von Terror- und Spionageorganisationen dingfest gemacht wurden, die im Dienste des ehemaligen Hitlergenerals Gehlen standen. Die im Zusammenhang damit geführten Untersuchungen erbrachten den Beweis, daß Gehlen über den Bonner Staatssekretär Globke direkte Verbindung zu Adenauer hat. Weitere Verbindungen bestehen zum Kaiser-Ministerium und über den ehemaligen Nazigeneraloberst Lutz zum Bonner Kriegsministerium Blank. Die aufgedeckten Tatsachen bestätigen, daß die Politik der Adenauer-Regierung untrennbar mit Mord, Brand und Terror verbunden ist. Finanziert wird die Schädlingstätigkeit unter dem Deckmantel einer „Auslandshilfe" von den USA, die bezeichnenderweise gerade in diesen Tagen dem Pentagon, d. h. dem Kriegsministerium unterstellt wurde.

Sodann gab der bis zum 29. Oktober stellvertretende Leiter der Spionagedienststelle X/9592, Hans-Joachim Geyer, eine aufsehenerregende und erschütternde Erklärung ab, die wir im Wortlaut auf Seite 3 veröffentlichen. Anschließend beantworteten Herr Geyer, Nationalpreisträger Prof. Norden und Oberst Borrmann vom Staatssekretariat für Staatssicherheit Fragen der in- und ausländischen Pressevertreter.

Wie umfassend die Organe unserer Republik über die westlichen Spionageorganisationen informiert sind, zeigten die Ausführungen von Oberst Borrmann. Er zitierte die Aussagen zahlreicher verhafteter Agenten, darunter Edgar Sommerfeld, Kienitz; Helmut Schenk, Bezirk Karl-Marx-Stadt; Metallschleifer Mütze und anderer, aus denen die Finanzierung der Schädlingstätigkeit durch die USA hervorging.

Hans-Joachim Geyer antwortete auf die Frage eines französischen Pressevertreters, daß die Agenten nicht nur von den Amerikanern finanziert und angeleitet werden, sondern auch regelmäßig von den USA-Okkupationsbehörden ausgestellte Interzonenpässe erhalten und für ihre Beförderung amerikanische Kurierflugzeuge in Westberlin zur Verfügung stehen. Seine Ausführungen wurden durch zahlreiche auf der Pressekonferenz gezeigte Dokumente erhärtet.

Im Schlußwort wies Nationalpreisträger Prof. Norden darauf hin, daß die USA ihre Schädlingsarbeit unter dem Vorwand einer angeblichen Bedrohung aus dem Osten organisieren. In Wirklichkeit fürchten sie aber die konsequente Friedenspolitik und die Politik der ständigen Hebung der Lebenshaltung der Bevölkerung in der DDR, den volksdemokratischen Ländern und der UdSSR.

„Wir senden von Ost- nach Westdeutschland die Idee der deutschen Verständigung und des Friedens". sagte Norden. „Sie aber, die Washingtoner und Bonner Regierung, senden von Westdeutschland nach Ostdeutschland Spione, Attentäter, Mörder. Wir beunruhigen Adenauer durch die Ideale der deutschen Eintracht, denen wir dienen. Adenauer hat allerdings keine Ideale zu exportieren, und darum exportiert er das Verbrechen."

Ihre Ergänzung findet die verbrecherische Schädlingsarbeit durch die offene Verfolgung der Friedenskämpfer in Westdeutschland.

Die Bevölkerung der DDR, die ihrem friedlichen Aufbauwerk nachgeht, erblickt in der feindlichen Spionage- und Sabotagetätigkeit eine Bedrohung ihrer eigenen Sicherheit und der Errungenschaften unseres Aufbaus. Sie wird mit erhöhter Wachsamkeit mithelfen, die verbrecherische Tätigkeit der USA-Imperialisten zu vereiteln. (Siehe auch S. 3.)

Im Anschluß an die Pressekonferenz hatten die Journalisten Gelegenheit, Spionagedokumente und Werkzeuge der Agenten aus ihrer verbrecherischen Tätigkeit zu besichtigen Foto: Zentralbild

Propagandabericht in der DDR-Presse zur Aktion »Feuerwerk«, in »Neues Deutschland« vom 10. November 1953, S. 1

tungswelle mit der Situation der V-Leute in zwanzig Agentengruppen, zum einen in den 17 sogenannten Hundegruppen »Bernhardiner«, »Dackel«, »Dobermann«, »Dogge«, »Hofhund«, »Jagdhund«, »Mops«, »Pekinese«, »Pinscher«, »Pudel«, »Rüde«, »Schäferhund«, »Shau-Shau«, »Spaniel«, »Spitz«, »Terrier«, »Windhund« sowie in den Gruppen »Hirsch«, »Gazelle« und »Zebra«. Von insgesamt 128 V-Leuten wurden, wie aus der Akte von Walter Richter ersichtlich wird, jedoch nur 38 namentlich genannt.[15]

»Werff« erläuterte seinem Kollegen »Lehmann« zwei Gründe, aus denen eine besondere Warnung an die gefährdeten V-Leute nicht erfolge: Einerseits sei dies unnötig, weil die Betroffenen durch das Rundsprechverfahren und die DDR-Presse ausreichend gewarnt seien, andererseits sei es unmöglich, weil die Kuriere verhaftet werden könnten. Noch deutlicher war seine Absage an die weitergehende Lösung eines Herausziehens der Agenten aus dem Operationsgebiet. Das sei völlig indiskutabel, weil »1.) die erforderlichen Gelder von Ihnen nie zur Verfügung gestellt würden (der monatliche Unterstützungsbeitrag für diese V-Leute und ihre Familienangehörigen würde sich auf circa 250.000,- DM belaufen); hinzu käme die Schaffung neuer Existenzen, was bei der Menge ein Millionenprojekt wäre; 2.) die Abwanderung einer solchen Menge von Familien aus einem Raume (die Hundegruppen liegen eng beieinander) unter den Augen des SSD [Staatssicherheitsdienst, d. Verf.] gar nicht durchführbar ist, der Übergang über die Zonengrenze nicht gelingen würde und die Flüchtlingsanerkennung bestimmt nicht klargehen würde«.[16]

Der Org-Mitarbeiter vermutete, dass eine noch größere Anzahl an Agenten aus den »Hundegruppen« verhaftet worden sei als seinerzeit bekannt. Für ihre Zukunft gab er sich jedoch optimistisch. Die Verhaftungen stünden in keinem Zusammenhang mit der Org, das MfS arbeite Listen ehemaliger Offiziere, von Mitgliedern des »Stahlhelm«, Angehörigen der Ost-CDU und von Bauern ab, sodass ein Teil der Verhafteten in absehbarer Zeit wieder auf freiem Fuß sein werde.

Analysen der Org

Anfang 1954 wurde in der Org dann die 24-seitige Analyse »Die östliche Kampagne gegen die ›Organisation Gehlen‹« erarbeitet, die den Ablauf der DDR-Maßnahmen und ihre Sicht der herausragenden Einzelfälle bis zum 4. Januar 1954 widerspiegelte.[17] Noch vor der Chronologie – »1. 11. 1953 Erste Veröffentlichungen über Zerschlagung von Agentengruppen des ›Gehlen-Dienstes‹« bis »21. 12. 1953 Urteilsverkündung im Ost-Berliner Schauprozess« – betonte das Papier, dass sich Ende Oktober 1953 unter 98 Verhafteten nur 14 Agenten der Org befanden, während ab Anfang November eine Schwerpunktverlagerung auf den von Ernst Wollweber so apostrophierten »Hauptgegner« in Pullach zu verzeichnen war.[18]

Ausführlich betrachtet die Studie die herausragenden Fälle, zunächst den von Hans-Joachim Geyer, der sich als Doppelagent für das MfS (dort als »Grell« bezeichnet) am 29. Oktober 1953 nach Ost-Berlin abgesetzt und dort am 9. November auf einer Pressekonferenz Geheimdokumente der West-Berliner Org-Filiale X-9592 ausgebreitet hatte.[19] In dieser Org-Filiale arbeiteten nun noch deren Leiter, der ehemalige Abwehr-Offizier Hübner (»Paulberg«) und dessen Ehefrau. Der Filiale unterstanden vier V-Mann-Führer: »Ahrends« aus dem Stadtbezirk Wilmersdorf, »Hermann« aus Charlottenburg, »Möser« aus Steglitz und »Oertel« aus Wilmersdorf, Letzterer im Juli 1953 ersetzt durch »Kreuder«.[20] Die Schadensanalyse der Org sah es

15 In der Gruppe »Gazelle«: Wallrabe, Rudolf (V-Nr. 401), Wilhelm, Ernst (V-Nr. 402), Wilhelm, Johann (V-Nr. 409), Zocher, Herbert (V-Nr. 418), Zschosche, Rudolf (V-Nr. 444), Polster, Gottfried (V-Nr. 451), Bergner (V-Nr. 604), Richter, Walter (V-Nr. 721), Vogel, Franz (V-Nr. 728), Wittig (V-Nr. 732) und Claus, Martin (V-Nr. 411). In der Gruppe »Zebra«: Zuschke, Max (V-Nr. 474), Preusser, Kurt (V-Nr. 494), Upert, Erhardt (V-Nr. 420) und Starke, Rudolf (V-Nr. 437). In der Gruppe »Windhund«: Haupt-V-Mann Barth, Gerhard (V-Nr. 608), Lommatzsch, Alfred (V-Nr. 471), Wieland, Richard (V-Nr. 472), Neukirch, Alfred (V-Nr. 473), Keip, Hans (V-Nr. 475), Schneider, Hans (V-Nr. 476), Kost, Hugo (V-Nr. 477), Käsberg, Erwin (V-Nr. 478) und Schlechte, Herbert (V-Nr. 479). In der Gruppe »Schäferhund«: Haupt-V-Mann Hiemisch, Hellmut (V-Nr. 392), nach West-Berlin geflüchtet, Paul, Erhardt (V-Nr. 458), Werkmeister, Joachim (V-Nr. 460) und Biedermann, Kurt (V-Nr. 462). In der Gruppe »Jagdhund«: Haupt-V-Mann Schmidt, Paul (V-Nr. 434), Eulitz, Artur (V-Nr. 442), Buchheim, Martin (V-Nr. 435), Schwerin, Otto (V-Nr. 440), Beyreuther, Alfred (V-Nr. 441), Schäffer (V-Nr. 446) und Haupt-V-Mann Blauert, Johannes (V-Nr. 391), am 11. 8. 1953 verhaftet. In der Gruppe »Dogge«: Zimmermann, Kurt (V-Nr. 436), Arlt, Willy (V-Nr. 438) und Nietzsche, Kurt (V-Nr. 433); vgl. NARA RG 263 Richter, Walter. **16** Org Werff an Lehmann vom 21. 10. 1953; Hervorhebung im Original, NARA RG 263 Richter, Walter. **17** Vgl. Archiv FF: Org: Die östliche Kampagne gegen die »Organisation Gehlen«, Pullach, Januar 1954. **18** Vgl. ebd., S. 2 f. **19** Vgl. Uwe Backes: Extremismus und Totalitarismus im Kalten Krieg. Das östliche und das westliche Deutschland in der Etablierungsphase, in: Andreas Kötzing/Mike Schmeitzner/Jan Erik Schulte/Francesca Weil (Hrsg.): Vergleich als Herausforderung. Festschrift zum 65. Geburtstag von Günther Heydemann, Göttingen 2015, S. 239–270, hier 252. **20** Vgl. Archiv FF: Ministerium für Staatssicherheit: Zeugenvernehmung Hans-Joachim Geyer 7. 12. 1953, S. 8.

Pressekonferenz des Presseamts beim Ministerpräsidenten, in der Hans-Joachim Geyer die Journalisten über die Arbeit und die Auftraggeber der westlichen Agenten- und Spionagezentralen informierte, 9. November 1953

als erwiesen an, dass Geyer Monate zuvor bei einer Forschungsaktion (wie die Rekrutierungsbemühungen bei der Org hießen) vom MfS gestellt und unter Druck umgedreht worden war. Mit seinem Abtauchen in der DDR waren sechs V-Leute erkanntermaßen verhaftet worden, von einigen weiteren gab es keine Spur. Die Org hielt fest, dass er zwar nicht, wie behauptet, stellvertretender Filialleiter gewesen war, sich aber dennoch einen kleineren Teil des Originalmaterials hatte aneignen können.[21] Er »lieferte der Staatssicherheit hochkarätige Informationen und unzählige Materialien. Die Zufriedenheit seiner Auftraggeber war so groß, daß er im September 1953 als ›Anerkennung‹ die damals astronomische Summe von 10.000 DM zugesprochen bekam«[22], schrieben Karl Wilhelm Fricke und Roger Engelmann 1998 und verdeutlichten damit, dass die Org den Schaden kleingeredet hatte.

Die zweite Fallanalyse der Org betraf den Major a. D. Werner Haase (»Fritz Heister«), Leiter der Org-Filiale 120a.[23] Er war bei dem Versuch, in der Nacht vom 13. auf den 14. Dezember 1953 ein Telefonkabel mithilfe eines Spielzeugdampfers an das andere Ufer des Heidekampgrabens in Ost-Berlin zu verlegen, zusammen mit seinem V-Mann Heinze von West-Berliner Gebiet aus entführt worden. Das Telefonkabel, eine »Schleuse in Form einer selbstverlegten oder illegal ausgenutzten grenzüberschreitenden Fernmeldeleitung, mit deren Hilfe eigene nachrichtendienstliche Informationen übermittelt werden«[24], sollte die immer gefährlicher werdenden Kurierbewegungen zu den V-Leuten in Ost-Berlin überflüssig machen. Haases auf der Ostseite eingesetzter V-Mann »Beutel« hatte sich dem MfS kurz vor dieser seit September geplanten, nun aber eigenmächtig vorgezogenen Operation offenbart und so den Zugriff ermöglicht. »Durch sofortige Auslösung der Alarmmaßnahmen gelang es auch in diesem Falle, einige V-Leute, von denen HAASE Kenntnis haben musste, aus der Ostzone herauszuziehen. Die Verluste blieben daher auch in diesem Falle auf ganz wenige V-Leute beschränkt«[25], hielt die Org-Analyse fest.

Am 18. Dezember 1953 landete Haase mit sechs weiteren Org-Agenten vor dem Obersten Gericht der DDR. Als Zeugen dienten die Doppelagenten Geyer und Wolfgang Höher.[26] Der zu lebenslanger Haft verurteilte Haase wurde bereits 1957 ausgetauscht, laut dem ehemaligen Bundesnachrichtendienst (BND)-Referatsleiter Waldemar Markwardt gegen Ule Lammert. Dieser war ein persönlicher Freund von Markus Wolf, dem Chef der Hauptverwaltung Aufklärung des MfS (des Auslandsnachrichtendienstes der DDR), den Tausch habe Gehlen selbst eingefädelt.[27]

In Gehlens Memoiren wird Haase als »besonders zuverlässiger, einsatzfreudiger und ideenreicher Mitarbeiter« gelobt. Er sei in zahlreichen Vernehmungen vor und während des Prozesses zu Aussagen über Vorgänge gezwungen worden, die ihm in seiner begrenzten nachrichtendienstlichen Tätigkeit überhaupt nicht zur Kenntnis gelangt sein konnten. Haase habe es verstanden, »seine Aussagen bewußt so zu formulieren, daß der Gegner in vielen Punkten getäuscht wurde«[28]. Die Schadensanalyse der Org vom Januar 1954 ist in diesen Punkten wie auch im Fall von Geyer nahezu wortgleich formuliert. Gehlen muss beim Abfassen seiner Erinnerungen auf dieses Dokument zurückgegriffen haben.

Überzogen hatte das MfS mit der Bekanntgabe von neuen Verhaftungen von drei »Mitgliedern des GEHLEN-Dienstes« am 17. November 1953. Tatsächlich waren Alfred Weigel, Lustig und Schulz bereits im Januar 1952 als Agenten der Kampfgruppe gegen Unmenschlichkeit (KgU) festgenommen und der Planung von Sabotageakten im Raum Warnemünde beschuldigt worden.[29] Die Org unterrichtete nicht nur die zuständigen Stellen. Auch »ein kleiner Kreis von Presse-Verbindungen« wurde eingeschaltet. Als Erfolg konnte man in Pullach dann verbuchen, dass einige westdeutsche Zeitungen die Verlautbarungen der DDR, was geplante Anschläge betraf, als »plumpe Fälschungen« entlarvten.[30]

---

21 Vgl. Die östliche Kampagne, 1954, S. 7 ff. **22** Fricke/Engelmann: »Konzentrierte Schläge«, 1998, S. 44. **23** Vgl. Norbert F. Pötzl: Mission Freiheit – Wolfgang Vogel. Anwalt der deutsch-deutschen Geschichte, München 2014. **24** Vgl. Archiv FF: BND, ND-BEGRIFFSBESTIMMUNGEN für den BUNDESNACHRICHTENDIENST, Pullach 1974, S. 18. **25** Die östliche Kampagne, 1954, S. 11. **26** Vgl. Helmut Wagner: Schöne Grüße aus Pullach, Berlin 2000, S. 23–25. **27** Vgl. Waldemar Markwardt: Erlebter BND. Kritisches Plädoyer eines Insiders, Berlin 1996, S. 342 f. **28** Reinhard Gehlen: Der Dienst. Erinnerungen 1942–1971, Mainz 1971, S. 194. **29** Vgl. Enrico Heitzer: Die Kampfgruppe gegen Unmenschlichkeit (KgU). Widerstand und Spionage im Kalten Krieg 1948–1959, Köln 2015. **30** Vgl. Die östliche Kampagne, 1954, S. 13 f. Das Org-Papier erwähnt auch einen gescheiterten Versuch des MfS, ihren V-Mann-Führer Schmitt am 14. November 1953 über dessen dazu gepresste Ehefrau in den Osten Berlins zu locken. Zu dieser Person liegen keine weiteren Informationen vor und sie schlägt auch nicht in dem umfangreichen Standardwerk zu diesem Thema auf. Vgl. Susanne Muhle: Auftrag: Menschenraub. Entführungen von Westberlinern und Bundesbürgern durch das Ministerium für Staatssicherheit der DDR, Göttingen 2015.

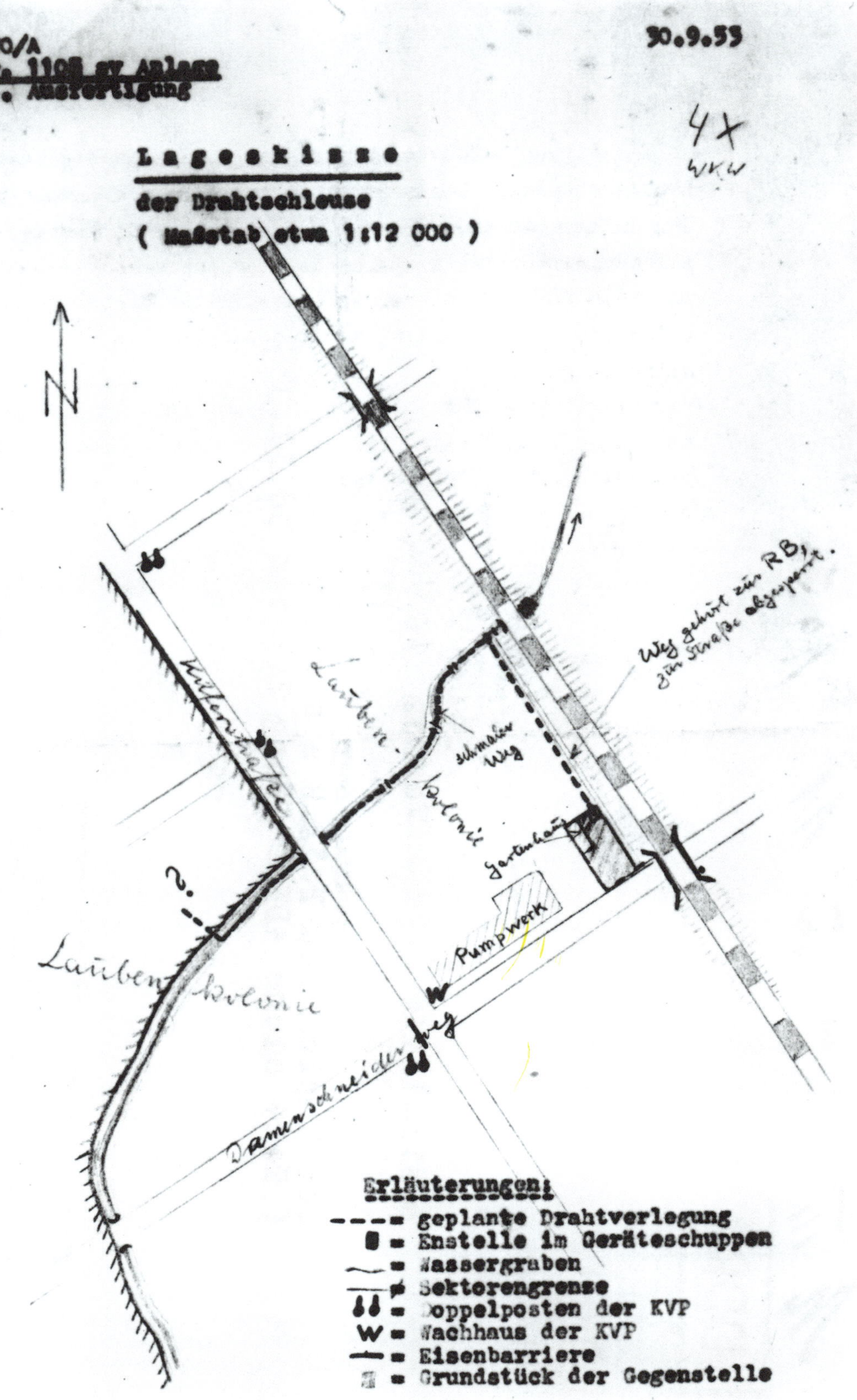
120/A
Nr. 1108 zu Anlage
5. Ausfertigung
30.9.53
4X
WKW
Lageskizze
der Drahtschleuse
(Maßstab etwa 1:12 000)
N
Weg gehört zur RB, zur Straße abgesperrt.
Lauben-Kolonie
schmaler Weg
Gartenhaus
Pumpwerk
W
Lauben-Kolonie
Damenschneiderweg
Erläuterungen:
= geplante Drahtverlegung
= Enstelle im Geräteschuppen
= Wassergraben
= Sektorengrenze
= Doppelposten der KVP
W = Wachhaus der KVP
= Eisenbarriere
= Grundstück der Gegenstelle

Die dritte große Fallbetrachtung widmet sich dem Major a. D. Wolfgang Paul Höher, »ein gut beurteilter eigener V-Mann-Führer«, der »nach eingehenden Ermittlungen der West-Berliner Polizei [...] in einem Lokal am Wittenberg-Platz in West-Berlin mit Hilfe von Narkotika kampfunfähig gemacht und in den Sowjetsektor verschleppt worden« und »bereits am 13. 2. 53 in die Hand des sowjetischen Geheimdienstes gefallen«[31] war, statt – wie der Deutschlandsender des DDR-Rundfunks am 26. November verbreitet hatte – ein gerade erst festgenommener Gehlen-Agent zu sein. Vom MWD in der Haft umgedreht, ging Höher straffrei aus, diente in einigen Spionageprozessen als sachverständiger Zeuge und arbeitete bis 1958 in Leipzig für den sowjetischen Nachrichtendienst.[32]

Gehlen bestritt in seinen Memoiren die Entführungsversion, die seinem Dienst nur zugespielt worden sei. Vielmehr sei alsbald klar geworden, dass Höher vom SSD abgezogen worden war, um seiner Enttarnung als Doppelagent vorzubeugen.[33] »Die Autoren ließen aufschlußreiche MfS-Akten unberücksichtigt«[34], kritisierte Susanne Muhle 2015 die Übernahme des Gehlen-Statements in einer Publikation aus dem Jahr 2002. Doch Gehlen hatte sein Urteil nicht aus dem hohlen Bauch gefällt, sondern konnte sich auf Erkenntnisse des US-Partnerdienstes stützen. Von einer sehr sensiblen Quelle des US-Militärnachrichtendienstes Counter Intelligence Corps (CIC) hatte die Central Inteligence Agency (CIA) erfahren, dass Höher gesagt habe, er sei im Februar 1953 nicht entführt worden, sondern freiwillig in die DDR gegangen. Am 5. April 1956 wurde diese Information vom Stuttgarter Büro des US-amerikanischen Dienstes aus an den Direktor der CIA in die USA gekabelt.[35] Zudem hatte die Org Höhers Ehefrau, die ab 1953 sowohl ihren Mann als auch die KGB-Station in Ost-Berlin besuchte, umfänglich vernommen und ihr den Vorschlag des sowjetischen Dienstes zum Übertritt in den Osten ausgeredet. Dass Gehlen persönlich in diese Maßnahmen involviert war, teilte der Leiter der Pullacher CIA-Station ihrer Filiale in Berlin im März 1954 mit.[36]

In der »Eigenen Stellungnahme« der Org mischten sich im Januar 1954 Verwunderung über das Vorgehen des SSD und eine Analyse der Gründe für dessen ungewöhnliche Aktionen: »a) Die öffentliche Bekanntgabe derart zahlreicher Einzelheiten über einen gegnerischen Nachrichtendienst stellt ein Novum in der Geschichte nachrichtendienstlicher Auseinandersetzungen dar. Normalerweise gibt kein Nachrichtendienst seine mühsam zusammengetragenen und sorgsam gehüteten Erkenntnisse freiwillig preis, weil er dadurch nicht nur seine eigenen III-F-Operationen [Gegenspionage] gefährdet bzw. lahmlegt, sondern vor allem dem gegnerischen Nachrichtendienst in die Hände spielt. b) Dass der SSD bisher nicht gebräuchliche Mittel gegen die eigene [sic!] Org. einsetzt, beweist am besten, dass die Kampagne gegen die Org. ein reines Politikum darstellt. Der Gegner will mit derartigen Veröffentlichungen die ihm gefährliche eigene Org. entscheidend treffen und die Übernahme der Org. in die Verantwort-

◄ Lageskizze zum Fall Haase, 1953

31 Die östliche Kampagne, 1954, S. 14 f. Vgl. auch Bernd Stöver: Die Befreiung vom Kommunismus. Amerikanische Liberation Policy im Kalten Krieg 1947–1991. Köln 2002, S. 556. **32** Vgl. Fricke/Engelmann: »Konzentrierte Schläge«, 1998, S. 120–129. **33** Vgl. Gehlen: Der Dienst, 1971, S. 195 f. **34** Muhle: Menschenraub, 2015, S. 262. Der Anwurf richtete sich gegen das Buch Peter F. Müller/Michael Mueller/Erich Schmidt-Eenboom: Gegen Freund und Feind, Reinbek 2002. **35** Vgl. FROM STUTTGART TO DIRECTOR vom 5. 4. 1956 HOEHER, Wolfgang, NARA RG 263 Hoeher, Wolfgang Volume 2. **36** Vgl. Chief of Base, Pullach an Chief of Base, Berlin vom 31. 3. 1954 Operational Elfriede PAPPROTTA, NARA RG 263 Hoeher, Wolfgang Volume 2.

In den bei mir beschlagnahmten Unterlagen befindet sich die Durchschrift eines Berichtes, der Anfang Februar 1953 an die Generalvertretung [illegible] geschickt wurde. In diesem Bericht wird eine Anweisung obengenannter Generalvertretung unter der Nummer 7445 v. 18 Dezember 1952 genannt. Nach dieser Anweisung sollte die Aufklärungstätigkeit gegen die französische Vertreter in Berlin durchgeführt werden und zwar speziell gegen den Vertreter der "Agence France Presse" in Berlin RAVOUX und dessen Verbindungen.

Die Ergebnisse meiner Aufklärungsarbeit hinsichtlich RAVOUX und dessen Verbindungen laut oben genannter Anweisung wurden in meinen Bericht vom Februar 1953 an die Generalvertretung niedergelegt.

Durch meine langjährige Tätigkeit ist mir auch bekannt, daß die nachrichtendienstliche Tätigkeit der 'Organisation Gehlen' gegen die DDR, die Volksdemokratien und die Sowjetunion und somit auch gegen Frankreich von den Amerikanern kontrolliert und gelenkt wird.

Diese Aussagen sind von mir persönlich niedergeschrieben worden und werden durch meine Unterschrift bestätigt.

Wolfgang Höher

lichkeit der Bundesregierung verhindern.«[37] Im Fall von Höher, dem forcierte Spionagepläne der Org gegen Frankreich in den Mund gelegt worden waren, sah der Pullacher Bearbeiter eine weitere Stoßrichtung in dem Bemühen des MfS, in die Debatten um eine Europäische Verteidigungsgemeinschaft (EVG) einzugreifen, »nicht nur die laufenden EVG-Verhandlungen zu stören, sondern auch das französisch-deutsche Verhältnis durch Falschmeldungen zu vergiften«[38].

Gleiches mit Gleichem vergelten wollte die Org jedoch nicht. Sie verfügte zwar über »etwa 5000 Einzelangaben über Namen, Adressen usw.« von MfS-Mitarbeitern, wollte der Gegenseite jedoch nicht den Gefallen erweisen, »ihrerseits solches Material im einzelnen zu publizieren«.[39] Abschließend sah der Pullacher Bearbeiter die Gefahr, dass weitere Verhaftungen und Propagandaartikel in Vorbereitung sein könnten. Trösten konnte er sich allerdings mit der Tatsache, dass die westdeutschen Medien, auch infolge der publizistischen Gegensteuerung der Org, den Falschmeldungen nicht aufgesessen waren: »Wie festgestellt werden konnte, haben es zahlreiche Presseorgane der Bundesrepublik in den letzten Wochen nach anfänglicher Bereitschaft abgelehnt, ostzonale oder eingeschleuste Verlautbarungen ohne Nachprüfung zu übernehmen und sich damit in die ›WOLLWEBER-Aktionen‹ einspannen zu lassen. Es kann vermutet werden, dass sich – auch aufgrund eigener Unterrichtungen – die zunehmend verständnisvolle und verantwortungsbewusste Einstellung des größeren Teils der westdeutschen Presse zukünftig noch verstärkt.«[40]

Der »Spiegel« konnte im Januar 1954 mit seiner Titelgeschichte »Des Kanzlers lieber General« mit Berichten über einige Erfolge der Org in der DDR aufwarten. Zunächst zog das Hamburger Magazin jedoch die vom MfS lancierte Darstellung der Fälle Geyer und Haase in Zweifel, bevor es die Verluste an V-Männern exkulpierte: »Immer wieder überschwemmt Wollweber die Presse mit Berichten über solche Fälle, die im Agenten-Alltag unvermeidlich sind.«[41]

Pleite in Polen

Verluste gab es für die Org nicht nur in der DDR, sondern zur gleichen Zeit auch in Polen. Anfang Dezember 1953 kam es zu einem Prozess vor dem Militärgericht in Stettin gegen die V-Leute der Org Heinz Landvoigt (Todesurteil), Adolf Machura (Todesurteil) und Konrad Wruck (Zuchthaus, lebenslang). Die »Eigene Stellungnahme« kam zu dem ernüchternden Ergebnis: »Der bedauerliche Verlust von LANDVOIGT, WRUCK und MACHURA [...] liegt im normalen Rahmen derartiger Ausfälle bei den bekannt schwierigen Operationen im polnischen Raum.«[42]

◄ Auszug aus dem Vernehmungsprotokoll Wolfgang Höhers, 27. November 1953

37 Die östliche Kampagne, 1954, S. 18. **38** Ebd., S. 16. **39** Ebd., S. 19. **40** Ebd., S. 24. **41** Des Kanzlers lieber General, in: Der Spiegel 1/1954, S. 21. **42** Die östliche Kampagne, 1954, S. 17.

Aktion »Pfeil«

Am 2. August 1954 führte die zweite Großoperation »Pfeil« zur Verhaftung von insgesamt 665 Personen, von denen das MfS 277 der Org zugerechnet hatte. Die dritte Operation »Blitz« richtete sich ab November 1954 überwiegend gegen »Untergrundbewegungen« und betraf die Org nur am Rande.[43] Zugleich musste Pullach 1954 zwei weitere Abgänge hinnehmen. Gerhard Kapahnke war 1953 zum stellvertretenden Leiter der Filiale K der West-Berliner Untervertretung 1600 aufgestiegen, es zeigte sich aber später, dass er nach 1946 Agent des sowjetischen Nachrichtendienstes in der Org geworden war. Am 27. April 1954 ging er nach Ost-Berlin, spielte den reumütigen Überläufer und trat ab dem Sommer 1954 vielfach als Zeuge bei Spionageprozessen in Ost-Berlin auf.[44] Gerhard Prather, Doppelagent für das MfS in der Untervertretung 60 der Bezirksvertretung 80 der Org, lief im Sommer 1954 nach Ost-Berlin über.[45]

Schluss

Am 4. Oktober 1954 verlautbarte DDR-Staatssekretär Albert Norden, bis zu diesem Zeitpunkt seien 547 Agenten der Org enttarnt und verhaftet worden. Die Angaben des MfS über den Anteil von Gehlen-Agenten an den Festnahmen lagen deutlich zu hoch, Nordens Zahlen waren aus propagandistischen Gründen massiv übertrieben. Als Erich Mielke am 15. April 1955 vor dem 23. Plenum des Zentralkomitees der SED seine Bilanz der Operationen der Staatssicherheit zog, führte er aus, dass unter 521 Verhaftungen einhundert Agenten der Org und des Amtes Blank gewesen seien,[46] und nannte damit wohl eine realistische Zahl. Die Unabhängige Historikerkommission zur Erforschung der Geschichte des Bundesnachrichtendienstes 1945–1968 wird 2016/17 voraussichtlich genauere Angaben publizieren.

Anfang 1952 hatte die Org noch über etwa 450 V-Leute in der DDR verfügt, sowohl Eindringquellen vom Heizer in der Kaserne bis zum Volkspolizisten als auch Außenbeobachter vornehmlich in der Nähe militärischer Objekte.[47] Der Gehlen-Apparat hatte damit etwa zwanzig Prozent seines ausgebildeten Quellenbestandes verloren, darunter auch einige Spitzenquellen.

Reinhard Gehlen konstatierte in seinen Memoiren: »Der Dienst war nicht zerschlagen – meine Mitarbeiter und ich hatten vielmehr aus den Veröffentlichungen und Verlautbarungen in vielen Fällen nachrichtendienstlichen Nutzen ziehen, schwache Stellen erkennen, bisherige Fehler abstellen und die Sicherheitsmaßnahmen ständig verbessern können. Die Stimmung unter den V-Leuten in den Operationsgebieten blieb gut; standhaft und entschlossen setzten sie in der überwiegenden Mehrheit ihre Arbeit fort, unbeeindruckt von der östlichen Propaganda und Hetze.«[48] Zerschlagen war die DDR-Arbeit der Org durch die »konzentrierten Schläge« des MfS zwar nicht, aber angeschlagen. Die Abwehrerfolge des MfS der Jahre 1953/54 waren jedoch der Anfang vom Ende einer bis dahin recht erfolgreichen, von Pullach aus gesteuerten DDR-Aufklärung, die ihren endgültigen Niedergang erst ab August 1961 durch den Bau der Mauer erfuhr.

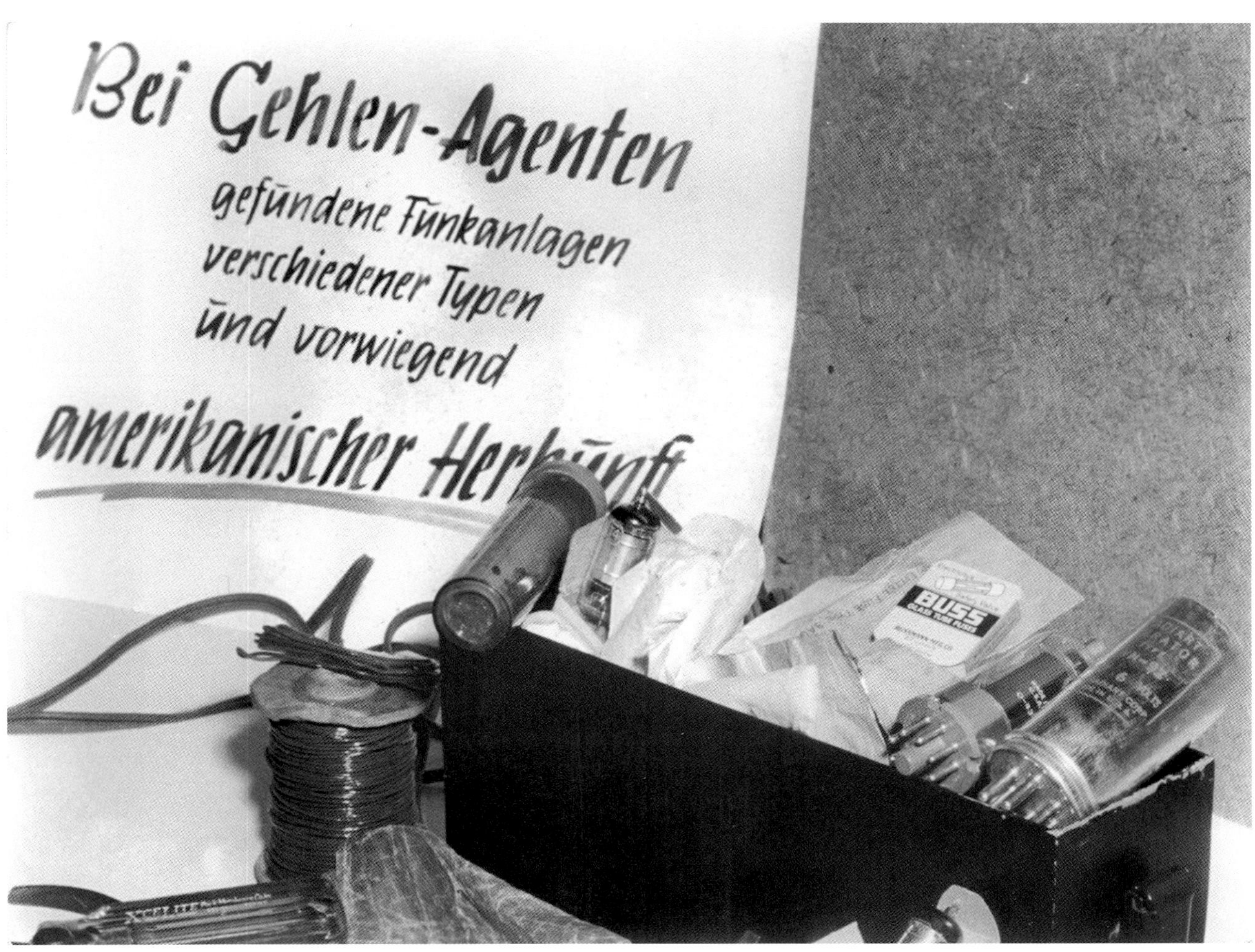

Ausgestelltes Spionagematerial westlicher Agenten während einer Pressekonferenz, 4. Oktober 1954

Bekanntlich haben die »konzentrierten Schläge« die Übernahme der Org als BND nicht verhindert, wohl aber verzögert, wie Gehlen in seinen Erinnerungen selbst einräumt: »Die Angriffe aus dem Osten sowie die ›Pannen‹, die wir im Jahre 1953 hinnehmen mussten und gegen die kein Nachrichtendienst der Welt gefeit ist, mögen innerhalb der politisch interessierten westdeutschen Öffentlichkeit und wohl auch bei einigen Bundestagsabgeordneten vorübergehende Bedenken geweckt haben, ob die Organisation ihrem Ruf gerecht werden und mit der Übernahme ihre Aufgaben als ein schlagkräftiges Instrument der Bundesrepublik erfüllen könne.«[49]

43 Vgl. Fricke/Engelmann: »Konzentrierte Schläge«, 1998, S. 49, 52. **44** Vgl. ebd., S. 136. Zolling und Höhne hatten ihn bereits 1971 als Doppelagenten des SSD eingeordnet, vgl. Hermann Zolling/Heinz Höhne: Pullach intern. General Gehlen und die Geschichte des Bundesnachrichtendienstes, Hamburg 1971, S. 261. **45** Vgl. Zolling/Höhne: Pullach intern, 1971, S. 261 und Fricke/Engelmann: »Konzentrierte Schläge«, 1998, S. 136. **46** Vgl. Redebeitrag Erich Mielke auf dem 23. Plenum des Zentralkomitees der SED am 14. 4. 1955, in Auszügen abgedruckt bei Fricke/Engelmann: »Konzentrierte Schläge«, 1998, S. 328–332. **47** Vgl. Archiv FF: Org, Bonner Besuch, S. 4 f.; Armin Wagner/Matthias Uhl: BND contra Sowjetarmee. Westdeutsche Militärspionage in der DDR, Berlin 2007, S. 29–35. **48** Gehlen: Der Dienst, 1971, S. 205. **49** Ebd., S. 207.

BUTOR

DER WESTDEUTSCHE NACHRICHTENDIENST UND OSTEUROPA

Politik und Nachrichtendienst im Kalten Krieg[1]

Für alle westlichen Länder war im Kalten Krieg der 1940er- und 1950er-Jahre die Informationsbeschaffung über osteuropäische Staaten von großer Bedeutung. Die strikte Abschottungspolitik der Sowjetunion spiegelte sich in Wachstum und weiten Zuständigkeiten der sozialistischen Sicherheitsdienste wider. Im sowjetischen Machtbereich avancierte der »imperialistische«, ausländische »Spion« zum Feindbild schlechthin. Er wurde mit allen Mitteln bekämpft. Die Drehbücher der politischen Schauprozesse, beispielsweise gegen László Rajk in Budapest oder gegen Rudolf Slánský in Prag, beschrieben vermeintliche Machenschaften westlicher Geheimdienste in aller Ausführlichkeit. Parallel hierzu fahndeten der sowjetische Sicherheitsdienst und seine Gehilfen unermüdlich nach »Verrätern« in der Gesamtbevölkerung, die dann in Geheimprozessen verurteilt wurden. Medien unterlagen der Zensur und vermittelten der Außenwelt nur das, was im Interesse der Machthaber lag. Oft genug handelte es sich bei diesen Nachrichten um gezielte, mehr oder weniger geschickte Fehl- und Desinformationen.

◄ Leiche eines sowjetischen Soldaten nach den Straßenkämpfen zwischen den Aufständischen und der Sowjetarmee, Oktober/November 1956

Amtliche grenzüberschreitende Kontakte blieben auf ein Minimum begrenzt. Der »Eiserne Vorhang« war nahezu undurchdringlich. Die junge Bundesrepublik verfügte nicht einmal über diplomatische Vertretungen in Osteuropa. Ohnehin sah sich die Bundesregierung in ihren Außenbeziehungen mit besonderen Problemen konfrontiert. Die Teilung Deutschlands war der

1 In diesem Beitrag geht es um die Aktivitäten von Org und BND im sowjetischen Macht- und Einflussbereich Europas außerhalb der SBZ/DDR. Vgl. hierzu den Beitrag von Eva Jobs in diesem Band.
Anstelle detaillierter Literatur- und Quellenachweise sei hier pauschal auf die anstehenden Veröffentlichungen im Rahmen der UHK/BND verwiesen, auf denen dieser Beitrag beruht: Andreas Hilger: Der Blick durch den Eisernen Vorhang. Der westdeutsche Nachrichtendienst und der »Sowjet-Kommunismus« 1945–1968, in: Wolfgang Krieger (Hrsg.): Die Auslandsaufklärung von Org und BND, Berlin 2017; Andreas Hilger/Sabrina Nowack: Die BND-Spionage in Südosteuropa 1956–1968. Personal, Sicherheit, Operationen. Eine Fallstudie, ebd. Dazu vgl. grundsätzlich die Dokumentationen Kevin C. Ruffner (Hrsg.): Forging an Intelligence Partnership: CIA and the Origins of the BND, 1945–49. A documentary history, 2 Bde., Washington, D.C. 1999; Kevin C. Ruffner (Hrsg.): Forging an Intelligence Partnership. CIA and the Origins of the BND, 1949–56. A documentary history, 2 Bde., Washington, D. C. 2006.
Die Forschungslage zu Org und BND ist überschaubar. Frühere Arbeiten konnten nahezu keine Dokumente deutscher Provenienz nutzen, vgl. exemplarisch Hermann Zolling/Heinz Höhne: Pullach intern. General Gehlen und die Geschichte des Bundesnachrichtendienstes, Hamburg 1971; Peter F. Müller/Michael Mueller/Erich Schmidt-Eenboom: Gegen Freund und Feind. Der BND: Geheime Politik und schmutzige Geschäfte, Reinbek 2002.
An neueren Arbeiten vgl. Andreas Hilger/Armin Müller: »Das ist kein Gerücht, sondern echt«. Der BND und der »Prager Frühling« 1968, Marburg 2014; Wolfgang Krieger: German-American Intelligence Relations, 1945–1956: New Evidence on the Origins of the BND, in: Diplomacy & Statecraft 22 (2011), S. 28–43; Armin Wagner/Matthias Uhl: BND contra Sowjetarmee. Westdeutsche Militärspionage in der DDR, Lizenzausgabe Bonn 2007; Jens Wegener: Die Organisation Gehlen und die USA. Deutsch-amerikanische Geheimdienstbeziehungen 1945–1949, Münster 2008.

Bezugspunkt ihrer Außenpolitik schlechthin. Darüber hinaus hatten in den internationalen Beziehungen der Bundesrepublik die westlichen Siegermächte ein gewichtiges Wort mitzureden. Die UdSSR erklärte den Kriegszustand mit Deutschland erst am 25. Januar 1955 für beendet. Die Aufnahme der diplomatischen Beziehungen zwischen der Sowjetunion und der Bundesrepublik Deutschland brachte hinsichtlich der Verbindung Westdeutschlands zu Osteuropa keine unmittelbar spürbaren Verbesserungen mit sich, im Gegenteil. Indem die Bundesregierung mit der »Hallstein-Doktrin« ihren Alleinvertretungsanspruch bekräftigte[2], stellte sie für die nächsten Jahre indirekt sicher, dass es zu keinem intensiven Austausch mit den osteuropäischen Staaten kommen würde. Diese wurden, mit Ausnahme der UdSSR, wegen ihrer Anerkennung der DDR von der bundesdeutschen Regierung mit Nichtachtung gestraft. Auch auf sowjetischer Seite blieb die diplomatische Annäherung zunächst ohne Auswirkungen auf eigene Wahrnehmungsmuster und Feindbilder. 1956 waren etwa die Regierung der UdSSR und der Geheimdienst KGB davon überzeugt, dass in der ungarischen Revolution westliche Geheimdienste einschließlich Pullacher Agenten ihr dunkles Spiel spielten.[3]

Die schwierigen politischen Rahmenbedingungen hatten Auswirkungen auf die Arbeitsmöglichkeiten des westdeutschen Nachrichtendienstes. Es gehörte zu den Besonderheiten der Organisation Gehlen (Org), dass sie unter amerikanischer Hoheit entstanden und zunächst für die USA tätig gewesen war. Die Bundesregierung übernahm die in Pullach angesiedelte Org nach einer längeren Vorbereitungsphase 1956 als Bundesnachrichtendienst (BND) in ihre Verantwortung. In Bonn wie in Pullach ging man davon aus, dass der BND seine Informationsbe-

◄
Nach der Stürmung der russischen Buchhandlung »Horizonte« in der Váci utca werden Bilder und Bücher verbrannt, Budapest, Oktober 1956

►
Der Kopf des Stalin-Denkmals auf einer Straße in Budapest, nachdem Demonstranten das Denkmal am 23. Oktober 1956 gestürzt und den Kopf über drei Kilometer ins Stadtzentrum geschleift haben, 31. Oktober 1956

schaffung thematisch und regional wesentlich erweitern müsse. Auch in der NATO wurde erwartet, dass sich die Spione des neuen westdeutschen Partners noch intensiver insbesondere an der Aufklärung Osteuropas beteiligten.

Bei dem ab 1956 anstehenden Ausbau des BND wurden bisherige Arbeitsmethoden und -ergebnisse diskutiert, um die weitere Tätigkeit auf globaler Bühne gegebenenfalls zu optimieren. Dabei konnte noch 1956 die Ergiebigkeit übernommener Strukturen und Operationen anhand einzelner Krisen in Osteuropa (und Nahost) überprüft werden. Nach Unruhen in Polen stellten vor allem die Revolution in Ungarn und ihre blutige Niederschlagung durch die sowjetische Armee jeden westlichen Nachrichtendienst vor die Aufgabe, die politischen und militärischen Führungsspitzen in ihrer Entscheidungsfindung mit rechtzeitigen und verlässlichen Informationen über das Bedrohungs- und Gefahrenpotenzial zu unterstützen.

2 Ziel der »Hallstein-Doktrin« (1955–1969) war eine außenpolitische Isolierung der DDR. Der Doktrin zufolge betrachtete die Bundesrepublik sich als alleinige Vertreterin des deutschen Volkes. Eine Anerkennung der DDR durch einen anderen Staat wurde als »unfreundlicher Akt« gewertet, der wirtschaftliche und politische Sanktionen nach sich zog.
3 Vgl. A. A. Zdanovič (Hrsg.): Vengerskie sobytija 1956 goda glazami KGB i MVD SSSR. Sbornik dokumentov, Moskau 2009; E. D. Orechova u. a. (Hrsg.): Sovetskij Sojuz i Vengerskij krizis 1956 goda. Dokumenty, Moskau 1998. Allg. vgl. u. a. Csaba Békés/Malcolm Byrne/János M. Rainer (Hrsg.): The 1956 Hungarian Revolution. A History in Documents, Budapest u. New York 2002; Charles Gati: Failed Illusions. Moscow, Washington, Budapest, and the 1956 Hungarian Revolt, Washington, D.C. 2006; András B. Hegedüs/Manfred Wilke (Hrsg.): Satelliten nach Stalins Tod. Der »Neue Kurs« – 17. Juni 1953 in der DDR – Ungarische Revolution 1956, Berlin 2000; Winfried Heinemann (Hrsg.): Das internationale Krisenjahr 1956. Polen, Ungarn, Suez, München 1999.

Die Ostaufklärung der Org von 1946 bis 1955

Die amerikanische Siegermacht, genauer: die U.S. Army ließ die Gruppen von Reinhard Gehlen und Hermann Baun 1946 als »Operation RUSTY« tätig werden. In der Army dachte in dieser Zeit niemand an den Aufbau eines deutschen Gesamtapparats, geschweige denn an die Gründung eines deutschen, auf längere Sicht selbstständigen Nachrichtendienstes. Die Org stellte auch keineswegs die einzigen deutschen nachrichtendienstlichen Hilfstruppen für die amerikanische Besatzungsmacht bereit. Zudem war sie insbesondere in ihren Anfangsjahren keine durchorganisierte Bürokratie, sondern funktionierte eher als Personenverband mit einer Vielzahl dezentraler Gruppen und lose verknüpften Führungsstellen. Die amerikanischen Erwartungen waren enger gesteckt. Sie drückten sich in der Auftragslage aus. Die U.S. Army wollte von den Deutschen in allererster Linie die taktische Aufklärung sowjetischer Truppen in der Sowjetischen Besatzungszone (SBZ) und damit Angaben über deren Aufstellung, Stärke und Bewaffnung. Unter der sehr lockeren Aufsicht der Army kümmerten sich Stellen der Org in Deutschland und im ebenfalls besetzten Österreich recht selbstständig um die Informationsbeschaffung auch aus Osteuropa. Wirkliche Erfolge in der Beschaffung geheimer Nachrichten blieben indes aus. Darüber hinaus führte der organisatorische Wildwuchs zu zahlreichen Überschneidungen, daneben zu Missmanagement, Korruption und Fehlschlägen wie Verhaftungen von Agenten. Im Juli 1949, rund fünf Wochen nach der Gründung der Bundesrepublik Deutschland, übernahm die CIA den deutschen Apparat. Es war explizites Ziel der neuen Kontrolleure, die amerikanische Aufsicht über die Org zu stärken und deren Effizienz zu steigern. Angesichts sich wandelnder politischer Rahmenbedingungen strebte die CIA zudem danach, sich für die Zeit nach der Übernahme der Org durch die Bundesregierung eine besondere nachrichtendienstliche Arbeitsbeziehung mit Pullach zu erhalten.

1949 gehörte eine Straffung der deutschen Strukturen und Operationen zu den ersten Maßnahmen der amerikanischen Experten. Die CIA wollte die deutschen Agenten weiterhin zum Zwecke der Vorwarnung auf die sowjetischen Truppen in Ostdeutschland, dazu in Polen und in den westlichen Bezirken der UdSSR ausrichten. Daher ließ sie unter anderem Spionageoperationen und -pläne gegen Jugoslawien, Ungarn und Bulgarien sowie gegen die sowjetische Besatzungszone in Österreich abbrechen, sofern diese nicht als Vorbereitung für weitergehende Aktivitäten gegen die UdSSR dienten. Bereits 1950 aber, sowohl vor als auch nach Beginn des Koreakriegs im Juni, weitete die CIA die Räume der westdeutschen Spionage unter anderem wieder auf Ungarn, die Tschechoslowakei und Jugoslawien aus. Unabhängig davon, dass die Beobachtungsräume variierten, war sowohl unter Army- als auch unter CIA-Verwaltung das Interesse an deutschen wirtschaftlichen, vor allem aber an politischen Nachrichten aus Osteuropa weitaus geringer als der Bedarf an militärischen Nachrichten.

Im Rahmen der hier skizzierten Auftragslage lieferte die Org Ende der 1940er-Jahre monatlich bis zu 8 000 Einzelmeldungen. Die CIA erfasste von 1949 bis 1955/56 über 35 000 weitere Zusammenstellungen und Analysen. Vom Gesamtaufkommen der 1950er-Jahre betrafen rund 90 Prozent militärische Fragen sowie, regional aufgefächert, mindestens 80 Prozent die DDR. Die vorhandenen Archivunterlagen geben keinen Grund zu der Annahme, dass sich die Schwerpunkte bis 1949 in der Substanz anders darstellten.

Sowjetische Panzer in einer Straße von Budapest, 1956

Mit dieser Berichterstattung erfüllte die Org nach Ansicht der amerikanischen Vorgesetzten – und deutscher Führungskräfte – bis 1955 ihren Kernauftrag, die militärische Nahaufklärung in Ostdeutschland, tatsächlich zufriedenstellend. Für die Räume jenseits der SBZ/DDR fielen die Ergebnisse auch qualitativ schwächer aus. Im Jahr 1955 ging man in Pullach davon aus, dass der eigene Dienst einen schulbuchmäßigen Aufmarsch der UdSSR und ihrer Verbündeten zum Angriff auf Westeuropa rechtzeitig erkennen würde. Hingegen wäre die deutsche Militärspionage, so die Einschätzung, überfordert, wenn es um das Erkennen kurzfristiger Vorbereitungen eines überfallartigen Erstschlags aus dem Osten ging. Als Grund dafür galt die lückenhafte Abdeckung insbesondere Polens und der Tschechoslowakei. Die Aufklärungslücken waren zum einen der wechselhaften Auftragslage geschuldet, bei der, wie gesehen, die CIA wichtige Beobachtungsräume über längere Zeit hinweg für die Org gesperrt hatte. Hinzu kam, dass sich Österreich nicht mehr wie früher ohne Weiteres als Sprungbrett für Operationen nach und durch Südosteuropa nutzen ließ, seit es sich im Oktober 1955 per Verfassung zur Neutralität verpflichtet hatte.

Kenntnisse über die gegnerischen Fähigkeiten allein reichten nicht aus, um etwaige (kriegerische) Handlungen vorherzusagen, dazu musste man die politischen Intentionen Moskaus ergründen. Die US-Zentralen hatten sich hierfür anderer Instrumente als der Org bedient. Es war unstrittig, dass der BND in diesem Bereich großen Nachholbedarf hatte, sowohl was die Quantität als auch was die Qualität der Meldungen anbelangte – die wenigen politischen Nachrichten über Osteuropa, die amerikanische Empfänger von der Org erhielten, wurden in aller Regel als wenig bedeutsam bewertet.

Der Dienst hatte indes Anfang der 1950er-Jahre auch begonnen, sein Profil gegenüber deutschen Stellen zu schärfen. Ungeachtet amerikanischer Vorstellungen, die Org ausschließlich für eigene Interessen einzusetzen, arbeitete Reinhard Gehlen noch während der Unterstellung unter die CIA daran, sich der Bundesregierung als Nachrichtenbeschaffer zu empfehlen und so auf Dauer die nachrichtendienstliche Selbstständigkeit zu erreichen. Zu diesem Zweck hielt man in Pullach eine eigene politische »Strategische Aufklärung« vor den amerikanischen Geldgebern geheim. Die Bundesregierung dagegen sollte aus diesem Bereich vor allem mit politischen Nachrichten beliefert werden. In Bonn wurden Meldungen über Osteuropa nahezu automatisch mit Interesse aufgenommen, da es keine anderen Informationsquellen gab.

Bis Mitte der 1950er-Jahre schuf sich die Org noch andere Freiräume. Die Funkaufklärung gab ihre Ergebnisse nur selektiv an die Amerikaner weiter.[4] In diesem Bereich war zudem die (technische) Zusammenarbeit mit anderen westlichen Nachrichtendiensten von erheblicher Bedeutung. Alle Anrainer von Ostblockstaaten besaßen in diesem Feld spezifische regionale Möglichkeiten. Org und später der BND lieferten Erkenntnisse über die DDR und erhielten im Gegenzug von verschiedenen Partnern Material über den Norden der UdSSR, über Bulgarien, Rumänien, Ungarn und die Tschechoslowakei.[5] Ob der CIA wirklich alle Austausch- und Kooperationsbeziehungen der Org mit anderen Spionagediensten bekannt waren, muss hier offen bleiben.

Das amerikanisch-deutsche Arbeitsverhältnis litt unter den voneinander abweichenden Langzeitplänen sowie einer grundsätzlich unvermeidlichen nachrichtendienstlichen Konkurrenz. Das zeigte sich auch im Befragungswesen. Von ehemaligen Kriegsgefangenen, von Flüchtlingen, Vertriebenen und Deserteuren der Ostblock-Armeen versprachen sich alle westlichen Nachrichtendienste aktuelle Beobachtungen oder gar Insider-Erkenntnisse. Die Org begann früh, entsprechende Möglichkeiten zu eruieren und zu nutzen. Allerdings behielten sich die westlichen Besatzungsmächte die interessantesten Quellen vor: Deserteure der sowjetischen und anderer osteuropäischer Armeen wurden zuerst von den westlichen »Partnerdiensten« abgeschöpft. Gehlens Memoiren und ältere, vom Dienst geförderte Arbeiten zur Geschichte von Org und BND haben die Dimension der Befragungen insbesondere von Rückkehrern aus osteuropäischer Kriegsgefangenschaft weit übertrieben dargestellt.[6] In der Praxis wurden die Rückkehrer nur sehr unvollständig erfasst.

4 Vgl. allg. den Beitrag von Armin Müller in diesem Band. **5** Vgl. den Beitrag von Sam Nilsson in diesem Band.
6 Vgl. zum früheren Standardwerk von Zolling/Höhne, Pullach intern, nun Jost Dülffer: Pullach intern. Innenpolitischer Umbruch, Geschichtspolitik des BND und »Der Spiegel«, 1969–1972, Marburg 2015.

Die große Bedeutung von Befragungen in der Spionage mit menschlichen Quellen, der Human Intelligence (HUMINT), gegen Osteuropa ergab sich aus dem Umstand, dass die Org kaum über V-Leute in den beobachteten Staaten selbst verfügte. Mitte der 1950er-Jahre beispielsweise beschäftigte sie nur wenige Hundert Agenten im gesamten Ostblock, die überwiegende Mehrheit davon befand sich in der DDR. Interne statistische Erhebungen der Org über das Meldeaufkommen aus Osteuropa belegen den hohen Stellenwert von Befragungen in Deutschland ebenso wie den Mangel an Agenten in Osteuropa.

Agentenmeldungen über ausgewählte Staaten Osteuropas, 1951–1956 (absolute Zahlen pro Quartal)

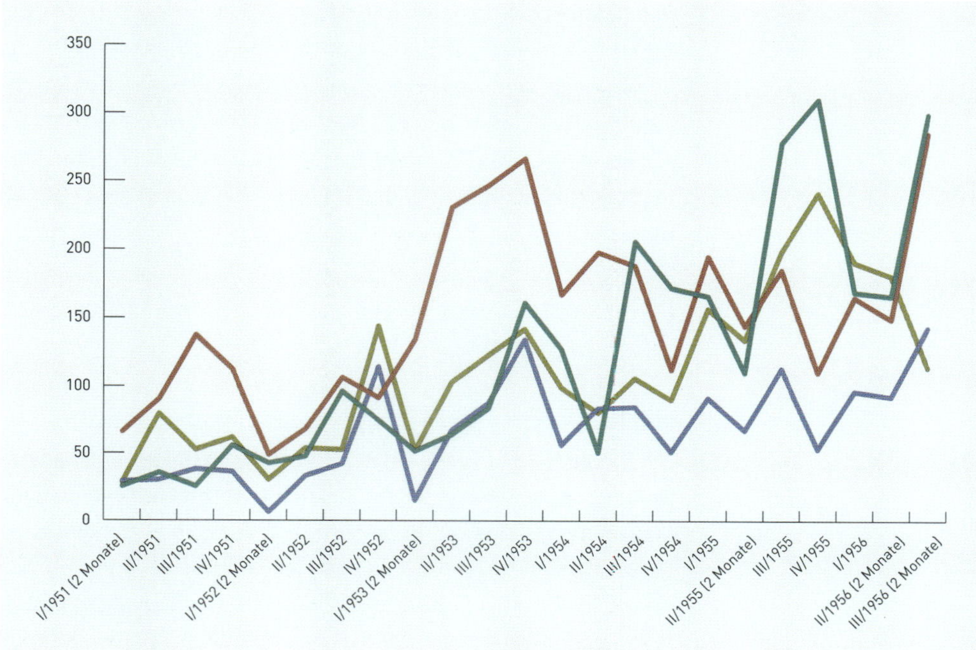

Befragungsmeldungen über ausgewählte osteuropäische Staaten, 1951–1956 (absolute Zahlen pro Quartal)

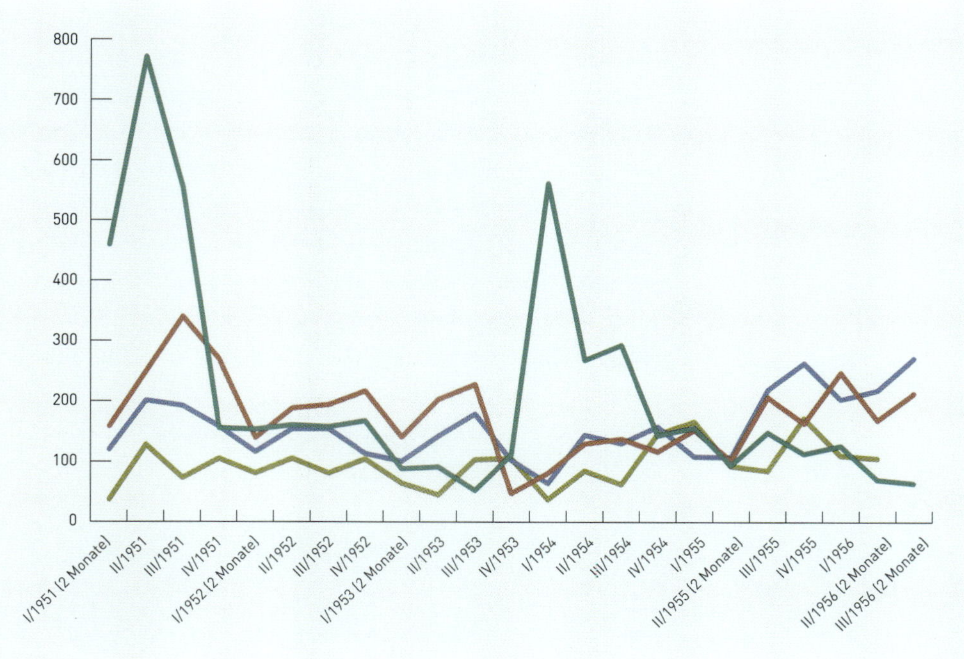

UdSSR
Polen
Tschechoslowakei
Ungarn und Jugoslawien

Die Gründe für den nachrichtendienstlichen Notstand waren vielfältig. Verbindungen, die während der Vorkriegs- und Kriegsjahre bestanden hatten, waren spätestens 1945 zusammengebrochen. Deutsche Minderheiten in Osteuropa waren durch Verfolgung, Besetzung, Flucht und Vertreibung dezimiert. Die nach dem Krieg in den Ländern verbliebenen »Volksdeutschen« galten vielfach als Bürger zweiter Klasse, die, von der Mehrheit der Einwohnerschaft isoliert, unter besonderer Beobachtung der jeweiligen Sicherheitsdienste standen. Nachrichtendienstliche Kontakte der Org zu anderen Bevölkerungsteilen konnten schon aufgrund der weit verbreiteten Aversion gegen Deutschland und die Deutschen kaum hergestellt werden. Wenn, dann waren sie aufgrund der dichten Sicherheitsnetze nicht zu halten. Die Zusammenarbeit mit Emigrationsgruppen, die in den 1920er- und 1930er-Jahren, vor allem aber in den 1940er-Jahren nach Deutschland gekommen waren, erwies sich als problematisch. Ihr Wissen war veraltet, ihre Kontakte in die ehemalige Heimat waren unsicher, vermeintliche Agentennetzwerke vor Ort oftmals von den gegnerischen Sicherheitsdiensten durchsetzt. Immer wieder stellte sich zudem heraus, dass Emigranten aus politischen oder finanziellen Gründen Meldungen erfanden.

Der BND und Ungarn, 1956/57

Angesichts dieser Beschaffungssituation war der junge BND 1956 kaum gewappnet, die dynamischen Ereignisse in Ungarn und Moskau aktuell und genau zu erfassen. Dies war der Schluss, den im Rückblick der ehemalige Leiter der politischen Beschaffung, Kurt Weiß, zog. Er beschrieb in den 1980er-Jahren für den internen Gebrauch – und durchaus um ein positives Gesamtbild bemüht – die Aktivitäten des BND unter anderem während der Ungarn- und Suezkrisen.[7] Die von ihm für den Herbst 1956 zusammengestellten exemplarischen Meldungen über Südosteuropa stammten in der Regel aus offen zugänglichen Informationsquellen. Insgesamt, so Weiß' Fazit, konnte gerade in den »Anfangsphasen« der Unruhen die angeblich »vielseitige Berichterstattung« den »aktuellen Vorgängen und Geschehnissen in Budapest und darüber hinaus im gesamten Ungarn nicht immer [...] folgen«. Immerhin, so Weiß weiter: »Soweit eigene Feststellungen ›vor Ort‹ im Augenblicksgeschehen nicht möglich waren, trugen die Ergebnisse der Funkaufklärung entscheidend zur Vervollständigung und Aktualisierung des täglichen Meldungsbildes bei.« Von besonderer Bedeutung, so Weiß an anderer Stelle, war dabei für die Beobachter die Frage, ob die UdSSR ihre Aktionen etwa auf Jugoslawien ausdehnen werde. Die Furcht vor einer solchen Entwicklung, die angesichts der politischen Gesamtlage dieser Zeit allerdings unrealistisch war, habe Weiß zufolge durch die Materialien der Funkaufklärung endgültig zerstreut werden können. Diese wiederum stammten, wie beschrieben, sicherlich zu einem nicht zu unterschätzenden Teil aus dem Tauschgeschäft mit Partnerdiensten.

Ungarische Flüchtlinge auf dem Weg nach Österreich, November 1956

Ein Grund für die 1956 akute Schwäche der HUMINT lag in überlangen Meldewegen, da Berichterstatter aus der Region nicht auf Funkgeräte zurückgreifen konnten. Allerdings standen der Org in dem Zeitraum nach Aussage von Weiß »nur verhältnismäßig wenig gut postierte Quellen im Aufklärungsbereich zur Verfügung«.[8] Laut den Unterlagen der für entsprechende Operationen gegen Ungarn zuständigen Dienststelle 2 waren im fraglichen Zeitraum überhaupt keine Quellen im Land postiert. Die zeitgenössische Manöverkritik bewertete auch das Befragungswesen vergleichsweise kritisch. Dessen Informationswert hing zunächst einmal von den Fluchtbewegungen der ungarischen Bevölkerung ab und war daher während der kurzen politischen Hochstimmung im Land gering. Lob erntete die Dienststelle 2 von ihren Vorgesetzten dafür, dass sie im weiteren Verlauf der Ereignisse flexibel reagierte. Als der Flüchtlingsstrom

7 Vgl. Hilger/Müller: »Das ist kein Gerücht«, S. 29 f. **8** Kurt Weiß: Das Krisenjahr 1986, Bundesarchiv Koblenz (BArch), B 206/1970, Bl. 1–14, Zitate Bl. 14.

Ungarische Flüchtlinge bei ihrer Ankunft in dem österreichischen Grenzort Nickelsdorf, Anfang November 1956

wieder anschwoll, organisierte die Stelle an der ungarisch-österreichischen Grenze umfangreiche und ergiebige Befragungen. Nach BND-Maßstäben ergaben die kontinuierlichen Gespräche, verbunden mit Kurzeinsätzen einzelner Mitarbeiter in Ungarn, bis Dezember 1956 gehaltvolle Berichte – Berichte allerdings, so ist zu ergänzen, die Informationen über die jüngste Vergangenheit und nicht über die unmittelbare Gegenwart enthielten.

Unabhängig davon hatte die nachrichtendienstliche Tätigkeit ihren Preis. Ein Mitarbeiter des Dienstes, der von Österreich aus im Grenzgebiet Befragungen organisierte, wurde von der Gegenseite in eine Falle gelockt und verhaftet. Seine Aussagen in ungarischen Gefängnissen führten wiederum zur Enttarnung anderer Mitarbeiter und operativer Ansätze. Dies erschwerte die weitere Tätigkeit des BND. Der Dienststelle 2 gelang es mit ihren Möglichkeiten nicht, das neue militärische Lagebild in Ungarn adäquat zu erfassen. Noch Ende 1957 war man sich im BND trotz gemeinsamer Anstrengungen von HUMINT, Fernmeldeaufklärung und Partnerdiensten über die genaue Stärke der sowjetischen Truppen in Ungarn nicht endgültig sicher.

Auf dieser Basis ließen sich kaum verlässliche Voraussagen über mittel- oder langfristige militärstrategische und politische Folgen treffen. Im politischen Sektor lieferten die Pullacher Analysten vor allem Interpretationen, die sich auf ihre Lektüre offener Materialien und vereinzelter Informationssplitter gründeten. Unmittelbar nach der Niederschlagung der Revolution durch sowjetische Truppen spekulierte man über einen Machtwechsel im Kreml und eine weitere Verschärfung des außenpolitischen Kurses der sowjetischen Regierung. Der im Februar 1956 auf dem 20. Parteitag der sowjetischen kommunistischen Partei (KPdSU) verkündeten Politik der friedlichen Koexistenz wollte man im BND nach den ungarischen Ereignissen ohnehin keine Chancen mehr einräumen. Im Ganzen verfestigte sich das überkommene Feindbild des BND, auch wenn einzelne Stimmen kritisierten, dass man den inneren Zusammenhalt des Ostblocks offenbar überschätzt hatte. Es blieb abzuwarten, ob der weitere Ausbau der Kapazitäten des BND dazu geeignet war, die Lücken im Beschaffungswesen zu schließen. Daneben musste es sich erst noch erweisen müssen, ob die BND-Auswertung in der Lage sein würde, Veränderungen im internationalen Auftreten der UdSSR und ihres Lagers adäquat zu erfassen.

20467486
MP

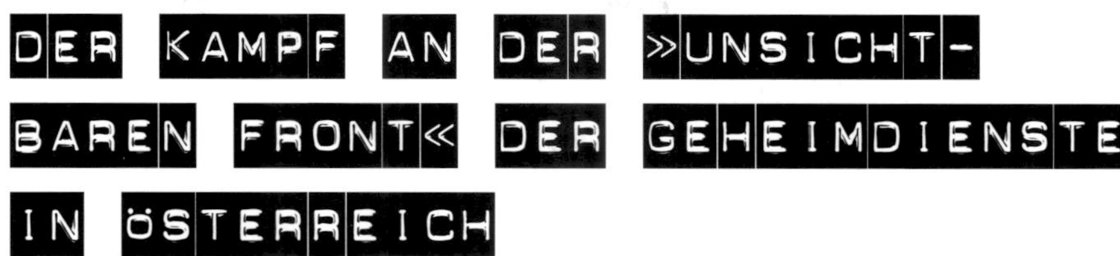

»Der Wiener hat, seit es ihn gibt, immer unter einer Besatzungsmacht gelebt, seien es die Römer, die Habsburger, die Nazis oder die Besatzungsmächte des Zweiten Weltkrieges.«[1]

"Germany and Austria formed the frontline in the emerging Cold War with the Eastern bloc." (»Deutschland und Österreich bildeten die Frontlinie im aufkommenden Kalten Krieg gegen den Ostblock.«)[2]

Einleitung

Wien als Drehscheibe von Spionage und als Dorado für unzählige Geheim- und Nachrichtendienste firmiert als Klischee und zugleich breit akzeptierter Mythos über das Österreich der Epoche der vierfachen Besatzung in der ersten Nachkriegsdekade. Klischees haben bekanntlich fast immer einen wahren Kern und darüber handelt diese Kurzstudie. Wiens Bedeutung als Zentrum nachrichtendienstlicher Tätigkeiten geht allerdings weit in die Zeit des Habsburgerreichs zurück, trifft vollends auf die Erste Republik Österreich zu und gilt in mannigfacher Weise auch für das neutrale Österreich von 1955 bis heute. Man denke nur an den Polizeistaat Metternichs, den Verrat Alfred Redls, den Wien-Bezug des Jahrhundertspions Kim Philby, die auch für Spionage wichtigen Wiener Konventionen (1961–1986) und die traditionelle Rolle Wiens als Umschlag- und Austauschort für Spione jedweder Art, gerade auch nach dem Fall des »Eisernen Vorhangs«.[3] Ohne Zweifel ist jedoch die hier behandelte Zeitspanne von 1945 bis 1956 als Blütezeit des international organisierten geheimen Geschäfts in Wien, vor allem während des frühen Kalten Krieges, also des aufbrechenden, ideologisch verbrämten Ost-West-Konflikts der neuen Supermächte zu sehen.[4] Als eine Art Vorspiel des Geschehens zum Geheimen Krieg des Besatzungsjahrzehnts in Österreich müssen auch die kriegsgeheimdienstlichen Anstrengungen der Regierungen in London, Washington und Moskau, vor allem

◄ Gemeinsame Militärstreife der vier Besatzungsmächte in der Internationalen Zone (1. Bezirk), Wien, 12. Januar 1946

1 Fremdsprachige Zitate wurden für diesen Beitrag ins Deutsche übersetzt. Emil Bobi: Die Schattenstadt. Was 7.000 Agenten über Wien aussagen, Salzburg 2014, S. 9 f. **2** Richard J. Aldrich: The Hidden Hand. Britain, Americand an Cold War Secret Intelligence, London 2004, S. 186. **3** Vgl. dazu Siegfried Beer: Von Alfred Redl zum »Dritten Mann«. Österreich und ÖsterreicherInnen im internationalen Geheimdienstgeschehen 1918–1947, in: Geschichte und Gegenwart, 16. Jg. (1997), S. 3–25; ders.: Spionage in Österreich 1945–1955: Zielscheibe Wien, in: Damals. Das aktuelle Magazin für Geschichte und Kultur 31. Jg. (2/1999), S. 26–31. **4** Gut dargestellt bei John Prados: First Freeze of the Cold War. In the aftermath of World War II, Vienna became the focal point of the emerging contest between East and West, in: MHQ: The Quarterly Journal of Military History, 14. Jg. (2001/1), S. 52–59.

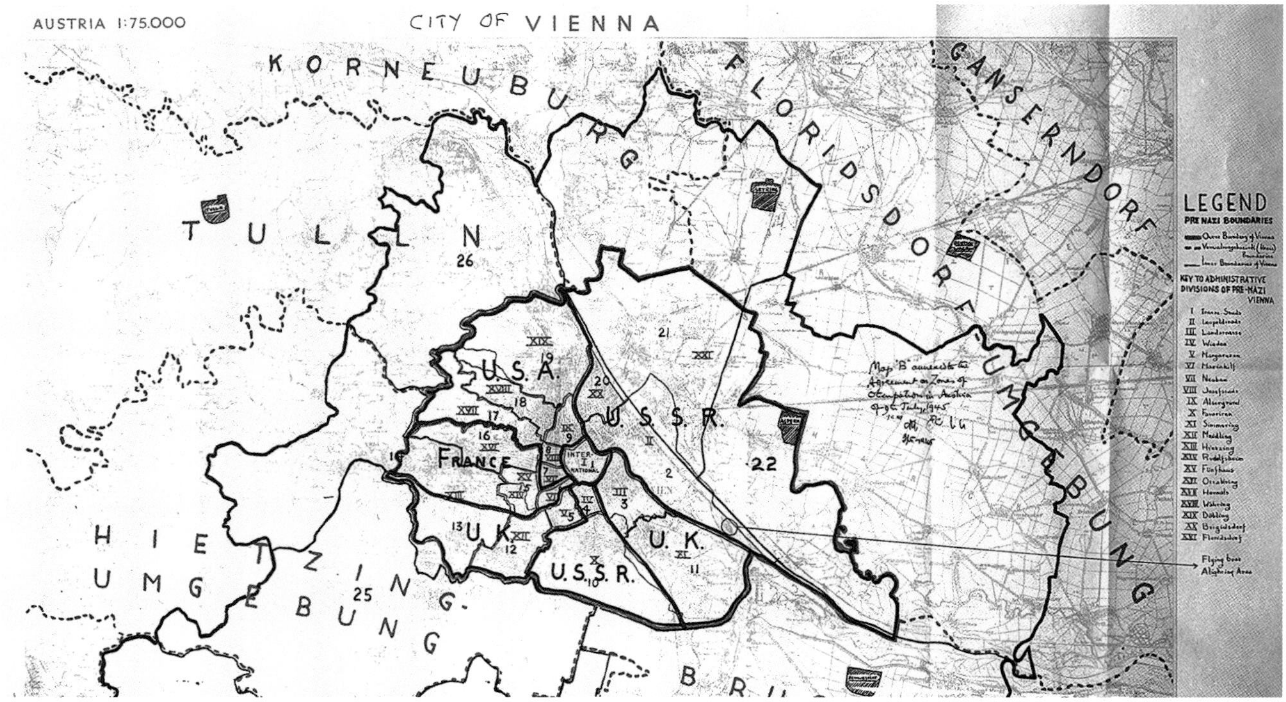

Sektoreneinteilung der Alliierten für Wien, Annex des am 9. Juli 1945 vereinbarten Abkommens über die Besatzungszonen in Österreich und die Verwaltung der Stadt Wien

seit 1943, gesehen werden, welche hier nur kursorische Erwähnung finden können. Nie und nirgendwo waren die Rahmenbedingungen für Spionage und Subversion jedenfalls günstiger als im vierfach besetzten Österreich und speziell im sektoral aufgeteilten Wien der Nachkriegszeit, symbolisch verewigt in dem 1951 erschienenen Spielfilm »Die Vier im Jeep«. Lediglich Berlin konnte Wien damals den Rang als europäische Spionagehauptstadt streitig machen. Im Jargon der amerikanischen Nachrichtendienstler in der Central Intelligence Agency (CIA) stellte sich diese CIA-interne Konkurrenz als eine zwischen den »Wiener Sängerknaben« und den »Berliner Cowboys« dar. Nicht nur die Musik machte ihnen die österreichische Hauptstadt vermutlich sympathischer.[5]

Es war das düstere Wien, das der 1948 gedrehte anglo-amerikanische Film »Der Dritte Mann« zeigt,[6] mit seiner Mischung von Niederlage und »Wurschtigkeit«, von Zerstörung, Not, gesellschaftlicher Krise und vor allem von Dekadenz, von Besatzern und Besetzten, von Agenten und Verführern, von Geschäftemachern und Kriminellen, von Korruption und Opportunismus, das ein geradezu ideales und universales Biotop für Spionage, Schnüffelei und subversives Handeln zum eigenen Vorteil bot. Dem Österreicher, und vor allem dem Wiener, schien dieses Milieu des Geheimen und Verborgenen dem Wesen nach besonders zu liegen; vielleicht tut es das immer noch.[7] Kein Wunder also, dass es für fast alle geheimdienstlichen Akteure, die Dienste der Weltmächte wie die der kleineren Nachbarn Österreichs, auf Jahre hinaus ein Leichtes war, österreichische Männer, Frauen und insbesondere Flüchtlinge für das Geschäft der Spionage zu gewinnen. Allein in der Stadt Salzburg soll es 1950 jeder vierte Bewohner gewesen sein.[8] Die Skala der Belohnung reichte von Versorgung mit Alkohol und Tabak über Luxuswaren wie Zigaretten und Nylonstrümpfe bis zu höchst unterschiedlicher Bezahlung in Dollar oder Schilling. All dies ist aktenkundig belegt.[9]

Die geopolitische Lage so nahe am »Eisernen Vorhang«, dieser Trennlinie durch Europa, aber vor allem durch Zentral- und Südosteuropa, bot bei Weitem die besten Aussichten auf Informationsbeschaffung über verschlossene Räume und die besten Voraussetzungen als verdecktes Operationsgebiet zur Durchdringung neu-feindlichen Territoriums in beide Richtungen. Dieses ziemlich unheimliche, aber auch unheilvolle Wien der frühen Nachkriegszeit war Chance und Gefahr zugleich, denn der Krieg der Geheimdienste wurde im Laufe der ersten Nachkriegsjahre geradezu total. Die Zahl der durch Mord, Entführung und die Militärgerichtsbarkeit der Besatzungsmächte betroffenen Opfer spricht eine deutliche Sprache.[10] Das Milieu konnte schnell lebensgefährlich werden, auch für Geheimdienstler. Der Kampf der Nachrichtendienste gegeneinander wurde von politischer Seite geplant, jedoch im Wesentlichen militärisch geführt. Dieses Muster blieb lange bestehen; im Kern bis zum Ende des Kalten Krieges.

Die moderne Subdisziplin der Intelligence Studies, wie sie etwa seit den frühen 1980er-Jahren existieren, bietet heute gesichertes Wissen über Organisation, Personal, Auftragslage und Wirkungsweisen nachrichten- und geheimdienstlicher Organisationen, welche in diesen Jahren auf österreichischem Territorium gewirkt haben. Es gilt, sie zu differenzieren und ihre jeweilige Bedeutung zu erfassen. Daher sollen sie hier in nationalstaatlicher Eigenheit und Charakterisierung vorgestellt werden, aus Platzgründen allerdings nur die drei wichtigsten.[11]

Die britischen Dienste

Es dürfte der seit 1909 bis heute ununterbrochen wirkende britische Secret Intelligence Service (SIS), auch MI6 genannt, gewesen sein, der schon vor dem 1938 erfolgten »Anschluss« Österreichs an das Deutsche Reich die meisten Erfahrungen in Wien gesammelt hatte, wenngleich im Laufe des Krieges das 1938/1940 neu geschaffene SOE (Special Operations Executive) die wesentlichen Kontakte zum schütteren österreichischen Widerstand hergestellt und im letzten Kriegsjahr die wichtigsten Penetrationsversuche in das nationalsozialistische Deutschland vorgenommen hatte.[12] Die MI6-Mannschaft in Wien zur Zeit des »Anschlusses« war es denn auch, die sich via SOE in London schon sehr früh, ab 1940/41, für die Wiedererrichtung eines

5 Auskunft von CIA-Mann Tennent H. Bagley, der ab Anfang der 1950er-Jahre in Wien agierte, an den Autor. In Bagleys letztem Buch findet sich ein einschlägiges Kapitel über das »Spy Center Vienna«: Tennent H. Bagley: Spymaster. Startling Cold War Revelations of a Soviet KGB Chief, New York 2013, S. 129–141. Der geheimdienstliche Krieg in Berlin ist sekundärliterarisch schon wesentlich besser erfasst als der um Wien. Vgl. u. a. David E. Murphy/ Sergei A.Kondrashev/George Bailey: Battleground Berlin: CIA vs. KGB in the Cold War, New Haven, CT, 1997; David Stafford: Spies Beneath Berlin, London 2002. **6** Vgl. Siegfried Beer: «The Third Man" and Intelligence, in: History Today, 51. Jg. (2001), S. 45–51. **7** Emil Bobi scheint dies auf ein Kulturmerkmal Wiens zu reduzieren: »Der Wiener-Schmäh ist das mit Abstand faszinierendste Phänomen, das diese Stadt jemals hervorgebracht hat«, in: Bobi: Die Schattenstadt, Salzburg 2014, S. 168. **8** Letter, Secret and Personal, Coburn Kidd to Francis Williams, 7. 10. 1950, zit. bei Günter Bischof: Introduction, in: Contemporary Austrian Studies, 5. Jg. (1997) S. 12. **9** Dies gilt vor allem für die diversen Informanten und Mitarbeiter des US-amerikanischen Counter Intelligence Corps (CIC), das den größten Anteil amerikanischer Geheimdienstpräsenz in Österreich stellte. **10** Ein CIA-naher Journalist sprach damals von fast 2000 Entführungen: John MacCormac: The "Third Man" Theme Echoes in Vienna, in: The New York Times Magazine, 17. 8. 1952, S. 10. **11** Natürlich hatten auch die Franzosen in ihrer Zone eine ausgeprägte geheimdienstliche Präsenz, skizzenhaft dargestellt bei Siegfried Beer: Die Geheimdienste im besetzten Österreich, in: Gerhard Jagschitz/ Stefan Karner (Hrsg.): Menschen nach dem Krieg – Schicksale 1945–1955 Innsbruck 1995, S. 43. **12** Dazu vor allem Peter Pirker: Subversion deutscher Herrschaft. Der britische Kriegsgeheimdienst SOE und Österreich, Wien 2012.

demokratischen Österreich nach Niederringung der NS-Herrschaft stark machte.[13] SOE- und SIS-Personal war unter den ersten Einheiten, welche nach Kriegsende österreichischen Boden betraten. Mit den Formationen der 8. Britischen Armee strömten auch andere Sicherheitskader in die britische Zone, die unter der Sammelbezeichnung Intelligence Corps liefen und großteils in örtlich und regional gegliederten Field Security Sections (FSS) organisiert waren. Zusammen mit der Public Safety Branch und der Intelligence Organization (Int.Org) des Britischen Elementes der Alliierten Kommission für Österreich blieben die meisten dieser Einheiten fast ein Jahrzehnt lang in Österreich im Einsatz. In erster Linie ging es um die Absicherung der eigenen Truppen und Besatzungseinrichtungen, aber sofort auch um die Verfolgung von NS-Funktionären und die Entnazifizierung der Verwaltung und der Bildungseinrichtungen. Auch die Sicherstellung von Archiven und Dokumenten war ein wichtiges Ziel.[14]

"Search, detain, interrogate and document" (»Suchen, festnehmen, verhören und dokumentieren«) lautete der Auftrag, der sich bald in leicht abgewandelter Form ebenfalls auf die zahlreichen Displaced Persons (DPs) und Flüchtlinge bezog, die zunehmend auch aus dem sowjetischen Einflussbereich einströmten. Jedwede Information über den neuen Feind Sowjetunion, vor allem über militärische Belange wie etwa Militärtechnik oder Kräftegliederung (Order of Battle), war gefragt. Unter den in der Steiermark emsig tätigen Interrogatoren war auch ein gewisser David Cornwell, der später unter dem Künstlernamen John le Carré zu Recht literarische Berühmtheit erlangte.[15] In seinem stark autobiografischen Roman »A Perfect Spy« lässt sich die Spannung dieser Befragungskultur des frühen Kalten Krieges gut erahnen.[16]

Zu den erfolgreicheren verdeckten Aktionen des SIS in Österreich gehörte die mit FSS und Int. Org koordinierte »Operation SILVER« bzw. »CLASSIFICATION«, durch die in drei unabhängig voneinander funktionierenden Abhörschächten von 1948 bis 1955 Ferngespräche zwischen den sowjetischen Besatzungsstellen in Wien und der Zentrale in Moskau ausgewertet werden konnten.[17] Ob sich daraus entscheidende strategische oder taktische Vorteile ableiten ließen, ist ungewiss.[18] Über die Gesamtzahl britischer Geheimdienstler in Österreich ist nichts Gesichertes bekannt. Es könnten laut Schätzungen an die 350 gewesen sein.

---

13 Vgl. Siegfried Beer: SOE, PWE und schließlich FO. Die Briten als Vorreiter der alliierten Österreichplanung, 1940–1943, in: Stefan Karner/Alexander O. Tschubarjan (Hrsg.): Die Moskauer Deklaration 1943. »Österreich wieder herstellen«, Wien/Köln/Weimar 2015, S. 99–108. **14** Zur Tätigkeit des SIS in Österreich vgl. Stephen Dorril: MI6. Inside the Covert World of Her Majesty's Secret Intelligence Service, London 2000, S. 118–132; Gordon Corera: The Art of Betrayal. Life and Death in the British Secret Service, London 2011, S. 7–50. (Kapitel 1: Into the Shadows. Life and Death in Vienna). **15** Zu dessen Erfahrungen in Graz: John le Carré: All Work. The Madness of Spies, in: »The New Yorker«, 22. 9. 2008. Auch der angesehene britische Historiker D. C. Watt war für FSS in der Steiermark eingesetzt. Vgl. D. C. Watt: Austria as a Special Case in Cold War Europe. A Personal Note, in: Alfred Ableitinger/Siegfried Beer/Eduard G. Staudinger (Hrsg.): Österreich unter alliierter Besatzung 1945–1955, Wien/Köln/Graz 1998, S. 269–297.
16 Der junge FSS-Mann Magnus Pym stellt dort einem Flüchtling folgende Fragen: "Where do you come from? What troops did you see there? What colour shoulder-boards did they wear? What did they drive around in, what weapons did they have? Which route did you take, what guards, obstructions, dogs, wire, minefields did you meet along your way? What shoes were you wearing? [...] Are you a spy and if so, would you not prefer to spy for us?". John le Carré: The Perfect Spy, London 1987, S. 447. **17** Stafford: Spies Beneath Berlin, 2002, S. 14–41. **18** Memoiren ehemaliger britischer Geheimdienstler deuten jedenfalls ein reges Wirken der Briten in Österreich an, so etwa bei George Kennedy Young: Masters of Indecision, London 1962 oder Anthony Cavendish: Inside Intelligence, London 1997.
19 Zum Thema insgesamt: Siegfried Beer: Rund um den »Dritten Mann«. Amerikanische Geheimdienste in Österreich 1945–1955, in: Erwin A. Schmidl (Hrsg.): Österreich im frühen Kalten Krieg 1945–1958. Spione, Partisanen, Kriegspläne, Wien 2000, S. 73–99. **20** Vgl. z. B. Siegfried Beer: Über die Tätigkeit der alliierten Geheimdienste in Österreich

Anglo-amerikanische Soldaten im Gespräch vor sowjetischem Panzer am Wiener Stalin-Platz, heute Schwarzenbergplatz, 1945

Die US-amerikanischen Dienste

Der im Juni 1942 von US-Präsident Franklin D. Roosevelt durch Exekutivverordnung eingesetzte Kriegsgeheimdienst Office of Strategic Services (OSS) begann schon 1943 von Algier, im Mai 1944 von Bari/Caserta und London aus, Penetrationsunternehmen in den zentraleuropäischen Raum vorzubereiten und führte sie ab Herbst 1944 auch durch.[19] Zudem unternahm das OSS Infiltrationsversuche nach Österreich über Bern und Istanbul. Es dürften bis Kriegsende insgesamt etwa drei Dutzend per Fallschirm und über den Landweg durchgeführte anglo-amerikanische Operationen mit rund 150 eingeschleusten Agenten gewesen sein, von denen allerdings nur wenige als ertragreich bezeichnet werden können.[20]

Schon unmittelbar nach Kriegsende hatte das OSS in Salzburg, Klagenfurt, Innsbruck, Linz und Zell am See Stützpunkte eingerichtet, Ende Juli 1945 dann auch das Stadtteam Wien. Mit einer Stärke von etwa 200 hauptamtlichen Mitarbeitern konzentrierte sich OSS-Austria in den ersten Nachkriegsmonaten auf die Verhältnisse im befreiten Österreich. Doch schon seit der überraschenden Auflösung des OSS am 1. Oktober 1945 und seiner teilweisen Überleitung in die dem War Department unterstellte Strategic Services Unit (SSU), erst recht nach Über-

Att: [ ]

Date of Report: 11 November 1950

Date of Information: September 1950

Evaluation: C-3

The following information was excerpted from an Austrian Police report:

1. The former SS Hauptsturmfuehrer and SD official Otto von Bolschwing, born 15 October 1909 in Schoenbruck, East Prussia, is at present residing in Altmuenster 130. Bolschwing is married to Ruth, nee Pfandler, born in Vienna 24 September 1913.

2. Bolschwing spends the better part of each week in Salzburg where he registered with the police as residing at Hellbrunnerstrasse 5. This is the address of the Salzburg CIC. Bolschwing drives a Ford V-8 sedan, license S 3090. It is believed that he works for the Salzburg CIC. He has, however, been the subject of frequent inquiries on the part of CIC Gmunden.

3. Bolschwing claims to be stateless, but he is obviously a German national. He further claims to own 20 percent of the shares of the Hamburg firm "Pharmachemie". In 1948 he applied for Austrian citizenship and his application is still pending. He was excused from registration and prosecution under the denazification law on the grounds that he had been an active resistance fighter. He claims to have been arrested by the Gestapo twice, in Berlin in 1942 and in Vienna in 1945.

[ ] Comment: It is apparent that at least some Austrian police officials are not aware of Bolschwing's true affiliations.

COPY

PERSONAL DATA:

Born 15 October 1909 in Schönbruck, East Prussia (then German territory, since World War II Polish). German citizen at birth, but since World War II considered stateless. Married in 1938 to Brigitte nee KLENZENDORFF. Divorced 1942. Remarried to Ruth nee von PFLAUNDLER in 1943. One son, Gisbert, from first marriage, born 1939, given by court decree to custody of von BOLSCHWING.

PAST OCCUPATIONS

1927	apprentice at shipping firm, Royal Mail Steamship Company, London
1928-30	employee of export firm, C. Illies & Co., Hamburg
1930-31	manager of Oberon Investment and Development Company, Berlin and Vienna
1930-32	owner of lime factory, Upper Silesian Lime and Cement Works Ltd.
1932	banking course with the Bank für Industrieobligationen, Berlin
1931-33	European representative of investment interests of several London investments firms
1932-33	businessman negotiating deals for industrial development in Bulgaria (backed by international finance and German Foreign Office).
1933-35	search in Palestine for treasure supposedly buried by German Army in World War I ✓
1933-36	manager of own export firm, Amaneh Company, Jerusalem and Cairo ✓ During this period advised German Foriegn Office on trade questions ✓
1937-39	foreign exchange and tax counselor, Vienna and Berlin
1939-41	chief of SD intelligence in Rumania (under diplomatic cover)
1941	intelligence assignments in Greece and Holland
1942-43	under Gestapo arrest
1943-45	manager of Vienna branch of Pharmachemie (pharmaceutical firm)
1945-46	with US military organizations and with US Military Government in Austria and Bavaria
1947-present	U.S. Intelligence (CIA)

◄
Aktenexzerpte aus dem Personalbestand Otto von Bolschwing

nahme der SSU durch die im Frühjahr 1946 neu geschaffene Central Intelligence Group (CIG), galt das Hauptinteresse der US-Geheimdienstler der Tätigkeit sowjetischer Stellen in Österreich und in den Nachbarländern Österreichs, vor allem Jugoslawien, Ungarn und der Tschechoslowakei. Die Mitte 1947 gegründete CIA konnte daher schon landes- und ortserfahrene Kräfte übernehmen. Ab etwa 1948/49 war CIA-Austria einigermaßen konsolidiert und konnte das Netz an Informanten und Zuträgern bereits in die mittlere und höhere Beamtenschaft in Ministerien, Landesverwaltungen und Sicherheitseinrichtungen, aber auch in die Gewerkschaften und Medien ausbreiten.[21] Darüber hinaus hatten führende amerikanische Geheimdienstler wenig Mühe, beste Kontakte zu den Spitzen der österreichischen Regierung zu halten, auffallend intensive etwa zu Bundeskanzler Leopold Figl und zu den Ministern Karl Gruber (Äußeres) und Oskar Helmer (Inneres).[22]

Neben den hauptsächlich zivil besetzten US-Diensten OSS, SSU, CIG und CIA arbeiteten natürlich auch militärische Geheimdienstabteilungen wie G-2 und S-2 als Military Intelligence Service (MIS) eng mit der Intelligence Coordination Branch (ICB) und anderen Abteilungen des Amerikanischen Elementes der Alliierten Kommission zusammen.[23] Die flächendeckende geheim- und sicherheitsdienstliche Feldarbeit lag in den Händen vom CIC (Counter Intelligence Corps), mit dem die österreichische Bevölkerung am ehesten in Berührung kam. Dieses 430. CIC-Detachment blieb in Österreich bis 1955 aktiv und bestand im Schnitt aus etwa 500 Mann, denen mehrere Tausend inländische Informanten zuarbeiteten.[24] Es kümmerte sich zusehends um die Kommunisten, aber auch um DPs, Flüchtlinge und insbesondere um Überläufer, egal welchen Ranges.[25] Zur besseren Durchdringung des sowjetischen Machtapparats griffen leitende CIC-Offiziere auch in Österreich schon bald zum Mittel der Rekrutierung von ehemaligen Mitgliedern diverser NS-Dienste wie Sicherheitsdienst (SD), Reichssicherheitshauptamt (RSHA) und auch Wehrmacht (Abwehr). Nicht selten waren diese in kriegsverbrecherische Aktionen verwickelt gewesen. Beispiele dafür sind Wilhelm Höttl, Robert Jan Verbelen, Erich Rajakowitsch und der vom CIC angeheuerte und später von der CIA übernommene Otto von Bolschwing, ein ehemaliger Adjutant Adolf Eichmanns.[26] Auch weniger prominenten österreichischen SS-Funktionären gelang es, sich den Amerikanern anzudienen, darunter Hermann Milleder, Erich Kernmayr, Stefan Schachermayr, Karl Kowarik und Emmerich Ofczarek. Wirklich spektakuläre Erfolge gegen den sowjetischen Hauptfeind gelangen der CIA-Austria

Seite 308/309 ►
Ausgang aus der Sowjetischen Besatzungszone in Wien, um 1946

1944/45 oder die denkwürdige Story des OSS-Agenten Emmerich K. alias »Ernest Cole« aus Graz-Lend, in: Steirische Berichte 3 (1985), S. 16–20. **21** Siegfried Beer: The CIA in Austria in the Marshall Plan Era, 1947–1953, in: Contemporary Austrian Studies, 8. Jg. (2000), S. 185–211. Wir kennen heute die Station Chiefs von CIA-Austria im frühen Kalten Krieg. Der Autor konnte noch vier von ihnen interviewen: Alfred C. Ulmer (1947/48); John H. Richardson (1948–1952); Bronson Tweedy (1952–1955); Peer de Silva (1955–1957). **22** Wie ein damaliger CIA Station Chief gegenüber dem Autor prahlte, wussten die Amerikaner über alle signifikanten Vorkommnisse in ganz Österreich bestens Bescheid: "We had confidence in the Austrian leadership and the Austrians had no secrets and could not have kept any secrets even if they had had any." (»Wir vertrauten der österreichischen Führungsriege und die Österreicher hatten keine Geheimnisse; selbst wenn sie welche gehabt hätten, so hätten sie sie doch nicht geheim halten können.«) Ein ähnliches Selbstvertrauen dürften auch die sowjetischen Geheimdienstler in Österreich gehabt haben. **23** Vgl. James Jay Carafano: Waltzing into the Cold War. The Struggle for Occupied Austria, College Station, TX, 2002. **24** Dazu allgemein: History of the Counter Intelligence Corps, Vol. XXV: Occupation of Austria and Italy, Baltimore, MD, 1959. **25** Zum CIC in Österreich insgesamt: James V. Milano/Patrick Brogan: Soldiers, Spies, and the Rat Line: America's Undeclared War Against the Soviets, Washington, DC, 1995. **26** Siegfried Beer: Otto Bolschwing, Österreich und die US-Geheimdienste, 1931–1954, in: Journal for Intelligence, Propaganda and Security Studies 6. Jg. (2012/2), S. 161-180.

ВЫХОД
ИЗ СОВЕТСКОЙ ЗОНЫ
AUSGANG
AUS DER RUSSISCHEN ZONE

freilich erst gegen Ende der Besatzungszeit, als Überläufer von sowjetischen Diensten erstmals substanzielle Einblicke in Organisationsstruktur und Funktionsweise der wichtigsten Geheimdienstapparate Moskaus, vor allem in Österreich, ermöglichten.[27] Es war vielleicht nur ein glücklicher Zufall, dass sich zwei mittelrangige Überläufer den Amerikanern in Wien anboten. Dabei handelte es sich um Pyotr Semyonovich Popov vom sowjetischen Militärgeheimdienst GRU im Jahr 1952/53 und Piotr Dieriabin vom MGB/KGB im Jahr 1954.[28] Die Amerikaner könnten in Österreich während des Besatzungsjahrzehnts im Schnitt etwa 700 Personen im geheimdienstlichen Einsatz gehabt haben. CIA-Austria ging 1948 davon aus, dass es bei den geheimdienstlichen Sicherheitsorganen der Sowjetunion das Vier- bis Fünffache sei.[29]

Sowjetische Dienste

Wir wissen heute schon sehr viel über Wirken und Rolle geheimdienstlicher Einrichtungen der Sowjetunion im besetzten Österreich. Es waren im Wesentlichen vier Dienste: der eigentliche militärische Nachrichtendienst GRU; die im Volkskommissariat für Verteidigung angesiedelte Spionageabwehr SMERSH (wörtlich: Tod den Spionen); die politische Geheimpolizei des Volkskommissariats für Staatssicherheit NKGB und schließlich die Einheiten des Volkskommissariats für Inneres NKWD, in dessen Zuständigkeit nicht nur die Internierungs- und Straflager in Österreich gehörten, sondern auch die Grenztruppen zur Sicherung des Hinterlandes. Die österreichische Bevölkerung war vor allem mit dem NKWD konfrontiert, dem die Kontrolle über besetztes und daher feindliches Gebiet oblag, vor allem die Entlarvung und Verhaftung von »Spionen, Diversanten, Terroristen, Banditen, Deserteuren und Marodeuren sowie anderer Verbrecher«, wie es in den einschlägigen Quellen heißt.[30] Operativgruppen des NKWD waren in allen Städten und größeren Orten tätig, in aller Regel getarnt. Wichtige Mitarbeiter und Informanten hatte das NKWD in der Polizei, vor allem in der Wiener Staatspolizei, die bis 1947 unter der Leitung des Kommunisten und ehemaligen Widerstandskämpfers Dr. Heinrich Dürmayer stand.[31]

► Übersetzung eines Auszugs der sowjetischen Akte zu Margarethe Ottillinger Ottillinger, in: Stefan Karner (Hrsg.): Geheime Akten des KGB. »Margarita Ottilinger«, Graz 1992, S. 81

Der NKWD dürfte wohl den meisten Ost-ÖsterreicherInnen wegen seiner gewalttätigen Methoden wie Erpressungen, Festnahmen, Verschleppungen und langzeitigen Entführungen bekannt gewesen sein. Die Angst davor gehörte in der sowjetischen Zone zum unsicheren Alltag, während der gesamten Besatzungszeit.[32] Besondere Bekanntheit, weil von Medien beachtet

27 Die Herausforderung für die CIA war klar definiert: "Your job is to recruit Russians. Until we have done that we've failed" (»Ihre Aufgabe ist es, Russen zu rekrutieren. Solange wir das nicht geschafft haben, haben wir versagt.«) Hood, Mole, 1982, S.9. **28** Der Fall Popov ist besonders gut dokumentiert. Vgl. John Limend Hart: The CIA's Russians, Annapolis, MD, 2003, S. 18–56; Clarence Ashley: CIA Spy Master, Gretna, LA, 2004, S.81–137. Zu Dieriabin liegen Zeugenberichte ehemaliger CIA-Männer in Österreich vor: fiktional verbrämt bei William Hood: Mole, McLean, VA, 1993 und memoirenhaft bei: Tennant H. Bagley: Spy Wars. Moles, Mysteries and Deadly Games, New Haven, CT, 2007, S. 32–44. Dieriabin und Bagley verfassten später gemeinsam ein Standardwerk: The KGB. Masters of the Soviet Union, London 1990. **29** Siegfried Beer: Early CIA Reports on Austria, in: Contemporary Austrian Studies, 5. Jg. (1996), S. 247–288, hier S. 272. **30** So z. B. in der »Provisorischen Verordnung über die Militärkommandanturen auf dem von sowjetischen Truppen besetzten Territorium Österreichs« vom 20. 4. 1945, zit. bei: Wolfgang Wagner: Die Errichtung der sowjetischen Besatzungsmacht in Österreich von 1945 bis 1946 im Spiegel der Lageberichte, Diplomarbeit, Wien 1998, S. 139–146. **31** Natürlich auch in der Partei allgemein. Dazu Dieter Bacher: Die KPÖ und die sowjetischen Nachrichtendienste. Zweiseitige Kontakte im frühen Kalten Krieg, in: Stefan Karner/Barbara Stelzl-Marx (Hrsg.): Stalins letzte Opfer. Verschleppte und erschossene Österreicher in Moskau 1950–1953, Wien/München 2009, S. 189–203. **32** "Lives were held in the balance in Vienna after the war. They dangled precariously between life and

ZUSÄTZLICHE INFORMATIONEN ÜBER DEN HÄFTLING BZW. VERURTEILTEN

1. Verhaftet *am 23. 11. 48 von der Spionageabwehr des MGB, Truppenteil 32750 wegen Spionage*
(wann, vom wem und weshalb)

2. Verurteilt *am 11. 4. 49 durch die Sonderkommission des MGB der UdSSR nach Artikel 58-6*
(wann, wo, von welchem Gericht, für welches Verbrechen und zu welcher Haftdauer)

Zif.1 und 58-4 zu 25 Jahren[43)]

Vermerke
(über wiederholte Registrierungen, Verurteilungen, Voruntersuchungen, usw.)

Mündliches Portrait (das Zutreffende unterstreichen)

1. **Körpergröße**: groß (über 170 cm), klein (bis 165 cm), mittelgroß, sehr groß, sehr klein.
2. **Figur**: dick, korpulent, mittel, mager, dünn.
3. **Schulter**: gehoben, hängend, horizontal.
4. **Hals**: kurz, lang, auffallender Kropf, hervortretender Adamsapfel.
5. **Haarfarbe**: hell, blond, dunkelblond, schwarz, rot, graumeliert, grau.
6. **Augenfarbe**: blau, grau, grünlich, braun, schwarz.
7. **Gesicht**: rund, oval, rechteckig, dreieckig, piramidal, rhomboid.
8. **Stirn**: hoch, niedrig, gerade, fliehend, hervortetend.
9. **Augenbrauen**: gerade, bogenförmig, breit, schmal, zusammengewachsen.
10. **Nase**: klein, groß, dick, dünn, breit, Nasenrücken: konkav, gerade, konvex und gebogen. Nasenbein: gehoben, horizontal, hängend.
11. **Mund**: klein, groß. Mundwinkel: herabhängend, gehoben.
12. **Lippen**: dünn, dick, Herabhängen der Unterlippe, gehobene Oberlippe.
13. **Kinn**: schief, gerade, vorstehend, zweigeteilt, mit kleiner Grube, mit Querfurche.
14. **Ohren :** klein, groß, oval, dreieckig, quadratisch, rund. Abstehende Ohren: oben, unten, allgemein, Ohrläppchen: zusammengewachsen, getrennt, geneigt, eckig, oval.
15. **Besondere Merkmale**:
Operationsnarbe am rechten Unterleib
(Körperschäden, Verstümmelungen, Verletzungen, Auswüchse, Warzen, Flecken, Narben, krankhafte Körperbewegungen, Glatze, Gesichtsasymetrie)
16. **Sonstige Besonderheiten und Gewohnheiten**:
Schnarren[44)], Stottern, Nagen an den Fingernägeln, usw.

Die Karte erstellte:
Der 1. Sekretär des Durchgangsgefängnisses des Truppenteiles 32750, Starschina Prochorow
(Funktion und Unterschrift)

Geprüft "_________"194

und im Alliierten Rat heftig umstritten behandelt, erlangten vor allem die Entführungen prominenter Personen aus den Ministerien, der Polizei und gelegentlich auch aus westalliierten Verwaltungen, etwa des Ministerialrats Paul Katscher, des Polizeioberinspektors Anton Marek, des Gendarmen Franz Kiridus, aber insbesondere der Sektionschefin im Ministerium für Vermögenssicherung und Wirtschaftsplanung, Margarethe Ottillinger.[33] In all diesen Fällen lautete der Vorwurf: Spionage gegen die Sowjetunion. Spektakulär und bis heute nicht gänzlich aufgeklärt ist die Ermordung eines amerikanischen Marshallplan-Beamten, Irving Ross, im Oktober 1948.[34]

Das besetzte Österreich wurde aber nicht nur zum Schauplatz von Überläufen sowjetischer Elite-Militärs und Geheimdienstmitarbeiter in den Westen, sondern auch Tausender Rotarmisten aller Ränge. Im ersten Halbjahr 1947 allein sollen es in Österreich über 14 000 gewesen sein.[35] Sowjetische Soldaten beteiligten sich in großer Zahl und beachtlichem Umfang am Schwarzmarkthandel in Österreich, wobei auch westalliierte Soldaten diesem Geschäft nicht immer widerstehen konnten.[36]

Fazit: Österreichische Gegenwehr war kaum möglich

Wie aber stand es um die österreichische Spionageabwehr in diesen Jahren? Das 1933 eingerichtete Staatspolizeiliche Bureau war nach dem »Anschluss« Österreichs an das Deutsche Reich im März 1938 aufgelöst und, von demokratischen Elementen »gereinigt«, in die Gestapo übergeführt worden. Eine nachrichtendienstlich ausgerichtete Staatspolizei der Zweiten Republik musste daher neu aufgebaut werden. Die Kommunistische Partei Österreichs (KPÖ) nutzte die Gunst der Stunde: Das wochenlange Besatzungsmonopol der Roten Armee in Wien vor der Ankunft der Westalliierten im Spätsommer 1945 bescherte ihr die Chance, unter dem kommunistischen Innenminister Franz Honner die Staatspolizei mit Vertrauenspersonen zu besetzen, um nicht zu sagen: zu durchsetzen. In den sowjetisch kontrollierten Sektoren der Stadt Wien waren bis 1955 die wichtigsten Polizeifunktionäre kommunistisch. Dies entging natürlich den drei Westmächten nicht und so trachteten alle vier Besatzungsmächte danach, sich eine den jeweiligen Interessen entsprechende, sowohl »kontrollierende« als auch begünstigende Zusammenarbeit mit der österreichischen Staatspolizei zu sichern. Die besatzungsrechtlichen Instrumente dafür waren jahrelang leicht anwendbar, nicht zuletzt durch Gewalt, Zwang und ideologischen Druck. Diese relative Abhängigkeit hielt bis zum Herbst 1955 an, als die Besatzer abzogen.

Ehemalige monarchistische und republikanische Nachrichtenoffiziere der Zwischenkriegszeit hatten 1948 die geheime Planung nicht nur für ein zweites Bundesheer, sondern auch für einen militärischen Nachrichtendienst aufgenommen. Bald gab es dafür auch westalliierte Unterstützung,[37] die der sowjetischen Seite natürlich nicht unbekannt blieb. Auch personelle Verbindungen zur westdeutschen Organisation Gehlen, dem späteren Bundesnachrichtendienst, kamen schon früh zustande.[38] Die Aufstellung einer Nachrichtengruppe des Bundesheers der Zweiten Republik gelang allerdings erst 1956, im ersten Jahr nach Unterzeichnung des Staatsvertrags.[39] Es ist daher davon auszugehen, dass Österreich nicht nur in der unmittelbaren Nachkriegsphase, sondern bis in den Herbst 1955 in sicherheitspolitischer Hinsicht ein Spielball der vier Besatzungsmächte war, insbesondere im nachrichtendienstlichen Bereich. Eine effiziente Gegenwehr der österreichischen Sicherheitsorgane gegen die »Besatzungsherren«

Razzia auf dem Schwarzmarkt am Wiener Naschmarkt, 12. Dezember 1945

war praktisch nicht möglich. Die »Stay-Behind«-Netzwerke der Besatzer sind dafür nur ein Beweis unter vielen.[40] Trotz der sicherheitspolitischen Spannungen zwischen den Alliierten vor Ort waren sie in Wien, im Unterschied zu Berlin, stets darauf bedacht, eine echte Konfrontation zu vermeiden. Davon profitierte ganz Österreich, erkennbar schon ab 1956, denn die anfangs gar nicht so geliebte Neutralität, die den Staatsvertrag erst ermöglichte, erwies sich bald als identitätsstiftende Chance und Aufgabe. Auch das hat in nicht geringem Maße mit den vier Besatzungsmächten zu tun.

---

death". (»Leben in Wien nach dem Krieg war ein Balance-Akt zwischen Überleben und Tod.«) Corera: The Art of Betrayal, 2011, S. 11 f. **33** Der Fall Ottillinger ist besonders gut dokumentiert bei: Stefan Karner (Hrsg.): Geheime Akten des KGB »Margarita Ottilinger«, Graz 1992. **34** Dazu vor allem: Ralph W. Brown III: U.S. Army Intelligence in Vienna & the Case of Irving S. Ross and Dana Superina, in: Journal for Intelligence, Propaganda and Security Studies, 1. Jg. (2007/1), S. 35–45. **35** Masha Williams: White Among Reds, London 1980, S. 114. Die Mehrheit dieser Deserteure war überzeugt, dass ein heißer Konflikt zwischen Ost und West unmittelbar bevorstehe. Vgl. Ralph W. Brown III: »Stalin Tells Us that War is Inevitable«. What American Military Intelligence in Austria Learned from Soviet Deserters, 1946–1948. Das überlassene Manuskript befindet sich im Besitz des Autors. **36** Ralph W. Brown III: Making »The Third Man« Look Pale. American-Soviet Conflict in Vienna During the Early Cold War in Austria, 1945–1950, in: The Journal of Slavic Military Studies, 14. Jg. (2001/4), S. 89 f. **37** Schon 1948 hatten die Amerikaner einen geheimen Plan entwickelt, für die Wiener Polizei 6000 Mann auszubilden. Davon soll nur Kanzler Figl gewusst haben. Vgl. Brown III: Making "The Third Man" Look Pale, 2001, S. 87. **38** Bodo Hechelhammer: Die »Organisation Gehlen« in Österreich. Skizzen organisatorischer und personeller Entwicklungslinien von 1946 bis 1951, in: Journal for Intelligence, Propaganda and Security Studies, 9. Jg. (2015/2), S. 24–36. **39** Vgl. Walter Blasi: Die Anfänge des militärischen Nachrichtendienstes in Österreich, in: Walter Blasi/Erwin A. Schmidl/Felix Schneider: B-Gendarmerie, Waffenlager und Nachrichtendienste. Der militärische Weg zum Staatsvertrag, Wien/Köln/Weimar 2005, S. 123–138. **40** Dazu z. B. Manfried Rauchensteiner/Claudia Ham (Hrsg.): Sorry guys, no gold! Die amerikanischen Waffendepots in Österreich, Wien 1998.

DAS SCHWEDISCHE »T-BÜRO« UND DIE ORGANISATION GEHLEN

Erkenntnisse über ihre Zusammenarbeit in der frühen Phase von 1947 bis 1950

Nach einem offenbar harmonisch verlaufenen Abend irgendwo in der Bundesrepublik Deutschland im September 1950, vielleicht in München, schrieb ein schwedischer Herr auf Deutsch einige Zeilen des Dankes an seinen Gastgeber Dr. Merker:

»Der neue Weg ist jetzt fertig, und ich brauche diese Gelegenheit Ihnen und bitte auch Herrn Dr. Schneider meinen herzlichen Dank zu sagen für den angenehmen Abend, den wir zusammen verbrachten. Ich wenigstens hatte den Eindruck, dass wir uns näher gekommen sind und dass wir weiter kommen können.«[1]

Diese Zeilen eignen sich gut als Einleitung für diesen Essay, geben sie doch einen Einblick in die frühe Phase der Zusammenarbeit zwischen zwei geheimen Nachrichtendiensten, einem deutschen und einem schwedischen, nach dem Ende des Zweiten Weltkriegs. Zwischen den Konfrontationslinien im Nachkriegseuropa eingekeilt und obgleich vom Westen dazu gedrängt, politisch Farbe zu bekennen, hielt Schweden an seiner offiziellen Politik der Blockfreiheit fest. Dennoch wussten die Schweden, wo sie hingehörten, und arbeiteten in militärischen und sicherheitspolitischen Fragen verdeckt mit dem Westen zusammen. Dazu gehörte auch die geheime nachrichtendienstliche Zusammenarbeit.

Das Zitat stammt aus der Feder von Dr. Thede Palm, der das geheime sogenannte T-Büro (»T-kontoret« auf Schwedisch) über die gesamte Zeit seines Bestehens von 1946 bis 1964 leitete.[2] Vor dem Zweiten Weltkrieg war Palm Bibliothekar an der Universität in Lund gewesen, wo er im Fach Religionsgeschichte über das Thema »Wendische Kultstätten« promoviert hatte. In seiner Dienstzeit während des Krieges war er in das geheime »C-Büro« (»C-byrån« auf Schwedisch[3]) versetzt worden, wo er Karriere machte. Als das C-Büro Anfang 1946 aufgelöst wurde – einer der Gründe dafür lag in der vorherrschenden Meinung, dass zu viele Leute von ihm wussten –, trat eine noch geheimere Organisation an seine Stelle, mit Palm als Leiter.[4] Es hieß über ihn, er sei ein korrekter Beamter mit einer eher trockenen Art, aber warmherzig und mit einem guten Gespür für den Umgang mit Menschen.

◄ Helmuth Ternberg, sowohl im schwedischen C-Büro als auch in dessen Nachfolgeorganisation T-Büro tätig, war maßgeblich an der Kontaktaufnahme mit der Org beteiligt, um 1960

1 Brief Palm an Merker (Horst von Mellenthin), 22. 9. 1950, Krigsarkivet (KrA), Stockholm, Fst/U, H 202:3, T-kontoret, Film 21, Microfiche 32/34. **2** Sam Nilsson: T-kontoret. Underrättelsetjänst och västsamarbete, Falun, 2013, S. 17. Hinter den Decknamen »Dr. Schneider« und »Dr. Merker« verbargen sich Reinhard Gehlen, der Leiter der Organisation Gehlen (Org), und Horst von Mellenthin, der für die Außenkontakte der Org zuständig war. Die Abkürzung »T« steht vermutlich für »tekniska« (technisch), denn der Deckname der Organisation lautete »tekniska utredningen« (technische Untersuchung/Kommission). **3** Die Abkürzung »C« stand für »Central«. **4** Nilsson: T-kontoret, 2013, S. 24.

Typisches Agentenfoto, das den Schweren Kreuzer »Lützow« im Mai 1947 bei Swinemünde zeigt. Nach Versenkung des Schiffes durch Bomber der Royal Air Force im April 1945 begannen die Sowjets im August 1945 mit der Bergung; im Juli 1947 wurde es aufs Meer hinausgeschleppt und im Baltischen Meer versenkt.

Das T-Büro war eine kleine Organisation und konzentrierte seine Arbeit folgerichtig auf angrenzende geografische Gebiete, die eine reelle Chance auf Erfolg für eine geheimdienstliche Aufklärung boten, wie etwa den Nachbarstaat Finnland (unter sowjetischem Einfluss, aber nicht besetzt) sowie die in die Sowjetunion integrierten baltischen Staaten, den sowjetisch dominierten Satellitenstaat Polen und die sowjetische Besatzungszone Deutschlands (ab 1949 Deutsche Demokratische Republik). Das T-Büro arbeitete als HUMINT-Organisation.[5] Es trat vorrangig an Menschen mit häufigen Auslandskontakten heran, wie Reisende, Kaufleute, Fischer, Matrosen der Handelsmarine und Flüchtlinge, um von ihnen Informationen über die Vorgänge im sowjetischen Machtbereich zu bekommen. In Kooperation mit dem britischen Geheimdienst richtete es Agentennetzwerke in den ehemaligen baltischen Staaten ein. Diese Agentennetzwerke waren jedoch operativ nicht sehr erfolgreich, denn sie wurden massiv von der sowjetischen Spionageabwehr unterwandert und flogen letztlich auf, mit tragischen Konsequenzen für die Agenten.[6] Erfolgreicher scheint ein Netzwerk gearbeitet zu haben, das schon 1944 in Finnland vom Vorgänger des T-Büros, dem C-Büro, gegründet worden und nachweislich noch in der zweiten Hälfte der 1940er-Jahre aktiv war. Darüber hinaus knüpften die schwedischen Geheimdienstler vorsichtig und unter größter Geheimhaltung Kontakte zu hochrangigen Befehlshabern im finnischen Generalstab. In einer Zeit, in der die mächtige Sowjetunion starken Druck auf das kleine Land ausübte, sahen die pragmatisch denkenden Finnen hierin eine Möglichkeit, einen Informationskanal zum Westen offen zu halten.[7]

Eine häufig genutzte Methode zur Nachrichtengewinnung bestand darin, Matrosen der schwedischen Handelsmarine, die auf der Ostsee unterwegs waren und Häfen im sowjetischen Machtbereich anliefen, mit Fotoapparaten auszustatten.[8] Vielen Berichten lagen sogenannte Agentenfotos von Schiffen bei, die im Hafen oder auf See beobachtet worden waren. Aus naheliegenden Gründen wollte die schwedische Marine möglichst viel über die Schiffe und Fähigkeiten der sowjetischen Seestreitkräfte in Erfahrung bringen. Von besonderem Interesse war es für sie, Informationen über die Identität und den Zustand von Schiffen der ehemaligen Deutschen Kriegsmarine zu bekommen, die die Sowjetunion erbeutet hatte. Tatsächlich setzte die sowjetische Marine aber nur wenige der ehemals deutschen Schiffe ein, da sich die meisten in einem zu schlechten Zustand befanden.

Nach der Auflösung des T-Büros im Jahr 1964 wurde gemeinhin angenommen, dass sein Archiv verbrannt und dessen Inhalt für immer verloren sei – für manchen Geheimdienstler ein erfreulicher Umstand, für Historiker aber definitiv ein beklagenswerter Verlust. Ende 1997 jedoch übergab General Stig Synnergren, der ehemals oberste Befehlshaber der schwedischen Streitkräfte, dem schwedischen Militärarchiv in Stockholm eine Aktentasche, in der die verblüfften Archivare 31 Mikrofilme aus dem Archiv des T-Büros fanden. Offensichtlich hatte jemand angeordnet, den Inhalt des Archivs zu verfilmen, bevor es zerstört wurde. Die Mikrofilme wurden auf Mikrofiche-Karten kopiert und Teile davon der historischen Forschung zur Verfügung gestellt.

Abgesehen von Korrespondenz und anderen Dokumenten enthalten die Mikrofilme auch alle Berichte, die das T-Büro in der Zeit seines Bestehens herausgegeben hatte. Auf der ersten Seite eines jeden Berichts befinden sich üblicherweise handschriftliche Notizen in kleiner Schrift am Seitenende und manchmal auch in der oberen linken Ecke. Die einen geben jeweils die Informationsquelle an, die anderen die ausländischen Geheimdienste, mit denen die Information geteilt wurde. Wenn man diese kryptischen Notizen richtig deutet – es wurden Decknamen verwendet und die Schrift ist manchmal kaum lesbar –, kann man die Beziehungen zwischen dem T-Büro und seinen ausländischen Partnern rekonstruieren, wie in diesem Fall der Organisation Gehlen (Org). Das T-Büro nutzte die Abkürzung »Ff« (abweichend manchmal auch »FF« oder »ff«) für die Org; die beiden Buchstaben standen dabei ganz einfach für Frankfurt am Main.[9]

Aufnahme der Beziehungen zwischen T-Büro und Org

Dr. Carl Theodor Palm, Thede Palm genannt, Leiter des T-Büros von 1946 bis 1964

Während des Krieges hatte das C-Büro geheime Kontakte mit verschiedenen in Stockholm vertretenen Geheimdiensten kriegführender Länder hergestellt – Kontakte, die nach dem Krieg wieder aufgegriffen und weiterentwickelt wurden. Der stellvertretende Leiter des C-Büros, Hauptmann Helmuth Ternberg, war für die Verbindung mit Deutschland und dem militärischen Nachrichtendienst des Deutschen Reiches, dem Amt Abwehr, zuständig gewesen.[10] Ternberg wurde ins T-Büro übernommen, jedoch nicht mehr in leitender Position. Palm beauftragte ihn damit, Kontakte mit der gerade entstehenden Org zu knüpfen. Viele von Ternbergs alten Bekannten aus der Abwehr waren inzwischen in der Org beschäftigt.

Ternberg, die vielleicht bemerkenswerteste Figur in der Geschichte schwedischer Geheimdienstarbeit, war eine exzentrische Person, ein charmanter, eleganter, wortgewandter und vielleicht ein wenig bequemer Mann »mit dem bewundernswerten Talent, andere die Arbeit machen zu lassen«,[11] und mit einem bemerkenswert weitreichenden Netzwerk von Kontakten.

5 HUMINT = Human Intelligence, Spionagearbeit mit menschlichen Quellen. **6** Die Agenten wurden auf der Flucht erschossen oder hingerichtet, einige in sibirischen Gefangenenlagern inhaftiert. Nilsson: T-kontoret, 2013, S. 55–57. **7** Ebd., S. 109–137. **8** Ebd., S. 32. **9** Ebd., S. 93 f. **10** PM över C-byrån, KrA, Archiv Helmuth Ternberg, S. 16. **11** Interview mit Carl-Ragnar Béve, 12. 11. 2008. Béve war langjähriger Mitarbeiter sowohl des C-Büros als auch des T-Büros und kannte Ternberg seit den späten 1930er-Jahren. Der Autor hatte das Glück, Béve mehrmals zu treffen und mit ihm sowohl über seine Zeit im Nachrichtendienst als auch über seine Erfahrungen als Freiwilliger in den beiden Kriegen Finnlands gegen die Sowjetunion zu sprechen, in denen er für seine Leistungen ausgezeichnet wurde.

►

links:
General Reinhard Gehlen als Chef der Abteilung Fremde Heere Ost, 1943

rechts:
General Horst von Mellenthin, später unter dem Decknamen Dr. Merker damit beauftragt, die Politiker in Bonn Schritt für Schritt von der Anerkennung der Existenz und Arbeit der Org zu überzeugen, 1937

Ternberg war es auch, der die Tür zur Org öffnete und den Weg für eine fruchtbare Zusammenarbeit zwischen dem T-Büro und seinem westdeutschen Pendant ebnete.

Gleich drei ehemalige Abwehr-Angehörige taten sich auf deutscher Seite als die »Haupt-Türöffner« für eine Zusammenarbeit hervor: Hauptmann Albert Utermark von der ehemaligen Abwehr-Station in Stockholm, dem sogenannten Büro Wagner, sprach fließend Schwedisch und war Ternberg aus der Stockholmer Zeit bekannt. Fregattenkapitän Alexander Cellarius war der Leiter der Abwehr in Helsinki gewesen und hatte Ternberg vermutlich kennengelernt, als dieser im Dezember 1941 über Helsinki nach Reval (heute Tallinn) an die Ostfront reiste.[12] Schließlich war da noch Eginhard Notzny von Gaczynski, der ehemalige Leiter der Abwehrstelle Königsberg. Wann Ternberg und Notzny von Gaczynski sich erstmals trafen, ist nicht bekannt; möglicherweise war dies während des Besuchs Ternbergs an der Ostfront. Da Notzny von Gaczynski rückblickend 1947 schrieb: »[M]ir war es immer eine Freude, wenn Sie nach Ostpreussen kamen«[13], hatten sich die beiden Männer offenbar während des Krieges mehrmals dort getroffen.

Wann die Kontaktaufnahme zwischen dem T-Büro und der Org stattfand, lässt sich nicht rekonstruieren. Möglicherweise datiert der früheste Kontakt auf Anfang 1947, als Notzny von Gaczynski einen Brief an Palm schrieb, in dem er ihm für ein Päckchen dankte und bemerkte, er habe viel von der Vergangenheit zu erzählen. Notzny von Gaczynski lebte damals im Hotel Wenzel in Schmitten im Taunus bei Frankfurt am Main.[14] Dieser Brief legt den Schluss nahe, dass Palm und Notzny von Gaczynski einander früher schon begegnet waren, vielleicht bei Palms erstem Treffen mit Reinhard Gehlen in einem Jagdhaus im Weihersgrund im Taunus, dem Sitz der Abteilung Beschaffung der Org. Das Datum dieses Treffens ist unbekannt.[15] Im weiteren Verlauf des Jahres 1947 trat auch Utermark in den Schriftverkehr mit den Schweden ein, als Palm versuchte, ihm in Witzenhausen eine Stelle im Lokalbüro der schwedischen Firma Linjebuss (einem frühen Anbieter von Gruppenreisen mit dem Bus)[16] zu vermitteln.

Über seine deutschen Bekannten bereitete Ternberg den Beginn von Verhandlungen zwischen den beiden Organisationen vor, bei denen entschieden werden sollte, wie bei der Zusammenarbeit und beim Austausch von Geheimdienstinformationen zu verfahren sei. Da ein solcher

12 Persönliche Akte Alexander Cellarius, Telegramm von der Abwehr Berlin an die KO (Kriegsorganisation) Helsinki, 17. 12. 1941, Riksarkivet (RA), Stockholm, Archiv der Sicherheitspolizei. Das Telegramm trug die Aufschrift »Geheime Kommandosache« und wurde über eine Geheimschreiberleitung gesendet. Der G-Schreiber, wie er häufig genannt wurde, war eine ausgeklügelte Verschlüsselungsmaschine, deren Code dennoch von der schwedischen Organisation für elektronische und Fernmeldespionage (FRA) entschlüsselt wurde. Etwa 300 000 dekodierte G-Schreiber-Telegramme sind im Krigsarkivet erhalten. Zur bemerkenswerten Geschichte darüber, wie der G-Schreiber-Code geknackt wurde, siehe C.G. McKay/Bengt Beckman: Swedish Signal Intelligence 1900–1945, Bodmin, 2003, S. 130–168. Zu Ternbergs Reise an die Ostfront vgl. PM över C-byrån, KrA, Archiv Helmuth Ternberg, S. 16. Ternberg verbrachte drei Monate hinter der Front und verfolgte die deutschen Operationen an der Ostfront. **13** Brief von Notzny von Gaczynski an Ternberg, 31. 7. 1947, KrA, Archiv Helmuth Ternberg. **14** Brief von Notzny von Gaczynski an Palm, 21. 3. 1947, KrA, Fst/U, H 202:3, T-kontoret, Film 20, Mikrofiche 1/42. **15** Thede Palm: Några studier till T-kontorets historia, Stockholm, 1999, S. 89. **16** Brief von Palm an Utermark, 19. 5. 1947, KrA, Fst/U, H 202:3, T-kontoret, Film 20, Mikrofiche 4/42; Brief von Ternberg an die schwedische Ausländerbehörde (utlänningskommissionen), 24. 3. 1948, KrA, Archiv Helmuth Ternberg. **17** Nilsson: T-kontoret, 2013, S. 214–234. **18** Brief von Ternberg an unbekannten Empfänger, 5. 6. 1950, KrA, Archiv Helmuth Ternberg.

Prozess normalerweise recht langwierig ist, überrascht es wenig, dass ein Austausch von Informationen erst für den Februar 1948 beobachtet werden kann. In dieser Phase besuchte Ternberg seine deutschen Bekannten mehrmals, und dem Briefwechsel lassen sich vorsichtig platzierte Hinweise auf Treffen und Besuchspläne entnehmen. Im Schriftverkehr verwendete Ternberg oft seine Decknamen »E. Ahrenberg« und, seltener, »Robert Bross«. Ternberg reiste von Schweden aus immer mit dem Zug über Kopenhagen nach Frankfurt am Main, wo er entweder von Utermark oder Notzny von Gaczynski erwartet wurde.[17] Utermark zog später nach München, aber Notzny von Gaczynski blieb in der Gegend um Frankfurt am Main. Es ist nicht klar, ob und wie oft Ternberg auch Aufenthalte in Hamburg einlegte, um Cellarius zu treffen, der einige Male in der Korrespondenz erwähnt wird.

Austausch geheimdienstlicher Informationen

Die grundlegende Idee hinter dem Austausch von Informationen zwischen zwei Parteien besteht darin, dass eine Partei erhält, was ihr fehlt, und dafür im Gegenzug etwas herausgibt, das die andere Partei nicht hat, aber gerne erwerben möchte. Ein solches Gleichgewicht kann man auch zwischen dem T-Büro und der Org feststellen. Dem Autor ist nicht bekannt, ob diese ihre Wünsche jemals schriftlich geäußert hat, das T-Büro aber hat seine in einigen wenigen Zeilen an die Org treffend zusammengefasst:

1.

Heidelberg-Rohrbach (Baden)
Kühler Grund 62 bei Gross
d. 26. Mai 1947

Mein lieber, sehr verehrter Freund!

Heut kann ich Ihnen die erfreuliche Mitteilung machen, daß ein großes Paket von Ihnen mit folgendem Inhalt hier eingetroffen ist: 1 Pullover, 1 Damenjacke, 2 Schals, 2 Mützen, 2 Paar Socken, 1 Paar wollene Handschuhe, 1 Stück Seife, 2 Tüten Thee u. 1 Büchse Kaffee. Wir alle danken Ihnen sehr herzlich für dieses so reiche Paket. Sie werden kaum wissen, wie sehr Sie uns damit geholfen haben. Ich weiss nur nicht, wie ich Ihnen diese Freundschaft vergelten soll.

Sehr dankbar wären wir, wenn Sie uns wieder einmal ein Paket mit Fett oder Speck, Thee u. Kaffee, Damenwäsche Größe 42 (auch alte), Mehl u. buntes Garn senden könnten. Aber nur, wenn Sie es ermöglichen können. Die Ernährungslage ist jetzt sehr böse geworden u. oft muß man hungern u. ist froh trockenes Brot zu haben.

Meine Frau u. ich wohnen nun endgültig in Hei-

Den Anteil für Fr. St. habe ich weitergeleitet.

delberg u. wir beide freuen uns schon sehr Sie doch einmal bei uns begrüßen zu können. Wir besitzen zwar nur ein Zimmer mit Balkon u. 6 Gemüsebeeten, sind aber zufrieden. Meine Tochter ist in Bielefeld auf dem Kindergärtnerinnen-Seminar. Sie können aber bei uns wohnen u. übernachten; ein 2. Zimmer steht dazu zur Verfügung. Es geht ja jetzt der Nord-Express von Stockholm über Kopenhagen – Hamburg – Hannover – Frankfurt/Main – Heidelberg – Basel. Sie steigen also in Stockholm ein u. können bequem bis Heidelberg durchfahren. Eine große Erleichterung! Nur müßten Sie etwas Proviant mitbringen. Also kommen Sie bald, nachdem der Reiseweg jetzt sichergestellt ist. Wie gesagt, es wäre mir u. meiner Frau eine ganz große Freude. Gern würde ich mich mit Ihnen über die vergangenen Zeiten im Osten unterhalten. Mit meinen Gedanken bin ich noch sehr viel in dem schönen Ostpreußen, in Suwalki u. Grodno, Litauen, Riga u. Reval. Die armen Menschen dort tun mir leid. Hier entwickelt sich die Lage allmählich so, daß wohl der Rest von Deutschland in ein Ost- u. ein Westdeutschland geteilt wird. In meiner neuen Arbeit gibt es

viel zu tun, aber es ist ja dieselbe Arbeit im großen gesehen geblieben. Ich wünsche Ihnen, mein lieber, alter Freund alles Gute u. bin mit vielen sehr herzlichen Grüßen von meiner Frau u. Tochter Ihr dankbarer Egon v. Jaczynski.

◄ Seite 320/321
Einer der ersten Briefe von Eginhard Notzny von Gaczynski, der schon lange mit Ternberg befreundet war. Von seinem schwedischen Freund hatte er gerade ein Päckchen mit warmer Kleidung, Seife, Tee und Kaffee erhalten. Er schrieb, dass er oft an das malerische Ostpreußen und die Gegenden in den Baltischen Staaten zurückdenke. Zwar habe er viel zu tun in seiner neuen Position, aber im Grunde sei es dasselbe alte Spiel wie früher.
Heidelberg, 26. Mai 1947

»Vor allen Dingen interessieren wir uns für Meldungen, die mit dem Ostseegebiet etwas zu tun haben, also die deutsche Nordküste, Polen, die baltischen Länder, Leningradraum u s w.«[18]

Für den Austausch von nachrichtendienstlichen Informationen ist ein sicherer Kommunikationskanal unabdingbar. In diesem Fall bediente sich das T-Büro der Hilfe des schwedischen Außenministeriums in Gestalt von Palms Freund Sven Dahlman, dem Leiter der Abteilung Politik. Verstaut in einer Diplomatentasche (die bei Kontrollen nicht durchsucht wurde) und versandt über das schwedische Konsulat, gelangten Briefe und Berichte sicher hin und her. Einer der schwedischen Diplomaten im Konsulat wurde mit der heiklen Aufgabe betraut, als »Briefkasten« zu fungieren. Während die Zentrale der Org im Dezember 1947 von Oberursel bei Frankfurt nach Pullach bei München übersiedelte, blieb das Konsulat in Frankfurt am Main nachweislich noch bis mindestens Ende 1950, vielleicht sogar länger, in Verwendung. Die Gründe dafür sind nicht bekannt.[19]

Der Austausch begann offenbar, wie erwähnt, spätestens 1948. In diesem Jahr stützte sich das T-Büro in dreißig Berichten auf deutsche Informationen, im Gegenzug ließ es die Org an den Informationen dreier Berichte aus eigenen Quellen teilhaben. Im Jahr 1949 war das Verhältnis 38 zu 15, 1950 waren es jeweils 13 zu 44 Berichte.[20] Allem Anschein nach hat das T-Büro in den Jahren 1948 und 1949 also mehr Informationen erhalten als herausgegeben; im Jahr 1950 dagegen war es andersherum. Eine Erklärung hierfür konnte bislang nicht gefunden werden.

Folgt man Palms Erinnerungen, bekam das T-Büro in späteren Jahren sehr viele hochwertige Informationen von der Org. Palm hielt die auf Informationen der Org beruhende Berichterstattung immerhin für so wichtig, dass er einen pensionierten Oberstleutnant einstellte, um alle Berichte vom Deutschen ins Schwedische zu übertragen.[21] Die Themengebiete, in denen das T-Büro und die Org Meldungen austauschten, können recht präzise aufgeführt werden.[22] Zum einen gab die Org Informationen an das T-Büro weiter, die hauptsächlich die sowjetische Besatzungszone in Deutschland sowie die Sowjetunion selbst betrafen:

- Bulgarien, militärische und nachrichtendienstliche Aktivität der Sowjetunion (1948)
- DDR, militärische und nachrichtendienstliche Aktivitäten der Sowjetunion (1948, 1949, 1950)
- DDR, Straßen und Schienen (1948, 1950)
- Ungarn, allgemein (1948)
- Sowjetunion, Industrie und Landwirtschaft (1948, 1949, 1950)
- Sowjetunion, militärische Aktivität (1948, 1949, 1950)
- Sowjetunion, Straßen und Schienen (1948, 1949, 1950)
- BRD, sowjetische Spionage (1948, 1949)
- Jugoslawien, militärische Aktivität (1948)
- Krieg an der Ostfront, Erinnerungen von Kriegsveteranen (1950)[23]

Im Gegenzug erhielt die Org vom T-Büro Informationen über das in die Sowjetunion eingegliederte Baltikum, Finnland und Polen – also diejenigen Gebiete, in denen das T-Büro auch selbst aktiv war:

- Tschechoslowakei (1950)
- DDR, Industrie und Landwirtschaft (1950)
- Estland, militärische Aktivität der Sowjetunion (1949, 1950)
- Finnland, militärische Aktivität (1950)
- Lettland, Industrie und Landwirtschaft (1949)
- Lettland, Straßen und Schienen (1950)
- Litauen, militärische Aktivität der Sowjetunion (1948)
- Polen, Industrie und Landwirtschaft (1949, 1950)
- Polen, Straßen und Schienen (1949, 1950)
- Polen, militärische Aktivität (1949, 1950)
- Polen, Nachrichten- und Sicherheitsdienst (1949)
- Polen, Widerstandsbewegung (1950)
- Polen, Politik (1950)
- Polen, militärische Aktivität der Sowjetunion (1949)
- Sowjetunion, allgemein (1949)
- Sowjetunion, Industrie und Landwirtschaft (1950)

Es lässt sich schlussfolgern, dass die beiden Nachrichtendienste Informationen über diejenigen geografischen Bereiche austauschten, zu denen eine der beiden Organisationen den besseren Zugang hatte als die jeweils andere. Zudem kann festgestellt werden, dass das T-Büro die Informationen der Org auch in seine Berichte an die Abnehmer im schwedischen Verteidigungsstab einfließen ließ. Inwieweit die Org ihrerseits Informationen ihrer schwedischen Partnerorganisation nutzte, ist dem Autor nicht bekannt. Festzuhalten bleibt, dass die frühe Partnerschaft zwischen den zwei Organisationen auf persönlichen Kontakten aus der Zeit des Zweiten Weltkriegs basierte und von beiden Seiten als nutzbringend betrachtet wurde.

Die historische Forschung zu diesem Themenbereich befindet sich erst am Anfang. Es wäre wünschenswert, die Forschungen zumindest einige Jahre über das Ende des Jahres 1950 hinaus fortzuführen. Die Archive des T-Büros bieten die Möglichkeit dazu, doch müsste dazu der Zugang zu jüngerem Material gewährt werden. Auch wäre es interessant, eine vergleichbare Betrachtung der deutschen Seite anzustellen. Man weiß bislang nicht, ob sich anhand des in Deutschland erhaltenen Archivguts ähnliche Aussagen über den Informationsaustausch treffen ließen wie mithilfe der Notizen des T-Büros.

---

19 Nilsson: T-kontoret, 2013, S. 212–214. **20** Ebd., S. 237. **21** Palm: Några studier till T-kontorets historia, 1999, S. 90. **22** Nilsson: T-kontoret, 2013, S. 288–290. **23** Zu den Erinnerungen an den Krieg gegen die Sowjetunion finden sich diverse lange Berichte auf Deutsch im Archiv des T-Büros, zum Beispiel über »Die russische Kampfführung«, Bericht Nr. 440, 5. 10. 1950, KrA, Fst/U, H 202:3, T-kontoret, Film 3, Microfiche 5/36, oder »Taktische und operative Führungsgrundsätze der Sowjets in ihren Grundlinien«, Bericht Nr. 492, 3. 11. 1950, KrA, Fst/U, H 202:3, T-kontoret, Film 3, Microfiche 7/36. Beim letztgenannten Text handelt es sich um eine Denkschrift von Graf Kielmansegg vom September 1950 (URL: https://www.deutsche-digitale-bibliothek.de/item/HDZ7S5IVGXR6OFISXOH7S35OFB677PZE, zuletzt aufgerufen am 11. 11. 2015).

Per

eptionen

»A GENTLEMEN'S BUSINESS ...« DIE ORGANISATION GEHLEN UND DIE ERFORSCHUNG DER ANFÄNGE WESTDEUTSCHER SICHERHEITSPOLITIK

Ein Interview mit dem Militärhistoriker Georg Meyer

Um das Jahr 1970 ermunterte der damalige Bundesminister der Verteidigung, Helmut Schmidt, den amtierenden Generalinspekteur der Bundeswehr, General Ulrich de Maizière, als Zeitzeugen der Vor- und Frühgeschichte der Bundeswehr zur Niederschrift seiner Erinnerungen an diese Phase deutscher Militärgeschichte.[1]

Auch wenn de Maizière sich dieser Aufgabe nicht persönlich annahm, so reichte er sie doch weiter an das Freiburger Militärgeschichtliche Forschungsamt (MGFA), das bereits 1975 eine erste Überblicksdarstellung wie auch einen ersten wissenschaftlich fundierten Band über die Entstehungsgeschichte der Bundeswehr vorgelegt hatte.[2] Aus diesen ersten Anfängen erwuchs in den kommenden Jahrzehnten eine Fachexpertise für eine national wie international ausgerichtete Militärgeschichtsschreibung nach 1945.[3]

Die Historiker des MGFA waren Wegbereiter und kämpften auch deshalb mit einer schwierigen Aktenlage, zu der sie zunächst einen privilegierten Zugang in den Archiven des Bundeskanzleramtes, des Bundesministeriums der Verteidigung und des Archivs des Bundesnachrichtendienstes (BND) hatten. Darüber hinaus stützten sich die Historiker mit Zeitzeugeninterviews auf eine weitere, nicht immer einfach zu handhabende Quellengattung.

◄ Kloster Himmerod, Tagungsort der militärischen Expertengruppe zum Wiederaufbau westdeutscher Streitkräfte im Oktober 1950

Georg Meyer[4] war zusammen mit dem Oberst i. G. Johannes Fischer[5] einer der frühen Mitarbeiter des MGFA auf dem weiten Feld der »Anfänge westdeutscher Sicherheitspolitik« (AWS). Seine zuvor abgeschlossene Edition der Tagebücher des Generalfeldmarschalls Ritter von

1 So Georg Meyer im Interview vom 5. 8. 2015. Hierzu und zur Person de Maizières siehe John Zimmermann: Ulrich de Maizière. General der Bonner Republik 1912 bis 2006, München 2012, S. 429–434. **2** Verteidigung im Bündnis. Planung, Aufbau und Bewährung der Bundeswehr 1950–1972. Hrsg. vom Militärgeschichtlichen Forschungsamt, 2. Auflage, München 1975. Aspekte der deutschen Wiederbewaffnung bis 1955. Hrsg. vom Militärgeschichtlichen Forschungsamt, Boppard am Rhein 1975 (= Militärgeschichte seit 1945, 1). **3** Siehe die zunächst entstandene Reihe Militärgeschichte seit 1945, 11 Bde., Boppard am Rhein 1975–2000. Hieraus aufbauend erwuchsen für die Erforschung bundesdeutscher Sicherheitspolitik die durch das MGFA begründeten Reihen Anfänge westdeutscher Sicherheitspolitik, 4 Bde., München/Wien 1982–1997, künftig zitiert als AWS; Entstehung und Probleme des Atlantischen Bündnisses (bis 1956), bislang 10 Bde., München 1998–2015; Sicherheitspolitik und Streitkräfte der Bundesrepublik Deutschland, bislang 12 Bde., München 2006–2014; Neueste Militärgeschichte. Analysen und Studien, bislang 4 Bde., Freiburg 2012–2015; schließlich die Editionsreihe Der Bundestagsausschuss für Verteidigung, bislang 3 Bde., Düsseldorf 2006–2015. **4** Georg Meyer, Historiker, 1968–2002 wissenschaftlicher Mitarbeiter am Militärgeschichtlichen Forschungsamt, zuletzt Wissenschaftlicher Direktor. **5** Johannes Fischer, bis 1977 Historikerstabsoffizier am Militärgeschichtlichen Forschungsamt, Leiter der Projektgruppe Geschichte der Bundes-

Bundesminister für Wiederaufbau Eberhard Wildermuth, um 1950

Leeb[6] hatte ihn mit Zeitzeugen zusammengeführt, die nicht nur vor 1945 wichtige Funktionen in hohen Stäben der Wehrmacht, namentlich des Heeres, wahrgenommen hatten, sondern auch später für die Vor- und Frühgeschichte der Bundeswehr von Relevanz waren. Meyer erkannte rasch die personellen Kontinuitäten und Zusammenhänge jenseits der zunächst dürftigen Aktenlage. Vor allem fiel ihm und dem zuständigen Leiter des Forschungsbereichs die besondere Rolle einiger Mitarbeiter der Organisation Gehlen (Org) auf, die selbige bei Planung und späterem Aufbau der westdeutschen Streitkräfte spielte, insbesondere im Hinblick auf die Personalpolitik.

Auch wenn sich frühe Vermutungen nicht sofort durch die Aktenlage erhärten ließen, war die Bedeutung der Org für die Entstehungsgeschichte der Bundeswehr offenkundig. Meyers Arbeit an den Bänden zu den Anfängen westdeutscher Sicherheitspolitik war gekennzeichnet durch einen privilegierten Aktenzugang in den Archiven Pullachs, das hieraus gezogene Sonderwissen, eine nicht immer durchgängige Zitation in den Beiträgen und das Bemühen, den Eindruck einer persönlichen Nähe zum Dienst zu vermeiden. Jüngere Forschung ist über die in den AWS dokumentierten Ergebnisse bereits hinausgegangen: So wissen wir heute, dass Bundeskanzler Konrad Adenauer mit seinem Bundesminister für Wiederaufbau Eberhard Wildermuth seit September 1949 einen »Schattenminister für Verteidigung« installiert hatte, der sich auf einen »Schattengeneralstab« abstützte, der wiederum an die Org angebunden war.[7] Diese militärische Expertengruppe hatte lange vor der bekannten Tagung im Kloster Himmerod ein Konzept zum Wiederaufbau westdeutscher Streitkräfte entwickelt und in internen Ausrichtungskämpfen durchgesetzt.[8] Die Rolle der Org ist dabei nur ein Teil dessen, was sich weiterhin über die Anfänge der Bundeswehr im Dunkeln verbirgt und künftiger Forschung vorbehalten bleiben muss.

Das hier in Auszügen wiedergegebene Interview mit dem im Ruhestand lebenden Freiburger Militärhistoriker Georg Meyer wurde am 5. August 2015 in Freiburg im Breisgau geführt.

Welchen personellen Zusammenhang gab es zwischen der Org und den Anfängen der westdeutschen Sicherheitspolitik?

Das hing mit der diffusen Lage der ehemaligen Offiziere nach 1945 zusammen. Sie mussten zum Teil mühsam ihren Weg suchen, um in eine berufliche Existenz zu gelangen. Die mussten nach allem Möglichen greifen. Da war auch eine Anstellung bei der Org willkommen, zumal die ehemaligen Offiziere dort einen Teil ihrer Expertise einbringen konnten.

Wissen Sie, der Nachrichtendienst ist in dieser frühen Phase ein Dschungel der Orientierungslosigkeit! Für den Historiker, aber auch für diejenigen, die in diesem Felde tätig sind. Bis in die frühen Jahre der Bundesrepublik Deutschland spielt die ungelöste Versorgungsfrage ehemaliger Soldaten und ihrer Angehörigen eine interessante und wichtige Rolle. Diese enorme soziale Frage der zunächst nicht gezahlten Versorgungsbezüge war für die Bundesrepublik von großer finanzieller wie sozialer Tragweite, die durch die Vertriebenen- und Flüchtlingsfrage noch erheblich verstärkt wurde. Es kam dann bereits in der ersten Legislaturperiode die erste Regelung nach § 131 GG.[9] Die Regierung hätte aufgrund der Dienstgradinflation in der Wehrmacht so viel Geld zahlen müssen, das wäre nicht gegangen.[10]

Am schlimmsten traf es die jungen Generalstabsoffiziere. Die hatten als Berufssoldaten im Zivilleben nichts anzubieten, zumal ihnen nach 1945 aufgrund eines alliierten Verbotes ein Hochschulstudium im Allgemeinen verwehrt blieb. Die jungen Offiziere hatten den Krieg als Majore i. G. oder Oberstleutnants i. G. beendet, waren intelligente und bewährte Leute, blickten aber dennoch auf dürftige Bezüge. Das ist einer der banalen Gründe, weshalb sich in der Org eine

wehr, später umbenannt in den Forschungsbereich III, Geschichte der Bundeswehr, zuletzt Oberst i. G. **6** Generalfeldmarschall Wilhelm Ritter von Leeb. Tagebuchaufzeichnungen und Lagebeurteilungen aus zwei Weltkriegen. Aus dem Nachlaß hrsg. und mit einem Lebensabriß versehen von Georg Meyer, Stuttgart 1976 (= Beiträge zur Militär- und Kriegsgeschichte, 16). **7** Agilolf Keßelring/Thorsten Loch: Himmerod war nicht der Anfang. Bundesminister Eberhard Wildermuth und die Anfänge westdeutscher Sicherheitspolitik, in: MGZ 74 (2015) 1/2, S. 60–96. **8** Agilolf Keßelring/Thorsten Loch: Der »Besprechungsplan« vom 5. Januar 1950. Gründungsdokument der Bundeswehr? Eine Dokumentation zu den Anfängen westdeutscher Sicherheitspolitik, in: Historisch Politische Mitteilungen (HPM) 22 (2015), S. 199–229. **9** Gesetz zur Regelung der Rechtsverhältnisse der unter Artikel 131 des Grundgesetzes fallenden Personen vom 11. 5. 1951, vgl. BGBl I, S. 307–320. Das Gesetz regelte den anspruchsberechtigten Personenkreis und die durch den Bund zu leistenden Zahlungen bzw. zu erbringenden Leistungen für ehemalige Beamte, Angestellte und Arbeiter im Reichsdienst, Berufssoldaten und berufsmäßige Angehörige des Reichsarbeitsdienstes. **10** Die Dienstgradinflation betraf nicht allein die Wehrmacht, sondern auch den übrigen Bereich des öffentlichen Dienstes. § 31 Gesetz zur Regelung der Rechtsverhältnisse der unter Artikel 131 des Grundgesetzes fallenden Personen vom 11. 5. 1951 legte fest, dass nicht alle zwischen dem 30. 1. 1933 und dem 8. 5. 1945 erfolgten Beförderungen ruhegehaltsfähig waren, sondern nur eine Beförderung alle sechs Jahre – was wohl einer regelmäßigen und friedensmäßigen Dienstlaufbahn entsprochen hätte – angenommen wurde. § 53 (1) regelte für die Berufssoldaten, »daß Beförderungen wegen urkundlich erwiesener persönlicher Tapferkeit vor dem Feinde stets zu berücksichtigen sind.« Von diesem Gesetz blieb die Tatsache unberührt, dass die ehemaligen Soldaten bei ihrer Einstellung in die Bundeswehr ab 1955 mindestens mit ihrem letzten Dienstgrad eingestellt wurden. Offenbar kompensierten die zehn Jahre zwischen 1945 und 1955 zu rasch erfolgte Beförderungen während des Krieges.

gewisse Zahl an ehemaligen Generalstabsoffizieren wiederfand, auch weil Gehlen der Gefahr einer »Ostorientierung« der Betroffenen entgegenwirken wollte. Dass die dann in der Org ihre nachrichtendienstliche und ihre militärische Expertise einbrachten, ist die andere Seite.

Reinhard Gehlen war als ehemaliger Präsident des BND sicherlich ein bevorzugter Interviewpartner für das MGFA?

Gehlen war schon kurze Zeit nach seinem Ausscheiden 1968 in Freiburg im MGFA gewesen, das heißt, er stand vor dem Erscheinen seiner Erinnerungen 1971 dem MGFA für eine Aussprache zur Verfügung.

Gehlen hatte sich für sein Gespräch im MGFA länger angekündigt. Er logierte in der Marienstraße, am Rande der Innenstadt. Dort gibt es eine bescheidene Pension namens »Alleehaus«. Die Vorbereitung und Durchführung von Gehlens Reise wurde von Pullach aus geregelt. Ich hatte den Auftrag, Gehlen im »Alleehaus« abzuholen. Er war in Begleitung des damaligen Chefs des Verlagshauses Hase & Koehler in Mainz, Volker Hansen, der dann die Erinnerungen Gehlens verlegt hat.[11] Sein Bruder ist übrigens der weithin bekannte General und Oberbefehlshaber CINCENT, Helge Hansen[12]. Volker Hansen hatte an den Vorbereitungen für Gehlens Interview in Freiburg einen gewissen Anteil. Auf dem kurzen Weg zu dritt ins MGFA fielen mir an den wenigen Straßenüberquerungen einige wenige junge, kräftige Leute mit Mikrofonen in den Ohren auf.

Gehlen machte seinen Auftritt im MGFA unvergesslich. Er begrüßte uns alle per Handschlag. Unserer Schriftleiterin, Frau von Gersdorff[13], küsste er gar die Hand. In präziser Kurzfassung – einige wesentliche Details, die uns damals jedoch noch nicht bekannt waren, außer Acht lassend – erzählte er uns, wie sich das alles arrangiert hatte nach 1945, von Fremde Heere Ost hin zur Organisation Gehlen und zum Bundesnachrichtendienst. Das war damals alles so ziemlich neu, heute können Sie alles nachlesen. Heute sind wir sehr viel besser orientiert. Er schied von uns, nicht ohne uns mitzuteilen, wir würden auch weiterhin zu seinen bevorzugten Gesprächspartnern zählen. Insbesondere, wenn wir uns also jetzt der frühen Ge-

---

11 Reinhard Gehlen: Der Dienst. Erinnerungen 1942 bis 1971, Mainz/Wiesbaden 1971. **12** Helge Hansen, General a. D., 1994–1996 Oberbefehlshaber der Allied Forces Central Europe, NATO. **13** Ursula von Gersdorff, geb. Waetzold, verw. Gräfin Vitzthum von Eckstädt, Historikerin, Leiterin Schriftleitung des MGFA 1958–1977. **14** Karl Albert Kurt Brennecke, General der Infanterie a. D., unter Generalfeldmarschall Leeb bis 1942 Chef des Generalstabes der Heeresgruppe Nord, nach 1945 Mitglied der FDP, leitete seit 1949 das Betreuungsreferat für ehemalige Soldaten im Landesverband NRW, seit 1952 stellv. Vorsitzender des FDP-Sicherheitsausschusses, 1955/56 Angehöriger des Personalgutachterausschusses für die Bundeswehr. **15** Paul Hermann, Generalmajor a. D. der Bundeswehr, unter Leeb Oberst i. G. und Ia der Heeresgruppe Nord, in der Bundeswehr 1956–1961 verwendet als Befehlshaber im Wehrbereichskommando IV, Mainz. **16** Klaus Ritter, Major i. G. a. D., Angehöriger der Abteilung Fremde Heere Ost des Oberkommandos des Heeres, 1962–1988 Gründungsdirektor der Stiftung Wissenschaft und Politik, Ebenhausen. **17** Stiftung Wissenschaft und Politik, damals Ebenhausen bei München, heute Berlin. **18** Gemeint ist die nachrichtendienstliche Auswertung aus offen zugänglichen Quellen, im Gegensatz zu geheimer nachrichtendienstlicher Tätigkeit. **19** Devise im Sinne eines Wahlspruches, Mottos oder Leitmotivs.

schichte der Bundeswehr zuwenden würden, zu der er auch das eine oder andere beitragen könne. Das nahmen wir dankbar entgegen. Immer mit dem Zusatz, dass Spionage unter den obwaltenden Umständen nichts Ehrenrühriges sei, immer »a gentlemen's business«.

Dann haben wir ihn beim Wort genommen. Ich hatte einen guten Draht zum Leiter des zuständigen Forschungsbereichs, Oberst Fischer: ein schon älterer Herr, hervorgegangen aus der Luftwaffe mit einem schweren Schicksal längerer Haft in den DDR-Zuchthäusern Torgau, Waldheim und Bautzen, bis er 1954/55 in die Bundesrepublik kam. Er hatte ein klares Feindbild. Nun war er aber auch kein »Russenfresser«, er hatte die Zeit in Haft als zusätzliche Charakterbildung aufgefasst.

Im Amt wurde diese Auftragserteilung »von oben« mit Widerspruch aufgenommen: »Wie können die uns so ein Projekt aufzwingen!« Fischer war aber in seiner Konzeption frei. Seinen Forschungsansatz sowohl unter Berücksichtigung des internationalen Umfelds als auch der unzweifelhaften personellen Kontinuität fand ich spannend. Da ich aufgrund meiner früheren Arbeit an der Leeb-Edition Verbindungen zu ehemaligen Generalstabsoffizieren aus seiner Umgebung wie den Generalen Brennecke[14] und Herrmann[15] pflegte, die auch bei der Wiederbewaffnung eine Rolle gespielt hatten, ging ich zu Fischer und sagte ihm, dass ich bei diesem Projekt gern mitmachen wollte und auch Kontakte besäße, die man nutzen sollte. Im Zuge der Recherchen stießen wir dann immer wieder im Umfeld der Wiederbewaffnung auf ehemalige Offiziere, die kürzer oder länger in der Org tätig gewesen waren.

War Gehlen in den Interviews Ihrer Einschätzung nach offen?

Ja, den Eindruck hatte ich. Unbedingt. Das führte sogar zu einer grotesken Situation bei einem langen Gespräch im Herbst 1976. Vorher hatten wir einen Termin bei Klaus Ritter.[16] Das war der damalige Chef der SWP[17], ein ganz unergiebiges Gespräch, weil er jegliche Verbindung der »White Intelligence«[18] zu Pullach bestritt. Oberst Fischer und ich fuhren dann weiter zu Gehlen an den Starnberger See. Das Haus verfügte im Garten über einen Pavillon, dort saßen wir. Dort hatte Gehlen seine Memoiren geschrieben. Gehlen saß an einem aufgeräumten Schreibtisch, hinter sich an der Rückwand eine geheimnisvolle asiatische Devise[19], wohl ein Konfuziusspruch. Schön. Da war eine ältere Dame, die servierte Tee und Plätzchen, es stellte sich heraus: Es handelte sich um Frau Gehlen.

Während wir nun also das Gespräch und Interview mit ein wenig Small Talk einleiteten, tat sich auf einmal die Tür auf und es erschien ein weiterer Gesprächsteilnehmer: »Sehr verehrter Herr Doktor, es tut mir sehr leid, aber ich hatte auf der Hinfahrt einen Stau und bin verspätet.« Darauf Gehlen, ganz streng: »Lieber Winterstein, der einzige, dem diese Anrede zukommt, ist Herr Dr. Meyer, und der sitzt hier.« Darauf brach er ab und wandte sich an mich: »Herr Dr. Meyer, im Nachrichtendienst hat man manchmal verschiedene Namen, manchmal auch Decknamen, am nützlichsten ist ›Doktor‹, weil, dann fragt man nicht weiter. Und meine alten Mitarbeiter nennen mich gelegentlich noch Doktor, das war einer meiner Titulaturen in meiner dienstlichen Zeit. Aber Sie, Sie haben ja wirklich promoviert.« »Jawohl, Herr General!«.

Reinhard Gehlen mit seiner Ehefrau Hertha, 30. Januar 1975

Wie lautete denn der Deckname von Reinhard Gehlen?

Kurt Weiß

Der hörte auf »Doktor Schneider«! Aber das Komische war ja, dass der, der ihn so angeredet hatte, den Decknamen Winterstein führte. Mit Klarnamen hieß er Weiß. Als ich das am nächsten Tag meiner Frau im Hotel erzählte, dass wir einen tollen Tag beim »Doktor« gehabt hatten: »Da war auch ein Herr Winterstein, der heißt in Wirklichkeit Weiß«, brach meine Frau in Lachen aus, weil in ihrer Heimat in Landau zwei Zigeunersippen lebten: Die eine hieß Winterstein, die andere Weiß. Winterstein hatte ein ganz unauffälliges Gesicht, war ordentlich angezogen, aber fünf Minuten später wusste man nicht mehr, wie er aussah. Perfekt für dieses Metier. Sein Auftrag, den er mit großem Geschick im Grenzgebiet zwischen Information und Desinformation wahrnahm, war im Übrigen lange Zeit die Kontaktpflege vornehmlich zur überregionalen Presse in Bonn.

Zurück zu Gehlen. Der war bei diesem stundenlangen Interview auskunftsfreudig und er wählte keine abwegigen Formulierungen. Da ging es auch um die damaligen, gelegentlich schwierigen Beziehungen zu den Amerikanern. Da hatte er so seine Vorbehalte, erwähnte aber immer wieder ein sogenanntes »gentlemen's agreement«, um seine Unabhängigkeit zu unterstreichen. Er meinte damit, dass er nur so lange unter amerikanischer Obhut tätig sein wollte, bis es eine deutsche Autorität geben würde, der er sich dann unterstellen könnte – es gibt berechtigte Zweifel an dieser vermeintlichen Übereinkunft. Auch die nicht immer störungsfreie Verbindung von CIA zu »Army G2« erwähnte er nicht.

Es war ein insgesamt interessantes und im Ganzen ergiebiges Gespräch. Fischer hatte ihn dann gefragt: Wir hätten bis jetzt die Vorstellung gehabt, dass bei der personellen Zusammensetzung der Org und dem späteren Aufbau der Dienststelle Blank[20] ein gewisser Teil des Personals in Bonn doch aus der Org kam? »Nein, so könne man das nicht sehen«, meinte er. Er hätte eigentlich nur die Idee gehabt, dass diese Leute nicht in falsche Hände geraten dürften.

Stichwort »Ostorientierung«

Es erschien Gehlen zweckmäßig, eine Art Personal-Pool für künftige, noch nicht absehbare Aufgaben und Verwendungen vorzuhalten – trotzdem ergaben sich dann Jahre später beim personellen Aufbau der Bundeswehr Probleme für den »Dienst« [BND], als eine ganze Anzahl von Mitarbeitern in den aktiven Dienst bei den Streitkräften wechselte.

Im Laufe der Zeit hörte ich dann öfter von der besonderen Fürsorge, die Gehlen den nicht wenigen weiblichen Mitarbeitern seiner Organisation zuwendete. Dahinter stand nicht zuletzt seine Sorge, es könnte sich ein nachrichtendienstlicher Skandal wiederholen, ähnlich wie Ende der 1920er-, Anfang der 1930er-Jahre, als es der Rittmeister Sosnowski, Agent des polnischen Nachrichtendienstes in Berlin, auch durch erhebliche finanzielle Zuwendungen erreichte, von einigen sogenannten »Edeltippsen« im Reichswehrministerium über längere Zeit wertvolle Informationen zu erlangen,[21] zum Beispiel über die intensive Zusammenarbeit von Reichswehr und Roter Armee.

Nicht genug, dass eine ganze Anzahl »höherer Töchter« eine gesicherte Existenz in der Org fand, gleichsam als Mata Hari mit Pensionsberechtigung – Gehlen kümmerte sich auch intensiv um deren sonstiges Wohlbefinden und sah es nicht ungern, wenn er es nicht sogar förderte, dass aus dienstlicher gemeinsamer Tätigkeit stabile eheliche Verbindungen wurden.

Apropos Decknamen. Es soll in der Org aus gegebenem Anlass einmal eine Auseinandersetzung über adlige Decknamen gegeben haben?

Diese Geschichte können Sie bei dem Schriftsteller Herbert Rosendorfer[22] nachlesen! Der war von Hause aus Südtiroler, ein hochbegabter Jurist und Schriftsteller und auf seinem Berufsweg auch kurze Zeit Angehöriger des BND, wie die Fama berichtet. Er hat viele interessante und wunderschöne Romane geschrieben. Über seine vorübergehende Zugehörigkeit

20 Im Oktober 1950 wurde das Amt des Beauftragten des Bundeskanzlers für die mit der Verstärkung der alliierten Truppen zusammenhängenden Fragen geschaffen. Sein erster Leiter war der CDU-Politiker Theodor Blank. Aus dem nach ihm benannten Amt ging 1956 das Bundesministerium für Verteidigung hervor, Blank wurde der erste Bundesminister für Verteidigung, siehe Dieter Krüger: Das Amt Blank. Die schwierige Gründung des Bundesministeriums für Verteidigung, Freiburg 1993 (= Einzelschriften zur Militärgeschichte, 38). **21** Jerzy Sosnowski, polnischer Major und Mitarbeiter des polnischen Geheimdienstes. Er beschaffte zwischen 1926 und 1934 Informationen aus dem Reichswehrministerium, indem er mit Benita von Falkenhayn, Renate von Natzmer und Irene von Jena drei junge weibliche Angestellte anwarb. **22** Herbert Rosendorfer, Jurist und Schriftsteller.

Eine realistisch-satirische Geheimdienst-Story: Herbert Rosendorfers Roman »Das Messingherz« von 1979

zum BND hat er in seinem herrlichen Roman »Das Messingherz«[23] berichtet. Bei seiner nachrichtendienstlichen Grundausbildung »Wie wird man Spion« erwähnt er das Problem adliger Decknamen, wenn etwa der Wappenring oder das gekrönte Monogramm am Taschentuch mit dem Decknamen nicht in Übereinstimmung waren. Rosendorfer rät dann scherzhaft zur Ausgabe von Deckwappen, damit der gegnerische Spion keinen Verdacht schöpfen könnte. Tatsächlich soll es einen adligen Namensträger gegeben haben, der sich mit einem »bürgerlichen« Decknamen nicht abfinden wollte, während andererseits ein Graf Nostitz[24] mit seinem Decknamen Nolte lange Zeit zufrieden war.

Hatten Sie für die Erstellung Ihres Kapitels an den AWS Zugang zu Akten des BND?

Da muss ich dazu sagen, das war ein privilegierter Zugang, den ich mir erschlossen hatte. Oberst Fischer und ich hatten den damaligen Amtschef des MGFA auf die personellen Kontinuitäten zwischen der Endphase der Wehrmacht, der Org, des BND und der Bundeswehr aufmerksam gemacht. Daraufhin hat der Amtschef Verbindung aufgenommen mit dem sehr aufgeschlossenen Präsidenten des BND. Aufgrund dieser Verbindung hatte ich die Möglichkeit, mit dem ehemaligen Leiter Archivwesen, einem langjährigen Mitarbeiter der Org und später des BND, auf eine sehr vertrauensvolle Art und Weise zusammenwirken zu können. Meine Kollegen haben aus dieser Verbindung nur sehr zurückhaltend Nutzen gezogen.

Warum das so war? Die Themenstruktur der Kollegen war eine andere. In Fragen der Wiederbewaffnung spielten Themen wie die meinen, die sich mit personellen Kontinuitäten befassten, eine nur nachgeordnete Rolle und zu anderen Themen wie zum Beispiel zu strategischen Überlegungen oder zur Inneren Führung ergaben sich nur wenige Berührungspunkte. Vorstellungen, wie sie vielleicht in Pullach als Stimmungslage von den »Ehemaligen« zur Kenntnis genommen wurden, spielten da kaum eine Rolle.

Haben das Bundeskanzleramt oder der BND in den 1970er-Jahren Einfluss auf die Forschungen des MGFA genommen?

Das habe ich persönlich nie bemerkt und schließe es auch aus. Ich hatte gelegentlich den Eindruck, dass über die Spezialverbindungen zum ehemaligen Leiter Archivwesen diesem gelegentlich Fragen gestellt wurden, was denn da wohl in Freiburg entstehen würde, ohne dass man zu irgendeinem Zeitpunkt versucht hat, darauf einzuwirken.

Andererseits konnte ich aber nicht alles zitieren, was mir aus diesen Akten und Gesprächen zur Kenntnis kam. Ich bin da gelegentlich mit den Regeln der wissenschaftlichen Korrektheit etwas kreativ umgegangen. Ich war mir aber eigentlich immer sicher, was ich da schreibe, dass ich das schreiben und verantworten kann. Eine der Erfahrungen, die ich in all den Jahren als Historiker gewonnen habe, ist, dass Erkenntnisse wissenschaftlicher Art, wie immer sie zustande kommen, erst recht nachrichtendienstliche Ergebnisse, nur langfristig wirken und selten unmittelbare Bedeutung erlangen. Ich möchte das an einem negativen Beispiel illustrieren. Ein hochgestellter Beamter des BND hat mir gesagt, dass Erkenntnisse des Dienstes über die Zustände der ihrem Ende entgegensegelnden DDR an höchster Stelle offiziell nicht zur Kenntnis genommen wurden, weil sie nicht in die aktuelle Politik passten. Mehr möchte ich dazu nicht sagen.

---

23 Herbert Rosendorfer: Das Messingherz, München 1979, in späteren Auflagen unter dem Titel: Das Messingherz oder die kurzen Beine der Wahrheit. **24** Eberhard Graf von Nostitz, Oberst i. G. a. D., Brigadegeneral d. R. der Bundeswehr, Mitarbeiter in der Org, später im BND.

DCO 00221

CD-121 UNITED STATES GOVERNMENT

Memorandum

U.S. DEPARTMENT OF COMMERCE
BUREAU OF INTERNATIONAL COMMERCE

DATE: SEP 2? 1967

In reply refer to:
848; 28(67)-24

TO : Deputy Director, Plans
Central Intelligence Agency
Washington, D.C. 20505

FROM : Charles B. Clements, Director
Investigations Division
Office of Export Control
CBC

SUBJECT: Werner Miller (aka Napoleon Werner Krassowsky)
Date of birth : June 23, 1920
Place of birth: Vitebsk, Russia

We would appreciate receiving any information which you may have regarding the subject.

The subject, reported as currently residing at 51-38 Gorsline Street. Elmhurst, Queens, New York, was arrested on September 13, 1967 for attempting to smuggle electronic equipment from the U.S. in violation of export regulations. A copy of a newspaper article concerning the arrest of the subject is attached for your information.

Attachment

DCO - 00221 (COMM

Korruption und deviantes Verhalten in der Organisation Gehlen und dem frühen Bundesnachrichtendienst

Der wohl bekannteste Autor von Spionageromanen, der Brite John le Carré, war als junger Mann unter seinem wahren Namen David John Moore Cornwell[1] als Geheimdienstoffizier in der Bundesrepublik eingesetzt. Er bescheinigte der Organisation Gehlen (Org), dass er einen so »hurenhaften Geheimdienst« im ganzen Leben noch nicht gesehen habe.[2] Im offiziellen Selbstbild der Org-Mitarbeiter dominierten dagegen gefestigte Moral und untadeliger Charakter. So betonte der spätere Präsident des Bundesnachrichtendienstes (BND), Eberhard Blum (»Hartwig«), am 1. Oktober 1964 bei einem Vortrag im Verteidigungsministerium: »Es liegt auf der Hand, dass es eines charakterlich, fachlich und geistig hochwertigen Personals bedarf, um den ebenso globalen wie differenzierten Auftrag erfüllen zu können.«[3] Das britische Bonmot, das Geheimdienstgeschäft sei eine so schmutzige Angelegenheit, dass man es nur Gentlemen überlassen dürfe, wurde auch in Pullach gern aufgegriffen. Die folgenden Ausführungen machen jedoch deutlich, dass es »Gentlemen, die zur Kasse baten«, in der Org und anschließend im BND in nicht unbeträchtlicher Zahl gab.

Der erste große Fall von Unterschlagungen – Hermann Baun

Der erste große Fall von Unterschlagung spielte sich in der Phase ab, als Reinhard Gehlen und Hermann Baun (»Bräuer«) im hessischen Oberursel noch gleichberechtigt und in Konkurrenz zueinander an der Spitze des deutschen Dienstes unter amerikanischer Treuhänderschaft standen, der Abwehroffizier Baun als Chef der Beschaffung, der ehemalige General und Leiter von Fremde Heere Ost, Gehlen, als Leiter der Auswertung. Seit Ende 1946 hatte die U. S. Army in der »Operation RUSTY« die operative und finanzielle Kontrolle über die Org, ab Juli 1949 und bis zum März 1956 übernahm dies die CIA, von der die Org unter dem Decknamen »Zipper« geführt wurde.

◄ Walter Krassowsky hatte 1951 als Leiter einer Untervertretung der Org Gelder unterschlagen und wurde 1967 in den USA als Hightech-Schmuggler Richtung China entlarvt.

Gustav Hilger (»Schlesinger«), während des Krieges gegen die Sowjetunion Verbindungsmann zwischen dem Auswärtigen Amt und der SS und bereits 1945 als Russlandexperte für die amerikanische Spionageabwehr Counter Intelligence Corps (CIC) tätig, hatte als Vertrauensmann (V-Mann) des US-Militärnachrichtendienstes im Oberurseler Militärstützpunkt »Camp

1 Vgl. Joseph C. Goulden: The Dictionary of Espionage: Spyspeak into English, New York 2012, S. 133. 2 Zit. n. Hans Halter: Krieg der Gaukler, Göttingen 1993, S. 28 f. 3 Eberhard Blum: Vert.Min. 1. 10. 1964, Archiv Forschungsinstitut für Friedenspolitik e. V. (FF), S. 2.

King« Kontrollen vorgenommen und dabei entdeckt, dass Baun unter seinem Bett einen Schrankkoffer voller US-Dollars versteckte, die für operative Zwecke hätten ausgegeben werden müssen. Zudem stellte er fest, dass Baun seinen Kontrahenten aus der Gehlen-Gruppe, Heinz Danko Herre (»Herdahl«), mit einer Liebesaffäre erpresste. Daraufhin übertrug US-Oberstleutnant John R. Deane Ende 1946 die Führung der Org auf Gehlen allein.[4] Baun soll zudem in Anwesenheit von Rudolf von Glinski aus Deans offenem Panzerschrank etwa 50 000 Reichsmark entwendet haben. So berichtete Glinski es Siegfried Graber (»Gay«) bei einem Veteranentreffen. Baun habe ungerührt erklärt: »Wenn sie, d. h. die Amerikaner, uns kein Geld geben für unsere Arbeit, dann müssen wir es uns nehmen.«[5]

Entlassen wurde er jedoch nicht, sondern er machte im Dezember 1947 auch den Umzug nach Pullach mit. Auch dort riss die Kette von Skandalen nicht ab. Baun hatte – so Graber – seiner Ehefrau Ruth, die zuvor als »Frl. Mayer« seine Sekretärin gewesen war, 1948 eine Brosche im Wert von 60 000 Reichsmark aus nachrichtendienstlichen Mitteln gekauft.[6] Am 16. Juni 1949 führte Herre, der wichtigste Verbindungsmann zur CIA, eine grundsätzliche Aussprache mit Gehlen über Bauns Rolle bei der Entwicklung der Org und verdeutlichte ihm, dass Baun »von unseren amerikanischen Freunden als negative Hypothek für unseren Dienst betrachtet wird«.[7] Sein Vorstoß diente vor allem dem Selbstschutz, denn er klagte über die »Clique« um Baun, zu der er nun auch Gustav Hilger und General August Winter (»Wollmann«) zählten. Diese Seilschaft hocke dauernd zusammen, »aus welchen Sitzungen für den Dr. bestimmt nichts Positives, Konstruktives herauskommen und gegen mich selbst nur Böses geschmiedet werden wird«.[8] Eine Woche später schlug Herre Gehlen vor, zunächst Klarheit in Bauns Kontenführung zu bringen, bevor er sich an eine Antwort auf ein Memorandum der CIA über Baun machte.[9]

Im Laufe des Juli 1949 eskalierte die Situation in Pullach. Otto Bräutigam (»Dr. Bernuth«), ein Anhänger Bauns, der seit einiger Zeit die »übelsten Klatschgerüchte gegen Mitglieder der Org.-Führung« verbreitete, bezichtigte am 20. Juli, aufgeputscht von Baun, »die Führungsspitze der Org [...] unberechtigter Begünstigungen aller Art«. Am Tag darauf ließ ihn Herre diese Anschuldigungen vor dem wütenden Gehlen wiederholen, der nun eine Untersuchungskommission unter Leitung des ehemaligen Obersten i. G. Hans Dieckmann (»Diehl«) einsetzte, um den Vorwurf der Günstlingswirtschaft zu klären. Wiederum einen Tag später »vergatterte« Gehlen Baun. Am 23. Juli drohte Herre gegenüber Gehlen zunächst, er werde gerichtlich gegen Baun vorgehen, falls dieser sich nicht entschuldige, musste aber einsehen, dass dies wegen des »Untergrunddaseins der Org.« unmöglich war. Das Thema brannte Herre so auf der Seele, dass er am 24. Juli, einem Sonntag, erneut mit Gehlen über Bauns Intrigen sprach und in Gegenwart von Adolf Heusinger (»Horn«) forderte, »dass diesem Treiben Herrn Bräuer's endlich ein Ende gesetzt wird«. Am Montag stellte er dann verbittert fest, dass sich auch der Standortkommandant von Pullach, Oberstleutnant i. G. a. D. Henning Wilcke (»Wilden«), auf die Seite Bauns geschlagen hatte, und alarmierte Gehlen.[10] Am 29. Juli erfuhr Herre dann von »wohlmeinenden Freunden«, dass Baun neue Gerüchte gegen ihn in Umlauf gebracht habe. Gehlen sah sich am Tag darauf gezwungen, die Sache selbst in die Hand zu nehmen. Er vernahm Zeugen, die für und gegen Herre aussagten. »Ich fühle mich hundeelend«, klagte Herre in seinem Tagebuch.[11]

Als er am 20. August »diskrete Nachrichten über weitere üble Machenschaften« Bauns erhalten hatte, suchte er Rat bei Heusinger. Der empfahl, die Rückkehr Gehlens aus der Schweiz abzuwarten, um dann mithilfe von James H. Critchfield (»Mr. Kent Marshall«), seit gut sieben Wochen erst CIA-Aufsicht über die Org, an die Erkenntnisse des CIC über Baun zu kommen.[12] Am 21. August wurde Gehlen unterrichtet, am Tag darauf sagte Critchfield zu, sich um das CIC-Material zu kümmern.[13] Acht Tage später erfuhr Herre, dass Critchfield den amerikakritischen Baun als »destruktives Element in der Org« betrachte. Zudem sagte der US-Aufseher zu Gehlen, dass Baun »aus der Nähe der Org.-Führung verschwinden« müsse.[14] Am 10. September fühlte dieser sich aber immer noch stark genug, um bei Gehlen gegen Herre zu agieren.[15] Neun Tage später war es General a. D. Alfred Kretschmer (»Körnig«), der »die Nase voll mit 100 (Baun)« hatte und sich schriftlich bei Gehlen beklagte.[16]

Am 19. Oktober 1949 hatte Herre Grund zum Jubeln: »Wieder ein toller Tag'. Baun macht ein komplettes Geständnis hinsichtlich seiner Unterschlagungen.« Gehlen setzte Kretschmer als Untersuchungsführer ein, aber der sträubte sich gegen die Übernahme dieser Aufgabe.[17] Am folgenden Tag machte Herre Gehlen mit dem ganzen Ausmaß der Angelegenheit »Bräuer« vertraut.[18] »Die Baun-Sache kommt immer mehr zum Schwur«, notierte Herre am 21. Oktober, nachdem Baun erneut ein volles Geständnis abgelegt hatte, doch Gehlen zögerte noch, die CIA zu informieren.[19] Der Showdown war nur noch eine Frage von Tagen. Am 25. Oktober konstatierten Critchfield und Herre, dass es für Gehlen nun kein Zurück mehr gebe, und der gab tatsächlich am nächsten Tag bekannt, dass Baun entlassen werde.[20] Da er jedoch eine große Anhängerschaft unter Angehörigen des ehemaligen militärischen Geheimdienstes der Wehrmacht hatte und schon die bloße Existenz der Org geheim bleiben musste, war seine Entlassung problematisch. Zwei Monate später, kurz vor Weihnachten, bestätigte sich noch einmal die Notwendigkeit, den durch und durch korrupten Baun aus dem Dienst zu entfernen. Kretschmer berichtete am 23. Dezember 1949 in der Pullacher Zentrale über seine Reise in die Schweiz, bei der sich eine neue Schiebung Bauns herausgestellt hatte.[21] Für die vollständige Klärung des Falls brauchte die Org noch einige Wochen. Erst am 17. Februar 1950 verlas Gehlen in Gegenwart von Critchfield das »Bräuer«-Memorandum, das das endgültige Ende seines Konkurrenten besiegelte.[22] Trotz seiner Verfehlungen erhielt Baun von der Org bis zu seinem Tod 1951 ein Abschaltgeld von monatlich 800 D-Mark, mit dem er in eine »materiell-geistige Quarantäne« versetzt wurde.[23] Üblich war eine einmalige Zahlung bei der Entlassung. Mit dieser Quasi-Rente wollte die Org offensichtlich vermeiden, dass Baun die Existenz der Org öffentlich machte oder sich von außen einmischte.

---

4 Vgl. Kevin C. Ruffner: Forging an Intelligence Partnership: CIA and the Origins of the BND, 1945–1949, Washington D.C. 1999, Part I, Dokument 9: Debriefing of Eric Waldman on the US Army's Trusteeship of the Gehlen Organization 1945–1949, 26.3.1969, S. 47. **5** Swem Libary, The College of William and Mary, Williamsburg, Critchfield German Collection Box 4, Siegfried Graber: Splittersammlung, Typoskript, Straßlach 1994, S. 42. **6** Vgl. Graber: Splittersammlung, 1994, S. 11. **7** Critchfield German Collection, Tagebuch Heinz Danko Herre, Eintrag vom 16.6.1949, S. 10. **8** Ebd. »Dr. Schneider« lautete der Deckname von Reinhard Gehlen. Die Bezeichnung »Doktor« wurde innerhalb der Org und im BND gebraucht. **9** Ebd., 23.6.1949, S. 12. **10** Ebd., 20., 21., 22., 23., 24. und 25.7.1949, S. 20 ff. **11** Ebd., 29. und 30.7.1949, S. 23. **12** Ebd., 18., 19. und 20.8.1949, S. 26 f. **13** Ebd., 20., 21. und 22.8.1949, S. 27 f. **14** Ebd., 29.8.1949, S. 30. **15** Ebd., 10.9.1949, S. 33. **16** Ebd., 19.9.1949, S. 36. **17** Ebd., 19.10.1949, S. 53 f. **18** Ebd., 20.10.1949, S. 55. **19** Ebd., 21.10.1949, S. 56. **20** Ebd., 25. und 27.10.1949, S. 59. **21** Ebd., 23.12.1949, S. 86. **22** Ebd., 17.2.1950, S. 121. **23** Vgl. Rolf-Dieter Müller: Frühe Konflikte. Annäherung an eine Biographie Reinhard Gehlens, in: Jost Dülffer u. a. (Hrsg.): Die Geschichte der Organisation Gehlen und des BND 1945–1968. Umrisse und Einblicke, Marburg 2014, S. 23.

Weitere Einzelfälle von Devianz in der Org

Hermann Baun, der meinte, ein Nachrichtenoffizier müsse zugleich beruflich unabhängig sein, hatte den Chef des ehemaligen Frontaufklärungskommandos 106, Hauptmann Herbert Dohnal (»Mallner«), ermutigt, sich von der Außenstelle Salzburg der Org aus auch wirtschaftlich zu betätigen. Dohnal vermengte jedoch Dienst- und Privatgeschäfte und machte beim Umtausch der ihm zugewiesenen US-Dollars in österreichische Schillinge satte private Gewinne. Als Graber nach der Abschaltung von Dohnal Ende der 1950er-Jahre eine USA-Reise unternahm, erklärte ihm der Begleitoffizier der CIA, Henry Wunsch, Dohnal sei »ein Gauner gewesen und mittlerweile ein reicher Mann«.[24] Graber warf seinem Ziehvater Baun vor, der Korruption bereits früh Tür und Tor geöffnet zu haben, insbesondere indem er den Leitern der Beschaffungsstellen volle Verfügungsfreiheit über die bereitgestellten Dollar-Beträge gewährt habe. Graber hielt dies für »im Prinzip fahrlässig, wenn nicht sogar grob fahrlässig; denn die Versuchung, sich zu bereichern, war zu dieser Zeit – besonders für alle, die durch den Verlust ihrer Heimat oder durch Bomben geschädigt worden waren, zu groß«.[25]

Bauns kriminelle Energie war bei Weitem kein Einzelfall. Das Tagebuch von Heinz Danko Herre enthält zahlreiche Hinweise auf ähnliche Fälle und andere Vergehen. So wurde Herre am 17. September 1949 von Walter Schenk (»Schack«) und General August Winter wegen des Diebstahls von D-Mark und US-Dollar bei der in Esslingen ansässigen Außenstelle 102 ins Vertrauen gezogen. Er verlangte zunächst eine Stellungnahme des Außenstellenleiters, des ehemaligen Generalstabsoffiziers Wolf von Kahlden (»Kannenberg«), und wollte erst in der Folge der von diesem getroffenen Maßnahmen entscheiden, ob die CIA über den Fall unterrichtet werden solle.[26]

Das Problem blieb der Pullacher CIA-Führung ohnehin nicht verborgen. Unter vier Augen beklagte sich Critchfield am 28. Oktober bei Herre über Gehlens »Weichherzigkeit«. Der US-Aufseher über die Org mache »sich große Sorgen, dass der Dr. wegen wirtschaftlicher Unregelmäßigkeiten, die von ihm natürlich nicht gefördert, aber auch nicht gesehen werden, schrecklich hereinfallen könne«.[27] Am Abend des darauffolgenden Tages führte Herre ein längeres Gespräch mit Gehlen über das Thema »wirtschaftliche Sauberkeit« und führte ihm einige Negativbeispiele vor Augen. Gehlen, der dazu neigte, bei Verfehlungen alter Kameraden und Bekannter ein Auge zuzudrücken, zeigte sich durchaus einsichtig und sagte zu, nach Abhilfe zu suchen.[28] Doch bereits sieben Wochen später musste Herre erneut bei seinem Chef vorstellig werden, weil die Org in einen Fall von Schmuggel an der österreichischen Grenze verwickelt war. Obwohl er die Täter namentlich kannte, wies er nur auf »eine erneute Unsauberkeit in der Begünstigung von ›alten Verdienten‹« hin. Prinzipiell stimmte Gehlen Herre zu, aber der sah enttäuscht, dass die »Gutmütigkeit« Gehlens die Oberhand behielt.[29]

Am 6. Januar 1950 erhob Critchfield erneut Vorwürfe »gegenüber gewissen Außenstellen wegen falscher Abrechnung«[30]. Am 15. Januar 1950 trieb den Finanzfachmann der Org, Oberst a. D. Wilhelm Rübesamen (»Rupprecht«), die Sorge über die »geschäftlichen Manipulationen« des Dienstes zu Herre. Der versuchte ihn mit dem Hinweis zu beruhigen, dass »die Amerikaner ja prinzipiell im Bilde sind«.[31]

Am 13. Februar 1950 wurde Herre mit einer »Schweinerei überdimensionalen Ausmaßes bei der Bezirksvertretung 80« in Frankfurt am Main konfrontiert. Am folgenden Tag erfuhr er, dass der Beschaffungsleiter Schenk noch in der Nacht vor Ort gewesen war. Sein erster Bericht an Gehlen, Winter und Herre, der auch an die CIA ging, handelte von einem Selbstmord, »Verbindung mit möglichem Diebstahl nicht geklärt«[32]. Wiederum zwei Tage später konstatierte Herre »bedauerliche Begleitumstände« beim Suizid des Org-Mitarbeiters Bergmann.[33]

Am 20. März 1950 warf Critchfield Gehlen vor, es gebe in der Org immer noch zu viele »misappropiations of funds«, und führte als Beispiel die Außenstelle Salzburg an. Am nächsten Tag erneuerte er die Vorwürfe und erwähnte als weiteren Fall der Veruntreuung von Haushaltsmitteln den Org-Mitarbeiter in Emigrantenkreisen, Baranowsky.[34]

Am 22. Juni 1950 beschwerte sich General Wolfgang Langkau (»Langendorf«) bei Herre darüber, dass Gehlen nicht bei den Generalvertretungen eingreifen wolle, »deren Buchführungen schwere Mängel aufzeigten«. Herre verwies erneut auf die »anlagebedingte Großzügigkeit« Gehlens und führte als Beispiel an, dass dieser seinem in Rom lebenden Halbruder Johannes keinen Einhalt gebiete, obgleich »der doch Dinge tue, die man wirklich nicht vertreten könne und die sich manchmal wie bei Hochstapelei darboten«.[35] Der Org-Revisor Alfred Meier, im Zweiten Weltkrieg Zahlmeister bei dem für Feindaufklärung und Spionageabwehr zuständigen 3. Generalstabsoffizier in Königsberg, zog Ende Juli 1950 eine »erschreckende Bilanz über das Ergebnis der Buchprüfung in den Außenstellen«[36], klagte Herre. Am 1. April 1951 platzte ihm angesichts des Falles Bosselt, Leiter der Bezirksvertretung 25, der »unheimlich viel Dreck am Stecken« hatte, der Kragen, weil die Behandlung des Falles durch die zuständige Generalvertretung (GV) zu wünschen übrig ließ. Mit dem Argument, »Ich werde keinen voucher mehr unterschreiben, bis mir bewiesen ist, daß die GV-Leiter keine Gangster sind«[37], drohte er mit der Zurückhaltung von Zahlungsanweisungen.

Als Troubleshooter Gehlens wurde Herre häufig mit deviantem Verhalten in der Org konfrontiert. Manchmal bleiben seine Aufzeichnungen dazu nebulös, etwa wenn er im Januar 1950 über den Ärger mit Dr. Hans Winter nur festhielt, der sei in »einige nicht ganz gute Angelegenheiten verwickelt«[38], oder im selben Monat hervorhob, dass der Verantwortliche für die innere Sicherheit, der ehemalige SS-Sturmbannführer Joachim Kaintzik (»Karrner«), einige Fälle »mit feinem Takt behandelt«[39] habe. In anderen Fällen dokumentierte er jedoch den Charakter der Verfehlungen. Am 20. September etwa war Herre mit zwei Fällen von Fragebogenfälschung konfrontiert, die er US-Oberst William R. Philp vortrug[40], dem noch in Pullach weilenden Vorgänger von Critchfield als Org-Supervisor der U. S. Army. Anfang Februar 1950 war der V-Mann

24 Graber: Splittersammlung, 1994, S. 21. **25** Critchfield German Collection Box 3, Siegfried Graber: Notizen zu einem Aufbau 1945–1946, Typoskript, Straßlach 1991, S. 63. **26** Vgl. Tagebuch Herre, 17. 9. 1949, S. 36. **27** Ebd., 28. 10. 1949, S. 59. **28** Vgl. ebd., 29. 10. 1949, S. 60. **29** Vgl. ebd., Herre 9. 11. 1949, S. 66. **30** Ebd., 6. 1. 1950, S. 91. **31** Vgl. ebd., 15. 1. 1950, S. 98. **32** Vgl. ebd., 13. und 14. 2. 1950, S. 117. **33** Vgl. ebd., 16. 2. 1950, S. 120. **34** Vgl. ebd., 20. und 21. 3. 1950, S. 139 f. **35** Ebd., 22. 6. 1950, S. 217. **36** Vgl. ebd., 28. 7. 1950, S. 253. **37** Ebd., 1. 4. 1951, S. 5. Es war weder der Sitz der General- noch der Bezirksvertretung 25 zu ermitteln. **38** Ebd., 14. 1. 1950, S. 97. **39** Ebd., 27. 1. 1950, S. 105. **40** Vgl. ebd., 20. 9. 1949, S. 36; Für die Spruchkammerverfahren mussten alle Männer einen Fragebogen ausfüllen. Falsche Angaben galten als Straftat.

Langhans der Salzburger Org-Dienststelle wegen eines nicht näher spezifizierten Delikts verhaftet worden. »Ergebnis: wir müssen 5000,-- Schillinge zahlen, um ihn frei zu bekommen und ihn dann über die grüne Grenze zu bringen«[41], klagte Herre. Und auch in der Zentrale in Pullach selbst war nicht alles im Reinen, »jedenfalls hat es im Motorpool einige schiefe Sachen gegeben«, notierte er Ende Januar 1951 nach einem Gespräch mit dem Org-Sicherheitschef Dr. Kurt Kohler (»Klausner«).[42]

Zu einem Skandal war es Anfang der 1950er-Jahre auch in der G-Stelle (zuständig für alle Geheimverfahren wie die Ausstattung mit Geheimtinten etc.) in Pullach gekommen, die eigentlich geheime Ausweispapiere anfertigen sollte. Ihr stellvertretender Leiter Fiedler fälschte jedoch auch Essensmarken, er verließ die Org wenig später.[43]

Gelegenheit macht Diebe, besagt eine deutsche Redensart. Die Vier-Augen-Situation zwischen Verbindungsführer und V-Mann bot die Gelegenheit, zu beiderseitigem Vorteil falsche Abrechnungen vorzunehmen, auch konnte der Verbindungsführer in seiner »Inselsituation« (Eberhard Blum) sich von der nur auf ihn fixierten Quelle höhere Honorare quittieren lassen, als er tatsächlich gezahlt hatte. Wo ein V-Mann für jede Einzelmeldung nach Umfang und Qualität bezahlt wurde, bestand die Gefahr, dass er Meldungen erfand, zu dürre Ergebnisse »andickte« oder bemüht war, seine Aufklärungsergebnisse an mehrere Nachrichtendienste zu verkaufen.

Unter den Agenten der Org befanden sich Nachrichtenschwindler, die Berichte aus offenem Material, Desinformation und Falschmeldungen »fabrizierten«, und Nachrichtenhändler, die ihre Informationen an zahlreiche andere – auch konkurrierende – Geheimdienste verkauften. Laut einem Vermerk der Militärischen Abteilung des Amtes Blank (II/1/4) vom 20. Januar 1954 habe etwa ein Rudolf Prall im Jahr zuvor versucht, in Berlin Informationen an den Friedrich-Wilhelm-Heinz-Dienst (FWH-Dienst) zu verkaufen. Vermutlich stehe Prall in Verbindung mit der Org.[44] Neun Tage später konstatierte dieselbe Dienststelle, der Org-Angehörige und ehemalige Oberstleutnant Arno Doerk habe in der DDR zugleich Quellen für den FWH-Dienst gewinnen und Material aus der Org verkaufen wollen.[45]

41 Ebd., 2.2.1950, S. 109. **42** Vgl. ebd., 26.1.1951, S. 038. **43** Vgl. Graber: Splittersammlung, 1994, S. 27. **44** Vgl. Aufzeichnung Nr. 6/54 Betr. Prall, Rudolf Berlin, Bonn 20.1.1954, Bundesarchiv (BArch), Militärische Abteilung (MA), BW 9/2117, Bl. 24, Amt Blank, Militärische Abteilung, II/1/4. **45** Vgl. Aufzeichnung Nr. 7/54 Betr. Arno Doerk, Bonn 29.1.1954, Bl. 25, BArch, MA, BW 9/2117, Bl. 24, Amt Blank, Militärische Abteilung, II/1/4. **46** Hermann Zolling/Heinz Höhne: Pullach intern. General Gehlen und die Geschichte des Bundesnachrichtendienstes, Hamburg 1971, S. 200. **47** Vgl. Froehlich, Kurt, Most recent dropped list 3.4.1954, National Archive and Record Administration (NARA), Record Group (RG) 263 (Records of the CIA). **48** Vgl. Worm, Ernst, Subject: Dr. Willi Richter, Org 88a an 801 vom 1.10.1954, NARA, RG 263, Vol. 2. **49** Vgl. Worm, Ernst, CIA M/R vom 23.9.1954: Conversation with Utility, 23 Sept 54, NARA, RG 263, Vol. 2. Bei Wladimir und Maria Pekelsky handelte es sich um ein tschechisches Agentenehepaar, das im Visier der Org und des US-Nachrichtendienstes stand (vgl. URL: http://www.foia.cia.gov/sites/default/files/document_conversions/1705143/PEKELSKY%2C%20VLADIMIR%20%20%20VOL.%202_0037.pdf (zuletzt aufgerufen am 13.11.2015). **50** Vgl. Bernau, Guenter Hans, NARA, RG 263 und Geipel, Walter, NARA, RG 263. **51** Vgl. Krassowsky, Walter, Charles B. Clements, Director Investigations Division, Office of Export Control to Deputy Director, Plans Central Intelligence Agency vom 27.9.1967: Subject Werner Miller, NARA, RG 263. **52** Vgl. Zarp, Christian, NARA, RG 263. **53** Vgl. Org: Der Fall »Rösselsprung«, BArch 206/1986, S. 33. **54** Vgl. Graber: Splittersammlung, 1994, S. 43. **55** Vgl. Vogel, Erich, NARA, RG 263.

Für den Zeitraum von 1949 bis zur Übernahme der Org als BND im Jahr 1956 zeigen überwiegend CIA-Akten zahlreiche kriminelle Handlungen, die hier in chronologischer Folge skizziert werden – ohne dabei die gravierende Deliktgruppe Landesverrat und die Pullacher Vetternwirtschaft mit der ausgeprägten Beschäftigung unqualifizierter Familienangehöriger ins Auge zu nehmen:

- Der Leiter einer operativen Gruppe gegen Ungarn, Peter von Glasenapp, einst General der Zarenarmee und 1941 Hauptmann im OKW-Amt Ausland/Abwehr, wurde 1949 abgelöst, weil er »unrichtige Informationen lieferte und sich zudem ›der unkorrekten Handhabung der ihm zugewiesenen Mittel‹ schuldig gemacht hatte«.[46]
- Am 23. Juli 1949 wurde Kurt Herbert Fröhlich (»Gustav Friese«) als Agenturleiter der Generalvertretung H (Darmstadt) in Berlin wegen Unzuverlässigkeit und Zusammenarbeit mit den Briten unehrenhaft entlassen.[47]
- Der gebürtige Hamburger Dr. Willi Richter (»Hasse«) wurde im Herbst 1949 aus der Org entlassen,[48] weil er des betrügerischen Verkaufs von sogenannten Pekelsky-Berichten an das Office of Strategic Intelligence (OSI) überführt worden war.[49]
- Walter Geipel (»Werner Grumert«) wurde im Sommer 1950 als Leiter der Untervertretung (UV) 113 in Bayreuth wegen finanzieller Unregelmäßigkeiten, Meldungsfälschung und unter dem Verdacht von Kontakten zum sowjetischen und tschechischen Geheimdienst entlassen.[50]
- Bei der Abschaltung des Leiters der UV R-21 der GV G, Walter Krassowsky (»Werner Miller«), Ende März 1951 lautete die Abschaltbegründung: »Hat Gelder unterschlagen«. Der ehemalige SS-Hauptsturmführer ging in die USA, betrieb auch dort krumme Geschäfte und wurde am 13. September 1967 in New York wegen des Versuchs der verbotenen Ausfuhr elektronischer Geräte aus den USA nach China verhaftet.[51]
- Christian Zarp, Mitarbeiter der Karlsruher GV L, wurde 1951 entlassen, weil er bei seinem Münchner Org-Vorgesetzten Unterlagen gestohlen hatte, die er an den französischen Nachrichtendienst verkaufen wollte.[52]
- Wegen »Doppelarbeit«, also paralleler Tätigkeit für einen anderen Nachrichtendienst, wurde der Münchner Journalist Dr. Hermann Marcus am 28. Februar 1951 von der Karlsruher GV L abgeschaltet.[53]
- Graf Wackerbarth, ein ehemaliger Oberst im OKW-Amt Ausland/Abwehr, wurde 1951 als Leiter der Außenstelle 101 in Bremen abgelöst, nachdem er »irgendeinem Ganoven aufgesessen« war.[54]
- Karl-Heinz Georg Morlath (»Werner Hartmann«) wurde am 1. November 1952 als V-Mann der Bremer GV B aus folgendem Grund abgeschaltet: »War gleichzeitig für mehrere ND tätig. Verschleierung und Falschmeldung über Netzzusammenhänge und Pannenfälle in seinem Netz. Korrupt und völlig skrupellos.«[55]
- Gilbert Mattern (»Johannes Laurens«) wurde am 3. April 1953 als V-Mann der Münchner GV C abgeschaltet, der Grund: »Unsaubere Geldmanipulationen, falsche u. fahrlässige Berichterstattung, operiert mit nicht existenten Quellen.«[56]

DISPATCH	CLASSIFICATION: SECRET	DISPATCH SYMBOL AND NO.: EGMA-46591
TO: Chief, EE		HEADQUARTERS FILE NO. [ ]
INFO: Chief of Station, Germany Chief of Base, Bonn		PFN: X/PEKELSKY, Vladimir
FROM: Chief of Base, Munich		DATE: 21 December 1959
SUBJECT: UPSWING/DIZTAG/CART/Operational Vladimir PEKELSKY		RE: "43-3" – (CHECK "X" ONE) MARKED FOR INDEXING X NO INDEXING REQUIRED INDEXING CAN BE JUDGED BY QUALIFIED HQ. DESK ONLY
ACTION REQUIRED: See para. 2		

REFERENCE(S): EGMW 1946 dated 19 November 1959
disseminated by EE/CI

1. We read reference with interest and noted that a considerable portion of the information concerns activities of the Czech Intelligence Service, not only as directed against the Federal Republic but also its activities in Switzerland and Prague. Since the matter also concerns two former UPSWING field agents, Vladimir and Maria PEKELSKY (who were assigned field agent numbers V-4439 and V-21545 respectively), we feel that any information passed to the BfV should also be passed to UPSWING. Since there is a possibility that the BfV will pass this information to UPSWING either now or at some point in the future, we also feel that this could be potentially embarrassing to us should <u>we</u> not pass this data to UPSWING.

2. We therefore request approval to pass the information in reference to UPSWING. In advising them of this information we would also point out that the BfV had been informed. The information concerning the source in para 2a of reference will undoubtedly be of considerable interest to both the BfV and UPSWING, and we should expect some requirements on the basis of this source description.

[ ] [ ]

Approved [ ]

Distribution
3-EE
2-COS/G
2-Bonn

CS COPY

[ ]

FORM 1-57 53b USE PREVIOUS EDITION — CLASSIFICATION SECRET

HQ COPY

HQ COPY

◄
Der Org-Mitarbeiter Willi Richter trieb mit den Berichten des Gehlen-Agenten Wladimir Pekelsky schwunghaften Handel, 1949

- Karl-Albrecht Tirmann wurde am 31. August 1953 als V-Mann der Münchner GV G in Berlin mit derselben Begründung abgeschaltet: »Unsaubere Geldmanipulationen, falsche u. fahrlässige Berichterstattung, operiert mit nicht existenten Quellen.«[57]
- Michael Woitzik (»Gabriel Weihrich«) wurde am 1. September 1953 als V-Mann der GV G in Berlin abgeschaltet, Grund: »Unfairer Nachrichtenhändler; bietet unseriöse Verbindungen an, die sich als nicht realisierbar erweisen bzw. bei denen nicht zu klären ist, ob nicht ein Feindkontakt besteht.«[58]
- Der ehemalige SS-Obersturmführer Hans Sommer wurde am 30. September 1953 als Leiter der Bezirksvertretung Nord der Org in Hamburg abgeschaltet, weil er dem dänischen Nachrichtendienst dienstliche Unterlagen verkauft hatte.[59]
- Der ehemalige Kriminalkommissar Evers, im Zweiten Weltkrieg Beamter der Geheimen Feldpolizei, wurde Mitte der 1950er-Jahre wegen finanzieller Unregelmäßigkeiten von seinem Posten als Leiter der UV Niedersachsen der GV Bremen abgelöst.
- Der Leiter der Zweigstelle 23 des Bayernbüros, Armin Dross, wurde im Oktober 1955 wegen wiederholter Veruntreuung von Geldern entlassen.[60]
- Ein Sachbearbeiter der Sicherheit legte Ende Oktober 1955 eine Liste von sechs im Laufe des vorangegangenen halben Jahres bekannt gewordenen Unterschlagungsfällen vor, von denen nur der Fall des stellvertretenden Dienststellenleiters in der GV L, Ludwig Albert, in den Akten des Koblenzer Bundesarchivs detailliert überliefert ist: Als die Staatsanwaltschaft bei ihm wegen eines Spionageverdachts eine Hausdurchsuchung vornahm, fand sie Beweise für einen systematischen Spesenbetrug und die Unterschlagung von Operativgeldern. Der Org-Mitarbeiter verfügte über Betriebsstempel von Gaststätten und eines Mechanikbetriebs, mit denen er Belege fälschen konnte. Die ermittelte Schadenssumme für den Dienst war in den zurückliegenden 14 Monaten mit 446,86 D-Mark relativ gering. Durch die Fälschung von Unterschriften mit V-Nummern von sechs Sonderverbindungen – darunter einer Verstorbenen – hatte Albert sich jedoch in diesem Zeitraum 10 878,65 D-Mark angeeignet, die für Quellen bestimmt waren.[61]

nachfolgende Seiten

links:
Walter Geipel verlor 1950 wegen finanzieller Unregelmäßigkeiten und Meldungsfälschungen seine Stellung als Leiter einer Org-Untervertretung.

rechts:
Armin Dross wurde 1955 wegen wiederholter Veruntreuung von Geldern als Org-Zweigstellenleiter entlassen.

56 Vgl. ebd. **57** Vgl. ebd. **58** Vgl. ebd. **59** Vgl. Sommer, Hans, NARA, RG 263. **60** Vgl. Dross, Armin, NARA, RG 263.
61 Selbsttötung des BND-Mitarbeiters Ludwig Albert, Org 123.3 vom 28. 10. 1955, BArch B 206/1977, S. 58 f.

SECRET
NO FOREIGN DISSEM

-- MAY 1970

TO: Commissioner Internal Revenue
Internal Revenue Service

FROM: Deputy Director for Plans

SUBJECT: GRUNER, William Fritz Werner
[aka: GRUNER, Walter
GEIPEL, Walter
WALTER, Guenther
REISINGER, Walter
GRUNERT, Werner
WOLF, Gunter]

1. Reference is made to your telephonic request dated 29 April 1970, for information concerning Subject in response to CSCI-316/01189-70, dated 22 April 1970, recently sent to your Service.

2. An official West German service reported the following information in a report made available to this Agency on 17 August 1951:

a. Subject is a former officer of the Waffen SS. He was an SS Hauptsturmfuehrer (Major) at the end of World War II.

b. Subject was dismissed from the Gehlen Organization in the summer of 1950, when it was discovered that Subject was embezzling a substantial portion of the money intended for his agents. (Comment: The Gehlen Organization is a predecessor organization of the official West German Federal Intelligence Service.)

c. Subject was alleged to have been connected with a Soviet intelligence service by a source of

CS COPY
SECRET
NO FOREIGN DISSEM

GROUP 1
Excluded from automatic downgrading and declassification

DISPATCH

CLASSIFICATION: SECRET

DISPATCH SYMBOL AND NO.: EGMA 48415

TO: Chief, EE

INFO: Chief of Base, Berlin   Chief of Station, Germany

HEADQUARTERS FILE NO.: Field File X/DROSS, Armin

FROM: Chief of Base, Munich

DATE: 6 April 1960

SUBJECT: UPSWING/CART/BEDOX/Operations
Name Trace Reply - Armin DROSS

RE: "43-3" — (CHECK "X" ONE)
XX MARKED FOR INDEXING
NO INDEXING REQUIRED
INDEXING CAN BE JUDGED BY QUALIFIED HQ. DESK ONLY

ACTION REQUIRED: None

REFERENCE(S): EGBW 13815, 29 January 1960 N.R.

1. UPSWING has reported that

Armin *DROSS
Born 3 September 1912 in Strassburg, Germany

worked for UPSWING from August 1947 until 31 October 1955. According to UPSWING, his dismissal was the result of repeated gross mishandling of funds. UPSWING stated that DROSS is however, a talented journalist and has a good knowledge of Poland. Nothing derogatory of a political nature is known about DROSS, and he is now reported to be employed with the West German Government-subsidized "Staette der Begegnung" in Vlotho/Weser. UPSWING has requested in addition that the above information be treated in a confidential manner.

2. The only additional information contained in Munich Base files is a card on Subject listing him as a member of Project 124 in 1950. A copy of this card is forwarded herewith.

Approved ______

Distribution
2-EE w/att h/w
2-BOB w/att h/w
2-COS/G w/att h/w

Attachment - Thermofaxed copies of card

FORM 10-57 53b (40) USE PREVIOUS EDITION. REPLACES FORMS 51-28, 51-28A AND 51-29 WHICH ARE OBSOLETE.

CLASSIFICATION: SECRET

CONTINUED

PAGE NO.

Anders als mehr oder minder einvernehmlich konnte sich die Org in der Zeit ihrer »Illegalität« nicht von unzuverlässigen oder sogar korrupten Mitarbeitern trennen. Die Einleitung eines Strafverfahrens hätte nicht nur die betroffene Dienststelle enttarnt, sondern Fragen nach der Gesamtorganisation zu einer Zeit aufgeworfen, als das bis 1955 geltende Besatzungsstatut noch jeden deutschen Auslandsnachrichtendienst verbot. So beklagte der Leiter der GV H (Darmstadt) im September 1953, dass eine Straftat in seinem Bereich ohne rechtliche Folgen blieb: »Wir brauchen wirksame und schnelle Hilfe der Behörden in Fällen wie zum Beispiel dem der Unterschlagung des ehemaligen UV-Leiters 8100. Der uns heute in solchen Fällen aufgezwungene Eiertanz kostet viel Zeit und führt doch nicht zu voller Bereinigung.«[62]

Ein Schlag ins Kontor – der Mercker-Bericht

Mit der Übernahme der Org als BND zum 1. April 1956 war die Kette von Korruptionsfällen nicht abgerissen. Aufgrund einiger Beschwerden von BND-Mitarbeitern setzte das Bundeskanzleramt, namentlich der Staatssekretär Carl Carstens, Ende Mai 1968 eine Untersuchungskommission ein. Ihr gehörten der Staatssekretär a. D. Reinhold Mercker, der Ministerialdirektor a. D. im Auswärtigen Amt, Paul Raab, und der frühere Inspekteur des Heeres, Generalleutnant a. D. Alfred Zerbel, an. Die Kommission hörte 51 Zeugen, bevor sie am 24. Juli 1969 einen 249-seitigen, als streng geheim eingestuften Bericht vorlegte,[63] der eine ganze Reihe schwerwiegender Missstände aufführte. So sei die Spitze des BND in den 1960er-Jahren selbst dazu übergegangen, Meldungen zu fälschen.

Klagen über die Zustände in Pullach hatten nicht etwa nur niedrige Chargen geführt, sondern auch der Ministerialdirektor im Bundeskanzleramt, Dr. Günter Bachmann, der von August 1955 bis August 1966 zunächst als Referent, dann als Unterabteilungsleiter für den BND zuständig gewesen war. »Gegenüber der Haushaltsführung des BND bestehe der Verdacht mangelnder Korrektheit. Kostspielige Auslandsreisen auf Staatskosten würden als Wohlverhaltensprämien gewährt. Die Beschäftigung von Familienangehörigen von Bediensteten diene häufig dazu, bestimmten Familien eine besondere geldliche Zuwendung zu machen und sie zugleich in wirtschaftliche Abhängigkeit zu bringen«[64], so hielt die Kommission fest, was der BND-Aufseher in Bonn für sie zu Papier gebracht hatte.

Gravierender noch, was die moralische Integrität des Dienstes betraf, war das Urteil der Untersuchungskommission in ihrem Abschlussbericht in puncto Korruption: »[...] Zeichen der Korruption ist es auch, wenn man der Eingabe eines früheren Mitarbeiters folgen will, dass der BND in Unterschlagungsfällen grundsätzlich von einer Anzeige gegen die schuldigen Mitarbeiter bei der Staatsanwaltschaft absieht. Hierzu wurde festgestellt, dass in der Tat im BND

62 Leiter H an Leiter 30.a persönlich vom 24. 9. 1953, Archiv FF, S. 7. **63** Vgl. Gruppe I/2. I/2-15100-Ko 7/1/71 vom 27. 8. 1971, Archiv FF. Streng Geheim. Vom Referat 602 des Bundeskanzleramts am 18. 1. 2013 herabgestuft auf Offen. **64** Ebd., S. 183.

Staatssekretär a. D. Reinhold Mercker urteilte 1968 vernichtend über den Gehlen-Dienst.

Unterschlagungen größeren Ausmaßes vorgekommen sind, von denen allerdings ein großer Teil noch in die Zeit der Organisation Gehlen zurückreicht. Es kann auch nicht zweifelhaft sein, dass derartige Fälle, wenn sie bekannt werden (und sie werden, wie sich gezeigt hat, natürlich auch in einem geheimen Nachrichtendienst bekannt) demoralisierend wirken können, wenn der Täter nicht der verdienten Strafe zugeführt wird.«[65]

Fragwürdig fand die Kommission, dass ein Offizier auf Weisung des BND-Vizepräsidenten Horst Wendland und gegen die Bedenken der Sicherheitsabteilung wieder von der Bundeswehr in den BND übernommen worden war, obwohl es in der früher von ihm geleiteten Außenstelle zu »undurchsichtigen Geldgeschäften« gekommen war. Für den Verdacht, Wendlands Entscheidung könne von dem Motiv geleitet worden sein, dass er selbst von der finanziellen »Großzügigkeit« des BND-Offiziers profitiert hatte, fand die Kommission jedoch mangels Aktenzugang keinen Beweis.[66]

Die Veruntreuung von Geldern, ohne dass die Täter mit ernsthaften Konsequenzen zu rechnen hatten, war nur eine Facette der katastrophalen Moral im Gehlen-Apparat. Daneben kam die Kommission zu dem Urteil, dass der BND für seine Führungsriege zu einem Selbstbedienungsladen geworden sei und Günstlingswirtschaft auch über den BND hinaus herrsche: »Bei der Weiterbeschäftigung von Mitarbeitern nach ihrer Pensionierung seien nicht immer die fachliche und charakterliche Qualifikation oder Nichtqualifikation berücksichtigt worden. Der Verdacht bleibe bestehen, dass die Weiterbeschäftigung als Belohnung für ein Wohlverhalten gegenüber der Führung gewährt worden sei. In diesem Licht und Zusammenhang seien auch die Beschäftigung von Ehefrauen im Dienst sowie die Gewährung von Auslandsdienstreisen, deren Anordnung vielfach äußerst ungenügend konkretisiert worden sei, zu sehen. Bedenklich seien ferner Zuwendungen an außenstehende Persönlichkeiten. [...] Die Gewährung kostspieliger Auslandsreisen beispielsweise auch an deutsche einflussreiche Persönlichkeiten mit dem Ziel, sie für den BND und seine Führung zu gewinnen, sprenge in der Regel diesen Rahmen und leiste dem Vorwurf der Korruption Vorschub.«[67]

Stank der Fisch vom Kopf her? Reinhard Gehlen und seine Reputation

Bereits eine CIA-Studie über die Org vom Februar 1956 war zu der Erkenntnis gekommen, dass in Fragen der Korruption »der Fisch vom Kopf her stank«. Das betraf auch Gehlen selbst. Es sei nicht auszumachen, wo die Geschäfte der Pullacher Tarnfirmen endeten und wo die Privatgeschäfte Reinhard Gehlens begannen, schrieb der CIA-Offizier in seiner Analyse.[68] Als Beispiel für eine solche Verquickung privater und dienstlicher Geschäfte hatte die CIA das Bayerische Leichtmetallwerk GmbH und das Südbayerische Leichtmetallwerk GmbH in München ausgemacht. Hans Kaiser, die Sonderverbindung mit der V-Nummer 1941, hatte dieses zweite Unternehmen 1949 für Gehlen eröffnet. Abhörmaßnahmen der CIA zeigten ihr 1955, dass sowohl Kaiser als auch die mit einem Beratervertrag bezahlte Sonderverbindung Erich Heymann über diese Firma in Kontakt mit der Org standen. Und auch Gehlen sowie seine beiden Mitarbeiter aus der Org-Gruppe 35 (Sonderverbindungen), Roman Schellenberg und Hans Richter (»Roger«), standen zu ihr in geschäftlicher Beziehung.[69]

Julius Mader, Propagandaspezialist des Ministeriums für Staatssicherheit der DDR, behauptete 1960, Gehlen habe sich durch die Verschiebung amerikanischer Care-Pakete persönlich bereichert, die Erträge in Sachwerten angelegt und sich auf diese Weise ein »Riesenvermögen« ergaunert. Zudem habe er seinem Schwiegervater, Friedrich Wilhelm Franz von Seydlitz-Kurzbach, das Anwesen in der Waldstraße 136 in Berg zu einem Spottpreis verschafft.[70] Die Adresse ist nachweisbar, die Begünstigung aber ebenso wenig wie private Gewinne aus Schwarzmarktgeschäften.

Am 23. Oktober 1950 hatte Herre eine Art Kassensturz gemacht, was die finanziellen und geldwerten Leistungen der CIA für Gehlen betraf: »Eigenes Haus in Starnberg mit amerikanischem Geld, Gehalt von DM 3000,-, Montenstraße, Jagdhaus, Haus Bonn«.[71] Für die CIA-Zentrale in Washington quittierte Gehlen nur 2000 D-Mark, 1000 D-Mark erhielt er unter der Hand aus der Pullacher Kasse.[72]

An den untadeligen Generalstabsoffizier Gehlen glaubte auch einer seiner engsten Mitarbeiter nicht. Siegfried Graber, zwei Jahrzehnte lang in der Pullacher Zentrale in leitender Funktion in der Beschaffungsabteilung und im Ausbildungswesen beschäftigt, zitierte 1994 dazu den gemeinsamen Weggefährten Tietze (»Kurz«): »Gustav-Adolf TIETZE hat mir gegenüber etwa 1986 aus seinem Herzen keine Mördergrube gemacht und schlicht festgestellt: GEHLEN hat alle Lumpereien, die BAUN kannte und praktiziert hat, von diesem übernommen. – Diese Aussage eines alten Res.Offiziers, der während des Krieges der Abteilung FHO mit seinen Meldungen zuarbeitete, besagt viel: 1. dass GEHLEN im Kriege offenbar eine andere Persönlichkeit war und 2. daß ›das Metier‹, der Nachrichtendienst – oder aber auch der Zusammenbruch – die Menschen veränderte.«[73] Zu einem ähnlich harschen Urteil war ein anderer Weggefährte Gehlens, Gerhard Wessel, bereits im März 1948 gekommen. Während einer Auseinandersetzung hatte Gehlen ihm den zynischen Vorschlag gemacht, Baun doch einfach umzulegen, wenn er es mit seinem Gewissen vereinbaren könne. Als Wessel sich bei Adolf Heusinger und Hans-Jürgen Dingler über den »Mordvorschlag« beklagte, kam er zu dem Urteil, »dass Gehlen selbst ebenso wenig charakterlich einwandfrei«[74] sei wie Baun.

Das eingangs zitierte Diktum von John le Carré, die Org sei ein hurenhafter Geheimdienst, ist und bleibt eine Überspitzung, schon weil integre Persönlichkeiten aus Org und BND wie Wessel, Graber oder Tietze korrupte Strukturen angeprangert haben. Zugleich bleibt jedoch festzuhalten, dass es, begünstigt durch die Strukturen eines geheimen Nachrichtendienstes, auf allen Ebenen massenhafte Verstöße gegen Recht und Moral gab.

65 Ebd., S. 218. **66** Vgl. ebd., S. 219. **67** Vgl. ebd. **68** Vgl. Ihm Karl, CIA: Memorandum for the Record. Subject: CATIDE Cover Firms vom 2. 11. 1965, NARA, RG 263, S. 66. CATIDE war einer der CIA-Tarnnamen für den BND. **69** Vgl. CIA: CATIDE Cover Firms, 1965, S. 19 b. **70** Vgl. Julius Mader: Die graue Hand, Berlin 1960, S. 69. **71** Tagebuch Herre, 23. 10. 1950, S. 327. **72** Vgl. ebd., 16. 1. 1951, S. 030. **73** Graber: Splittersammlung, 1994, S. 5, 10. **74** Zit. n. Rolf-Dieter Müller: Frühe Konflikte. Annäherung an eine Biographie Reinhard Gehlens, in: Unabhängige Historikerkommission zur Erforschung der Geschichte des Bundesnachrichtendienstes 1945–1968, hrsg. v. Jost Dülffer/Klaus-Dietmar Henke/Wolfgang Krieger/Rolf-Dieter Müller: Die Geschichte der Organisation Gehlen und des BND 1945–1968. Umrisse und Einblicke (Dokumentation der Tagung am 2. Dezember 2013), Studien Nr. 2, Marburg 2014, S. 17–25, hier S. 24 (URL: http://www.uhk-bnd.de/wp-content/uploads/2013/05/UHK-BND_Bd2_online-12.pdf, zuletzt aufgerufen am 17. 9. 2015).

»WER ABER KONTROLLIERT DIE KONTROLLEURE?«

Das Ringen der Parlamentarier um Einblick in die Arbeit der Nachrichtendienste von 1949 bis 1956

Im Frühjahr 2015 debattieren die Abgeordneten des Deutschen Bundestages über den Bundesnachrichtendienst (BND). Die Stimmung ist gereizt: Das Magazin »Der Spiegel« hat berichtet, der BND habe der amerikanischen National Security Agency (NSA) geholfen, europäische Behörden und Unternehmen auszuspähen.[1] Schon mehr als ein Jahr lang arbeitet ein Untersuchungsausschuss des Parlaments daran, aufzuklären, wie und in welchem Ausmaß ausländische Geheimdienste in Deutschland die Telekommunikation überwachen. Noch haben sich die Abgeordneten nicht durch alle Akten gelesen und jeden Zeugen gehört, da fordern sie deutlich: Die parlamentarische Kontrolle der Geheimdienste muss besser werden.

Wer in die Geschichte des Parlaments schaut, sieht, dass Probleme wie diese nicht neu sind. Mit jeder Vertrauenskrise zwischen Parlament, Regierung und Nachrichtendiensten wuchsen die Rechte der Kontrolleure im Bundestag: 1978 hatte der Verfassungsschutz widerrechtlich den Atomphysiker Klaus Traube abgehört. Seitdem gibt es ein Gesetz und ein regelmäßig tagendes Gremium zur parlamentarischen Kontrolle des Bundesamts für Verfassungsschutz (BfV), des Militärischen Abschirmdienstes und des Bundesnachrichtendienstes.[2] Der Bundestag wählt die Mitglieder zu Beginn jeder Wahlperiode. 1992 stellten die Abgeordneten fest, dass dies nicht reichte und ermöglichten der Kontrollkommission, Akten und Dateien der Dienste einzusehen und deren Mitarbeiter anzuhören. Heute kann das Parlamentarische Kontrollgremium einen Sachverständigen zu Rate zu ziehen, ihn mit Recherchen beauftragen und Mitarbeiter zu seiner Assistenz engagieren.[3]

Die erweiterten Möglichkeiten haben eine Schwierigkeit nicht gelöst: Information ist die grundlegende Voraussetzung für parlamentarische Kontrolle.[4] Zu den wichtigsten Rechten der Parlamentarier gehört es, Auskunft von der Regierung verlangen zu können, zum Beispiel mit Kleinen oder Großen Anfragen im Bundestag. Doch selbst den vertraulicheren Ausschüssen dürfte es selten gelingen, gegen das Interesse der Staatsmacht anzukommen, Heikles geheim zu halten. Zumal das Bundesverfassungsgericht der Exekutive, der Regierung und den ihr unterstellten Behörden, das Recht zugestanden hat, ihren »Kernbereich« abschotten zu dürfen.[5]

◄ Konrad Adenauer und sein Staatssekretär Hans Globke (l.) am Eingang des Palais Schaumburg, Bonn, 1955

1 Spiegel.de: Geheimdienstaffäre: BND schaltete 25 000 NSA-Selektoren scharf (URL: http://www.spiegel.de/politik/deutschland/spiegel-bnd-affaere-weitet-sich-aus-a-1033881.html, zuletzt besucht am 2. 9. 2015). **2** Stefanie Waske: Mehr Liaison als Kontrolle: die Kontrolle des BND durch Parlament und Regierung 1955–1978 (Univ. Diss., Marburg 2007), Wiesbaden 2009, S. 259 ff. **3** Zum aktuellen Stand siehe die Website des Bundestages, Parlamentarisches Kontrollgremium (URL: http://www.bundestag.de/bundestag/gremien18/pkgr, zuletzt besucht am 9. 9. 2015).
4 Eckart Busch: Parlamentarische Kontrolle, Ausgestaltung und Wirkung, 4. überarb. Aufl., Heidelberg 1991, S. 30.
5 Alexander Hirsch: Wer überwacht die Wächter? Nachrichtendienste im rechtsstaatlichen Kontrollgefüge, in: Staat, Demokratie und Innere Sicherheit in Deutschland. Studien zur Inneren Sicherheit Bd. 1, Opladen 2000, S. 262.

Bundeskanzler Konrad Adenauer (mit offenem Mantel) empfängt John Foster Dulles, Außenminister der USA (M., während eines Pressestatements), auf dem Flughafen Köln/Bonn, 16. September 1954

Welche Entscheidungen die Mitarbeiter des Kanzleramts mit denen des Nachrichtendienstes treffen, werden die Parlamentarier wohl weiterhin nur in Umrissen erfahren.

Wie war dies, als die Bundesrepublik gerade gegründet war, 1949 und in den folgenden Jahren? Dazu gibt es mittlerweile freigegebene Akten des Bundesnachrichtendienstes und seiner Vorläuferorganisation. Sie zeigen, wie dieses Wechselspiel zwischen dem Nachrichtendienst, der Regierung und den Abgeordneten begonnen hat.

Damals tagte der Bundestag im Bonner Bundeshaus, Kanzler Konrad Adenauer residierte im nahegelegenen Palais Schaumburg, einer schlossähnlichen Villa.[6] Einen Auslandsnachrichtendienst unter deutscher Führung gab es 1949 noch nicht. In Pullach nahe München unterhielt die amerikanische Regierung aber eine Aufklärungsgruppe, die Organisation Gehlen (Org). Benannt war sie nach dem ehemaligen Generalmajor der Wehrmacht, Reinhard Gehlen, der sie auch führte. Gehlen hatte den Amerikanern nach Kriegsende das Wissen seiner ehemaligen Abteilung des Generalstabes, Fremde Heere Ost, über die Sowjetunion angeboten. In der beginnenden Konfrontation zwischen Ost und West war dies der US-Regierung als eine lohnenswerte Offerte erschienen. Eines Tages solle die Organisation der Regierung in Bonn zur Verfügung stehen, so später der Plan von Gehlen.

Damit dieser Plan Wirklichkeit werden konnte, brauchte Gehlen einen Partner im Kanzleramt. Diese Rolle fiel Hans Globke zu, Leiter der Hauptabteilung für innere Angelegenheiten und zuständig für Personalfragen der Kabinettsabteilung.[7] 1953 stieg er zum Staatssekretär auf.[8] Viele nannten ihn bald den heimlichen Chef des Kanzleramts. Seinen wahren Einfluss verbarg Globke aus guten Gründen: Während des Nationalsozialismus war er bereits führender Jurist im Reichsministerium des Inneren gewesen. Zusammen mit seinem Vorgesetzten hatte er einen Kommentar zu den Nürnberger Rassegesetzen verfasst. Ihm war bewusst, dass Presse und Parlament dies nun kritisieren würden. Globke behandelte fortan seine Vergangenheit, indem er entlastende Einzelheiten betonte und jedem – auch juristisch – entgegentrat, der ihm eine Beteiligung an den Nürnberger Gesetzen und am Holocaust nachsagte.

So verwundert es nicht, dass das erste Dokument, das den Kontakt zwischen der Org und Globke belegt, dessen Vergangenheit thematisiert.[9] Ein folgender Vermerk hält fest, dass die Org Unterlagen hatte, die zu Globkes Entlastung bei öffentlichen Angriffen dienen sollten.[10] Was genau der Dienst in die Wege geleitet hatte, ist durch das Dokument nicht belegt.[11] Es wird das erste Glied in einer langen Kette von nachrichtendienstlicher Aufklärung und Einflussnahme in Sachen Globke sein. Erst heute sind die Quellen des Reichsministeriums des Inneren so detailliert ausgewertet, dass manche Verteidigungsstrategie in sich zusammengefallen ist: Demnach hatte es im Ministerium sehr wohl Vorarbeiten der Nürnberger Gesetze gegeben, und diese waren somit nicht allein, wie unter anderem Globke glauben machen wollte, im Schnellverfahren auf dem NSDAP-Parteitag entstanden.[12]

Die Schatten des Nationalsozialismus traten Mitte 1950 jedoch in den Hintergrund des öffentlichen Interesses: Am 25. Juni überschritten die Truppen der Nordkoreanischen Volksarmee – von der Sowjetunion ausgebildet und mit Waffen versorgt – die Grenze zu Südkorea. US-Präsident Harry S. Truman schickte den verbündeten Südkoreanern militärische Unterstützung. Das Szenario eines möglichen Dritten Weltkriegs beunruhigte auch die Bundesbürger. Diese Krise nutzte die Org, um die Regierungsverantwortlichen in Bonn zu informieren und zu beraten. Vier Tage nach dem Einmarsch der Nordkoreaner trafen sich Gehlen und Globke zum ersten Mal und vereinbarten eine technische Unterstützung der bundesdeutschen Regierung für die Org.[13] Von nun an kamen sie wöchentlich zusammen.[14] Globke und Gehlen waren sich schnell einig, dass die Organisation der Bundesregierung bald zur Verfügung stehen solle, und

6 Günther Behrendt: Das Bundeskanzleramt, Frankfurt am Main/Bonn 1967, S. 7. **7** Karl Gumbel: Hans Globke – Anfänge und erste Jahre im Kanzleramt, in: Klaus Gotto (Hrsg.): Der Staatssekretär Adenauers. Persönlichkeit und politisches Wirken Hans Globkes, Stuttgart 1980, S. 73–98, hier S. 80. **8** Lebenslauf, Findbuch zum Nachlass von Hans Globke, Archiv für Christlich-Demokratische Politik (ACDP). **9** Datiert ist das Dokument auf den 4. 1. 1949, das passt aber zeitlich nicht, da Globke zu dieser Zeit noch nicht im Kanzleramt beschäftigt war. Daher wird es sich um den 4. 1. 1950 handeln. Zu solchen Irrtümern bei der Angabe der Jahreszahl kommt es oft wenige Tage nach einem Jahreswechsel. Dokument: An 30a, 4. 1. 1949, BND-Archiv, 01110 Teil 1, Bl. 25. **10** »25 [Deckbezeichnung für US] hat mir gegenüber zum Ausdruck gebracht, dass das von uns gelieferte Material über Globke sehr wertvoll wäre und wesentlich zur Abdeckung von Globke beigetragen habe«, Quelle: An 35 [Deckbezeichnung für von Mellenthin] vom 7. 2. 1950, BND-Archiv, 01110 Teil 1, Bl. 26. **11** Ebd. **12** Aufgearbeitet haben dies unter anderem: Cornelia Essner: Die »Nürnberger Gesetze« oder die Verwaltung des Rassenwahns 1933–1945, Paderborn/München/Wien/Zürich 2002; Christian Jasch: Staatssekretär Wilhelm Stuckart und die Judenpolitik: der Mythos von der sauberen Verwaltung, München 2011. **13** Inhaltsverzeichnis, BND-Archiv, 01110 Teil 1, Bl. 1. **14** Reinhard Gehlen: Der Aufbau und die Integration des Bundesnachrichtendienstes, in: Gotto (Hrsg.): Der Staatssekretär Adenauers, 1980, S. 184–193, hier S. 187.

besprachen dies mit den Amerikanern.[15] Eine Hürde baute sich vor ihnen auf: Solange die Bundesregierung an Weisungen der Alliierten Hohen Kommission auf dem Petersberg bei Bonn gebunden war, also das Besatzungsstatut galt, würde eine Übernahme nicht möglich sein.

Adenauer entschloss sich gleichzeitig zu einem eigenen nachrichtendienstlichen Schritt: Er gründete den »Informationsdienst für den Herrn Bundeskanzler«.[16] Die Leitung fiel Friedrich Wilhelm Heinz zu, ehemaliger Mitarbeiter im militärischen Geheimdienst der Wehrmacht, dem Amt Abwehr, und rechtskonservativer Gegner des Nationalsozialismus. Der Kanzler gab Heinz den Auftrag, Informationen zu sammeln über den Teil Deutschlands, der »noch nicht wieder zu uns gehört« [17] – also zur DDR. Heinz' Organisation speiste sich unter anderem aus ehemaligen Mitarbeitern des Amtes Abwehr.[18] Büros gab es zunächst in Bad Godesberg und dann in Wiesbaden, Außenstellen in Berlin und München. Anfang August 1950 legte Heinz dem Bundeskanzleramt den ersten umfassenden Bericht über die östliche Bedrohung vor.[19] Gehlen traf Adenauer erstmals am 20. September.[20] Damit begann der Wettstreit zwischen Gehlen und Heinz: Gehlen wollte militärische, politische und wirtschaftliche Aufklärung betreiben, Heinz ebenso, vor allem mit Blick auf die DDR und den Ostblock.[21] So schuf Adenauer eine Konkurrenzsituation um die besseren Nachrichten.

Zu Anfang wünschte der Kanzler, Gehlen und Heinz sollten zusammenarbeiten. Dies war aber bereits im Dezember 1950 eine illusorische Vorstellung: Stattdessen nahm die zunehmende Feindschaft von Gehlen und Heinz viel Raum bei den Besprechungen im Kanzleramt ein. So wollte Gehlen Adenauer überzeugen, seine Organisation müsse die Berichte des Friedrich-Wilhelm-Heinz-Dienstes auswerten.[22] Ihm missfiel, dass diese direkt den Kanzler erreichten, ohne dass er sie zu Gesicht bekommen hatte. Gehlen setzte sogar eine Quelle auf Heinz an, um herauszubekommen, wer ihn mit sensiblem Wissen belieferte.[23] Und Heinz hatte wiederum einen Informanten, der ihn über Gehlens Schritte informierte.[24]

Seine nachrichtendienstlichen Schritte versuchte der Kanzler zunächst geheim zu halten.[25] Nur seinen Innenminister, den späteren Bundespräsidenten Gustav Heinemann, hatte er ins Vertrauen gezogen.[26] In einer schriftlichen Planung hieß es damals: »Ausschließlich der Herr Bundeskanzler bestimmt, welche Kabinettsmitglieder oder sonstige Persönlichkeiten von der Indienstnahme des Herrn H. [Heinz] erfahren sollen. Allen anderen Persönlichkeiten oder

15 Brief von Reinhard Gehlen an Hans Globke, 15. 7. 1950, BND-Archiv, 01110 Teil 1, Bl. 47. **16** Zum Heinz-Dienst siehe: Susanne /Dieter Krüger: Vom Freikorpskämpfer zum Leiter des Nachrichtendienstes im Bundeskanzleramt, Vierteljahrshefte für Zeitgeschichte, 42 (1994), S. 39–69. **17** Georg Meyer: Vermerk über eine Befragung von Herrn Generalmajor a. D. Achim Oster, Nachlass Oster, Joachim, 28. 10. 1976, BArch MA, N 713/41. **18** F. W. Heinz: Meine Beziehungen zu alliierten Nachrichtendiensten, 17. 9. 1950, BArch MA, N 713/112. **19** Aufzeichnung, Betr. Vorwürfe gegen Herrn Heinz, 31. 10. 1952, BArch MA, N 713/133. **20** Reinhard Gehlen: Der Aufbau und die Integration des Bundesnachrichtendienstes, in: Gotto (Hrsg.): Der Staatssekretär Adenauers, 1980, S. 186. **21** Reisenotiz, BND-Archiv, 01110 Teil 1, 14. 12. 1950, Bl. 73 ff. **22** Ebd. **23** Ebd., Blatt 74. **24** F. W. Heinz: Besprechung Gehlen-Schumacher, Nachlass Oster, Joachim, BArch MA, N 713/140, 29. 9. 1950. **25** F. W. Heinz: Geheimhaltung des »Informationsdienstes«, 17. 9. 1950, BArch MA, N 713/112. **26** Ebd. **27** Zentrale für Heimatdienst, Handakten Graf Schwerin, Aufbau einer Westdeutschen Bundespolizei, 19. 7. 1950, S. 53, BArch MA, BW 9/3105. **28** Ebd. **29** Carlo Schmid: Erinnerungen, Bern 1979, S. 495. **30** Peter Merseburger: Der schwierige Deutsche. Kurt Schumacher. Eine Biographie, Stuttgart 1995, S. 480. **31** Günther Scholz: Kurt Schumacher, Düsseldorf/Wien/New York 1988, S. 273 f. **32** Reinhard Gehlen: Der Dienst, Hamburg/München 1971, S. 167.

Kurt Schumacher, Vorsitzender der SPD (M.), im Gespräch mit Erich Ollenhauer, stellvertretender SPD-Vorsitzender, und Annemarie Renger, Sekretärin des SPD-Vorsitzenden, Bonn, 2. Dezember 1949

Dienststellen gegenüber soll diese Tatsache streng geheim bleiben.«[27] Erst später wollte der Kanzler den Dienst teilweise enttarnen.[28] Weder die Information darüber, dass der Dienst von Friedrich Wilhelm Heinz entstand, noch darüber, dass die Regierung mit der Org Kontakt aufgenommen hatte, erreichte bis Sommer 1950 das Parlament. Kontrolle – oder zumindest Mitsprache – war somit unmöglich.

Das änderte sich erst, als die Wiederbewaffnung in den Fokus der Politiker rückte. Bei diesem Thema brauchte die Regierung die Unterstützung der Opposition, der Sozialdemokraten. Nicht allein für diese Gespräche fanden sich zwei ehemalige Generalleutnants zusammen, später nannten sie viele »die Zwillinge«: Der eine, Hans Speidel, hatte den Widerstand des 20. Juli 1944 unterstützt, arbeitete nun als Wissenschaftler und beriet Adenauer. Der andere, Adolf Heusinger, Mitwisser des Attentats auf Adolf Hitler und nach dem 20. Juli 1944 zeitweise in Haft, leitete die Auswertung der Org. Die Org hatte einigen ehemaligen führenden Personen der Wehrmacht eine berufliche Zukunft eröffnet; mit dem Segen der Amerikaner konnten sie sich auf die militärischen Aufgaben einer souveränen Bundesrepublik vorbereiten. Das Duo fiel dem sozialdemokratischen Bundestagsabgeordneten Carlo Schmid auf, der einer der maßgeblichen Verfasser des Grundgesetzes und Professor für Öffentliches Recht in Tübingen war. Seinen Parteikollegen Kurt Schumacher, Vorsitzender von SPD und SPD-Bundestagsfraktion, und Erich Ollenhauer, stellvertretender Fraktionsvorsitzender der SPD, schlug er vor, ebenfalls mit Speidel und Heusinger zu sprechen.[29]

Das Treffen fand am 21. September 1950 in Hannover statt, einen Tag nach dem ersten Gespräch Gehlens mit dem Kanzler.[30] Gehlen brachte Heusinger mit, Schumacher Ollenhauer. Offizielles Thema war die deutsche Remilitarisierung.[31] Auch Annemarie Renger, Mitarbeiterin

Schumachers, Fritz Erler, Mitglied des Bundestages und Militärexperte der Partei, Carlo Schmid und der niedersächsische Minister für Flüchtlinge und Vertriebene, Heinrich Albertz, sollen teilgenommen haben.[32] Die Gespräche müssen tiefschürfend gewesen sein; sie dauerten bis in die Morgenstunden.[33] Laut Gehlens Erinnerungen sollen die Sozialdemokraten ihm versichert haben, sie befürworteten die Übernahme der Org in den Bundesdienst.[34] Der Kontakt zwischen dem Nachrichtendienst und der FDP begann hingegen erst 1954.[35] Ab Januar 1951 erhielt Schumacher über Globke »ausgesuchte Informationen«[36] – wohl schriftliche Berichte der Org – und ab August sogar Lagevorträge. Parallel dazu erreichten den SPD-Chef Nachrichten des Friedrich-Wilhelm-Heinz-Dienstes, die ihm führende Mitarbeiter des Amtes Blank,[37] der Vorläuferorganisation des Verteidigungsministeriums, in seinem Privathaus überbrachten.[38]

Ist es realistisch, dass Schumacher Gehlen derart positiv begegnete, wie der Geheimdienstchef in seinen Erinnerungen berichtete? Es gibt auch andere Darstellungen, wie die des Schumacher-Biografen Günther Scholz. Demnach sprach Schumacher laut einer Aufzeichnung von Heusinger vom Juni 1951 bei einer gemeinsamen Besprechung mit Adenauer an, er habe Bedenken gegenüber der Org. Sie sei mit Personal der nationalsozialistischen Sicherheits- und Nachrichtendienste besetzt und von jüngeren Offizieren dominiert, die allein während des Nationalsozialismus sozialisiert worden seien.[39] Dass zahlreiche ehemalige Angehörige des Sicherheitsdienstes (SD) der Schutzstaffel der NSDAP (SS), des Reichssicherheitshauptamts, der Waffen-SS und der Gestapo im Nachrichtendienst eine neue Anstellung gefunden hatten, ist bekannt.[40] Unbelastet war auch der Friedrich-Wilhelm-Heinz-Dienst nicht, welcher unter anderem Wilhelm Höttl, ehemals SS-Obersturmbannführer, als Informanten beschäftigte.[41] Doch wie stellte sich die Bundesregierung dazu? In den Akten finden sich mehrfach Namen von ehemaligen Nationalsozialisten, über deren Mitarbeit die Org das Kanzleramt in Kenntnis

33 Scholz: Kurt Schumacher, 1988, S. 273 f. **34** Gehlen: Der Dienst, 1971, S. 167. **35** Erich Mende: Die neue Freiheit: 1945–1961, München/Berlin (West) 1984, S. 307. **36** Gehlen: Der Dienst, 1971, S. 167. **37** Vortragsnotiz, 8. 2. 1951, BArch MA, N 713/133. **38** Befragung General Graf von Schwerin am 7. 2. 1975, BArch, MA, N 713/41 (MGFA). **39** Scholz: Kurt Schumacher, 1988, S. 280. **40** Dies wird von der Unabhängigen Historikerkommission zur Erforschung der Geschichte des BND (UHK) noch weiter beleuchtet. Siehe die Vorabberichte, z. B. Gerhard Sälter: Kameraden. Nazi-Netzwerke und die Rekrutierung hauptamtlicher Mitarbeiter, in: Unabhängige Historikerkommission zur Erforschung der Geschichte des Bundesnachrichtendienstes 1945–1968, hrsg. v. Jost Dülffer/Klaus-Dietmar Henke/ Wolfgang Krieger/Rolf-Dieter Müller: Die Geschichte der Organisation Gehlen und des BND 1945–1968: Umrisse und Einblicke (Dokumentation der Tagung am 2. Dezember 2013), Studien Nr. 2, Marburg 2014, (URL: http://www.uhk-bnd.de/wp-content/uploads/2013/05/UHK-BND_Bd2_online-12.pdf, zuletzt besucht am 9. 9. 2015). **41** Die Verbindung existierte aber nur bis Ende 1952. Brief an Johann Adolf Graf Kielmansegg, 20. 2. 1954, BArch, MA, N 713/133. **42** Aktennotiz über Besprechung mit Dr. Globke am 30. 8. 1951, BND-Archiv, 01110 Teil 1, Bl. 212. Anderes Beispiel: Besprechung vom 11. 9. 1952, ebd., Bl. 11. **43** Einzelnotizen zur Besprechung mit Ministerialdirektor Dr. Globke, 5. 7. 1951, ebd., Bl. 204. **44** Agilolf Keßelring: Die Organisation Gehlen und die Verteidigung Westdeutschlands. Alte Elitedivisionen und neue Militärstrukturen, 1949–1953, Marburg 2014, S. 28 f. (URL: http://www.uhk-bnd.de/wp-content/uploads/2013/05/UHK-BND_Bd3_online.pdf, zuletzt besucht am 8. 9. 2015). **45** Einzelnotizen zur Besprechung mit Ministerialdirektor Dr. Globke, 5. 7. 1951, BND-Archiv, 01110 Teil 1, Bl. 204. **46** Keßelring erwähnt eine Aktennotiz dazu: »Orientierung [Adenauer] über [Globke] und der Amerikaner, siehe [Mellenthin] (35), Aktennotiz über eine Besprechung zwischen Gehlen (30), [Mellenthin] 35 und Obstlt i.G. [sic!] Schneez [sic!] am 24. 7. 51«, 26. 7. 1951, BND-Archiv, 1438, Agilolf Keßelring: Die Organisation Gehlen und die Verteidigung Westdeutschlands, S. 34 f. **47** Keßelring: Die Organisation Gehlen und die Verteidigung Westdeutschlands, 2014, S. 63. **48** Die Bundesregierung antwortete 1991: Zunächst sei »Stay Behind« von den alliierten Nachrichtendiensten aufgebaut und 1956 vom BND übernommen worden. Antwort auf die Kleine Anfrage der Abgeordneten Ulla Jelpke und der Gruppe der PDS/Linke Liste, 1. 7. 1991, 12. Wahlperiode (im folgenden WP), Drucksache 890. **49** Notiz, 20. 10. 1952, BND-Archiv, 01110 Teil 1, Bl. 357.

Sitzung des Bundestagsausschusses für Fragen der europäischen Sicherheit: An der Stirnseite sitzen (v. l. n. r.) Ernst Wirmer, Theodor Blank und Franz-Josef Strauß; rechts Fritz Erler (l.), Carlo Schmid und Herbert Wehner (M.). Dieser Bundestagsausschuss beriet als erster über die Organisation Gehlen. Bonn, 1953

setzte – wie zum Beispiel über einen ehemaligen Mitarbeiter des Sicherheitsdienstes des Reichsführers SS – und um Zustimmung bat.[42] Dass Globke überhaupt keinen Einblick und keine Mitsprache in die Personalauswahl in Pullach hatte, kann somit nicht behauptet werden.

Schon in dieser frühen Zeit empfing die Regierungszentrale nämlich nicht nur Nachrichten aus Pullach, sondern Globke wollte die Entwicklung des Nachrichtendienstes mitgestalten. In einer Besprechungsnotiz der Org heißt es am 5. Juli 1951: »Dr. Globke bittet um Unterlagen über Persönlichkeit Schneez [richtig: Albert Schnez] und die Bestrebungen seines Kreises. Beabsichtigt, ihn zu unterstützen.«[43] Schnez, ehemaliger Oberstleutnant der Wehrmacht, hielt sich seit Sommer 1950 in Stuttgart auf und sammelte Veteranen seiner ehemaligen Panzergrenadier-Division in einem Kameradenhilfswerk.[44] Sie schmiedeten bereits einen Mobilmachungsplan für die Situation eines Überfalls aus dem Osten, der vorsah, eine Untergrundarmee aus Wehrmachtveteranen zu bilden. Laut dem Besprechungsprotokoll wollte die Org daraufhin ein Treffen nach dem 15. Juli mit Schnez in München arrangieren.[45] Demnach kam der Anstoß, die Kontakte auszubauen, auch aus dem Kanzleramt, und der Geheimdienst orientierte Adenauer über Globke nicht bloß.[46] Ob Teile der Schnez-Organisation von der NATO schließlich noch übernommen wurden, ist bisher ungeklärt.[47]

In diesen Zusammenhang gehört ebenso die geheimdienstliche Organisation »Stay Behind«, über die die Bundesregierung ab Oktober 1952 detailliert informiert war.[48] Sie sollte unter anderem sicherstellen, dass es nach einer feindlichen sowjetischen Besetzung der Bundesrepublik weiterhin politische, wirtschaftliche und militärische Nachrichten für die westliche Führung geben würde. Dazu wollte die Org bundesweit V-Leute anwerben. Im Einsatzfall sollten Erkunder die Lage sondieren und Funker Nachrichten absetzen. Sie sollten einander möglichst nicht persönlich kennenlernen und ihre Meldungen über »Tote Briefkästen«, also über Verstecke austauschen. Das Netzwerk erfordere schließlich eine »ganz besondere Geheimhaltung«[49], wie es in einer mehrseitigen Org-Notiz heißt. Es bekam die dienstinterne Bezeichnung »Storch«.

Dr. Otto John, Präsident des Bundesamtes für Verfassungsschutz, verschwand am 20. Juli 1954 in der DDR.

In der Notiz des Nachrichtendienstes heißt es, es gebe bereits eine Außenorganisation mit 24 Mitarbeitern, die den Kern der Organisation bilden werde.[50] Inwieweit die Opposition in die Pläne eingeweiht wurde, muss noch erforscht werden. Gehlen präsentierte seine Organisation am 11. Dezember 1953 erstmals vor einem Parlamentsgremium, nämlich der gemeinsamen Sitzung des Ausschusses für die Europäische Verteidigungsmeinschaft und des Ausschusses zum Schutze der Verfassung. Über die Sitzung wurde kein Protokoll angefertigt.[51]

Kontrolle sollte den Abgeordneten aber bald wichtig erscheinen: 1953 und 1954 gerieten der Friedrich-Wilhelm-Heinz-Dienst, das BfV und die Org in die Kritik. Zunächst sagten Gehlen und der Präsident des BfV, Otto John, Heinz Kontakte zum sowjetischen Nachrichtendienst nach.[52] Hinzu kamen alte Vorwürfe zu dessen Vergangenheit im Nationalsozialismus, angebliche Unregelmäßigkeiten und Zweifel an Angaben in seinem Lebenslauf.[53] Gehlen und John gewannen den Machtkampf und Heinz wurde im Oktober 1953 beurlaubt.

50 Ebd. **51** Kurzprotokoll Nr. 5 des Ausschusses zum Schutze der Verfassung, 2. WP, 25. 2. 1954, Parlamentsarchiv des Deutschen Bundestages (PA-DBT). **52** Meinl/Krüger: Vom Freikorpskämpfer zum Leiter des Nachrichtendienstes im Bundeskanzleramt, 1994, S. 62. **53** Aktennotiz betr. Leiter der Abwehr bei den Dienststelle Blank Oberst Heinz, 26. 6. 1953, Nachlass Ollenhauer, Erich, Archiv der sozialen Demokratie (AdsD), 196. Und: Susanne Meinl: Friedrich Wilhelm Heinz (1899–1968), Verschwörer gegen Hitler und Spionagechef im Diensts Bonns, in: Dieter Krüger/Armin Wagner: Konspiration als Beruf. Deutsche Geheimdienstchefs im Kalten Krieg, Berlin 2003, S. 61–83, hier S. 78. **54** 2. Deutscher Bundestag, 37. Sitzung, 8. 7. 1954, S. 1723 ff. **55** Ebd., S. 1733. **56** Kurznachrichten, 29. 8. 1951, BND-Archiv, 01110 Teil 1, I, Bl. 210. **57** Ebd.

Die SPD forderte mit diesem Plakat Aufklärung zum Fall von Otto John. Diese sollte ein Untersuchungsausschuss des Bundestages bringen – die Hoffnung erfüllte sich jedoch nicht.

Die Maßnahmen der Bundesregierung im Fall John sind eine Kette von Mißgriffen.

Die falsche Handlungsweise der Bundesregierung hat die durch Johns Verrat an der Demokratie ausgelöste Vertrauenskrise verschärft.

Ein weiterer hochgestellter Vertrauensmann der Bundesregierung, der CDU/CSU-Abgeordnete Schmidt-Wittmack, ist inzwischen ebenfalls übergelaufen.

Die SPD hat bereits am 12. August verlangt, daß sofort eine außerordentliche Sitzung des Bundestages einberufen wird.

Die SPD hat ferner verlangt, daß ein parlamentarischer Untersuchungsausschuß eingesetzt wird.

Bis jetzt sind diese berechtigten Forderungen von den Regierungsparteien sabotiert worden.

Das Volk hat ein Recht darauf, die Wahrheit zu erfahren.

Wir verlangen Klärung!

SPD

Seite 362/363 ►
Blick in den Plenarsaal des Deutschen Bundestages im Bundeshaus: Die erste Debatte zur Organisation Gehlen fand mit den Haushaltsplanberatungen 1955 statt.
Bonn, 22. September 1955

Dann sammelten Abgeordnete von Regierung und Opposition Hinweise, wonach der Verfassungsschutz mittels Berichten mal Flüchtlinge aus der DDR, mal Industrielle, mal Politiker in ein negatives Licht gestellt habe. Die einen hätten eine Stelle nicht bekommen, die anderen Aufträge verloren, so ihr Vorwurf. Auch der Bundeskanzler habe sich solchen Materials bedient.[54] Erstmals debattierten die Parlamentarier nun im Bundeshaus über Themen wie Privatheit oder Befugnisse und Kontrolle der Nachrichtendienste. »Kontrolle und Beobachten ist notwendig, gut! Wer aber kontrolliert die Kontrolleure?«[55], fragte Hans-Joachim von Merkatz, damals Fraktionsvorsitzender der Deutschen Partei, im Parlament. Das Privatleben solle in einer freiheitlichen Demokratie unangetastet bleiben, forderte er. Was die Abgeordneten nicht wussten: Solche Informationen sammelte die Regierung auch bei der Org ein. So ließ sich Globke über die Lage in der SPD und deren Kontakte zum neugewählten Vorsitzenden des Deutschen Gewerkschaftsbunds informieren.[56] Auch Adenauers Verhältnis zu Franz Blücher (FDP) war von Interesse für Globke.[57]

Für die nächsten Schlagzeilen sorgte der Präsident des Bundesamts für Verfassungsschutz selbst. Otto John verschwand am 20. Juli 1954 in Ost-Berlin, bis er drei Tage später dort in einer Pressekonferenz erklärte, künftig in der DDR leben und von hier aus im Sinne des Friedenserhalts und der deutschen Wiedervereinigung tätig sein zu wollen. Im Dezember 1955 gelang ihm die Rückkehr in die Bundesrepublik. Heute wissen wir – dank umfassender Quellen – von Hinweisen darauf, dass Johns Aussage, er sei durch KGB-Agenten entführt worden, nicht fingiert war.[58] Im Dezember 1954 besuchte dann auch Heinz den sowjetischen KGB in der DDR.[59] Die Regierungsmitglieder und die Parlamentarier stellten sich nun die Frage, ob sie genügend auf die Geheimdienste geachtet hatten. Mit großer Mehrheit beschloss der Bundestag, den ersten Untersuchungsausschuss zu den Nachrichtendiensten in Sachen Verfassungsschutz einzurichten. Diesem gelang es jedoch nicht, die Umstände der Affäre John und der vermuteten innenpolitischen Beobachtungen des Dienstes aufzuklären.[60]

Kurz nach diesen Turbulenzen deutete sich an, dass die Bundesrepublik bald souverän sein würde: Im Oktober 1954 wurden die Pariser Verträge unterzeichnet, mit deren Inkrafttreten im Mai des folgenden Jahres das Besatzungsstatut endete. Somit stand der Übernahme der Org als Bundesbehörde nichts mehr im Wege – es sei denn, so die Opposition, das geschehe am Parlament vorbei.[61] Der stellvertretende SPD-Fraktionsvorsitzende Erler stellte in der Haushaltsdebatte im Juni 1955 kritische Fragen: »Glaubt man wirklich einen solchen Schritt tun zu können, ohne das Parlament zu fragen? Wo ist die Ermächtigung durch Gesetz und Haushaltsausschuss für die Übernahme oder Schaffung einer solchen Organisation? Wo befinden sich die Mittel dafür? Wie soll diese Organisation arbeiten? Welchem Minister soll er [der Dienst] verantwortlich sein? Denn worauf wir alle achten müssen, auch und gerade nach den schmerzlichen Erfahrungen einer sehr jungen deutschen Vergangenheit, das ist die Gefahr des innenpolitischen Missbrauchs.«[62] Der Sozialdemokrat spielte damit auf die unheilvolle Verbindung zwischen Nachrichtendiensten und Polizeibehörden während der Zeit des Nationalsozialismus an. Drei Kriterien müsse der neue bundesdeutsche Dienst erfüllen, forderte Erler: zivile Leitung, parlamentarische Kontrolle und sorgfältige Personalauswahl.[63]

Seine Kritik kam zu spät: Schon seit 1950 hatte sich die Bundesregierung mit der Org detailliert auf die Übernahme vorbereitet. Für sie hatte das Warten endlich ein Ende. Adenauers Kabinett beschloss bereits einen Monat nach der Bundestagsdebatte – am 11. Juli 1955 –, die bisher unter US-amerikanischer Aufsicht geführte Organisation zu übernehmen, sie dem Bundeskanzleramt zu unterstellen und durch einen Staatssekretärsausschuss lenken zu lassen. Das Protokoll hielt nur fest, dass die Vorlage des Kanzleramts als »streng geheim« eingestuft werde und nach einer längeren Erörterung beschlossen worden sei.[64] Der Bundesnachrichtendienst (BND) entstand so zum 1. April 1956. Eine gesetzliche Regelung erhielt er erst im Dezember 1990.

Fünf Tage nach der Abstimmung im Kabinett wurden die Beauftragten der Fraktionen zu einem Gespräch beim Kanzler eingeladen.[65] Sie beschlossen gemeinsam, ein besonderes Gremium für die Kontrolle des BND einzurichten – das Vertrauensmännergremium. Die Idee stand bereits seit 1953 im Raum, wie aus einem Tagebucheintrag von Heinrich Krone, dem späteren CDU/CSU-Fraktionsvorsitzenden, hervorgeht: Es solle »ein kleines Gremium von Parlamentariern gebildet werden, in dem auch die Sozialdemokratie vertreten sein«[66] müsse. So kam es dann auch: Jede Fraktion durfte ihren Vorsitzenden oder einen Vertreter in dieses Vertrauensmännergremium entsenden.[67] Der Bundeskanzler verband damit auch die Hoffnung, dass die Angelegenheiten des BND kaum mehr öffentlich im Parlament zur Sprache kommen oder in anderen Ausschüssen thematisiert würden. Die Ansicht teilten die SPD-Vertreter nicht: In diesem Fall würde eine Art Nebenregierung entstehen. Sie setzten sich schließlich durch.[68]

Die erste Sitzung des Vertrauensmännergremiums fand dann am 9. Dezember 1955 statt.[69] Außerdem richtete der Bundestag einen Unterausschuss des Haushaltsausschusses ein, der seitdem die Ausgaben des BND diskret untersucht.[70] Nur einmal, 1956 zur Übernahme der Org, erschien in der Vorlage des Haushalts eine Liste der einzelnen Posten. Seitdem gibt es nur noch die komplette Summe als Titel 300. Die heiklen Ausgaben für die Geheimdienstoperationen, nicht die regulären Personal- und Sachkosten, prüft allein der Präsident des Bundesrechnungshofs, der alle Quittungen im Anschluss vernichtet.[71]

Was lässt sich nun feststellen: Wie viel erfuhren die parlamentarischen Kontrolleure bis zur Gründung des BND von der Regierung? Die freigegebenen Akten der Organisation Gehlen zeigen ein detailliertes Bild von Adenauers und Globkes Sicherheitspolitik, die gleichzeitig auch Machtpolitik war. Insgesamt band die Regierung die Opposition nur dort ein, wo sie es als vorteilhaft ansah. Hätten beispielsweise die Sozialdemokraten die Namen der NS-belasteten Mitarbeiter der Nachrichtendienste erfahren, hätten sie das sicherlich öffentlich diskutiert. Es verwundert nicht, dass Adenauer und Globke ihre sensiblen Projekte abschirmten und ihre Nachfolger dies fortsetzten. So schrieb die Bundesregierung zu »Stay Behind«: »Die Parlamentarische Kontrollkommission wurde umfassend am 22. November 1990 informiert.«[72] – 38 Jahre, nachdem die Abteilung in der Org entstanden und so gut wie aufgelöst war. Einblick in das Wissen der Regierung zu bekommen, das ist den parlamentarischen Kontrolleuren als schwierige Aufgabe bis heute erhalten geblieben – trotz aller neuen gesetzlichen Mittel.

58 Klaus Schaefer: Der Prozess gegen Otto John, Frankfurt am Main 2009, S. 202. **59** Meinl: Friedrich Wilhelm Heinz, 2003, S. 81 ff. **60** Schriftlicher Bericht des 1. Untersuchungsausschusses zum Fall John vom 5. 7. 1957, 2. WP, Drucksache 3728. **61** 2. Deutscher Bundestag, 87. Sitzung, 15. 6. 1955, S. 4863. **62** Ebd. **63** Ebd., S. 4857. **64** 90. Kabinettssitzung, 11. 7. 1955, vgl.: Michael Hollmann/Kai von Jena (Bearb.): Die Kabinettsprotokolle der Bundesregierung, hrsg. v. Friedrich P. Kahlenberg, Bd. 8: 1955, München 1997, S. 420. Bei den Beratungen handelte es sich um den zweiten Tagesordnungspunkt, der lautete: »Schreiben des Bundeskanzlers vom 28. 3. 1955, Az. 5-39001-124/55 streng geheim, BK«. **65** Heinrich Krone: Tagebücher Band 1 (1945–1961), bearb. v. Hans-Otto Kleinmann, Düsseldorf 1995, S. 114. **66** Ebd. **67** Brief von Konrad Adenauer an Wilhelm Mellies, Nachlass Krone, Heinrich (01-028), 27. 9. 1955, ACDP, 033/2. **68** Brief von Wilhelm Mellies an Konrad Adenauer, Nachlass Ollenhauer, Erich, 410, 30. 9. 1955, AdsD, Protokoll Nr. 49 des Ausschusses für Fragen der europäischen Sicherheit und dem Ausschuss zum Schutze der Verfassung, 29. 9. 1955, PA-DBT. **69** Terminkalender, Nachlass Globke, Hans (01-070), ACDP, 054/1. **70** Protokoll Nr. 166 des Haushaltsausschusses, 6. 6. 1956, 2. WP, PA-DBT. **71** Mündlicher Bericht des Haushaltsausschusses (18. Ausschuss) zum Entwurf eines Gesetzes über die Feststellung des Bundeshaushaltsplans für das Rechnungsjahr 1956, 8. 6. 1956, 2. WP, BT-Drucksache 2453. **72** Antwort auf die Kleine Anfrage der Abgeordneten Ulla Jelpke und der Gruppe der PDS/Linke Liste, 1. 7. 1991, BT-Drucksache 12/890.

HERMES

»Nicht zur Abendunterhaltung prädestiniert«?

Das Ministerium für Staatssicherheit und die Organisation Gehlen in Spionagefilm und Spionageliteratur

Politthriller, Spionage- und Agentenromane zählen zu den populärsten Genres auf dem Buchmarkt – und in ihrer filmischen Adaption auch in den Kinos. Der Spionageroman ist die archetypische Literatur des Kalten Krieges.[1] Anders als der klassische Detektiv- oder der moderne Polizeiroman vermittelt der Thriller die Vorstellung, hohe Politik so darzustellen, »wie sie wirklich ist«, abseits von Parlamentsreden, Pressestatements und Talkshows. Hinter die Kulissen der Macht also verspricht diese Gattung ihre Leser und Zuschauer mitzunehmen. »Das tiefere Bewegungsgesetz des Genres ist die Zeitgeschichte selbst« mit den »schrecklichen Gefahren der Gegenwart«:[2] Politik und Spionage in Film und Literatur können Verschwörungsvorstellungen ebenso bedienen wie sie kritisch aufzuklären versuchen über den Zustand der Welt.

◄ Auf einer MfS-Pressekonferenz wird am 9.11.1953 der Schriftsteller Hans-Joachim Geyer als angeblicher »Stellvertretender Leiter der Spionagedienststelle von Gehlen [in West-Berlin]« vor- und Gehlens Org bloßgestellt; sitzend neben ihm Oberst Gustav Borrmann, Spanienkämpfer und Agitationsspezialist des MfS.

Dieser Beitrag skizziert, wie das 1950 gegründete Ministerium für Staatssicherheit der DDR (MfS, Stasi) und die seit 1946 aktive Organisation Gehlen (Org) in Westdeutschland – aus der 1956 der Bundesnachrichtendienst (BND) hervorging – in Spionagefilm und Spionageliteratur vor allem der ersten beiden Nachkriegsjahrzehnte wahrgenommen und dargestellt wurden.[3] Der Schwerpunkt liegt auf deutschen Büchern und Filmen, aber auch der internationale Kontext des Kalten Krieges und insbesondere die angelsächsische Dominanz in diesem Genre sollen berücksichtigt werden. Eine größere zusammenfassende Studie dazu, gar vergleichend angelegt, fehlt bislang. Dieser Mangel an Grundlagenforschung und die hier gebotene Kürze erlauben nur eine kursorische Bestandsaufnahme, weit entfernt davon, lexikalisch erschöpfend zu sein.

1 Zwar war die Figur des Spions in der angelsächsischen »spy fiction« bereits seit der vorletzten Jahrhundertwende eingeführt. Neu war nach 1945/1949 hingegen, dass die Protagonisten des Spionagegenres vor der Grundkonstellation der konstanten nuklearen Vernichtungsdrohung handelten. Dadurch ließen sich »die abstrakten Gefährdungen und Ängste des Kalten Krieges in konkret fasslicher Gestalt versinnbildlichen und personifizieren«; vgl. Marcus M. Payk: Die Angst der Agenten. Der Kalte Krieg in der westdeutschen TV-Serie »John Klings Abenteuer«, 1965–1970, in: Bernd Greiner/Christian Th. Müller/Dierk Walter (Hrsg.): Angst im Kalten Krieg, Hamburg 2009, S. 375–396, hier S. 379. **2** Hans-Peter Schwarz: Phantastische Wirklichkeit. Das 20. Jahrhundert im Spiegel des Polit-Thrillers, München 2006, S. 8. **3** Nicht berücksichtigt wird daher die literarische Darstellung des MfS in der »schöngeistigen« Literatur der DDR und des vereinten Deutschlands; vgl. zu Ersterem als knappe Hinführung Hannes Krauss: Hauptmann Rohlfs, Leutnant Paroch, Margarete u. a. Die Stasi in der DDR-Literatur, in: Heinz Ludwig Arnold (Hrsg.): Feinderklärung. Literatur und Staatssicherheit, München 1993, S. 64–73, sowie Franz Huberth (Hrsg.): Die Stasi in der deutschen Literatur, Tübingen 2003. Eine vergleichbare literarische Verarbeitung der westdeutschen Nachrichtendienste fehlt weitgehend; vgl. (gelegentlich als »BND-Schlüsselroman« interpretiert) Herbert Rosendorfer: Das Messingherz oder Die kurzen Beine der Wahrheit, München 1979.

Engländer machen den Unterschied: Nachkriegsspionage in Deutschland

Den »großen« west- oder ostdeutschen Spionageroman oder Spionagefilm, der in seinem Fach »kanonisch« geworden wäre, hat es zwischen 1945 und 1989/90 nicht gegeben – vielleicht ansatzweise mit Ausnahme des DDR-Spielfilms »For Eyes Only (Streng geheim)« von 1963. Zu der traditionell eher geringen Bedeutung dieser Gattung in Deutschland trat nach dem Zweiten Weltkrieg im Westen des geteilten Landes die Erfahrung der Filmindustrie, dass das Publikum kein ausreichend großes Interesse an Produktionen besaß, die den Kalten Krieg in den Mittelpunkt stellten.[4] Angesagt waren besonders in den 1950er-Jahren unpolitische Gegenwartsfilme, etwa Heimatfilme und Gesellschaftskomödien, die den als bedrohlich empfundenen Ost-West-Konflikt vordergründig außen vor ließen – wobei auch diese Filme implizit als Antwort auf die Konfrontation der Blöcke zu verstehen sind.[5] Ein anderes erfolgreiches Genre waren Kriegsfilme, die millionenfache Erfahrungen der jüngsten Vergangenheit verarbeiteten, entlastende Deutungsmuster anboten und zugleich spannend unterhielten. Wo Geheimdienste zum Thema wurden, ging es nicht um deren Wirken in der Gegenwart, sondern um ihre Tätigkeit im »Dritten Reich« – das bekannteste Beispiel ist »Canaris« (1954) von Alfred Weidenmann. Der Film stellt allerdings nicht Spionage- oder Sabotageoperationen des Militärgeheimdienstes der Wehrmacht, der Abwehr, in den Mittelpunkt, sondern den Konflikt ihres Leiters Wilhelm Canaris mit Reinhard Heydrich, dem Chef des Reichssicherheitshauptamts.[6]

Ökonomische Interessen bestimmten die Angebote im westdeutschen Kino, und die Politik der Gegenwart war »box office poison«: »Jeder Filmproduzent in den 50er Jahren wusste, dass Melodramen über die deutsche Teilung Kassengift waren.«[7] Allerdings erlebten auch die großen britischen Agententhriller, abgesehen von Ian Flemings James-Bond-Geschichten, erst ab Anfang der 1960er-Jahre ihr »goldenes Jahrzehnt«. Die späten 1940er- und die 1950er-Jahre lagen zu dicht am Geschehen, waren ideologisch zu sehr aufgeladen, um im Spionagegenre ihren Ort im Buchhandel und im Lichtspielhaus zu finden.

Die besten Bücher und Filme der Nachkriegsjahre, die es schafften, die Atmosphäre des aufkommenden Kalten Krieges realitätsnah einzufangen, spielten vor dem politischen Hintergrund der geteilten Städte Berlin und Wien. Einer dieser Filme – obgleich oft als eine nach Berlin versetzte Kopie von Carol Reeds in Wien spielendem Meisterwerk »The Third Man« (»Der dritte Mann«, 1949)[8] angesehen – ist »The Man Between« (»Gefährlicher Urlaub«, 1953), auf der Grundlage eines deutschen Romans vom selben Regisseur in Szene gesetzt. Tatsächlich gelingt es diesem Streifen, der zu großen Teilen am Schauplatz gedreht wurde, die Atmosphäre der im Wiederaufbau begriffenen Stadt glaubhaft einzufangen. Die Handlung spiegelt die damals gängige Praxis des organisierten Menschenraubs durch die nicht näher gezeichnete ostdeutsche Geheimpolizei.[9] Noch dichter am Zeitkolorit ist der ebenfalls 1953 entstandene westdeutsche Film »Weg ohne Umkehr« (Regie: Victor Vicas), in dem ein ehemaliger Offizier der Roten Armee acht Jahre nach Kriegsende zurück nach Berlin kommt und nach politischen Zweifeln mit seiner Geliebten über die innerstädtische Sektorengrenze in den Westen flieht, wo er jedoch der Verfolgung durch den sowjetischen Geheimdienst zum Opfer fällt.[10] Bei einem unverkennbaren Realismus in der Skizzierung der Lage in der geteilten Stadt sind beide Filme eher melodramatische Thriller vor politischer Landschaft, keine Spionage- oder Agentengeschichten im engeren Sinn.

Berlin ist jedoch der zentrale Ort, an dem einige Jahre später der angelsächsische Spionageroman den Kalten Krieg entdeckte: Den Anstoß dafür gab der Bau der Mauer. Für John le Carré und Len Deighton bedeutete die Wahl dieses Ortes den literarischen Durchbruch. Es sind britische Agentenromane und -filme, die in der westlichen Populärkultur Berlin nicht nur zur politischen Frontstadt, sondern auch zum geopolitischen Symbol des Kalten Krieges machten.[11] Für den westdeutschen Geheimdienst ist hier kein Platz; die ostdeutsche Geheimpolizei – in ihrer Funktionsweise als Apparat freilich im Dunkeln bleibend – ist dagegen wiederholt Gegner der britischen Dienste. Dafür gibt es zwei Gründe: Der legendäre britische Auslandsdienst MI6, »Senior« der westlichen Geheimdienste, verlor nach dem Zweiten Weltkrieg seine Vormachtstellung an die US-Amerikaner. Wo London finanziell, technisch und personell weltpolitisch nicht (mehr) mithalten konnte, ließ sich wenigstens der Geheimdienstkrieg im geteilten Deutschland kulturell noch in kompensatorischer Absicht darstellen: ein überschau- und handhabbarer Mikrokosmos des Kalten Krieges, »a fantasy world where the Englishman could still make a difference.«[12] Und: Letztlich boten bis in die 1960er-Jahre hinein die Gestapo-Agenten in ihren schweren Ledermänteln einen größeren Wiedererkennungswert als die eher unbekannten Russen. Die DDR gab den geeigneten Ort diverser Plots, in denen sich anti-deutsche und antikommunistische Stereotype miteinander verbinden ließen. Den Fanatismus der Kommunisten kannten die Briten als Muster bereits vom Fanatismus der Nationalsozialisten.[13]

4 Vgl. Christoph Classen: Antikommunismus in Film und Fernsehen der frühen Bundesrepublik, in: Stefan Creuzberger/Dierk Hoffmann (Hrsg.): »Geistige Gefahr« und »Immunisierung der Gesellschaft«. Antikommunismus und politische Kultur in der frühen Bundesrepublik, Berlin/München/Boston 2014, S. 275–295, hier S. 277. **5** Vgl. Thomas Lindenberger: Looking West: The Cold War and the Making of Two German Cinemas, in: Karl Christian Führer/Corey Ross (eds.): Mass Media, Culture and Society in Twentieth Century Germany, Basingstoke 2006, S. 113–128, hier S. 119. **6** Vgl. Horst Schäfer/Wolfgang Schwarzer: Top secret. Agenten- und Spionagefilme – Personen, Affären, Skandale, Berlin 1998, S. 124. **7** Thomas Lindenberger: Geteilte Welt, geteilter Himmel? Der Kalte Krieg und die Massenmedien in gesellschaftsgeschichtlicher Perspektive, in: Klaus Arnold/Christoph Classen (Hrsg.): Zwischen Pop und Propaganda. Radio in der DDR, Berlin 2004, S. 27–44, hier S. 43. **8** Auf der Grundlage einer eigens für die Film-Adaptation geschriebenen Erzählung verfasste Graham Greene ein Drehbuch und publizierte erst danach im Jahr 1950 den Roman, zusammen mit einer anderen Erzählung; vgl. Graham Greene: The Third Man and The Fallen Idol, London 1950, deutsche Ausgabe: Der dritte Mann und Kleines Herz in Not, Zürich 1951. **9** Vgl. James Chapman: Funerals in Berlin. The Geopolitical and Cultural Spaces of the Cold War, in: Tobias Hochscherf/Christoph Laucht/Andrew Plowman (eds.): Divided, but Not Disconnected. German Experiences of the Cold War, New York/Oxford 2010, S. 220–232, hier S. 224 f.; vgl. auch Schäfer/Schwarzer: Top secret, 1998, S. 130 f. Grundlage für »The Man Between« war »Susanne in Berlin« von Walter Ebert, 1951 zuerst als Zeitungsroman im (West-)Berliner »Tagesspiegel« erschienen. – Zur Entführungspraxis des Staatssicherheitsdienstes vgl. Susanne Muhle: Auftrag: Menschenraub. Entführungen von Westberlinern und Bundesbürgern durch das Ministerium für Staatssicherheit der DDR, Göttingen 2015. **10** Vgl. Classen: Antikommunismus in Film und Fernsehen der frühen Bundesrepublik, 2014, S. 278 f. **11** Vgl. Chapman: Funerals in Berlin, 2010, S. 229. **12** Patrick Major: Coming in from the Cold: The GDR in the British Spy Thriller, in: Arnd Bauerkämper (ed.): Britain and the GDR. Relations and Perceptions in a Divided World, Berlin 1993, S. 339–352, hier S. 341. **13** Nicht zufällig trägt die weibliche Gegenspielerin in Ian Flemings »Liebesgrüße aus Moskau« (»From Russia with Love«, London 1957), eine sadistische Kommunistin, den deutsch klingenden Namen Rosa Klebb und wird im gleichnamigen James-Bond-Film aus dem Jahr 1963 von der deutschen Schauspielerin Lotte Lenya gespielt. »She becomes Bond's ›other‹, not for ideological reasons, but based on more deep-seated cultural prejudices«; vgl. Major: Coming in from the Cold, 1993, S. 342 f. – In »Moonraker« (»Moonraker«, London 1955) entpuppt sich der Verbrecher Hugo Drax als fanatischer Ex-Nazi; vgl. Chapman: Funerals in Berlin, 2010, S. 223.

»Lieber General«: Lohnschreiber im Dienste Gehlens

Ein ausführlicher Bericht über die Org brachte Gehlen in der Ausgabe Nr. 39/1954 auf das Cover des Nachrichtenmagazins »Der Spiegel«: Der geheime Nachrichtendienst bekam ein Gesicht.

Trotz der Bedeutung des Schauplatzes Deutschland für solche literarischen und filmischen Annäherungen an den Kalten Krieg: Die Org mit ihrem Hauptquartier in Pullach bei München ist nicht zum Thema der deutschen Populärkultur geworden. Lag das daran, dass sie eben »geheim« und nichts über sie bekannt war? Für die ersten fünf Jahre ihrer Existenz ist diese Annahme durchaus berechtigt. Die Situation änderte sich spätestens im September 1954, als im Nachrichtenmagazin »Der Spiegel« eine lange Titelgeschichte erschien, die den Org-Chef Reinhard Gehlen auf das Cover brachte und auch über die von ihm nach Kriegsende aufgebaute Organisation recht ausführlich berichtete.[14] Es war bereits das dritte größere mediale Schlaglicht auf die Org – nach Enthüllungen des britischen Publizisten Sefton Delmer vom Mai 1952 und einer vom MfS choreografierten Pressekonferenz des Doppelagenten Hans-Joachim Geyer im November 1953.

Gehlen wurde aber nicht nur zum Objekt der Berichterstattung. Schon seit 1950 besaß er Kontakte zu Jürgen Thorwald (bürgerlich: Heinz Bongartz), einem der erfolgreichsten westdeutschen Sachbuchautoren von den 1950er- bis in die 1970er-Jahre. Thorwald veröffentlichte in der »Welt am Sonntag« im November/Dezember 1955 die Serie »Der Mann im Dunkeln«. Gehlen wurde darin moralisch in die Nähe Stauffenbergs gerückt – zugleich attestierte der Autor ihm politisch größere Weitsicht als den Angehörigen des Widerstands vom 20. Juli 1944. Auch das Erbe der Abwehr fiel laut Thorwald angeblich Gehlen zu, obwohl die von ihm geleitete Abteilung Fremde Heere Ost (FHO) im Generalstab des Heeres ein reiner Auswertedienst gewesen war und kein mit Beschaffung betrauter Geheimdienst wie die Abwehr unter Admiral Canaris.[15] Am Gehlen-Mythos wirkten außerdem Gert Buchheit und Paul Carell (bürgerlich: Paul Karl Schmidt) mit, Letzterer ehemaliger Pressechef des Auswärtigen Amtes im »Dritten Reich«. In ihren Büchern stellten sie Gehlen und seine FHO als unfehlbar in der Prognose der Absichten der Roten Armee dar.[16] Die Intention liegt auf der Hand: Wer im Zweiten Weltkrieg die sowjetischen Streitkräfte durchschaut hatte, der war auch im Kalten Krieg für die Neuauflage dieses Auftrags genau der richtige Mann. Gehlen ging es vor allem um Gehlen, und bei dieser Mission halfen die verdeckten Lohnschreiber. »Des Kanzlers lieber General«[17] war öffentlich also durchaus ein Begriff.

Wenig explosiv: Der BND in Film und Fernsehen der Bundesrepublik Deutschland

Jedoch waren »an der Nahtstelle der Ost-West-Konfrontation diesseits der Elbe« die Org und der daraus hervorgegangene BND »nicht zur Abendunterhaltung prädestiniert«.[18] In bundesdeutschen Kinos lief 1957 »Menschen im Netz« (Regie: Franz Peter Wirth), bei dem ein aus DDR-Haft nach München Entlassener erleben muss, dass östliche (sprich: Stasi-)Agenten seine Frau ermorden. In dem bei der Kritik nicht wohlgelittenen Film stand auf westdeutscher Seite, insoweit realistisch, allerdings nicht die Org bzw. der junge BND dem MfS gegenüber, sondern der Verfassungsschutz.[19] Spionage in der DDR ist ein Nebenthema des nachdenklichen Fernsehspiels »Nachruf auf Jürgen Trahnke« (1962, Regie: Rolf Hädrich), in dem ein aus Ost- nach West-Berlin übergesiedelter Student Anfang der 1950er-Jahre durch eine westdeutsche (Tarn-)Organisation mit einem Auftrag in die DDR geschickt wird und von dort nicht mehr zurückkommt.[20]

»Menschen im Netz« lieferte die konzeptionelle Vorlage für eine Fernsehserie, die unter dem Titel »Die fünfte Kolonne« von 1963 bis 1968 in 23 Episoden im Zweiten Deutschen Fernsehen (ZDF) gezeigt wurde. Ihr Gegenstand war die Bedrohung durch den kommunistischen Osten und seine Agenten, gegen die aber – unter Schönfärbung der Tatsachen – die westdeutschen Behörden am Ende die Oberhand behielten. »Die Mischung aus pseudodokumentarischer Inszenierung, eher schlichter Aufklärungsbotschaft, Spannungsdramaturgie und Beruhigung durch zuverlässige Wiederherstellung der Ordnung« war einerseits typisch für westdeutsche Kriminalfilme der ersten (beiden) Nachkriegsjahrzehnte, trug aber durch die Instrumentalisierung des behaupteten Aufklärungsgedankens dazu bei, »das Sujet des spannenden Spionage-Thrillers, das zu dieser Zeit international einen Boom erlebte, auch im Fernsehen zu verankern«.[21] Die Org oder der inzwischen aus ihr hervorgegangene BND wurden jedoch durch diese Serie ebenso wenig in das Licht der Öffentlichkeit gerückt wie durch die von 1965 bis 1970 gleichfalls vom ZDF produzierte und ausgestrahlte Serie »John Klings Abenteuer«: Als fiktiver Held hatte John Kling bereits 1926 in der Heftromanliteratur debütiert. Die Serie um ihn erschien bis 1939 und dann wieder von 1949 bis 1954 in Leipzig. Der Idee nach war die Hauptfigur kein Agent in staatlichem Auftrag, sondern eine Art moderner Robin Hood, der den Benachteiligten in aller Welt half. Erst mit Fortsetzung der Serie im nationalsozialistischen Deutschland wurde John Kling polizeitauglich und staatstragend. Die ZDF-Verfilmung, die also eine in der Weimarer Republik entwickelte, während der NS-Zeit umgeschriebene und in der DDR neu belebte Figur aufgriff, verzichtete darauf, Kling und seinen Partner zu Agenten des westdeutschen Auslandsnachrichtendienstes zu machen. Der Auftraggeber des Protagonisten wurde nie klar benannt, war aber nunmehr eher eine (in Wirklichkeit nicht existierende) westeuropäische Sicherheitsagentur als ein nationaler Dienst. Die Serie nutzte als Aufhänger typische Symbole des Kalten Krieges (wie Nuklear-U-Boote und Raketen), machte daraus aber keine Politthriller, sondern

14 Vgl. Des Kanzlers lieber General, in: »Der Spiegel« Nr. 39/1954 v. 22. 9. 1954, S. 12–25. **15** Vgl. Erich Schmidt-Eenboom: Es begann an der Isar. Jürgen Thorwald und die Organisation Gehlen, in: Non Fiktion 6 (2011) 1–2, S. 35–47, hier S. 35, 40 f. Mit Pullachs Unterstützung schrieb Thorwald mit »Wen sie verderben wollen. Bericht des großen Verrats« (Stuttgart 1952) auch ein Buch über das Nachkriegsschicksal jener in Kriegsgefangenschaft geratenen Soldaten der Roten Armee, die an der Seite der Wehrmacht gegen die Sowjetunion kämpften. Die Intention des bis 1995 unter verschiedenen Titeln mehrfach neu aufgelegten Werkes war keineswegs nur historische Aufklärung über deren zumeist tödliches Ende, sobald sie wieder in russische Hände gerieten. Es ging auch darum, die »Fremdvölkischen« in Osteuropa im Kalten Krieg gegen die Besatzungsherrschaft der Sowjets zu mobilisieren. Tatsächlich hatten etliche Wehrmachtsoffiziere aus dem deutschen Rahmenpersonal der Wlassow-Armee den Weg in die Org gefunden, wo sie ihre entsprechenden Sprach- und Landeskenntnisse einbringen konnten (S. 42, 47). – Zur FHO vgl. Magnus Pahl: Fremde Heere Ost. Hitlers militärische Feindaufklärung, Berlin 2012. Eine wissenschaftliche Monografie zum Amt Ausland/Abwehr auf der Höhe der Forschung fehlt dagegen noch immer; vgl. ersatzweise Norbert Müller u. a. (Bearb.): Das Amt Ausland/Abwehr im Oberkommando der Wehrmacht. Eine Dokumentation, Koblenz 2007. **16** Vgl. Gert Buchheit: Der deutsche Geheimdienst. Geschichte der militärischen Abwehr, München 1966, und Paul Carell: Verbrannte Erde. Schlacht zwischen Wolga und Weichsel, Berlin/Frankfurt am Main/Wien 1966; vgl. dazu auch Klaus Wiegrefe: Gekaufte Geschichte, in: »Der Spiegel« Nr. 3/2013 v. 14. 1. 2013, S. 52; Pahl: Fremde Heere Ost, 2012, S. 36. **17** Des Kanzlers lieber General, in: »Der Spiegel« Nr. 39/1954 v. 22. 9. 1954, S. 12–25. **18** Classen: Antikommunismus in Film und Fernsehen der frühen Bundesrepublik, 2014, S. 293. **19** Vgl. zum Film den Eintrag in Wikipedia, URL: https://de.wikipedia.org/wiki/Menschen_im_Netz (zuletzt aufgerufen am 5. 9. 2015). **20** Vgl. Ulrich Kurowski: In den Tagen Milch und Blut. Berlin-Bemerkungen, in: Stiftung Deutsche Kinemathek (Hrsg.): Kalter Krieg. 60 Filme aus Ost und West. Mit Beiträgen von Rolf Aurich u. a., Berlin 1991, S. 84–97, hier S. 95 f. Dem Fernsehspiel lag der Roman des Drehbuchautors Dieter Meichsner zugrunde: Die Studenten von Berlin, Hamburg 1954. **21** Classen: Antikommunismus in Film und Fernsehen der frühen Bundesrepublik, 2014, S. 289.

MISTER DYNAMIT
·Morgen küsst euch der Tod·
LEX BARKER
Maria Perschy, Amadeo Nazzari,
José Suarez, Ulrich Haupt,
Wolfgang Preiss, Ralf Wolter
Siegfried Rauch, Gisela Hahn, Dieter Eppler, Gustavo Rojo
sowie Brad Harris und Eddi Arent
Produktion: Theo M. Werner
Regie: F. J. Gottlieb
Drehbuch: F. J. Gottlieb nach dem
gleichnamigen Roman von C. H. Guenter,
erschienen im Erich Pabel-Verlag, Rastatt
Ein Breitwand-Farbfilm der Parnass-Film München-Wien Discobolo-Film,
Rom und Teide-Film, Barcelona im Nora-Filmverleih, München
NORA
17921

entpolitisierte Kriminalhandlungen. Der Antikommunismus der noch drei Jahre lang parallel dazu gesendeten Serie »Die fünfte Kolonne« fehlte. Die Entspannungspolitik zeichnete sich ab und trug mediale Früchte: Eine einseitige Rhetorik der Konfrontation wurde vermieden; nicht mehr die kommunistische Unterwanderung bedrohte die westliche Ordnung, die Kling zu retten hatte, sondern die Bedrohung bestand in Anschlägen auf die Stabilität der internationalen Ordnung, also auf den Status quo – zu dem eben auch die realsozialistischen Regime gehörten.[22]

Es sollte bis 1967 dauern, ehe ein Agent des Bundesnachrichtendienstes zum »Helden« eines bundesdeutschen Spielfilms wurde: »Mister Dynamit – morgen küsst euch der Tod« war ein aufwendiger, von Regie-Routinier Franz Josef Gottlieb mit dem »Tarzan«- und »Old Shatterhand«-Darsteller Lex Barker als BND-Agent Robert »Bob« Urban inszenierter Spionagethriller, der sich in seiner Machart zum Teil bis in die Details am Erfolgsrezept der noch relativ jungen James-Bond-Reihe orientierte. Der BND einschließlich Gehlen persönlich unterstützte das Filmprojekt zumindest ideell, denn die Dreharbeiten waren aufgrund langwieriger Verhandlungen zwischen dem Bundesministerium der Verteidigung und der Produktionsfirma einerseits, dem BND und dem Produzenten andererseits bereits abgeschlossen, bevor Pullach tatsächlich Einfluss nehmen konnte. Dort hatte man den Streifen begrüßt, stellte er doch den westdeutschen mit dem amerikanischen Dienst, der Central Intelligence Agency (CIA), auf eine Stufe.[23] Nur: Die Filmkritik identifizierte Urban überwiegend gar nicht als BND-Profi, sondern beschrieb ihn als »Mann der deutschen Abwehr«, »NATO-Agent« oder CIA-Angehörigen.[24] Der erhoffte Imagegewinn stellte sich nicht ein: Zu abwegig erschien offenkundig die Zueignung Bond-gemäßer »bigger-than-life«-Eigenschaften an einen Mitarbeiter Pullachs im Außendienst.

Quer zu diesen genreorientierten Serien und dem Streifen mit Lex Barker steht ein westdeutscher Spielfilm, der scheinbar einen Agentennovizen der Org in den Mittelpunkt stellte. Doch Eberhard Fechner, der bekannte Dokumentarfilmer und Filmemacher, drehte 1972 mit »Geheimagenten« (wie Rolf Hädrich zehn Jahre zuvor mit »Nachruf auf Jürgen Trahnke«) keinen Spionagefilm, sondern eine Studie über das deutsche Kleinbürgertum (wie Hädrich über das Berliner Studentenmilieu). Er erzählt die Geschichte eines Kneipenwirts, der von einem vorgeblichen Org-Mann als Mitarbeiter gewonnen wird und dazu eine nächtliche Ausbildung unter anderem in der Befüllung »Toter Briefkästen« durchlaufen muss, während sein Mentor in Wirklichkeit nicht »von Gehlens Geschlecht«, sondern ein kleiner Ganove ist, der den Wirt um sein Erspartes bringt und sich mit dessen Ehefrau vergnügt.[25] Fechners Film kann auch als Hinterfragung der Konventionen des Genres verstanden werden: Indem das »Geheime« ganz andere Zwecke camoufliert als anzunehmen ist, wird es zugleich ad absurdum geführt.

◄ 1967 entstand nach einem Roman von C. H. Guenter der einzige Film bis zum Ende des Kalten Krieges, der einen BND-Agenten zum Helden macht; trotz des populären Hauptdarstellers Lex Barker ein Flop in den Kinos. Filmplakat »Mister Dynamit – morgen küsst euch der Tod«

22 Vgl. Payk: Die Angst der Agenten, 2009, S. 382–387, 390–392; Inge Marßolek: Internationalität und kulturelle Klischees am Beispiel der John-Kling-Heftromane der 1920er und 1930er Jahre, in: Alf Lüdtke/Inge Marßolek Adelheid von Saldern (Hrsg.): Amerikanisierung. Traum und Alptraum im Deutschland des 20. Jahrhunderts, Stuttgart 1996, S. 144–160, hier S. 151 f. **23** Vgl. Bodo Hechelhammer: Der Bundesnachrichtendienst und das Filmprojekt »Mr. Dynamit«: »Jedenfalls kommt der BND ganz groß heraus ...«, Berlin 2014, S. 16; vgl. auch Jan Distelmeyer: »Das war deutsch, wenn ich mich nicht irre«. Mit dem besten Mann vom BND zum Genrekino der 1960er Jahre, in: Rainer Rother/Julia Pattis (Hrsg.): Die Lust am Genre. Verbrechergeschichten aus Deutschland, Berlin 2011, S. 53–66. **24** Hechelhammer, Der Bundesnachrichtendienst und das Filmprojekt »Mister Dynamit«, 2014, S. 27 f. Der Film kam auch in anderen westeuropäischen Ländern ins Kino, wurde aber nirgendwo zum Erfolg. Im deutschen Fernsehen wurde er erst ein einziges Mal, im Februar 2000, auf Super RTL gezeigt. **25** Vgl. http://www.eberhardfechner.de/Fernsehen/Geheimagenten.html; vgl. dazu: Versuch einer Penetration, in: »Die Zeit« Nr. 3/1972 v. 21. 1. 1972

Viermal Zeugnis: Der Gründer der Org, Reinhard Gehlen, der KGB-Spion im BND Heinz Felfe, der langjährige Org- und BND-Mann Waldemar Markwardt und der amerikanische Gehlen-Berater James H. Critchfield vermitteln in ihren Erinnerungen, liest man diese nebeneinander, nicht ein wahrhaftiges Bild, aber eines plausibler Authentizität über die BND-Vorläuferin.

Insider: Die Organisation Gehlen in der (Memoiren-)Literatur

»Mister Dynamit« war keine Erfindung der produzierenden Filmgesellschaft, sondern eine Romanreihe, in der der Schriftsteller C. H. Guenter (bürgerlich: Karl-Heinz Günther) seinen Helden Bob Urban zwischen 1965 und 1992 in über 300 Taschenbüchern in monatlicher Folge seine Abenteuer erleben ließ. Es handelte sich um klassische Bahnhofsbuchhandlungs-Literatur, zugleich aber um die einzige reihenmäßige Popularisierung eines BND-Agenten, bis Jacques Berndorf (bürgerlich: Michael Preute) mit literarisch deutlich größeren Ambitionen als Guenter den BND-ler Karl Müller ab 2005 zum Leben erweckte.[26]

Indes: Auch Urban war in der Fiktion nicht Mann der Org, sondern des Bundesnachrichtendienstes. Einen Innenblick in die Org gewähren am ehesten nicht Literatur und Film der 1940er- bis 1960er-Jahre, sondern vier später erschienene Bücher, die der Memoirenliteratur zuzurechnen sind: Gehlens Erinnerungen von 1971, die des sowjetischen Spions in Pullach Heinz Felfe (westdeutsche Ausgabe 1986), der Rückblick des BND-Referatsleiters Waldemar Markwardt, der im Mai 1952 in die Org eintrat und 34 Jahre lang beim Dienst blieb, aus dem Jahr 1996, sowie die Memoiren von Gehlens amerikanischem Berater James H. Critchfield (2003/2005).[27] Sie alle sind, wie Lebenserinnerungen überhaupt, quellenkritisch zu lesen. Das gilt in diesem Fall besonders, weil naheliegt, dass Gehlen sein Lebenswerk größer und Felfe es kleiner machen wollte.

Die erste mehr oder weniger zusammenhängende Darstellung über die Org lieferte ausgerechnet ihr Gründer und Chef selbst. Mit »Der Dienst« fiel Gehlen hinter seine eigenen Grundsätze zurück, hatte er doch angeblich gepredigt, dass ein Geheimdienstmann keine Interna des Diens-

tes verrate, auch nicht nach seinem Ausscheiden.[28] Während das Buch seines Aufpassers und Mentors Critchfield für die amerikanische Sicht und besonders für die politischen, organisatorischen und personellen Ereignisse und Entscheidungen der Org bis 1956 steht, verrechnete Gehlen die öffentlich damals bekanntesten Niederlagen seines Dienstes mit ihren Erfolgen – und betonte seine politisch kluge Führung. Felfe lieferte bei aller Propaganda im Kern einen weithin realistisch erscheinenden Einblick in das Tun der Organisation, während Markwardt durchaus differenziert, als »kritischer Insider« eben, eine dichte Beschreibung ihres Binnenklimas und der Gemütslage ihrer Mitarbeiter gab. Dabei schilderte Letzterer zwei entscheidende Brüche für die innere Aufstellung des Dienstes: einmal beim Übergang des amerikanisch geführten und finanzierten, durch und durch auf Gehlen zugeschnittenen Apparates in die Struktur der bundesdeutschen Regierungsbehörden; sowie den zweiten bei Bildung der sozialliberalen Koalition in Bonn bald nach dem Ausscheiden Gehlens, in deren Folge die Politisierung, Akademisierung und Bürokratisierung des BND zunahm, aber auch seine Professionalisierung voranschritt.

(URL: http://www.zeit.de/1972/03/versuch-einer-penetration; zuletzt aufgerufen am 12. 9. 2015). **26** Vgl. die BND-Romane von Jacques Berndorf: Ein guter Mann (München 2005), Bruderdienst (München 2007), Der Meisterschüler (München 2009), Die Grenzgängerin (München 2012), Lockvogel (München 2015). **27** Vgl. Reinhard Gehlen: Der Dienst. Erinnerungen 1942–1971, Mainz/Wiesbaden 1971, besonders S. 151–226; James H. Critchfield: Auftrag Pullach. Die Organisation Gehlen 1948–1956, Hamburg/Berlin/Bonn 2005 (Originalausgabe: Partners at the Creation. The Men Behind Germany's Postwar Defense and Intelligence Establishments, Annapolis/MD 2003); Heinz Felfe: Im Dienst des Gegners. 10 Jahre Moskaus Mann im BND, Hamburg/Zürich 1986, besonders S. 144–234 (DDR-Ausgabe: Im Dienst des Gegners. Autobiographie, Berlin-Ost 1988); Waldemar Markwardt: Erlebter BND. Kritisches Plädoyer eines Insiders, Berlin 1996, besonders S. 47–93. **28** Vgl. Markwardt: Erlebter BND, 1996, S. 14.

Gehlens rückblickende Beschreibung liest sich wie die beschönigend-romantische Darstellung einer verschworenen Gemeinschaft, der er selbst als Patriarch fürsorglich vorstand. Im Zuge der Übernahme in den Bundesdienst, so der ehemalige General, »begannen wir auch, die Zentrale Pullach auf die ausschließlich dienstliche Nutzung umzustellen. Die Familien der Mitarbeiter mußten ausziehen, Einrichtungen wie Kindergarten und eigene Schule wurden geschlossen. [...] Bisher waren wir sozusagen wie eine große Familie; die enge, Tag und Nacht dauernde Gemeinsamkeit in Dienst und Alltag hatte uns zusammengeschweißt. [...] All das hatte nun ein Ende. Die Stunde der Umstellung zur ›Behörde‹, damit vielleicht zu einer größeren Versachlichung der täglichen Arbeit, aber auch des Verlustes an innerer Wärme und echtem Zusammengehörigkeitsgefühl, hatte geschlagen.«[29]

Es liegt nahe, dies als Propaganda in eigener Sache zu verstehen. Waldemar Markwardt, Jahrgang 1922, im Krieg bis zum Oberleutnant der Luftwaffe aufgestiegen, gehörte nicht zu den Mitarbeitern der allerersten Stunde, aber doch noch zu jenem Personenkreis, der die Org erlebte und dort geprägt wurde. Er bestätigt immerhin Gehlens Statement, indem er einen altgedienten Org-Mann zustimmend zitiert. Demnach war der Eintritt in die frühe Org »mehr als Arbeit und Brot: er bedeutete je nach Situation des Einzelnen eine neue Heimat nach der Vertreibung oder Flucht, eine aufnahmebereite neue Gemeinschaft in einer fremden Stadt, eine Zuflucht aus der Einsamkeit und der Trauer um den gefallenen Mann, um die zerstörte Existenz oder gar Familie, er bedeutete eine Rückkehr in eine Gruppe von Menschen gleicher ethischer Grundrichtung, gleicher Erziehung, mit ungebrochener Liebe und Opferbereitschaft zum Vaterlande«.[30]

Felfe sah das erwartungsgemäß aus einer anderen Perspektive, die gleichfalls stimmig ist und keinen Widerspruch darstellt, sondern dieselbe Beobachtung abweichend bewertet: »Gehlen versuchte von vornherein, das hierarchisch-patriarchalische Denken der Militärs in der Organisation zu fördern und die Hoffnung zu wecken, das noch herrschende amerikanische Patronat später abbauen zu können: Von Anfang an herrschten daher Korpsgeist und Vetternwirtschaft in der O[rganisation] G[ehlen].«[31] Das beste Bild der Org abseits der Archive ergibt sich demnach trotz aller gebotenen Distanz aus der Schnittmenge dieser Bücher, ergänzt um den aus einer »Spiegel«-Serie hervorgegangenen Sachbuch-Klassiker »Pullach intern« von 1971.[32]

Sonderaufträge: Das MfS im Spielfilm der DDR

Schon früh bemühten sich die DDR und ihr Geheimdienst, gegen die Spione im Dienste Bonns publizistisch-propagandistisch zu wirken. Das MfS rühmte seine ersten großen Abwehrerfolge gegen die Org in den Jahren 1953 bis 1955 (Aktionen »Feuerwerk«, »Pfeil«, »Blitz«) mit großen Pressekonferenzen, in denen es vornehmlich darum ging, den westdeutschen Gegner bloßzustellen.[33] Stoßrichtung aller propagandistischen Anstrengungen bis zum Mauerbau war einerseits die Behauptung, der Westen plane einen Angriffskrieg gegen die DDR. Andererseits ging es um den »Beweis« des faschistischen Charakters der Bundesregierung. Gradmesser waren personelle Kontinuitäten in deren Regierungsapparat, besonders in der Führung der Bundeswehr und in den geheimen Diensten. Heinz Felfe brachte diese Sichtweise dreißig Jahre später auf den Punkt: »Rückblickend kann festgestellt werden, dass Pullach der Kristallisationspunkt militärischer und entspannungsfeindlicher Nachkriegspolitik wurde.«[34]

Der DDR-Agentenfilm der 1950er-Jahre zeichnet kein scharfes Bild von der Tätigkeit des MfS, sondern stellt die Bedrohung der Planwirtschaft durch westliche Spione und Saboteure heraus und erklärt damit Fehleranfälligkeit wie Schutzbedürftigkeit des sozialistischen Staates. Szene mit den zwei MfS-Protagonisten Kilian (Erich Franz, links) und Böhnke (Harry Hindemith, rechts) aus dem Spielfilm »Sie kannten sich alle«, DDR 1958

Im Unterschied zur Bundesrepublik entstanden in der DDR relativ früh bemerkenswert viele Filme, in denen die Aktivitäten westlicher Geheimdienste in Ostdeutschland und dann seit Ende der 1950er-Jahre auch die Arbeit des MfS zum Gegenstand wurden. Schon in »Zugverkehr unregelmäßig« (1951, Regie: Erich Freund) wird ein an sich redlicher Kraftfahrer aus der DDR von einer West-Berliner Agentin einer amerikanischen Spionageorganisation (ob es sich um die Org handelt – die de facto ein amerikanischer Dienst mit deutschem Personal war –, bleibt unklar) bezirzt und dann zur Mitarbeit überredet. Er erhält den Auftrag, Sabotageakte gegen die in DDR-Besitz befindliche Gesamt-Berliner S-Bahn zu begehen. Erwartungsgemäß wird die Ausführung von einem Freund, der Volkspolizist ist, verhindert.

Die gelenkte und subventionierte Filmwirtschaft der DDR erfüllte mit solchen Streifen politische Vorgaben. Es handelte sich nicht um Spionagefilme in Reinkultur; hinzu traten Elemente des Militär-, Detektiv-, Gangster, Liebes- und sogar des Kinderfilms. »Spur in die Nacht« von

29 Gehlen: Der Dienst, 1971, S. 217 f. **30** Markwardt: Erlebter BND, 1996, S. 61 f. **31** Felfe: Im Dienst des Gegners, 1986, S. 174; vgl. dazu jetzt Gerhard Sälter: Kameraden. Nazi-Netzwerke und die Rekrutierung hauptamtlicher Mitarbeiter, in: Jost Dülffer u. a. (Hrsg.): Die Geschichte der Organisation Gehlen und des BND 1945–1968: Umrisse und Einblicke. Dokumentation der Tagung am 2. Dezember 2013, Marburg 2014, S. 41–52. **32** Vgl. Hermann Zolling/Heinz Höhne: Pullach intern. General Gehlen und die Geschichte des Bundesnachrichtendienstes, Hamburg 1971. Aus DDR-Perspektive vgl. Julius Mader: Die graue Hand – Eine Abrechnung mit dem Bonner Geheimdienst, Berlin-Ost 1960, sowie ders.: Nicht länger geheim. Entwicklung, System und Arbeitsweise des imperialistischen deutschen Geheimdienstes, Berlin-Ost 1969/1980 (2.–4. Auflage zusammen mit Albrecht Charisius). **33** Vgl. Karl Wilhelm Fricke/Roger Engelmann: »Konzentrierte Schläge«. Staatssicherheitsaktionen und politische Prozesse in der DDR 1953–1956, Berlin 1998. **34** Felfe: Im Dienst des Gegners, 1986, S. 213.

Der ermittelnde MfS-Offizier in Roman (1957) und Film (1959) ist ehemaliger Spanienkämpfer und verkörpert damit den Prototyp des Geheimpolizisten im DDR-Agententhriller mit Wurzeln im antifaschistischen Widerstand. Szene mit dem MfS-Ermittler Hauptmann Jentsch (Rudolf Ulrich, Mitte, in zivil) aus dem Spielfilm »Die Premiere fällt aus«, DDR 1959

1957 (Regie: Günter Reisch) brachte eine Agentengeschichte aus dem Zittauer Gebirge auf die Leinwand, »Im Sonderauftrag« von 1959 (Regie: Heinz Thiel) spielte bei den noch jungen Seestreitkräften der DDR und bezog sich in Rückblenden auf Ereignisse im Dänemark des Jahres 1943. Dieser Film thematisierte erstmals die 1956 aus der Kasernierten Volkspolizei hervorgegangene Nationale Volksarmee und drehte sich explizit um Militärspionage, wobei nicht deutlich wurde, ob es sich bei dem westdeutschen Auftraggeber um den BND oder die Bundesmarine handeln sollte. »Der Moorhund«, 1960 entstanden (Regie: Konrad Petzold), ließ zwei Kinder zusammen mit der DDR-Grenzpolizei einen westdeutschen Agenten fangen.[35]

Der acht Jahre zuvor gegründete Staatssicherheitsdienst der DDR wurde 1958 in »Sie kannten sich alle« (Regie: Richard Groschopp) explizit in den Figuren zweier Mitarbeiter dargestellt, die in einem Automobilwerk gegen Saboteure ermitteln. Das MfS schützt hier den Produktionsprozess und damit das »Volkseigentum« in der DDR. Ursprünglich, so die Filmidee, sollte ein MfS-Mitarbeiter inkognito in dem Werk vorgehen; es wurde dann jedoch entschieden, die Geheimpolizei in Person der beiden Agenten offen auftreten zu lassen[36] – ein Zeichen für die scheinbare Normalität ihrer polizeiähnlichen Arbeit, zudem in deutlicher Abgrenzung von den in den DEFA-Filmen jener Zeit stets konspirativ auftretenden westlichen Diensten sowie der Gestapo des »Dritten Reiches«.

Um eine Form von Sabotage geht es auch in der Romanverfilmung »Die Premiere fällt aus« (1959, Regie: Kurt Jung-Alsen), nämlich den Diebstahl von Forschungsergebnissen aus einem Chemielabor. Dahinter steckt ein westlicher Agent. Die Handlung entwickelt sich jedoch zu einer Kriminalgeschichte und kulminiert in einem Mord im Stadttheater der fiktiven ostdeutschen Stadt Bärenfurt: ein klassischer »Whodunit«, dessen Fall durch einen Offizier der Geheimpolizei aufgeklärt wird.[37] In »Septemberliebe« von 1961 präsentierte der DDR-»Starregisseur« Kurt Maetzig eine freizügig verfilmte Geschichte, in der die große Liebe und die Loyalität zum Staat nicht Widerspruch, sondern Teil der Lösung sind: Ein verliebter Chemiker gesteht seiner Partnerin, vom Westen zur Werkspionage gezwungen worden zu sein. Deshalb wolle er sich nach West-Berlin absetzen, denn das MfS sei ihm bereits auf den Fersen. Der anschließende Gang der Geliebten zur Staatssicherheit erscheint dem Chemiker im ersten Augenblick als Verrat, dann aber als Befreiung aus seiner Situation. Die Untersuchungshaft dauert folgerichtig nicht lange, in dem »Gemuddel aus Liebesfilm und SSD [Staatssicherheitsdienst]-Anhimmelung« erscheint der zuständige MfS-Offizier »eher als Helfer denn als Häscher«.[38]

Gerade die frühen DEFA-Filme, die vielfach um Sabotage gegen den Aufbau der Volkswirtschaft in der DDR kreisten,[39] funktionierten meistens holzschnittartig nach dem »Gut/Böse«-Muster. Die positive Inszenierung des MfS wurde dabei erst allmählich Teil der Handlung. Wichtiger war vorerst, die Aggressivität des Westens und seiner Agenten und sonstigen Helfershelfer zu betonen. Das wiederholte Aufgreifen der zentralen Themen Sabotage, Werkspionage und Schmuggel erlaubte außerdem, den Rückstand der DDR-Volkswirtschaft gegenüber der Bundesrepublik zu erklären und die tatsächlichen Gründe – die Attraktivität der Marktwirtschaft, die Schwierigkeiten der gesteuerten Planwirtschaft, auch die russischen Demontagen in Industrie und Infrastruktur – außen vor zu lassen. Die filmische Originalität dieser Produktionen im Geist des Kalten Krieges trat fast immer hinter die politisch gewünschte Botschaft zurück.

In den 1960er-Jahren rückte die Auseinandersetzung zwischen BND und MfS in den Vordergrund der einschlägigen DEFA-Filme. Mit »Reserviert für den Tod« von 1963 und »Schwarzer Samt« aus dem Folgejahr brachte erneut Heinz Thiel zwei Genrestreifen in die Kinos. »Reserviert für den Tod« erzählt die Geschichte eines aus der DDR in die Bundesrepublik geflüchteten Ingenieurs, der dort für den BND Aufträge ausführt und vom westdeutschen Dienst in eine Falle gelockt wird, die er mit dem Leben bezahlt. Das MfS erscheint hier als gut informierter, ja »allwissender«, zugleich geerdeter Abwehrdienst, »eine Art öffentlicher Dienstleister«, während die Mitarbeiter des BND Angriffspläne gegen die DDR schmieden und nicht vor Mord zurückschrecken.[40] »Schwarzer Samt« spielt am Vorabend der Leipziger Messe. Ein – wiederum – ostdeutscher Ingenieur hat sich von einem westlichen Geheimdienst dazu anstiften lassen,

35 Vgl. Gerhard Wiechmann: »Top Gun« in der DDR? Der Kalte Krieg und die NVA im Spielfilm am Beispiel von »Anflug Alpha 1«, in: Bernhard Chiari/Matthias Rogg/Wolfgang Schmidt (Hrsg.): Krieg und Militär im Film des 20. Jahrhunderts, München 2003, S. 543–567, hier S. 545 f., 565. Allgemein zum Thema vgl. Andrea Gruder: Genosse Hauptmann auf Verbrecherjagd. Der Krimi in Film und Fernsehen der DDR, Bonn 2003. **36** Vgl. den Eintrag in Wikipedia, URL: https://de.wikipedia.org/wiki/Sie_kannten_sich_alle (zuletzt aufgerufen am 23. 9. 2015). **37** Der Film ist im Internet-Stream zu sehen unter der URL: http://www.veoh.com/watch/v81690032TCxzHzHZ. Im Roman wird das Städtchen nicht benannt, sondern allgemein »im Staßfurter Kaligebiet« verortet; vgl. A. G. Petermann: Die Premiere fällt aus. Kriminalroman, Berlin-Ost 1957 (Taschenbuch)/1958 (Hardcover), S. 9. Der Roman spielt an einem Tag irgendwann zwischen 1953 und 1955, denn der Protagonist weist sich als Mitarbeiter des Staatssekretariats für Staatssicherheit aus (S. 101) – vgl. dazu auch Anm. 53. **38** Vgl. Liebesspiele, in: »Der Spiegel« Nr. 17/1961 v. 19. 4. 1961, S. 96 f. **39** Vgl. als frühe Beispiele ohne Bezug zu Geheimdiensten, sondern als Sabotageversuche skrupelloser westdeutscher Unternehmer die DEFA-Filme »Der Auftrag Höglers« von 1950 (Regie: Gustav von Wangenheim) und »Geheimakten Solvay« von 1952 (Regie: Martin Hellberg). **40** Vgl. Andreas Kötzing: Vom Mythos der Allmacht – Die Darstellung der Staatssicherheit im DDR-Spielfilm der 1960er Jahre, in: Totalitarismus und Demokratie 11 (2004) 2, S. 279–291, hier S. 283.

einen modernen Baukran zu zerstören. Dem Staatssicherheitsdienst gelingt es (natürlich), diesen Plan zu verhindern. Im Mittelpunkt stehen die Fähigkeiten des MfS, dessen technische Kompetenz und angeblich legitime Handlungsweise ohne Ausübung von Gewalt oder psychischem Druck.[41]

In der zweiten Hälfte des Jahrzehnts wurde dem bundesdeutschen »Mr. Dynamit« Urban in einer Trilogie Major Sander vom MfS entgegengesetzt. Im Unterschied zum BND in der Bundesrepublik unterstützte das MfS in der DDR diese Filme: In »Der Mann aus Kanada« (1967, Regie in diesem und den folgenden beiden Filmen: Rudi Kurz) verhindert die Stasi, dass der titelgebende Kanadier für den BND ein Strahlflugzeug der Nationalen Volksarmee entführen kann. Hier ist Sander noch Nebenfigur, bevor er als in den BND eingeschleuster »Kundschafter« in den Fortsetzungen »Treffpunkt Genf« von 1967/68 – BND und CIA versuchen an die Formel eines DDR-Wissenschaftlers zu gelangen, die für die Entwicklung einer chemischen Waffe taugt – und »Projekt Aqua« von 1968/69 – der BND will im Nahen Osten den von der DDR unterstützten Bau eines Wasserkraftwerks sabotieren – zum Protagonisten der Miniserie wird.[42] Weltweit, so die erneuerte Botschaft, ist der BND in skrupellose, mitunter mörderische Operationen verwickelt.[43]

Der wichtigste aller DDR-Spionagefilme in den ersten beiden Nachkriegsjahrzehnten, der »durch seinen ›coolen‹ Objektivismus«, mit dem ein realitätsnaher Fall filmisch verarbeitet wurde, ästhetisch herausragt,[44] war jedoch »For Eyes Only (Streng geheim)« von 1963 (Regie: János Veiczi).[45] Der Film liefert die freie Interpretation einer der spektakulärsten Aktionen des frühen MfS, dem es 1956 gelungen war, in Würzburg Aktenmaterial des amerikanischen Armeegeheimdienstes aus einem Panzerschrank zu entwenden und in die DDR zu verbringen.[46] Unter der Beute befand sich eine Agentenkartei, die es ermöglichte, knapp 140 verdeckte Mitarbeiter westlicher Dienste in der DDR zu verhaften. Das MfS nahm erheblichen Einfluss auf das Drehbuch und zeigte sich mit dem Produkt zufrieden. Entgegen den Tatsachen diente der Film unter anderem dazu, den bei den Amerikanern eingeschleusten Spion Horst Hesse in völliger Überzeichnung seiner eher überschaubaren Leistung – die Grobarbeit des Abtransports der US-Dokumente hatten andere übernommen – zum sozialistischen Parade-»Kundschafter« in der Tradition eines Richard Sorge aufzuwerten.

► 1963 entstand der Agentenfilm über den Diebstahl amerikanischer Dokumente aus dem Westen, der in der Verbindung von spannender Handlung und dokumentarischem Stil angeblich die Kriegsabsichten der USA gegen die DDR belegt und zu einem großen Erfolg beim ostdeutschen Publikum wurde. Filmplakat »For Eyes Only«, 1963

In »For Eyes Only« ging es allerdings bei Weitem nicht allein um einen »Werbefilm für das MfS«: Der Streifen war Teil einer politischen Gesamtstrategie, in der er »als präzis politisch

41 Vgl. ebd., S. 289. **42** Vgl. Schäfer/Schwarzer: Top Secret, 1998, S. 139 f. **43** Dieses schon bei »Reserviert für den Tod« 1963 transportierte BND-Image trifft auch auf »Verdacht auf einen Toten« (Regie: Rainer Bär) von 1969 zu. Dort ermittelt das MfS im Todesfall eines Gestütsleiters, dessen Mörder mit dem westdeutschen Geheimdienst in Verbindung steht. **44** Vgl. Lindenberger: Looking West, 2006, S. 122. **45** Kein anderer DDR-Film dieses Sujets ist so intensiv wissenschaftlich analysiert worden; vgl. zum Folgenden nur Bernd Stöver: »Das ist die Wahrheit, die volle Wahrheit«: Befreiungspolitik im DDR-Spielfilm der 1950er und 1960er Jahre, in: Thomas Lindenberger (Hrsg.): Massenmedien im Kalten Krieg. Akteure, Bilder, Resonanzen, Köln/Weimar/Wien 2006, S. 49–76, hier S. 62–75; Jens Liebich: Politik als Kunst der Inszenierung. For eyes only (streng geheim) – und jeder soll's wissen, in: Christin Niemeyer/Ulrich Pfeil (Hrsg.): Der deutsche Film im Kalten Krieg. Cinéma allemand et guerre froid, Brüssel/Bruxelles 2014, S. 77–95; Kötzing: Vom Mythos der Allmacht, 2004, S. 285–288. Zu Hesses Arbeit für das MfS vgl. auch Elke Mittmann: Der Fall Horst Hesse. Eine Kundschafterkarriere, in: Zeitgeschichtliches Forum Leipzig (Hrsg.): Duell im Dunkel. Spionage im geteilten Deutschland, Köln/Weimar/Wien 2002, S. 75–84. **46** Zu den bekannten Tatsachen dieser MfS-Aktion vgl. Bernd Stöver: Zuflucht DDR. Spione und andere Übersiedler, München 2009, S. 246–254.

Sie sehen diesen Film am .... um .... Uhr im ....

Im Beiprogramm: .... und die DEFA-Wochenschau „Der Augenzeuge"

(ab .... Jahre zugelassen)

Unser Kinderprogramm: .... Uhr

Verkaufspreis: 0,20 DM · Druck: Aufbau-Druckerei Köthen · IV/5/14 · Ag 214/108/63

kalkulierter Endpunkt einer von der DDR seit 1958 vorgelegten ›Beweiskette‹ zur westlichen Befreiungspolitik« [47] (Liberation Policy) herhalten musste. Nach innen diente er damit der nachträglichen Rechtfertigung des Mauerbaus. Dieses Kalkül ging aus zweierlei Gründen auf: Erstens verstand es das MfS, die Öffentlichkeit davon zu überzeugen, dass es sich bei den in Würzburg erbeuteten sowie bereits zuvor schon bekannt gewordenen operativen Planungspapieren der NATO und der jungen Bundeswehr tatsächlich um »Kreuzzugspläne« gegen die DDR handele. Zweitens wurde »For Eyes Only« geschickt im sogenannten dokumentaren Stil gedreht, der das Ziel hatte, Wirklichkeit und Filmhandlung miteinander zu verweben. Unter anderem durch eine enge Anbindung an die politischen Ereignisse der Zeit, die Nutzung authentischer Drehorte und die Fachberatung durch das MfS sollte beim Kinogänger die Illusion von »Wahrheit« hervorgerufen und unmissverständlich verdeutlicht werden, warum der eigene Staat und seine Gesellschaft zu schützen seien. »Mit For eyes only auf der Leinwand und Horst Hesse in persona wurden Wirklichkeiten inner- und außerhalb des Kinos publikumswirksam inszeniert« – der vielleicht größte Erfolg des MfS in der DDR währte somit »weit mehr als nur 103 Filmminuten, er währte ein Menschenleben lang«.[48]

»Am Anfang stand das Ende«: Geyer versus Gehlen, Stasi versus Org

Die Kriminalliteratur der DDR ist bereits in ihren Anfängen eng verknüpft mit der Darstellung geheimdienstlicher Tätigkeit. Dafür gibt es mehrere kulturgeschichtliche Erklärungsansätze: In Kriegszeiten treten häufig staatsgefährdende Delikte als Plot von Kriminalgeschichten hervor; und der Kalte Krieg in Gänze sowie in seiner besonderen deutsch-deutschen Ausprägung stellte sich in den 1950er-Jahren als solche »Kriegszeit« dar. Außerdem waren in der realsozialistischen Literatur einige Genres – wie eben der Krimi, aber auch Abenteuerroman und Science Fiction – grundsätzlich als unpolitisch und damit »eskapistisch« gebrandmarkt. In dem Bild, das von der sozialistischen Gesellschaft gezeichnet wurde, durfte es zudem keine Kriminalität geben. Wenn kriminell daher nicht die eigenen Bürger, sondern nur »die Anderen« sein konnten, lag die Schilderung feindlicher Geheimdiensttätigkeit als Motiv der Kriminalhandlung nahe. Der Spionageroman bot insofern ausreichende Anknüpfungspunkte, um die Spannungsliteratur mit propagandistisch-pädagogischen Aussagen in Verbindung zu bringen. Variables Standardmotiv war die »sinistre Geschichte vom Anschlag des ›Klassenfeindes‹ auf den ›friedlichen Aufbau‹« der DDR-Volkswirtschaft.[49] Diese erzählerische Konstellation lag, wie bereits gezeigt, auch den frühen einschlägigen DEFA-Filmen zugrunde.

Ermittelten in den sogenannten Sabogentenkrimis üblicherweise zunächst Angehörige der Volkspolizei, des Amtes für Zoll und Kontrolle des Warenverkehrs oder der Zentralen Kommission für Staatliche Kontrolle, trat schon 1951, ein Jahr nach Gründung des MfS, erstmals ein Geheimpolizist als Randfigur in einem kurzen Heftroman auf und lieferte die Blaupause für die generelle Darstellung dieses Typus im DDR-Krimi. »Ich weiß Bescheid«, formuliert der Namenlose bei seinem Auftritt: Der neu gegründete Apparat wird von Anfang an als omnipotent gezeichnet, er besitzt Erkenntnisse zu Fällen, in denen normale (Polizei-)Ermittler mit ihren Recherchen noch am Anfang stehen.[50] Die erste Serienfigur, die dem Staatssicherheitsdienst zuzurechnen ist, findet sich in Oberleutnant Ludwig Jäntsch in zwei Romanen des Autorentrios

Hans-Joachim Geyers Buch »am anfang stand das ende ...« (1954), ein über weite Strecken kaum verschleierter autobiografischer Bericht, porträtiert die Tätigkeit eines Kuriers, der von der Org zu deren Quellen in Sachsen gesendet wird und schließlich neben der ontologischen Schlechtigkeit des Westens auch die Verwerflichkeit seines eigenen Tuns erkennt.

A. G. Petermann. Jäntsch ist ehemaliger Spanienkämpfer der Internationalen Brigaden (»Ich wurde achtunddreißig in Barcelona ausgebildet«) und begründet damit eine feste Rolle im Stasi-Thriller bis 1989: Wenigstens einer der Protagonisten hat Wurzeln im antifaschistischen Widerstand gegen das NS-Regime.[51]

Unter diesen frühen Romanen aus DDR-Provenienz findet sich mit »am anfang stand das ende ...« der einzige »Org-Roman« von Bedeutung überhaupt. Sein Autor, Hans-Joachim Geyer, geboren 1901, war spätestens Anfang 1953 vom Staatssicherheitsdienst »umgedreht« worden, nachdem er seit 1952 als Kurier für die Org gearbeitet hatte und dabei von Mitarbeitern der MfS-Bezirksverwaltung Dresden festgenommen worden war. Nach anderer Lesart diente er im Geheimen schon seit 1951 dem MfS.[52] In der DDR nach seiner Festnahme »verbrannt«, trennte sich die Org nicht etwa von ihm, sondern setzte ihn im Büro einer ihrer Filialen in

47 Stöver: »Das ist die Wahrheit, die volle Wahrheit«, 2006, S. 69. **48** Liebich: Politik als Kunst der Inszenierung, 2014, S. 94. Hervorhebungen im Original. **49** Vgl. Reinhard Hillich: Spielmaterial. Zur Darstellung des MfS in der Kriminalliteratur der DDR, in: Horch und Guck 4 (1993), Heft 8, S. 1–10, hier S. 1 f., Zitat S. 2 ; vgl. auch Michael Hanisch: Nachrichten aus einem Land ohne Schurken oder In Diktaturen hat der Krimi nicht viel zu melden, in: Ralf Schenk/Erika Richter (Hrsg.): apropos: Film 2001. Das Jahrbuch der DEFA-Stiftung, Berlin 2001, S. 194–222. **50** Vgl. Frank W. Stahl: Im Schatten des Geheimdienstes, Berlin-Ost 1951; vgl. dazu Hillich: Spielmaterial, 1993, S. 8. **51** Vgl. Hillich, Spielmaterial, 1993, S. 4, 6. Es handelt sich um die Romane »Die Premiere fällt aus«, Berlin-Ost 1957 (vgl. Anm. 37), und »Die Hunde bellen nicht mehr«, Berlin-Ost 1959. Zur Verfilmung des ersteren der beiden Bücher durch Kurt Jung-Alsen vgl. Anm. 37 – im Film heißt der Offizier Hauptmann Jentsch (statt, wie im Buch, Oberleutnant Jäntsch). Hinter dem Autorenpseudonym verbargen sich die drei gemeinsamen Verfasser Hans Albert Pederzani, Gerhard Neumann und Heiner Rank. Das Barcelona-Zitat in Petermann: Die Premiere fällt aus, 1958, S. 7. **52** Vgl. Fricke/Engelmann: »Konzentrierte Schläge«, 1998, S. 43; Peter F. Müller/Michael Mueller: Gegen Freund und Feind. Der BND: Geheime Politik und schmutzige Geschäfte, Reinbek bei Hamburg 2002, S. 142. Eine frühe Darstellung des

West-Berlin ein. Nominell war er damit deren stellvertretender Leiter, tatsächlich ohne weitere Mitarbeiter, jedoch in Kenntnis der Unterlagen zu den Org-Quellen der Filiale in der DDR. Mit diesen Dokumenten setzte er sich Ende Oktober 1953 nach Ost-Berlin ab und wurde zwei Wochen später auf einer Pressekonferenz des Staatssekretariats für Staatssicherheit (SfS)[53] der Öffentlichkeit präsentiert. Dort stellte er sein scheinbares Überlaufen als Gewissensentscheidung dar, weil er erkannt habe, dass er an der Seite von »Hitler-Offizieren« dabei helfe, für die Amerikaner einen neuen Eroberungskrieg vorzubereiten. Solche öffentlichen Auftritte vor der internationalen Presse gehörten zur Strategie des Staatssicherheitsdienstes unter ihrem nach dem 17. Juni 1953 ins Amt gekommenen Chef Ernst Wollweber, mit der Gehlens Organisation »unter konzentrisches Propagandafeuer genommen wurde«.[54]

Dass Geyers Verrat Gehlen auch persönlich traf, zeigt sich daran, dass der Spionagechef dem Vorfall Raum in seinen Memoiren eingeräumt hat. Dort beschreibt er Geyers letzte Funktion in der Org so, wie dieser in seinem Roman die Arbeit seines Protagonisten Karl Berger darstellt: Nach seiner Rücknahme aus der DDR wurde Geyer »als Mitarbeiter in dem (Einmann-) Büro eines Verbindungsführers in West-Berlin eingesetzt«[55] – das entsprach noch den Tatsachen, die schwerwiegenden Folgen für das Agentennetz in der DDR dagegen spielte Gehlen herunter. Zugespitzt formuliert: Was Heinz Felfe für den BND, war Hans-Joachim Geyer für die Org – nicht im Ausmaß des Schadens, aber im öffentlichen Bild über die noch weithin unbekannte Organisation.

Als Schriftsteller hatte sich Geyer neben anderen Büchern schon früher dem Krimi-Genre angenähert und 1939 einen fast 300-seitigen John-Kling-Roman vorgelegt.[56] Vergleichbar den frühen in der DDR entstandenen Genrefilmen, ist auch »am anfang stand das ende ...« kein Roman über die Tätigkeit des Staatssicherheitsdienstes. Dieser tritt in Form eines »Beauftragten« nur auf den letzten Seiten des Buches in Erscheinung: Trotz der nachrichtendienstlichen Arbeit des Protagonisten Karl Berger für die Org zeigt sich die DDR-Geheimpolizei fürsorglich bemüht um den schlussendlich auf den rechten Weg Zurückgekehrten. Anstatt Gefängnishaft erhält er zu Verhörzwecken »in einem hübschen Haus zwei schöne Zimmer und wird betreut, wie er außer von Johanna [seiner Ehefrau] in seinem ganzen Leben zuvor nie umsorgt worden ist«.[57] Das damalige Staatssekretariat für Staatssicherheit als Wohlfühlbehörde, volksnah und auf der Seite der Geläuterten – dieses Bild der Geheimpolizei findet sein Pendant zum Beispiel in Heinz Thiels Film »Reserviert für den Tod« einige Jahre später.

Entscheidender als die Weichzeichnung des MfS ist im Roman die Darstellung des nur scheinbar im Wirtschaftswunder florierenden Westens, in dem die Portemonnaies vieler Leute den vollen Schaufenstern nicht gewachsen sind und West-Berliner billig in Ost-Berlin einkaufen müssen. Privatunternehmer treten selbstherrlich und ohne Empathie für ihre Mitarbeiter auf. West-Berlin ist moralisch verkommen: »Schieber, Verbrecher, Agenten, Halbweltmädchen, das ist das Publikum der Nachtlokale.«[58] Wer aus dem Osten in den Westteil der Stadt übersiedelt, hat »Flüchtlingslagerelend und Arbeitslosigkeit auf Jahre hinaus« zu erwarten.[59] Vor dieser Negativfolie wird die Niederträchtigkeit der Org entwickelt. Sie wirbt Berger unter der Legende an, für eine Vereinigung (den »Deutschen Soldatenbund«) den Zusammenschluss Ost- und Westdeutschlands auf friedlichem Wege herbeiführen zu wollen und dazu Informationen aus der DDR zu benötigen. Berger reist als Kurier wiederholt nach Sachsen, und erst allmählich geht ihm auf, dass er in Wirklichkeit für eine Spionageorganisation arbeitet. Deren Chef, so erfährt er schließlich, sei der »General von [sic!] Gehlen«.[60]

Neben dem Verrat am Staat DDR ist der Darstellung zufolge ebenso sehr der Verrat an den dort zur Spionage geworbenen Menschen selbst verwerflich, da sie im Glauben gelassen werden, sich für die Zukunft eines gemeinsamen Deutschlands zu engagieren. Stattdessen muss Berger realisieren, dass er für die USA spioniert und unausweichlich deren angebliche Kriegsvorbereitungen gegen die DDR unterstützt hat: »Deutsche gegen Deutsche einzusetzen, für eine fremde Macht!«[61] Karl Berger offenbart sich in moralischer Aufwallung daraufhin der Staatssicherheit. Damit passt das Buch in doppelter Hinsicht in die Argumentation der DDR-Propaganda in den 1950er-Jahren: Die arbeitende Klasse werde ausgebeutet, West-Berlin sei alles andere als ein Paradies; und die Bundesrepublik sei nicht souverän, sondern eine amerikanische »Kolonie« und werde genutzt als Ausgangsbasis eines neuen Krieges.[62]

Geyers Roman kann als der »gewichtigste und ernstzunehmendste literarische Text« in der frühen Spionageliteratur der DDR gelten; zugleich sei er ein »außerordentlich unspannender, den ermüdenden Alltag eines kleinen Spions in den Vordergrund rückender Roman«.[63] Ein actiongeladener Thriller ist »am anfang stand das ende…« tatsächlich nicht und auch keine subtile psychologische Studie. Das wird in diesem Roman überdeutlich an dem erzählerischen Bruch im letzten Teil des Buches, in dem unvermittelt dokumentarische Einschübe folgen. Die scheinbar fiktive Geschichte um Berger, die weithin Geyers ureigene, zwar literarisch ausgeschmückte, im Kern aber zutreffende Geschichte ist,[64] wird untermauert durch die am Schluss angefügte Kurzdarstellung des Ende 1954 in den DDR-Medien sehr präsenten Falles um Karli Bandelow, Ewald Misera und andere DDR-Bürger, die als Spione für die Org tätig gewesen waren. Geyer hatte in einer Vernehmung kurz vor dem Prozess als angeblicher Zeuge gegen die Angeklagten ausgesagt.[65] Bergers Geschichte, so wird durch diese Passage nochmals verdeutlicht, ist kein Fantasiekonstrukt, sondern kommt der Realität sehr nahe. Nur die Strafen sind andere: Berger erwartet nicht einmal Untersuchungshaft, Bandelow und Misera allerdings wurden hingerichtet.

Falles Geyer findet sich bei Wolfgang Wehner: Geheim. Ein Dokumentarbericht über die deutschen Geheimdienste, München 1960, S. 159–178. **53** Das im Februar 1950 gegründete Ministerium für Staatssicherheit wurde nach dem Volksaufstand vom 17. Juni 1953 im Juli des Jahres zu einem Staatsekretariat zurückgestuft und in das Ministerium des Innern der DDR eingegliedert. Im November 1955 wurde es erneut zu einem eigenständigen Ministerium aufgewertet. **54** Zum Vorangegangenen vgl. Fricke/Engelmann: »Konzentrierte Schläge«, 1998, S. 39f., 43f., 46, Zitat S. 122. **55** Gehlen: Der Dienst, 1971, S. 192f., Zitat S. 192. Vgl. auch die Darstellung zu Geyer bei Zolling/Höhne: Pullach intern, 1971, S. 257–260. **56** Vgl. Hans-Joachim Geyer: Der Blaubart von San Antonio, Leipzig 1939; vgl. auch Hillich: Spielmaterial, 1993, S. 2, und Marßolek: Internationalität und kulturelle Klischees, 1996, S. 151f. u. Anm. 22. **57** Hans-Joachim Geyer: am anfang stand das ende… Spionage-Roman, Berlin-Ost 1954, S. 249. **58** Ebd., S. 235; vgl. auch S. 21. **59** Ebd., S. 113f. **60** Ebd., S. 222. **61** Ebd., S. 232. **62** Vgl. Monika Gibas: »Bonner Ultras«, »Kriegstreiber« und »Schlotbarone«. Die Bundesrepublik als Feindbild der DDR in den fünfziger Jahren, in: Silke Satjukow/Rainer Gries (Hrsg.): Unsere Feinde. Konstruktionen des Anderen im Sozialismus, Leipzig 2004, S. 75–106, hier S. 87–90, 94. **63** Hillich: Spielmaterial, 1993, S. 2. **64** Dies wird vielfach deutlich im Buch, vollkommen unverschlüsselt da, wo der als Schriftsteller tätige Berger – auch im Beruf ein Abbild Geyers – für seinen Roman »Peter Möcke« bekannt ist (S. 111). Das war freilich Hans-Joachim Geyers erstes größeres Werk: Gutsbeamter Peter Möcke. Ein Landwirtschaftsroman, Radolfzell 1936. Gleiches gilt für die Erwähnung einer Neuauflage von Bergers »Blaubart« (S. 67) – Geyer hatte 1939 »Der Blaubart von San Antonio« veröffentlicht (vgl. Anm. 56). Zudem trägt der V-Mann-Führer der Org im Roman den Namen »Paulberg« – wie auch Geyers Filialleiter; vgl. Geyer: am anfang stand das ende…, 1954, S. 217, sowie Wehner: Geheim, 1960, S. 161 (dort »Paulsberg«). Schließlich erhält Berger den Decknamen »Grell« (S. 217) – das war auch

Die begrenzten Mittel Geyers werden bei der Lektüre von »Hyänen der Menschheit. Johann Burianek und die KgU«, einem unveröffentlicht gebliebenen »Dokumentar-Roman«, deutlich. In holzschnittartiger, mitunter geradezu unbeholfener Weise versucht sich Geyer dort an einer literarischen Darstellung des Falles um Johann Burianek aus dem Jahr 1952. Dieser hatte im Auftrag der Kampfgruppe gegen Unmenschlichkeit (KgU) als deren wohl radikalster Kontaktmann in der DDR die Sprengung einer Eisenbahnbrücke nahe Berlin während der Durchfahrt eines aus Moskau kommenden Zuges geplant.[66] Für seine nach »am anfang stand das ende ...« neuerliche Auftragsarbeit konnte Geyer auf die Akten des MfS/SfS zurückgreifen, denn einen direkten Bezug zu der Tat besaß er diesmal nicht. Das zäh geschriebene und nur mühsam lesbare Burianek-Typoskript wurde schon von einem Leser des Staatssicherheitsdienstes infrage gestellt und landete 1956 unpubliziert im Archiv der Geheimpolizei.[67]

Angesichts der stilistischen Schwächen von »Hyänen der Menschheit« ist auch ein intensives geheimpolizeiliches Lektorat von »am anfang stand das ende ...« anzunehmen. Dennoch verleiht im Ergebnis gerade die Darstellung des eintönigen Kurierlebens Bergers diesem Roman eine gewisse Stimmigkeit. Die Kontaktpersonen in der DDR sind durchaus differenziert gezeichnet, von bereitwilligen Unterstützern über skeptisch Schwankende bis zu denjenigen, die sich der Kooperation mit dem »Soldatenbund« entziehen – quer durch alle Bevölkerungsschichten. Hier liegt ein Mehrwert des Buches: Da Berger das Alter Ego des Autors ist und dieser ebenfalls zunächst in der DDR tätig war, um anschließend wie seine Figur Berger in einem Büro der Org in West-Berlin zu arbeiten, vermag Geyer zumindest in Konturen einen authentischen Einblick in die innere Funktionsweise der Organisation auf »Graswurzelebene« zu geben. Legt man seinen Roman von 1954 neben die freilich mit drei bis vier Jahrzehnten Abstand zwischen Geschehen und Niederschrift verfassten Erinnerungen besonders Felfes und Markwardts, entsteht durch die wechselseitige Lektüre ein literarisch nachhaltiges Bild der Org unter dem Aspekt nicht der »historischen Wahrheit«, sondern einer plausiblen Authentizität.

Fazit: Ein Nebenkriegsschauplatz des Kalten Krieges

Der Kalte Krieg wurde nicht auf dem Schlachtfeld entschieden. Diplomatie und Publizistik, die Massenmedien, die Konsumkultur, der Leistungssport – das waren einige seine Schauplätze, wenigstens in Europa. Dazu zählte auch die Auseinandersetzung der Geheimdienste, die oft mit der militärischen Metapher vom »Krieg« beschrieben wird und damit nach den vielen Stellvertreterkriegen in der Dritten Welt die »heiße« Dimension des Kalten Krieges ausmachte. Entlang der Elbe standen sich neben den Diensten der Alliierten auch die neu gegründeten deutschen Apparate gegenüber.

Die Org und die Frühzeit des BND wurden in der Literatur und der Filmproduktion der Bundesrepublik trotz oder vielmehr gerade wegen der politisch greifbaren Spannung des Kalten Krieges nur spärlich und wenig konkret dargestellt. Die Org trat erst durch Veröffentlichungen in britischen und deutschen Printmedien sowie die Pressekonferenz von Hans-Joachim Geyer ab 1952/53 in das Licht einer breiteren Öffentlichkeit. Nur selten wurde Gehlens Truppe in den ersten beiden Nachkriegsjahrzehnten zum Thema der populären Unterhaltungskultur. Tiefere Einblicke gab es erst mit der Memoiren- und Sachbuchliteratur seit den 1970er-Jahren.

Sowohl in den frühen Filmen der DDR als auch in dem Roman und dem Romanfragment von Hans-Joachim Geyer werden die angeblich rücksichtslosen politischen Absichten, sozialen Missstände und geheimdienstlichen Methoden des Westens im Kampf gegen den Osten betont. Der vermeintliche gesellschaftliche Verfall in der Bundesrepublik und das skrupellose Handeln ihrer Politiker und Agenten gegen die DDR standen dort zunächst im Mittelpunkt. Wo der Staatsicherheitsdienst im Film der DDR in Erscheinung trat, geschah dies durchgängig in staatstragend-affirmativer Absicht. Mehr als das westdeutsche Kino hatte der DDR-Film seit den frühen 1950er-Jahren den Spionage- und Agentenfilm im Repertoire, mit einer veränderten Akzentuierung durch die zunehmende Hervorhebung der Leistungen des MfS im Laufe der 1960er-Jahre. In der Darstellung des Staatssicherheitsdienstes ragen der Film »For Eyes Only« und die spätere Fernsehserie »Das unsichtbare Visier« (1973–1979) heraus. Beide zeichnen allerdings ausschließlich die nachrichtendienstliche Dimension der MfS-Arbeit, nicht deren geheimpolizeiliche Repressionsaufgaben, wie es 2006 der Oscar-preisgekrönte Spielfilm »Das Leben der Anderen« (Regie: Florian Henckel von Donnersmarck) tat, der vom (zweifelhaften) »Damaskus«-Erlebnis eines Stasi-Offiziers erzählt.[68] In »Reserviert für den Tod« und »Schwarzer Samt«, den beiden Filmen von Heinz Thiel von 1963 und 1964, sowie dem DDR-Klassiker »For Eyes Only« von János Veiczi trat dagegen »die Staatssicherheit nicht als präventiv ermittelndes Organ innerhalb der DDR-Gesellschaft in Erscheinung, sondern erst bei einer drohenden Gefahr, die zudem stets von ›Außen‹ kommt. [...] Und selbst wenn DDR-Bürger in die Spionage involviert sind, erweisen sie sich am Ende als Handlanger westlicher Schurken, die im Hintergrund als treibende Kraft agieren. Ein oppositionelles Verhalten, das seinen Ursprung in den politischen Verhältnissen innerhalb der DDR hat und vom MfS zur Sicherung des Machterhaltes der SED [Sozialistischen Einheitspartei Deutschlands] bekämpft wird, gibt es in den Filmen hingegen nicht.«[69]

Eine nachhaltige Porträtierung oder gar Popularisierung der Org und des BND blieb in der Unterhaltungskultur der Bundesrepublik aus. Einen Durchbruch des zeitgenössischen, vor dem Hintergrund des Kalten Krieges handelnden Thrillers gab es in der Publikumsgunst der Bundesrepublik erst seit den 1960er-Jahren, dominiert durch – bei den besten Vertretern des Faches auch intellektuell anspruchsvolle – angelsächsische Autoren, Bücher und Filme. Die Übersetzung der geheimdienstlichen Tätigkeit westdeutscher Dienste in Stoffe für Roman und Leinwand fand mit einigen Ausnahmen[70] nicht statt. Die Organisation Gehlen und der BND lieferten den Stoff für mediale Skandale, nicht aber für großes Kino.

Geyers Name bei der Organisation Gehlen. **65** Vgl. Fricke/Engelmann: »Konzentrierte Schläge«, 1998, S. 130–138, zu Geyer S. 136. **66** Zum Hintergrund vgl. Enrico Heitzer: Die Kampfgruppe gegen Unmenschlichkeit (KgU). Widerstand und Spionage im Kalten Krieg 1948–1959, Köln/Weimar/Wien 2015, S. 375–380; Fricke/Engelmann: »Konzentrierte Schläge«, 1998, S. 86f. **67** Vgl. Bundesbeauftragter für die Unterlagen des Staatssicherheitsdienstes der ehemaligen DDR (BStU), MfS – AS 187/56, Typoskript »Hyänen der Menschheit. Johann Burianek und die KgU« von Hans-Joachim Geyer. – Ich danke Dr. Enrico Heitzer, Stiftung Brandenburgische Gedenkstätten, für die Überlassung einer Kopie des Textes. **68** Zur Kritik an diesem Film aus geschichtswissenschaftlicher Perspektive vgl. Jens Gieseke: Der traurige Blick des Hauptmanns Wiesler. Ein Kommentar zum Stasi-Film »Das Leben der Anderen« in: Zeitgeschichte-online, April 2006 (URL: http:// www.zeitgeschichte-online.de/film/der-traurige-blick-des-hauptmanns-wiesler; zuletzt aufgerufen am 11.9.2015). **69** Kötzing: Vom Mythos der Allmacht, 2004, S. 290. **70** Vgl. etwa die Hauptfigur des ermittelnden Offiziers des Militärischen Abschirmdienstes (MAD), Oberstleutnant Delius (gespielt von Horst Bollmann), in den »Tatort«-Folgen »Freund Gregor« von 1979, »Der Schläfer« von 1983 und »Baranskis Geschäft« von 1985.

Geheimdienste
dürfen kein
rechtsfreier
Raum sein
CREW

FÜR DIE POLITISCHE NORMALISIERUNG VON GEHEIMDIENSTARBEIT

Demokratie erfordert Öffentlichkeit, manche politische Strategie dagegen erfordert Geheimhaltung.[1] Einerseits müssen die Bürger in einer Demokratie stets die Möglichkeit haben, die Regierung zur Rechenschaft zu ziehen, und dafür müssen sie wissen, was die Regierung gerade tut. Andererseits könnte so manch ein politischer Schachzug, vor allem im Bereich der Außenpolitik oder der nationalen Sicherheit, nicht zielführend – oder gar nicht – umgesetzt werden, wenn er in Gänze öffentlich gemacht würde. Dieser Umstand wird als »Geheimhaltungsdilemma« oder »Dilemma der Rechenschaftspflicht« bezeichnet:[2] »ein dynamisches Ringen zwischen der Rechtfertigung der Geheimhaltung durch die politische Führungsriege und der Skepsis der Öffentlichkeit.«[3] Die Intelligence Community[4] (deutsch etwa: nachrichtendienstliche Gemeinschaft) steht in der Mitte.

Die nach dem Ende des Kalten Krieges erreichte Transparenz in Fragen der nationalen Sicherheit weicht einer stärker werdenden Geheimhaltung – »The lifeblood of intelligence is secrecy«.[5] Schwankungen zwischen Geheimhaltung und Transparenz wirken sich aber auf die politische Legitimierung geheimer Nachrichtengewinnung und auf die Einbeziehung nachrichtendienstlicher Tätigkeit in die demokratische Staatsführung aus. Diese Schwankungen stellen sowohl die Intelligence Community als auch die Öffentlichkeit, von deren Akzeptanz der Geheimhaltung die Intelligence Community letztlich abhängig ist, vor Herausforderungen.[6] Die Intelligence Community muss sich dieser Schwankungen und ihrer Auswirkungen auf Bürger und Politiker bewusst bleiben und sollte entsprechend handeln. Mit anderen Worten: Trotz ihrer der Natur der Sache entsprechenden Tendenz zur Selbstbezogenheit darf sie ihre Machtbasis nicht für selbstverständlich halten, sondern muss auf das eingehen, was Norton E. Long als »the plague of politics« bezeichnet, die »Plage der Politik«.[7] Im Gegenzug wird die Gesellschaft in ihrer Forderung nach Transparenz und absoluter demokratischer Rechenschaftspflicht Abstriche machen müssen, damit die Nachrichtendienste ihren Zweck erfüllen und die Handlungsfreiheit des Staates schützen können.

◄ Geheimdienstliche Aktivitäten in der öffentlichen Diskussion: Demonstration gegen Online-Überwachung der Geheimdienste unter dem Motto »Freiheit statt Angst – Stoppt den Überwachungswahn« in Berlin, 30. August 2014

1 Zitate aus englischsprachiger Literatur wurden für diesen Beitrag ins Deutsche übersetzt. Dennis F. Thompson: Democratic secrecy, in: Political Science Quarterly, 2 (1999), S. 181–193, hier S. 182. **2** Der Begriff »Dilemma der Rechenschaftspflicht« ist abgeleitet von ebd. **3** Michael Colaresi: Democracy declassified. The secrecy dilemma in national security, Oxford 2014, S. 123. **4** Unter »Intelligence Community« verstehe ich die Nachrichten- und Sicherheitsdienste sowie den weiteren Kreis ihrer »Kunden« unter besonderer Berücksichtigung der verantwortlichen Minister, Entscheidungsträger in der Staatsverwaltung und Politiker. **5** Ich habe diese Aussage abgeleitet von Norton E. Longs klassischem Diktum »the lifeblood of administration is power« (Norton E. Long: Power and administration, in: Public Administration Review 4 (1949), S. 257–264, hier S. 257). **6** Ähnlich wie Walter Lippmann die Medien zur »öffentlichen Meinung« zählt (ders.: Public Opinion, New York 1947) und »die Öffentlichkeit« für Jürgen Habermas einen Verhandlungsraum zwischen Staat und Gesellschaft darstellt, so verstehe ich die »Öffentlichkeit« als die Summe aus Politikern, Nicht-Regierungsorganisationen, sozialen Bewegungen und Journalisten. **7** Long: Power and administration, 1949, S. 257.

Das »Geheimhaltungsdilemma« – oder das »Dilemma der Rechenschaftspflicht« – in Bezug auf Geheimdienstarbeit ist heute genauso aktuell wie in der »transparenten« Zeit nach dem Kalten Krieg. Ich vertrete jedoch den Standpunkt, dass dieses Dilemma mit einer Mischung aus konstruktiver politischer Diskussion und stabilen Kontrollmechanismen weitgehend gelöst werden kann. Die typischen politischen Reaktionen auf Geheimhaltung sind, wie ich hier darlegen möchte, letztlich an die Legitimierung nachrichtendienstlicher Aktivität durch die Öffentlichkeit gekoppelt, und davon wiederum hängt ihr langfristiges Überleben als normaler Bestandteil einer gut funktionierenden Demokratie ab. Zunächst sollen im Folgenden die Verschiebungen zwischen Geheimhaltung und Transparenz vonseiten der Regierung skizziert werden, die seit dem Ende des Kalten Krieges stattgefunden haben. Danach werden vier Arten der Reaktion auf Geheimhaltung dargestellt. Abschließend möchte ich einen kleinen Leitfaden für eine konstruktive Diskussion über nachrichtendienstliche Tätigkeit vorstellen und drei öffentliche Kontrollmechanismen präsentieren, die dazu beitragen können, das Vertrauen in Nachrichtendienste und ihre Arbeit zu verbessern. Dieser Essay soll zur Lösung des Problems der politischen Legitimierung von Geheimdiensten beitragen, ist dies doch eine Aufgabe, der sich die Intelligence Community aktuell und in der näheren Zukunft stellen muss.[8]

Verschiebungen zwischen Geheimhaltung und Transparenz

► Der Grünen-Politiker Hans-Christian Ströbele (r.) überreicht dem früheren US-Geheimdienstexperten Edward Snowden die Ehrenurkunde des Whistleblower-Preises 2013, die ihm die Organisationen International Association of Lawyers against Nuclear Arms (IALANA), Transparency Deutschland e. V. und die Vereinigung Deutscher Wissenschaftler e. V. (VDW) am 30. August 2013 in Abwesenheit verliehen hatten. Moskau, 31. Oktober 2013

Die Arbeit der Nachrichtendienste steht derzeit am Scheideweg paradoxer Entwicklungen. Während der öffentliche Widerstand gegen Massenüberwachung wächst, bauen die Regierungen ihre Überwachungsbefugnisse und die staatliche Geheimhaltung aus. Inzwischen werden Informationen häufig durch Bürger, nicht notwendigerweise durch die Regierung enthüllt. Anders gesagt, die Rolle der Regierung ist in der aktuellen Auffassung von Transparenz in den Hintergrund gerückt, was der Regierung unbeabsichtigt die Geheimhaltung erleichtert.

Im Juni 2013 veröffentlichte die britische Tageszeitung »The Guardian« die erste einer Reihe von Enthüllungen über Massenüberwachung durch die US-amerikanische National Security Agency (NSA) und die britische Behörde Government Communications Headquarters (GCHQ). Diese Berichte basierten auf Informationen von Edward Snowden, der im Auftrag der NSA bis

8 Im vergangenen Jahrzehnt häuften sich die Bestrebungen, aktuelle und vor allem künftige Herausforderungen an die Geheimdienstarbeit zu identifizieren. In dieser wachsenden Zahl an wissenschaftlichen Werken verdient das politische und gesellschaftliche Umfeld von Geheimdienstarbeit jedoch mehr Aufmerksamkeit. Das wird vor allem deutlich angesichts der gegenwärtigen Entwicklung hin zu größerer staatlicher Geheimhaltung, die für die Intelligence Community sowohl neue Möglichkeiten als auch neue Herausforderungen darstellt. Theoretisch muss jeder Blick in die Zukunft das offene, sich stetig wandelnde gesellschaftliche System berücksichtigen, zu dem die Geheimdienstarbeit gehört: sich verändernde Bedrohungen und Möglichkeiten, Änderungen in den Arbeitsabläufen der Geheimdienste und deren Verhältnis zu ihren »Kunden« und ein schwankendes kulturelles, politisches und ideologisches Klima, in dem die Geheimdienste tätig sind (Bob de Graaff: By way of introduction. A systematic way of looking at the future of intelligence, in: Isabelle Duyvesteyn, Ben de Jong und Joop van Reijn [Hrsg.]: The Future of Intelligence. Challenges in the 21st century, London/New York 2014, S. 1–13, hier S. 1 f.). In der Praxis jedoch wird der Blick auf zukünftige Aufgaben viel enger gefasst. Meist konzentriert man sich hier, wie es auch in der Geschichtsliteratur über Geheimdienstarbeit bislang meist der Fall war, auf die operative Seite der Geheimdienstgeschichte. Untersuchungen beschäftigen sich unter anderem mit Bedrohungen wie dem Aufstieg nicht-staatlicher Akteure, Terrorismus, Computerkriminalität, Waffenhandel, Migrationsmustern und dem Umgang mit der wachsenden Flut an frei verfügbaren Informationen.

Graffito des Streetart-Künstler Banksy in Cheltenham, dem Sitz des britischen Geheimdienstes GCHQ, 15. April 2014

Mai 2013 als Systemadministrator für ein Beraterunternehmen gearbeitet hatte. Es war nicht das erste Mal, dass die NSA wegen ihrer Arbeitsmethoden in einen öffentlichen Skandal verwickelt war.[9] Doch Snowdens Enthüllungen, die auf 1,7 Millionen geschleusten Dokumenten basierten, hatten ein weit größeres Ausmaß. Sie belegten, dass Firmen wie Facebook, Google und Microsoft gezwungen worden waren, die Daten ihrer Kunden an die NSA herauszugeben. Sie brachten außerdem ans Tageslicht, dass die NSA Metadaten von Telefonanrufen und SMS-Texten außerhalb der USA gesammelt hatte. Die Tatsache, dass auch Bündnispartner der USA betroffen waren, führte zu diplomatischen Spannungen. So äußerte beispielsweise die deutsche Bundeskanzlerin Angela Merkel Entrüstung darüber, dass ihr Mobiltelefon von amerikanischem Nachrichtendienstpersonal abgehört worden war. Die öffentlichen Bedenken, denen über soziale Protestbewegungen und die Medien Ausdruck verliehen wurde, bezogen sich aber hauptsächlich auf die Methoden der Massenüberwachung und deren Eingreifen in die Privatsphäre der Bürger.

Während der öffentliche Widerstand gegen die Massenüberwachung[10] wächst, steigt gleichzeitig die Anzahl der als geheim eingestuften Dokumente, der Mitarbeiter im Apparat für nationale Sicherheit[11] und der staatlichen Ansätze zum Ausbau der Überwachungsbefugnisse. Es entwickelt sich eine immer stärker ausgeprägte staatliche Geheimhaltungskultur.[12] Ein Bericht von Amnesty International aus dem Jahr 2015 listet einige Initiativen der Regierungen der sogenannten Five Eyes Alliance (USA, Großbritannien, Kanada, Neuseeland und Australien) und ihrer Verbündeten auf.[13] So verabschiedete Großbritannien im Juli 2014 ein neues Gesetz zur Vorratsdatenspeicherung (»Data Retention and Investigatory Act«), das die britischen Abhörbefugnisse so sehr ausweitet, dass die Regierung auch von Firmen außerhalb Großbritanniens Daten einfordern kann. In den USA fand mit dem »Freedom Act« einerseits der Versuch statt, die Massenspeicherung amerikanischer Telefondaten zu beenden, andererseits verpflichtete er Firmen, »auf Anfrage der Regierung bestimmte Daten zu speichern, zu durchsuchen und auszuwerten«. Im April 2015 verabschiedete die pakistanische Regierung ein Gesetz zur Verhinderung von Computerkriminalität (»Prevention of Electronic Crimes Bill«), das einen drastischen Ausbau der staatlichen Überwachungsbefugnisse vorsieht. Das Gesetz enthält keine klaren und zugänglichen Regelungen für die Methoden der Datenspeicherung, sondern überlässt diese dem Ermessen der Regierung, die der Öffentlichkeit hierüber keine Rechenschaft ablegen muss. Im Mai 2015 erließ das französische Parlament ein neues Gesetz mit weitreichenden Überwachungsbefugnissen für Sicherheits- und Geheimdienste, dessen eher vage formulierte Ziele es sind, »Terrorismus zu verhindern«, »wesentliche außenpolitische Interessen durchzusetzen« und »jedwede Form der Einmischung von außen« zu verhindern. Am meisten überrascht es, dass dieses Gesetz eine richterliche Genehmigung elektronischer Überwachung für unnötig erklärt. Darüber hinaus bleiben die Überwachungsmethoden geheim, wodurch die Kontrollmöglichkeiten der Öffentlichkeit deutlich beschnitten werden. In der Schweiz und den Niederlanden werden derzeit Gesetzesentwürfe zur Regelung nachrichtendienstlicher Informationsgewinnung geprüft, die einen Ausbau der Überwachungsbefugnisse vorsehen. Auch in Finnland arbeitet das Verteidigungsministerium an ähnlichen Gesetzesvorschlägen.

Selbstverständlich gibt es auch Ausnahmen von diesem grundsätzlichen Trend, Themen wie Vorratsdatenspeicherung oder Geheimdienstarbeit fernab der Öffentlichkeit zu behandeln, vor allem im Bereich der Geschichtsforschung: Das deutsche Bundesamt für Verfassungsschutz (BfV), die britischen Nachrichten- bzw. Sicherheitsdienste MI6 und MI5 und der australische Nachrichtendienst Australian Security Intelligence Organisation (ASIO) haben im vergangenen Jahrzehnt offizielle Chroniken veröffentlicht, diejenige des deutschen Bundesnachrichtendienstes (BND) ist noch in Arbeit.[14] Während also wichtige Schritte zur Betrachtung der Ver-

9 1976 deckte das US-amerikanische Church Committee auf, dass die NSA alle telegrafischen Daten sammelte, die aus oder in die USA übertragen wurden. 2005 enthüllte die »New York Times«, dass die NSA im Rahmen eines von Präsident George W. Bush nach den Anschlägen des 11. September 2001 genehmigten »Abhörprogramms« »große Mengen an Telefon- und Internetkommunikation innerhalb und außerhalb der USA zurückverfolgt und analysiert« hatte (Eric Lichtblau/James Risen: Spy Agency Mined Vast Data Trove, Officials Report, in: The New York Times, 24. Dezember 2005). **10** Vgl. hierzu den Bericht über eine Umfrage von Amnesty International zum Thema amerikanische Maßnahmen zur Massenüberwachung, Amnesty International: Global opposition to USA big brother mass surveillance, 18. März 2015 (URL: https://www.amnesty.org/en/press-releases/2015/03/global-opposition-to-usa-big-brother-mass-surveillance/, zuletzt aufgerufen am 24.9.2015). **11** So hat sich beispielsweise der niederländische Nachrichten- und Sicherheitsdienst von rund 500 Mitarbeitern in den frühen 1990er-Jahren auf etwa 1 600 Mitarbeiter im Jahr 2014 vergrößert. **12** Daniel Patrick Moynihan wandte seinen Begriff einer »culture of secrecy« auf die US-Regierung in der Zeit des Kalten Krieges an (Daniel Patrick Moynihan: Secrecy. The American Experience, New Haven/London 1998, S. 154–177). **13** Amnesty International: Two years after Snowden. Protecting human rights in an age of mass surveillance, June 2015, S. 14 (URL: https://www.amnesty.org/en/documents/act30/1795/2015/en/, zuletzt aufgerufen am 30.12.2015). **14** Constantin Goschler/Michael Wala: Keine neue Gestapo. Das Bundesamt für Verfassungsschutz und die NS-Vergangenheit, Reinbek 2015; Keith Jeffery: MI6. The History of the Secret Intelligence Service, 1909–1949, London 2010; Christopher Andrew: The Defence of the Realm. The Authorized History of MI5,

gangenheit unternommen wurden, findet infolge der nach dem 11. September 2001 aufgekommenen Furcht ein großer Teil der Regierungsaktivitäten wieder unter Ausschluss der Öffentlichkeit statt. Sie leitete, so Albert Schwarz, die »secrecy era« ein, das Zeitalter der Geheimhaltung.[15]

Das seit 2001 stetig wachsende Ausmaß staatlicher Geheimhaltung steht in deutlichem Gegensatz zu den »transparenten« 1990er-Jahren. Das »Jahrzehnt der Offenheit« (»Decade of Openness«), wie Thomas Blanton diese Phase bezeichnet,[16] reichte vom Ende der Sowjetunion bis zum Fall des World Trade Centers. Mit Erfolg hatten soziale Bewegungen mehr Offenheit, Demokratie und Aufgeschlossenheit von ihren Regierungen gefordert. In den 1990er-Jahren erließen zum Beispiel 26 Staaten Gesetze zur Informationsfreiheit, die ihren Bürgern das Recht auf Zugang zu Regierungsinformationen zusprachen; dies wurde bald zur Norm, die eine Regierung erfüllen musste, um als demokratisch zu gelten.[17] Der ehemalige russische Präsident Boris El'cin öffnete einen Teil der sowjetischen Staatsarchive, Großbritannien bestätigte offiziell die Existenz seiner Geheimdienste (1989) und die US-amerikanische Central Intelligence Agency (CIA) versprach mit ihrem »Openness Project« mehr Offenheit. In den Niederlanden gab der Geheimdienst eine offizielle Chronik in Auftrag, die eine bis dahin ungekannte Menge interner Details enthält. Unter Präsident Clinton gab die US-Regierung viele Regierungsdokumente aus der Zeit vom Ersten Weltkrieg bis zum Vietnamkrieg frei.[18]

Das Ende des Kalten Krieges, der Zusammenbruch des Sowjetkommunismus und der totalitären Regime in Europa führten zu einem sprunghaften Anstieg der Popularität des Wortes »Transparenz«, besonders in den 1990er-Jahren.[19] Nach 2001 verschwand dieser Begriff nicht, er erhielt aber eine andere Bedeutung.

Fung et al. unterscheiden drei Generationen des Umgangs mit Transparenz. Das weltweite Aufkommen von Gesetzen zur Informationsfreiheit in den 1990er-Jahren gehört zur ersten Generation. Hier standen das Recht auf Wissen und die Notwendigkeit, Informationen zugänglich zu machen, im Vordergrund, ohne damit das Verhalten von Regierung oder Konzernen

---

London 2009; David Horner: The Spy Catchers. The Official History of ASIO 1949–1963, Bd. 1, Sydney 2014. Für das BND-Projekt vgl. http://www.uhk-bnd.de/ (zuletzt aufgerufen am 14.9.2015). **15** Frederick A. O. Schwarz Jr.: Democracy in the Dark. The Seduction of Government Secrecy, New York/London 2015, S. 17. **16** Thomas Blanton: The World's Right to Know, in: Foreign Policy, 11. November 2009; ders.: National Security and Open Government in the United States: Beyond the Balancing Test, in: Campbell Public Affairs Institute. The Maxwell School of Syracuse University (Hrsg.): National Security and Open Government: Striking the Right Balance, Syracuse, NY, 2003, S. 33–73. **17** Thomas Blanton: The World's Right to Know, in: Foreign Policy, 131 (Juli/August 2002), S. 50–58. **18** Blanton: National Security and Open Government in the United States, 2003, S. 51 f. 19 Eine grafische Darstellung der immer häufigeren Verwendung der Begriffe »transparent« und »Transparenz« in niederländischen Zeitungen und Parlamentsdebatten findet sich bei Erna Scholtes: Transparantie, icoon van een dolende overheid, Amsterdam 2012. **20** Archon Fung/Mary Graham/David Weil: Full Disclosure. The Perils and Promise of Transparency, Cambridge 2007, S. 6, 24 f. **21** Ein markantes Beispiel aus den Niederlanden ist die Stichting Argus. Auf der Grundlage des niederländischen Gesetzes der Informationsfreiheit stellt die private Stiftung Anfragen an und sammelt Informationen über »geheime« Organisationen wie Bruderorganisationen der Nachrichten- und Geheimdienste, um diese Informationen der Öffentlichkeit zugänglich zu machen und zu weiterer Forschung anzuregen. Vgl. http://www.stichtingargus.nl (zuletzt aufgerufen am 16. September 2015).

Zentrale des US-Geheimdienstes NSA in Fort Meade, Maryland, Fotoaufnahme von Trevor Palgen, USA, 2013 (mit freundlicher Genehmigung des Künstlers, Altman Siegel, San Francisco und Metro Pictures)

ändern zu wollen. Im Gegensatz dazu war es durchaus die Absicht der zweiten Generation, durch »zielgerichtete Transparenz« Verhaltensänderungen zu bewirken; dabei bedeutet »zielgerichtet«, dass standardisierte Informationen, die einem bestimmten öffentlichen Interesse dienen, verpflichtend offengelegt werden müssen. Die dritte, aktuelle Generation ist »kollaborativ« in dem Sinne, dass das Internet (in Form von sozialen Medien) gewissermaßen als »Marktplatz« für Informationen dient.[20] Charakteristisch ist, dass Regierungsinstitutionen im Prozess der Offenlegung nicht zwangsläufig eine Rolle spielen und als Informationslieferanten in den Hintergrund gerückt sind. Stattdessen haben die Bürger selbst eine wichtigere Position in der Bereitstellung und Enthüllung von Informationen eingenommen.[21] Dies zeigt zum einen, dass Transparenz nicht automatisch zu größerer Rechenschaftspflicht der politisch Verantwortlichen und zu mehr Demokratie führt, und zum anderen, dass die aktuelle Auffassung von Transparenz mit einer erhöhten staatlichen Geheimhaltung nicht im Widerspruch stehen muss. Dieses Paradoxon erleichtert der Intelligence Community die Rechtfertigung von Geheimhaltung, aber es wird die Reaktion der Öffentlichkeit auf Geheimhaltung wohl kaum mäßigen.

Die Reaktionen auf Geheimhaltung sind Gegenstand des nächsten Teils dieses Essays. Ich unterscheide vier unterschiedliche Arten der Reaktion. Diese Typologisierung kann dazu beitragen, dass gesellschaftliche und politische Reaktionen auf geheimdienstliche Aktivitäten sich besser nachvollziehen, beherrschen und vorhersehen lassen. Zudem hilft sie dabei, einen Leitfaden für konstruktive politische Diskussion zu formulieren und ein Bewusstsein dafür zu entwickeln, dass das Vertrauen der Öffentlichkeit gepflegt werden muss – was in den letzten beiden Teilen dieses Essays Thema sein wird.

Vier Arten der Reaktion auf Geheimhaltung

Geheimhaltung zieht Grenzen und setzt eine Trennung voraus: eine Trennung zwischen geheim und nicht geheim, zwischen Eingeweihten und Außenstehenden sowie – in unserem Fall – zwischen der Intelligence Community und der Öffentlichkeit. Geheimhaltung regelt und verkompliziert die Beziehung zwischen der Intelligence Community und der Öffentlichkeit.[22] Solche Beziehungen gründen auf der Vermutung oder dem Bewusstsein, dass es ein Geheimnis gibt.[23] Ob dieses Geheimnis tatsächlich existiert oder worin es besteht, ist hierbei nicht von Bedeutung.[24]

Wie die Reaktionen auf Geheimhaltung ausfallen, ist wichtig für die politische Rechtfertigung von Geheimdienstarbeit. Hier soll zwischen vier Arten der Reaktion auf Sicherheits- und Nachrichtendienste unterschieden werden: völliges Absprechen einer Existenzberechtigung von Nachrichtendiensten (»Exit«), Kritik an deren Arbeitsmethoden und ihrer grundsätzlichen Fähigkeit, ihre Arbeit zu machen (»Voice«), Akzeptanz oder Verteidigung von Geheimhaltung sowohl in Bezug auf die konkrete Vorgehensweise[25] als auch in Bezug auf Grundsatzfragen (»Loyalty«) und grundsätzliche Unterlassung einer Handlung aufgrund der Annahme, dass die Nachrichtendienste ohnehin keine Informationen preisgeben oder Verpflichtungen erfüllen werden (»Neglect«).[26] Diese vier Kategorien wurden von Albert Hirschman und Caryl Rusbult eingeführt, um problematische oder im Zerfallen begriffene Beziehungen in Firmen, Organisationen, Staaten und zwischen Individuen zu beschreiben.[27]

---

22 Eva Horn: Logics of Political Secrecy, in: Theory, Culture & Society, 7–8 (Dezember 2011), S. 103–122, hier S. 110; Daniel Patrick Moynihan: Secrecy, 1998, S. 59–80. **23** Jacques Derrida: «To do Justice to Freud": The History of Madness in the Age of Psychoanalysis, in: Critical Inquiry, 2 (1994), S. 227–266, hier S. 245 f. **24** Vgl. auch Jodi Dean: Publicity's Secret. How Technoculture Capitalizes on Democracy, Ithaka, N.Y., 2002, S. 10. **25** Die Definition von »arbeitsbedingt notwendiger Geheimhaltung« ist klar, aber kontextabhängig. Zum Beispiel behält sich der niederländische Nachrichten- und Sicherheitsdienst (AIVD) das Recht vor, seine Quellen, Arbeitsmethoden und seinen aktuellen Kenntnisstand geheim zu halten. Während die Identität menschlicher Quellen leicht zu definieren und daher berechtigterweise als geheim eingestuft ist, lässt die Definition von spezifischen Arbeitsmethoden und aktuellem Kenntnisstand einen nicht unerheblichen Interpretationsspielraum. **26** Ich habe diese vier Reaktionstypen auf Geheimdienstarbeit auf Grundlage empirischer Forschungsarbeit über die parlamentarische Argumentation bezüglich des niederländischen Sicherheitsdienstes zwischen 1975 und 1995 entwickelt, vgl. hierzu Eleni Braat: Recurring Tensions between Secrecy and Democracy. Arguments about the Security Service in Dutch Parliament between 1975 and 1995, in: Intelligence and National Security, 2016, online veröffentlicht am 8.6. 2015. **27** Albert O. Hirschman: Abwanderung und Widerspruch. Reaktionen auf Leistungsabfall bei Unternehmungen, Organisationen und Staaten, Tübingen 1974 (Originalausgabe: Exit, Voice, and Loyalty. Responses to Decline in Firms, Organizations and States, New Haven 1970); Caryl E. Rusbult/Isabella M. Zembrodt: Responses to Dissatisfaction in Romantic Involvements: A Multidimensional Scaling Analysis, in: Journal of Experimental Psychology 19 (1983), S. 274–293; Dan Farrell/Caryl E. Rusbult: Exploring the Exit, Voice, Loyalty and Neglect Typology: The Influence of Job Satisfaction, Quality of Alternatives, and Investment Size, in: Employee Responsibilities and Rights Journal, 3 (1992), S. 201–218. Zwei wichtige Unterschiede zwischen deren Typologie und unserer sind: Erstens, unsere Betrachtungseinheit betrifft ein öffentliches Gut und eine Beziehung mit sehr eingeschränkten Wahlmöglichkeiten. Zweitens unterscheiden Rusbult und Zembrodt zwei Dimensionen, in denen sich auch die Reaktionen auf sich verschlechternde Beziehungen unterscheiden. Sie können entweder konstruktive oder destruktive Auswirkungen auf die Qualität der Beziehung haben. Und sie können das vorliegende Problem entweder aktiv und direkt angehen oder ihm eher passiv begegnen. In Anbetracht der Tatsache, dass dieser Essay sich mit Argumenten und Reaktionen gegenüber der Intelligence Community befasst, geht er nur auf aktive Reaktionen ein und adaptiert die passiven Kategorien nach Rusbult und Zembrodt in einer aktiven Form. **28** Anmerkung des Übersetzers: In der deutschen Fassung des Textes wurde der Begriff »Exit« mit »Abwanderung« (von Kunden) übersetzt. Im vorliegenden Kontext, in dem eine »Abwanderung« unmöglich ist, wurde der Begriff »Verweigerung« gewählt. **29** Hirschman: Abwanderung und Widerspruch, 1974, S. 38 und passim. **30** Georg Simmel: The Sociology of Secrecy and of Secret Societies, in: American Journal of Sociology, 4 (Januar 1906), S. 441–498, hier S. 463; Horn: Logics of Political Secrecy, 2011, S. 105. **31** Hirschman: Abwanderung und Widerspruch, 1974, S. 25. **32** Hirschman zitiert hier

Offener Widerspruch: Rund 10 000 Menschen demonstrieren unter dem Motto »Freiheit statt Angst« gegen Überwachung durch Staat und Geheimdienste. Berlin, 30. August 2014

In Bezug auf einen Geheimdienst, das heißt ein öffentliches Gut, ist die »Exit«-Option (also die Verweigerung[28]) eine extreme Form von Protest. Im Gegensatz zur Beziehung zwischen Konsument/Nutzer und Anbieter in einem Wettbewerbssystem, auf die sich Hirschman hauptsächlich bezieht,[29] ist es nicht möglich, sich der Institution Geheimdienst komplett zu entziehen. Unter diesen Umständen bleibt eine Person an der Verbesserung des öffentlichen Gutes beteiligt, das sie ablehnt. Sie kann sich verweigern, indem sie (wiederholt) Geheimdiensten ohne Angabe von Gründen die Existenzberechtigung abspricht, demonstrativ nicht an Diskussionen über Spionage teilnimmt oder, sofern sie Politiker ist, die Mitgliedschaft in einem Aufsichtsgremium ablehnt. Die Verweigerung ist eine destruktive Haltung, da sie weder zur grundlegenden Debatte über Geheimdienste anregt noch einen Beitrag dazu leistet, den verantwortlichen Minister oder die verantwortlichen Stellen zu mehr Rechenschaft gegenüber dem Parlament zu verpflichten.

Die »Voice«-Option (also der offene Widerspruch) bedeutet in Bezug auf Geheimdienste, dass jemand aus eigenem Antrieb konkrete Probleme kritisch anspricht, sei es im Hinblick auf Arbeitsmethoden, Skandale, interne Grundsatzentscheidungen, Offenlegung von Informationen oder Aufsichtsmaßnahmen. Meist entwickelt sich diese Haltung aus Verdacht, Misstrauen, Spekulation, aber auch aus Neugier gegenüber der Geheimhaltung, die die Nachrichtendienste umgibt.[30] Die »Voice«-Option, so Hirschman, ist »jeder wie immer geartete Versuch, einen ungünstigen Zustand zu verändern, anstatt ihm auszuweichen«.[31] Der Widerspruch wird umso häufiger gewählt, je geringer die Möglichkeit der Verweigerung ist, aber auch, je besser die Mittel der Einflussnahme sind und je größer die Wahrscheinlichkeit ist, ein zufriedenstellendes Ergebnis zu bewirken.[32]

Blick auf die Baustelle des Neubaus der BND- Zentrale an der Chausseestraße im Bezirk Berlin-Mitte, ein etwa zehn Hektar großes Gelände für rund 4 000 Mitarbeiter, 10. Juni 2014

Diese Option führt zumeist dazu, dass Geheimdienste verstärkt zur Rechenschaft gezogen werden; wenn sie jedoch übertrieben wird, kann auch sie destruktiv werden. Wenn beispielsweise Misstrauen und Verärgerung gegenüber Geheimhaltung überhand nehmen, kann der Widerstand zu einer notorischen Pauschalanklage werden, die konstruktive Lösungen schwierig macht. In solchen Fällen grenzt der Widerspruch an Verweigerung und wirkt sich negativ auf die Beziehung zwischen beiden Seiten aus.[33] Diese Art des Widerspruchs entspricht Max Webers Idealtyp der Gesinnungsethik, die den Gegensatz zur Verantwortungsethik bildet: Erstere ist eine Ethik, die auf romantischem, werteorientiertem und irrationalem Verhalten gründet, dem »Konsequenzen« gleichgültig sind. Ein Beispiel hierfür sind radikale Friedensbewegungen, ihr Ziel ist das Unerreichbare. Letzterer Typ der Ethik wägt die zur Verfügung stehenden Mittel gegeneinander ab und betrachtet deren mögliche Folgen. Sie zeichnet sich durch eine gewisse Form der Realpolitik aus.[34]

»Loyalty« (Loyalität), die dritte Option, lässt sich definieren als Verteidigung der Geheimhaltung und Akzeptanz des Umstandes, dass ein Außenstehender nur eine beschränkte oder gar keine Einsicht in nachrichtendienstliche Belange hat.[35] Der Grund für dieses »Opfer« liegt meiner Ansicht nach in der Bewunderung, die Geheimhaltung bei Außenstehenden auslösen kann. Es besteht die grundsätzliche Neigung, anzunehmen, dass das, was der Mehrheit vorenthalten wird, einen besonderen Wert haben müsse,[36] vor allem, wenn Transparenz die Norm ist und ein Geheimnis als Ausnahme erscheint: Warum, so die Frage, muss das Geheimnis gewahrt bleiben, was kann so lebenswichtig, so wundervoll oder schrecklich sein, dass es nicht enthüllt werden darf?[37] Da Geheimdienste auf Außenstehende wie eine höhere, außergewöhnliche Instanz wirken können, der sie (fast blind) vertrauen möchten, gibt es auch eine Tendenz dazu, ihre Effizienz, ihren Einfluss und ihre Macht zu idealisieren.[38]

Die »Neglect«-Option (Unterlassung) äußert sich beim Thema Geheimdienstarbeit in Defätismus.[39] Ihre Vertreter halten den Versuch, Informationen zu enthüllen, für ohnehin vergeblich – bei Politikern kann eine solche Unterlassungshaltung dazu führen, dass sie ihre Aufsichtsfunktion nicht wahrnehmen. Die Anhänger der »Neglect«-Option führen Diskussionen zum Thema Geheimdienstarbeit unter der Voraussetzung, dass »die Dinge nun mal so sind, wie sie sind«, man brauche sich weder zu wundern noch zu sorgen, und sie belächeln diejenigen, die sich stärker engagieren.

Unterlassung bereitet den Boden für Gleichgültigkeit, Desinteresse und Distanz gegenüber dem angeblichen oder vermuteten Geheimnis und den möglichen Absichten der Eingeweihten. Das ergibt sich zum einen aus der Möglichkeit oder der Überzeugung, dass, ist die Information erst einmal aufgedeckt, die Barriere zwischen Eingeweihten und Außenstehenden wieder geschlossen wird.[40] Außenstehende können zum einen glauben, dass Geheimhaltung berechtigt und daher hinnehmbar sei. Sie vertrauen auf die Verlässlichkeit und Kompetenz der Eingeweihten. Zum anderen können Gleichgültigkeit, Desinteresse und Distanz der Außenstehenden von der Barriere herrühren, die die Geheimhaltung zwischen ihnen und den Eingeweihten aufbaut. Wie Georg Simmel feststellt, kann Distanz die Gleichgültigkeit gegenüber dem vermuteten oder möglichen Fehlverhalten des Anderen verstärken.[41] Die Tendenz, geheime Informationen (oder ihre vermutete Existenz) und die Forderung nach ihrer Offenlegung zu vernachlässigen, wird die Diskussion über geheimdienstliche Aktivitäten zum Verstummen bringen. Durch Unterlassung wird ein Geheimnis auch dann noch respektiert, wenn es (teilweise) aufgedeckt wurde.

Auf Grundlage der vier oben genannten Reaktionstypen auf Spionage möchte ich zwei miteinander in Verbindung stehende Handlungsmöglichkeiten vorschlagen, die zur Lösung des »Geheimhaltungsdilemmas« beitragen. Der erste Lösungsweg beschäftigt sich mit der Frage, was

Edward Banfield: Political influence, New York 1961, S. 333. **33** Hirschman: Abwanderung und Widerspruch, 1974, S. 26. **34** Max Weber: Le métier et la vocation d'homme politique, in: Max Weber: Le savant et le politique, Paris 1963, S. 199–222; Nicholas Gane: Max Weber on the Ethical Irrationality of Political Leadership, in: Sociology 3 (August 1997), S. 549–564. **35** Mein Loyalitätsbegriff unterscheidet sich leicht von der Definition nach Hirschman und Rusbult. Hirschman definiert Loyalität in Verbindung mit Widerspruch: Loyalität kann unter dem Deckmantel des Widerspruchs Ausdruck finden. Wenn ein Kunde sich einer Organisation verbunden fühlt, wird er eher bereit sein, seinen Einfluss geltend zu machen und eine Verbesserung in den Bereichen einzufordern, die er als problematisch wahrnimmt, als wenn ihm dieselbe Organisation gleichgültig ist. Dann ist Loyalität nach Hirschmans Auffassung eine (passive) Haltung, die (den Einfallsreichtum hinsichtlich) Widerspruch fördert und die Kosten eines »Exit« erhöht. Dieses Verhalten ist konstruktiv, weil es zur Verbesserung der Beziehung zwischen Firma und Kunde beiträgt (Hirschman: Abwanderung und Widerspruch, 1974, S. 26 f. und passim). Farrell und Rusbult betrachten Loyalität eher als vom Widerstand unabhängig, als eine »konstruktive, aber dennoch passive Reaktion, in der die Angestellten zur Organisation halten und darauf warten, dass die Bedingungen sich verbessern« (Farrell/Rusbult: Exploring the Exit, Voice, Loyalty and Neglect Typology, 1992, S. 202). **36** Simmel: The Sociology of Secrecy and of Secret Societies, 1906, S. 464. **37** Dean: Publicity's Secret, 2002, S. 10. **38** Simmel: The Sociology of Secrecy and of Secret Societies, 1906, S. 464 f. **39** Meine Definition der Unterlassung (»Neglect«) unterscheidet sich leicht von der von Hirschman und Rusbult. Hirschman erwähnt die Unterlassung nicht explizit, spricht aber von »Loyalisten«, die (ohne Widerspruch zu leisten) nicht abwandern, weil sie hoffen, dass die Dinge sich bald bessern werden (Hirschman: Abwanderung und Widerspruch, 1974, S. 33). Farrell und Rusbult definieren »Neglect« als eine Reaktion, bei der »der Angestellte eine Verschlechterung der Bedingungen durch Passivität in Kauf nimmt« (Farrell/Rusbult: Exploring the Exit, Voice, Loyalty and Neglect Typology, 1992, S. 202). **40** Dean: Publicity's Secret, 2002, S. 10. **41** Simmel: The Sociology of Secrecy and of Secret Societies, 1906, S. 446.

eine konstruktive Diskussion über Geheimdienstarbeit ausmacht. Der zweite Lösungsweg betont die Bedeutung stabiler öffentlicher Kontrollmechanismen gegenüber den Geheimdiensten. Beide Lösungswege verdeutlichen, wie wichtig es ist, das Vertrauen der Öffentlichkeit in nachrichtendienstliche Tätigkeit zu fördern.

Lösungsweg 1: konstruktive Diskussion

Eine konstruktive Diskussion über Geheimdienste zeichnet sich aus durch eine Kombination aus Widerspruch und Loyalität seitens der Außenstehenden und eine offene Haltung seitens der Intelligence Community.

Albert Hirschman, Edward Shils und Max Weber betonen die konstruktive Kombination von Widerspruch und Loyalität jeweils für die Bereiche von Unternehmen, demokratischen Staatsgebilden und Politik. »Aufgabe des Widerspruchs ist es«, so Hirschman, »eine Firma oder eine Organisation auf ihre Fehler aufmerksam zu machen, doch muss dann der Unternehmensführung – der alten oder der neuen – Zeit gegeben werden, auf den Druck, der auf sie ausgeübt wurde, zu reagieren.«[42] Dem Management Zeit zum Reagieren zu geben, setzt ein Bekenntnis zum Unternehmen und Vertrauen in die guten Absichten der Firma voraus. Mit anderen Worten: Es erfordert Loyalität. Demselben Gedanken folgend, argumentiert Edward Shils, dass eine funktionierende Demokratie die gelegentliche politische Teilhabe (»political participation«) der Mehrzahl ihrer Bürger erfordere, in der übrigen Zeit aber deren mäßig aufmerksame und etwas unscharfe Wahrnehmung der Dinge ausreiche – gewissermaßen wie aus dem Augenwinkel. Denn eine Demokratie könne nicht funktionieren, wenn sich alle ständig mit Politik und dem Zustand der sozialen Ordnung beschäftigten.[43] Ein solches Verhalten setzt wiederum Vertrauen in »die Politik« und das Funktionieren einer Demokratie voraus. Letztlich entspricht eine Kombination aus Widerspruch und Loyalität auch der von Max Weber bevorzugten Kombination aus Gesinnungsethik und Verantwortungsethik bei jemandem, »der den Beruf zur Politik haben kann«.[44] Diese Kombination erlaubt es uns, »das Mögliche« zu erreichen, das man »nicht erreichte, wenn nicht immer wieder [...] nach dem Unmöglichen gegriffen worden wäre«.[45]

Wendet man die Prinzipien Hirschmans, Shils und Webers auf die Diskussion über Geheimdienste an, so kann die Öffentlichkeit beispielsweise bessere Kontrollmechanismen oder verstärkte Rechenschaftspflicht und größere Offenheit fordern (»Voice«). Gleichzeitig aber sollte sie nicht darin nachlassen, deutlich zu machen, dass sie Geheimdienste und arbeitsbedingt notwendige Geheimhaltung unterstützt (»Loyalty«). Die öffentliche Akzeptanz gegenüber arbeitsbedingt notwendiger Geheimhaltung ist – im Gegensatz zur Geheimhaltung von Grund-

---

42 Hirschman: Abwanderung und Widerspruch, 1974, S. 27. **43** Edward Shils: The Torment of Secrecy. The Background and Consequences of American Security Policies, Melbourne 1956, S. 21 f. **44** Weber: Le métier et la vocation d'homme politique, 1963, S. 219. Anm. d. Übers.: deutsch zitiert aus Max Weber: Politik als Beruf, Stuttgart 1992, S. 81.
45 Ebd., S. 221. Anm. d. Übers.: deutsch zitiert aus Max Weber: Politik als Beruf, Stuttgart 1992, S. 82. **46** Mark Bovens bezeichnet die Bereitschaft zur Rechenschaft als eine Tugend, im Gegensatz zur Rechenschaftsablage als Mechanismus (Mark Bovens: Two Concepts of Accountability: Accountability as a Virtue and as a Mechanism, in: West European Politics 5 (2010), S. 946–967, hier S. 948–950).

»Der Verrat! BND und Bundesregierung gegen deutsche Interessen« – so titelte die Wochenzeitschrift »Der Spiegel« (19/2015), als bekannt wurde, dass der BND im Auftrag der NSA Spähaufgaben für die Amerikaner übernommen hatte.

satzangelegenheiten oder unangenehmen Fakten – eine wichtige Voraussetzung funktionierender Geheimdienstarbeit. Daher ist sie auch ein wesentlicher Bestandteil der politischen Legitimation von Geheimdienstarbeit.

Damit die Öffentlichkeit mit einer Kombination von Widerstand und Loyalität reagiert, muss eine entgegenkommende Haltung der Intelligence Community hinsichtlich politischer Forderungen, etwa nach Offenlegung von Informationen oder Rechtfertigung gegenüber dem Parlament oder der Regierung, gegeben sein.[46] Auch sollte die Intelligence Community unaufgefordert Initiativen starten, um sich selbst öffentlich zu erklären und zu rechtfertigen. Es ist wahrscheinlich, dass anschließend ganz automatisch ein konstruktiver Prozess beginnt, denn nach Hirschman wird umso stärker in Widerspruch investiert, je besser die Chancen auf ein zufriedenstellendes Ergebnis sind. Ein konstruktiver Dialog über Geheimdienstarbeit wird das Ergebnis eines interaktiven, sich wechselseitig verstärkenden Prozesses, an dem sowohl die Öffentlichkeit als auch die Intelligence Community teilnehmen.

In konstruktiven Diskussionen über Geheimdienstarbeit ist die Öffentlichkeit kaum von Bewunderung für die Intelligence Community oder Misstrauen gegenüber als geheim eingestuften Informationen beeinflusst. Mit anderen Worten, eine konstruktive Diskussionskultur kann sich nicht entwickeln, wenn Verweigerung, Loyalität oder Unterlassung dominieren. Verweigerung trägt nicht dazu bei, die Intelligence Community zu mehr Entgegenkommen zu bewegen. Sie entspricht Webers Idealtyp einer Gesinnungsethik: eine romantische, werteorientierte Haltung ohne Bezug zur Erfüllbarkeit der eigenen Forderungen. Wenn Loyalität oder Unterlassung vorherrschen, dann kann enthüllte Information auf taube Ohren stoßen. Reaktionen könnten spärlich ausfallen und die Diskussion oberflächlich. Offengelegte Information kann dadurch unbrauchbar, ungenutzt oder einfach »nicht-geheim« bleiben.[47] Das könnte zum Beispiel passieren, wenn die Öffentlichkeit die Effizienz, den Einfluss und die Macht der Eingeweihten idealisiert, wenn sie von der Richtigkeit der Geheimhaltung überzeugt scheint (»Loyalty«) oder aber wenn sie hinsichtlich des eigenen Einflusses auf die Offenlegung und Nutzung von geheimer Information in Defätismus verfällt (»Neglect«).[48]

Lösungsweg 2: Vertrauen aufbauen

Die Akzeptanz von Geheimhaltung setzt Vertrauen voraus. So kann die Öffentlichkeit beispielsweise keinen Etat für Geheimdienstarbeit unterstützen, wenn sie nicht weiß, woran und wie (in Bezug auf Effizienz und Ethik) der Geheimdienst arbeitet, um den es geht. Eine offene Haltung der Intelligence Community ist eine wichtige Grundlage, um Vertrauen aufzubauen, aber sie allein ist nicht genug. In diesem letzten Teil des Essays untersuche ich die Bedeutung der öffentlichen Rechenschaftspflicht von Nachrichtendiensten. Die Einrichtung stabiler Kontrollmechanismen für Geheimdienste außerhalb der Exekutive kann dazu beitragen, das nötige öffentliche Vertrauen für die politische Legitimation von Geheimdiensten aufzubauen.

Bis in die 1970er-Jahre betrachteten Demokratien ebenso wie Diktaturen die Kontrolle von Geheimdiensten als Aufgabe der Exekutive, was dazu führte, dass die Exekutive sich selbst kontrollierte – eine Situation mit großem Potenzial für Machtmissbrauch. Öffentliche Kontrolle außerhalb der Exekutive ist ein eher junges Phänomen, das erst Mitte der 1970er-Jahre aufkam.[49] Bis dahin hatten die Parlamentarier kaum Informationen über Geheimdienste, geschweige denn Einfluss auf deren Wirken. Ein wichtiger Anstoß dafür, die öffentliche Rechenschaftslegung außerhalb der Exekutive ernster zu nehmen, kam zu jener Zeit aus den USA, als die CIA in eine Serie von Skandalen verwickelt war, nicht zuletzt den Watergate-Skandal. Als Reaktion darauf richtete die US-amerikanische Regierung eine Reihe von Mechanismen zur Überwachung der Nachrichtendienste ein. Kanada und Australien zogen mit ähnlichen Reformen nach, und der Prozess etablierte sich in den 1980er-Jahren. Nach dem Ende des

Kalten Krieges verabschiedeten auch ehemals kommunistische Länder Gesetze, die ihre Nachrichten- und Sicherheitsdienste sowohl der Kontrolle durch die Exekutive als auch durch die Legislative unterstellten.[50]

Es gibt berechtigte Gründe, der Geheimhaltung gegenüber skeptisch zu sein. Geheimhaltung birgt immer die Gefahr des Missbrauchs. So können Regierungsvertreter mit dem Mittel der Geheimhaltung Korruption verschleiern, eine politische Strategie verheimlichen, die sonst im demokratischen Prozess zerschlagen würde, oder aber Geheimnisse als »Organisationskapital« in der Bürokratie zwischen Ministerien und anderen Organisationen einsetzen.[51] Indem man etwas verheimlicht, so Simmel und Horn, schafft man sich selbst einen Freiraum, in dem man nach Belieben handeln kann, man erschließt gewissermaßen die Möglichkeit einer zweiten Welt neben der offensichtlichen (»the possibility of a second world alongside of the obvious world«),[52] in der kaum je die Notwendigkeit besteht, sich zu rechtfertigen oder für seine Taten einzustehen. Jede Bürokratie versucht, diese »Ueberlegenheit [...] durch das Mittel, der Geheimhaltung ihrer Kenntnisse und Absichten zu steigern«. »Ein schlecht informiertes und daher machtloses Parlament ist der Bürokratie naturgemäß willkommener«, so Weber. Sie neige daher immer dazu, ihre Kenntnis und ihr Handeln so gut wie nur möglich vor Kritik zu verbergen.[53]

Zudem geht die bürokratisch gehandhabte Geheimhaltung über das funktionell begründete Geheimnis hinaus und kann sogar zum Selbstzweck werden.[54] »Die Befolgung der Regeln«, erklärt Robert K. Merton, »ursprünglich gedacht als ein Mittel, wird zum Zweck an sich«. Dieser »Prozeß der Zielverschiebung« führt zu starren Abläufen, »zu Formalismus oder sogar Ritualismus mit einem unerschütterlichen Beharren auf peinlich genauer Einhaltung der formalisierten Verfahren«.[55] Folgt man diesem Gedankengang, dann könnte die Aufrechterhaltung der internen Geheimhaltungskultur der Geheimdienste mit der Zeit einen höheren Stellenwert einnehmen als die Gewährleistung der nationalen Sicherheit, zu deren Zweck die Geheimhaltung eigentlich dienen sollte.[56] Die Gründe für eine solche Entwicklung können gesellschaftlicher und kultureller Art sein. Geheimhaltung verstärkt die elitäre Haltung und soziale Abgrenzung der Gruppe von Eingeweihten. Ein Geheimnis zu bewahren, kann große Freude und Erleichterung auslösen und eine emotionale Nähe zu anderen Eingeweihten aufbauen[57] und fördert daher das Entstehen eines starken Zusammengehörigkeitsgefühls.[58] Oder

47 Birchall verwendet den Terminus "un-secret" (Clare Birchall: "There's Too Much Secrecy in this City", in: Cultural Politics 1 (2011), S. 133–156, hier S.145). **48** Ich habe diese Schlussfolgerungen mit Bezug auf den niederländischen Sicherheitsdienst empirisch untersucht, vgl. Braat: Recurring Tensions between Secrecy and Democracy, 2016/2015. **49** Die parlamentarischen Aufsichtsgremien, die die Niederlande und Großbritannien in den 1950er-Jahren einrichteten, waren eine Ausnahme. **50** Hans Born/Ian Leigh: Democratic Accountability of Intelligence Services (Geneva Centre for the Democratic Control of Armed Forces [DCAF], Policy Paper Nr. 19), Genf 2007, S. 1. **51** Moynihan: Secrecy, 1998, S. 73. **52** Georg Simmel: The Sociology of Secrecy and of Secret Societies, 1906, S. 462f. Vgl. auch Horn: Logics of Political Secrecy', 2011, S. 108. **53** Max Weber: Economy and Society, hrsg. v. Guenther Roth und Claus Wittich, Bd. 2, Berkeley 2013, S. 992f., 1271. Anm. d. Übers.: deutsch zitiert aus Max Weber: Wirtschaft und Gesellschaft, 4. Aufl., Tübingen 1956, S. 580f. **54** Max Weber: Economy and Society, hrsg. v. Guenther Roth und Claus Wittich, Bd. 2, Berkeley 2013, S. 992. **55** Robert K. Merton: Social Theory and Social Structure, New York/London 1968, S. 253 (das Zitat folgt der deutschsprachigen Ausgabe: Soziologische Theorie und soziale Struktur, Berlin/New York 1995, S. 190f.). **56** Sissela Bok: Secrets. On the Ethics of Concealment and Revelation, New York 1989, S. 46. **57** Ebd., S. 36f. **58** Für Berichte über den Einfluss von Geheimhaltung auf Gemeinschaften vgl. zum Beispiel Eleni Braat über

aber Geheimhaltung wird, aus einem negativeren Blickwinkel heraus betrachtet, zu einem Instrument, mit dem man zeigt, wer vertrauenswürdig ist und wer nicht, wer mithin die Macht hat und wer machtlos bleiben soll. Als solches wird sie zu einem mächtigen Werkzeug zur Delegitimation von Gegnern.[59]

Geheimdienste sind, noch stärker als »offene« staatliche Institutionen, auf das Vertrauen angewiesen, das Bürger und Politiker ihnen im Umgang mit Geheimhaltung und bezüglich der Notwendigkeit ihres Wirkens und ihrer Arbeitsmethoden entgegenbringen. Doch dieses Vertrauen ist zerbrechlich. Eine gesunde Rechenschaftspflicht gegenüber der Öffentlichkeit, die das Recht auf Geheimhaltung respektiert, kann dieses Vertrauen stärken. Es kann der Intelligence Community mehr Überzeugungskraft verleihen und ihr ermöglichen, von weniger Skepsis der Öffentlichkeit begleitet im Geheimen zu agieren; zudem erhöht sie das Vertrauen in Programme, die berechtigterweise in Sicherheitsfragen Anwendung finden könnten.[60] Unter einer Rechenschaftspflicht der Intelligence Community gegenüber der Öffentlichkeit verstehe ich, dass die Intelligence Community ihr Verhalten erklären und rechtfertigen muss und die Öffentlichkeit Fragen stellen und sich ein Urteil erlauben darf, während die Intelligence Community wiederum gegebenenfalls mit Konsequenzen zu rechnen hat.[61] Beaufsichtigung durch das Parlament oder unabhängige Gremien ist ein Mittel, um die Rechenschaftslegung gegenüber der Öffentlichkeit zu gewährleisten.

Hierbei unterscheide ich strukturelle, begleitende und retrospektive Kontrollmechanismen[62] außerhalb der Exekutive, die dazu beitragen, den Verdacht auf Missbrauch durch die Geheimdienste zu reduzieren. Diese Mechanismen unterscheiden sich in ihren institutionellen oder rechtlichen Bedingungen und sind alle bis zu einem gewissen Grad geschützt, wie auch das Recht der Exekutive auf Geheimhaltung geschützt ist. Außerdem unterscheiden sich die Mechanismen in der Art und Weise, wie sie das berücksichtigen, was Dennis Thompson »Öffentlichkeit zweiten Grades« nennt: Die Entscheidung, einen Beschluss oder eine Strategie geheim zu halten, sollte öffentlich getroffen werden.[63] Geheimhaltung muss also öffentlich überprüft werden, ohne dass dabei die geheimdienstliche Arbeit, die sie ja unterstützen soll, untergraben wird.

Der erste Mechanismus ist strukturell: Unabhängige, unparteiische politische Aufsichtsgremien aus (Rechts-)Experten verfolgen und bewerten die Aktivitäten der Geheimdienste, sowohl aktuell als auch rückblickend, mit uneingeschränktem Zugang zu den Archiven und Dokumentationssystemen der Geheimdienste. Sie sind ausdrücklich von der Exekutive unabhängig. Es ist wichtig, dass öffentlich zugängliche Berichte dieser Gremien die arbeitsbedingt notwendige

---

die Organisationskultur des niederländischen Sicherheitsdienstes: Van oude jongens, de dingen die voorbij gaan ... Een sociale geschiedenis van de Binnenlandse Veiligheidsdienst, 1945–1998, hrsg. v. Algemene Inlichtingen- en Veiligheidsdienst, [Zwolle] 2012; Hugh Gusterson: Nuclear Rites. A Weapons Laboratory at the End of the Cold War, Berkeley 1998. **59** Richard Gid Powers: Introduction, in: Moynihan: Secrecy, 1998, S. 18 f. **60** Michael Colaresi: Democracy Declassified, 2014, S. 15, 19, 100–119. **61** Diese Definition basiert auf Mark Bovens: Analysing and Assessing Accountability: A Conceptual Framework, in: European Law Journal, 4 (2007), S. 447–468. **62** Auch die stärksten Kontrollmechanismen können nicht verhindern, dass ein Geheimdienst willentlich und wissentlich sensible Informationen bei der Registrierung unterschlägt und damit für die Aufsichtskomitees unauffindbar macht. **63** Thompson: Democratic Secrecy, 1999, S. 193.

Hauptsitz des britischen Government Communications Headquarters in Cheltenham, 2008

Geheimhaltung im engen Wortsinne respektieren. Wenn solche strukturellen, unabhängigen Aufsichtsgremien ausreichende personelle Unterstützung erfahren und ein starkes politisches Mandat erhalten, können sie einen mächtigen öffentlichen Kontrollmechanismus darstellen. Belgien, Kroatien, Kanada, die Niederlande und Norwegen haben beispielsweise solche Gremien mit breitem Mandat.

Der zweite Kontrollmechanismus ist begleitend: Legislative Aufsichtsgremien treffen sich begleitend und vertraulich mit Mitgliedern der Intelligence Community und besprechen aktuelle Themen der Geheimdienstarbeit. Wenn nötig – etwa wenn die Fähigkeiten oder Absichten eines Geheimdienstes öffentlich infrage gestellt werden –, publizieren sie Berichte oder geben im Parlament öffentlich ihre Einschätzung ab. Für die Effektivität dieser legislativen Gremien ist es wichtig, dass sie über eigenes Personal verfügen und stets auch Oppositionspolitiker in ihnen vertreten sind. Dies sichert eine gleichbleibende Fachkompetenz auf dem komplexen Gebiet der Geheimdienstarbeit und damit die Bereitschaft, mit der Forderung nach Erklärungen politische Risiken einzugehen.

Der dritte Kontrollmechanismus ist retrospektiv: Er bezieht sich auf Informationen über vergangene Ereignisse und geht von der Annahme aus, dass nur wenige Geheimnisse dauerhaft geheim bleiben müssen. Sie verlieren mit der Zeit ihren Wert, weil entweder die Informationsquellen keiner Gefährdung mehr unterliegen, der Kontext sich verändert oder Gegner die In-

Demonstration zur Unterstützung des Whistleblowers Bradley Manning, Maryland, 1. Juni 2013

formation auf die eine oder andere Art doch erfahren. Michael Colaresi nennt diesen Prozess »transparency cost deflation«.[64] Ich unterscheide zwei institutionalisierte Maßnahmen, die auf einer solchen »Deflation der Transparenzkosten« basieren. Zum einen würden die Freigabe von Geheimdienstdokumenten und ihre Aufnahme in das jeweilige Nationalarchiv es ermöglichen, über die Vergangenheit der Geheimdienste zu forschen und damit im Nachhinein Rechenschaft zu erhalten. Dokumente können freigegeben werden, indem sie in den Bestand der jeweiligen Nationalarchive eingehen, oder nachdem Bürger sich erfolgreich auf Gesetze zur Informationsfreiheit berufen haben (und zuvor geheime Dokumente erhalten). Eine zweite Maßnahme betrifft die Erstellung offizieller Chroniken, denen Archivmaterial zugrunde liegt, das (noch) nicht veröffentlicht werden kann. Maßgeblich für den Erfolg solcher Chroniken ist, dass die beauftragten Historiker die arbeitsbedingt notwendige Geheimhaltung im engeren Sinne wahren, dass sie auf ministeriellen oder breit gestützten politischen Beschluss hin arbeiten und uneingeschränkten Zugang zu Archivmaterial erhalten. Die Veröffentlichung ihrer Forschungsergebnisse darf nicht an Bedingungen geknüpft sein. Es ehemaligen (im Ruhestand befindlichen) Geheimdienstmitarbeitern einfacher zu machen, ihre Memoiren zu publizieren, fällt in dieselbe Kategorie.

Fazit

Dieser Essay ging von der Annahme aus, dass Geheimdienstarbeit und demokratische Staatsführung in einem scheinbaren Widerspruch zueinander stehen. Er erläuterte dies, indem er die typischen Reaktionen auf Geheimhaltung zeigte und einen Lösungsvorschlag skizzierte, der sowohl einen Leitfaden für konstruktive Diskussion über Geheimdienstarbeit als auch institutionelle Maßnahmen zur Förderung des Vertrauens in Geheimdienstarbeit beinhaltet. Solche Maßnahmen können die Öffentlichkeit davon überzeugen, dass sich ein Missbrauch von Geheimhaltung verhindern lässt. Ein Ausbau der exekutiven Überwachungsbefugnisse muss mit einem Ausbau öffentlicher Kontrollmechanismen einhergehen, wenn wir ein Glaubwürdigkeitsdefizit der Geheimdienste vermeiden möchten. Dieser Essay möchte dazu beitragen, Probleme bei der politischen Legitimation von Geheimdienstarbeit zu verstehen und vorherzusehen.

Angesichts der Tatsache, dass Geheimhaltung ein berechtigter und selbstverständlicher Bestandteil demokratischer Staatsführung sein kann, können wir also das Fazit ziehen, dass das »Geheimhaltungsdilemma« oder »Dilemma der Rechenschaftspflicht« in der Demokratie selbst begründet liegt – genauer gesagt in der öffentlichen Wahrnehmung einer demokratischen Staatsführung, die Transparenz bevorzugt und Geheimhaltung entweder kritisiert (»Exit«, »Voice«), romantisiert (»Loyalty«) oder ignoriert (»Neglect«). Geheimhaltung wird als etwas Außergewöhnliches betrachtet und deshalb auf ein Podest gestellt.

Um die politische Legitimation von Geheimdienstarbeit zu stützen, oder anders gesagt, um die paradoxe Natur einer Demokratie in den Griff zu bekommen, schlage ich vor, die Geheimdienstarbeit vom Podest zu nehmen. Zu diesem Zweck muss Geheimhaltung entmystifiziert werden, damit Geheimdienste als reguläre Institutionen eines demokratischen Staates wahrgenommen werden und über Geheimdienstarbeit selbstverständlich und konstruktiv diskutiert werden kann. Die Intelligence Community ihrerseits müsste ihre geschützten und verschwiegenen Winkel verlassen und sich der »plague of politics« stellen. Sie müsste Wege finden, der Öffentlichkeit ihr Vorgehen zu erklären und es vor ihr zu rechtfertigen. Unbedingte Geheimhaltung – die Alternative – mag kurzfristig gesehen sowohl für die Intelligence Community als auch für die Öffentlichkeit eine bequeme Lösung sein, sie hätte aber auf lange Sicht vermutlich politisch prekäre Folgen.

64 Colaresi: Democracy Declassified, 2014, S. 9.

DER VATER DER WHISTLEBLOWER

Ein Interview mit dem Militäranalysten Daniel Ellsberg

US-Außenminister Henry Kissinger nannte ihn den gefährlichsten Mann in Amerika. Präsident Richard Nixon sprach über ihn als den »Hurensohn, den man drankriegen« müsse. Als der hochrangige Militäranalyst Daniel Ellsberg[1] 1971 die streng geheimen Pentagon-Papiere öffentlich machte und damit die Lügen über den Vietnamkrieg,[2] veränderte das die USA. Ein Präsident wurde paranoid und machte Fehler, die schließlich zu seinem Rücktritt führten. Erst sein Nachfolger beendete den Vietnamkrieg. Wegen Spionage waren Ellsberg bis zu 115 Jahre Haft angedroht worden. Aber der Prozess platzte, weil bekannt geworden war, dass die Regierung Nixon mit kriminellen Mitteln versucht hatte, das Verfahren zu beeinflussen. Der 1931 geborene Ellsberg war der erste berühmte Whistleblower. Er wurde zum Vorbild anderer. Von dem 2009 über ihn entstandenen Dokumentarfilm »The most dangerous man in America« ließ sich Edward Snowden[3] inspirieren. Und Daniel Ellsberg kämpft weiter für Bürgerrechte, gegen Massenüberwachung, für Pressefreiheit, für das Recht auf Information und gegen Atomwaffen.

Heidrun Hannusch traf den Friedensaktivisten
in seinem Haus in Kensington/Kalifornien.

Wer als Whistleblower Lügen und Täuschungen von Regierungen öffentlich macht, riskiert viel – seine Karriere, seine wirtschaftliche Existenz, seine Freiheit. Er wird bedroht, beschimpft, geächtet. Wer all das in Kauf nimmt, muss sehr gute Gründe haben. Welche hatten Sie?

◄ Daniel Ellsberg, der Enthüller der Pentagon-Papiere

Ich hatte begriffen, dass der Krieg in Vietnam unter Präsident Nixon fortgesetzt und noch größer werden würde. Und ich kam zu der Überzeugung dass selbst eine kleine Chance, den Krieg zu verkürzen, meine Freiheit und, wenn nötig, gar mein Leben wert war. Vier Präsiden-

1 Daniel Ellsberg studierte Wirtschaftswissenschaften an der Harvard University und promovierte 1962. Eine von ihm umfassend herausgearbeitete Anomalie der Entscheidungstheorie ist nach ihm benannt, das Ellsberg-Paradoxon (1961). Nach seinem Dienst als Offizier bei den U.S. Marines trat er 1959 als Analyst der RAND Corporation bei, einer Denkfabrik mit engen Verbindungen zum US-Verteidigungsministerium (RAND: Kurzform für Research and Development). Von 1964 bis 1965 arbeitete er als strategischer Kriegsanalyst direkt im Pentagon. Anschließend war er zwei Jahre lang ziviler Mitarbeiter des US-Außenministeriums in Vietnam. Danach ging er zurück zu RAND. **2** Der Krieg in Vietnam von 1946 bis 1975 begann als ein kolonialer Befreiungskrieg des vietnamesischen Volkes um seine Unabhängigkeit von der französischen Kolonialherrschaft und galt als »Stellvertreterkrieg« zwischen den Vereinigten Staaten und dem kommunistischen Block im Kalten Krieg. Im Norden des Landes existierte die kommunistische Demokratische Republik Vietnam unter Ho Chi Minh, im Süden die Republik Vietnam unter dem von den USA unterstützten Regierungschef Ngo Dinh Diem. Die erste, französische Phase von 1946 bis 1954 wird auch als Indochinakrieg bezeichnet. 1964 eskalierte der Krieg infolge des sogenannten »Tonking-Zwischenfalls«. Nordvietnamesische Torpedoboote hatten unter ungeklärten Umständen am 2. und 4. August zwei US-Zerstörer im Golf von Tonking angegriffen. Daraufhin kam es zum direkten militärischen Eingreifen der USA und zur Bombardierung Nord-Vietnams. Weltweit gab es große

ten hatten das amerikanische Volk in diesen Krieg hineingelogen.[4] Und ich hatte die Hoffnung, dass die Amerikaner durch die Aufdeckung dieser Tatsache verstehen würden, dass sie von einem fünften Präsidenten [Nixon] in gleicher Weise belogen werden. Und vielleicht – so hoffte ich – würde sie diese Erkenntnis motivieren, dem Krieg ein Ende zu setzen.

Im Jahr 1969 kopierten Sie die 7000 Seiten der streng geheimen Pentagon-Papiere mit dem Ziel, sie öffentlich zu machen. Können Sie erklären, worum es sich bei diesen Papieren handelte?

Es war eine 47-bändige Studie mit dem Titel »US-Entscheidungsfindung in Vietnam von 1965 bis 1968«. Im falschen, im ungerechtfertigten Glauben, dass der Krieg kurz vor seinem Ende stand, wurde sie mit einem Zeithorizont bis 1968 abgeschlossen. Es waren 7000 Seiten, streng geheim, über die Geschichte des US-Engagements in Vietnam mit all seinen Aspekten, zivil, militärisch und politisch.[5]

Wo lag die Diskrepanz zwischen den veröffentlichten Nachrichten und den in dieser Studie zusammengefassten Regierungsdokumenten zum Vietnamkrieg?

Die Öffentlichkeit hörte nur, dass wir vorankamen. Aus den internen Dokumenten gewann man aber den klaren Eindruck, dass wir nicht vorankamen, dass ein Patt herrschte, dass es immer schwieriger werden würde. Und wenn wir nicht aus Vietnam vertrieben werden wollten, würden wir unseren eigenen Einsatz steigern müssen, Eskalation im Endeffekt. Gleichzeitig wurde der Öffentlichkeit gesagt, dass da ein »Licht am Ende des Tunnels« sei, dass ein erfolgreiches Ende absehbar sei – was exakt in Widerspruch zu dem stand, was die Amtsträger von der internen Berichterstattung wussten. In Afghanistan oder im Irak passierte exakt dasselbe, oder jetzt in Syrien. Ich bin mir sicher, dass die Nachrichtendienste und wahrscheinlich auch amerikanische Militäroffiziere vor Ort dem Präsidenten in diesem Moment berichten, dass das, was wir in Syrien tun, niemandem irgendeinen Gewinn bringt.

► Särge mit in Vietnam gefallenen US-Soldaten werden aus einem Transportflugzeug entladen, USA 1965

Protestbewegungen gegen den Vietnamkrieg, der zwei Millionen Vietnamesen das Leben kostete. Trotz der immer größeren Aufstockung der US-Truppen gelang es nicht, die NLF (Nationale Front zur Befreiung Süd-Vietnams) zu besiegen. Am 27. Januar 1973 unterzeichneten die Vertreter der USA, Süd-Vietnams, Nord-Vietnams und der Provisorischen Revolutionsregierung Süd-Vietnams ein Abkommen zur Beendigung des Krieges und zur Wiederherstellung des Friedens in Vietnam. Bis Ende März 1973 hatten die USA alle ihre Truppen aus Vietnam abgezogen. **3** Edward Snowden ist ein US-amerikanischer Whistleblower, dessen Enthüllungen Einblicke in das Ausmaß der weltweiten Überwachungs- und Spionagepraktiken von Geheimdiensten gaben. **4** Bereits seit 1947 waren die USA im Indochinakrieg engagiert. Die vier US-Präsidenten Harry S. Truman, Dwight D. Eisenhower, John F. Kennedy und Lyndon B. Johnson hatten der Öffentlichkeit dieses Engagement verheimlicht. Nach dem direkten militärischen Eingreifen der USA wurde vor allem über die militärische Lage gelogen. **5** Die im Auftrag des US-Verteidigungsministeriums von RAND erstellten Pentagon-Papiere sind inzwischen öffentlich zugänglich und können online abgerufen werden. URL: https://www.archives.gov/research/pentagon-papers/ (zuletzt abgerufen am 20.1.2016).

Haben die Pentagon-Papiere noch mehr Allgemeingültiges, das über den Indochina- bzw. Vietnamkrieg hinausgeht?

Abgesehen von den Dokumenten, die die Basis für die Nürnberger Prozesse waren,[6] sind dies wahrscheinlich die besten Dokumente eines imperialen Vorgehens, einer Okkupation und Aggression, seit der Zeit der Sumerer vor rund 4000 Jahren. Sie zeigen uns, wie ein Imperium denkt und handelt. Ein Aspekt dessen ist die Verachtung des eigenen Volkes, die Bereitschaft, das Volk in Bezug auf das, was die Regierung tut und warum sie es tut, in die Irre zu führen. Aber es gibt auch eine nahezu totale Gleichgültigkeit gegenüber den Leben, die sie auslöschen und okkupieren. In den ganzen 7000 Seiten der Pentagon-Papiere gibt es quasi keinen Hinweis auf vietnamesische Todesfälle oder vietnamesisches Leben, überhaupt keine diesbezüglichen Bedenken. Und ich halte das für charakteristisch in Bezug auf unser imperiales Vorgehen, unsere Aggressionen auch im Irak und anderswo. Also gibt es vieles, was man daraus lernen kann. Vor allen Dingen die Bedeutung der in unserer Verfassung festgeschriebenen Auflage unserer Staatsgründer, der zufolge nur der Kongress einen Krieg beschließen kann, nicht ein einzelner Mann wie ein Präsident. Wir haben diese Auflage ausgehöhlt. Wir haben diesbezüglich die Verfassung ignoriert.

Vor Ihrem gab es keinen auch nur annähernd vergleichbaren Fall. Es gab auch keinen anderen Whistleblower-Prozess als Präzedenzfall. Also war alles möglich. War Ihnen bewusst, dass Sie vielleicht lebenslänglich ins Gefängnis müssen?

Ja, ich erwartete, dass ich eine lebenslängliche Haftstrafe antreten müsste.

Henry Kissinger nannte Sie damals den gefährlichsten Mann in Amerika. Hatten Sie Angst vor einem Anschlag auf Sie?

Ich fürchtete keinen Anschlag, aber meine Frau tat es. Ich sagte ihr, die US-Regierung würde so etwas einem Amerikaner nicht antun, einen Anschlag verüben, ihn töten, foltern. Aber ich lag falsch. Ein Dutzend kubanischer Emigranten, die 1961 in die Schweinebucht-Aktion involviert und noch mit der CIA verbunden waren,[7] wurden am 3. Mai 1972 von der CIA nach Wa-

---

6 Erhaltene Akten, Karteien, Personalunterlagen etc. mit NS-Bezug, darunter die zentrale Mitgliederkartei der NSDAP, wurden direkt nach dem Ende des Zweiten Weltkriegs im sogenannten Berlin Document Center archiviert. Sie dienten ursprünglich zur Vorbereitung der Nürnberger Prozesse und gehören heute zum Bestand des Bundesarchivs. **7** Die gescheiterte Invasion in der Schweinebucht war ein von den USA organisierter militärischer Angriff kubanischer Exilanten auf Kuba. Er wurde am 17. April 1961 mit verdeckter Unterstützung der CIA von rund 1300 seit 1959 aus Kuba geflohenen Freiwilligen von Guatemala aus durchgeführt und hatte den Sturz der Revolutionsregierung unter Fidel Castro zum Ziel. **8** Die Watergate-Affäre ist benannt nach dem im Zentrum der amerikanischen Hauptstadt Washington gelegenen Watergate-Gebäudekomplex, in dem sich Anfang der 1970er-Jahre das Hauptquartier der Demokratischen Partei befand. Hier verhaftete die von einem Wachmann verständigte Polizei in der Nacht zum 17. Juni 1972 fünf Einbrecher, die offenbar versucht hatten, Abhörwanzen zu installieren und Dokumente zu fotografieren. Nachdem bekannt geworden war, dass US-Präsident Richard Nixon Auftraggeber des Einbruchs gewesen war, musste dieser von seinem Amt zurücktreten. **9** Edward Snowden befand sich in Hongkong, als das FBI am 14. Juni 2013 einen Haftbefehl gegen ihn erwirkte. Ihm gelang es, Hongkong zu verlassen und nach Moskau

Daniel Ellsberg (Mitte) spricht im Capitol über die Pentagon-Papiere, 28. Juli 1971

shington gebracht. Ihnen war befohlen worden, mich wortwörtlich »total außer Gefecht« zu setzen. Als ich den Staatsanwalt nach der Aufdeckung dieses Plans im Zuge der Watergate-Affäre[8] fragte: »Was bedeutet das?«, antwortete er: »Sie müssen verstehen, dass diese Kerle, die für die CIA arbeiten, nie das Wort ›töten‹ verwenden.« Er denke aber, dass genau das ihre Absicht gewesen sei, mich zu töten. Und weil ich von diesem fehlgeschlagenen Anschlag auf mich wusste, befürchtete ich vor zwei Jahren, dass Snowden so etwas geschehen könnte, sollte er gefasst werden, bevor er aus Hongkong herauskam.[9]

Unmittelbar nach der Veröffentlichung der Pentagon-Papiere waren Sie enttäuscht. Sie sagten: »Ich gab meine Karriere auf und setzte meine Freiheit aufs Spiel [...] in der Annahme, dass sich die Öffentlichkeit, wenn sie die Tragweite der ihr 25 Jahre lang aufgetischten Lügen zur Schlächterei in Vietnam erführe, gegen den Krieg entscheiden würde. Leider lernt man dabei etwas über seine Mitmenschen, was man eigentlich gar nicht wissen will, dass sie zuhören, daraus lernen, es sogar verstehen, und es dann aber weiter ignorieren.« Will die Mehrheit der Bevölkerung gar nicht wissen, was die Whistleblower sagen? Steht das, was die Whistleblower riskieren, und das, was sie bewirken, in keinem Verhältnis?

Nun, die Reaktion auf solche Enthüllungen kann sehr unterschiedlich sein. Als mein Freund Seymour Hersh das Massaker in My Lai aufgedeckt hatte,[10] bekam er hauptsächlich Briefe, die ihn verurteilten. Sie sagten, wir müssen das nicht wissen. Ich erwartete die gleiche

Demonstration gegen den Vietnamkrieg in Washington, 1969

Reaktion, aber dem war nicht so. Ich erlebte eine allgemein wohlwollende Resonanz. Der Krieg wurde jedoch weder gestoppt noch verlangsamt. Aber der Grund war nicht das fehlende Interesse der Menschen, sondern die Tatsache, dass sie nicht genug Macht hatten, die Politik zu beeinflussen. Nixon war egal, was die Öffentlichkeit dachte, er setzte den Krieg fort.

Richard Nixon bezeichnete Sie als Verräter und Hurensohn. Er hat Sie besonders heftig attackiert. Viele meinen, dass letztlich Sie es waren, der den Sturz Nixons einleitete. Wie sehen Sie selbst Ihren Anteil am Sturz Nixons?

Nixon fürchtete, ich hätte noch mehr als die Pentagon-Papiere. Und um mich still zu halten, beging er Verbrechen. Er schickte Leute in das Büro meines ehemaligen Psychoanalytikers, in der Hoffnung, er würde etwas finden, mit dem er mich erpressen könnte, sollte ich den Mund nicht halten. Er fand keine solchen Informationen. Er ließ meine Telefonate illegal abhören, ohne Gerichtsbeschluss, und gab diese Verbrechen vor Gericht nicht zu. Es galt als unwahrscheinlich, dass er je erwischt würde. Doch es kam anders. Dieselben Leute, die

zu reisen, wo er Asyl erhielt. **10** Das Massaker von Mỹ Lai (Son My) war ein Kriegsverbrechen US-amerikanischer Soldaten in Süd-Vietnam, dem 504 Zivilisten zum Opfer fielen. **11** John Dean war Rechtsberater von Richard Nixon, wechselte dann die Seiten und wurde zum Hauptbelastungszeugen im Watergate-Skandal. **12** Chelsea (damals noch Bradley) Manning hatte als Angehörige der US-Streitkräfte Videos und Dokumente kopiert und 2010 der Website WikiLeaks zugespielt. Darunter war auch das Video aus dem Jahr 2007, als im Irak Zivilisten von einem US-Hubschrauber aus erschossen wurden. Wegen Geheimnisverrats wurde Manning im Juli 2013 zu 35 Jahren Haft verurteilt. **13** Die Website WikiLeaks ist eine Enthüllungsplattform, auf der Dokumente anonym veröffentlicht werden.

US-Präsident Richard Nixon nannte Daniel Ellsberg einen »Hurensohn«.

geschickt worden waren, um mich zu verletzen oder zu töten, die in das Büro meines Psychoanalytikers eingebrochen waren, wurden im Zuge des Watergate-Skandals verhaftet. Das Weiße Haus bestach sie, damit sie die Verbrechen gegen mich leugnen. Das ist eine weitere Straftat, Strafvereitelung. Als dann John Dean[11] all diese Verbrechen öffentlich machte, sagten auch die anderen vor dem Gericht die Wahrheit. Und Nixon musste aus dem Amt ausscheiden. Ich denke, hätte er nicht sein Amt niedergelegt, wäre der Krieg noch mindestens ein oder zwei Jahre fortgeführt worden. Also, wenn Nixon nicht weitere Enthüllungen von mir gefürchtet und wenn er nicht Verbrechen begangen hätte, um mich zu stoppen, wäre der Vietnamkrieg weitergegangen.

Sie sagten einmal, sie hätten vierzig Jahre lang auf jemanden wie Chelsea Manning gewartet.[12] Wann in diesen vierzig Jahren zwischen Ihrer Veröffentlichung der Pentagon-Papiere und Mannings Weitergabe von Dokumenten an Wikileaks[13] hätten Sie sich besonders dringend einen Whistleblower an entscheidender Stelle gewünscht?

Ja, ich wünschte mir verzweifelt, dass es 2001, 2002 einen Whistleblower wie Chelsea Manning gegeben hätte, auf höherer Ebene, wie ich damals, oder noch höher, im Weißen Haus, im Pentagon, in der CIA. Damals, als Beamte schon sehen konnten, dass [Vizepräsident] Cheney, der Präsident [George W. Bush] und [Verteidigungsminister] Rumsfeld fest entschlossen waren, die Tragödie vom 11. September als Ausrede zu benutzen, um in ein Land einzumarschieren, das nichts damit zu tun hatte. Ich denke, hätte es einen Ed Snowden oder eine Chelsea Manning zu der Zeit auf einer hohen Ebene gegeben, hätte man den Krieg abwenden können.

Die Mehrheit, auch in den USA, betrachtet Sie inzwischen als Helden. Andererseits werden Manning und Snowden Vaterlandsverräter genannt. Es wird versucht, zwischen Sie und jene, die es ohne Ihr Beispiel als Whistleblower vielleicht nicht gegeben hätte, einen Keil zu treiben. Was halten Sie dem entgegen?

Es gibt keinen wesentlichen Unterschied zwischen uns. Ich identifiziere mich sehr stark mit Chelsea Manning und Ed Snowden. Ich verstehe ihre Motivation und ich teile diese. Ich verehre die beiden; sie sind für mich Helden. Und wenn gesagt wird, dass ich es richtig gemacht habe und sie diejenigen sind, die falsch liegen, lehne ich das völlig ab. Wer Chelsea Manning oder Ed Snowden dummerweise oder verleumderisch als Landesverräter bezeichnet, muss das Gleiche über mich sagen, weil wir in der Tat auf der gleichen Basis handelten. Und für keine der Behauptungen, dass sie dem Land geschadet hätten, ist auch nur ein Fetzen Beweismaterial erbracht worden. Auf der anderen Seite haben sie aber eindeutig gesetzeswidriges Verhalten seitens der US-Exekutive aufgedeckt.

Sie haben sich immer als Patrioten bezeichnet. Worin sehen Sie die Pflicht eines Patrioten?

Der Amtseid, den ich, Manning, Snowden und alle anderen ablegten, bezieht sich weder auf den Präsidenten noch auf die Geheimhaltung. Es war ein Verfassungseid, es geht darum, »die Verfassung der Vereinigten Staaten zu unterstützen und gegen alle ihre aus- und inländischen Feinde zu verteidigen«. Und wenn der Präsident Straftaten gegen die Verfassung begeht, liegt es auf der Hand, dass die Pflicht des Patrioten dem Schutz der Verfassung gilt. Das ist es, was ich sowie Manning und Snowden taten. Das ist amerikanischer Patriotismus.

Seit 9/11 sind die Bürgerrechte in den USA massiv eingeschränkt worden. Haben Sie, der Kriegsanalyst, geahnt, was kommen würde, als die Türme in New York fielen? Die Paranoia, die Einschränkung der Bürgerrechte, die Überwachung, die Lügen, mit denen der Irak-Krieg begonnen wurde?

Ich sah damals im Fernsehen, wie das zweite Flugzeug einschlug. Ich sah die brennenden Gebäude und sagte zu der Freundin, mit der ich gerade telefonierte: »Das ändert alles; alles wird sich ändern.« Ich befürchte, ich sah das tatsächlich voraus. Ich denke, sollte es einen weiteren Anschlag in diesem Land geben, etwa wie die Attacke in Paris[14] oder ähnlich jenem 11. September, würden wir von einem Tag zum nächsten so etwas wie einen Polizeistaat haben. Die National Security Agency [NSA] hat die Infrastruktur eines vollen Polizeistaates bereits aufgebaut, aber wir haben ihn noch nicht. Die NSA hat Überwachungsmöglichkeiten, die sich die ostdeutsche Staatssicherheit nicht hätte erträumen können. Also, die Geheim-

14 Bei islamistischen Terroranschlägen starben am 13. November 2015 in Paris 130 Menschen.

Daniel Ellsberg hat sich immer wieder sehr engagiert für die Freilassung der Whistleblowerin Chelsea Manning eingesetzt.

dienste der USA sind so etwas wie eine Vereinigte Stasi von Amerika. Aber natürlich führen sie noch nicht Amerikaner massenhaft zu Verhören ab. Sie töten und foltern Amerikaner nicht hier zu Hause. Sie verwenden die Informationen nicht so eklatant, wie die Stasi es tat. Ich glaube aber, dass so etwas nach noch einem groß angelegten terroristischen Anschlag geschehen würde. Wir würden Internierungslager haben, insbesondere für Menschen aus dem Mittleren Osten, für Muslime und Araber. Und für Leute wie mich, die diese Menschen unterstützen. Ich meine, ich und meine Freunde wären in diesen Lagern.

Ist es durch 9/11 für Whistleblower schwerer geworden?

Ja, selbst Präsident Obama, der vor seiner Wahl Whistleblowing als »eine wesentliche Aufgabe« lobte, hat mehr Whistleblower angeklagt als die Gesamtzahl aller anderen Präsidenten in der Geschichte. Viel mehr als George W. Bush, was sehr enttäuschend ist.

Nicht jeder, der ein Geheimnis verrät, ist ein Whistleblower.
Wie würden Sie beschreiben, was einen Whistleblower ausmacht?

Nun, Sie haben Recht, nicht alle, die als Whistleblower angeklagt worden sind, sind solche nach meiner Definition von Whistleblowing: Leute, die auf eigenes Risiko Außenstehenden gegenüber Fehlverhalten aufdecken – Fehlverhalten ihrer eigenen Organisationen, der Regierung oder der Firma – mit dem Ziel, die Öffentlichkeit vor Gefahren zu warnen und dieses

Fehlverhalten zu ändern. Es gibt einige, die Geheimnisse aus einer Vielfalt von Gründen einfach ausplaudern, vielleicht aus Wichtigtuerei. Oder erzählte Geheimnisse decken kein echtes Fehlverhalten auf. Es sind also zwei Gruppierungen von »Leakers«; beide veröffentlichen Informationen ohne Genehmigung. Es ist eine Frage der Motivation und des Effekts. Chelsea Manning und Edward Snowden entsprechen dem von mir definierten Typ des Whistleblowers.

Durch die Enthüllungen von Edward Snowden wurde eine schier unglaubliche staatliche Überwachungsmaschinerie offenbar. Woher kommt diese Hybris des Staates, jeden und alle ausspionieren zu wollen? Nur weil er es kann?

Wie ich bei meinem letzten Deutschland-Besuch während einer Konferenz über Whistleblowing erfuhr, unterliegen deutsche Staatsbürger durch Abkommen mit den Besatzungsmächten seit Ende des Krieges der Überwachungspraxis. Und diese bestanden nach dem Ende der Besatzungszeit fort. Die Überwachung ging weiter, und der amerikanische Zugang zu den Ergebnissen dieser Überwachung ging weiter.[15] Als ich die Pentagon-Papiere öffentlich machte, hatten wir das in den USA alles ebenso, wenn auch illegal. Aber nachdem diese Praktiken aufgedeckt worden waren, zum Teil durch meinen Prozess, wurden Gesetze verabschiedet, um das künftig zu verhindern. Der Regierung war somit nicht erlaubt, alles über amerikanische Staatsbürger zu sammeln, was sie können. Nach dem 11. September wurden diese Prinzipien aufgegeben für eine totale Überwachung der Bürger, Amerikaner werden behandelt, als wären sie von einer fremden Macht okkupiert. So ist die jetzige Situation, und ob es jemals möglich sein wird, das wieder zu ändern, muss abgewartet werden. Es wird schwierig sein.

Die PRISM-Enthüllungen[16] haben in Deutschland für weit mehr Empörung gesorgt als in den USA. Woran liegt das Ihrer Meinung nach?

Es gibt einen offenkundigen Grund. Deutsche Staatsbürger haben eine Vergangenheit von Überwachung und damit verbundenem Missbrauch, während der NS-Zeit und in der DDR. Und wie wir jetzt erfahren, wurde auch in der Bundesrepublik die Überwachung fortgeführt, allerdings ohne die Missbräuche der DDR-Tyrannei. Ich glaube, die Deutschen sind wegen ihrer Erfahrungen besonders empfindlich bei dem Thema. Amerikaner haben das Bewusstsein dafür nicht, sie nehmen nicht ernst, wie diese Überwachung missbraucht werden kann. Ich hoffe, sie lernen es nicht erst, wenn es zu spät ist.

Plädieren Sie grundsätzlich für die Abschaffung der Geheimdiplomatie und von Staatsgeheimnissen? In einer Welt, die nicht nur aus Demokratien besteht?

Nein, ich befürworte das nicht. Es gibt Feinde, Terroristen zum Beispiel. Selbst wenn sie durch ungerechtfertigte Aktionen unsererseits provoziert werden, ist das keine Rechtfertigung für ihre mörderischen Terror-Handlungen. Und um sie zu bekämpfen, brauchen wir Geheimdienste und die Polizei. Was ich aber gern sähe, wäre mehr internationale Kooperation bei

Whistleblower Edward Snowden arbeitet mit in Ellsbergs Organisation »Freedom for the Press Foundation«.

der Polizeiarbeit wie der Nachrichtensammlung, aber zielgerichtet, keine Massenüberwachung. Zielgerichtet, wie es auch Ed Snowden immer wieder fordert, gerichtet auf wirklich verdächtige Personen. Und ich meine, das wäre viel effektiver als militärische Aktionen.

Wegen der Veröffentlichung der Pentagon-Papiere haben Sie viel verloren. Was haben Sie gewonnen?

Alle meine Freunde und Kollegen damals hatten Sicherheitseinstufungen, und sie riskierten diese, sollten sie den Kontakt zu mir aufrechterhalten. Also verlor ich sofort alle meine Freunde; sie verschwanden aus meinem Leben, als ob ich emigriert wäre oder sie emigriert wären. Es gab keine Kommunikation mehr. Aber ich gewann viele neue Freunde, die Kriegsgegner waren wie ich, und diese Freunde habe ich immer noch. Und natürlich verlor ich eine Karriere, in der ich bei einem Präsidenten arbeitete. Aber ich muss hinzufügen, dass ich damals die Lust auf Zusammenarbeit mit einem Präsidenten bereits verloren hatte. Ein Präsident nach dem anderen hatte vernünftige Warnungen und Alarmsignale ignoriert und handelte verfassungswidrig. Also wollte ich mich nicht mehr als ein Mann des Präsidenten sehen. Das war kein echter Verlust.

---

15 Der deutsche Historiker Josef Foschepoth beschäftigt sich unter anderem in seinem Buch »Überwachungsstaat Deutschland« mit diesem Thema. **16** PRISM soll eine umfassende Überwachung von Personen innerhalb und außerhalb der USA ermöglichen, die digital kommunizieren.

In den vergangenen 45 Jahren haben Sie sich immer wieder öffentlich engagiert, gegen Atomwaffen, für Bürgerrechte, bei der Occupy-Bewegung[17]. Auf Demonstrationen wurden sie bisher mehr als achtzig Mal verhaftet. Gab es auch Zeiten, in denen Sie der Glaube verlassen hat, dass dieses Engagement etwas bewirken kann?

Würde ich glauben, dass es eine Chance auf schnelle oder große Verbesserung gibt, wäre ich sehr enttäuscht und wäre es schon lange. Mir ist bewusst, dass die Chance, ein System oder eine Politik zu ändern, sehr klein ist. Sie ist aber eben nicht gleich Null. Und das reicht, um mich bei der Stange zu halten. Es steht einfach sehr viel auf dem Spiel. Deshalb habe ich nie daran gezweifelt, dass die Bemühung es wert ist.

Lassen Sie uns am Ende über eine Vision sprechen: Stellen wir uns vor, nicht nur wenige, sondern viele, die von gravierenden und für die Gesellschaft nachteiligen Lügen, Fehlentwicklungen und Verbrechen erfahren, würden das öffentlich machen. Stellen wir uns weiter vor, die Gesellschaft würde das nicht nur nicht verfolgen, sondern erwarten, sozusagen als Erfüllung staatsbürgerlicher Pflicht, bürgerschaftliches Korrektiv und Form der Kontrolle der Regierungen durch den Souverän. Irgendwann würde der Schleier über den Lügen und Täuschungen immer löchriger, die Gefahr der Enthüllung immer größer und ganz am Ende die Lüge und die Täuschung als Mittel der Politik, des Krieges abgeschafft. Ist das nur ein Märchen, oder gibt es eine Chance, sich dieser Utopie anzunähern?

Nun, für mich ist es eine wunderschöne Fantasie oder Vision, die mich begeistert. Meine Bemühungen gehen in diese Richtung, solch eine Gesellschaft zu erreichen, die letztlich eine demokratische Gesellschaft ist. Aber es würde viel an Bildung erfordern, damit das gelänge. Und es gibt noch einen weiteren Aspekt: Wir müssen das Ungleichgewicht der Information verringern, also die jetzige Situation ändern, in der die Regierung alles über uns weiß und wir nichts wissen über die Regierung und ihre Taten. Das Ungleichgewicht der Information ist antithetisch zur Demokratie. Eine uninformierte Öffentlichkeit kann keine Demokratie sein. Und das Monopol über Information wird benutzt, um Menschen fern von Information zu halten. Wie können wir das ändern? In der Tat brauchen wir ein Umdenken, wir müssen uns umerziehen. Zuerst müssen wir uns selbst gegenüber eingestehen, dass wir wie Imperien der Vergangenheit agieren. Wir [die USA, die Amerikaner] sind ein Imperium im klassischen Sinne, und das verhindert die Möglichkeit einer echten Demokratie und eines echten Teilens von Information. Ich möchte, dass sich die Menschen bewusst werden, wie sehr wir uns in die Angelegenheiten anderer Länder eingemischt haben, und das im Interesse einer kleinen Auswahl von Amerikanern, im Grunde das eine Prozent, dessen Sonderinteressen in allen Imperien bedient werden. Unser Selbstverständnis vor 200 Jahren war anti-imperial. Und ich möchte, dass wir dieses Selbstverständnis wieder erlangen.

17 Die Occupy-Bewegung war eine 2011 in den USA entstandene Protestbewegung, die sich später auch in anderen Ländern etablierte. Sie forderte die Reduzierung sozialer Ungleichheit, richtete sich gegen Bankenspekulation und setzte sich für die Minimierung des Einflusses der Wirtschaft auf die Politik ein.

ANHANG

AUTOREN

Siegfried Beer
Mag. et Dr. phil., geb. 1948

Studium der Geschichte und Anglistik/Amerikanistik an der Universität Wien und an der Wesleyan University, Middletown, CT (Fulbright-Stipendium); 1978–2013 am Institut für Geschichte der Universität Graz tätig; 1999 Habilitation für Allgemeine Neuere Geschichte und Allgemeine Zeitgeschichte; Gastprofessuren an der University of Minnesota, Twin Cities (1992), an der Harvard University (1996/97) und an der Columbia University in the City of New York (2007); ab 2004 Gründungsleiter des Austrian Center for Intelligence, Propaganda and Security Studies (ACIPSS) und seit 2007 Herausgeber des Journal for Intelligence, Propaganda and Security Studies (JIPSS); seit 2007 Leiter des Botstiber Institute for Austrian-American Studies (BIAAS) in Media, PA, USA.

E. C. (Eleni) Braat
Dr. phil., geb. 1978

Studium der modernen griechischen Literatur an der Universität von Amsterdam und der zeitgenössischen Geschichte an der École des Hautes Études en Sciences Sociales in Paris; 2008 Promotion im Fach Geschichte am Europäischen Hochschulinstitut von Florenz; amtliche Historikerin des niederländischen Allgemeinen Auskunfts- und Sicherheitsdienstes (AIVD); hielt Vorlesungen an der Universität Leiden; heute Lehrbeauftragte für Internationale Geschichte an der Universität Utrecht in den Niederlanden, derzeitige Forschung schwerpunktmäßig zur politischen Legitimation geheimer Regierungsaktivitäten in den Demokratien des 20. Jahrhunderts.

Jens Ebert
Dr. phil., geb. 1959

Studium der Germanistik, Geschichte und Philosophie in Berlin und Moskau; Promotion 1989 mit einer Arbeit über die Stalingrader Schlacht in authentischen und literarischen Texten; 1989–2001 Lehrtätigkeit an Universitäten in Berlin, Rom und Nairobi; heute Publizist und Buchautor in Berlin, Veröffentlichungen zur Literatur-, Kultur-, Militär- und Mentalitätsgeschichte des 19. und 20. Jahrhunderts, Arbeiten für Presse, Rundfunk, Fernsehen und Museen; wissenschaftlicher Berater der Berliner Feldpostsammlung im Museum für Kommunikation.

Helmut Rudolf Hammerich
Oberstleutnant, Dr. phil., geb. 1965

1985–1994 Truppenoffizier in der Panzertruppe; 1988–1992 Studium der Staats- und Sozialwissenschaften an der Universität der Bundeswehr in München; Offizier und seit 1994 wissenschaftlicher Mitarbeiter im Zentrum für Militärgeschichte und Sozialwissenschaften der Bundeswehr (ZMSBw – früher Militärgeschichtliches Forschungsamt, MGFA); 2002 Promotion mit einer Studie über die Lastenteilung der NATO in den 1950er-Jahren; mehrere Jahre Redakteur der »Militärgeschichtlichen Zeitschrift«, arbeitete im Historical Office SHAPE der NATO in Mons/Belgien und als Pressestabsoffizier des MGFA; seit 2015 Leiter des Projektbereiches Einsatzgeschichte in der Abteilung Einsatz, erforscht derzeit die Geschichte des Militärischen Abschirmdienstes von 1956 bis 1990.

Heidrun Hannusch
Dipl.-Kulturwissenschaftlerin, geb. 1954

1987–1991 Theaterdramaturgin; 1991–2009 Journalistin bei den »Dresdner Neuesten Nachrichten«; 2005 Sächsischer Journalistenpreis; lebt als freie Journalistin und Autorin in Dresden, 2011 erschien ihr Buch »Todesstrafe für die Selbstmörderin. Ein historischer Kriminalfall«.

Bodo V. Hechelhammer
Dr. phil., geb. 1968

Studium der Neueren Geschichte, Mittelalterlichen Geschichte und Kunstgeschichte an der TU Darmstadt; 1997–1999 Stipendiat am Graduiertenkolleg »Mittelalterliche und neuzeitliche Staatlichkeit« an der Justus-Liebig-Universität Gießen; 2000–2002 wissenschaftlicher Mitarbeiter am Institut für Geschichte der TU

Darmstadt; seit 2002 hauptamtlicher Mitarbeiter des BND, seit 2010 Leiter der dortigen Forschungs- und Arbeitsgruppe »Geschichte des BND« und Funktion des Chef-Historikers des BND; Forschungsschwerpunkte: Kreuzzugsgeschichte und Geschichte der Nachrichtendienste.

Enrico Heitzer
Dr. phil., geb. 1977

Studium der Geschichts- und Politikwissenschaften an den Universitäten Potsdam und Halle; 2005–2010 assoziierter Doktorand und Projektmitarbeiter am Zentrum für Zeithistorische Forschung Potsdam; 2007–2008 wissenschaftlicher Mitarbeiter am Lehrstuhl für Neuere Geschichte der Martin-Luther-Universität Halle-Wittenberg; 2010–2012 wissenschaftlicher Mitarbeiter Stiftung Berliner Mauer; wissenschaftlicher Mitarbeiter Gedenkstätte und Museum Sachsenhausen/Stiftung Brandenburgische Gedenkstätten; Mitarbeit an Ausstellungen, u. a. zur Friedlichen Revolution 1989, zu Umbruch und Ende der Nationalen Volksarmee sowie der Ost-West-Fluchtbewegung im Deutschland des Kalten Krieges; 2015 erschien sein Buch »Die Kampfgruppe gegen Unmenschlichkeit (KgU). Widerstand und Spionage im Kalten Krieg 1948–1959«.

Andreas Hilger
PD Dr. phil., geb. 1967

Studium der Neueren Geschichte, Osteuropäischen Geschichte und Slavistik an den Universitäten Köln und Volgograd; ab 1999 wissenschaftlicher Mitarbeiter des HAIT, Dresden, wissenschaftlicher Mitarbeiter an der Universität zu Köln und Lehrkraft für besondere Aufgaben an der Helmut-Schmidt-Universität, Hamburg; seit 2011 wissenschaftlicher Mitarbeiter bei der Unabhängigen Historikerkommission zur Erforschung der Geschichte des Bundesnachrichtendienstes 1945–1968; Forschungsschwerpunkte liegen in der internationalen Geschichte, der deutschen, der südasiatischen sowie der russischen und sowjetischen Geschichte des 19. und 20. Jahrhunderts.

Eva Jobs
M. A., geb. 1981

Studium der Geschichte, Kunstgeschichte, Anglistik und Friedens- und Konfliktforschung an der Philipps-Universität Marburg; sie promoviert zur Rolle von Vertrauen in den (west-)deutsch-amerikanischen Geheimdienstbeziehungen nach dem Zweiten Weltkrieg, erhielt dafür u. a. Stipendien des Deutschen Historischen Instituts in Washington, D. C., des AICGS/DAAD und war Visiting Scholar an der University of North Carolina in Chapel Hill; 2011–2012 Arbeit für die Unabhängige Historikerkommission zur Erforschung der Geschichte des Bundesnachrichtendienstes 1945–1968; Verfasserin u. a. von Beiträgen für die Bundeszentrale für politische Bildung, GEO Epoche sowie Metzlers Lexikon moderner Mythen; wissenschaftliche Mitarbeiterin für die Sonderausstellung »Achtung Spione!«.

Agilolf Keßelring
Dr. phil, geb. 1972

Ab 1992 Zeitsoldat bei der Bundeswehr; Studium der Geschichte, Sozialwissenschaften und des Staats- und Völkerrechts an der Universität der Bundeswehr Hamburg (Helmut-Schmidt-Universität); 2003–2006 Historikeroffizier und Redakteur Militärgeschichte am Militärgeschichtlichen Forschungsamt; Forschertätigkeit in Finnland, u. a. am Department for Strategic and Defence Studies der National Defence University, Helsinki sowie am Fachbereich für Politische Geschichte der Universität Helsinki; 2012–2015 wissenschaftlicher Mitarbeiter der Unabhängigen Historikerkommission zur Erforschung der Geschichte des Bundesnachrichtendienstes 1945–1968, dabei Forschungsprojekt »Der Gehlen-Dienst und die Neuformierung des Militärs 1946–1956« (Publikation in Vorbereitung); derzeit Erstellung einer Studie über den Balkaneinsatz der Bundeswehr für das Zentrum für Militärgeschichte und Sozialwissenschaften der Bundeswehr (ZMSBw); Veröffentlichungen zur nordeuropäischen und südosteuropäischen Militärgeschichte und Strategie sowie zur Vor- und Frühgeschichte der Bundeswehr sowie des BND.

Thorsten Loch
Oberstleutnant, Dr. phil, geb. 1975

Historikerstabsoffizier, 1995–1998 Ausbildung zum Offizier im Truppendienst; 1998–2002 Studium der Geschichts- und Sozialwissenschaften an der Universität der Bundeswehr Hamburg; 2002–2010 verschiedene Verwendungen, darunter als wissenschaftlicher Mitarbeiter am Militärgeschichtlichen Forschungsamt (MGFA, Potsdam), als Kompaniechef (Berlin) sowie als Dozent für Militärgeschichte an der Offizierschule des Heeres in Dresden; seit 2010 wissenschaftlicher Mitarbeiter am MGFA/Zentrum für Militärgeschichte und Sozialwissenschaften der Bundeswehr; derzeit vergleichendes Forschungsprojekt über deutsche Militäreliten im 20. Jahrhundert; Veröffentlichungen zur deutschen Militärgeschichte des 19. und 20. Jahrhunderts.

Susanne Meinl
Dr. phil., geb. 1964

Studium der Mittleren und Neueren Geschichte, Politikwissenschaften, Geschichtsdidaktik/Fachjournalismus Geschichte und Soziologie an der Justus-Liebig-Universität Gießen; 1997 Promotion an der Ruhr-Universität Bochum; seit 1998 Tätigkeit als Historikerin in Frankfurt am Main, Bochum, Wetzlar und München, Arbeitsschwerpunkt: Zeitgeschichte des 20. Jahrhunderts.

Armin Müller
Fregattenkapitän d. R., M. A./Dipl.-Ing (FH), geb. 1974

Ausbildung zum technischen Schiffsoffizier der Handelsschifffahrt und Ingenieurstätigkeit; Studium der Sozial- und Wirtschaftsgeschichte, Osteuropäischen Geschichte sowie Friedens- und Konfliktforschung in Marburg, Gießen und Quito; ab 2010 freier Mitarbeiter am heutigen Zentrum für Militärgeschichte und Sozialwissenschaften der Bundeswehr (ZMSBw) in der Projektgruppe »Einsatzarmee Bundeswehr«; 2012–2015 wissenschaftlicher Mitarbeiter der Unabhängigen Historikerkommission zur Erforschung der Geschichte des

Bundesnachrichtendienstes 1945–1968; seit 2015 für MAN Diesel & Turbo in Augsburg; Forschungsschwerpunkte im Bereich Technikgeschichte, neuester Militärgeschichte und Geschichte des westlichen Balkan.

Rolf-Dieter Müller
Prof. Dr. phil., geb. 1948

Studium der Geschichte, Politikwissenschaft und Pädagogik; 1981 Promotion in Mainz; 1999 Habilitation in Münster; Honorarprofessor an der Humboldt-Universität zu Berlin; 1979–2014 wissenschaftlicher Mitarbeiter am Militärgeschichtlichen Forschungsamt in Freiburg, ab 1994 in Potsdam, zuletzt Leitender Wissenschaftlicher Direktor und Leiter des Forschungsbereichs »Zeitalter der Weltkriege«, verantwortlich für das Großprojekt »Das Deutsche Reich und der Zweite Weltkrieg« (13 Bände.); zahlreiche Publikationen zur Geschichte des Zweiten Weltkriegs, zuletzt: »An der Seite der Wehrmacht« (2007) und »Der Feind steht im Osten« (2011), beide in viele Sprachen übersetzt.

Helmut Müller-Enbergs
Dr. phil., geb. 1960

Studium der Politologie, Soziologie und Philosophie an der Westfälischen Wilhelms-Universität in Münster und der Freien Universität in Berlin; ab 1986 studentische Hilfskraft, 1989–1992 wissenschaftlicher Mitarbeiter am Zentralinstitut für sozialwissenschaftliche Forschung der Freien Universität; ab 1992 wissenschaftlicher Mitarbeiter bei der Abteilung Bildung und Forschung beim Bundesbeauftragten für die Unterlagen des Staatssicherheitsdienstes der ehemaligen Deutschen Demokratischen Republik (BStU); ab 2008 zunächst Gast-, nun Honorarprofessor an der Syddansk Universitet (Dänemark), für die er zu Themen wie Spionage, Inoffiziellen Mitarbeitern und der Hauptverwaltung A des Ministeriums für Staatssicherheit sowie Nachrichtendienstpsychologie Grundlagenforschung betreibt und publiziert.

Sam Nilsson
geb. 1962

Masterabschluss in Geschichte an der Universität Stockholm und am Swedish National Defense College; mehrere Einsätze mit schwedischen Armeeeinheiten in Bosnien und im Kosovo; anschließend Forschungen zur Geschichte der Geheimdienste, Durchforstung des Archivs des schwedischen Militärnachrichtendienstes »T-Büro«; veröffentlichte neben zahlreichen Essays und Artikeln »Stalin's Baltic Fleet and Palm's T-Office« (2006) und »T-kontoret« (2013); lebt bei Stockholm.

Sabrina Nowack
geb. 1984

Studium der Germanistik und Geschichte an der Philipps-Universität Marburg; Lehrtätigkeiten in der Erwachsenenbildung sowie Tätigkeiten im Verlagswesen; seit 2011 wissenschaftliche Mitarbeiterin an der Philipps-Universität Marburg; Leiterin der Koordinationsstelle des Projekts der Unabhängigen Historikerkommission zur Erforschung der Geschichte des Bundesnachrichtendienstes 1945–1968; arbeitet an einer Dissertation über den Umgang mit personellen NS-Kontinuitäten im BND.

Magnus Pahl
Major der Reserve, Dr. phil., geb. 1975

Ausbildung zum Offizier der Panzertruppe; 2000–2005 Studium der Geschichtswissenschaft, Pädagogik und Politikwissenschaft an der Helmut-Schmidt-Universität/Universität der Bundeswehr Hamburg; 2005–2007 Nachrichtenoffizier (Regionalanalyst) im Zentrum für Nachrichtenwesen der Bundeswehr; 2007–2010 wissenschaftlicher Mitarbeiter im Militärgeschichtlichen Forschungsamt sowie Redakteur der Zeitschrift »Militärgeschichte«; 2011 Promotion über Fremde Heere Ost (erschienen 2012 in Berlin, englischsprachige Ausgabe erscheint demnächst); 2011 Research Fellow am Stockholm International Peace Research Institute (SIPRI); seit September 2011 Sachgebietsleiter im Militärhistorischen Museum der Bundeswehr, dort u. a. Co-Kurator der Sonderausstellungen »Stalingrad« (2012) und »Attentat auf Hitler. Stauffenberg und mehr« (2014); Beorderter Reserveoffizier im Militärischen Nachrichtenwesen bei Zentrum C-IED Einsatzführungskommando.

Gorch Pieken
Dr. phil., geb. 1961

Studium der Geschichte, Kunstgeschichte und Niederländischen Philologie an der Universität zu Köln; 1995 Promotion; 1995–1999 wissenschaftlicher Mitarbeiter und Kurator, 1998–2005 Leiter Neue Medien am Deutschen Historischen Museum in Berlin; 2006–2011 Projektleiter Neukonzeption und Neubau des Militärhistorischen Museums der Bundeswehr (MHMBw) in Dresden; seit 2012 Wissenschaftlicher Direktor und Wissenschaftlicher Leiter Sammlung, Ausstellungen, Bildung und Forschung am MHMBw Dresden, Berlin-Gatow und Königstein; Autor und Herausgeber zahlreicher Veröffentlichungen zur Militärgeschichte, Autor und Produzent von Dokumentarfilmen für ZDF/arte, ARD/arte und 3sat.

Ines Reich
Dr. phil., geb. 1966

Historikerin, Leiterin der Gedenk- und Begegnungsstätte Leistikowstraße Potsdam; langjährige wissenschaftliche Mitarbeiterin der Gedenkstätte und Museum Sachsenhausen, dort u. a. Leiterin der Projektgruppe zur Realisierung der Dauerausstellung »Sowjetisches Speziallager Nr. 7/Nr.1 in Sachsenhausen 1945–1950«; Forschungen, Publikationen und Ausstellungen zur Geschichte des Widerstandes gegen den Nationalsozialismus, zur Rezeption der Widerstandsgesichtsschreibung in Deutschland, zur Speziallagergeschichte sowie zur Geschichte der sowjetischen Militärspionageabwehr in Deutschland und deren deutschem Zentralgefängnis.

Matthias Rogg
Oberst, Prof. Dr. phil., geb. 1963

Ausbildung zum Offizier (Panzertruppe), anschließend wechselnde Truppen- und Stabsverwendungen; Studium der Neuesten, Mittleren und Kunstgeschichte, Promotion mit einer Studie zur bildlichen Darstellung von Kriegsleuten im 16. Jahrhundert (ausgezeichnet mit dem Werner-Hahlweg-Preis für Militärgeschichte, 2000); Habilitation zum Thema Militär und Gesellschaft in der DDR (2008); nach verschiedenen Verwendungen im Militärgeschichtlichen Forschungsamt in Potsdam Referent im Planungsstab im Bundesministerium; seit 2010 Direktor des Militärhistorischen Museums der Bundeswehr in Dresden; seit 2013 zugleich Professor für Neuere und Neueste Geschichte an der Helmut-Schmidt-Universität der Bundeswehr in Hamburg.

Erich Schmidt-Eenboom
Dipl.-Pädagoge, geb. 1953

1974–1977 Studium der Pädagogik und Neueren Geschichte an der Universität der Bundeswehr in Hamburg; zwölfjährige Verpflichtung in der Bundeswehr; ab 1985 wissenschaftlicher Mitarbeiter am Forschungsinstitut für Friedenspolitik e.V., übernahm 1990 den Vorsitz des gemeinnützigen Vereins; seit 1993 Verfasser einer Vielzahl von Fachbüchern und -aufsätzen zu nachrichtendienstlichen Themen, vor allem zum BND; Berater bei zahlreichen Fernseh- und Hörfunkproduktionen zum Thema Geheimdienste; aktuelle Publikation: »Die Partisanen der NATO, Stay-Behind-Organisationen in Deutschland 1946–1991« (gemeinsam mit dem ZDF-Redakteur Ulrich Stoll, 2015).

Armin Wagner
Oberstleutnant, Dr. phil., geb. 1968

Studium der Geschichtswissenschaft und Pädagogik in Hamburg; 1994–2003 wissenschaftlicher Mitarbeiter am Militärgeschichtlichen Forschungsamt in Potsdam; 2003–2006 Dozent für Militärgeschichte an der Offizierschule des Heeres in Dresden; 2006–2009 Military Fellow am Institut für Friedensforschung und Sicherheitspolitik in Hamburg und Dozent am dortigen Postgraduierten-Studiengang Master of Peace and Security Studies; 2009–2015 Tätigkeit als Referent im Bundespräsidialamt, im Bundesrat und im Bundesministerium der Verteidigung.

Michael Wala
Prof. Dr. phil., geb. 1954

Studium in den USA und in Deutschland; dort sowie in Großbritannien auch als Lehrer tätig; seit 2004 Professor für Geschichte Nordamerikas an der Ruhr-Universität Bochum; Autor zahlreicher Bücher und Aufsätze zur Geschichte der internationalen Beziehungen; neueste Publikationen: zusammen mit Jan Erik Schulte einen Band zum Thema »Widerstand und Auswärtiges Amt« und gemeinsam mit Constantin Goschler »›Keine neue Gestapo‹. Das Bundesamt für Verfassungsschutz und die NS-Vergangenheit«; zurzeit Erforschung der Entstehung einer transatlantischen geheimdienstlichen Wissensgemeinschaft im frühen Kalten Krieg.

Stefanie Waske
Dr. phil., geb. 1978

Studium der Politikwissenschaften und Philosophie an der Georg-August-Universität Göttingen, Promotion zum Thema »Mehr Liaison als Kontrolle? Die Kontrolle des BND durch Parlament und Regierung 1955–1978« an der Philipps-Universität Marburg; Volontariat bei der »Braunschweiger Zeitung«, freie Journalistin u.a. für die »ZEIT«; Autorin des Sachbuchs »Nach Lektüre vernichten! Der geheime Nachrichtendienst von CDU und CSU im Kalten Krieg« (2013).

Thomas Wegener Friis
Ph. D., geb. 1975

2003–2005 Mitarbeiter der Kommission zum Thema »Dänemark im Kalten Krieg«; seit 2005 an der Süddänischen Universität Odense, dort Associate Professor am Zentrum für das Studium des Kalten Krieges; Mitglied des Vorstands der Baltic Intelligence and Security Studies Association; Redaktionsmitglied der Zeitschrift »Arbejderhistorie«, Regional-Editor für Nord- und Zentraleuropa für Intelligence, Security and Public Affairs; Mitglied des Wissenschaftlichen Beirats des »Jahrbuchs für Historische Kommunismusforschung« des Research Institute for European and American Studies (RIEAS) in Athen und des Museums Grenzhus in Schlagsdorf; 2015 Gastprofessor an der Christian-Albrechts-Universität zu Kiel sowie an der Bar-Ilan-Universität in Tel Aviv.

Matthias Uhl
Dr. phil., geb. 1970

1990–1995 Studium der Geschichte, Politikwissenschaft und der Osteuropäischen Geschichte in Halle (Saale) und Moskau; 1996–2000 wissenschaftlicher Mitarbeiter am Lehrstuhl für Osteuropäische Geschichte der Martin-Luther-Universität Halle-Wittenberg, 2000 Promotion; 2001–2005 wissenschaftlicher Projektmitarbeiter am Institut für Zeitgeschichte; seit 2005 wissenschaftlicher Mitarbeiter am Deutschen Historischen Institut Moskau; zahlreiche Publikationen zur Militärgeschichte und zur Geschichte der Geheim- und Nachrichtendienste.

ABKÜRZUNGEN

a. D.	außer Dienst
Abt.	Abteilung
Abwehr	Militärischer Nachrichtendienst der Wehrmacht
ACDP	Archiv für Christlich-Demokratische Politik
ACIPSS	Austrian Center for Intelligence, Propaganda and Security Studies
ADN	Allgemeiner Deutscher Nachrichtendienst
AdsD	Archiv der sozialen Demokratie der Friedrich-Ebert-Stiftung
Anm.	Anmerkung
AS	Administrative Störungen
ASBw	Amt für Sicherheit der Bundeswehr
ASIO	Australian Security Intelligence Organisation (australischer Inlandsgeheimdienst)
Ast.	Außenstelle
Aufl.	Auflage
AWS	Anfänge westdeutscher Sicherheitspolitik
BArch	Bundesarchiv
BArch-MA	Bundesarchiv-Militärarchiv, Freiburg
Bd.	Band
BDC	Berlin Document Center
Bearb.	Bearbeitung
bes.	besonders
BfV	Bundesamt für Verfassungsschutz
BKA	Bundeskriminalamt
Bl.	Blatt
BMVg	Bundesministerium der Verteidigung
BNAV	Bundesnotaufnahmeverfahren
BND	Bundesnachrichtendienst
BOB	Berlin Operation Base der CIA
BRD	Bundesrepublik Deutschland
BStU	Bundesbeauftragter für die Unterlagen des Staatssicherheitsdienstes der ehemaligen Deutschen Demokratischen Republik
BV	Bezirksvertretung
bzw.	beziehungsweise
CDU	Christlich Demokratische Union
CIA	Central Intelligence Agency (US-Auslandsnachrichtendienst)
CIC	Counter Intelligence Corps (US-Militärgeheimdienst zur Spionageabwehr)
CIG	Central Intelligence Group (zeitweiliges Bindeglied zwischen OSS und CIA)
Col.	Colonel
CSU	Christlich Soziale Union
d. V.	der Verfasser
D. C.	District of Columbia
D-Chef	Deutschland-Chef
DDR	Deutsche Demokratische Republik
DEFA	Deutsche Film AG
ders./dies.	derselbe/dieselbe(n)
Diss.	Dissertation
DN	Deckname

DP	Displaced Person
Dr.	Doktor
e. V.	eingetragener Verein
eds.	Editors (engl.: Herausgeber)
etc.	et cetera
EUCOM	European Command der US-Streitkräfte
EVG	Europäische Verteidigungsgemeinschaft
f.	folgende (Seite)
FBI	Federal Bureau of Investigation (Inlandsgeheimdienst und zentrale Strafverfolgungsbehörde der USA)
FDP	Freie Demokratische Partei
FF	Forschungsinstitut für Friedenspolitik e. V.
ff.	folgende (Seiten)
FHO	Fremde Heere Ost
FSB	Federalnaia Slushba Bezopasnosti Rossijskoi Federazii (dt.: Föderaler Sicherheitdienst der Russischen Föderation, russischer Inlandsgeheimdienst, Nachfolger des KGB)
FSS	Field Security Sections (militärischer Geheimdienst der britischen Armee)
FWH-Dienst	Friedrich-Wilhelm-Heinz-Dienst
G-2	General Staff-Section 2 (Generalstabsoffizier für fremde Wehrlage und militärische Sicherheit)
GARF	Gosudarstvennyi arkhiv Rossiiskoi Federatsii (Staatsarchiv der Russischen Föderation, Moskau)
GBLP	Gedenk- und Begegnungsstätte Leistikowstraße Potsdam
GCHQ	Government Communications Headquarters (britische Regierungsbehörde, technischer Geheim- und Sicherheitsdienst)
geb.	geboren
GFP	Geheime Feldpolizei
GRU	Glavnoie Rasvedyvatelnoie Upravlenie (militärischer Auslandsgeheimdienst der Russischen Föderation)
GSBSD	Gruppe der Sowjetischen Besatzungstruppen in Deutschland
GSSD	Gruppe der Sowjetischen Streitkräfte in Deutschland
GV	Generalvertretung
HA	Hauptabteilung
HJ	Hitlerjugend
HO	Handelsorganisation (staatliches Einzelhandelsunternehmen in der DDR)
HPM	Historisch-Politische Mitteilungen
Hrsg.	Herausgeber
HSSPF	Höherer SS- und Polizeiführer
HUMINT	Human Intelligence (Gewinnung geheimdienstlicher Erkenntnisse mittels menschlicher Quellen)
i. G.	im Generalstab (Reichswehr, Wehrmacht), im Generalstabsdienst (Bundeswehr)
ICB	Intelligence Coordination Branch (Stelle zum Sammeln und Auswerten von Informationen aller in Österreich aktiven US-Geheimdienstabteilungen für den Oberbefehlshaber der US-amerikanischen Truppen in Österreich)
IfZ	Institut für Zeitgeschichte
IM	Inoffizieller Mitarbeiter
IML	Institut für Marxismus-Leninismus
INO	Inostranny Otdel (Auslandsabteilung der Vereinigten Staatlichen Verwaltung beim Volkskommissariat für Inneres der UdSSR, OGPU)
Int.Org	Intelligence Organization (ACA/BE) (GB)
Kfz	Kraftfahrzeug
KGB	Komitet gosudarstvennoj bezopasnosti (dt.: Komitee für Staatssicherheit der Sowjetunion, sowjetischer In- und Auslandsgeheimdienst)
KgU	Kampfgruppe gegen Unmenschlichkeit
KI	Komitee für Information

KKA	Kriminalkommissar-Anwärterlehrgang
KO	Kriegsorganisation
KPD	Kommunistische Partei Deutschlands
KPdSU	Kommunistische Partei der Sowjetunion
KPÖ	Kommunistische Partei Österreichs
KrA	Krigsarkivet, Stockholm
KVP	Kasernierte Volkspolizei
KZ	Konzentrationslager
l.	links
M. A.	Magister Artium/Master of Arts
M.	Mitte
MAD	Militärischer Abschirmdienst
MfS	Ministerium für Staatssicherheit der DDR
MGB	Ministerstvo gosudarstvennoj bezopasnosti (Ministerium für Staatssicherheit der UdSSR)
MGFA	Militärgeschichtliches Forschungsamt
MGM	Militärgeschichtliche Mitteilungen
MGZ	Militärgeschichtliche Zeitschrift
MHM	Militärhistorisches Museum der Bundeswehr
MI5	Military Intelligence, Section 5 (britischer Inlandsgeheimdienst)
MI6	Military Intelligence, Section 6 (britischer Auslandsgeheimdienst – eigentlich Secret Intelligence Service, SIS)
MID	Military Intelligence Division (Nachrichtendienstabteilung der U. S. Army)
MIG	Mikojan-Gurewitsch (russischer, ehemals sowjetischer Militärflugzeughersteller)
MIS	Military Intelligence Service (USA)
MVD (MWD)	Ministerstvo vnutrennich del (Ministerium für Innere Angelegenheiten der UdSSR)
n.	nach
NARA	National Archives and Records Administration, USA
NATO	North Atlantic Treaty Organization
ND	Nachrichtendienst(e)
NKGB	Narodnyj komissariat gossudarstwennoi besopasnosti (Volkskommissariat für Staatssicherheit der UdSSR)
NKO	Narodnyj komissariat oborony (Volkskommissariat für Verteidigung der UdSSR)
NKVD (NKWD)	Narodnyj kommissariat vnutrennich del (Volkskommissariat für Innere Angelegenheiten der UdSSR)
Nr.	Nummer
NS	Nationalsozialismus, nationalsozialistisch
NSA	National Security Agency (engl.: Nationale Sicherheitsbehörde, Auslandsgeheimdienst der USA)
NSDAP	Nationalsozialistische Deutsche Arbeiterpartei
NSU	Nationalsozialistischer Untergrund
NVA	Nationale Volksarmee
o. O.	ohne Ortsangabe
O. U.	Ortsunterkunft
OC	Organisation Consul
OdF	Opfer des Faschismus
OG	Organisation Gehlen
OGPU	Objedinjonnoje gosudarstvennoje polititscheskoje uprawlenije (dt.: Vereinigte Staatliche Verwaltung beim Volkskommissariat für Inneres, Geheimpolizei der Sowjetunion bis 1934)
OKH	Oberkommando des Heeres
OKR	Abteilung für Spionageabwehr
OKW	Oberkommando der Wehrmacht
Org	Organisation Gehlen
OSI	Office of Strategic Intelligence (Amt für strategische Dienste der USA)
OSS	Office of Strategic Services (Vorläufer des CIA, Nachrichtendienst des Kriegsministeriums der USA)
phil.	philosophisch
PID	Politisch-ideologische Diversion
PoW	Prisoner of War
Prof.	Professor

r.	rechts
RA	Riksarkivet, Stockholm
RAD	Reichsarbeitsdienst
RG	Record Group
RIAS	Rundfunk im amerikanischen Sektor
RSHA	Reichssicherheitshauptamt
S.	Seite
S-2	taktische Aufklärung (NATO)
SAG	Sowjetische Aktiengesellschaft
SBZ	Sowjetische Besatzungszone
SD	Sicherheitsdienst
SED	Sozialistische Einheitspartei Deutschlands
SfS	Staatssekretariat für Staatssicherheit der DDR
SIGINT	Signals Intelligence (Gewinnung geheimdienstlicher Erkenntnisse mittels Fernmelde- und elektronischer Aufklärung)
SIS	Secret Intelligence Service (britischer Auslandsgeheimdienst, auch bekannt als MI6)
SKK	Sowjetische Kontrollkommission
SMAD	Sowjetische Militäradministration in Deutschland
Smerš	Bezeichnung für die 1943 gebildete militärische Spionageabwehr beim Volkskommissariat für Verteidigung der UdSSR (NKO)
SMT	Sowjetische(s) Militärtribunal(e)
SOE	Special Operations Executive (britische nachrichtendienstliche Spezialeinheit während des Zweiten Weltkriegs)
SPD	Sozialdemokratische Partei Deutschlands
SS	Schutzstaffel
SSD	Staatssicherheitsdienst (umgangssprachlich für Ministerium der Staatssicherheit der DDR)
SSU	Strategic Services Unit (der CIG unterstellte Gruppen, die aus dem OSS hervorgingen)
Stasi	umgangssprachlich für Ministerium der Staatssicherheit der DDR
TNA	The National Archives, Großbritannien
UdSSR	Union der Sozialistischen Sowjetrepubliken (Sowjetunion)
UHK	Unabhängige Historikerkommission zur Erforschung der Geschichte des Bundesnachrichtendienstes 1945–1968
USFET	US Forces European Theater (in Europa stationierte amerikanische Streitkräfte)
UV	Untervertretung
v.	von
Verf.	Verfasser
vgl.	vergleiche
V-Mann	Verbindungsmann (Mehrzahl auch V-Leute)
Vopo	umgangssprachlich für (Angehörige der) Volkspolizei der DDR
VP	Volkspolizei
WP	Wahlperiode
z. B.	zum Beispiel
ZA	Zentralarchiv
ZA MfS	Zentralarchiv des Ministeriums für Staatssicherheit der DDR
ZAW	Altaktenarchiv des Bundesamts für Verfassungsschutz
ZDF	Zweites Deutsches Fernsehen
zit. bei/in/n./v.	zitiert bei/in/nach/von
ZK	Zentralkomitee
ZMSBw	Zentrum für Militärgeschichte und Sozialwissenschaften der Bundeswehr

PERSONENREGISTER

BILDNACHWEIS

akg-images / S. 82, 251, 254 r.

akg-images / AP / S. 210

akg-images / Erich Lessing
S. 288, 290, 293

akg-images / Gert Schütz / S. 80, 86

Altman Siegel, San Francisco und Metro Pictures (mit freundlicher Genehmigung des Künstlers) / S. 395

ap/dpa/picture alliance/Süddeutsche Zeitung Photo / S. 236, 411

Archiv Forschungsinstitut für Friedenspolitik e. V., Weilheim / S. 194

Archiv Neues Deutschland, Ausgabe vom 10.11.1953, Titelseite / S. 278

Archiv Neues Deutschland, Ausgabe vom 28.12.1987, Titelseite / S. 140

BArch (ehem. BDC) /SSO/Kurreck, Walter / S. 174

BArch, B 106/15701 / S. 114

BArch, B 145 Bild-00014360 / S. 253

BArch, B 145 Bild-00047409 / S. 357

BArch, B 145 Bild-00087041 / Rolf Unterberg / S. 354

BArch, B 145 Bild-00113273 / S. 362/363

BArch, B 145 Bild-F027810-0025A / Engelbert Reineke / S. 349

BArch, B 206 Bild-GN13-08-24 / S. 132

BArch, B 285 Plak-042-021 / S. 274

BArch, Bild 183-22184-0005 / Horst Sturm / S. 280

BArch, Bild 183-22447-0001 / S. 284

BArch, Bild 183-23876-0001 / Hans-Günter Quaschinsky / S. 93

BArch, Bild 183-25018-0007 / Heinz Junge / S. 242

BArch, Bild 183-27237-0001 / S. 319 l.

BArch, Bild 183-C13761 / Dorn / S. 319 r.

BArch, Bild 183-F1215-0029-001 / S. 152

BArch, Bild 146-2005-0059 / S. 359

BArch, Bild 183-22507-0001 / S. 282

BArch, Bild 183-26723-0010 / Horst Sturm / S. 287

BArch, Bild 183-T0530-0425 / Gabriele Senft / S. 192

BArch, Bild 183-Z0528-028 / Thomas Lehmann / S. 151

BArch, BW 9/3119 / S. 216

BArch, Erwin Tiebel / S. 160 u.

BArch, Plak 005-010-010 / S. 361

BArch, R 9361 III/ 90078 / S. 270

BND-Archiv / S. 45, 59, 64, 135, 160 o., 162, 164, 196, 206, 224, 227, 228, 231, 232, 234, 235, 241, 255, 263, 268, 271, 332 u.

BStU MfS BV Dresden AU 107/54, Bd. 1, Bl. 255 / S. 84

BStU MfS BV Dresden AU 50/54 / S. 90

BStU MfS BV Mgdb AU 175 53 Bd. 30, S. 0036 / S. 246

BStU MfS HA IX-Fo-1655 Bild 1 und 2 S. 91

BStU MfS HA-IX, 11-Z UV Nr. 75 Bd. 2, S. 0143, Bild 0001 / S. 244

BStU MfS ZAIG FO/2813 Bild Nr. 72 / S. 145

BStU ZA, MfS 406-55, Bd. 2 / S. 201 l.

BStU ZA, MfS 406-55, Bd. 2 / S. 201 r.

BStU / S. 148

Bundesarchiv Sign. ZSg 1-64/26 (2) / S. 87

Bundesarchiv-Militärarchiv, Nachlass Achim Oster (N 713, Nr. 112) / S. 112

Bundesarchiv-Militärarchiv, Nachlass Achim Oster / S. 96 r.

Chris Felver/Getty Images / S. 408

Christoph Gramann/Olaf Schwieger: Restauratorisches Gutachten, 2007 / S. 180

ddp images / United Archives / S. 128

ddp images/dapd / S. 38

ddp images/Sven Simon / S. 34

DEFA-Stiftung / S. 381

DEFA-Stiftung/Rudolf Meister / S. 378

DEFA-Stiftung/Rudolf Meister, Hannes Schneider / S. 377

DER SPIEGEL 19/2015 / S. 401

DER SPIEGEL 39/1954 / S. 370

Division of Military History, Swedish Defence University / S. 317

dpa/Süddeutsche Zeitung Photo
S. 291, 414

Foto Münchner Merkur / S. 171

Friedrich-Wolf-Gesellschaft/Wolfram S. 40

GARF Moskau / S. 188

GBLP/Foto: Erik-Jan Ouwerkerk, Berlin S. 176, 178

GBLP/Foto: Friedemann Steinhausen S. 186

GBLP/Foto: Friedemann Steinhausen, Potsdam / S. 183

GBLP/Foto: Margit Beier, Berlin / S. 185

Geoportal Berlin / Luftbild 1953 / S. 66

Hannes Betzler/Süddeutsche Zeitung Photo / S. 221

Hans-Joachim Geyer: am anfang stand das ende. Spionage-Roman. Kongress-Verlag, Berlin 1954 / S. 383

Heinz Felfe: Im Dienst des Gegner, Verlag der Nationen, Berlin 1988 / S. 159, 163

Heinz Felfe: Im Dienst des Gegners, Rasch und Röhring, Hamburg, 1986 S. 374 r.

Herbert Rosendorfer: Das Messingherz, Nymphenburger Verlagsbuchhandlung, München 1979 / S. 334

Herinneringscentrum Kamp Westerbork S. 166, 168, 169

J. H. Darchinger / Friedrich-Ebert-Stiftung S. 31

James H. Critchfield: Auftrag Pullach. Die Organisation Gehlen 1948–1956, Mittler, Hamburg 2005 / S. 375 r.

James H. Critchfield Papers, Special Collections Research Center, Swem Library, College of William and Mary S. 56, 138, 197, 208

Jan Roeder / S. 172

Jay Robert Nash Collection S. 25, 58, 60, 63

Krigsarkivet Swedish Military Archives / Helmuth Ternbergs Arkiv vol: 1 / S. 320, 321

Krigsarkivet Swedish Military Archives / Marinstaben Operationsavdelningen Underrättelsedetaljen Serie: ÖIV Vol: 2 S. 316

LEE MILLER/LEE MILLER ARCHIVES / S. 305

Lexey Swall/Getty Images / S. 417

Martin Lukas Kim / www.martinlukaskim.de / S. 21

MHM / S. 73, 97, 108, 131, 133, 136, 209, 256, 260, 266, 269

NARA, RG 165, Entry 179A, Box 360 / S. 48

NARA, RG 165, Entry 179A, Box 360 / S. 52

NARA, RG 165, Entry 179-B, Box 485 / S. 50

NARA, RG 238. Entry (NM-70) 160, Box 36, Folder Gehlen, Reinhard / S. 44

NARA, RG 263, CIA Name Files, Box 5 S. 306

NARA, RG 263, Dross, Armin / S. 347

NARA, RG 263, Geipel, Walter / S. 346

NARA, RG 263, Krassowsky, Walter / S. 336

NARA, RG 263, Worm, Ernst / S. 344

NICHOLAS KAMM/AFP/Getty Images S. 406

Nikita Petrov: Die sowjetischen Geheimdienstmitarbeiter in Deutschland, Metropol Verlag / S. 74, 76, 78

ÖNB Wien 449.111-C / S. 302

Oscar Reile: Frauen im Geheimdienst, Federmann 1979 / S. 190

Paul Glaser / S. 155

Peter Sichel / S. 99

picture alliance / AP Images / S. 413

picture alliance / AP / S. 313

picture alliance / dpa / S. 391, 419

picture alliance / Geisler-Fotopress S. 397

picture alliance / Georg Brock / S. 121

picture alliance / Imagno / S. 308/309

picture alliance / Werner Baum / S. 37

picture alliance / Winfried Rothermel S. 392

picture alliance / ZB / euroluftbild / S. 398

Popperfoto/Getty Images / S. 328

Privatarchiv / S. 143

Privatbesitz / S. 28, 47, 94, 101, 103, 195, 254 l., 326

Reinhard Gehlen: Der Dienst: Erinnerungen 1942–1971. v. Hase und Koehler, Mainz, Wiesbaden 1971 / S. 374 l.

Ridderstad family archive / S. 314

Sammlung Josef Ittner / S. 212, 213

Staatsarchiv München, Spruchkammerakte Reinhard Gehlen, SPK, K 493 S. 199, 200

Stefan Karner (Hrsg.): Geheime Akten des KGB. »Margarita Ottilinger«, Graz 1992, S. 81 / S. 311

Süddeutsche Zeitung Photo/Süddeutsche Zeitung Photo / S. 272, 360

ullstein bild – ADN-Bildarchiv / S. 150

ullstein bild – AP / S. 218

ullstein bild – Boness/IPON / S. 388

ullstein bild – dpa / S.156

ullstein bild – Ernst Sandau / S. 117

ullstein bild – Heritage Images / Fine Art Images / S. 26

ullstein bild – Imagno / Votava / S. 300

ullstein bild – Sven Simon / S. 214, 332 o.

ullstein bild – TopFoto / S. 415

ullstein bild – ullstein bild / S. 69, 77, 96 l., 119, 123, 239, 240, 297, 298, 366

ullstein bild – United Archives / Sharpshot / S. 405

UPI/Süddeutsche Zeitung Photo S. 248, 352

Waldemar Markwardt: Erlebter BND. Kritisches Plädoyer eines Insiders, Anita Tykve Verlag, Berlin 1996 / S. 375 l.

Wienbibliothek im Rathaus, Plakatsammlung, P-17921 / S. 372

www.bilderbuch-koeln.de / Walter Dick S. 124

Titelabbildung
Franke | Steinert, Oliver Standke
Sandstein Verlag (Umschlaggestaltung)

Die Herausgeber und der Sandstein Verlag danken allen Rechteinhabern für die freundliche Unterstützung des Abdrucks. Dort, wo trotz sorgfältiger Recherche nicht alle Rechte geklärt werden konnten, bitten wir um Benachrichtigung.

ACHTUNG SPIONE!
Geheimdienste in Deutschland
von 1945 bis 1956

18. März – 29. November 2016

Direktor
Oberst Prof. Dr. Matthias Rogg

Wissenschaftlicher Leiter
Wissenschaftlicher Direktor
Dr. Gorch Pieken

Museumsmanagement
Oberstleutnant Torsten Schulz

Leiter Zentralabteilung
Regierungsamtsrat
Carsten Linne

Chefrestaurator
Michael Jaroschewski

Leiter Sammlung
Fred Koch

Leiter Ausstellungen
Sven Birke

Leiterin Museumspädagogik
Wissenschaftliche Oberrätin
Avgi Stilidis

Leiter wissenschaftliche
Programme und Kinemathek
Wissenschaftlicher Oberrat
Jan Kindler

ESSAYS

Herausgeber
Magnus Pahl, Gorch Pieken,
Matthias Rogg

Redaktion
Steffen Jungmann

Bildredaktion
Almut Hoffmann, Steffen Jungmann

Wissenschaftliches Lektorat
Katja Widmann

Verlagslektorat
Sina Volk (Sandstein Verlag)

Gestaltung
Michaela Klaus
(Sandstein Verlag)

Satz und Reprografie
Katharina Stark, Jana Neumann
(Sandstein Verlag)

Druck
Westermann Druck
Zwickau GmbH

Dieser Essayband erscheint
in der Reihe:

Forum MHM
Schriftenreihe des Militärhistorischen
Museums der Bundeswehr, Band 11
Herausgegeben von Gorch Pieken
und Matthias Rogg

Die Deutsche Nationalbibliothek
verzeichnet diese Publikation
in der Deutschen Nationalbibliografie,
detaillierte bibliografische Daten
sind im Internet über
http://dnb.ddb.de abrufbar.

Sandstein Verlag, Dresden
www.sandstein-verlag.de

Essays
ISBN 978-3-95498-208-0

Katalog
ISBN 978-3-95498-209-7

Katalog und Essays im Schuber
ISBN 978-3-95498-210-3

AUSSTELLUNG

Kurator
Dr. Magnus Pahl

Gestaltung
Franke | Steinert GbR
Mitarbeit: Oliver Standke (Grafik)

Gestaltung Assistenz
Katrin Micklich, Katrin Korritter

Wissenschaftliche Mitarbeit und Recherche
Dr. Jens Ebert, Eva Jobs, Lutz Kirchner, Dr. Susanne Meinl, Jens Wehner, Dr. Magdaléna Živná

Praktikanten und Wehrübende
Eva-Maria Nitz, Hauptmann d. R. Thomas Schröder, Major d. R. Thomas Janke

Registrar
Katja Friedrich

Leiterin Bestandserfassung und stellvertretende Leiterin Zentralabteilung
Regierungsoberinspektorin Antje Hucke

Ausstellungsmanagement
Sven Birke

Lagezentrum
Sven Birke (Leitung)
Gefreiter Paul Zimmermann, Gefreiter Martin Junker

Ausstellungstexte
Forschungs- und Arbeitsgruppe »Geschichte des BND«, Jens Ebert, Eva Jobs, Lutz Kirchner, Susanne Meinl, Magnus Pahl, Thomas Schröder, Jens Wehner, Katja Widmann (Lektorat), Mareike Sedlmeier (Übersetzungen)

Redaktion Ausstellungstexte
Steffen Jungmann

Bildredaktion
Almut Hoffmann, Steffen Jungmann

Fotografen
David Brandt, Andrea Ulke

Karten
Marcus Hasert, Isabell Bretsch

Textgestaltung und Bildbearbeitung
Katrin Micklich (Digitalisierung, Satz)
Katrin Korritter (Satz)

Konservatorische Betreuung
Sebastian Neubert, Michael Jaroschewski, Bettina Schlecht, Ingrid Naumann, Caroline Wintermann, Steffen Fuhrmann

Museumspädagogik
Wiss. Oberrätin Avgi Stilidis, Erik Zimmermann

Führungsteam
Dr. Verena Böll, Barbara Brugger, Dr. Christine Bücher, Christian Curschmann, Katja Hartmann, Peter Hauschild, Franz-Joseph Hille, Dr. Alexander Klein, Alexander Paulick, Anselm Vogler, Janina Wackernagel, Erik Zimmermann

Führungsmanagement
Claudia Rose

Hörführung
Erik Zimmermann (Konzeption und Texte), Wiss. Oberrätin Avgi Stilidis (Redaktion und Lektorat), K13 Kinomischung (Tonstudio), Kulturaufnahme MV (Realisation)
Sprecher: Jennipher Antoni, Christian Rode
Illustrationen: Linda Weber

Begleitprogramm
Wiss. Oberrat Jan Kindler

Marketing
Christoph Lehmann

Presse- und Öffentlichkeitsarbeit
Hauptmann Martin Nagel

Medientechnik
Andreas Liebscher, Tilo Meissner

Lichtgestaltung
Tilo Meissner

Elektrik und Beleuchtung
Michael Schneider, René Horn

Multimedia
Daniel Finke, Isabell Bretsch, Jens-Uwe Weinhold, Lutz Kirchner

Multimedia-Collagen
Tilo Meissner

Filmstationen
Wiss. Oberrat Jan Kindler

Planung Ausstellungskabinett Halle 28 und Außengelände
Franke | Steinert GbR,
Exponateinbringung: MHM (Großgeräte), vienna arthandling GmbH

Ausstellungsproduktion und -aufbau
Artex 2013 GmbH, vienna arthandling GmbH

Panzer- und Flugzeugeinbringung
Leiter Sammlung und Sachgebietsleiter Militärtechnik Fred Koch, Hartmut Grundmann, Andreas Henkel, Mario Merten, Jan Schäfer, Stabsunteroffizier Ronny Schuricht, Stabsunteroffizier Steffen Schlenkricht, Gefreiter Martin Junker

MHM Flugplatz Berlin-Gatow
Restaurierung
Hauptfeldwebel Stefan Peipert, Stabsfeldwebel Holger Wolf, Stabsfeldwebel Mark Decke, Stabsunteroffizier Sebastian Reichwald, Stabsunteroffizier Robin Gulbe, Oberstabsgefreiter Normen Hinze, Frank Lemke

Aufbauunterstützung durch
Andreas Stasiak, Jens Wohllebe, Michael Pöltl

Unterstützt wurde diese Ausstellung von

und der Unabhängigen Historikerkommission zur Erforschung der Geschichte des Bundesnachrichtendienstes 1945–1968